KB129816

중독의 역사

중독의

THE URGE : OUR HISTORY OF ADDICTION

역사

칼 에릭 피셔 지음
조행복 옮김

우리는
왜 빠져들고,
어떻게
회복해 왔을까

일러두기
• 이 책의 각주는 대부분 옮긴이주이다. 옮긴이주는 따로 표시하지 않고, 원주는 〈 — 원주〉로 표시하였다.
• 원서에서 이탤릭으로 강조한 부분은 굵은 글씨로 표시하였다.

캣과 거스에게

들어가기 전에

정신 건강에서 용어는 중요하다. 우리의 방침과 태도를 형성하는 엄청난 힘을 갖고 있기 때문이다. 오늘날 중독자를 옹호하는 사람들이 볼 때, 중독과 관련된 옛 용어 대부분이 중독자들에 대한 비난을 담고 있다. 〈정키junkie(마약 상습자)〉나 〈드렁큰drunken(술 취한)〉뿐만 아니라 〈애딕트addict(중독자)〉와 〈앨커홀릭alcoholic(알코올 중독자)〉도 그렇다. 낙인찍기에 반대하는 접근법은 〈사람 중심의 용어〉를 사용하기 때문에, 이를테면 〈애딕트〉보다는 〈중독증을 가진 사람person with addiction〉을 더 좋아한다. 그것이 이치에 맞고 인도적이다. 그리고 용어가 낙인찍기에 실질적인 영향을 미친다는 증거가 있다.[1]

그러나 용어라는 쟁점은 여러 시대에 중독증을 가진 사람을 어떻게 이해하고 기술했는지 포착하려는 책에는 문제를 안긴다. 중독에 대한 용어는 시대를 거치며 대대적인 변화를 겪었고,[2] 그러한 변화는 사람들이 스스로를 이해하는 방식과 돌봄을 받는 사람들에게 깊은 의미를 지녔다. 18세기 말에 벤저민 러시Benjamin Rush는 〈숙취(熟醉)〉*

---

* 술 마신 다음 날까지 술에서 깨지 않는 상태를 뜻하는 숙취(宿醉)가 아니라 술에 취한 상태를 가리킨다. 책에서 숙취는 전부 이 뜻으로 쓰인다.

를 연구했고, 19세기 중반에는 다른 사람들이 〈폭주(暴酒)〉와 싸웠으며, 오늘날 정신과 의사들은 무미건조하고 관료적인 〈물질 사용 장애 Substance use disorder, SUD〉라는 용어와 대립되는 것으로서 〈중독addiction〉이라는 용어로 돌아가야 할지를 두고 논쟁 중이다. 나는 오늘날 이해하는 바가 과거의 모든 시대와 문화에 말끔히 들어맞는다고 생각하지 않는다. 오히려 그 반대이다. 이 책의 핵심 주장의 하나는 중독이 영구불변의 사실로서 존재하지 않으며 오히려 사회적 요인과 문화적 요인에 크게 좌우된다는 것이다. 그래서 나는 그 역사를 명료하고 정확하게 기술할 필요성을 감안하여 비난의 성격을 지닌 용어를 계속 쓰는 위험성을 따져 봐야 했다. 전체적으로 나의 접근법은 연구 대상인 역사상의 시대에 맞는 적절한 용어를 사용하는 것이다. 중독증을 지닌 사람에게 비난의 성격이 잠재된 용어를 써야 할 때면 내가 그 시대의 견해를 되풀이하고 있다는 사실을 분명하게 밝히려 했다.

이 역사는 불가피하게 선택적이다. 특히 대체로 미국 이야기인데, 부분적으로 나 자신의 유산과 문화를 이해하려는 노력을 반영하고 있다. 그렇지만 미국에 초점을 맞춘 것이 단순히 나의 배경에서 나온 결과만은 아니다. 중독을 질병으로 보는 관념, 중독을 몸에 밴 정체성으로 보는 관념은 독립 전쟁 시기 전후의 미국에서 굳어졌고, 주로 미국에 기원이 있는 여러 운동에 의해 세계로 퍼져 나갔다. 알코올 중독자 익명 모임Alcoholics Anonymous, AA과 현재의 〈약물 퇴치 전쟁〉이라는 틀, 둘 다 미국에서 만들어졌다. 전 세계의 일류 의사들이 정기적으로 자금을 지원받아 미국으로 와서 우리가 중독을 어떻게 생각하는지 배운다. 그래서 이 이야기는 대체로 미국을 중심으로 전개된다. 어떤 면에서는 현대의 중독 개념이 탄생한 곳이기도 하다. 그렇다고 해서 중독에 관한 비교 문화적 시각의 가치를 폄하하는 것은 아니다. 나는 줄곧 그러한 시각을 담아내려 했다.

　이 책을 쓰는 과정에서 나의 환자들은 순전히 인정 때문에 내게 어마어마한 도움을 주었다. 지금 약물을 복용하고 있는 사람들부터 알코올 중독자 익명 모임과 여타 열두 단계 프로그램에 열정적으로 참여하는 사람들까지 온갖 환자가 도움을 주었다. 그중에는 일과 사랑, 음식에 보이는 자신의 행동을 중독으로 여기는 사람도 있고, 마약*과 술 때문에 죽음 직전까지 내몰리면서도 중독이라는 관념 자체를 증오하는 사람도 있다. 이들 덕분에 나는 그 문제를 여러 관점에서 볼 수 있었다. 그 점에 대해서, 기여할 기회를 준 데에 진정으로 감사한다. 나는 형법 제도의 틀 안에서 일했고 특권층 사람들을 진료했지만 그 무대가 주로 뉴욕시였기 때문에 그것은 삶의 극히 작은 부분일 뿐이다. 업무상 비밀에 관해 말하자면, 나는 이따금 나의 환자들 이야기를 언급하지만 이름을 포함하여 그 신분을 숨김으로써 사생활을 보호했고, 역시 사생활 보호 차원에서 이 책에 등장하는 다른 사람들의 이름도 바꾸었다. 이 책에 나오는 사람은 누구도 여러 사람의 속성을 뒤섞은 인물이 아니다.

　이 책은 일반 독자를 염두에 두고 썼다. 전문 자료를 보고 싶은 학구적인 독자는 책 말미의 주석을 참조하기 바란다. 이 책에서 주석은 근거 자료를 인용하고 특정 사안에 대해 부연 설명을 하는 데 활용했다.

　연구 기간을 포함하여 이 책을 쓰는 데 10년이 걸렸다. 의학 기록과 학술지, 내 인생의 기록을 참조했고 많은 사람과 대화하여 그들의

---

* 원서에 쓰인 단어 〈drug〉를 이 책에서는 〈마약〉 대신 〈약물〉로 옮겼다. 지은이는 〈drug(의 사용)〉를 부정적인 의미로 단정하여 쓰지 않는데, 이것을 다소 부정적인 뉘앙스를 담고 있는 〈마약〉으로 옮긴다면 지은이의 의도에서 벗어날 우려가 있기 때문이다. 다만 〈narcotic(s)〉, 〈dope〉, 〈junk〉 등의 단어는 〈마약〉으로 옮겼다.

경험을 들었지만, 나의 개인적인 이야기는 대부분 기억과 인식에서 끌어냈다. 알코올 중독자 익명 모임 같은 재활 단체의 경우 대중 매체에서 익명성을 지키는 전통이 있다. 그래야 할 이유는 충분하지만, 중독자의 많은 회고록에는 자신의 정체를 드러내는 사례가 보인다. 이 또한 자랑스러운 전통이다. 그러한 개인적 설명 덕분에 나는 이루 헤아릴 수 없을 만큼 큰 도움을 받았다. 회복 중인 사람들 중에 그러한 책이 자신을 살렸다고 고마워하는 이들이 있다. 나는 이 책에서 나 자신의 회복 경험도 이야기했지만, 특정한 회복의 경로에 찬성하거나 반대할 의도는 없다. 특정한 회복의 전통이나 단체가 아니라 나 자신의 경험만 대변할 뿐이다.

차례

머리말

그 소동이 일어났을 때 나는 침대에 누워 있었다. 내 방 문 바로 앞에서, 새로 온 남자가 루이스의 얼굴에 주먹을 한 방 먹이고 있었다. 문밖에는 전화기가 있었다. 마치 거리에서 가져다 놓은 것처럼 보이는 튼튼한 철제 공중전화였다. 루이스는 그저 가족과 통화하려고 했을 뿐이다. 루이스는 몇 번인지 모를 정도로 거듭되는 재발과 입원으로 생긴 의기소침함 때문에 어깨가 구부정해진 점잖은 노인이었다. 그러나 몇 시간 전에 새로 온 사내는 미친 사람처럼 이리저리 오락가락했고, 안 된다는 말은 절대로 들으려 하지 않았다.

　새로 온 그 사내는 내 방 문 앞을 지나 다른 방향으로 성큼성큼 걸어갔다. 그는 혼잣말을 중얼거렸고 물러가면서도 욕설을 내뱉었다. 꽤 멀리 떨어진 곳에서 경고의 고함이 들리더니 그가 다시 나타났다. 그는 마치 공중을 나는 것처럼 거의 수평으로 내달려 전화기를 들고 있는 루이스를 덮치고는 끌어냈다.

　직원들이 재빨리 와서 그를 제압했다. 다행히도 크게 다친 사람은 없었다. 나는 일기를 쓰는 데 정신을 집중하려 했지만, 마음은 이미 크게 흔들렸다. 나의 룸메이트는 건장한 중년 남자였는데 머리 한

쪽에 뇌 손상을 입었음을 말해 주는 흉터가 있었다. 그 때문에 그는 이 곳에 거듭 오게 되었다. 그가 나를 보며 짧게 말했다. 「저녁은 물 건너 갔군.」

스물아홉 살의 나는 변변찮은 펠트펜으로(볼펜은 허용되지 않는 다) 일기를 쓰고 있다. 컬럼비아 대학교에서 정신과 레지던트 과정을 밟는 신출내기 의사였던 내가 어떻게 이 도시의 악명 높은 공공 병원인 벨뷰 병원Bellevue Hospital의 정신과 환자가 되었는지 이해하려는 중이다. 벨뷰 병원에 입원했다는 것은 곧 의사들이 다루기 가장 힘든 만성적인 정신병을 앓고 있다는 뜻이다. 지금 나는 건물 꼭대기에 가까운 20층 병동에 있다. 이곳의 환자는 물질 사용 문제와 다른 정신 질환으로 이중 진단을 받은 자들이다. 의료진 중 몇몇은 이미 아는 사람이다. 레지던트 과정을 여기에 신청했기 때문이다. 그리고 한 층 아래에 방탄유리와 두꺼운 빗장의 출입문을 갖춘 초소가 지키는 특별 수용자 병동이 있다는 사실을 알고 있다. 레지던트 지원자로서 병원을 견학했을 때 보았다.

두 남자가 쟁탈전을 벌인 전화기는 나도 필요하다. 그 전화기는 내가 바깥세상과, 한때 정신과 레지던트로 지낸 다른 차원의 현실 세계와 연락할 수 있는 유일한 수단이다. 내가 저쪽이 아니라 이쪽에 속한다는 사실을 받아들이기가 힘들다. 하루하루 지날 때마다 의사들이 내게 한 말이 옳다는 생각이 든다. 다시 말하자면 새로 온 그 사내처럼 나도, 나의 경우에는 몇 주 동안 흥분제와 술에 절어 있었기 때문에, 광기에 젖어 사고를 쳤으리라는 느낌이 점차 강해지는 듯하다. 그러나 지금도 어떻게 해야 할지 잘 모르겠다.

이튿날 나는 치료팀 전체와 만났다. 그 창문 없는 병원 회의실 중한 곳에서 여섯 명의 정신과 의사와 치료사, 상담사가 육중한 탁자를 가운데 두고 나와 대면했다. 처음으로 나는 마음을 열고 나의 음주 역사를, 즉 알코올 중독인 부모 밑에서 자랐다는 사실과 결코 부모처럼 되지는 않겠다고 맹세한 일을 상세히 이야기했다. 컬럼비아 대학교 의과 대학을 졸업했을 때에도 나는 음주를 통제할 수 없다는 느낌에 시달리곤 했다. 일시적인 기억 상실이 점점 더 잦아졌지만, 도움을 청하지 않았다. 친구, 동료, 지도 교수 모두 도움을 받아들이라고 간곡히 권했지만, 나는 그러지 않았다.

나는 그들에게 모든 것을 다 이야기했다. 한번은 아파트 건물의 통로 바닥에서 셔츠도 입지 않은 채 깨어난 적이 있었다. 나는 그런 이야기도 털어놓았다. 열쇠 챙기는 것을 잊고 문을 잠가 들어가지 못한 것이다. 바닥의 끈적끈적한 리놀륨에 피부가 들러붙었다. 지붕 위로 올라가 화재 대피용 사다리를 타고 내려가서야 가까스로 그날 일을 할 수 있었다. 지각했고, 나에 관한 이야기가 돌아서 너무나 창피하고 두려웠다. 무엇인가 잘못된 것은 분명했지만, 이에 관해 누구에게도 말하지 않았다. 말을 하면 오랫동안 사람들이 의심했던 것을 인정하는 꼴이 되기 때문이었다.

그들은 나의 가족에 관해 물었고, 나는 아버지가 네 번이나 재활 시설에 들어간 일과 어머니가 집 주변에 몰래 포도주병을 숨겨 놓았던 일을 이야기했다. 나는 부모가 알코올 중독자라고 이야기했다. 그러나 마침내 나 자신에 관한 위험한 의심도 입에 올렸다. 「……그리고 나는 나 역시 알코올 중독자라는 사실을 서서히 깨닫고 있어요.」나는 미친 듯이 울었다.

그 난리가 있었는데도, 그 주가 끝나 가는 무렵에 나는 병동의 끝에서 끝까지 이어진 혼란스러운 복도를 훑어보며, 그 공중전화로 친구 라비에게 전화를 걸었다. 라비는 온갖 잡일을 도와주고 있었다. 장애 보험을 들어 주었고 집세를 지불했으며 재활 시설 입소가 가능하도록 일을 처리했다. 재활 시설에 들어가고 싶지는 않았지만, 필요하다는 말을 들었다.

우리는 그렇게 하는 것이 내게 얼마나 좋을지, 내가 오랫동안 얼마나 노력했는지 이야기를 나누었다. 그의 목소리는 긴장되어 있었다. 나를 걱정하는 것이 분명했다. 그래서 나는 잠시 주저했다. 속으로 이렇게 말하고 있었다. 〈정말로 바보 같은 질문이야. 묻지 마.〉 그렇지만 나는, 누가 와서 공격하지나 않을까 한쪽 눈으로 복도를 주시하며 끝내 묻고 말았다. 「정말로 내가 다시는 술을 마시지 않을 수 있다고 생각해?」

나는 전문 재활 시설에 들어가 의사들을 만나기로 했지만, 어쨌거나 그 일에 관해 아무것도 모른다. 가고 싶다. 그러나 진심으로 원하지는 않는다. 도움이 필요하다. 그렇지만 혼자 해결할 수 있을지도 모른다. 아니면 최소한 더 나은 길을 찾을 수 있을 것이다. 왜 이렇게 어려운가?

나는 실제로 재활 시설에 들어가 의사들을 만났다. 그리고 얼마 후에 컬럼비아 대학교의 레지던트 과정에 복귀했다. 이후 몇 년 동안 나는 보호 관찰 치료를 받았다. 연락이 오는 즉시 병원이나 시내에 사는 〈소변 검사인〉 앞으로 달려갈 준비를 하고 있어야 했다. 그 여인은 내가 소변보는 것을 지켜보았다. 다른 사람의 몸에서 나온 액체를 내 것인 양 속이려 하지 않았다는 사실을 확인하기 위한 조치였다. 나는 6년 동안 힘들게 이 짓을 하면서 점점 호기심이 커졌다. 나는 중독 치료법을 직접 경험한 자로서 그것이 엉망이라는 사실을 알고 있었지만, **왜** 그런지는 도무지 알 수 없었다. 완전히 분리된 별개의 중독 치료 제도가 있는 이유는 무엇인가? 우리는 왜 중독을 다른 정신 질환과 다르게 치료하는가? 그 방법이 틀렸음을 누구나 알고 있는 것 같은데, 그렇다면 왜 아무도 바꾸려 하지 않나?

나는 중독 의학 전문가가 되기로 결심했다. 심리 치료와 약물학을 공부할 때 일종의 기묘한 변전으로 나 자신의 치료에 관여하여 회의에 참여했고 내게 회복이란 무슨 의미인지 이해하려 노력했다. 레지던트 과정을 마치고 컬럼비아 대학 병원의 정신 의학 생명 윤리과에 합류했을 때, 최악의 상황에서 벗어난 것 같았다. 그러나 심히 혼란스러웠던 재활 기간을 벗어났을 때에도 이전의 질문들은 사라지지 않았다. 나는 어떻게 여기에 왔나? 나의 문제는 정확히 무엇이었나? 환자들이 종종 묻는 것처럼 질문을 바꿔 보자. 내게 무슨 일이 있었나? 나는 왜 이렇게 되었나? 어떻게 해야 나아질까?

나는 해답을 구하면서 이 분야에 몰두하여 중독 심리학과 중독 신경 과학을 연구했다. 올바른 정의를, 즉 중독을 설명해 줄 정확하고 정연한 의학 이론을 찾고 싶었다. 그렇지만 곧 힘에 부쳤다. 그 분야는 혼돈 속에 있는 것 같았다. 과학자들과 학자들은 몹시도 의견이 갈려 서로 무슨 말을 하는지 이해하지 못하는 듯했다. 어떤 이들은 중독이 기본적으로 뇌 질환이라고 역설했다. 다른 이들은 그러한 두뇌 중심적 견해 때문에 트라우마와 억압적 제도를 포함하는 심리적, 문화적, 사회적 차원을 보지 못한다고 주장했다. 어떤 다른 의학 분야도 이처럼 문화적 편견과 이데올로기에 강력히 지배당하지는 않는다.

모든 학문 분과가 그렇듯이 모든 사람에게는 저마다의 견해가 있는 것 같다. 〈중독 이론〉을[1] 요약한 어느 글에서는 심리학적 개념에서 시작하여 신경 생물학적 메커니즘을 거쳐 경제적 선택 모델에 이르기까지 서른 개나 되는 상이한 모델을 제시했다. 오늘날 그럴듯해 보이는 이론들이다. 각각의 이론은 그러한 목록에 오를 수 있을 만큼 유용한 것을 담고 있다. 그렇지만 그 해답은 절망적일 정도로 불완전할 때가 많다.

우연치 않게도 나는 인간의 모든 고통은 신경 생물학으로 풀어낼 수 있다는 지극히 단순한 견해가 점점 더 큰 실망을 주고 있을 때 정신 의학 연구를 시작했다. 미국 대통령 조지 H. W. 부시George H. W. Bush 는 1990년대에 〈두뇌의 10년〉이라는 이름을 붙였다. 그러나 2000년 대에, 그리고 내가 레지던트 과정을 끝낸 2010년대 초에도, 신경 과학이 유용하고 몇 가지 점에서는 혁명적이기도 하지만 정신의 고통이라는 복잡한 현상을 설명하기에 충분하지 않다는 징후가 있었다. 연구자들은 어떤 상태를 정신 질환이라고 부르는 것이 무슨 의미인지 이해하려 여전히 애쓰고 있었고, 치료의 경우에 상황은 한층 더 복잡했다. 항우울제는 결코 초기의 무모한 광고가 약속한 것만큼 유용하지 않았다. 생명 공학 회사들은 여러 해 동안 약을 찾아내려다 실패한 뒤 투자를 줄였고 나아가 신경 과학 연구 분과를 완전히 폐지했다. 제약 회사들이 나라를 이상한 곳으로 끌고 간다는 인식이 늘어났다. 오피오이드opioid 제조사들만의 이야기는 아니었다.[2] 나는 이러한 상황에 자극을 받아 신경 과학 연구에서 생명 윤리로 방향을 틀었다. 생명 윤리 연구를 통해 정신적 고통의 사회적, 정치적 실체를 더 철저히 이해하고 동시에 과학이 줄 수 있는 최선을 찾아내기를 기대했다.

나는 중독 연구를 계속하면서 흥미로운 점을 발견했다. 생각의 폭이 매우 넓고 매우 창의적인 학자들이 나의 사고 범위를 뛰어넘는 묘한 것들을 이 분야에 연결하고 있었다. 흥미로웠다. 그들은 고대 철학에 의지하여 이 문제를 명료하게 밝히고자 했다. 그들은 사회학에 의지하여, 지금이든 몇 세대 전의 과거에든 중독을 그 문화적 맥락에서 분리하는 것이 얼마나 불가능한 일인지 증명하려 했다. 심지어 그들은 도덕 사상이 남긴 유산이 선택과 책임에 관한 우리의 사고방식에 얼마나 강력한 영향을 미쳤는지 추적하기 위해 신학도 깊이 팠다. 얼마 있다가 나는 확신하게 되었다. 의학은 중요한 학문이지만 그것만으로는 중독을 이해하기에 충분하지 않다는 것을 말이다.

오늘날의 중독을 이해하려면 과거를 들여다보아야 한다. 중독은 언제나 어디에나 있었던 것 같다. 나는 오피오이드 과다 복용 유행병이 한창이던 때에 연구를 시작하여, 인류 사회가 실망스럽게도 500년 넘게 주기적으로 약물 유행병에 고통을 당했음을 알아냈다. 수백 년 동안 정책과 낙인찍기와 인종주의가, 작금에 우리가 중독을 이해하고 치료하는, 또는 치료에 실패하는 방식과 불가분의 관계에 있음을 알아냈다. 우리는 오랫동안 중독 개념을 일종의 무기로 휘둘렀다. 〈약물〉에 대한 전쟁뿐만 아니라 약물을 복용하는 사람들에 대한 전쟁에도 쓴 것이다. 나는 사회가 오피오이드와 스마트폰, 주문형 포르노부터 주사기와 전신, 설탕까지 인간을 타락시키는 기술의 힘을 오랫동안 두려워했다는 사실에 깊은 인상을 받았다. 중독이 단지 의학의 문제만이 아니라, 애착을 비롯해 정체성과 권력, 상업, 공포의 문제이기도 하다는 것은 분명하다.

나는 벨뷰 병원을 비교적 빨리 떠났다. 운 좋게도 출신 덕분에, 아이비리그를 졸업한 백인 의사로 돈이 있었고 중독을 그럭저럭 적절히 치료한 프로그램에 우연히 들어갈 수 있었던 덕분에, 회복하여 좋은 직장을 얻었고 결국 이 책을 쓰게 되었다. 모든 사람이 나처럼 치료를 받았다면 처지가 나아졌을 것이다. 그러나 잘못 생각하지 말라. 나는 〈있을 법하지 않은〉 사례가 아니다. 나는 루이스나 새로 온 그 사내, 이중 진단 환자 병동의 다른 누구와도 근본적으로 다르지 않다. 내가 역사에서 배운 가장 중요한 교훈은, 우리를 서로 다른 존재로 분류하는 것은 그저 오랫동안 불공정을 키워 왔고, 우리 모두를 불행하게 만들었을 뿐이라는 것이다. 우리가 깊이 살피지 않으면, 계속 그렇게 될 것이다.

이 책은 중독의 역사를 다룬다. 무수히 많은 사람의 삶을 망친 오래된 질병의 이야기이다. 중독은 그것으로 인해 고통을 겪은 사람뿐만 아니라 그들과 가까운 사람들의 삶까지도 망쳤다. 한편 이 책은 또한 어지럽고 복잡하며 큰 논란거리인, 수백 년 동안 정의하기 어려웠던 관념에 관한 이야기이기도 하다. 중독은 시간과 공간을 가로지를 뿐만 아니라 의학과 과학을 뛰어넘어 정치학과 영성(靈性), 법률, 경제학, 철학, 사회학에 이르기까지 여러 분야를 관통한다. 그 사이에 말로 다 할 수 없는 간극이 있음을 가리키는 그 모든 문학과 예술은 말할 것도 없다. 중독은 뇌 질환이요 정신의 질병이고 예술적 감수성의 신비로운 표지이자 병든 사회에 맞선 혁명의 상징이다. 그리고 동시에 이 모든 것이기도 하다. 이 책은 사상사이다. 어떤 관념으로서의 중독의 역사이며 중독에 관한 사상사이다.

우리에게 중독은 무엇을 의미하는가? 누구에게나 선입견이 있다. 약물과 술의 문제만 중독으로 보아야 하는가? 아니면 도박이나 섹스, 음식, 일, 심지어 사랑에도 중독될 수 있나? 중독은 지나치게 많이 마시거나 사용하는 등 정도가 얼마나 심한가의 문제인가? 아니면 기분이 어떠한가에 따라, 즉 통제할 수 없다는 내적 인식으로 성립하는가? 누구나, 이를테면 전화 거는 횟수를 줄이지 못하는 사람도 중독의 스펙트럼에서 한 자리를 차지하고 있는가? 아니면 중독은 정상적인 사회로부터 깨끗이 분리되는, 경계가 명확한 질병인가? 이러한 질문들에 명쾌한 답이 있는가가 중요한 게 아니다. 이 질문들이 순수하게 과학적이거나 의학적인 질문이 아니라는 사실을 알아야 한다. 이러한 질문은 우리가 매우 엄중히 간직한, 문화에 부수하는, 이따금 암묵적일 때가 있는 신념과 가치관과 분리하여 생각할 수 없다. 중독에 관해 묻는 것은 곧 중독이 인간에게 어떤 의미를 갖느냐고 묻는 것이다.

사람들은 중독 문제에 여러 방식으로 대응하려 했다. 나는 그런 대응을 연구하면서 역사적으로 반복된 네 가지 포괄적 접근법을 구분하게 되었다. **금지론적** 접근법은 중독을 처벌과 그 밖의 법적 강제라는 전략으로써 통제하려 했다. **치료적** 접근법에 따르면 중독은 의학 분야에서 치료할 질환으로 다루는 것이 가장 좋다. **환원론적** 접근법은 중독을 과학적으로 설명하려 하면서 때로 생물학을 기반으로 한 치유를 모색했다. **서로 돕기** 접근법*은 지역 사회에서 아래로부터의 치유의 연대 의식을 통해, 항상은 아니어도 종종 영적 성장을 통해 중독으로부터의 회복을 추구했다. 각각의 접근 방식에는 다양한 변형이 차고 넘친다. 그것들은 이따금 서로 중첩되고 혼합되지만, 전체적으로 보면 수백 년의 세월에 걸쳐 놀랍도록 주기적으로 나타난다. 어떤 단일한 접근법도 모든 질문에 답변을 주지 않는다는 사실에 놀랄 필요는 없다.

각각의 접근법이 번갈아, 때로는 여러 차례 중독에 대한 대응을 지배했다. 〈기적의 약〉이든 새로운 강제 정책이든 혁신적인 재활 프로그램이든, 이러한 개입은 언제나 임시변통의 형태를 취했다. 겉보기에는 중독 문제를 해결하거나 보이지 않게 치워 버리거나 지배하여

---

* mutual-help. 〈상호 부조〉라는 말이 있으나 이는 전통 사회의 두레나 계, 서양 사회의 길드나 노동조합이 수행한 역할을 떠올린다. 여기서는 용어의 성격이 그것과 달라서 별도의 표현을 만들어 썼다.

통제할 것 같았다. 그렇지만 장기적으로 성공한 것은 없다. 역사를 살펴보면 그러한 시도는 그 지지자들의 의도가 숭고하다고 해도 애초부터 실패할 수밖에 없었다.

그렇다면, 이러한 순환이 그토록 참담하게 주기적으로 되풀이된다면, 무엇을 해야 하는가? 나는 역사가 때때로 기를 꺾기는 하지만 궁극적으로는 앞길을 밝혀 주리라고 믿게 되었다. 중독이 인간 삶의 한 부분이었고 앞으로도 그럴 것임을 받아들이면, 우리는 중독을 뿌리 뽑겠다는 꿈을 포기하고 사람들을 도울 수 있는 온갖 개입 조치를 편안하게 검토할 수 있다. 최우선의 목표는 승리나 치료가 아니라, 해악을 줄이고 사람들이 고통을 지닌 채 그리고 고통을 뛰어넘어 살 수 있도록 돕는 것이어야 한다. 달리 말하자면 회복이다. 이 주기적 순환을 깨뜨리기를 원한다면 이러한 의학적, 사회적, 정신적 등등 각각의 방법론에서 가장 좋은 점을 취해, 진정으로 총체적인 균형 속에서 그 교훈을 적용해야 한다. 아울러, 언제나 다양한 시각을 열린 마음으로 받아들이는 겸손한 자세를 역사에서 확실하게 배워야 한다.

이 길이 쉽다고 말하지는 않겠다. 혼동, 두려움, 혐오가 자주 방해할 것이며, 억압과 지배의 세력들이 중독 개념을 자신들을 위해 일상적으로 이용하기 때문에 그 길은 더욱 복잡해질 것이다. 중독으로부터의 회복이 우리 시대의 자기 발견과 정신 성장을 보여 주는 전형적인 이야기로 나타났는데도, 물질 사용 문제는 여전히 낙인찍힌 〈불쾌한 질병〉으로 기술된다.[3] 의학 분야의 저자들이 수백 년 전에 그 현상을 설명하면서 그러한 꼬리표를 붙였다.

이제 두 가지 이야기가 펼쳐진다. 첫째이자 핵심은 여러 시대에 걸친 중독과 치료, 회복에 관한 이야기이다. 둘째는 의사이자 중독에서 회복한 사람으로서의 내 경험에 관한 이야기이다. 나는 중독 관념이 불가피하게 개인의 신념과 경험과 엮여 있기에 나 자신의 이야기를 집어넣고 싶었고, 짐짓 객관적인 체하기보다 나의 편견을 드러내고 싶었다. 그러나 나는 또한 이 역사의 진정으로 인간적인 함의와 그 역사가 지금도 힘을 행사하는 방식을 최대한 생생하게 드러내기를 희망했다.

놀랄 일도 아니지만, 이 탐구는 손쉽게 해답에 닿지 못했다. 책은 대체로 오만과 실패의 사례들, 일견 끝날 것 같지 않은 증오와 분열의 순환을 보여 준다. 그럼에도 나는 절박한 심정을 금할 수 없다. 이 탐구는 나와 내 가족의 과거를 이해할 수 있게 해주었고 환자를 진료하는 데에도 도움을 주었다. 나는 지난 수년간 중독과 싸운 사람들에게 상당한 친밀감을 느꼈고, 그들의 이야기를 듣고 회복과 변화 가능성의 희망을 보았다. 기다리고 있는 어려운 과제에 기가 죽기는 하지만, 열린 마음으로 바라본다면 역사가 우리의 전진을 도울 것임을 믿어 의심치 않는다.

제1부
이름을 찾는 과정

1
토대: 〈중독〉이전

사무실 문으로 걸어 들어오는 수전을 보자마자 나는 그녀의 상태가 어떤지 알 수 있다. 수전은 술을 마시지 않을 때는 몸가짐이 세심하고 모발도 단정하며 부자연스럽고 가냘픈 몸매에 빳빳하게 다림질한 셔츠와 매우 딱딱하고 사무적인 블레이저 재킷을 입는다. 그렇지만 오늘 그녀는 약간 흐트러져 있다. 지난 몇 해 동안 나는 겉으로 드러난 행태가 무엇을 뜻하는지 알게 되었다. 향수를 다소 과하게 뿌린 것은 아침 음주의 흔적인 냄새를 감추려는 의도였다. 머리카락은 헝클어졌고, 셔츠는 구겨졌으며, 화장은 살짝 엉성했다.

그녀가 총체적인 위기에 처한 경우도 본 적 있다. 손톱 밑은 때가 껴 검게 변했고, 그녀가 나간 뒤로도 방에는 술 냄새가 진동했다. 그렇지만 수전에겐 술을 마신다는 사실 자체가 일종의 위기였다. 그녀는 알코올 중독자이다. 그녀는 분명히 술을 끊고 싶다고 생각한다. 그렇지만 끊지 못한다. 이것이 바로 그녀가 가장 싫어하는 점이다. 심신의 부조화, 자제력의 부족. 지금 수전이 그 감정과 싸우고 있음을 나는 알 수 있다.

수전은 내게 최근의 재발에 관해 이야기한다. 그녀는 방에 혼자 있을 때면 어쩔 줄 모른다. 술을 마시고 싶다는 생각을 마음속에서 지울 수가 없다. 그녀는 그날 밤 포도주를 마시지 않겠다고 굳게 결심했다. 정말로 술 판매점에 가지 않으려 했다. 그러나 곧 왜곡된 타협이 이루어진다. 그녀는 거리 모퉁이에 있는 가게로 걸어가 바닐라 추출액 몇 병을 구매하는 자신의 모습을 본다.

이 지긋지긋한 용액 때문에 그녀는 취하고 속이 느글거린다. 수전은 두 눈을 크게 뜨고 내게 말한다. 「어리석었어요.」

근자에 정신과 진료에서 주로 보는 사람들은 복합적인 물질 사용 문제를 안고 있는 자들이다. 재활 시설과 외래 진료에 많은 돈을 쓰고도 여전히 버둥거리는 사람들, 전통적인 치료법이 거의 효과가 없는 사람들이다. 수전은 그러한 치료 프로그램에 들어갔지만, 사용 중단을 기반으로 하는 구식 재활 시설과 그보다 현대적인 융통성 있는 치료 프로그램 둘 다 술을 끊는 데 실패했다. 그녀는 몇 달 동안 어중간한 상태에서 근근이 살아가고 있다. 개인 법률 사무소에서 최소한으로 일해 그럭저럭 생활을 꾸리고 있지만 능력에 비하면 한참 적게 번다.

수전은 주목할 만한 소수에 속한다. 미국에서 물질 사용 문제를 안고 있는 사람들 중 자신에게 문제가 있다고 믿으며 치료를 원하는 5퍼센트 미만에 속하는 것이다.[1] 그렇더라도, 몇 달 전에 알코올 금단 발작을 보였을 뿐만 아니라 일시적 기억 상실이 있었는데도, 게다가 회사에서 쫓겨나 실직까지 했는데도, 수전은 술을 끊을 수 없었다.

수전은 지금 신체에 별다른 문제가 없다. 알코올 금단 증상을 보일 정도는 아니다. 그녀는 말한다. 그래도 끔찍하다고. 수전은 지난 달 술을 줄이겠다고 단호히 결심했다가 실패한 일을 곱씹고 있다. 언어와 이성의 한계에 부딪히며 그 모든 것을 이해하려 하지만, 입에서는 좌절의 말이, 나아가 절망의 말이 튀어나온다.

「무엇을 해야 할지 알고 있어요. 그렇게 하기를 원해요. 그러나 하고 싶은 것을 하지 않아요. 그리고 다시 술을 마시죠. 왜 그런지, 어떻게 그렇게 되는지 모르겠어요.」

중독은 이성을 파괴하는 무서운 질병이다. 중독과 싸우는 사람들은 멈추고 싶다고 말한다. 그러나 비도(鼻道)가 폐색되고 간경변증이 오고 과다 복용에 따른 증상이 나타나고 재판을 받고 실직하고 가족을 잃어도, 그들은 여전히 헷갈리고 확신이 없으며 다른 무엇보다 두려움에 사로잡혀 있다. 변할 것 같지 않기 때문에, 그토록 자주 두 눈 부릅뜨고 자신을 지켜보고 있으면서도 원치 않는 바로 그 짓을 하고 있기 때문에 그들은 두려워한다.

수천 년 동안 인간은 수전이 겪고 있는 무서운 현상에 맞서 싸웠다. 그 현상을 찾아내기가 늘 쉬운 것만은 아니다. 우리가 중독으로 인지하는 것을 지칭하는 용어를 가진 고대 문화는 거의 없기 때문이다. 예를 들면, 고대 그리스 세계에는 필로포테스philopotês(술 마시는 시간을 사랑하는 사람)라는 낱말이 있지만,[2] 그 낱말 자체는 반드시 누군가에게 문제가 있다는 뜻은 아니다.

그러나 다른 시대, 다른 문화에도 확실히 중독이 존재한다. 송나라 시인 등잠(滕岑, 1137~1224)은 술을 끊기 위해 신들과 계약을 맺었지만 연회 중에 음주의 유혹을 이기지 못했다. 결국 그는 술을 마시는 것이 자신의 〈진정한 본성〉이라고 확신하며 음주를 합리화했다. 중국 문학 연구자 에드윈 밴 비버오어Edwin Van Bibber-Orr는 시주(食酒)를 묘사한 송나라의 다른 작품 여럿을 찾아냈다.[3] 시주는 갈망, 욕구, 갈증이 특징인 술에 대한 사랑으로 오늘날 우리가 중독이라고 부르는 것과 매우 유사하다.

그러나 역사상 가장 오래된 중독의 사례는 약물이 아니라 거의 인류 문명 자체만큼이나 오래된 역사를 지닌 행위인 도박과 관련이 있다.[4] 인도의 초기 산스크리트어 찬가를 편집한 것으로 모든 언어를 통틀어 가장 오래된 현존 문헌의 하나인 『리그베다 *Rig Veda*』에는 〈노름꾼의 애가 Gambler's Lament〉로 알려진 시가 있는데, 도박 중독을 명료하게 설명하여 깨우침을 준다. 기원전 1천 년 이전에 쓰였을 것으로 보이는 열네 줄의 시가는 주사위 노름의 욕구에 맞서나 성공하지 못한 남자의 절망을 생생하고 상세하게 포착한다.[5]

시의 첫 부분을 보면 이미 많은 사람이 그 노름으로 대가를 치렀음을 알 수 있다. 그 노름꾼은 자신의 진정한 공동체, 헌신적인 아내와 어머니에게 버림받았다. 그렇게 망하기는 했지만, 시의 대부분에서, 그는 멈추려고 애쓴다. 동료 노름꾼들과 함께하지 않기로 결심한다. 그러나 주사위의 유혹을 견디지 못하고 〈연인이 있는 처녀처럼〉 그들에게 달려간다. 몸이 후끈 달아오른다. 주사위가 자신을 좌우하는 것 같은 기분에 휩싸인다.

그 노름꾼은 도박장으로 들어가며 자문한다. 〈내가 이길까?〉 자만심에 우쭐한다. 〈내가 이길 거야!〉
주사위는 그의 바람을 꺾어 상대방에게 승리의 끗수를 주었다.
그것은 그저 〈주사위〉일 뿐이다. 그렇지만 올가미로 낚고 부추기고 타락하게 하고 말려 죽이고 말려 죽이려 한다.
(잠깐은) 어린애처럼 져주지만 곧 강력한 힘으로 짓누른다.
달콤한 꿀에 젖은 승자를.[6]

주사위의 힘은 불가사의하다. (주사위는 〈말려 죽이기〉부터 〈말려 죽이려 하기〉까지 고유의 힘을 갖는다.) 노름꾼은 죄의식에 사로잡힌 흥분과 주사위에 대한 분노, 자신의 유약함에 대한 경멸, 수치심 사이에서 오락가락한다. 주사위가 굴러가면 노름꾼은 중독의 구렁텅이에 빠진다. 〈주사위는 바닥에 구르다가 위로 튀어 오른다. 손이 없는데도 손을 가진 그 사람을 시종처럼 부린다.〉[7] 그래도 노름꾼은 완전히 제압되지 않는다. 노름꾼의 힘과 무기력 사이에 역설적인 작용이 일어나기 때문이다. 그는 때때로 선택을 행사할 수 있으며, 다른 때에는 완전히 제압된다.

시의 마지막 연은 아주 모호하여 호기심을 자아낸다. 현대의 학자들은 심히 다른 번역을 내놓았다.[8] 한 가지 가능한 해석에서는 그 남자가 노름의 족쇄에서 벗어나 친구들에게 그 일로 자신을 미워하지 말고 그들도 벗어나라고 간곡히 부탁한다. 다른 해석에 따르면 그는 주사위에게 자신을 불쌍히 여기라고, 내면의 격분을 진정시켜 주고 다른 희생자를 찾으라고 애걸한다. 또 다른 해석에 따르면 그 연은 다소 냉랭한 분위기를 띤다. 주사위는 중독이 인간에게 행사하는 무섭고 대단하고 영원한 힘에 화를 내는 것이 얼마나 쓸데없는 일인지 이야기한다. 〈오랜 시간 같이한 노름꾼 친구들이여, 우리를 다정히 대하라! 우리의 힘에 넌더리 내지 말라. / 마음속의 분노를 가라앉히고 우리를 다른 이에게 건네주어 그를 점령하게 하라.〉[9]

나는 〈중독〉이라는 낱말을 써왔다. 그러나 조금 더 깊이 들어가기 전에 중독은 종양이나 박테리아가 아니라 하나의 관념이라는 사실을, 더 정확히 말하자면 한 다발의 관념이라는 사실을 재차 강조할 필요가 있다. 중독은 역사적 과정 밖에, 누가 발견해 주기를 기다리는 독립적인 사실로서 그곳에 자리 잡고 있는 것이 아니다.[10] 〈중독〉이라는 용어는 비교적 최근에 와서야 채택되었지만, 중독이라는 개념은 폭넓게 정의하면 일종의 질병이라는 관념부터 의지와 자제력의 포괄적인 철학적 표현까지 많은 것을 포함한다. 현대의 중독 개념이 구체화하기 훨씬 전에, 사상가들은 그러한 관념들을 어떻게 처리해야 할지 골몰했다. 사실상 그들이 우리의 중독 관념의 토대를 형성했다.

중독은 흔히 자유로운 선택 대 절대적인 강박 충동이라는 이분법의 관점에서 설명된다.[11] 사람들은 중독성 행위는 자유 의지에 따른 일종의 선택이라고 주장하면서, 술꾼에게 차꼬를 채우는 것부터 약물을 소지했다는 이유로 사람을 투옥하는 것까지 수백 년 동안 이어진 처벌 조치를 정당화했다. 만일 그들의 약물 사용이 다른 것과 똑같은 자유로운 선택이라면, 그들은 처벌을 포함하여 그 행위에 대한 책임을 받아들여야만 한다. 오늘날 신경 과학자들과 중독 옹호자들이 동정적인 반론으로 흔히 제시하는 반대의 견해는 중독 행위가 무심결에 저지르는 통제할 수 없는 강박 충동이며, 따라서 중독 증세를 보이는 사람은 처벌이 아니라 동정과 치료를 받아야 한다는 것이다.

그러나 『리그베다』의 노름꾼부터 나의 환자 수전까지 여러 사례에서 자유 의지에 따른 선택과 강박 충동의 이분법은 만족스럽지 않다. 실제의 경험은 그렇게 엄격한 이원론에 들어맞지 않으며, 무엇인가에 중독된 수많은 사람은 자신이 자유로운 선택과 통제력의 완전한 상실 사이의 중간에서 혼란을 겪고 있다고 생각한다. 수전에게, 그녀와 비슷한 많은 사람에게 끔찍한 것은, 잘못인 줄 알면서도 그렇게 선택하는 자신을 보는 것이다. 달리 말하자면, 그것은 **부조리한** 선택의 문제이다. 잘못된 선택의 문제인 것이다.

고대 그리스인들은 순간의 판단에 반하는 행동의 경험을 아크라시아akrasia라고 했다. 흔히 〈의지박약〉으로 해석된다.[12] 아크라시아는 단순히 파이를 너무 많이 먹거나 옷에 너무 많은 돈을 쓰는 것처럼 분명코 해롭다고 할 수 있는 행위를 하는 것이 아니다. 냉정한 공리주의적 계산에 따르면 탐닉이 최선의 선택지인 경우는 드물지만, 누구나 무엇인가에 탐닉한다. 아크라시아는 어떤 일을 하지 않는 것이 더 낫다고 정말로 믿으면서도 그 일을 하는 것, 그 순간에 자신의 더 나은 판단에 반하여 행동하고 있음을 인식하는 것이다.

아크라시아는 애초부터 논란이 되는 개념이었다. 소크라테스(플라톤이 설명한 소크라테스)가 『파이드로스Phaidros』에서 개진한 논거는 아크라시아를 간단히 단순한 선택의 문제로 일축했다. 내적 갈등이 있을 수 있지만(쾌락과 분별력이 종종 〈우리 안에서 싸운다〉),[13] 사람은 결코 자신의 더 나은 판단에 반하여 행동하지 않는다는 것이다. 소크라테스는 사람이 욕망과 혐오감에 시달려 결정을 내릴 수 있다고 인정했다. 그렇지만 그는 진실의 순간에 우리는 언제나 자신에게 최선이라고 생각하는 것을 선택한다고 말했다. 나중에 선택을 후회한다고 해도, 그것이 그들에게 자제력이 부족했다는 뜻은 아니다. 소크라테스가 『프로타고라스Protagoras』에서 이렇게 선언한 것은 잘 알려져 있다. 〈자신이 따르는 것보다 더 나은 다른 행동의 경로가 있을 수 있음을 알거나 그렇다고 믿는 사람은 결코 지금의 경로를 계속 이어 가지 않을 것이다.〉[14]

반면 아리스토텔레스는 아크라시아 관념에 깊이 천착했다.[15] 그가 보기에 사람들은 확실히 때때로 자신의 더 나은 판단에 반하여 행동했다. 아리스토텔레스는 선택이라는 관념에서 더 많은 뉘앙스를 보았다. 그는 내적 갈등이 다양한 방식으로 선택에 관여할 수 있다고 믿었다. 그는 묻는다. 이따금 감정이나 오도된 이성이 더 나은 판단을 방해할 수 있다는 것이 사실인가? 그 과정에 대한 현대의 철학자 앨프리드 밀리Alfred Mele의 다음 설명은 익숙하게 느껴질 수 있다. 〈프레드〉는 한 달 동안 식후 간식을 끊기로 결심했다. 15일쯤 지났을 때부터 그의 결심은 조금씩 흔들렸다. 그는 냉장고에서 파이 한 조각을 보았다. 그는 유혹을 느끼며 혼잣말을 한다. 저 망할 것을 먹지 않는 것이 최선일 거라고. 그러고는 나쁜 생각이라고 되뇌면서도 조용히 파이를 꺼내 식탁 위에 올려놓고 보로 덮는다.[16] 소크라테스는 나쁜 선택을 무지 탓으로 돌렸지만,[17] 아크라시아에 관한 이 설명에서 프레드는 자신이 내린 결정을 완벽하게 이해하는 것 같다.

소크라테스의 제자인 플라톤은 나중에 다른 관점에 도달했다. 그는 자제력의 문제를 부분적으로는 자아의 분열과 갈등의 결과로 이해했는데, 이를 유명한 전차의 비유로써 설명했다. 지성인은 긍정적인 도덕적 욕구와 비합리적인 격한 충동의 두 마리 말을 모는 전차병이라는 것이다.[18] 그러한 관념은 고대 문헌에 빈번히 등장한다. 오비디우스Ovidius의 『변신 이야기Metamorphoses』에 나오는 메데이아의 심리적 고투를 예로 들 수 있다. 메데이아는 사랑과 의무 사이에서 분열했다.[19] 〈그러나 나는 이상한 힘에 이끌려 의지를 거슬렀다. 욕망이 한 가지를 권하고, 이성은 다른 것을 권한다.〉

오늘날 중독 연구에서 자아 분열은 어떻게 선택이 혼란에 빠지는지 설명할 때 중요한 요소이다. 예를 들면, 행동 경제학 연구는 지연 할인delay discounting의 심리학적 특징을 설명한다.[20] 사람들은 크지만 늦게 찾아오는 보상보다 작아도 즉각적인 보상을 더 좋아한다는 것이다. 이 과정은 인간에게 보편적으로 적용되지만 중독의 경우에 더욱 현저하다. 즉각적인 보상은 심히 과대평가되어 극단적인 충동을 유발하는데, 이것이 자제력의 상실처럼 느껴진다. 이는 〈통제력 상실〉이 아니라 〈시간 간의 흥정intertemporal bargaining〉이라는 과정 속에 나타난 실패로 볼 수 있다. 현재의 자아가 미래의 자아와 협상하는, 미래의 자아를 비합리적으로 압도하는 과정이다.[21]

이러한 선택 유형들을 제시하는 것은 중독 치료에서 매우 효과적인 요소이다. 가장 분명한 사례는 1980년대에 나왔다. 버몬트 대학교의 심리학자 스티븐 히긴스Stephen Higgins는 〈조건 관리contingency management〉 프로그램을 만들어 코카인에 중독된 사람들을 치료했다. 히긴스는 흔한 상담에 보상 체제를 덧붙였다.[22] 소변 시료가 코카인에 음성 반응이 나오면 운동 장비나 영화표 같은 자그마한 보상을 주는 것이다. 이 전략은 큰 성공을 거두었다. 초기 실험 중 한 사례에서 대상의 55퍼센트가 10주 동안 지속적으로 약물을 끊었다. 비교하자면 일반적인 치료만 받은 사람들의 경우 그 비율은 15퍼센트 미만이었다.

몇십 년간 연구가 이어진 뒤, 조건 관리는 좋은 약물 치료법이 없는 흥분제 문제에서 특히 유효하다는 점이 강력히 입증되었다. 마약이나 술을 복용했는지 확인하는 데 정기적인 소변 검사가 필요했던 나 자신의 치료는 일종의 부정적인 조건 관리였다. 나는 처음에는 금주에 완전히 몰입하지는 않았지만, 의사 면허가 걸려 있었기에 술을 마시지 않기로 했다. 이 의사 건강 프로그램의 5년 성공률이 다른 모든 중독 치료의 효과를 뛰어넘는 75퍼센트 이상의 이례적으로 높은 비율을 보인 것은 대체로 이 강력한 조건 때문이었다.[23]

그러나 어떤 사람들은 아무리 많은 것을 잃어도 멈추지 않는다. 이를테면 25퍼센트는 여전히 5년 목표를 달성하지 못한다. 의사 건강 프로그램에 들어간 나의 친구와 동료 중 일부는 과연 다시 옛 습관에 빠졌다. 그들은 최선을 다해 노력했다. 누구도 다시 술을 마시거나 약물을 복용하면 더 좋을 것이라고 생각하지 않았다. 내 생각에 이러한 결과는 단순한 강박 충동의 힘이 아니라 고정 관념 밑에 숨은 불가해한 내적 힘의 복잡성을 보여 주는 증거이다.

대학을 졸업한 뒤 첫 해, 친구들이 대학원에서 공부를 시작하거나 첫 직장을 잡을 때, 나는 한국의 서울에서 복잡한 거리를 누비는 택시의 뒷좌석에 앉아 있었다. 방향 감각은 진즉에 사라졌다. 나는 새로 사귄 친구 라비와 함께 특별 연구원 자격으로 서울에서 1년 동안 머물 예정이었다. 우리는 여름 내내 한국어를 공부하기로 되어 있었지만, 나는 술을 퍼마시며 장학금을 탕진했고 자유를 만끽했다. 내가 서울을 떠날 때 개인 교습으로 내게 한국어를 가르친 사람은 마지막으로 이렇게 요청했다. 「나를 아는 사람을 만나거든 부탁인데 나한테 배웠다고 말하지 말아 줘.」 나는 한국어로는 택시 운전사하고도 의사소통이 안 된다.

나는 재미있는 경험을 하려고 했고, 실제로 재미있었다. 나는 특별 연구원 자격으로 한국의 신경 과학 연구소에 들어갔는데, 그다지 열심히 연구할 필요는 없었다. 나는 오페라 동아리에서 노래했고, 앙코르 요청이 오면 기꺼이 앞으로 나가 「오페라의 유령 The Phantom of the Opera」에 나오는 노래를 불렀다. 나는 동아시아 곳곳을 여행했다. 오랫동안 불교에 관심이 있었기에 스님을 만나 참선을 배우고 정신 수련을 했다.

그러나 나는 무섭게도 이유를 알 수 없었지만 버둥거리고 있었다. 나는 출중한 자들이 모인 곳에서 장학금을 받으려고 애쓰면서 4년을 보냈지만, 이제 대학을 졸업하고 의대에 진학하기 전이었다. 증명할 것이 없었으니 아직 충분하지 않다고 말하는 내면의 목소리를 달래 줄 만한 멋진 일이 없었다. 나는 능력을 키우려 했다. 거창한 학습 계획을 세웠고, 남들보다 먼저 의과 대학에 입학할 수 있도록 혼자 힘으로 인지 신경 과학을 공부하려 했다. 그렇지만 결국 나는 컴퓨터에 몇 시간이고 붙어 앉아 그 놀라운 오락에 빠졌다. 스타크래프트. 나는 그 게임을 삭제했다가 다시 설치하고는 또 삭제했다. 그리고 나의 밤은 점차 음주로 넘어갔다. 나는 거의 매일 밤 자정이 한참 넘은 시간까지 밖에 있거나 아니면 집에서 선녹색의 작은 병에 담긴 소주를 병째 들이켰다. 아침에 잠에서 깨면 뼈저리게 후회가 밀려왔고, 다시 제자리를 찾으려고 절실한 마음으로 야심찬 계획을 세웠다.

점점 더 나쁜 결과가 찾아왔다. 논문을 제출하기로 되어 있는 연구소 회의를 자느라고 놓쳤다. 보육원 아이들의 놀이공원 현장 학습을 돕겠다는 약속을 지키지 못한 것은 더 나빴다. 나는 인생을 허비하고 있다고, 특별히 주어진 놀라운 기회를 날려 버리고 있다고 생각했다. 도대체 내게 무슨 문제가 있는 것일까?

나의 부모처럼 나도 알코올 중독인지 정말로 궁금했지만, 곧 그 생각을 버렸다. 나는 중독이 강박 충동이라고, 즉 완전한 자제력 상실이라고 생각했다. 그렇지만 나의 문제는 그 정도로 나쁘지 않았고, 나의 행동은 그렇게 극단적이지 않았다. 나는 나의 문제가 자제력이나 계획, 어쩌면 개인적인 발달의 문제라고 판단했다. 명상을 해보려 했지만 잘 되지 않았다. 결국 다시 컴퓨터로 돌아갔다. 손에 소주병을 들고 스타크래프트 게임을 한 것이다.

돌이켜 보면, 나는 중독의 과정에서 결정적인 시점에 있었다. 행동 유형이나 결과의 심각성을 말하는 것이 아니다. 무엇이 중독이고 중독이 아닌지 생각했다는 말이다. 나는 부모님의 문제와 나의 문제가 다르다고 가정하고 그 구분에 집착했다. 그리고 그것 때문에 나는 점차 심해지는 나의 문제에 효과적으로 대처할 수 없었다.

재능을 타고난 북아프리카 사람 아우구스티누스는 열일곱 살 때 오늘날의 알제리 땅인 로마 도시 타가스테를 떠나 오늘날의 튀니지에 있는 북적거리는 대도시 카르타고로 공부하러 갔다. 그는 지극히 도덕적이고 종교적인 사람으로 벽촌인 고향을 벗어나 기독교 신앙을 더 깊이 다지고자 철학에 몰두했다. 그러나 아우구스티누스는 곧 〈욕망의 구렁텅이〉에 빠져 있는 자신을 보았다.[24] 『고백록 Confessions』에서, 그는 〈간음의 끓는 바닷속에서 뒹굴고 쓰러져 허우적거렸다. ……광란에 사로잡혔고 욕정에 나를 온전히 내맡겼다〉[25]고 묘사했다.

히포의 아우구스티누스는 초기 기독교의 가장 중요한 철학자일 뿐만 아니라 기독교 사상 전체를 두고 보아도 가장 중요한 인물일 텐데, 종종 중독의 이른 사례로 인용된다.[26] 그의 『고백록』은 중독을 언급한 최초의 회고록이라고 해도 무방하다. 섹스에 관한 최초의 열두 단계 프로그램*인 〈섹스와 사랑 중독자 익명 모임 Sex and Love Addicts Anonymous, SLAA〉은 〈어거스틴 펠로십 Augustine Fellowship〉으로도 알려져 있다. 『고백록』을 읽고 있던 어느 회원이 이렇게 주장했기 때문이다. 「그는 명백히 우리와 같다.」[27]

그러나 이 점에 주목할 필요가 있다. 어거스틴 펠로십의 회원들은 아마도 성 아우구스티누스의 〈간음〉이 현대의 기준으로는 얼마나 사소한 것인지를 놓쳤을 것이다. 아우구스티누스의 성생활을 보면 그는 대체로 일부일처제에 헌신적이었다. 그러나 그는 섹스를 즐긴 것

---

* twelve-step program. 약물 중독이나 행동 중독, 강박 충동으로부터의 회복을 돕는 서로 돕기 단체. 최초의 프로그램은 1935년에 시작된 〈알코올 중독자 익명 모임 AA〉으로, 이때 처음으로 열두 단계의 회복 과정이 제시되었다.

에 죄의식을 느꼈다. 훗날 그는 섹스를 완전히 끊었지만 욕정과 성적 환상 때문에, 오로지 꿈속에서만 굴복했는데도 여전히 괴로워했다.[28] 이렇게 보면, 그의 문제에 중독이라는 꼬리표를 다는 것은 이상해 보일 수 있다. 〈중독〉은 일반적으로 사회의 다른 인간들과 뚜렷이 구분되는 극단적인 상태를 의미하는 데 쓰는 말인데, 아우구스티누스의 중독은 본질적으로 생각의 중독이기 때문이다.

성 아우구스티누스는 보편적인 신학의 난제를 깊이 파고 있었다. 하느님은 전능해야 하는데, 세상에는 여전히 악이 존재한다. 오늘날 죄악은 흔히 비난과 타락과 결합되지만, 아우구스티누스는 매우 인간적인 현상을 이해하려고 애썼다. 왜 사람은 알면서도 옳은 길을 버리고 고난의 길을 가는가? 아우구스티누스는 특히 단지 죄를 짓기 위한 죄의 파괴적인 충동을 어떻게 설명해야 할지 난감했다. 훗날 에드거 앨런 포Edgar Allan Poe가 〈사악한 영혼〉의 〈돌이킬 수 없는 파멸〉이라고 부르는 것,[29] 〈화를 내고 자신의 본성에 폭행을 가하고 악을 위해 악을 자행하려는 영혼의 불가해한 열망〉을 말한다. 신이 전능하다면 어떻게 그런 일이 가능한가? 아우구스티누스의 답은 모든 인간은 신이 준 자유 의지를 갖고 있지만 그 의지 자체는 아담과 이브의 배반이라는 〈원죄〉의 짐을 떠안고 있다는 것이다. 이를테면 아우구스티누스의 환상 속에 있는 것처럼, 원죄는 모든 인간에게 욕정과 불합리한 충동을 안겨 주었다. 아우구스티누스는 인간의 타락 이전에는 섹스에 욕정이 수반되지 않았으며 자유 의지가 신체의 자극을 완벽하게 통제했다고 믿었다. 그러나 단지 욕정만은 아니었다. 원죄는 기본적으로 우리의 의지를 약화시킴으로써, 그리고 의지를 자유롭게 하는 동시에 심하게 제약함으로써, 인간의 본성을 모조리 바꾸어 놓았다.[30] 아우구스티누스는 욕정에의 〈중독〉을 다른 형태의 고통과 별개로 보지 않았다. 일생 동안 그의 주된 관심사였던, 오도된 의지의 큰 문제들과 동일한 것으로 보았다. 아우구스티누스는 독서와 공부를 더 엄격히 수행하려고 늘 노력했다. 그는 이렇게 끄적거렸다. 〈책 읽을 시간이 없다. ……영혼을 위해 시간을 어떻게 쓸지 계획하고 하루를 준비해야 한다.〉[31] 아우구스티누스는 학계에서 지위가 높아지고 부와 명성이 커지면서 성취와 성공에의 집착을 의지가 방향을 잘못 잡은 죄스러운 일로 보게 되었다.[32] 가장 저급한, 술에 대한 집착으로 이해한 것과 전혀 다르지 않았다. 그는 언젠가 밀라노에서 준비하고 있던 연설에 대해 걱정하면서 걷고 있을 때, 거리에서 술 취한 거지가 웃고 있는 것을 보았다. 그는 자신과 그 거지 둘 다 동일한 광기에 빠져 있음을 깨달았다. 그는 실제로는 거지가 더 나을지도 모른다고 생각했다. 둘 다 행복을 추구했지만, 거지는 자고 나면 술에서 깰 수 있는 반면 아우구스티누스는 날마다 영광에 굶주려 괴로웠다.

종교 사상가들은 오랫동안 그러한 생각 속의 집착을 만인에게 공통된 고통의 근원으로 인식했다. 초기 기독교 교부들은 외진 사막에 은거하여 침묵하면서 마음을 가라앉히고 정신을 〈비웠다〉.[33] 〈모든 형태의 영향〉에서 벗어나려 한 것이다. 마이스터 에크하르트*는 겔라센하이트Gelassenheit, 즉 〈놓아 버리기〉를 실천하여 외부 세계와 신에 관한 선입견으로부터 해방되려 했다.[34] 이와 비슷하게 불교 선승들은 근본적인 중독은 스스로를 붙잡으려는 마음, 확신과 안도를 추구하는 마음에 있다고 가르쳤다. 이는 부처가 처음에 가르친 것의 핵심이며 인간 고통Duhkha(苦)의 문제에 대한 그의 진단에서 주된 요소이다.[35] 불교의 초기 경전은 이 핵심 진단에 대한 언급으로 가득하다. 어느 경전에서는 이 집착을 이 세상의 지각력을 지닌 모든 존재에 공통된 〈정

* Eckhart von Hochheim. 중세 독일의 신비주의 신학자.

신의 병〉이라고 부른다. 쾌락에 (또는 존재나 부재에 대한 갈망에) 〈취하는 성향을 극복한〉 극소수의 사람만이 예외이다.[36] 이러한 견해에 따르면 우리가 중독이라고 부르는 것과 이 타고난 불만족을 스스로 달래고 왜곡된 자아상을 강화하려는 다른 지속적인 시도 사이에는 실질적으로 아무런 차이가 없다.

오늘날 중독에 관한 흔한 가정은 그것이 나머지 사람들과 분명하게 구별되는 독특한 질병이라는 것이다. 그러나 어떤 의미에서 아우구스티누스와 부처는 새롭게 등장하는 다른 시각을 미리 보여 주었다. 현대의 여러 심리학 이론은 중독이 해롭기는 해도 평범한 정신 작용의 하나일 뿐이라는 관념을 지지한다.[37] 예를 들면, 몇몇 설명은 중독을 〈심리적 완고함〉의 표현으로 제시한다.[38] 중독성 행위로 도피함으로써 부정적인 생각과 감정을 조종하고 회피하려는 시도라는 말이다. 그러한 행위에는 물질 사용뿐만 아니라 걱정과 반추, 자기 자극, 여타 부주의한 행동들이 포함된다. 그러한 회피적 반응은 일종의 자가 치료이다.[39] 중독이 〈깊이 자리 잡은〉 문제의 외적 표현이라는 의미에서 그렇다는 말이 아니다. 물질 중독이 보편적인 특징의 한 형태일 뿐이라는 의미에서 그렇다. 인간의 심리는 때때로 고통에 무력하게 대응하는데, 중독은 그렇게 효과 없는 대응 방식의 하나라는 말이다.

중독을 인간 심리 상태의 보편적인 특징으로 보는 관념은 쉽게 받아들여지지 않을지도 모른다. 〈중독자〉와 〈비중독자〉가 근본적으로 다르다는 오늘날의 통상적인 관념과 너무나도 큰 차이가 있기 때문이다. 그 이분법 구도는 오랫동안 중독을 뇌의 기능 부전으로 설명하려 한 환원론적 접근법의 근간이었다. 그러나 최근에 정신 의학 연구에서 **어떤** 정신 질환이든 과연 별개의 실체라고 할 수 있는지 묻는 큰 발전이 이루어지면서 중독이 별개의 질병이라는 관념은 더 복잡해졌다. 여러 해 동안 정신 의학은 정신 질환이 (사람들이 갖는 물건처럼) 명확한 고정된 실체라는 관념을 기반으로 발전했지만,[40] 오늘날에는 모든 정신 질환은 하나의 스펙트럼 위에 존재하는 것 같다는 인식이 높아지고 있다. 예를 들면, 물질 사용 문제는 선명하게 구분되는 스펙트럼 위에 있지만 경증과 중증 사이의 경계선을 어디에 그어야 할지 보여 주는 자료상의 명백한 변이 단계는 없다.[41] 바로 그렇기 때문에 정신 질환을 분류하는 데 사용하는 『정신 질환 진단 통계 편람 DSM』의 최신판에서는 〈물질 남용〉과 〈물질 의존증〉을 구분하지 않는다. 이전에는 후자가 곧 중독이었다. 〈스펙트럼〉 개념은 자폐증부터 무능력과 여타 문제에 이르기까지 점차 설득력을 얻었으며, 신경 다양성* 운동도 이와 비슷하게 정신 질환이 원래 병적이라는 관념에 도전하려 한다.[42] 이 추세는 과학뿐만 아니라 더 깊은 진실에도 큰 진전이 이루어지고 있음을 보여 준다. 〈우리〉와 〈그들〉 사이에 인위적으로 조성된 장벽을, 다시 말해서 정신 질환이 어떻게 복잡한 체계의 일부인지를 모호하게 하는 〈정상〉과 〈비정상〉의 지극히 단순한 이분법을 해체하고 있다.[43]

사람은 여러 가지 이유로 약물을 복용한다. 우리가 이 점을 늘 잊고 있다는 사실보다 더 이 진술의 진부함에 어울리는 것은 없다. 중독자의 회고록을 보면 곳곳에 그 메시지가 울려 퍼진다. 캐롤라인 냅 Caroline Knapp은 어떻게 〈술이 연인이나 늘 옆을 지키는 벗의 역할을 차지하여〉 더욱 뜻깊은 감정을 느끼게 해주는 것 같은 감정적 확실성

---

* neurodiversity. 사람들이 주변 세계를 매우 다양한 방법으로 경험하고 대응한다는 관념. 이에 따르면 사고와 학습, 행동의 유일한 〈올바른〉 길은 없으며, 차이는 결함으로 여겨지지 않는다. 발달 장애로 분류되는 것들이 본래 병리적 현상이라는 관념에 이의를 제기한다.

의 착각을 자아내는지 설명했다. 윌리엄 버로스William Burroughs는 헤로인이 어떻게 〈늙어 가는, 조심스러운, 괴롭히는, 겁먹은 육신의 위협으로부터 잠시나마 벗어나게 해주는지〉설명했다.[44] 유명한 철학자 오언 플래너건Owen Flanagan은 자신의 알코올 중독과 벤조디아제핀benzodiazepine 중독에 관해, 그것이 〈안전하지 않다는 느낌을 비롯하여 내 피부 속의 실존적인 근심〉을 어떻게 치료했는지 상세하게 썼다.[45]

나는 처음으로 술을 마신 때를 생각한다. 고등학교 2학년 시절 어느 멋진 친구의 집에서 맥주 파티를 할 때였다. 나는 모범생 유형이어서 그런 곳에서 환영받지 못했지만, 그때는 반 전체 파티라서 모두가 초대를 받았다.

첫 음주 경험이 마법 같다는 말은 진부하지만, 내게는 정말로 그랬다. 뉴저지 근교의 동굴 같은 지하실에서 빨간 플라스틱 컵으로 맥주 통에서 싱거운 맥주를 퍼마셨다. 마법은 중독이 아니라 일종의 뺄셈이었다. 자의식과 사교적 불안이 증발했다. 자유로웠고 다른 사람들과 연결된 것 같았고 해방된 느낌이었고 즐거웠다. 내가 깔때기를 입에 물고 맥주를 꿀꺽꿀꺽 삼키니 이전에 나를 비비탄 총으로 쏘고 두들겨 팼던 놈들이 박수를 쳤다. 색소폰 시간이 끝나고 친구와 함께 집으로 걸어온 뒤 현관 앞 잔디밭에 쓰러졌다. 너무나 편안해서 웃음을 터뜨렸다. 깊은 숨을 내쉴 때의 느낌이었다.

그해 나머지 기간 동안 술은 나의 좋은 친구이자 동료가 되었고, 대학에 입학 지원서를 낼 때 나는 매사추세츠 공과대학 면접에 술에 취한 채 늦게 나타났다. 꿈에 그리던 학교였는데 망쳐 버렸다.

성 아우구스티누스가 『고백록』에서 한 설명은 오늘날 잔잔히 울려 퍼진다. 내적 갈등을 떠올리게 만들기 때문이다. 아우구스티누스는 정말로 정숙하기를 원한다고 생각했지만 성적 충동에 저항할 수 없었다. 〈나의 두 의지, 오래된 의지, 새로운 의지, 육신의 의지, 영혼의 의지는 갈등하고 있었고, 그 속에서 나의 영혼은 쇠약해졌다.〉[46] 수십 년 전 독일의 의사들은 〈멈출 수 있는 힘das Nichtaufhörenkönnen〉이 〈진짜 알코올 중독〉을 판별하는 주된 기준이라고 했고,[47] 오늘날 몇몇 학자들은 〈아크라시아〉가 중독의 핵심에 있는 신비를 이해할 최선의 방법이라고 주장한다.[48] 그 논지에 따르면, 물질 사용 장애는 아마도 스펙트럼 위에 있을 것이다. 그리고 문제의 위중함을 기준으로 명백한 구분선을 그을 수 없다. 그러나 이 점에서는 분명히 선을 그을 수 있다. 자제력을 잃었다는 주관적인 경험이다.

중독 진단에 적합해 보이는 다른 역사적 인물이 여럿 있지만,[49] 우리는 그들이 성 아우구스티누스와 동일한 성격의 내적 갈등을 겪었는지 늘 알지는 못한다. 그 사례들은 중독 개념의 한층 더 복잡한 면을 가리킨다. 클레오파트라의 연인 마르쿠스 안토니우스는 음주 때문에 허우적거렸다. 율리우스 카이사르 밑에서 부사령관이었을 때 한번은 술에 취한 채 아픈 모습으로 대중 앞에 나타났다. 〈포도주 냄새가 밴 음식 덩어리들을 토해 내어 자신의 무릎과 연단 전체를 뒤덮었다.〉[50] 안토니우스가 책을 써서 자신의 전설적인 음주 습관을 널리 알리며 변호했지만, 세네카 같은 동시대 평자들은 술이 그가 몰락하게 된 주된 원인이라고 지적한다.[51] 마찬가지로 (흔히 알렉산드로스 대왕이라 불리는) 마케도니아의 알렉산드로스 3세의 전기에서도 심해지는 술 문제를 장황하게 늘어놓고 있다. 알렉산드로스는 포도주에 잔뜩 취한 채 페르시아 도시 페르세폴리스를 남김없이 불태웠으며, 술에 만취해 격분하여 사랑하는 조언자 〈검은〉 클레이토스를 죽였고, 술 마시기 시합을 열었다가 부하 수십 명을 죽게 만들었으며, 만성적인 고열에

시달리면서도 의사의 지시를 어기고 과하게 술을 마셔 서른세 살 생일을 한 달 앞두고 죽었다.[52]

이러한 사례들은 손쉬운 정의를 어렵게 만드는 중독의 이질성을 보여 준다. 오늘날에는 중독이 마치 〈정상〉으로부터 확실하게 분리될 뿐만 아니라 사람 간에 차이가 없이 비교적 일정하다는 의미에서 단일하다는 듯이 말하는 것이 일반적이다. 그러나 실제로는 자기 인식의 수준에서도 엄청난 다양성이 있다. 자신에게 문제가 있음을 철저히 부정하고 나아가 내적 갈등의 인식이 전혀 없으면서도 대다수 관찰자에게는 심각한 중독을 지닌 것처럼 보이는 사람들을 어떻게 볼 것인가?

오늘날 응급실은 그러한 경우의 사람들, 다시 말해서 중독 때문에 심한 무능력을 보이지만 자신에게 문제가 있다는 사실을 부정하는 사람들로 넘쳐 난다. 벨뷰 병원의 어느 보고서에는 결국 저체온증으로 사망한 서른두 살 된 중증의 알코올 중독 환자를 설명하고 있다(그는 이미 428번이나 응급실을 찾았고 집중 치료실에도 아홉 번 입원했다).[53] 자신의 내적 갈등에 관해, 또는 내적 갈등의 부재에 관해 무슨 말을 하든지 생명이 위태로운 사람들이 있는 것은 분명하다. 이와 같은 사람들은 〈부정적인 귀결에도 거리낌 없이 지속적으로 사용한다〉는 폭넓은 정의의 중독에는 적합하지만 중독을 아크라시아로 보는 정의에는 들어맞지 않는다.

이는 지극히 중요한 구분이다. 〈외부에서 보는〉 중독의 정의, 즉 자기 분석을 요하지 않는 정의는 타인의 진단을 가능하게 한다. 그것은 물질 사용 문제를 안고 있는 사람들에 대해 개입, 권한 있는 치료, 완전한 통제를 허용한다. 이러한 형태의 정의는 다양한 형태로 오랫동안 중독에 대한 처벌적 접근법의 토대로 쓰였다.

그러나 『정신 질환 진단 통계 편람』은 이렇게 구분하지 않는다. 주관적인 기준과 객관적인 기준을 결합한, 〈물질 사용 장애〉라는 하나의 포괄적 진단만 있다.[54] 본질적으로 자가 진단인 기준을 토대로 물질 사용 장애를 판단할 수 있다. 이를테면 이따금 의도한 것보다 더 많이 사용하는지 아닌지 같은 기준이다. 그러나 더 객관적인 기준에 따라 물질 사용 장애를 진단할 수도 있다. 이를테면 물질 관련 활동에 많은 시간을 사용하는 것, 가정이나 직장에서 문제를 겪는 것, 신체에 해롭도록 물질을 남용하는 것 따위이다.

이렇게 일괄하는 것은 『정신 질환 진단 통계 편람』의 저자들 편에서 보면 의도적인 거래이며, 그 결과로 기준의 신뢰도가 높아졌다. 그렇지만 중독의 이질성을 제대로 평가하지 못하는 대가를 치렀다.[55] 예를 들면, 오늘날 중독자를 변호하는 기조에는 〈중독증을 지닌 사람〉을 더 동정적이고 비난의 의미는 덜한 용어인 〈물질 사용 장애를 지닌 사람〉으로 대체하려는 것이 있다. 그러나 두 용어는 정말로 동등하지 않다. 〈물질 사용 장애〉에는 물질 문제를 겪고 있지만 반드시 내적 갈등과 싸우고 있다고 생각하거나 자신을 중독자로 인식하지는 않는 무수히 많은 사람이 포함된다.

다른 전략은 그 이질성 안에서 더 명확하게 구분하는 것이다. 아리스토텔레스는 아크라시아를 여러 유형으로 분류하는 것이 유용하다고 보았다. 이를테면 격정이나 갈망에서 비롯한, 더욱 뜨거운 〈충동적〉 아크라시아와 〈명민한〉 아크라시아를 대립시키는 것이다. 이와 비슷하게 철학자 해리 프랭크퍼트Harry Frankfurt는 하나의 이정표가 된 1971년 논문에서 〈자발적〉 중독과 〈비자발적〉 중독을 구분했다. 둘 다 약물을 복용하려는 직접적인 욕구를 지녔지만, 자발적 중독은 그 점에서 정신의 갈등을 느끼지 않으며, 비자발적 중독은 그 욕구를 원하지 않는다. 〈비자발적〉 중독을 지닌다는 것은 주관적으로 중독된다는 뜻이다.[56] 아우구스티누스나 나의 환자 수전처럼 자제력을 잃었다는 내적 인식으로 괴로워한다는 말이다. 알렉산드로스는 아마도 〈자발적〉이었을 것이다. 오늘날 응급실을 빈번히 드나드는 수많은 사람과 상습적으로 음주 운전을 하는 사람도 그렇다.

진단은 미묘한 일이며, 주어진 진단으로 해야 할 일이 많기 때문에 어려움은 더욱 커진다. 어떤 것을 정신 질환으로 분류할 것인지 아닌지는 엄청나게 중요한 결정이다.[57] 의학뿐만 아니라 법률, 정치, 사회학 같은 분야에서도 그렇다. 보험금 지급이 문제일 수 있고, 유무죄의 결정이 걸려 있을 수 있다. 질병 상태가 비자발성이나 죄의식의 부재를 의미할 수 있는 철학과 윤리학에서도 중요하다. 질병 진단은 여러 사람에게 여러 가지 다른 것을 의미한다. 학자에게는 연구 자금의 필요성을 주장하는 것, 의사에게는 위험성이나 치료에 관해 의견을 나누는 것, 어떤 이에게는 사회적 변화를 옹호하는 것, 또 다른 이에게는 자신의 정체성을 인식하는 것일 수 있다.

당분간은 그렇게 다양하고 미묘한 개념의 영역을 설명할 언어를 신중하고도 명확하게 사용하는 것이 유일하게 합리적인 해법으로 보인다. 이는 자연스럽게 다른 질문을 제기한다. 〈중독〉이라는 이 복잡한 용어는 어디서 처음으로 쓰였나?

1533년 7월 케임브리지 대학교를 졸업한 지 8년이 된 존 프리스John Frith라는 젊은이가 런던탑에 갇혔고 이후 이단으로 화형을 당했다. 시작된 지 20년이 채 안 된 프로테스탄트 종교 개혁 운동에서 은밀히 활동한 그는 몇 년 동안 지하에 숨어 가톨릭교회를 비판하는 책자를 고생스럽게 써냈다. 프리스는 신앙을 위해 목숨을 바친 수많은 프로테스탄트 순교자의 한 명일 뿐이었지만, 오늘날 언어학자들의 판단에 따르면 그는 영어로 〈애딕트addict(중독자)〉라는 낱말을 처음으로 쓴 사람이었다. 다름 아닌 교황을 비판하는 글에서 말이다.[58]

라틴어 아드 디케레ad-dicere는 〈누구에게 말하다〉라는 뜻이며, 고전 라틴어에서 아디케레addicere는 〈누구에게 양도된〉이라는 법률 용어였다. 그 낱말이 쓰인 한 사례는 채무자가 채권자의 노예가 되어 빚을 갚을 수 있음을 설명했고,[59] 현대의 어떤 작가들은 노예제와 납치, 강요의 저열한 의미를 일깨우고자 이 사실을 열심히 인용한다. 그러나 그 낱말에는 다른 의미도 있다. addicere는 전조를 가리키기도 했다. 새의 비행을 해석하는 것처럼 전조를 통해 신의 뜻을 예측하는 것이다. 그것은 또한 강력한 몰입이나 습관적 행동, 나아가 더 단순하게는 강한 애착을 가리켰다.[60] 예를 들면, 프리스가 자신의 첫 번째 책에서 보여 준 그 낱말의 용법은 이렇다. 〈이 모든 것을 단순한 시선으로…… 판단하라 / 한 가지나 다른 하나에 편파적으로 빠지지addict 말라 / 성서로써 판단하라.〉[61] 독자에게 선입견에 과도하게 집착하지 말라고 권고하는 방법이었다.

프리스와 그의 동아리에 있던 다른 개혁가들에게 〈addict〉는 강력한 낱말이었다. 그 낱말은 잉글랜드 작가들이 어휘를 늘리고 새로운 개념을 표현하기 위해 열심히 다른 언어의 낱말을 빨아들이던 때에 라틴어에서 빌려 온 여러 단어 중 하나였다. 그러한 신조어는 대체로 단명했지만, addict에 관해서는 무엇인가 살아남았다. 〈addict〉는 초기 프로테스탄트들에게 개념적으로 유익한 효과를 주었다. 깊이와 복잡성을 지녔기에 자유 의지와 강박 충동 사이의 그 혼란스러운 회색 지대를 가리키는 데 도움이 된 것이다.[62]

엄격히 말하면, 그 낱말은 어떤 상태가 아니라 행위를 가리켰다.

누구에게 일어난 일이 아니라(addiction은 의지를 무너뜨린 힘이 아니었다) 누가 선택한 것이다. 파우스트처럼 잘못된 방식으로 무엇에 〈빠지는 것addict〉은 실로 비참한 일이었지만, 옳게 빠지는 것은 거의 영웅적인 헌신과 몰입으로서 높이 기릴 만했다.[63]

〈addict〉는 강력했지만 반드시 부정적이지는 않았다. 오만한 인간은 자만심에 빠질 수 있었고, 악한 인간은 죄에 빠질 수 있었지만,[64] 독실한 사람은 예배에 빠질 수 있었다. 그 낱말이 자유에 관해 무엇을 이야기하는지가 중요했다. 〈addict〉는 능동적이면서도 한 개인의 통제력을 벗어난 〈자발적인 강박 충동willed compulsion〉이라는 모순적인 의미를 가리킨다.[65] 그것은 자신의 행위 능력을 버리는 능동적인 과정, 즉 선택을 포기하는 선택이다. 바로 이 역설이, 그리고 그것이 그 시대의 신학적 수수께끼에 잘 어울린다는 사실이 그 낱말을 그토록 매력적이게 한다.

이 초기 프로테스탄트 종교 개혁가들은 성 아우구스티누스와 다르지 않게 운명과 자유에, 그리고 의지의 굴레에 몰두했다. 프로테스탄트 전통은 특히 자유에 깊은 관심을 보인다. 구원을 자기 수양이라는 관념과 연결하기 때문이다.[66] 크리스토퍼 말로Christopher Marlowe가 1604년에 발표한 희곡 『파우스트 박사Doctor Faustus』에 대한 해석은 여러 가지가 경합한다.[67] 파우스트는 달리 행동할 수 있었을까? 그것은 파멸에 관한 음울한 경고였나? 아니면 칼뱅주의의 결정론에 대한 비판이었나? 너무도 해석이 다양하여 전설이 내려올 정도였다. 〈신성 모독〉의 연극이 펼쳐지던 중에 어떤 관객은 미쳤고 실제로 악마가 무대에 나타났다는 것이다. 그러나 『파우스트 박사』는 파멸과 운명에 관한 이야기가 아니다. 자유를 해치는 특정한 형태의 애착에 관한 이야기이다. 특히 파우스트에 관한 이야기를 담은 1592년의 『잉글랜드 파우스트 북 *The English Faust Book*』에서는 파우스트가 〈빠져 있다addicted〉고 묘사한다.[68]

오늘날의 경향은 〈중독〉 상태를 상당히 협소하게 본다. 말하자면 중독은 대개 물질을 수반하면서 극단적인 행위를 보이는 위중한 질환이다. 그렇지만 우리는 일상생활에서 최신 쇼나 애플리케이션, 애호하는 음식, 새로운 취미에 중독되었다는 말을 자주 한다. 나는 중독이라는 낱말의 이러한 용법에 벌컥 화를 내는 연구자와 의사가 있다는 것을 알고 있으며, 나도 그런 경우에 중독이라는 말을 쓰는 것이 불편해졌다. 사람들이 실제로 그 낱말을 어떠한 의미로 쓰려고 하는지 알기까지는 그랬다. 그 낱말은 혼란스러운 선택과 보편성 같은 중독 개념의 기저에 있는 뉘앙스와 복잡성을 훌륭하게 포착하는 동시에 이질성의 여지를 준다.

〈중독〉이라는 낱말은 처음부터 의학적 문제의 협소한 설명이 아니었다. 인간 상태의 핵심적인 불가사의를 이야기하는 데 쓰인 엄청나게 풍부하고 복잡한 용어였다. 중독은 단지 약물에만 관련된 것이 아니라 자발적인 의지와 행위 주체(선택하는 사람이 되는 것)의 문제이기도 했다. 따라서 외견상의 자제력 상실이라는 영원한 수수께끼의 문제였다. 중독에 관해 말할 때는 명료함이 중요하지만 그 낱말을 둘러싼 모순을 끌어안는 것도 중요하다. 500년간 이어진 문화에 맞서기보다 그 확장성과 유연성을 기꺼이 받아들이는 것이 더 낫다. 우리는 중독이라는 말을 큰 실수로, 너무 모호하고 변화무쌍하여 무의미하고 오해를 불러일으키는 낱말로 볼 수 있다. 또한 달을 가리키며 손가락 끝만 쳐다보는 것일 수도 있다. 모호하고 혼동을 일으키지만 궁극적으로는 인간적인 것을 가리키는 말이다. 나는 후자가 더 좋다.

2
유행병

1492년 10월 말, 크리스토퍼 콜럼버스Christopher Columbus는 조급해졌다. 첫 번째 탐험의 성과가 초라했기 때문이다. 선원들이 폭동을 일으키기 직전이었고,[1] 원주민인 타이노Taino족과의 교역은 실망스러웠다. 콜럼버스는 금을 원했다. 아니면 중국에 닿기라도 해야 했다(그는 자신이 아시아의 끝자락에 당도했다고 확신했는데, 죽을 때까지 이 망상에서 벗어나지 못했다). 11월 1일, 선원들이 쿠바의 북동쪽 해안에 닻을 내렸을 때, 콜럼버스는 중국 본토에 닿은 것이 분명하다고 판단했다. 그는 재빨리 잎이 무성한 이국적인 식물로 가득한 숲속으로 정찰병 로드리고 데 헤레스Rodrigo de Jerez를 파견했는데, 칸(可汗)에게 전할 소개장을 쥐어 주고 몇 명을 더 딸려 보냈다.

데 헤레스와 그의 동료들은 닷새 후 돌아왔다. 그들은 타이노족의 커다란 부락을 발견했지만, 콜럼버스에게는 실망스럽게도 향신료도 금도 거대한 중국 제국의 흔적도 없었다. 주목할 만한 발견이라고는 처음 보는 식물을 말아 불을 붙이고 연기를 (의도적으로) 흡입하는 원주민의 기이한 관습이 전부였다.[2]

이 관행은 그들이 전혀 모르는 것이었고(그때까지 유럽인은 흡연의 경험이 전혀 없었다), 실망한 콜럼버스는 자신이 훗날 아메리카의 엄청난 환금 작물이 되는 것을 발견했다는 사실을 인지하지 못했다. 그러나 데 헤레스는 사람들이 종종 그렇게 되듯이 곧 담배가 좋아졌고, 에스파냐 남서부 아야몬테의 고향으로 그 관습을 들여왔다. 고향의 이웃 사람들은 그의 입에서 뿜어져 나오는 짙은 연기를 보고 혼비백산하여 그가 마술을 쓴다며 이단 재판소로 끌고 가 고발했다. 데 헤레스는 감옥에서 7년을 보냈다.[3] 그가 석방되었을 무렵, 유럽 엘리트층에서 담배는 악마의 식물에서 새로운 유행으로 바뀌어 있었다. 담배는 곧 유라시아 전역으로 퍼져 나갔고 현대 문화의 거의 모든 곳에서 볼 수 있게 되었다.

지구상의 모든 인류 문명은 정신에 영향을 주는 물질과 모종의 관계를 발전시켰다. 담배와 타이노족 사회 같은 경우에 인간과 약물은 평화롭게 공존한다. 사회적 관습과 전통적인 지식이 약물 남용을 억제하기 때문이다. 그렇지만 때로 그 관계에 긴장이 생긴다. 새로운 약물의 출현이나 기존 약물의 변형으로 사용이 극적으로 증가할 때가 그러한 경우이다. 수백 년 동안 이러한 급격한 증가의 파고와 이에 연관된 문제들은 널리 〈유행병〉으로 설명되고 이해되었다.

〈유행병〉이라는 낱말이 약물 위기를 설명하는 데 쓰이는 방식은 분명하지 않으며 때때로 명백히 해롭다.[4] 이를테면 그 용어는 약물의 습득 기회 확대, 사용, 해악, 중독 등 다양한 뜻으로 쓸 수 있다. 〈유행병〉이라는 말은 또한 의학적 모델을 암시하기도 한다. 그런 의미의 〈유행병〉은 다른 사회적 요인들의 작용을 모호하게 할 가능성이 있으며, 약물은 뿌리 뽑아야 할 일종의 병원체라는 것을 암시한다. 이러한 경고는 유익하지만, 약물 위기를 유행병이라 부른다고 해서 의학의 영역이 이를 다루는 데 가장 좋다거나 모든 약물을 근절해야 한다는 의미는 아니라는 점을 인식하는 것이 중요하다. 이 점을 염두에 두고, 나는 책에서 이러한 현상을 유행병이라고 부르겠다. 다른 무엇보다도 수백 년 동안 그렇게 이해하고 논했기 때문이다.

거듭 되풀이된 유행병을 자세히 살펴보면 그것을 일으킨 힘과 그 여파로 생겨난 중독이라는 관념 둘 다 더 잘 이해할 수 있다. 담배부터 시작하여 일련의 유행병이 주기적으로 근대 세계를 괴롭히고 혼란을 초래하면서, 야만적이고 위험한 약물, 탐욕스러운 상업 세력, 뿌리 깊은 사회적 문제 등 다양한 설명 방식이 나타났다. 넓은 시각에서 보면 그러한 힘들이 종종 서로 중첩되고 공존하기 때문에 각각의 설명에 일말의 진실이 있음을 알 수 있으며, 또한 유행병이 실제로 지닌 해악에 비해 과도한 공포를 주입할 때가 많다는 사실도 알 수 있다.

콜럼버스의 여정은 새로운 시대가 열릴 때 시작되었다. 오늘날 중독에 관한 선도적인 역사가 중 한 명인 데이비드 코트라이트David Courtwright는 이를 〈정신 활성 혁명〉이라고 불렀다.[5] 강력하고 이따금 무섭기도 한 새로운 향정신성(向精神性) 물질이 끝없이 밀려온 시대였기 때문이다. 1500년경 유럽에는, 비록 술은 흔했지만, 코카인과 담배부터 커피와 차에 이르기까지 오늘날 사회를 지배한 다른 중독성 물질 대부분이 전혀 알려지지 않았다. 그러나 1500년 무렵부터 1789년까지 대양을 넘나드는 상업과 정복의 물릴 줄 모르는 욕망은 이문이 남는 교역로뿐만 아니라 정신과 육체에 강력한 효과를 내는 일군의 외국 식물도, 그리고 의미심장하게도 그 사용법에 관한 새로운 발상도 가져왔다.

커피와 차, 초콜릿은 유럽에 들어온 지 몇십 년이 지나지 않아 대량으로 생산되는 〈중독성 약한 약물〉로서 폭발적으로 증가했고,[6] 그 결과 새롭게 인식이 확대되었고 사회적으로 용인된 영역 밖에서 사용하는 약물의 종류가 늘어났다. 설탕조차도 처음에는 국왕과 귀족만 쓸 수 있는 진귀한 조제 약품이었고 나중에 가서야 근대 서구 식품의 기본이 되었다. 마찬가지로 전근대 유럽인은 아편을 의학적 용도로만 사용하는 경향이 있었지만, 일찍이 16세기에 포르투갈의 용감한 의사이자 식물학자인 가르시아 드 오르타Garcia de Orta는 인도의 고아에 갔다가 인도 사회의 어떤 사람들은 정신병을 진정시키는 데 아편을 쓴다는 소식을 갖고 돌아왔다.[7] 드 오르타의 보고는 그 후 19세기 초 새뮤얼 테일러 콜리지Samuel Taylor Coleridge 같은 낭만주의자들의 오리엔탈리즘 연구에 이르기까지 조금씩 늘어난, 아편의 비의학적 사용에 관한 많은 설명 가운데 하나였을 뿐이다.

새로운 약물의 사용은 특히 사회적으로 용인된 범위 밖에서 점점 더 널리 퍼지면서 종종 다른 새로운 현상을 초래했다. 약물 공포증이다. 약물 공포증은 일종의 모럴 패닉*으로서 엘리트 세력이 만들어 냈다고는 할 수 없어도 거의 언제나 그들이 불을 지폈고, 이따금은 급속한 변화를 겪는 사회에서 사회적 질서를 보강하는 데 쓰였다. 담배는 처음에는 진기한 특별한 약이자 거의 초자연적인 만병통치약으로서 프랑스의 젊은 외교관 장 니코Jean Nicot가 왕실에 보급했다.[8] 잉글랜드에서는 월터 롤리Walter Raleigh가 기분 전환용 흡연의 유행을 조장했다. 처음에는 유한계급만의 기호였다. 멋쟁이들은 담배 연기로 정교하게 구름이나 고리를 만드는 법을 배웠고, 〈연기를 내뿜는 호걸〉은 금과 은, 상아로 장식된 담뱃갑을 휴대했으며, 칼끝에 석탄을 얹어 담뱃대에 불을 붙였다.[9] 그러나 담배는 모든 사회 계층에 폭넓게 확산되면서 강한 두려움을 불러일으켰으며 점차 담배를 통제하려는 필사적인 시

* moral panic. 사악한 인간이나 물건이 공동체의 가치관과 안정을 해친다는 비합리적 공포가 널리 퍼진 현상.

담배를 피우는 월터 롤리 경의 모습을 그린 19세기 중반 목판화. 전설에 따르면, 그가 불에 탈까 봐 걱정한 하인이 그에게 물 한 동이를 뿌렸다고 한다.

도가 나타났다. 무굴 제국 황제 자한기르Jahangir는 흡연을 완전히 금했고, 교황 우르바누스 8세Urbanus Ⅷ는 코담배를 피우는 자들을 파문하겠다고 위협했다(코담배는 흡연 담배의 기본적인 형태이며, 전하는 바에 따르면 우르바누스 8세는 미사 중에 발작적으로 재채기를 했다는 사제들의 설명에 분개했다고 한다).[10] 러시아와 일본, 중국의 통치자들도 전부 흡연자들을 가혹히 처벌했다.[11] 오스만 제국의 술탄 무라트 4세Murad Ⅳ는 1620년대와 1630년대에 담배를 피우는 자들을 무거운 벌금에 처했고, 때로는 사형으로 처벌했다. 언젠가는 장교 스무 명을 〈가장 심한 고문을 가한 뒤〉 처형했다.[12] 그러나 무슨 일이 일어났든 담배는 계속 퍼졌다. 멈출 수 없을 것만 같았다. 무라트 4세가 죽인 오스만 제국 군인들은 어땠을까? 몇몇은 소매에 담뱃대를 몰래 숨겨

처형 중에도 마지막으로 몇 모금 빨아들일 수 있었다.

근대 초의 약물 반대 정서는 낯선 것과 계급, 죄악, 반란과 밀접한 관련이 있다. 잉글랜드 왕 제임스 1세 James I 는 죄악과 마법에 집착한 진지하고 독실한 사람으로, 위험스러울 정도로 비의학적인 새로운 관행을 겨냥하여 1604년에 『담배에 강력히 반대한다 A Counterblaste to Tobacco』를 발표했다.[13] 그는 책에서 〈신을 믿지 않고 노예근성이 있는 미개한 인디언의 야만적이고 짐승 같은 습속을, 특히나 그렇게 혐오스럽고 역겨운 관행을〉 흉내 내는 신민을 호되게 질책한다. 담배에 반대한 잉글랜드의 다른 작가들은 그를 따라 〈용납할 수 없는 역병〉에 공포심을 드러냈다.[14] 이 시대의 약물 공포증은 그러한 두려움이 실제의 의학적 해악이나 〈중독성〉에 대한 염려와 얼마나 무관한지를 보여 줄 뿐이다. 사람들은 아직 흡연에 따른 건강상의 위험을 인식하지 못했고, 약물과 연관된 의학적 문제로서의 중독이라는 관념은 역사의 그 시점에는 분명하게 드러나지도 않았다. 그렇지만 오늘날 우리가 알고 있듯이 실제로 해악이 있었고, 시나브로 작동하는 다른 힘도 있었다.

나는 성장하면서 뉴저지의 해변을 사랑하게 되었다. 오락장이 늘어서 있는, 나무판자를 깔아 만든 넓은 산책로를 사랑했다. 나는 여름 내내 귀에 거슬리는 소음을 내뿜는 스키볼 Skee-Ball 게임과 돌림판 게임 앞에서 놀면서, 뉴욕 양키스 라인업에서 내가 좋아하는 선수들의 카드를 손에 넣기를 간절히 바라며 야구 선수 카드와 맞바꿀 수 있는 교환권을 모았다. 내가 유일하게 몹시 싫어한 것은 드라이브였다. 처음부터 끝까지 차 안에는 담배 연기가 자욱했다. 아버지와 어머니 둘 다 줄담배를 피워 댔기 때문이다.

간접흡연은 1980년대에 건강의 문제로 널리 알려졌다. 나는 초등학교에 다닐 때에도 그 위험성을 알았다. 아버지와 어머니는 왜 그 위험성을 인식하지 못하는지 이해할 수 없었다. 차의 뒷좌석에 혼자 앉아 있을 때면 제발 창문을 내려 달라고 애걸했다. 그러면 아버지는 마지못해 앞쪽 창문을 고작 2~3센티미터 내렸다.

두 사람의 흡연은 내 마음을 짓눌렀다. 나는 제발 그만하라고 애걸하면서 소리를 지르고 욕설을 내뱉고 발을 굴렀다. 부모님은 담뱃갑을 감추었지만, 나는 이를 찾아내 보란 듯이 과장된 몸짓으로 담배를 분질러 버렸다.

매우 생생한 어릴 적의 기억 중 하나는 베갯잇에 난 담배 자국이다. 베갯잇마다 총탄의 흔적처럼 담뱃불에 그을린 자국들이 점점이 흩어져 있었다. 어떤 것은 자그마한 구멍일 뿐이었지만, 어떤 것은 긴 타원형으로 가장자리에 검게 탄 흔적이 남아 있었다. 당시에 나는 이것이 정상이 아니란 것을 알았지만, 내 생각에, 불에 그을린 작은 흔적들이 담배 때문만이 아니라 술 때문이기도 하다는 점을 완전히 인지하지는 못했다. 결국 불에 탄 자국이 남게 된 것은 음주 때문이었다. 나의 부모가 왜 거의 매일 밤을 텔레비전 앞에서 보냈는지, 왜 그토록 쉽게 흥분하고 예측하기 어려울 만큼 감정 변화가 심했는지도 음주로 설명된다. 나는 그 이유를 어느 정도는 알고 있었다. 일찍부터 두 사람을 예의 주시 했기 때문이다. 어떻게 말하는지, 말을 분명하지 않게 얼버무리는지 아닌지, 그렇다면 얼마나 심한지, 주의력이 어떤지, 바보같이 구는지, 그런 행동이 단순한 장난인지 아니면 그 이상의 무엇인가를 예시하는 전조인지 다 알았다. 나의 부모는 술을 마시면 끔찍할 정도로 어린애처럼 굴었다. 어릴 적의 나에게는 담배가 더 안전하고 실체가 더 분명한 것이었다.

해적을 주제로 꾸민 해변의 해산물 식당에서, 나는 마라스키노 체리가 들어간 칵테일에서 그 열매만 즐겨 빼 먹곤 했다. 열매를 꿰고 있는 얇은 플라스틱 꼬챙이를 갖고 놀면서 입을 얼얼하게 하는 강한 맛을 즐겼다. 생각해 보라. 그것이 내가 진정 처음으로 맛본 술이었다. 달콤했다. 사랑에 빠졌다.

어마어마한 갑부인 새클러Sackler 가문이 최근까지 소유한 제약 회사 퍼듀 파마Purdue Pharma는 오늘날 오피오이드 유행의 주된 원흉으로 등장했다. 이유가 있다. 1996년 그 회사는 옥시콘틴OxyContin을 출시하면서 제약 산업 역사상 최대 규모로 매우 정교한 마케팅에 착수했다. 사람들이 중독의 두려움을 극복하도록 엄청난 광고를 쏟아부었는데, 사악하게도 일반의가 그 전략의 중심이었다. 회사는 권위 있는 선도자들에게 돈을 주어 그 약이 안전하다고 설명하게 하고 만성 통증 치료에 관해 전문 의학 단체에 서한을 보내게 했다. 또한 돈을 들여서 수많은 임상 의사를 의학 회의에 불러들이고는 고심하여 정교하게 꾸며 낸 메시지를 주입했다. 2001년 옥시콘틴이 남용되고 있다는 인식이 퍼지자, 퍼듀 파마의 이사들은 의회에 나와 자사의 마케팅은 〈보수적〉이라면서, 문제는 약물을 남용하는 나쁜 사람들에게 있으며, 어쩌면 과잉 처방을 하는 나쁜 의사들에게 있을 것이라고 증언했다.[15] 여러 주에서 남용을 억제하려는 법안을 마련하자, 퍼듀 파마는 법안을 무산시키려고 은밀히 로비를 벌였다. 이 글을 쓰고 있을 때, 그 회사는 옥시콘틴 판매에 관해 연방 정부를 오도한 책임이 있다고 유죄를 인정했으며, 파산 절차를 밟느라 지금까지도 골머리를 앓고 있다. 소유주인 새클러 가문은 회사를 완전히 잃어버리게 될 것이고 2억 2500만 달러의 과징금을 지불해야 하지만,[16] 그럼에도 110억 달러 이상으로 추정되는 막대한 재산을 대부분 지킬 수 있을 것으로 보인다.

퍼듀 파마 혼자 옥시콘틴 유행병을 일으킨 것은 아니지만, 그 회사가 그 유행병에 크게 일조한 것은 분명하다. 퍼듀 파마의 경영진이 선전의 달인들이기는 해도, 그들이 한 일에 정말로 새로운 것은 없었다. 그들은 수 세대에 걸쳐 발달한 기존의 큰 체계 안에서 한 가지 역할을 했을 뿐이다. 역사를 통해 보건대 단지 새로운 약물뿐만 아니라 그 약물을 선전하여 판매한 강력한 산업도 유행병의 주연이다.

중독 연구자 짐 오퍼드Jim Orford에 따르면, 퍼듀 파마같이 〈중독 공급 산업〉에 뛰어든 회사들은 성격상 인간의 욕구를 강력히 지배하는 제품을 판매한다.[17] 향정신성 물질은 뚜렷한 특징을 갖는 소비재이다. 경제적인 관점에서 말하자면 그것들은 비교적 〈비탄력적〉이다. 일반적인 생산품에 비해 수요와 공급의 법칙에 영향을 덜 받는다는 뜻이다. 탄산수 가격이 오르면 사람들은 물을 구매한다. 헤로인 값이 오르면 사람들은 그 효과를 내는 방법을 알아내려 한다.[18] 헤비 유저heavy user는 향정신성 약물 시장에 놀랍도록 큰 영향을 미칠 수 있다. 예를 들면, 대마초 구매자의 4분의 1이 대마초 판매량의 거의 4분의 3을 가져간다.[19]*

중독 가능성이 있는 제품은 일반적인 상품이 아니다. 그러한 생산물은 폭넓게 해를 끼칠 수 있는데, 회사들은 대개 그러한 해악이 초래하는 비용을 직접적으로 부담하지 않는다. 중독에 따른 정신적 절망, 음주 운전 사고, 간경변, 암, 폐기종, 과잉 투여 등 이러한 해악은

* 책에서 나는 〈마리화나marijuana〉 대신 〈대마cannabis〉라는 단어를 쓴다. 대마가 그 식물의 학명이고, 〈마리화나〉라는 낱말이 그 약물에 의도적으로 부정적이고 인종주의적인 함의를 붙여 주기 전에는 오랫동안 대마라고 불렸기 때문이다 — 원주.

경제학의 용어를 빌리자면 〈외부 효과externality〉이다. 원인을 제공한 자들이 부담하지 않는 비용인 것이다.

그러므로 우리를 이러한 해악으로부터 보호하는 것은 정부와 단속 기관의 일이다. 그러나 중독 공급 산업의 초창기부터 이러한 형태의 개입은 금전적인 유인에 의해 효과가 줄어들었다. 17세기에 들어설 무렵 잉글랜드의 제임스 1세는 담배세를 **4천** 퍼센트 인상할 수 있었다. 한 가지 이유는 에스파냐 제국과 포르투갈 제국이 담배를 생산하는 식민지를 전부 장악했기 때문이다. 담배 수입 비용의 증가는 잉글랜드 경제에 나쁜 영향을 미쳤다.[20] 그러나 그때 잉글랜드 식민지에서도 담배가 생산되면서 이 약물의 수입은 양측에 공히 재정적으로 이익이 되었고, 따라서 1643년 잉글랜드 의회는 보호무역주의적 세제를 버리고 한 발 더 나아가 그 교역을 장려하기까지 했다.[21] 이로써 그 위험한 침입자는 잉글랜드 문화의 일부로 받아들여진다. 야만인의 관습이 아니라 화롯가에서 편안하게 즐기는 담배가 된 것이다.

담배의 경우에 이러한 유형은 거듭 되풀이되었다. 17세기 말 러시아의 표트르 대제Pyotr I는 결국 담배 밀수가 만연해 있다는 사실을 인정하면서 콧구멍을 찢고 코를 전부 잘라 내는 가혹한 처벌을 중단했고 담배의 판매와 소비를 허가했다.[22] 정부로서는 담배를 막을 수 없다면 차라리 그것으로 돈을 버는 것이 나았다. 프랑스의 리슐리외Richelieu 추기경부터 이탈리아의 여러 공화국과 합스부르크 왕가 오스트리아의 다른 지도자들까지 선례를 따라 담배 금지를 포기하고 대신 세금과 전매 등의 전략으로써 그 새로운 작물로부터 이득을 취했다.[23] 이러한 유형은 약물의 역사 전체를 관통하여 주기적으로 반복된다. 향정신성 약물에 부과한 세금은 식민 제국 재정의 토대가 되었다. 1885년이면 술과 담배, 차로 거두어들인 세금은 영국 정부 세입의 절반에 가까웠다.[24] 마찬가지로 세입의 필요성은 미국(대공황 시기)과 인도에서도 금주를 무너뜨리는 데 일조했다.[25] 인도의 경우에 헌법은 금주를 권고했지만, 인도의 대다수 주는 주세 세입에 과도하게 의존했다.

약물로 벌어들이는 수입 때문에 각국 정부는 이 체제의 다른 해악을 무시한다. 그중에는 중독을 넘어서는 것도 있다. 중독은 흔히 일종의 억압이나 속박으로 이야기된다. 중독의 역사가 예속과 정복의 체제와 연결되는 것은 우연이 아니다.[26] 17세기 초 힘겹게 버티던 제임스타운 정착지를 구한 것은 담배였고,* 식민지 개척민들이 들판에서 일할 노예 계약 노동자들을 충분히 얻을 수 없게 되자, 버지니아의 플랜테이션 농장으로 최초의 아프리카인 노예들이 끌려왔다.[27] 아메리카 식민지의 플랜테이션 농장 덕분에 잉글랜드 담배 산업이 폭발적으로 성장하면서, 유럽의 담배 상인들은 담배 무역을 촉진했을 뿐만 아니라 버지니아 식민지가 노예에 세금을 부과하지 못하게 했고 잉글랜드 국내의 노예제 반대 운동을 막았다.[28] (노예 노동으로 경작한 다른 중요한 상품은 당시에는 마찬가지로 약물로 여겨진 카리브해의 설탕이었다.)[29]

이윤이 기본적인 원리가 되자, 중독 공급 산업은 당연히 제품을 최대한 많이 판매하고자 했다. 퍼듀 파마가 등장하기 훨씬 전부터 제약 회사들은 소비자와 의사에게 직접 약물을 선전하는 것이 얼마나 효과적인지 알았다. 미국 회사 파크 데이비스Parke, Davis & Co.는 1880년대에 〈피로〉와 〈과로〉에 코카인을 쓰라고 권고했으며, 비슷한 시기에 독일 회사 메르크Merck는 코카인이 모르핀과 술 문제를 치료

* 1614년 존 롤프John Rolfe가 잉글랜드인들이 아메리카에 세운 최초의 영구 정착지인 버지니아주의 제임스타운에 담배 씨앗을 들여와 재배에 성공했다.

하는 데 〈앞날이 매우 밝다〉고 단언했다.[30] 일군의 학자들이 한 말을 빌리자면, 이러한 방법은 거듭 〈산업적 유행병〉을 낳았다.[31] 기업들의 유해한 제품(현대의 사례를 들자면 술과 가공식품, 총도 포함된다) 생산을 장려하고 이러한 생산물의 해악을 제한하려는 공중 보건 조치를 무산시키면서 초래된 것이다. 기업들이 점점 더 커지고 국제화하면서 이 과정은 더욱 심화되었다.

담배는 아마도 현대에 가장 잘 알려진 산업적 유행병일 것이다. 제2차 세계 대전 후 흡연과 암이 관련이 있다는 연구가 등장하면서, 담배 산업은 대중에게 흡연이 안전하다는 점을 납득시키기 위한 광고에 수백만 달러를 쏟아부었다.[32] 담배 회사의 경영진은 일찍이 1963년에 내부 문서에서 니코틴이 중독성이 있다고 인정했지만 공개적으로나 의학적으로는 그러한 인식에 결연하게 맞서 싸웠다. 어느 담배 회사의 한 임원은 1969년 내부 문서에 자신들의 전략을 이렇게 설명했다. 〈의심은 우리의 상품이다. 일반 대중의 마음속에 있는《사실의 집합》에 맞설 가장 좋은 수단이기 때문이다.〉[33] 담배 회사들은 또한 어떤 흡연자는 스스로 절제하거나 금연할 수 있었음을 보여 주는 조사 결과를 이용하여 개별 소비자에게 책임을 돌렸다. 그들은 이런 일에 능숙했다.

거짓으로 안전성을 광고하고 해악의 증거를 공격하고 개인에게 책임을 돌리는 이러한 전략은 당연히 중독 공급 산업에만 국한되지 않으며, 담배 회사들이 개척한 의심 마케팅은 과학을 왜곡하여 공중 보건 위험성의 이해를 모호하게 하려는 〈제품 방어 산업〉을 낳았다. 기후 변화는 수백 년 동안 석탄과 석유, 가스를 연료로 사용하여 얻어 낸 경제 성장의 지연 비용으로 오늘날의 〈최대 외부 효과〉이다. 화석 연료 회사들은 그러한 기후 변화에 관해 의심을 조장하기 위해 동일한 전략을 사용하고 있다.[34] 이러한 유형은 우리가 중독이라고 일컫는 것이 단순히 약물이나 다른 생산물에 내재하는 〈중독성〉의 결과만이 아니라는 점을 증명한다. 그것은 대개 체제의 특징이다. 중독은 이따금 보이는 나쁜 행위자의 문제가 아니다. 중독 유행병은 근대 세계 수백 년 동안 인간 삶의 특징이었다. 산업이 잠재적으로 해로운 제품을 그 해악의 비용을 전혀 지불하지 않고도 판매할 수 있는 한, 이 유형은 계속될 것이다.

동시에 개인처럼 사회도 나름의 이유로 약물을 사용하기도 한다.

중독 유행병이 발발하면, 우리는 그 이유가 무엇인지 알고 싶다. 그것은 이를테면 트라우마나 뇌 질환, 끊을 수 없는 해로운 약물, 나쁜 〈필밀〉* 의사, 유전적 결함, 의지박약이나 윤리 의식의 부족 등 서로 교차하는 여러 요인의 복잡한 거미줄일 수밖에 없는데, 너무나 자주 한 가지 지극히 단순한 이야기로 축소된다. 독일의 두뇌 연구자 에른스트 푀펠Ernst Pöppel은 그러한 충동에 〈모든 것을 다 설명하는 단일 원인에 대한 사랑〉이라는 뜻의 단일 원인 도착증monocausotaxophilia이라는 이름을 붙여 주었다.[35] 사람들은 해답을 원하며, 어쩌면 그것을 넘어서 원흉을 찾을 것이다. 위험한 약물이나 약물을 요란하게 판매하는 위험한 회사라는 관념이 쉽게 그 역할을 떠맡지만, 때때로 원인은 더 깊은 곳에, 더 복잡한 형태의 사회적 상처에 있기도 하다.

1720년대, 포위 공격을 받고 있던 아메리카 원주민 사회에 똑똑한 소년이 태어났다. 오늘날의 코네티컷주 세임스강 유역에 짙은 숲을 이룬 강둑을 따라 모히건Mohegan족 350명이 살고 있었는데, 샘슨

* pill mill. 외관상 일반적인 의원과 비슷하지만 충분한 진찰 없이 마약성 진통제만 처방하는 불법 시설.

오컴Samson Occom은 한때 수천 명을 헤아렸던 그 부족의 마지막 생존자 중 한 명이었다. 모히건족은 불운하게도 잉글랜드인의 영구 정착지와 매우 가까운 곳에 살았다. 잉글랜드인들이 뉴런던이라고 이름을 붙인, 수심 깊은 훌륭한 정박지에서 불과 몇 킬로미터밖에 떨어져 있지 않았다. 모히건족 사회는 여러 해 동안 질병과 가난, 전쟁, 착취, 그리고 근대 초의 큰 유행병에 파괴되었다. 이 경우에 그 유행병은 유럽에서 들어와 퍼진 것으로 바로 술이다.

증류주 때문에 원주민 문화는 큰 대가를 치렀다.[36] 사냥꾼이 겨울의 추위를 느끼지 못하고 얼어 죽는 것 같은 직접적인 해악이 전부는 아니었다. 술은 그들의 영혼을 갉아먹는 것 같았다. 술에 취한 남자는 아내를 구타했다. 보통은 진지하고 정중했던 협정의 교섭이 폭력으로 변질되었다. 오컴이 태어날 때쯤 코네티컷 식민지의 관리들은 알코올의 힘에 크게 놀랐다. 술은 모히건족 문화의 도덕을 해치고 파괴한 것 같았다.

오컴은 유럽에서 들어온 다른 중요한 것, 즉 기독교에 몰입했다. 오컴은 북동부 전역에 야영지를 차리고 무아지경의 집회를 연 열정적이고 낙관적인 복음주의 운동인 제1차 대각성 시기*에 성장했다. 엄청나게 많이 모인 사람들이 울부짖으며 〈거듭남〉을 체험했고, 청년 오컴도 뜨거운 개종을 경험했다. 오컴은 이 새로운 신앙이 부족을 구원할 길이라고 믿게 되었다. 그는 선교 활동을 준비하고자 지역의 설교사인 목사 엘리에이저 휠록Eleazar Wheelock에게 자신을 제자로 받아달라고 설득했고, 오컴이 재빨리 영어와 히브리어, 그리스어, 라틴어를 습득하자 휠록은 크게 놀랐다.[37]

오컴은 경건하고 헌신적이었으며 열심히 임했다. 그는 만성적인

* 1730년대와 1740년대 영국과 북아메리카 식민지를 휩쓴 기독교 신앙 부흥 운동.

통증과 여러 가지 질환으로 고생하면서도 수백 킬로미터를 이동하며 다른 원주민 부족에게 설교했다. 롱아일랜드 동쪽 끝의 몬토크Montauk 족부터 뉴욕 식민지 북부 짙은 숲의 이로쿼이 연합Iroquois Confederacy에 이르기까지 그는 어디서나 알코올 문제를 목격했다. 이 청년은 곧 이 외래 약물에 다른 중요한 차원이 있음을 깨달았다. 술은 착취의 도구였다. 천연두처럼 술도 단순한 침입자가 아니라 의도적으로 퍼뜨린 억압의 도구였다.[38] 식민지 개척자들은 원주민에게 음주를 권하여 저항을 무력하게 하고 이들을 식민지 경제에 매이게 했다. 상인들은 터무니없이 높은 가격에 술을 팔았다. 그들은 원주민에게 위스키를 주고 감당할 수 없는 빚을 지게 하거나 토지를 저당 잡히게 했다. 술은 흔히 살인에 따라붙는 부속물이었다. 원주민이 독주를 거저 받으면 인사불성이 되도록 취한 상태에서 쉽게 죽임을 당했기 때문이다.

처음에는 부족들도 나름의 금주 방법을 시도했다. 오컴 자신이 뉴욕 식민지 중부의 오나이다Oneida족 사회에 관해 기록했듯이, 이들은 당국에 독주 거래를 제한하라고 간청했다.[39] 그러나 법률이 제정되었어도 대체로 무시되었다. 부족들은 자체적으로 규제를 가하려고 했다. 펜실베이니아 식민지의 쇼니Shawnees족은 거리에 럼주 약 150리터를 쏟아 버렸다. 기묘하게도 금주법이 시행된 1920년대의 사진을 연상시키는 장면이다. 그렇지만 금주는 꾸준한 교역의 압력을, 문화적 참화의 근저에 놓인 더 깊은 원인을 물리치기에 충분하지 않았다. 사정이 그러한데도 모든 책임은 원주민의 잘못으로 돌려졌다. 알코올 문제는 야만인의 악습이었던 것이다. 1767년 투스카로라Tuscarora족의 절망에 빠진 족장 아우쿠스 알 카니구트Aucus al Kanigut는 뉴욕 식민지 정부에 정식으로 〈우리에게서 그 유해한 독주에 빠지는 습성을 제거해 줄 약〉을 요청했다. 영국인 관리는 그들 스스로 그 습성을 버리고

기독교를 받아들이고 도덕 교육을 시행하라고 했으며, 그로써 욕구를 더 잘 통제하라고 답했을 뿐이다.[40]

오컴은 기독교 전도사였지만 이 개인주의적 처방 너머를 보았다. 1772년 9월, 그는 술에 만취하여 백인 남자를 살해한 왐파노아그 Wampanoag족 남자의 처형을 두고 설교를 했는데 매우 많은 사람이 들었다. 식민지 문화에서 이는 도덕 교육에 중요한 사건으로 여겨졌다. 오컴이 술 취한 죄를 장황하게 비난한 것은 당연했다. 그러나 오컴은 술이 착취의 도구라고 선언하며 〈이웃의 입에 술병을 들이밀어 취하게 만든〉, 〈악마 같은 자들[술 판매자들]〉과 원주민이 〈거듭 속임수에 넘어갔다〉는 사실을 비난했다.[41] 이는 당대에 가장 널리 알려진 설교였다.[42] 인쇄본은 빠르게 열아홉 판이 찍혀 나가 그를 아메리카 식민지 전체에서 일류 작가로 만들었다.

이제 오컴은 그야말로 유명 인사가 되었는데도 문화적 동화라는 기획project에 대한 그의 태도는 호의적이지 않았다. 그 전 10년간 오컴의 스승 휠록 목사는 그를 잉글랜드와 스코틀랜드, 아일랜드로 보내 원주민 소년을 위한 자선 학교를 세울 기금을 모으게 했다. 오컴은 그 여행에서 조지 3세의 칭찬을 받았고 1만 1천 파운드를 모금했다.[43] 당시로는 천문학적인 액수였다(오늘날로 치면 수백만 파운드이다). 그러나 오컴은 귀국하자마자 휠록이 자신의 아내를 돌봐 주기로 약속해 놓고도 이를 소홀히 했음을 알았다. 휠록은 또한 오컴의 아들을 가르치기를 포기했다. 언젠가 휠록은 그에게 아이를 〈좋은 주인에게〉 계약 노예로 보내라고 충고했다.[44] 이후 휠록은 아메리카 원주민이 위험하고 원래 자제력이 없는 금수와 같다는 판에 박힌 이미지를 투사하며 무절제한 음주의 혐의로 오컴을 중상하려 했다. (교회 당국이 오컴의 결백을 증명했다.)

결국 휠록은 오컴이 모은 돈을 아메리카 원주민 학생이 아니라 주로 잉글랜드인 학생을 위한 학교를 세우는 데 썼다. 그 학교는 다트머스 칼리지로 발전했는데, 개교 후 첫 200년간 그 학교를 졸업한 아메리카 원주민은 고작 19명이다.[45] 넌더리가 난 오컴은 뉴욕 식민지 북부에 질병과 탄압으로부터 도피할 피난처로 새로운 공동체를 세우려 애쓴 부족 연합인 브라더타운족 운동에 집중했다.[46] 북동부 주변 지역의 생존자들로 구성된 이들은 오컴의 도움으로 새로운 터전을 마련하는 데 성공했지만, 나중에 압박을 받아 위스콘신으로 이주하고 이후 부족 지위를 박탈당한다. 이들은 지금도 연방 정부의 공식적인 인정을 요구하고 있다.

오컴은 술의 역할을 탄압과 전위(轉位)라는 더 폭넓은 기획 속에서 볼 것을 주장했다는 점에서 시대를 크게, 사실상 몇백 년 앞서간 사람이었다.* 지금도 원주민이 술에 약하게 태어났다는 거짓된 〈독주 신화 firewater myths〉가 널리 퍼져 있다. 식민화 초기부터 시작된 그러한 신화에는 의도가 있다. 술이 무기로 사용된 것을 숨기고 식민화와 패권을 이데올로기적으로 지지하는 것이다.[47] 코카인이 흑인의 신체에 특별히 강력한 효과를 보인다는 비슷한 신화가 수 세대 동안 금지론에 입각한 가혹한 단속의 이데올로기적 핑계로 이용되었다.

오늘날 그러한 독주 신화가 틀렸다는 것은 분명하게 입증되었고,[48] 원주민의 음주 문제는 오컴이 확인한 체제의 문제에 기인한다는 것이 훨씬 설득력이 있다. 많은 원주민 부족이 유럽인과 만나기 전에 술을 포함하여 향정신성 약물을 썼어도 아무런 문제가 없었으며, 유럽인과 만난 이후로도 술의 산업적 생산과 상업적 판촉은 물론, 질병

* 아래 나오는 브루스 알렉산더의 전위 이론을 참조하라.

과 전쟁, 가난, 강제 이주의 참화가 나타나기 전에는 해로운 음주 관행을 보여 주지 않았다는 증거가 차고 넘친다.

유행병은 결코 약물 자체에 내재된 힘이나 중독 공급 산업의 노력만으로는 발생하지 않는다. 늘 그렇지는 않지만 대체로 근저에는 물질 사용을 추동하는 사회적 상처가 있다. 1839년부터 1860년까지 중국 시장을 아편에 강제로 개방한 영국의 일련의 군사 활동인 아편 전쟁 뒤에 중국에서는 아편이 아무런 동세를 받지 않고 유행했다.[49] 한때 그 유행은 훌륭한 사회가 강력한 약물로 파괴된 이야기로 널리 해석되었지만, 최근의 연구에 따르면 그렇게 지극히 단순한 해석은 전쟁으로 초래된 소동과 빈곤, 광범위한 혼란을 무시한 것이다. 전쟁으로 유행은 한층 더 심해졌다. 마찬가지로 17세기에 담배가 유라시아 곳곳에 폭발적으로 확산된 것도 강력한 물질의 자연스러운 귀결이 아니었다. 담배는 일견 끝도 없을 것만 같은 끔찍한 전염병과 반란, 전쟁, 즉 역사가들의 표현을 빌리자면 〈17세기의 총체적 위기〉로 인한 인간의 고통을 덜어 주었다.[50]

캐나다의 심리학자 브루스 알렉산더Bruce Alexander는 이 관념을 〈중독의 전위 이론〉으로 정리했다. 이에 따르면 중독의 가장 중요하고 근본적인 원인은 약물의 생물학적 효과나 개인의 타고난 중독 취약성이 아니라 사회적 상처이다.[51] 중요한 점은 그 고통이 오컴의 청년기에 모히건족이 겪은 가난과 질병이나 가족과 친구들로부터 강제로 분리되는 것 같은 구체적인 상실일 필요는 없다는 것이다. 문화와 전통적 영성으로부터의 강제 분리, 자유와 자결권의 상실, 기쁨과 자기표현의 기회 박탈 같은 심리적 전위도 똑같이 중독에 빠지게 할 수 있다. 오늘날 그렇게 가시적인 결핍으로 고통받지 않는 사람들 중에도 심리적-정신적 결핍 때문에 조상들보다 더 심하지는 않더라도 적어도 그만큼은 취약한 자들이 있다.

내가 이 책을 준비하고 있을 때, 폐암으로 서서히 쇠약해지고 있던 어머니는 내게 스웨덴 출신의 이민자였던 외할아버지가 겨울만 오면 어떻게 심한 우울증에 빠졌는지 이야기했다. 외할아버지는 스톡홀름에서 지낸 행복한 어린 시절을 기억했고 이를 뉴어크의 삶과 비교하곤 했다. 온수도 쓰지 못하고, 병입 공장에서 야간 교대조로 일하면서 다른 조립 라인에서 다른 교대조로 일하는 아내를 전혀 보지 못하는 삶이었다. 외할아버지는 술을 마시지 않으려 노력했지만 크리스마스가 다가오면 언제나 다시 술에 빠졌고, 아직 어린 소녀였던 어머니는 여러 달 동안 뉴어크의 쌀쌀한 겨울 날씨 속에서 거리를 헤매며 술집마다 외할아버지를 찾아다녀야 했다. 그래야만 다음 교대 전에 다만 몇 시간이라도 잘 수 있었기 때문이다. 그 몇 시간은 더없이 소중했다. 어머니는 어린 나이에 술이 힘든 세상에 대처하는 방법임을 배웠다.

부모와 조부모를 진단할 생각은 없다. 유전자든 환경이든 어떤 트라우마든 아니면 일상생활이라는 트라우마든 누구에게서나 중독의 한 가지 큰 〈원인〉을 찾아내려는 시도는 거의 무익하다. 그러나 나는 외할아버지와 어머니의 중독이 적어도 어느 정도는 처리되지 않은 고통의 함수라고 생각했고, 이는 내게 말할 수 없이 큰 도움이 되었다. 다른 사람들처럼 나의 부모와 조부모도 술을 마시고 담배를 피운 데는 이유가 있었다. 그 물질이 도움이 되었기 때문이다. 슬프게도 음주와 흡연으로 그들은 문제에 대처할 수 있었지만 동시에 그 문제는 더욱 심해졌다. 악순환의 연속이었다.

이것이 중독을 전위의 결과로 보는 이론의 핵심이다. 사람들은 신체 탈구의 구체적인 통증을 완화할 때만이 아니라 문화적 지원을 받지 못하는 소외에 대처할 때에도 약물을 쓴다. 이러한 소외를 현대 사회학의 창시자 에밀 뒤르켐Émile Durkheim은 아노미anomie라고 불렀다. 규범과 가치관이 붕괴하여 나타난 사회적 결과로, 이는 다시 의미와 목적의 실존적 결여를 초래한다. 몇몇 학자들은 이러한 전위의 인식과 중독 공급 산업의 활동 **둘 다** 오늘날의 오피오이드 유행을 추동한 핵심 인자라고 주장한다.

2014년 프린스턴 대학교의 경제학자 앤 케이스Anne Case와 앵거스 디턴Angus Deaton은 우연히 예상치 못한 것을 발견했다(디턴은 이듬해 노벨 경제학상을 받는다). 자살하는 중년의 백인 미국인 숫자가 크게 늘어났다는 것이다. 두 사람은 그 점을 이해하려고 다른 수치를 들여다보았고, 놀랍게도 그 집단에서 **모든** 종류의 사망이 몇십 년 만에 처음으로 증가하고 있음을 알게 되었다. 이는 현대의 일반적인 추세로 알려진 바와는 완전히 다른 충격적인 발견이었다. 진보가 지속되고 있으니 미국 같은 나라에서 사망률은 하락할 것으로 예상되었다. 사망률의 증가를 설명해 줄 만한 세계 전쟁도 전염병도 없었다. 두 사람이 말했듯이 그들은 처음에는 컴퓨터의 자판을 잘못 두드렸다고 생각했다.[52]

케이스와 디턴은 곧 자살과 약물 과다 복용, 알코올성 간 질환의 세 가지 원인에서 비롯한 사망률이 급속하게 증가하고 있으며, 거의 전부 대학을 졸업하지 못한 사람들에게 나타난다는 점을 알아챘다. 케이스와 디턴은 후속 연구에서 이러한 사망을 오늘날 사회 구조의 핵심에 있는 부패와 결부했다. 노동 계급에 속한 이 백인들은 경제의 세계화 때문에 임금은 더 줄고 일자리는 더 나빠지는 실질적인 손해를 보고 있다. 그뿐만 아니라 직업의 의미도 크게 줄어들었다. 사람들은 이제 직업과 진정한 관계를 맺고 있지 않다. 노동조합에 가입하는 경향도, 안정적인 직업을 가질 가능성도 감소했다. 그 밖에도 절망에 빠질 이유는 아주 많다. 결혼율이 하락하고 있었고, 종교 의식에 참여하는 일도 줄었다. 역사상 그 어느 때보다도 홀로 사는 사람이 많아졌다.[53] 이 모든 전위 현상은 미국 사회의 삭막한 불평등과(G7 국가에서 소득 불평등이 가장 심하다)[54] 터무니없는 비용과 비효율 탓에 임금을 억제하고 일자리를 해치는, 객관적으로 보아 선진국 중에서 최악인 보건 제도 때문에 더없이 나빠졌다. 케이스와 디턴은 자살과 약물 과다 복용, 알코올성 간 질환으로 인한 이러한 사망에 〈절망의 죽음deaths of despair〉이라는 꼬리표를 붙였다. 2017년 미국에서 절망의 죽음은 15만 건이 넘었다.[55] 제2차 세계 대전에서 전사한 미국 군인의 절반을 넘는 수치다. 전부 한 해 동안의 사망으로 다수가 20대에서 40대 사이였다.

소외와 전위, 실존적 공포에 관해 글을 쓰는 지식인들(명예로운 지위에 있는 백인이다) 사이에도 중독이 만연한 것처럼 보이는데, 이 또한 우연의 일치가 아니다. 도스토옙스키Dostoevsky는 강박적인 도박 문제가 있었다. 20세기 초 세상에 환멸을 느낀 많은 모더니즘 작가가 약물과 술에 굴복했다. 잭 런던Jack London과 〈잃어버린 세대〉의 작가인 피츠제럴드Fitzgerald와 헤밍웨이Hemingway 같은 자들이다.[56] 사르트르Sartre는 일반적으로 하루에 담배 두 갑을 피우고 술 100밀리리터를 마시며 암페타민amphetamine 200밀리그램과 바르비투르산염barbiturate 몇 그램을 복용했다. 여기에 습관적으로 탐닉한 커피와 기름기 많은 식사, 끝없는 여성 편력을 더해야 한다.[57] 중독은 특히 비트 세대*에 흔했다. 특히 잭 케루악Jack Kerouac과 윌리엄 버로스가 두드러지지만, 허버트 헝키Herbert Huncke도 있다. 헝키는 〈비트beat〉라는 말을 재즈적인

* 제2차 세계 대전 후 작품을 통해 미국의 문화와 정치를 탐구한 일군의 작가들.

의미의 〈멋지다cool〉는 뜻이 아니라 보수적이고 체제 순응적이며 물질
주의적인 전후 시대 문화에 〈일소된〉, 〈애처로운〉, 〈닳아빠진〉의 뜻으
로 바꿔 썼다.[58]

　나와 내 가족을 포함하여 이 모든 백인이 수십 년 동안, 나아가
수백 년 동안 흑인 사회와 갈색 인종 사회에서 중독으로 인한 죽음을
초래한 억압과 인종주의의 더욱 직접적인 힘에서 벗어나 있었음을 주
목할 필요가 있다. 인종과 사회 계급에 따른 보건 불평등의 지속 때문
에 케이스와 디턴이 확인한 백인 노동 계급의 〈절망의 죽음〉은 오랫
동안 눈에 띄지 않았다.[59] 〈절망의 죽음〉 담론으로 오로지 백인의 문
제만 주목을 받는 일은 없어야 한다.[60] 그렇게 된다면 백인 중간 계급
의 상습 복용자는 무고한 희생자라는 이미지가 깃든 이 유행병이 가
난과 트라우마, 온갖 불리한 조건, 절망 같은 구조적 문제에 기인한 생
계 관련 죽음의 계속되는 위기와 구분되는데, 이는 잘못된 것이다. 실
제로 이러한 위기들은 서로 깊이 뒤얽혀 있다. 중독을 초래하는 심리
적 전위는 인간 사회의 구석구석까지 도달하기에 충분할 만큼 강력하
며 구체적인 물질적 자원에 국한되지 않는다는 것이 요점이다.

　브루스 알렉산더는 중독의 근본적인 원인이 사회적 상처이기 때
문에 근본적인 해결책은 한정된 의학적 치료가 아니라 공동체 치유에
서 찾아야 한다고 주장했다. 특히 그러한 상처를 일으키는 지배적 문
화의 힘에 저항하는 공동체 치유가 중요하다. 식민화와 알코올의 맹
습을 받은 아메리카 원주민 사회가 거듭 동일한 결론에 이른 것은 주
목할 만하다. 아메리카 원주민의 첫 번째 금주 운동은 오컴이 목도한
금지론적 단속보다 더 나아가지는 않았지만, 많은 부족이 그 이상이
필요하다는 점을 깨달았고, 여러 사회가 서로 도와 술 문제를 처리하
는 문화적 관행을 발전시켰다. 렌니 레나페Lenni Lenape족 예언자 네올

린Neolin은 1760년대에 영국인과의 완전한 결별과 전통적 관습으로의 복귀를 권고한 뒤 많은 추종자를 얻었다. 특히 그는 자신을 따르는 자들에게 〈그들이 자신들의 이익은 늘리고 우리의 숫자를 줄이기 위해 강제로 떠안긴 치명적인 베손beson [약물]의 복용을 삼가라〉고 강력히 촉구했다.[61] 먼시Munsee족의 파푼항크Papunhank라는 남자는 영적 각성으로 만성적인 숙취를 극복한 뒤 문화적 전통과 금주를 강조하는 운동을 시작했다.[62] 핸섬 레이크Handsome Lake라는 세네카Seneca족 남자는 오늘날의 열두 단계 프로그램과 놀랍도록 유사한, 완전한 금주를 기본으로 하는 새로운 운동을 출범시켰다.[63] 그 운동은 절주를 강조하는 일련의 도덕적 가르침을 제공했고 사람들에게 정기적으로 〈원형〉으로 둥글게 모여 앉아 모임을 가지라고 권고했으며 술 때문에 고투하고 있는 자들에게 자신의 이야기를 다른 사람과 나누어 지역 사회의 지원을 받고 금주의 맹세를 새롭게 다지라고 격려했다. 〈핸섬 레이크의 규약〉은 원주민 사회에 널리 퍼졌고 수많은 사람이 술을 끊도록 도왔다. 그것은 아메리카에서 명백히 중독 회복에 초점을 맞춘 최초의 서로 돕기 단체로 알코올 중독자 익명 모임보다 거의 150년 앞서며 지금까지도 남아 있다. 이러한 노력의 두드러진 특징은 단지 중독만을 염두에 둔 서로 돕기의 차원을 넘어섰다는 것이다. 이들은 지역 사회 치유라는 더 큰 기획의 일부가 되고자 했다. 이러한 목표는 대부분의 회복 운동에서 볼 수 없던 것으로 최근에야 회복을 주창하는 몇몇 운동에서 최우선 과제로 떠오르고 있다.

중독의 사회적 상처 이론은 어떤 방식으로 중독에 접근해도 그것만으로는 충분하지 않으며 유일하게 참된 치유책은 사회의 전면적인 개조라는 다소 비관적인 관념에 이를 수 있다. 이러한 관념은 내가 이 책에서 다룰 수 있는 범위를 크게 넘어서지만, 사회적 변화와 개인의 회복을 그렇게 엄격히 구분할 필요는 없다고 말하고 싶다. 개인의 회복과 지역 사회의 회복은 트라우마와 억압의 세대 간 대물림을 중단시켜 미래 세대에서 재생산되지 않게 하는 방법이 될 수 있다. 이는 현대의 중요한 아메리카 원주민 회복 전통인 웰브라이어티 운동*의 핵심적인 가르침이다.[64] 이 운동은 타인에게 고통을 가하는 고리를 끊는 방법으로 치유를 강조한다.

그러나 오컴의 시절로 돌아가 보면 유럽의 문화에는 중독을 치료할 서로 돕기 운동이 없었다. 다음 유행병이 닥치고 난 뒤에야 그들은 이를 달리 인식하게 된다.

1744년 11월 8일, 런던 왕립 학회의 저명인사들이 하층 계급에 퍼지고 있는 곤란한 새 질병에 관해 논의하고자 모였다. 그때까지 런던은 유럽 최대의 도시였고(50만 명이 넘는 사람이 꽉 들어차 노출된 구덩이에 흐르는 하수와 거리에서 썩어 가는 음식 쓰레기와 함께 살았다) 콜레라와 발진티푸스, 천연두의 창궐로 주기적으로 흔들렸다.[65] 그러나 이것은 완전히 새롭고 예측할 수 없는 질병으로 기이하게도 가난한 여성들에게 집중되었다. 대중적인 신문과 이보다 더 신뢰할 만한 보고서들의 놀라운 설명은 마침내 드물지만 무시무시한 새로운 위협의 존재를 입증하는 것 같았다. 자연 발화이다.[66]

진지한 회합에서 나온 이야기에 따르면, 그해 초 어느 생선 장수의 딸이 아침에 깨어 보니 어머니가 시꺼먼 숯이 되어 있었다. 〈흰색 재에 뒤덮인 숯 더미〉처럼 보였다. 겁에 질린 딸이 유해에 큰 그릇으로 두 차례 물을 끼얹으니 악취를 풍기는 짙은 연기가 구름처럼 일었

* Wellbriety Movement. 중독 치료 상담사인 돈 로런스 코이스Don Lawrence Coyhis가 1994년 메인주에서 아메리카 원주민과 협동하여 출범시킨 운동.

다. 다른 화재의 흔적은 없었다. 그녀는 어떤 내적 원인 때문에 타 없어진 것 같았다. 유일하게 가능한 범인은 어머니가 전날 밤 마구 마셔 댄 약물 같았다. 진gin이다.

17세기 말부터 18세기 중반까지 영국 신문은 사람의 자연 발화에 관한 여러 가지 설명을 내놓았다. 희생자들은 대체로 늙고 가난한 여자였으며, 전부 술에 절어 있었다. 이는 일련의 성가신 과제에 한꺼번에 대면한 사회의 걱정을 반영한다. 열거하자면 이렇다. 새로운 도시 환경, 전례 없는 계급 갈등, 빠르게 변하는 젠더 규범, 그리고 특히 일견 멈출 수 없을 것만 같은 증류주의 쇄도.

영국은 〈진 광증Gin Graze〉을 겪고 있었다. 최초의 도시 약물 유행병이다. 값이 저렴하고 어디서나 구할 수 있으며 오늘날의 진에 비해 최대 두 배까지 강한 〈싸구려 진rotgut gin〉(불쾌한 맛을 감추기 위해 식물성 약품과 기타 방향제를 첨가한 증류주)이 새롭게 등장하여, 가난한 노동 계급은 고통을 잊었고 상층 계급은 화나고 두려웠다.[67] 소비량은 1700년부터 1720년까지 두 배로 늘었고, 1729년까지 다시 거의 두 배가 되었다가, 1743년이 되면 1700년 소비량의 여섯 배 이상으로 급증했다.[68] 〈진 광증〉은 다른 초기 약물 유행병을 일으킨 다양한 원인과 조건 전부를, 즉 새로운 약물과 중독 공급 산업, 지역 사회의 상처를 결합했다. 그것은 헤쳐 나가기에 당황스럽고 혼란스러운 현상이었고, 중독에 대한 새로운 시각을 촉발했다.

어떤 이들은 새로이 등장한 강력한 증류주 산업을 규제하라고 요구했다. 기술의 개선과 곡가의 하락 덕분에 그 산업이 저렴한 독주를 생산할 수 있었기 때문이다. (진은 완전히 새로운 술은 아니었지만 기능적으로 새로운 처방의 약물이었다. 값이 싸서 모든 사회 계층이 쉽게 구입할 수 있었기 때문이다.) 어떤 이들은 〈저니버geneva〉(네덜란드 증류주 예네버르jenever의 영어 표기)를 외국산 침입자라며 비난했다. 전체적으로 보면 모럴 패닉을 지배한 것은 그 술이 하층 계급에 널리 퍼졌다는 두려움이었다. 증류주 제조업자들은 자신과 자신이 만든 생산품에 쏠린 관심을 떨쳐 내기 위해 이 두려움에 기꺼이 불을 지폈다.

증류주 제조업은 스스로를 보호하고자 논평자들에게 자금을 제공했다. 특히 주목할 만한 사람은 『로빈슨 크루소Robinson Crusoe』의 저자인 위대한 작가 대니얼 디포Daniel Defoe이다.[69] 선호된 전략은 빈민의 나쁜 습성에 큰 책임을 돌리는 것이었다. 나쁜 음주가 아니라 나쁜 음주자가 문제라는 것이었다. 작가들은 〈가난한 계층의 사람들〉이 무절제한 음주로 사회의 건강과 힘을 파괴한다고 비난했다.[70] 실제로 〈진 광증〉은 점차 확대되는 불평등으로 인해 강력히 추동되었다. 영국은 원산업화proto-industrialization를 통한 상업 경제로의 대대적인 전환에서 선두에 선 나라였고, 지배적인 (그리고 명백한) 이데올로기는 영국 상품이 새로운 세계 시장에서 경쟁력을 갖도록 〈열등한 자들〉을 계속 가난의 구렁텅이에 빠져 있게 했다.[71] 뿌리를 잃고 기회를 찾아 런던으로 몰려든 가난한 사람들이 빈민가에 빽빽이 들어찼다. 통상적인 사회적 유대에서 절연되고 금전의 여유가 없던 이들은 전위의 상처를 치료할 고약으로 술에 의지했다.

진은 또한 도시 빈민에게는 드문 기회의 원천이었다. 행상인은 거리에 넘쳐 났고, 빈민 구역의 몇 되지 않는 경찰을 완전히 압도했다. 소매상도 도처에 있었다. 1736년 어느 작가의 추산에 따르면, 잉글랜드에 진을 파는 매점이 12만 곳으로 열 가구당 하나꼴이었다.[72] 이 판매점들은 제대로 된 술집이 아니라 뒷골목이나 옥외 시장에 자리 잡은 노점으로 외바퀴 수레에 바구니가 전부였다. 진은 점차 여자들이 마셨고 또 여자들이 돌아다니며 팔았는데, 이는 교양 계층의 정서에는 한층 더 충격적인 변전이었다.

〈진 광증〉에서 떠돌이 도시 빈민 여성의 역할은 공포를 더욱 악화시켰다. 진 자체가 여성으로 인격화하여 〈마담 저니버Madam Geneva〉나 〈마더 진Mother Gin〉으로 불릴 정도였다. 여성의 역할은 점차 진을 판매하는 쪽으로 바뀌었는데, 그럴 만한 이유가 있었다. 자본이나 자격이 필요 없었고, 시장이 뜨거웠기 때문이다. 그러나 충격을 받은 평자들은 여성과 진의 부정한 짝짓기를 사회 몰락의 징후로 보았다. 자녀가 있는 여자가 이 새로운 악습으로 타락하면 미래 세대도 타락하고 심지어 파멸하게 되리라고 본 것이다. 1734년에 사회를 떠들썩하게 한 어느 이야기에 따르면, 주디스 디포Judith Defour라는 여자가 어린 딸을 목 졸라 죽이고 얼마 전에 교구의 구빈원에서 받은 딸의 옷을 팔아 진을 구입했다. 디포는 상층 계급의 두려움을 상징적으로 보여 주는 완벽한 사례였다. 그녀는 진 탓에 크게 타락한 나쁜 엄마였을 뿐만 아니라 18세기 판 복지 사기의 범죄를 저지르고 있었다.[73] 1751년 윌리엄 호가스William Hogarth의 유명한 판화 「진 뒷골목Gin Lane」은 부분적으로 이 이야기에서 영감을 받았다. 판화의 한가운데에 노후한 도시 뒷골목을 배경으로 매독에 걸린 뚱뚱한 술고래가 털썩 주저앉아 있고 그녀의 아기는 난간 너머로 거꾸로 떨어지고 있다.

이 무시무시한 도시 약물 공포증은 적절하게도 약물 퇴치 전쟁을 촉발했다. 상층 계급은 처음부터 새로이 등장한 난폭한 하층 계급을 더 엄격히 통제하라고 강력히 요구했다. 어느 귀족은 이렇게 불평했다. 〈환락가를 지나는 사람은 누구나 길 위에 뻗어 있는 천박한 자들을 볼 것이다. 인사불성이 되어 꼼짝 않고 있는 이자들은 행인의 자선이 있을 때에만 움직여 마차에 짓뭉개지거나 말에 밟히는 위험에서 벗어난다.〉 정부는 일련의 법률을 제정하여 금주의 고삐를 차츰 바

「진 뒷골목」, 윌리엄 호가스 그림, 1751년.

짝 죄었다. 주목할 만한 것은 상층 계급이 대체로 지주였기에 물품세 인상을 주저했다는 사실이다.[74] 그래서 그들은 누구나 술을 마셨는데도 현저하게 빈민을 겨냥한 조치만 취했다. 1736년 법령은 〈열등한 하층 계급 사람들〉을 표적으로 삼아 50파운드라는 엄청난 면허세를 부과했다. 또한 그 법령으로 불법 진 판매점을 고발하는 밀고자에게 5파운드를 지급하는 정책이 실행되었다.[75] 끝은 좋지 않았다. 정부에 거짓 정보를 건네는 자들이 있고 밀고자가 폭력적인 보복을 당해 역효과만 났다. 진을 마시는 것은 그 자체로 정치적 저항 행위가 되었다. 인기 없는 정부를 향한 반대의 상징이었던 것이다.[76]

금주는 계획대로 작동하지 않았다. 왜 그랬을까? 공포증이 확산되자 당황한 평자들은 진이 신체에 미치는 특별한 힘에 관해 깊이 생각했다. 1728년, 불과 2년 전에 증류주 제조업자들을 옹호했던 대니얼 디포는 편을 바꾸어 진이 도시를 휩쓰는 전염병이라고 매도하는 유명한 글을 썼다.[77] 디포는 또한 몇 년 전에『전염병이 돈 해의 일지 A Journal of the Plague Year』를 썼는데, 그가 진을 묘사하는 데 의학 용어를 쓴 방식이 인상적이다. 〈그것은 보통 사람을 쇠약하게 하고 무기력하게 한다.〉〈그것은 피를 엉기게 하고, 감각을 마비시키며, 신경을 약하게 한다.〉 그것을 마시는 여인은 젖이 상한다. 그것은 아이를 약하게 만든다. 절망과 혼란 속에서, 〈진 광증〉은 중독이 당연히 유행병이라는 새로운 관념의 탄생을 자극했다.

런던 왕립 학회의 의사들과 과학자들 중 일부는 습관성 음주를 의학의 문제로 보기 시작했다.[78] 그들은 진 마시기를 도시 곳곳으로 〈날마다 확산되는 전염병〉이라고 했고, 신체에 주는 영향 때문에 더 엄격히 규제해도 효과가 없다고 했다. 1734년 성직자이자 과학자인 스티븐 헤일스Stephen Hales는『진과 브랜드, 기타 증류주를 마시는 자에게 주는 유용한 권고A Friendly Admonition to the Drinkers of Gin, Brandy, and Other Distilled Spirituous liquors』를 써서 〈진 광증〉을 통제하지 못하는 이유를 환원론적으로 설명했다.[79] 독주는 〈혈액의 타고난 온기를 없애〉 술에 대한 달랠 수 없는 갈증을 유발한다는 것이다. 헤일스는 숙취가 만성 질환이 되었다고 주장했다. 〈분별을 잃은〉, 〈포로가 된〉 사람들은 〈눈앞에 지옥 불이 타고 있어도 계속 마신다〉는 것이다. (헤일스는 오싹하게도 오피오이드 과다 복용으로 사망한 자들의 시신으로 넘쳐 나는 오늘날의 시신 보관소에 관한 보고서를 미리 보여 주듯이 〈무서운 속도로〉 매장이 늘고 있다고 썼다.) 헤일스는 〈전염병이 너무도 널리 확산된다〉

고 걱정했고, 몇 세대 안에 〈왕국 전체를 그 치명적인 효과로 물들일 것〉이라고 예견했다.

헤일스와 그의 동료 의사들은 습관성 음주의 문제에 관심을 보인 많은 사상가의 영향을 받았다. 일찍이 1576년에 『입맛이 까다로운 술고래를 위해 세심하게 준비한 식이 요법*A Delicate Diet for Daintiemouthde Droonkardes*』이라는 제목의 소책자에서는 술에 취하는 것이 〈근자에 잉글랜드의 쾌적한 과수원에 시나브로 침투한 기괴한 식물〉이라고 경고했다.[80] 1606년 의회는 〈숙취라는 밉살스럽고 혐오스러운 죄악을 억누르기 위한 법〉을 통과시켰다.[81] 17세기의 신앙심 깊은 작가들은 오랫동안 숙취를 〈중독〉의 문제로 설명했다. 1609년 영향력 있는 청교도 존 다우넘John Downame은 〈과도한 음주에 중독된〉 자들의 운명을 슬퍼하고, 〈근자에 사망한 많은 사람이 이 악습에 이루 말할 수 없이 심하게 중독되었음〉을 애석하게 생각했다.[82] 중독은 이제 하나의 행위를 넘어서 하나의 질병 상태가 되었다.[83] 사람들은 무엇인가를 능동적으로 〈탐닉〉했을 뿐만 아니라 자신에게 작용하는 다른 것에 의해 〈중독〉된 것이다. 진은 당연히 바로 그 작용제이다.

〈진 광증〉이 확산되던 중에 의학 저자들은 이러한 상황 전개에 천착하여 습관성 음주라는 결함 있는 선택을 설명하는 데 〈중독된 addicted〉이라는 낱말을 쓰기 시작했다. 그러나 이 낱말은 결코 명백한 의미를 담지 않았다. 〈중독된〉이라는 낱말은 모호하면서도 여러 가지 뜻을 담을 수 있어서 유용했다. 행위와 상태를 다 의미했을 뿐만 아니라 질병과 죄악을 동시에 가리켰다. 〈열심히 뜨겁게 기도〉해도 〈치료〉할 수 없을 만큼 〈숙취의 질병이 심한〉 사람은 없었다.[84] 18세기의 다른 작가들도 일상적으로 도덕과 의학을 뒤섞었다. 심지어는 하나의 글 안에서도 습관성 음주를 일종의 비난하기 어려운 미친 짓이라고 했다가 벌을 받아 마땅한 죄스러운 행위라고도 했다.[85] 어쨌거나 〈진광증〉이 퍼졌을 때, 중독은 의학의 틀 안에 들어오기 시작했다. 얼마 있다가 다른 유행병이 퍼지던 중에 활동한 또 다른 사상가가 이러한 발상을 이용하여 중독을 하나의 질병이라고 한층 더 분명하게, 지속적으로 묘사한다.

3
의지의 질병

1777년 무더위가 기승을 부린 여름, 첫 번째 독립 기념일의 축포가 여전히 하늘을 울리고 있을 때, 대륙군의 의무감 벤저민 러시는 필라델피아에서 몰래 빠져나와 시골에 있는 아내의 가족 농장으로 갔다. 신생 공화국 전역에 긴장된 분위기가 팽배했다. 뉴욕 인근 해상의 선박에 1만 5천 명이 넘는 영국군이 당시 나라의 수도였던 필라델피아를 타격할 준비를 갖춘 채 대기하고 있었다. 이런 상황에서 러시는 때맞춰 농장에 도착하여 첫아이의 탄생을 보았다. 아들 존이다.[1]

꼭 한 주 뒤, 그 가족은 200척이 넘는 영국 선박이 닻을 올리고 필라델피아를 향했다는 소식을 들었고, 러시는 마음을 굳게 먹고 제자리로 돌아가 워싱턴 장군과 대륙군에 합류했다. 이후 많은 전투가 혼란스럽게 이어졌고, 병원에 약과 식량, 담요가 심하게 부족하여 러시는 낙담했다. 알코올이 터무니없이 많이 소모되는 것은 한층 더 큰 고민이었다. 부상을 당해 열이 오르는 병사들뿐만 아니라 술에 취해 난폭해진 병사들까지 병원을 가득 채웠다. 알코올 문제는 전투원 전체에 널리 퍼졌다. 병사들이 헤센 부대*로부터 약탈한 럼주를 마시고

---

* 독립 전쟁 당시 영국군으로 참전한 독일인들로 구성된 부대.

심하게 취해 배에서 떨어져 델라웨어강에 빠져 죽은 일도 있었다.[2]

큰 키에 매력적이며 포부가 크고 자신감이 넘쳤던 러시는 화를 내는 성향이 있었다. 서른한 살의 이 의사는 상관에게 분노의 편지를 토해 내고 상관과 입씨름을 했다. 그는 오만하고 호전적인 태도 때문에 곧 자리에서 물러난다. 러시는 좀 더 신중하게 행동했다면 한 집안의 가장으로 머물지 않았을지도 모른다. 어쩌면 친한 친구였던 존 애덤스John Adams처럼 대통령이 되었을지도 모른다. (러시는 2년 전에 시작된 대륙회의에 참석했고 독립 선언서에 서명한 자들 중 가장 어린 축에 들었다.) 그는 망신을 당하고 기가 죽어 필라델피아로 돌아갔다.[3] 나라는 전쟁으로 고통을 당했고, 그는 정치 이력을 망친, 한 살배기 아들이 있는 실업자였다. 그러나 머지않아 러시는 스스로 새로운 유산을 만들어 낸다. 신생국의 가장 중요한 의학 작가이자 의학 선생 가운데 한 사람이 된 것이다. 그리고 중독이 질병이라는 견해를 세계에서 처음으로 옹호한 유력 인사가 된다.

존 애덤스는 러시를 처음 만났을 때를 이렇게 회고했다. 「그는 기품 있고 영리한 사람이다. 쾌활하고 멋진 친구이다……. 그러나 내 생각에 러시는 심오한 사상가가 되기에는 지나치게 말이 많다. 기품 있지만 탁월하지는 않다.」[4] 그러나 러시는 실제로 그 시대에 철학과 의학에서 가장 높은 수준을 보여 준 에든버러에서 공부한 만만찮은 사상가였다. 그곳에서 러시는 데이비드 흄David Hume을 만났고 계몽 운동 시대 의학의 선도적인 인물들과 함께 공부했다. 러시는 독립 전쟁이 한창일 때 불운하게 밀려난 뒤 펜실베이니아 대학교 의학부와 명망 있는 펜실베이니아 병원에 교수 자리를 얻었다. 그는 또한 심히 낙관적이고 신앙심이 깊었는데, 그 영향으로 새로이 등장한 노예제 폐지 운동 같은 대의를 지지했다. 사회 개혁을 통해 분열하기 쉬운 식민지를 진정 위대한 국가로 만들 수 있기를 바란 것이다. 바로 그런 개혁주의적 성향 때문에 러시는 술이 미국에 또 다른 위협이 되리라고 보고 그것에 주의를 집중한다.

1784년 어느 날, 러시는 모처럼 펜실베이니아의 오지로 휴가를 갔다가 전후의 가난과 사회적 격변에 충격을 받았다. 그는 모든 것이 음주에서 비롯했음을 보고 걱정했다. 〈이곳에서 파괴된 호밀의 양과 소비된 위스키의 양은 어마어마하며, 이것이 그들의 산업과 건강, 도덕에 미친 영향은 무서울 정도이다.〉[5] 나라는 진정한 알코올 유행병을 앓고 있었다. 술은 식민지에서 중요한 상품이 되었고, 미친 듯이 마구잡이로 주조되고 있었다. 카리브해의 플랜테이션 농장에서 노예가 생산하는 저렴한 당밀이 시장에 넘쳐 났고, 동부 해안 지방 곳곳에 당밀을 원료로 럼주를 만드는 증류주 제조장이 들어서 막대한 이익을 거두었다.[6] 소매상들은 지독하게 경쟁했고, 단일한 통합적 문화나 권위가 없는, 뿌리 없는 아메리카 식민지 개척민들은 새롭게 난잡한 음주방식을 유행시켜 큰 혼란을 초래했다. 그 관습은 너무도 분명하게 해로웠기에 퀘이커 교도는 교인들의 증류주 판매를 금지했고,[7] 벤저민 프랭클린Benjamin Franklin은 숙취로 인한 혼란을 영국의 〈진 광증〉에 비교했다. 〈우리의 럼주가 저들의 저니버와 같은 정도의 해악을 끼치기 때문이다.〉[8]

러시는 펜실베이니아 병원에서 일하면서 자신이 목도한 정신 질환은 대부분 술에 원인이 있다고 믿게 되었으며, 오지 여행을 통해 그 문제가 점점 더 나빠지고 있다고 확신했다.[9] 그가 술에 관심을 갖게 된 것은 한편으로는 도움이 되고 싶다는 솔직한 심정에서 비롯했지만, 미국다운 것이라는 관념과 연결된 철학적 기준도 역할을 했다. 러시가 습득한 계몽사상의 전통은 사회 문제를 통제할 수 있는 이성과 진보의 힘을 낙관했고, 개인주의와 자제력을 엄청나게 강조했다. 그러나 자율과 자기 결정의 이상은 다른 어느 곳보다도 신생국 미국에서 더 강력했다. 이 점은 의지력과 노동을 통한 신앙의 증명을 각별히 강조한 미국적 기풍의 기독교를 배경으로 볼 때 특별히 두드러졌다.[10] 자유와 자율이라는 이상에 도달한 러시 같은 백인 엘리트에게, 숙취는 신생 공화국이 소중하게 여긴 모든 것을 위협했다.

러시는 돌아오자마자 자신의 저작 중 가장 유명헤지는 『화주가 인간의 몸과 정신에 미치는 영향 연구*An Inquiry into the Effects of Ardent Spirits upon Human Body and Mind*』를 급하게 써 내려갔다. 증류주에 맹공을 퍼부은 그 책은 알코올 반대 메시지를 새로운 차원으로 격상시켰다. 숙취는 〈일시적인 정신 착란〉을 유발했지만, 습관성 숙취는 그 자체가 일종의 정신 이상이었다. 러시는 습관성 숙취를 〈가족에 내려오는 어떤 유전병, 전염병〉과 유사한 만성적인 재발 질병으로 보았다. 달리 말하자면, 러시의 설명은 습관성 숙취가 그 자체로 질병이라는 가장 명백한 진술이었다. 어느 의학사가의 표현을 빌리자면, 〈여러 점에서 질병은 우리가 인식하고 명명하고 대응함으로써 그것이 존재한다고 합의하기까지는 존재하지 않는다〉.[11] 러시가 남긴 많은 유산 중에서(그중에는 지칠 줄 모르고 정신 질환 환자를 치료한 것이 포함되는데, 이 일로 그는 〈미국 정신 의학의 아버지〉라는 호칭을 얻었다) 중독을 질병으로 지칭한 것이 그의 가장 중대한 공헌이다. 이는 의학을 뛰어넘어 큰 영향을 끼쳤다.

중독을 질병이라고 부른다는 것은 무슨 뜻인가? 그 용어는 원래 의미를 파악하기가 쉽지 않다. 한 가지 정의를 보자. 어떤 것을 질병이라고 부르는 것은 그것이 적어도 부분적으로는 의학으로 치료할 수 있다는

「벤저민 러시」, 찰스 윌슨 필Charles Willson Peale 그림, 1818년.

뜻이다.[12] 이는 비교적 낮은 장벽이다. 법적 강제와 공중 보건 정책, 서로 돕기 등 그 문제에 영향을 줄 수 있는 모든 접근법 중에서도 치료라는 방법이 도움이 될 수 있다는 말이다. 그러나 〈질병〉이라는 낱말은 훨씬 더 많은 의미를 가질 수 있다. 치료적 접근법이 그 문제를 다룰 **최선**의 방법이라는 의미일 수도 있고, 환원론적 생물학에서 원인을 찾는 것이 가장 옳다는 의미일 수도 있으며,[13] 그 문제는 〈정상적〉인간들로부터 확실하게 구분되는 별개의 범주라는 의미일 수도 있다. 이 중 어떤 주장도 중독에 적합하지 않다.

러시는 이렇게 강력한 주장은 전혀 내놓지 않았다. 그는 습관성 숙취의 의학적 처치를 여럿 설명했는데, 두 가지 범주로 분류된다.

하나는 숙취 치료법이다. 이를테면 깃털을 목구멍에 찔러 넣어 구토를 유발하거나 취한 사람을 채찍으로 마구 때리는 것이다. 후자는 피를 뇌에서 몸으로 끌어내린다고 알려졌다. 다른 하나는 화주를 마시고 싶은 욕구를 치료하는 방법이다. 술에 구토를 유발하는 약품을 타거나 〈발목을 불로 지지기〉 같은 것이다. 후자는 〈화주에 대한 사랑을 멈출 것〉이라는 믿음이 있었다. 그럼에도 러시는 의학의 우위를 주장하지 않았다. 그는 또한 기도와 종교가 죄의식과 수치심을 끌어내기에 좋은 치료법이라고 주장하기도 했다.[14]

다른 작가들은 중독이 의학의 영역임을 더 대담하게 주장했다. 1804년에 숙취에 관해 널리 읽힌 에세이를 쓴 스코틀랜드 의사 토머스 트로터Thomas Trotter는 습관성 숙취가 질병이라고 주장했는데, 자신 같은 의사들이 〈성직자〉나 〈도덕가〉보다 숙취를 다루기에 더 적합하다고 분명하게 단언했다. 그의 주장에 따르면 〈성직자〉나 〈도덕가〉는 〈뜻은 좋아도〉 근저의 문제에 관해서는 핵심을 이해하지 못했다. 〈습관성 숙취는 정신의 질병이다.〉[15]

트로터는 러시보다 여러 해 늦었는데도 뻔뻔스럽게 자신이 숙취를 완전히 하나의 질병으로 이야기한 최초의 의사라고 주장했다.[16] 그는 다른 많은 작가가 자신보다 앞서 비슷한 주장을 내놓았음을 거의 분명하게 알고 있었다. 물론 〈진 광증〉에 관해 글을 쓴 의사들이 습관성 숙취를 의지력 장애라는 진행성 의학적 상태로 보기 시작한 것은 그보다 거의 100년 전의 일이다. 특히 큰 영향력을 행사한 영국 의사 조지 체인George Cheyne은 음주 습관이 어떻게 진행성일 수 있는지(〈한 방울이 한 모금이 되고, 한 모금이 여러 모금이 된다……〉),[17] 술이 어떻게 〈덕망 있고 분별 있는 자들〉까지도 〈사슬과 족쇄〉에 묶어 놓는 〈마력을 뿜어내는 독〉이 될 수 있는지 설명했다. 1724년 체인은 〈신경병〉에 관한 논문을 발표했는데, 여기에는 술에 맞서 싸운 자신의 자전적 경험이 들어 있다. 그는 의사로서 성공한 뒤 우연히 〈술병의 벗들〉과 〈식도락가들〉과 만났고, 그들은 〈푸짐하게 먹고 독주를 많이 마시자〉고 그를 꾀었다. 체인은 마침내 몸무게가 약 180킬로그램을 넘어섰고, 따라서 〈술 취하지 않고 적당히 소박한〉 음식을 고수했는데도(하루에 포도주를 최대 1.7리터만 마셨다. 표준 잔으로 열 잔이다) 기면증, 발열, 변비, 설사, 통풍, 몸 떨림, 구토, 현기증의 다양한 건강 문제로 고생했다. 결국 체인은 〈우유와 채소〉로만 이루어진 식단으로 자신을 치료했다.[18] 러시의 모임에 들었던 퀘이커 교도 개혁가 앤서니 베니젯Anthony Benezet은 1774년에 소책자 『강력한 파괴자의 등장 The Mighty Destroyer Displayed』을 썼는데, 이 유력한 글에서 그는 〈불행한 음주자들이 그 지독한 독주의 노예가 되어 너무나도 심히 구속되어 있기에 이 최악의 속박에서 벗어날 힘을 잃은 것 같다〉고 썼다. 베니젯의 진단은 습관성 숙취가 곧 무기력이 영속하는 상황이라는 것이었고, 그의 처방은 모든 사람이 증류주를 완전히 끊어야 한다는 것이었다. 알코올이 건강에 좋다는 기존의 지배적 견해에서 급격하게 이탈한 것이다.[19]

러시는 숙취의 질병 상태를 이전보다 훨씬 더 강력하게 강조하고 상세히 설명했다. 그것은 〈신체와 정신의 무수히 많은 질병과 악습〉에 드러난 〈악독한 질병〉이었다.[20] 러시는 자신의 분석에서 의학을 중심에 두었지만, 그것이 의학의 독점적인 영역이라고 주장하지는 않았다. 다만 오랫동안 무시되었으나 잠재적으로 치명적인 병폐라고 본 것이 세간의 주목을 받았을 뿐이다.[21]

의대에서 내과를 순회할 때 처음 본 환자 중 한 사람은 젓가락처럼 마른 헤로인 중독자로, 엄청나게 큰 부스럼 종양이 턱에서 15센티미터가량 튀어나와 있었다. 두세 달 전 그는 혀에 난 작은 혹을 없애려 했지만, 의사들은 그의 약물 남용과 〈지시 불이행〉에 인내심을 잃었고, 그는 곧 치료를 그만두었다. 내가 그를 만났을 때 그의 종양은 작은 수박만 하게 커져 피부를 뚫고 터져 나왔다. 그가 회복될 가망은 없었다. 그의 가족은 그를 종합 병원에 데려가 죽기를 기다렸다.

나는 의과 대학 3학년을 보내고 있었다. 학생들이 환자를 직접 치료하는 팀의 일원으로 병원의 여러 전공과를 순회하는 죽음의 〈임상 학년〉이었다. 나는 지쳐 가고 있었다. 그 사람은 현대 의학의 잘못된 것을 모조리 구현한 듯했다. 우리가 암을 치료할 수 없다는 점이 아니라 환자를 쉽게 단념할 수 있다는 점에서 그러했다. 제도는 사기를 꺾고 있었다. 우리는 위중한 환자와 가난한 사람들을 요양원에, 심지어 거리로 내보낸다. 그로써 건강에 나쁜 행위의 근저에서 자주 발견되는 인간적인 문제를 다룰 기회는 사라진다. 나는 단지 누구에게도 도움이 되지 않을 것 같은 고된 일을 처리하느라 새벽 4시에 일어나야 했는데, 겨울이 다가오면서 그 시간에 잠에서 깨기가 지겨워졌다.

술을 더 많이, 훨씬 더 많이 마시기 시작했다. 느닷없이 울음이 쏟아져 나왔다. 나는 온라인 설문에서 심각한 우울증 증세를 보인다는 결과를 받은 후, 콘크리트 블록으로 된 병원의 비좁은 진료소로 턱수염이 덥수룩한 정신 분석가를 찾아갔다. 물론 처음에는 신중하게 전문 용어를 쓰면서 고통의 크기를 숨긴 채 장래에 정신과 의사가 되고자 스스로에 관해 알고 싶어서 왔다고 주장했다. 그는 점잖고 친절했으며, 결국 나는 음주와 전반적인 불안의 느낌에 관해 털어놓았다. 우리는 나의 고충에 관해 여러 이론을 장황하게 이야기했다. 나의 여러 욕구가 서로 충돌하고 있었다. 나는 알코올 중독자인 부모에게서 자란 후 스스로 돌보려고 애썼다. 음주는 실존적 두려움을 관리하려는 시도였다. 죽지 않아도 되도록 시간을 없애려 한 것이다. (정신 분석가 오토 랑크Otto Rank가 했다는 말을 나는 일기에 적어 놓았다. 〈죽음이라는 부채를 피하기 위해 삶이라는 대부금을 거절한다.〉)

한 해 동안 진료과를 돌며 힘들게 보낸 후, 나는 뇌 자극 연구원 과정을 마치는 데 추가로 1년을 더 보냈다. 학부생 때 유전학을 공부한 적이 있어서 그런지 위계적인 체제에서 한 해 동안 말없이 임상 실습을 마친 뒤에는 연구 작업의 융통성과 무질서한 활동이 그리웠다. 나는 또한 강력한 자기 자극과 뇌 수술의 신기술을 이용하여 인간의 사고와 감정을 직접적으로 바꿀 수 있다는 전망에 진정으로 매력을 느꼈다. 나는 연구소 그 자체를 사랑했다. 경두개 자기 자극 〈장비〉로 쓰려고 누군가 쓰레기 더미에서 가져온 것 같은 오래된 치과 의자, 나 자신이 직접 그것을 써본 일, 나의 두개골 측면에 눌러 붙인 8자 모양의 커다란 전선, 그것이 나의 운동 피질을 자극하여 손가락이 움찔했을 때의 얼얼한 충격을 사랑했다. 전부 엄청난 가능성을 의미했다. 이상을 보이는 뇌 회로를 정확히 짚어 내고 강박 장애OCD나 심한 우울증을 완화할 가능성이 보였고, 정신과 약물 치료라는 무딘 수단과 그 모든 부작용을 크게 넘어서는 확실하고 구체적인 개입의 가능성이 보였다.

이러한 유형의 개척적인 실험에 자원하려면 각별한 절실함이 필요하다. 아마 믿음도 필요할 것이다. 뇌 심부 자극술로 우울증 치료를 시험하기 위해(가슴에 일종의 심장 박동 조절 장치를 삽입하고 그곳에서 피부 속으로 두개골까지 전선을 연결한 다음 두뇌 중앙에 구멍을 뚫어 약한 전극을 흘려보낸다) 비교적 경미한 우울증을 지닌 사람들에게 수술을 받으라고 권유했다. 그들은 시험에 적합하지 않았지만(선정 기준은 난치성의 극심한 우울증과 다른 치료법을 여러 차례 시도했으나 실패한 경우를 요구했다), 내게는 그들의 관심이 돋보였다. 나는 정신 의학을 신경 생물학으로 환원할 수 있다는 약속을 맹목적으로 신뢰하는 사람들을 보고 크게 놀랐다.

비교적 편한 연구년 동안에도 나의 음주는 점차 심해졌다. 수도 없이 한도를 설정했지만 그 즉시 깨뜨렸다. 마이애미의 학술회의에서는 술을 마시지 말자고 다짐한 후에도 밖으로 나가 야자나무에 기대어 술을 마셨고 택시 안에서 토했다. 나는 내가 알코올 중독자인지 궁금했지만, 곧바로 그럴 가능성을 배제했다.

나는 의대생으로서 알코올 중독자 익명 모임에 나갔다(의대생은 교육 과정의 일환으로 누구나 그 모임에 참석해야 했다). 내가 그 사람들과, 나의 부모와 다르다는 것이 분명해 보였다. 내 생각에 나의 문제는 더 복잡했다. 알코올 중독 같은 〈질병〉이나 자살 충동의 우울증이나 사람을 쇠약하게 하는 강박 장애 같은 정신 질환보다 더 복잡하고 실존적인 것이라고 생각했다. 그러한 상황에 처한 환자들은 정말로 큰 고통을 받고 있어서 치료가 필요하다. 그렇지만 나는 단지 성인답게 행동할 필요가 있을 뿐이었다.

그러나 음주의 효과가 커짐에 따라 나는 내게 문제가 있다고 믿게 되었다. 나를 진료하던 정신과 의사는 나를 환자로서 내쳤다. 약속한 진료 시간에 많이 빠졌기 때문이다. 나는 진을 병째로 싱크대에 쏟아 버렸고, 이번에는 정말로 술을 끊겠다고 스스로 맹세했다. 그때는 깨닫지 못했으나 지금은 확실히 안다. 나는 내 환자들의 음주 습관이 얼마나 나쁜지 충분히 인식한 후에 그들에게 시도했던 것과 동일한 방법을 나 자신에게 쓰고 있었던 것이다. 이를테면 나는 그들의 집을 뒤져 숨겨 둔 술병을 찾아내 그들 앞에서 보란 듯이 쏟아 버렸다. 효과는 동일했다.

1793년 7월, 카리브해에 정착한 유럽인들이 노예 봉기와 전염병을 피해 필라델피아로 물밀듯이 몰려들었다. 그달 말, 극심한 황열병의 변종이 확산되기 시작했고, 나라의 수도에 두려움이 퍼졌다. 떠날 수 있는 사람은 떠났고, 주변의 지역 사회들은 다리와 도로에 방책을 쳐서 난민의 물결을 다른 곳으로 돌렸다. 결국 주민의 약 9퍼센트가 사망했고, 전체 인구의 절반이나 피신했다. 러시는 남았다.

　이 시점에 러시는 필라델피아 의사회의 지도적인 인사였다. 그는 자기 집을 이동 임시 진료소로 바꾸고 다섯 명의 학생을 직원으로 채용했다(그중 세 명이 이 전염병으로 사망했다). 러시는 직접 하루에 환자를 100명이나 진료했고, 그들에게 엄청난 양의 하제를 썼으며 많은 피를 빼냈다. 그는 이를 〈방혈 요법depletion therapy〉이라 불렀다(〈특효 치료법heroic medicine〉으로도 알려져 있다). 이는 당대의 민간요법으로서 자극을 받은 혈관을 진정시키고 황열병의 특징인 발열과 두통을 완화하려는 조치였다. 러시는 사람의 혈액은 80퍼센트까지 제거할 수 있다고 생각했다. 얼마 지나지 않아 그의 집 앞마당의 잔디밭에는 너무도 많은 피가 쏟아져 악취가 진동했고 파리가 들끓었다.[22]

　러시는 이 〈특효〉 치료법으로 비판을 받았고 지금도 비판받고 있다. 당연하다. 황열병이 번졌을 때 그가 보여 준 노력은 분명히 펜실베이니아 주민 수백 명을 죽음에 몰아넣었다. 더 나쁜 것은 인종학에 대한 또 다른 성격의 과신으로 수백 명의 흑인이 죽임을 당했다는 사실이다. 러시는 흑인이 황열병에 면역되어 있다고 주장했고, 흑인 노동자들에게 환자를 돌보라고 권고했다. 그래서 보건 노동자가 많이 부족한 상황에서 흑인 간호사들이 정신 착란에 빠져 피를 토하는 환자들을 쉬지 않고 돌보았고, 결과적으로 수십 명의 흑인 간호사가 사망했다. (이 일로 말하자면, 러시는 흑인 피부의 검은 색소가 그 자체로 나병의 잔재로서 질병이라고 믿었고, 노예제 폐지론자였으면서도 노예를 소유했다.)

러시는 환원론 탓에 길을 잃었다. 내가 이 책에서 거듭 확인하는 논지이다. 물론 늘 비판하기 위한 것만은 아니다. 환원론적 접근법이 반드시 문제가 있다고는 할 수 없다. 예를 들면, 백신 개발을 위해 바이러스 유전학을 연구하는 것처럼 많은 과학적 과제는 낮은 차원의 조직을 검사하여 해결할 필요가 있다. 그러나 의학사, 특히 중독의 역사에서는 복잡한 현상을 지나치게 단순화하려는 시도가 도움이 되기보다 오해를 불러일으키는 경우가 빈번했다.

중독에 관한 러시의 사고가 그 정도로 환원론적이지는 않다. 그는 중독을 설명하는 의학의 역할에 비교적 균형 잡힌 겸허한 시각을 지니고 있다. 그러나 후대의 사상가들은 쓸데없고 가끔은 해롭기까지 한 무수히 많은 〈치료법〉을 촉진하기 위해 그의 질병 개념을 이용했다. 질병이 복잡하고 어려울수록 과장된 주장이 나올 가능성이 큰 법이다. 중독 치료 분야도 예외가 아니다. 이 분야에서도 영웅이 되려는 자들이 끝없이 나타나 자신만만하게 환원론적 이론들을 토대로 계속해서 기괴한 치료법을 제시했다.

중독 치료가 혼잡한 분야이기는 하지만, 19세기 말의 중독 관련 사업가 레슬리 킬리Leslie Keeley가 아마도 1등이지 않을까 싶다. 그는 분명히 〈치료 의사cure doctors〉 중 첫 번째였다. 〈치료 의사〉란 그 시대에 비전통적인 개업의로서 하늘 아래 있는 거의 모든 질병을 온갖 묘약과 가루약, 물약으로 치료한다고 공언한 자들이다.[23] 이를테면 〈신비로운 흰 별 독주 치료제White Star Secret Liquor Cure〉(코카인 캡슐 30개들이 한 갑에 95센트)가 있었고, 소 쓸개즙과 뱀장어 껍질, 대구, 우유, 암소 오줌, 알코올 등의 해로운 성분을 조합하여 음주 욕구를 없앤다고 공언한 헤이리치필드 해독제Hay-Litchfield Antidote가 있었다. 남북전쟁이 끝난 후 킬리는 중독 치료제로 〈이염화 금bi-chloride of gold〉을 발견했다고 발표했지만, 약의 성분을 밝히지 않았다.[24] 그는 치료 연구소를 세워 자신이 만든 물약을 (붉은색과 흰색, 푸른색의 주사기로) 환자에게 투여하여 연이어 엄청난 성공을 거두었다. 킬리는 자신의 독점 기술이 중독된 사람들에게서 독성을 제거할 뿐만 아니라 〈의지를 해방했다〉고 말했고, 〈아편 사용자에게 의지력을 주는 데〉 도움이 된다고 자랑했다.[25] 킬리의 회사는 수백만 달러를 벌어들였고, 1880년부터 1920년까지 50만 명이 넘는 중독자가 그의 치료법을 채택했다. 또한 모든 현대적 도시에 거대한 옥외 광고판과 커다란 간판이 설치되어, 그는 이름을 모르는 사람이 없을 정도로 유명해졌다.[26]

킬리의 마케팅 재능에서 핵심적인 요소는 제품을 판매하는 데 질병 개념을 쓴 것이었다. 킬리는 간명하게 선언했다. 「숙취는 질병이며, 나는 이를 치료할 수 있다.」[27] 논리는 간단하고, 심지어 명확해 보인다. 치료약을 판매하려고 철저하게 과학적인 설명을 이용하는 이러한 유형은 부단히 반복되었다. 캘리포니아주 말리부의 〈리햅 리비에라Rehab Riviera〉에 있는 가장 화려한 재활 시설 중 하나에서 최근까지도 〈알코올 중독과 중독의 치료〉를 약속하며 30일 프로그램을 마치면 치료율이 60퍼센트에 달한다고 광고했는데, 치료비가 무려 11만 2000달러였다.[28]

킬리는 오늘날이라면 분명히 돌팔이 의사로 보이겠지만, 킬리가 질병에 관해 쓴 용어는 대부분 놀랍도록 현대적이다. 이를테면 이런 것이다. 〈아편의 심리적 작용은 신경계의 자연스러운 힘을 감소시키

HOME OF THE KEELEY CURE, DWIGHT, ILLINOIS.

For Liquor Using, Drug and Narcotic Addictions, the Tobacco Habit and Neurasthenia

successfully and continuously administered for more than thirty years.

All correspondence confidential. Printed matter sent on request in plain, sealed envelopes. Address

THE KEELEY INSTITUTE, DWIGHT, ILL.

19세기 말 〈기적의 치료법〉으로 인기를 끈 킬리 치료법의 광고.

는 것이다.〉 약물 남용이 오랫동안 지속되면 〈신경의 구조와 그 작용〉
이 변화하여 〈모르핀 중독morphinism〉이라는 질병을 낳는다.[29] 이 또한
매우 오랫동안 반복적으로 나타난 주제이다. 킬리는 이 문제가 신경
계에서 비롯한 것이라고 틀을 잡았기에, 그의 말은 마치 뇌 질환을 설
명하는 것 같았다.

〈중독은 중요한 뇌 질환이다.〉[30] 1997년 미국 국립 약물 남용 연구소
National Institute on Drug Abuse, NIDA 소장 앨런 레슈너Alan Leshner가 발표
하여 큰 영향을 끼친 이 도발적인 논문은 중독 문제를 대하는 신경과
학의 표어였다. 레슈너는 신경 전달 물질과 수용체의 분자 표지 특성

화*부터 두뇌 영상 촬영brain imaging이라는 비교적 새로운 기술에 이르는 20년간의 연구는 중독자의 뇌가 다른 사람들의 뇌와 달랐음을 확실히 보여 주었다고 주장했다. 약물 중독의 모든 사례에서 단일한 공통의 신경 생물학적 경로가 장애를 일으켰다. 그뿐만이 아니었다. 만성적인 약물 사용은 뇌 자체를 변화시켰다. (레슈너는 〈뇌 손상brain damage〉이라는 용어를 피하려고 애썼다. 그 대신에 그는 부담이 적은 〈오래 지속되는 뇌의 변화long-lasting brain changes〉라는 말을 썼다.) 그의 주장에 따르면, 과학은 확실하게 결론을 내렸는데, 정책 입안자들과 대중은 아직 그 사실을 이해하지 못했다. 따라서 연구자들은 그 용어를 퍼뜨릴 필요가 있었다. 단지 더 많은 기금을 모으는 것만이 아니라 낙인찍기에 맞서 싸우는 것도 그 목적이었다. 그는 중독을 뇌 질환으로 보는 것이 기존의 지배적인 중독 해석 모델, 즉 중독자를 환경의 희생양이라거나 나약하고 비도덕적이라고 여기는 모델을 대신할 새로운 동정적 모델이 될 것이라고 예측했다.

레슈너의 논문은 널리 성공을 거두었다. 다른 연구자들이 2천 번 이상 인용했는데, 어느 기준으로 보더라도 경이로운 횟수이다.[31] 뇌 질환이라는 관념은 의회로부터 중독 연구의 자금을 지원받는 데 기여했다. 오늘날에는 치료 현장부터 의과 대학까지 어디서나 중독을 뇌 질환으로 보라고 가르친다. 나는 의과 대학 학생으로서, 그리고 재활 시설의 환자로서 그 모델에 관해 강의를 들었다.

그러나 중독이 뇌 질환이라는 관념은 거의 처음부터 뜨거운 논쟁의 주제였다. 비판자들은 그 관념이 중독에 매우 중요한 심리적, 사회

---

* molecular characterization. DNA와 RNA, 단백질 같은 분자 표지를 이용하여 세포나 조직의 유전적 특성을 알아내는 것을 일컫는 말이다. 어떤 번역어가 쓰이는지 확인하지 못하여 이렇게 옮긴다.

적, 정치적 문제들보다 뇌를 우선시한다고 걱정했다. 2014년 다양한 분야의 학자 94명이 이를 호되게 비판한 글이 『네이처 _Nature_』에 실렸다.[32] 서명한 사람 중에는 사회 과학자뿐만 아니라 칼 하트Carl Hart와 리처드 닉슨Richard Nixon의 첫 번째 약물 차르* 제롬 재피Jerome Jaffe 같은 저명한 생 의학 연구자도 있었다. 그 서한은 중독을 뇌 기능 부전으로 보는 것이 〈근시안적〉이라며, 그러한 이론이 폭넓은 인간적 맥락을 하찮게 여긴다고 경고했다.

〈뇌 질환으로서의 중독 모델〉은 여러 가지를 의미할 수 있다. 가장 조심스러운 주장은 합리적이나 그다지 흥미롭지는 않다고 말할 수 있다. 신경 과학이 중독을 의학적으로 치료하고 이해하는 데 도움이 될 수 있지만 반드시 그 문제를 이해하는 유일한 방법은 아니라는 것이다. 레슈너는 〈중독은 뇌 질환에 그치지 않는다〉는 단서를 달면서 중독의 사회적 요소를 조사할 필요가 있다고 말했다. 그러나 최종적으로 그는 더 강력한 주장을 내놓으면서 두뇌를 가장 중요하게 여겼다. 그가 이해하는 바에 따르면, 중독은 〈기본적으로〉 뇌 질환이며, 약물이 뇌에 미치는 영향의 〈결과물〉이고, 〈두뇌는 그 문제의 핵심〉이다. 이러한 개념은 미국 중독 의학회American Society of Addiction Medicine, ASAM의 중독 정의에서 채택되었다. 협회는 〈중독〉을 〈뇌의 보상 회로, 동기 회로, 기억 회로, 여타 관련 회로의 **근원적인** 만성 질환〉으로 정의했다.[33]

벤저민 러시 시대의 학자들은 정신병의 신체적 인과 관계에 관해 비슷한 논쟁을 벌였다. 러시는 당시 세계 최고의 의과 대학이자 정신-신체 문제에 각별히 관심을 쏟은 중심지였던 에든버러 대학교에서 공부했다. 그곳의 학자들 대다수는 철학자 존 로크John Locke를 따

* drug czar. 미국의 약물 정책을 총괄하는 책임자를 일컫는 비공식적 용어.

라서 인간의 정신은 백지상태라고, 그러므로 한 인간의 모든 것, 즉 그의 성격과 지식, 도덕성, 자아의식은 외부 세계로부터 전해지는 감각 자극에 의존한다고 믿었다. 그렇게 에든버러 대학교의 의학 사상가들은 신체보다 정신을 우위에 두었다. 로크는 이렇게 썼다. 〈광기는 그저 상상력의 이상 상태일 뿐인 것 같다.〉[34] 토머스 트로터도 비슷한 주장을 했다. 숙취는 정신의 질병이므로 신체의 치료가 아니라 정신의 치료가 올바른 치료법이라는 것이다.[35] 그가 말한 정신의 치료는 오늘날의 정신 요법과 거의 비슷한 것으로 환자의 자신감을 회복시켜 습관을 고치도록 돕는 것이었다. 정신병의 인간적인 치료법을 진척시킨 당대의 선구자인 필리프 피넬Philippe Pinel도 신체 치료, 다시 말해서 약물 치료와 오늘날에 쓰이는 잔인한 신체 조종physical manipulation, 예를 들면 감각 박탈sensory deprivation과 신체 감금보다 친절한 돌봄과 의미 있는 기분 전환 같은 정신 치료를 강조했다.[36]

그렇지만 러시가 사망한 이후 의학적 사고는 점차 신체를 중시하는 쪽으로 방향을 바꾸었다. 의학계의 중심은 에든버러에서 파리로 이동하고 있었다. 당시 파리에서는 프랑스 혁명이 일어나 병원 관리의 책임이 교회에서 의사에게 넘어갔다. 임상 검사와 부검의 신기술이 신체가 정확히 어떻게 작동하는지를 기절초풍할 정도로 상세히 시각적으로 보여 주어 신체적 증거의 새로운 세계를 열었다. 혁명 정신에 젖어 권위를 인정하지 않은 이 차세대의 임상 의학자들은 〈책보다 신체〉를 우선시했으며 정신병을 포함하여 모든 질병의 신체적 상관관계를 찾으려 했다.[37]

생물학적 견해를 받아들인 당대의 학자들은 정신의 문제가 궁극적으로는 신체에 원인이 있기 때문에 신체의 차원에서 이해하고 다루어야 한다고 주장했다. 예를 들면, 1819년 모스크바에 살던 독일인 의사 카를 폰 브륄크라머Carl von Brühl-Cramer는 〈갈주증(渴酒症) Trunksucht〉이라는 질병을 내놓았다(〈음주 욕구〉 정도의 뜻인데 영어로는 때로 dipsomania로 번역된다).[38] 브륄크라머는 나폴레옹의 1812년 러시아 침공이 모스크바 주민들에게 어떻게 깊은 상흔을 남겼는지 보았고, 이것이 알코올 문제를 초래한 것으로 보인다고 생각했다.[39] (덧붙이자면, 술은 일종의 무기로 사용되었다. 프랑스군이 진격하자 모스크바 통치자는 소방펌프를 거두어들이고 도시에 넘쳐 나는 보드카를 소이탄처럼 썼다. 술이 가득한 창고와 배에 불을 내서 도시의 4분의 3을 남김없이 태워 버렸다.)[40] 그러나 브륄크라머는 음주 문제가 나폴레옹의 침공이라는 사회적 시련과 연관이 있다고 지적하면서도 갈주증이 기본적으로 생물학적 문제이며 따라서 신체적으로, 이를테면 쓴 약초와 철제(鐵劑), 묽은 산으로 치료해야 한다고 강조했다.[41] 브륄크라머는 심혈을 기울여 생물 의학의 정량화할 수 있는 엄밀한 이상에 따라 갈주증을 수많은 하위 범주로 나누어 설명했고 그 근저의 의학적 법칙을 발견했다고 주장했다.

이 추론의 오류는 원인의 성격이 반드시 치료의 성격을 결정하지는 않는다는 데 있다. 당대의 작가들은 이 점을 인식했다. 피렐의 제자였던 프랑스 의사 장에티엔도미니크 에스키롤Jean-Étienne-Dominique Esquirol은 모든 정신 질환의 원인을 생물학적 요인에서 찾을 수 있다고 해도 의사는 사회적 계기와 심리학적 치료에 초점을 맞춤으로써 가장 큰 도움을 받을 수 있다고 주장했다.[42] 러시 자신도 냉수 입욕이나 특별히 좋아했던 다량의 방혈 같은 극단적인 신체적 치료법에 열중했으면서도 정신적 치료법도 썼다. 어쨌거나 정신적 치료법도 정신에 미치는 효과를 통해 간접적으로 몸을 낫게 했기 때문이다. 오늘날 뇌 질환 모델을 비판하는 자들은 그 논지를 한 단계 더 끌고 나아가 이러한 논쟁의 밑바탕에 깔린 정신-신체의 이분법을 옹호할 수 없다고 말한다. 정신이란 것이 두뇌의 작용이라는 점을 받아들인다면, 그 구분은 의미가 없으며, 정신의 고통 같은 복잡한 현상을 하나의 〈근본적인〉 원인으로 환원하려는 시도는 잘못이라는 것이다. 예를 들어, 두뇌 영역이나 두뇌 활동이 정신적 경험의 〈근저에 있다〉고 말하는 것은 어떻게 하나가 다른 하나를 일으키는지 설명하지 못하고 단지 한 차원의 설명을 다른 차원의 설명으로 대체할 뿐이라는 것이었다.[43]

환원론은 도움이 될 수 있다. 내게는 미술품 복원 전문가인 친구가 있다. 그녀는 레이저와 화학 약품으로 오래된 태피스트리와 조각품을 복원한다. 그래서 미술품을 분자로 생각할 필요가 있다. 그렇지만 누구도 이것이 미술을 이해하는 가장 높은 차원이라고 주장하지 않는다. 마찬가지로 환원론적 신경 과학도 중독을 이해하는 데 유용하다. 신경 과학은 중요한 질문을 명확하게 하는 데 도움이 될 수 있다.[44] 사람을 중독으로 이끄는 여러 요인으로 무엇이 있나? 여러 종류의 상이한 중독이 있나? 누구는 회복되고 누구는 회복되지 못한다. 어떻게 그리고 왜 그런가? 연구를 통해 신약을 개발하거나 어디에 수술로 전극을 삽입할 것인지 결정할 수 있다. 그러나 중독을 **기본적으로** 뇌 질환이라고 말하는 것은 지나치다. 그것은 반복되는 오래된 문제, 다시 말해서 복잡한 체계의 본질을 도저히 설명해 줄 수 없는 단일한 과학적 설명 모델에 집착하는 것이다. 신경 과학은 중독을 설명하는 유일한 방법이 아니며 최선의 방법도 아니다. 최고로 철저한 과학자도 실제로 그렇다고 주장할 뜻이 없을 것이라고 나는 생각한다. 하지만 그렇다는 암시가 있고, 이는 실로 영향력이 있다.

중독을 뇌 질환으로 분류하는 것이 연구 자금을 확보하는 데는 도움이 되었지만, 몇몇 학자는 미국 연방 정부 차원의 술과 약물에 관한 조사가 장기적으로 사회적, 역학적, 임상적, 정책적 연구에서 벗어나 환원론적인 생물학 연구로 흐른 것을 확인하고 걱정했다.[45] 게다가 환원론적 시각은 실제로는 중독에 따라붙는 낙인을 줄이지 못할 수 있다. 몇몇 연구에 따르면 정신 질환의 생물학적 설명 덕분에 자학과 자기 비난이 줄었지만, 생물학적 설명이 정신 요법이 효과가 없다는 믿음을 조장한다고 밝힌 연구도 있다. 전체적으로 보건대, 이러한 성격의 매우 방대하고 엄밀한 연구들은 생물학적 설명이 심리적 문제를 안고 있는 사람들을 향한 혐오와 비관론을 확대하며, 정신 질환을 앓는 사람들이 각별히 위험하다는 진부한 관념을 퍼뜨린다는 사실을 보여 준다.[46]

이 점에서 〈뇌 질환〉이라는 용어는 지나치게 남용되고 이데올로기적 함의를 담고 있어서 완전히 무의미하지는 않더라도 오해를 불러일으켰다. 그 가장 큰 해악은 선택과 강박 충동이라는 그릇된 이분법을 강화한다는 데 있다. 예를 들면, 레슈너는 장기적인 약물 사용의 결과로 〈스위치가 끊어졌다〉고, 그래서 중독은 비자발적이고 강박에 사로잡혀 나타나게 되었다고 주장했다. 레슈너의 후임으로 미국 국립 약물 남용 연구소 소장이 된 노라 볼코프Nora Volkow는 더 강한 어조로 이렇게 말했다. 「[중독자의] 뇌는 더는 인간의 작동에 필요한 것, 건강한 사람들은 당연하게 생각하는 것, 즉 **자유 의지**를 만들어 낼 수 없다.」[47] 인간의 온갖 기행을 그러한 이원론으로 단순화할 수 없다. 낙인찍기에 관한 연구에서 뇌 질환 담론이 희망을 잠식한다고 말하는 이유가 여기에 있을 것이다. 환원론자인 브릴크라머조차도 갈주증이 사람의 자발적 행위 능력을 없앤다고(견디기 어려운 충동에 맞서 싸우는 것의 반대) 말하는 데까지는 나아가지 않았다.[48] 이와 비슷하게 러시도 정신병이 자유 의지를 완전히 말살한다고 말하지 않았다. 「거론한 질병을 앓는 사람들이 그 행동에 대해 인간의 법이나 신의 법에 얼마나 책임을 져야 한다고 보아야 하는지, 자유로운 행위와 필연 사이, 악습과 질병 사이의 구분선을 어디에 그어야 하는지, 나는 결정할 수 없다.」[49]

1809년이면 러시의 놀라운 에너지는 쇠약해지고 있었고, 그의 가정생활은 그에게 심각한 타격을 가했다. 절친 존 애덤스의 아들이 습관성 음주로 오랫동안 허우적대다가 사망하고 여러 해가 지난 뒤, 러시는 자신의 장남 존이 현실 감각을 잃고 있다는 말을 들었다.[50]

존은 언제나 특이했다. 총명했지만 충동적이었고, 발작적으로 화를 내고 무모한 짓을 벌였다. 부모를 너무 걱정시킨 나머지 존이 프린스턴 대학교에 갔을 때, 아들을 보호하려 한 아버지는 그가 기숙사에서 지내는 것을 허락하지 않았다. 진중한 아버지를 빼닮은 것 같은 다른 남동생들과 달리, 존은 여러 직업을 전전했고 결국 해군에 입대했다. 그 시절에 존이 정신적으로 건강하지 못하다고 말한 사람은 없었지만, 러시와 그의 아내는 아들에게서 술 취하지 않겠다는 약속과 자제력 부족으로 곤란한 처지에 빠지지 않도록 주의하겠다는 다짐을 받으려 했다.

이제 존은 다른 곳, 뉴올리언스에 배치되었는데, 그곳에서 술을 너무 많이 마셔 근무 태만에 빠졌다. 노예제 폐지론자의 아들인 존이 지휘하는 함선에서 강둑에 늘어선 노예들에게 머스킷 총을 발사했다. 그는 정신이 나가 섬뜩한 면도날로 목을 그어 스스로 목숨을 거두려 했다. 오늘날이었다면 이중 진단 환자라고 불렀을 것이다. 중독에 다른 정신 질환이 겹친 사람을 지칭하는 말인데, 여전히 상대적으로 예후가 나빠 고생하는 자들이다. 그 시절에 선택할 수 있는 치료법은 심히 제한되었다. 해군의 의사들은 그를 펜실베이니아 대학교 의과 대학의 저명한 의사인 그의 아버지 러시에게 돌려보내는 수밖에 없다고 생각했다. 그들은 러시에게 이렇게 편지를 보냈다. 〈귀하가《인간 정신 해부학》에 정통하니 이 세상 그 누구보다도 그를 위해 더 많은 일을 할 수 있을 것입니다.〉[51]

존이 마침내 필라델피아의 집 문턱을 넘었을 때, 러시는 떡이 된 아들의 긴 머리와 짐승 발톱 같은 손발톱에 소름이 끼쳤다. 러시는 아들을 잘 설득하여 엇비슷하게라도 멀쩡한 상태로 돌아오게 할 수 있을 거라는 희망을 품고 사흘 동안 집에 데리고 있으면서 필사적으로 노력했지만, 존은 자신을 씻기도록 내버려 두지도 않았다. 좌절한 러시는 아들을 자신이 일하는 정신 병원에 입원시켰다. 그는 한탄하듯이 애덤스에게 이렇게 썼다. 〈존이 회복할 수도 있지만, 현재 상태로 삶을 마감할 것이 거의 틀림없어.〉[52] 토머스 제퍼슨Thomas Jefferson에게 는 더욱 솔직했다. 〈그 아이는 지금 펜실베이니아 병원의 작은 방에 갇혀 있어……. 그곳에서 삶을 마감할 거라고 믿는 이유는 차고 넘친다네.〉[53]

이 우울한 전망은 정신 질환의 치료에 관한 러시의 염세적인 태도를 반영한다. 러시는 자신이 직접 설립에 일조한 펜실베이니아 대학교의 정신 이상 전문 분과에서 수십 년 동안 일한 뒤 젊었을 때의 확신을 잃었다. 특히 그는 습관성 음주 치료법의 전망에 대한 기대가 크게 줄었다. 1812년 러시는 정신 의학의 대작『정신병에 관한 의학적 연구와 관찰Medical Inquiries and Observations, Upon the Diseases of the Mind』을 편찬했다. 책에서 그는 〈의지의 질병〉으로 고생하는 습관성 알코올 중독자가 심지어 의지가 온전히 살아 있는 것 같은 때에도 어떻게 자주 〈회복 불능〉이 되는지에 주목했다. 가족도 우정도 명성도 일도 〈종교와 삶에 대한 애착)도 그들을 지킬 수 없었다. 러시가 사례로 든 어떤 습관성 알코올 중독자는 술을 끊으라는 권고에 이렇게 답했다. 「방 한 구석에 럼주 한 통이 있다면, 나와 그 술통 사이로 대포가 끊임없이 포탄을 쏘아 댄다고 해도, 나는 럼주를 마시고 싶은 마음을 참지 못하고 그 앞을 지나갈 것이오.」[54]

다른 의학 사상가들은 습관성 숙취가 어쨌든 질병이라는 러시의 이해에 점차 회의적인 태도를 취했다. 그들은 섬망증(발작, 환각, 과대 망상, 사망이 특징인 심각한 알코올 금단 증상) 같은 현상에 관심이 있었지만 습관성 숙취의 정신적인 특징에는 그만큼의 관심을 두지 않았다. 많은 의사가 우선 습관성 숙취가 의학 분야에 속하는지 의심했다.[55] 불과 몇십 년 뒤, 망누스 후스Magnus Huss라는 스웨덴의 성공한 의사는 자신이 알코홀리스무스 크로니쿠스Alcoholismus Chronicus(만성적 알코올 중독)라고 이름 붙인 질병에 관해 첫 번째 논문을 썼다.[56] 이로써 〈알코올 중독alcoholism〉이라는 말이 생겼지만, 이때는 신체적이고 기계론적인 의미에서만 쓰였다. 후스는 만성적인 알코올 중독을 장기 부전 같은 습관성 음주의 명백한 결과에 지나지 않는다고 보았고, 습관성 숙취를 정신병으로 보는 관념은 의학계에서 완전히 인기를 잃었다.

러시도 삶의 끝에 이르러 사회 개혁으로 나라의 알코올 유행병을 극복할 가망성이 없다고 비관적으로 생각했다. 그는 금주법을 간절히 원했지만 그것이 실패할 것이라고 생각했다. 애덤스에게 보낸 편지에서 러시는 자신이 대통령이 되어 모든 술을 금지하는, 그러나 사람들이 들고 일어나 항의하여 자리에서 쫓겨나 다시 〈교수의 의자〉로 돌아가는 복잡한 꿈을 이야기했다. 꿈속에서 그의 고문 중 한 사람은 어디서든 사람들은 〈이성의 제국〉을 거부하고 대신 〈습관의 제국〉에

〈기꺼이, 경우에 따라 비자발적으로 굴복할 것〉이라고 설명했다.[57]

러시는 일생 동안 정신병 치료에 헌신했으며, 트로터와 헤일스 같은 사람들과 더불어 의학계가 중독을 진지하게 받아들이도록 영웅적으로 노력했다. 말년에 여러 해 동안 힘든 일정을 치르느라 지쳐 몸이 쇠약해지면서 그는 자신이 실패했다고 생각했다. 아들은 펜실베이니아 병원의 정신 질환자 격리 병동에 갇혀 있었다. 1813년 벤저민 러시가 사망한 뒤, 존은 남은 24년의 생애를 대부분 앞뒤로 왔다 갔다 하며 혼잣말로 중얼거리며 바닥에 깊은 홈을 남기며 보냈다. 그 병실 바닥은 〈러시의 길 Rush's walk〉로 불리게 된다.[58] 그러나 러시가 죽어 누워 있는 동안 새로운 운동이 일어나 그의 관념을 채택하여 세상을 바꾸게 된다.

제2부
무절제의 시대

4

씨움

나는 의과 대학생 한 명과 함께 커튼으로 가려진 정사각형 모양의 비
좁은 응급실에 들어가 새로 들어온 사람과 대화를 나누었다. 쉰다섯
살의 건설 노동자인 그는 여전히 약간은 진정제에 취해 있었다. 잭슨
은 십 대의 아들과 함께 자신의 아파트를 개조하다가 바닥에 쓰러져
2분 동안 발작했다. 그는 우리에게 떠듬떠듬 하루에 적어도 6병들이
술 두 꾸러미를 마셔 왔다고 말했다. 비록 그가 정신이 바짝 들어 있었
지만, 우리는 그 이상은 알 수 없을 것 같았다. 우리는 진료 기록부를
보고 이번 일이 그의 오랜 음주 문제의 역사에서 가장 최근에 벌어진
일일 뿐이라는 사실을 알아냈다. 잭슨은 5년 동안 늘 취해 있는 상태
와 완전한 금단 현상의 양극단을 오락가락했다.

  간략하게 그 역사를 들은 뒤에, 나는 그 의대생에게 잭슨의 오른
쪽 복부를 가볍게 두들겨 간의 크기를 측정하는 법을 보여 주었다. 우
리의 손가락 끝은 부풀어 오른 장기의 경계선을 쉽게 청진할 수 있다.
그의 간은 보통 크기의 두 배였고, 검사 결과가 곧 보여 주었듯이 그의
혈액은 손상된 간세포에서 새어 나온, 비정상적으로 높은 수치의 효
소로 가득했다.

우리는 진찰실에서 나와 그의 아들을 만났다. 너무 시달려 일찍 지쳐 버린 그의 아들은 냉철해 보였는데, 우리에게 아버지의 음주 역사 나머지를 이야기해 주었다. 그의 아버지는 마지막으로 병원에 입원했을 때 퇴원하자마자 다시 술을 들이켰다. 식구들은 어떻게 해야 할지 몰랐다. 그의 아버지는 좋은 사람이었다. 온화하고 친절했다. 그날 아침 두 사람은 나란히 서서 농담을 주고받고 서로 공구를 넘겨주면서 진득하게 일을 했다. 그러나 다른 때에는 다른 존재에 씐 것 같았다. 밤이 되면 그는 대체로 화가 나 있었고, 완전히 인사불성이 되지 않았을 때에도 행동을 예측할 수 없었다. 만약 그가 재활 시설에 들어가지 않겠다고 고집을 부렸다면, 가족은 그를 되찾을 수 있을지 확신이 없었다. 그들은 그가 어떤 사람이 되어 집에 올지 몰랐다.

10월의 어느 토요일 저녁, 나는 병원에 상주하며 수련의 생활을 하고 있었다. 의대를 졸업한 뒤 병원에서 녹초가 되도록 교육을 받는 첫해였다. 나는 q3 교대로 근무했다. 사흘마다 24시간 교대로 다른 수련의의 환자들을 넘겨받고 새로운 사람을 입원시켰다. 일상적으로 해야 하는 업무의 양과 속도는 버거울 지경이었다. 긴 흰색 가운의 주머니는 작은 참고서와 몇 가지 의료 도구, 그리고 가장 중요한 것으로서 가장자리에 뭔가를 잔뜩 써넣은 환자 명부와 내가 맡은 마흔 명의 환자에 관해 급히 적은 메모로 가득 차 있었다. 우리는 전염병과를 담당했는데, 소수의 위중한 유행성 독감과 결핵의 사례를 제외하면 대체로 복잡한 사회적 문제를 안고 있는 환자들이 몰려오는 곳이었다. 우리 환자의 대다수는, 전염병과와 사실상 모든 내과에서, 물질 문제, 그중에서도 특히 술 문제로 괴로워하는 것 같았다.

식도 파열로 선홍색의 피를 토하는 사람들이 있었다. 알코올 금단 증상으로 불안정하여 몸을 떨고 헛소리를 하는 사람들도 있었다.

섬뜩한 사례가 있었는데, 떠들썩한 술잔치에서 환자의 췌장이 강력한 타격을 받아서 소화 효소가 복강으로 새어 나와 말 그대로 내부 장기를 먹어 치우고 장 주변의 지방을 녹여 버렸다. 누구하고도 이 이야기를 하지 않았지만, 그런 사람을 돌볼 때마다 속이 매우 아팠다. 더 정확히 말하자면, 간이 자리 잡고 있는 오른쪽 갈비뼈 아래쪽이 쑤셨다.

나는 음주 때문에 건강이 나빠졌음을 알고 있었다. 어떤 때는 아침에 일어나면 간이 부어 아프다고 생각했다. 대기 중이던 어느 지루한 오후에 나는 선배 레지던트에게 피를 뽑아 간 기능 검사를 해달라고 부탁했다. 눈치를 보니 얘가 왜 이러나 하고 생각하는 듯했다. 대수롭지 않은 듯이 이야기했지만, 속으로는 내가 정말로 건강을 해치고 있는 것은 아닌지 궁금했다. 일시적이고 경미한 간 손상을 보여 주는 결과가 나오자 안도했다. 그러면서도 약간 실망스러웠는데, 그 정도로는 내가 변하지 않을 것이기 때문이었다. 어느 정도로 심각해야 변할 수 있을까?

치료사나 다른 누구로부터 실질적인 도움을 받겠다는 생각을 접었다. 그 대신 각성제인 애더럴Adderall을 복용했다. 나는 1차 진료 주치의를 찾아가서 글을 쓰려면 에너지가 더 필요하다고 말했다. 그는 어깨를 으쓱하고는 처방전을 써주면서 인가받지 않은 용도 외 처방이라고 주의를 줬다. 나는 또한 대마초도 더 규칙적으로 피웠다. 두 약물 다 자주 사용하지는 않았지만, 사용할 때는 실제로 나를 괴롭히고 있는 습관인 음주의 부정적인 효과를 중화하는 것이 목적이었다.

술 마시는 간격이 너무 길어지면 눈에 경련이 일었다. 밤에는 술을 마시고 싶지 않았지만, 잠을 자기 위해 쓸쓸하게 위스키 몇 잔을 들이켰다. 늦은 밤까지 깨어 있는 일이 점점 더 많아졌다. 술에 취해 정신을 못 차리고 소파에 누워 있는데, 어떻게 집에 왔는지 기억이 나지 않았다. 많은 시간이 기억에서 사라졌다. 술집이나 집에서 술을 마시고 있었는데, 정신을 차렸을 때는 하루의 절반이 지난 뒤였다.

두려움과 수치심 때문에, 핑계를 대느라 심신이 지쳤다. 두뇌의 큰 부분을 나의 중독에 따른 귀결과 합병증을 파악하는 데 써야 했다. 알람과 호출기 소리에 깨지 못하여 교대 시간을 놓치고 병가를 써야 했던 일에 대한 변명만은 아니다. 에탄올을 점점 더 많이 요구하는 몸을 어떻게든 관리해야 했다.

어느 날 밤, 학과 교수가 센트럴 파크가 내려다보이는 멋진 아파트에서 주최한 토론회에 참석했을 때, 나는 심장이 심하게 요동치는 것을 느꼈다. 머리가 어찔어찔했고 몸은 땀에 흠뻑 젖었다. 손을 보니 미세하게 떨리고 있었다. 나는 그곳 동료들이 보는 앞에서 발작을 일으켜 응급실로 실려 가는 상상을 했다. 그러면 주치의가 소변 독소 검사를 지시할 것이고 몸에서 암페타민과 대마초가 검출될 것이다. 잘해야 보호 관찰이고 더 나쁘면 아예 복용이 금지될 것이다. 나는 덫에 걸렸다. 두려웠다. 어리석게도 나는 토론이 한창일 때 벌떡 일어나 발을 질질 끌며 바를 향해 가서 우스울 정도로 작은 플라스틱 잔에 포도주를 다시 채웠다. 그날 밤 되도록 천천히 일정한 걸음걸이를 유지하려 애쓰며 거듭 잔을 채웠고, 두려운 마음에 들키지는 않았는지 다른 사람들의 얼굴을 조심스럽게 살폈다.

그 공포의 밤 이후 몇 주간 나는 자제력을 되찾으려고 술을 얼마나 마시는지 점검했다. 양을 줄이겠다고 목표치를 정했지만 곧 포기했다. 아침이 되면 지난밤에 어떤 일이 있었는지 알고 깜짝 놀랐다. 의과 대학 친구에게 〈급성 중독〉에 걸렸다고 말했더니, 그녀는 가엾다는 듯이 대하면서도 자신도 수련의 시절에 궁지에 몰린 느낌이 들었고 다 싫어서 의학의 길을 완전히 접을까 생각한 적이 있다고 고백했다. 우리는 잠시 서로 불쌍히 여겼다. 나는 그녀가 내 이야기를 들어주고 나를 이해했다고 느꼈다. 그러나 우리 둘 다 벗어날 길은 없었다. 마치 난파선에서 생존한 두 사람이 각자 다른 구명정에 타고 함께 표류하지만 해변은 보이지 않고 서로에게 줄 것도 없는 상황 같았다. 나는 그녀에게 작심하고 이번에는 술을 줄여 보겠다고 말했다. 그날 밤 늦게 나는 맨해튼 칵테일을 많이 마셨다. 내가 직접 최고급 라이(호밀) 위스키와 베르무트 포도주로 만든 것이라서, 그리고 맛이 좋아서, 또 잠을 자려면 그것이 필요하다고 생각했기에, 나는 괜찮다고 판단했다.

며칠 동안 나는 술을 마시러 나간 뒤 기억을 잃은 채 돌아왔다. 꼼짝 못 하고 무엇에 씐 느낌이었다. 엄청나게 두려웠지만 경솔하게도 대수롭지 않다는 생각도 들었다. 마치 다른 사람의 삶이 점점 더 심하게 망가지는 것을 유리를 통해 바라보고 있는 것 같았다.

12세기 송나라 학자 장빈(張彬)은 술을 너무 많이 마신다고 생각했다. 그는 밤마다 침상 곁에 독주를 몇 되씩 숨겨 놓고 금단 현상을 가까스로 피했다. 어느 날 밤, 기억이 끊긴 그는 어디서 술을 마셨는지 알 수 없었다. 그는 술에서 깬 뒤 작은 고기 조각을 토했다. 노란색의 매끄러운 덩어리는 거의 간의 일부 같았지만, 바닥에서 이상하게 흔들렸다. 그의 묘사에 따르면 〈벌집〉 같았다. 그는 그 고기 비슷한 것을 술 속에 담가 보았다. 그것은 만족스럽다는 듯이 작은 소리를 냈다. 그는 역겨움에 그것을 불 속에 던졌다. 그것은 톡톡 튀며 타버렸다. 그는 다시는 술을 마시지 않았다.[1]

중독은 나의 일부인가 아니면 나와 떨어져 있는 것인가? 중독은 흔히 적으로 의인화된다. 마치 외계인의 혼이나 악령처럼 누군가의 몸 안에 있지만 그의 〈진정한 본성〉과는 별개인 것이다.[2] 재활 시설에서 나는 나의 질병이 마음의 밑바닥에서 푸시업을 하는 악의적인 힘이라고 들었고, 잠자는 호랑이이므로 정신을 바꾸는 물질에 손을 대서 깨우는 일이 없도록 조심해야 한다고 배웠다. 남부 캘리포니아의 멕시코계 미국인 헤로인 투약자들은 〈테카토 구사노tecato gusano〉에 관해 이야기한다. 창자에 살면서 끝없이 재발하는 불멸의 마약 상습 벌레를 뜻한다.[3] 많은 두뇌 연구사가 다른 곳에서 〈타자〉를 찾는다. 두뇌에 비정상적으로 강력한 왜곡된 중독 회로가 나타나 합리적인 인식 제어의 노력을 압도하는 〈중뇌 반란midbrain mutiny〉이다.[4]

　이러한 용어는 의학보다는 신화와 관련이 있다. 진정한 자아와 타락한 침입자 사이의 내적 갈등, 선악을 둘러싼 싸움, 씌움으로서의 중독. 이 씌움의 이야기는 약물과 중독 둘 다 적으로 만들며, 대개 약물은 본래 피할 수 없는 점진적 파멸을 초래하는 힘을 갖고 있다는 관념을 바탕으로 한다. 이는 문화와 시대를 불문하고 발견되는 강력한 중독 이미지이다. 각별히 유력한 한 가지 형태는 신생국 미국의 열렬한 종교적 전통에서 나타났다. 19세기 금주 운동 초창기에서 보이는데, 그 투사는 영향력 있는 설교자 리먼 비처Lyman Beecher였다.

　엄격하고 진지했던 비처는 뜨거운 신앙의 시대에서도 돋보이는 열성적인 신도였다.[5] 유서 깊은 대장장이 집안의 후손이었던 비처는 18세기 말 나라 전역을 휩쓴 거대한 종교 활동의 물결이었던 제2차 대각성 운동 초기에 예일 칼리지에서 신학을 공부했다. 제2차 대각성 운동은 상대적으로 더 단순하고 민주적인 대중적 신앙이 특징인 종교적 형식주의에 맞서 일어난 뜨거운 반란이었다.[6] 그것은 풀뿌리 운동으로서 개인 영혼의 구원뿐만 아니라 사회 개혁도 약속했다. 비처는 1789년 예일 칼리지를 졸업한 후 롱아일랜드의 동쪽 끝에 있는 이스트햄프턴 장로교회에 전도사로 부임하여 개혁주의적 성향을 키웠다.

당시 이스트햄프턴은 농촌 마을 몇 개가 모인 작은 지역으로, 간선 도로라고 해야 초록색 풀밭을 지나는 두 줄의 바큇자국이 전부였다. 한 주에 한 차례 현지 주민들은 사륜마차를 타고 교회에 갔고, 역시 한 주에 한 번 작은 포장마차를 타고 뉴욕으로 가서 식량을 구매했다(읍내에는 상점이 하나도 없었다). 신생국의 그 초창기 시절에 많은 사람이 이상적으로 생각한 소박한 농촌의 삶이었다. 그러나 악습 반대 책자를 읽은 비처는 더 어두운 것을 상상했다. 무신론과 죄악에 시달리는 사회에서 사람들의 영혼을 위해 싸우는 자신의 모습을 상상했다. 그가 벤저민 러시의 『화주가 인간의 몸과 정신에 미치는 영향 연구』를 읽은 것은 의미가 있었다. 그 책은 비처에게 매우 중요한 감화를 주었다.

롱아일랜드의 그 지역은 또한 몬토크족의 땅이기도 했다. 비처는 어떤 현지 정착민이 독주로 원주민을 유혹하여 술에 빠지게 하는 것을 보고 깜짝 놀랐다. 자신도 악명 높은 술꾼이었던 읍내의 〈그로그 술 판매상〉은 몬토크족 사람들을 위스키와 럼주에 취하게 한 뒤 그들의 곡물을 모조리 사들였다. 그 해변 지역 사회에 살을 에는 듯 쌀쌀한 바람이 몰아치던 어느 겨울날, 비처는 혹독한 빚에 시달리는 몬토크족 사람들이 굶어 죽지 않으려고 30여 킬로미터를 걸어와 앞서 판 곡물을 되사가는 것을 목격했다. 비처는 평생 그 순간을 잊지 못했다. 세월이 한참 흐른 뒤 『톰 아저씨의 오두막Uncle Tom's Cabin』의 작가인 딸 해리엇 비처 스토Harriet Beecher Stowe에게 그 이야기를 자세히 설명하면서 그는 이렇게 말했다. 「정말로 소름끼치게 끔찍했어! 마음이 타들어갔지. 나는 그런 일은 없어야 한다고 마음속 깊이 신에게 맹세했단다.」[7] 그날 밤 리먼 비처는 집으로 가서 알코올에 반대하는 설교문을 작성했다. 그 설교문은 이후 몇십 년에 걸쳐 여러 차례 다듬어진다.

비처는 술이 아메리카 원주민에게 무기로 쓰이는 것에 경악했지만, 그 사례를 통해 모든 사회가 술 때문에 얼마나 고통을 당하는지 확인했다. 오컴과 러시, 베니젯이 처음으로 주목한 유행병이 완전히 퍼졌다. 미국인은 아침에, 한낮에, 밤에 술을 마셨고 역마차와 증기선에서 마셨으며 농장부터 별장, 공장에 이르기까지 여러 곳에서 마셨다. 이들은 일하기 전에 정신을 차리려고 커피가 아니라 술을 마셨다. 그 다음에 〈열한시 술〉(오전 11시), 이른 오후 술, 저녁 전 술 등이었다. 반주는 당연했다. 식사 때 물을 마시면 건강에 나쁘다고 생각했기 때문이다. 1820년대가 되면 음주는 최고조에 달했다.[8] 미국인의 평균 주량은 1년에 순수한 알코올로 환산하여 약 26.5리터였다. 열다섯 살 이상인 모든 사람이 하루에 표준 잔으로 다섯 잔 이상을 마시는 격이었다. 오늘날 평균 음주량의 대략 세 배이다.* 그리고 음주량뿐만 아니라 음주 형태도 제어되지 않았다. 독립 이후 몇십 년간 함께 모여 마시든 혼자 마시든 음주량은 증가하여 공공질서가 혼란스러워지리라는 불안이 널리 퍼졌다. 존 애덤스는 이 〈폭음이라는 퇴폐적이고 불결한 악습〉에서 미국인이 다른 모든 국민을 넘어선다고 걱정했다. 외국인 방문객들도 동의했다. 영국의 개혁가들은 폭음이 심하다고 개탄했고, 어느 스웨덴 방문객은 〈전반적인 폭음 중독〉에 관해 이야기했다.[9]

비처는 1810년 무언가 해야 한다는 확신을 갖고 고향인 코네티컷으로 돌아갔다. 그는 교회 운영 위원회에 합류해 신도들에게 막 출범한 알코올 반대 운동에 참여하라고 강력히 권고했다. 이 운동은 점차 금주 운동으로 알려진다.

* 여성과 노예는 평균보다 훨씬 적게 마셨다. 그러므로 보통의 음주자가 마신 양은 실제로 틀림없이 훨씬 더 많았을 것이다 — 원주.

〈템퍼런스temperance〉라는 낱말은 기이한 역사를 갖고 있다. 미국의 개혁가들이 이 낱말을 취하여 절대 금주라는 전투적인, 거의 광적인 운동을(외부로 퍼져 지구의 광대한 영역을 사로잡을 정도로 강력했다) 뜻하는 말로 바꿔 놓았다는 사실은 우리 시대의 매우 중대한 아이러니이다.[10] 아리스토텔레스와 플라톤은 temperance를 절제나 균형, 조화로 정의했다. 성 아우구스티누스와 아퀴나스 같은 기독교 사상가들은 이를 네 개의 주된 가치 중 하나로 꼽았다. 유대인과 초기 기독교도는 대개 술 문제가 없었다. 스토아학파처럼 사도 바울도 숙취를 비난했지만, 포도주는 신의 창조물이므로 본래 좋은 것이고 적당한 음주, 즉 절제하는 음주에 더없이 적합했다.[11] 초기 기독교 시대에 여러 파벌이 권력을 차지하려 다툴 때, 작은 파벌들이 금주를 요구했지만, 주류 세력은 음주를 기꺼이 수용할 수 있을 뿐만 아니라 술을 혐오하는 것은 이단이라고 주장하여 대응했다. 과도한 음주만 죄악이었다.[12]

마찬가지로 인크리스 매더Increase Mather 같은 아메리카 식민지 시대의 청교도도 숙취를 죄악이라고 보고 반대했지만, 그들도 일반적으로 술을 〈신의 좋은 피조물〉로 받아들였다. 죄에 관한 담론에서 초점은 특정 개인과 그의 행위에 맞춰졌다. 전도자이자 신학자인 조너선 에드워즈Jonathan Edwards 같은 다음 세대의 종교 사상가들은 술이 저항할 수 없는 힘을 지닌다는 관념을 거부했다. 그 대신 에드워즈는 『의지의 자유 The Freedom of the Will』에서 과도한 음주를 의지의 〈도덕적 무능력〉 탓으로 돌렸다.[13]

이러한 선배들처럼 비처와 1810년대 초기 금주 운동의 다른 지도자들도 절제를 주장했을 뿐 완전한 금주를 요구하지는 않았다. 목표가 그렇게 소소했는데도, 비처는 자신의 교회, 즉 코네티컷 조합 교회의 다른 지도자들을 설득하느라 몹시 애써야 했다. 그들이 금주라는 대의를 지지할 것인지 조사할 위원회를 구성했기 때문이다. 위원회는 처음에는 그 운동이 희망이 없다고 판단하고 관여를 거부했고, 격앙한 비처는 술꾼들을 교정해야 할 교회의 의무에 관해 감동적인 연설을 했다. 그는 논거를 세우기 위해 촛불에 의지해 밤을 새웠다.[14]

비처가 신도들에게 열변을 토하는 동안, 운동은 폭넓게 활동을 시작했다. 벤저민 러시는 죽기 직전인 1813년 필라델피아 교회 지도자들의 중요한 모임에서 금주에 관해 연설했다.[15] 종교적 부흥 운동의 힘과 영향력이 커지고 있던 바로 그때에, 마치 그 의사가 의학에서 종교로 횃불을 넘겨주는 것 같았다. 제2차 대각성 운동의 날이 밝았다. 1776년에서 1845년 사이에 나라의 인구 대비 일인당 전도자 숫자는 대략 세 배로 늘었다.[16] 그러한 힘의 도움을 받은 소규모 금주 단체들이 북동부 지방 곳곳에서 일어나 독주의 위험성에 관한 러시의 발언을 열심히 인용하여 숙취라는 질병에 대해 경고했다.[17]

1820년대에 비처는 지역 내 신앙 부흥 집회에 대규모 군중을 끌어모으는 당대의 주된 설교자로 엄청난 영향력을 행사했다. 그는 국민이 마침내 자신의 메시지를 받아들일 준비가 되었음을 깨달았고, 오래전 이스트햄프턴에서 작성하여 수십 년간 다듬은 설교문을 다시 꺼내 들었다.

1826년경 비처는 『폭주의 성격과 원인, 징후, 해악, 치유에 관한 여섯 편의 설교Six Sermons on the Nature, Occasions, Signs, Evils, and Remedy of Intemperance』를 발표했다.[18] 설교는 곧 큰 인기를 끌었고 금주 운동의 주된 이정표가 되었다. 한때 비처는 절제를 옹호했지만, 이제 그의 간명하고 근본적인 처방은 완전하고 절대적인 금주였다. (흥미롭게도, 증류주는 맥주나 포도주, 사과술과 달리 유례없이 해로운 것으로 생각되었다. 이 구분은 금주 운동의 후기에 무너진다.)[19]

비처에게 술은 얼마큼 마시든지 무조건 해로웠다. 사회에서 술을 완전히 몰아내야 했다. 그는 설교에서 술이 위험을 인식하는 능력을 잠식하며, 깨달았을 때는 이미 늦었다고 설명했다. 폭주는 〈미소 짓는 속임수〉로 시작해서 저항할 수 없는 〈뱀 물림〉으로 끝났다. 술은 많이 마시든 적게 마시든 해로웠다. 사람들은 독주를 신중하게 적당히 마시면 된다고 말할 수 있었지만, 비처는 차라리 〈독사와 뱀을 우리의 거처에 조심스럽게 들여서 방문객에 대한 정중한 환대나 아이들의 오락거리 용도로 여기저기 돌아다니도록 하는 것〉이 낫겠다고 말했다. 술은 나라를 질식시키고 모든 가문을 무너뜨리는 사악한 적이었다. 비처는 뱀이 당신의 아이를 휘감는다고 상상해 보라고 말했다. 「그의 몸, 차갑고 탄력 있는 두 팔을 휘감은 똬리(숨을 내쉴 때마다 죽일 듯 조이면 그의 울부짖는 소리가 너의 영혼을 찌를 것이다), 터질 것 같은 안구, 경련을 일으키는 죽음의 고통, 애원하는 듯한 두 손을 보면 당신의 발이 빨라질 것이고 팔에는 초인적인 힘이 생길 것이다! 그러나 너의 아이의 뼈가 남김없이 부러지는 동안, 그의 고통이 끝날 때까지 너는 그저 바라보고 있을 수밖에 없다. 그의 울음소리는 죽음으로 조용해진다.」[20] 술이라는 약물이 그토록 악마 같다면, 유일한 해법은 절대 금주였다.

금주 운동의 다른 개혁가들은 이 말을 재빨리 취하여 술은 인간을 타락시키고 유혹하고 흥분시키며 해악에 물들게 하고 병들게 하고 공격하는 존재라고 말했다.[21] 이러한 씌움possession의 이야기는 술이 본래 저항할 수 없는 힘을 지니고 있다는 관념을 바탕으로 하기에 술과 무절제한 폭주 둘 다 악마로 만들었다. 물질 자체만이 아니라 물질이 초래하는 상황까지 포함된다. 둘은 하나였다. 독주는 몸에 들어가면 무절제한 폭주라는 〈커다란 악폐〉가 되었다. 그것은 〈만족을 모르

는 욕망〉이요 영혼의 〈도덕적 파멸〉이었다.[22]

비처의 금주 운동은 미국을 놀랍도록 바꿔 놓았다. 불과 몇십 년 만에 〈신의 좋은 피조물〉은, 비처에 뒤이어 설교한 인기 있는 목사의 말을 빌리자면, 〈유해한 적〉이 되었다. 술은 악마의 화신이었고, 그 발자국은 〈피로 물들어〉 소중한 새 나라를, 힘들게 싸워 얻은 그 자유를 위협했다.[23] 사회학자들은 훗날 이 〈악마의 약물〉이라는 개념을 〈약물학적 결정론pharmacological determinism〉이라고 부른다. 특정한 약물이 유달리 중독적인 힘, 즉 인간을 〈노예로 삼는〉 강력한 힘을 지니고 있어서, 물질에 내재하는 그 힘으로 인간의 행동을 결정한다는 것이다.[24] 1835년 화보를 곁들인 소책자 『부제 자일스의 증류주 제조장Deacon Giles' Distillery』은 이를 완벽하게 포착했다. 악마들이 〈가난〉, 〈질병〉, 〈죽음〉이라는 이름이 붙은 술통을 만들고 있다.[25] 이윽고 금주 운동의 핵심 신조는 술에 붙인 새로운 꼬리표에 완벽하게 요약되었다. 〈악마의 럼주demon Rum.〉

술 없는 나라라는 벤저민 러시의 환상은 현실처럼 보이기 시작했다. 〈중독의 제국〉이 무너지고 있었다. 비처의 설교는 조직적인 대중적 금주 운동의 시작을, 더 엄밀하게 말하면 음주에 관한 미국인의 사고가 절제라는 이상에서 금주라는 이상으로 옮겨 가는 결정적인 전환을 알렸다.

비처는 활발한 지역 활동을 요구했다. 홍보 활동과 지역 금주 협회의 설립을 통해 사람들에게 술을 끊으라고 설득하고 폭넓은 변화를 주창하라는 것이었다. 그는 실망하지 않았다. 1833년 5천 개 이상의 지역 금주 협회가 있었고 회원은 대략 125만 명으로 추산되었다(당시 미국 인구의 10퍼센트에 가까웠다). 1835년 200만 명이 넘는 미국

『부제 자일스의 증류주 제조장』에 실린 조지 배럴 치버George Barrell Cheever의 삽화.
〈가난〉, 〈질병〉, 〈죽음〉이라는 이름이 붙은 술통을 만들고 있는 악마들을 보여 주는
금주 운동 소책자, 1835년.

인이 증류주를 거부했다.[26] 한편으로는 음료 화학의 발전 때문에, 다
른 한편으로는 술고래가 교정된 뒤에도 맥주와 포도주 같은 약한 술
로 인해 어떻게 이전으로 되돌아가는지를 목격한 개혁가들의 생생한
경험 때문에, 증류주와 발효주의 차이가 서서히 사라졌고, 〈절대 금
주〉 운동은 모든 종류의 술을 끊으라고 강권했다.[27] 결국 절대 금주 운
동은 나라를 연속적인 순환에 집어넣었다. 술과 기타 약물을 겨냥한
금지 정책을 촉발했고, 유사한 국제적 운동을 조장했으며, 한참 뒤에
는 10년 넘게 절대적인 금주가 시행되었다. 그러나 이렇게 엄청난 변
화가 다가오기는 하지만, 미국인의 음주 습관은 비처의 설교 직후 나
타난 것 이상으로 크게 바뀌지는 않았다.

　1830년부터 1840년까지 10년 동안, 미국인이 마신 술의 양

은 거의 절반으로 줄었다.[28] 나라의 역사에서 가장 큰 폭의 감소로, 1920년대 금주법으로 인한 감소보다 더 컸다. 실제로, 초기 금주 운동은 술을 금지하려는 약물 반대 운동이라는 느슨한 의미에서 〈금주〉 운동이라고 부를 수 있지만, 법적 금지를 요구하지는 않았다. 개혁가들은 음주의 성격에 관한 사람들의 태도를 바꾸려 했을 뿐이다. 비처의 미국 금주 협회American Temperance Society, ATS 같은 단체는 계도의 이야기로 가득한 논문과 소책자, 설교집으로 나라를 도배했다. 인기 있는 작가들이 금주 사상을 주제로 삼았고, 곧 나라는 금주의 이야기, 즉 시와 입문서, 소설, 희곡, 노래, 회화, 스케치의 세례를 받았다. 전부 사람들이 술 문제를 이해하는 방식을 크게 바꿔 놓는 데 기여했다. 이러한 노력으로부터 국민 의식의 중심에 곧 새롭게 중요한 인물이 등장한다. 〈술고래〉와 폭주의 본질에 관한 이야기에서 빠지지 않는, 변함없이 나타나는 인물이다.

1843년 에드거 앨런 포는 단편 소설 「검은 고양이The Black Cat」를 발표했다. 서서히 음주에 망가지는 친절한 신사의 이야기이다. 그가 애지중지하는 고양이 플루토는 남자가 울적해졌다가 흥분했다가 결국 폭력적으로 바뀌는 모습을 슬프게 지켜본다. 〈폭주의 악마〉에 씐 그는 기르는 개와 토끼, 원숭이, 그리고 아내까지 두들겨 팬다. (〈내 병이 점점 더 심해졌다. 술 같은 병이 또 있을까!〉) 그는 악독하게 플루토의 눈을 도려내고는 포도주로 죄책감을 달랜다. 〈비꼬인 심사〉에 무너진 그는 그 불쌍한 짐승을 다리에 끈을 묶어 인근의 나무에 매단다. 곧 악마 같은 도펠겡어doppelgänger 플루토가 나타나 남자로 하여금 도끼로 아내의 머리를 찍게 만든다. 포의 더 잘 알려진 작품 「아몬티야도 술통The Cask of Amontillado」과 「배반의 심장The Tell-Tale Heart」을 떠올리게 하는 이 이야기는 지하실 벽에 벽돌을 쌓아 아내의 시신을 감추는 것으로 끝난다.

안타깝게도 포는 이 비유적인 이야기를 지어내기 위해 깊숙이 숨은 개인적인 경험에 의존했다. 그의 형은 술 문제로 여러 해 동안 고생하다 죽었고, 포 자신도 생애 대부분의 기간을 중독적인 행위로 버둥거렸다. 포는 도박으로 버지니아 대학교를 그만두었고, 음주 때문에 신문사의 일자리를 잃었으며, 무절제한 술주정으로 동료들과 거듭 사이가 나빠졌다. 심지어 1843년 금주 소설 『월터 울프, 술꾼의 파멸 Walter Woolfe, or, The Doom of the Drinker』에서 술고래 문인으로 나와 웃음거리가 되기도 했다. 약 6년 뒤 그는 볼티모어의 거리에서 정신 착란 상태로 발견되었고, 그로부터 나흘 뒤에 죽었다.[29]

「검은 고양이」가 포의 단편 중에서 중독을 가장 분명하게 다룬 작품이기는 하지만, 이와 관련된 주제가 그의 작품 대부분을 관통한다. 분열된 자아, 정신 이상으로의 추락, 희미한 그림자 같은 모습으로 유혹하는, 저항할 수 없는 악에 맞선 초자연적 투쟁. 포는 형이 죽은 뒤 딱 다섯 달 만에 초기 작품 중 하나인 「메첸거슈타인 Metzengerstein」을 발표했다. 〈악마 같은〉 말(馬)에 〈고집스럽게 집착〉하여 정신 이상과 죽음에 이르는 방탕한 귀족의 이야기이다.

포가 술에 마음을 빼앗길 만한 이유는 충분했지만, 그의 작품은 단지 미국 문학의 새로운 등장인물인 술고래에 관한 차고 넘치는 글 가운데 한 편이었을 뿐이다. 그즈음에 저항할 수 없는 음주 욕구에 굴복하여 자제력을 완전히 상실한 술꾼을 묘사한 폭주에 관한 글은 놀랍도록 꾸준히 등장했다. 이 〈술고래 이야기〉에 따르면, 문제의 사람이 회복되는 경우, 그 구원은 외부의 강력한 영향력 덕분이었다. 술꾼 이야기에서 핵심은 예측 가능한, 필연적인 하향 곡선이다. 이는

1846년의 유명한 판화「술꾼의 진행 단계The Drunkards Progress」에 생생하게 묘사되었다. 판화는 불타는 집에서 급히 빠져나온 아내와 자식의 슬픈 모습이 표현된 가운데 절망과 범죄, 자살로 추락하는 남자를 보여 준다. 그것은 술이 치명적인 결함으로 작용하는 몰락의 우화로서 대단히 널리 퍼졌다.[30]

1842년 금주 옹호자들은 월터 휘트먼Walter Whitman에게 『프랭클린 에번스Franklin Evans』의 저술을 의뢰했다. 그의 첫 번째 소설이자 생존 중에 베스트셀러였던 이 책은 폭주의 올가미에 걸린 순진한 청년을 묘사한다. (휘트먼은 나중에 그 책을 술에 취한 채 사흘 만에 썼다며 매도했다. 그는 책을 〈터무니없는 헛소리, 최악의 헛소리〉라고 했다.)[31] 허먼 멜빌Herman Melville은 1850년에 소설 『하얀 재킷 White Jacket』을 발표하여 금주 잡지로부터 칭찬을 받았다. 소설에서 그는 선원들이 〈대대로 물려받은 오랜 구적, 즉 악마 같은 그로그 술의 신 때문에 술통과 포열 갑판으로 쫓겨날〉 수밖에 없다고 역설한다.[32] 티머시 셰이 아서Timothy Shay Arthur의 『술집에서 보낸 열흘과 내가 그곳에서 본 것 Ten Nights in a Bar-Room and What I Saw There』은 폭주의 끔찍한 결과를 생생하게 묘사한 이야기로 당대에 『톰 아저씨의 오두막』 다음으로 큰 인기를 끈 소설이었다.[33] 19세기 미국 극장에서 절찬리에 상연된 연극 다수가 이와 같은 이야기를 토대로 여러 막에 걸쳐 진전섬망(震顚譫妄)의 참사를 사실적으로 보여 주었다.[34]

술에 흠뻑 취한 이 나라는 이제 술꾼에 관한 이야기에 빠졌다. 어느 연구자의 추산에 따르면 1830년대에 미국 소설의 12퍼센트가 금주를 주제로 삼았다.[35] 어느 평론가는 1837년에 이미 〈단 하나의 독창적인 착상〉도 없이 금주 장르를 망가뜨리는 〈진부한〉 이야기와 〈평범한 문학〉을 개탄했다.[36]

「술꾼의 진행 단계: 첫 잔부터 무덤까지 The Drunkards Progress: From the first Glass to the Grave」,
너새니얼 커리어 Nathaniel Currier, 1846년.

이렇게 침투력 강한 이야기들은 대단히 큰 효과가 있었다. 〈폭주
의 악마〉에 씐다는 것은 점진적으로 완전히 자제력을 상실하여 파멸
에 이르는 것이라는 관념을 널리 퍼뜨렸다. 비처의 악마의 럼주라는
〈약물학적 결정론〉, 다시 말해서 그 악마 같은 힘은 물질 자체에 내재
한다는 관념이 동반되지 않는 술꾼 이야기는 없다. 한때 심하게 술을
마셔 댄 이 나라의 광대한 부분이 곧 술은 못 견디게 매혹적이고 본질
적으로 위험한 것이라는 데 동의했다.[37] 약물학적 결정론은 각종의 사
회적, 정치적 목적에 끌어다 쓸 수 있는 매우 강력한 이미지를 제시한
다. 약물학적 결정론은 놀라운 효력을 지니고 있었기 때문에, 150년
이 지난 후에도 크랙 코카인 crack cocaine과 관련하여 약물의 지배력에
관해 거의 정확히 동일한 이야기가 나왔다.

빌 모이어스Bill Moyers는 존경받는 기자요 자기 세대에서 가장 신뢰받는 뉴스 진행자의 한 사람이었고 린든 B. 존슨Lyndon B. Johnson 대통령 시절 백악관 대변인이었다. 그는 애틀랜타의 크랙 하우스Crack house(마약 밀매 장소)에 있는 아들 윌리엄 코프 모이어스William Cope Moyers를 데려오려고 비번인 무장 경찰을 포함한 〈구조반〉과 함께 밴을 타고 하염없이 내리는 비를 뚫고 달려가고 있었다. 때는 1994년 10월이었고, 연거푸 마약에 다시 빠진 서른다섯 살의 그의 아들은 이번에도 예외가 아니었다. 모이어스는 궁금했다. 이번이라고 다를 이유가 있을까? 믿음을 가져야 하나? 온갖 편의와 혜택을 누리는데, 왜 아들에게 계속 이런 일이 일어날까?[38]

구조반은 성공리에 모이어스를 크랙 하우스에서 빼내 치료소로 보냈고, 지속적인 효과가 있었다. 그는 다시는 마약에 손을 대지 않았다. 빌 모이어스는 그 이유가 무엇인지 궁금하여 연구를 시작했고, 1998년 5부작 다큐멘터리 「중독에 관한 모이어스의 견해, 핵심을 말하다Moyers on Addiction: Close to Home」를 방송하여 자신의 해답을 제시했다. 꼬박 1년 동안 1990년대의 주요 학자들과 정책 입안자들과 집중적인 인터뷰를 거치며 다큐멘터리를 제작한 모이어스는 아들의 두뇌가 〈납치〉당했음을 알아냈다.[39]

모이어스는 도입부에서 시청자에게 자기 아들이 중독에 빠졌음을 간략히 알린 뒤 장담한다. 「약물이 어떻게 두뇌를 납치하는지 과학자들이 우리에게 증명해 줄 것입니다.」 뒤이어 카메라가 두뇌 영상 촬영 장치를 보여 주고, 하버드 대학교의 연구자 스티븐 하이먼Steven Hyman이 설명한다. 「말 그대로 이해하면 됩니다. 이것 덕분에 우리는 두뇌 속에 있는 욕망의 이미지를 얻을 수 있습니다.」 제2부의 제목은 이 흥미로운 새 은유 〈납치된 두뇌〉이다. 제2부에서 연구자들은 약물

이 어떻게 〈두뇌를 속이고〉 〈쾌락 회로〉를 〈강탈하여〉 중독을 일으키는지 대요를 설명했다.[40]

모이어스의 다큐멘터리 방송과 더불어 널리 퍼진 〈납치〉라는 개념은 중독을 뇌 질환으로 보는 관념에서 핵심적인 요소였다. 그것은 **어떤** 질병이 **어떻게** 발생하는가를 제시했다. 뒤틀린 두뇌 회로에 실제로 무슨 일이 일어났는지를 상세히 설명한 것이다. 오늘날까지 〈납치〉 개념은 중독의 은유로 중요하다. 한편으로는 약물학적 결정론의 오래된 이야기를 보강하기 때문이며, 수십 년 전부터 이어진 정통 뇌 과학의 발전에 기대고 있기 때문이기도 하다.

1954년 제임스 올즈James Olds라는 연구자는 쥐의 뇌에 깊이 삽입한 전극이 뇌 회로를 활성화하여 쥐를 일견 매우 즐겁게 만들고, 너무도 즐거운 나머지 동물들은 먹거나 자는 대신 스스로를 자극할 수 있다는 것을 발견했다. 그러한 사례 중 적어도 한 번의 경우에서는 과도한 자극으로 기진맥진하여 사망에 이르렀다. 올즈는 그 두뇌 영역을 〈쾌락 중추pleasure center〉라고 불렀다.[41] 이 발견은 지금은 대체로 잊힌 신경 과학자 로버트 히스Robert Heath의 연구로 뒷받침되었다. 튤레인 대학교 의과 대학 정신 의학·신경학과 창설자인 히스는 1940년대와 1950년대에 뇌 심부 자극술을 폭넓게 실험했다. 히스는 비록 오늘날의 윤리 기준을 충족하는 것은 거의 없었지만 일련의 연구에서 정신 분열증과 폭력적 행동을 보이는 환자의 두뇌에, 그리고 특별히 비난받을 만한 한 가지 사례에서는 동성애자의 두뇌에 전기 자극기를 삽입하여 뇌를 기반으로 한 〈전환 치료conversion therapy〉를 시도했다. 그 과정에서 히스는 환자 중 한 명이 특정 뇌 중추를 자극하기 위해 3시간 동안 1,500번까지 버튼을 눌렀음을 발견했다.[42] 그러나 이 발견은 처음에는 중독 연구에서 인정받지 못했다.[43] 이른바 쾌락 중추와 약물

간의 연계가 보이지 않았기 때문이다. 이는 여러 해 지난 뒤에야 확실해진다.

1975년 연구자 로이 와이즈Roy Wise와 그의 동료 로버트 요컬Robert Yokel은 권위 있는 학술지 『사이언스Science』에 자신들이 그러한 연결고리를 발견했다고 발표했다. 도파민이라는 모호한 분자였다. 도파민은 지금처럼 유명세를 치르지 않았다. 사람들은, 특히 1973년 올리버 색스Oliver Sacks의 책 『깨어남Awakenings』이 나온 뒤에, 도파민이 파킨슨병과 연관이 있음을 알았다. 그러나 연구자들은 도파민이 그 자체로 신경 전달 물질(신경 세포 간에 정보를 전달하는 일종의 분자)인지는 의심했다.[44] 그러나 와이즈와 요컬은 도파민을 억제하는 화학 물질, 즉 〈길항 물질antagonist〉을 이용하여 도파민이 암페타민의 보상 효과에 원인이 된다는 점을 증명했다. 와이즈는 후속 논문에서 도파민이 〈두뇌의 쾌락 중추〉를 지배하기 때문에 뇌의 도파민 계통이 음식과 섹스, 약물로 인해 좋은 느낌이 만들어지는 데 관여한다는 도발적인 가설을 제시했다.[45] 연구 공동체는 사람들에게 주의를 주었지만, 일반 대중에게는 그다지 효과가 없었고, 10년 후 크랙 코카인이 유행한다.

1980년대에 크랙 코카인은 미국에서 대단한 약물 공포증을 유발했다.[46] 갑자기 언론은 〈이너 시티inner city(도심 과밀 지구)〉라는 이름이 붙은 가난한 흑인 지구에 상상할 수 없을 정도로 강력한 새 약물이 널리 퍼졌다는 기사를 쏟아 냈다. 크랙 코카인이 도시 빈민 사이에 확산되고 텔레비전에 등장하면서 골치 아픈 상황이 벌어졌다. 나라 전역에서, 특히 북동부 도시 지대에서 저녁 뉴스는 크랙 코카인과 관련된 범죄로 체포되는 흑인과 갈색 인종 사람들의 불쾌한 장면으로 도배되었다. 1986년 『타임 Time』은 마약 상용을 〈올해의 이슈〉로 선정했다. 뉴욕 남부 지구 검사 루디 줄리아니 Rudy Giuliani는 도로에서 버젓이 마약이 팔리는 것을 보여 주려고 크랙 코카인을 구입하는 장면을 카메라에 담았다.[47] 그해 말 댄 래더 Dan Rather가 〈전쟁 구역, 2시간 동안 직접 경험하는 특별한 공포〉를 들여다보기 위해 제작한 「크랙 코카인 거리 48시간 48 Hours on Crack Street」이 CBS에서 방송되었다.

명심하라. 크랙 코카인은 진정한 파멸을 초래했다. 사람들은 여러 날 동안 계속해서 크랙 코카인 잔치를 벌였다. 돈이 떨어질 때까지, 정신을 잃고 쓰러질 때까지 멈추지 않았다. 판매자들은 중독된 여인들을 악독하게 착취하고 타락시켰다. 언론은 그들에게 〈크랙 매춘부〉라는 딱지를 붙였다. 크랙 코카인이 너무나 쉽게 제조되고 유통되다 보니 가격도 저렴하여, 나라 전역의 도시에서는 시장 점유를 위한 경쟁이 치열했다.[48] 그러나 널리 퍼진 이미지는 현실과 맞지 않았다. 크랙 코카인 이용자는 대체로 백인이었기 때문이다.[49] 특정 인종에 돌려진 비난은 대중에게 왜곡된 이미지를 전달했다.

신문과 잡지, 텔레비전 방송은 위험한 흑인과 갈색인 마약 상용자들이 백인의 미국을 감염시킨다고 경고하고자 규범화한 인종주의의 언어를 사용했다. 『뉴스위크 Newsweek』는 크랙 코카인이 〈게토 ghetto를 바꿔 놓았다〉고 했고, 〈교외로 급속하게 확산하고 있다〉고 경고했다. 『뉴욕 타임스 New York Times』는 논조가 선명한 일련의 기사를 통해 크랙 코카인이 〈웨스트체스터 카운티의 가장 부유한 교외 지구〉를 물들이고 있다고 경고했다. 1986년 6월 8일 제1면에는 이러한 선언으로 두려움을 불러일으켰다. 〈크랙 코카인 중독이 중산층에 퍼지고 있다.〉[50]

발표된 지 10년 된 와이즈의 도파민 가설이 돌연 중독의 성격에 관한 논의의 중심에 들어왔다. 의사들과 연구자들은 크랙 코카인이 일종의 〈최고급 마약superdrug〉이고 〈지금까지 알려진 마약 중에서 중독성이 가장 강한 것〉이며 복용하면 〈거의 즉시 중독되는〉 마약이라고 설명했다.[51] 도파민이 그 이유를 설명해 주었다. 어느 정신과 의사는 크랙 코카인이 어떻게 〈두뇌의 가장 원시적인 신경 보상 회로를 자극〉하여 〈약물에 대한 강렬한 욕망을 지속적으로 불러일으키는지〉 설명했다.[52] 그는 〈크랙 코카인이 누구에게나 상용하지 않고는 견딜 수 없게 만든다〉는 두려움을 갖게 되었다. 1988년 『뉴욕 타임스』의 제1면 머리기사 〈크랙 전염병〉에서 연구자들은 크랙 코카인 중독의 〈거의 깨뜨릴 수 없는 습관〉을 이해하려 애쓰고 있다고 말했고, 전문가들은 그것을 〈우리가 연구한 것 중에서 가장 골치 아픈 마약〉이라고 하면서, 도파민과 관련된 신경 작용 때문에 끊기가 〈거의 불가능한〉 마약이라고 했다. 로이 와이즈는 이렇게 밝혔다. 「내 딸이 헤로인heroin이나 크랙 코카인을 흡입하려 한다는 것을 알게 된다면 헤로인을 선택하라고 말하겠다.」[53]

1990년대 내내 의학 분야와 언론에서 도파민의 매력은 커져만 갔다.[54] 쥐의 뇌에서 농축된 도파민을 추출하는 새로운 미세 투석 실험은 아편제와 니코틴, 코카인을 포함하는 여러 약물이 도파민 분비를 증가시킨다는 점을 보여 주는 것 같았다. 이 발견으로 중독성 약물은 도파민을 분비하게 하지만 비중독성 약물은 그렇지 않다고 하는 중독 이론이 출현했다.[55] 더 강력한 신경 영상 촬영 기술의 등장으로 쾌락 중추라는 관념은 더욱 힘을 얻었다. 1997년 『타임』은 특집 기사를 통해 도파민이 어떻게 해서 〈중독의 지배 분자master molecule〉인지 설명했고, 측핵nucleus accumbens이라는 두뇌 영역으로부터 분출하여 폭넓은 신경학적 활동에 영향을 미치는 도파민 뉴런을 생생하게 보여 주었다. 신경 영상 연구 분야의 떠오르는 인물인 노라 볼코프(현재 국립 약물 남용 연구소 소장)는 최근 『네이처』에 도파민에 관해 주목할 만한 연구를 발표했다. 그는 논문에서 약물이 도파민을 통해 〈수백만 년 전부터 존재한 타고난 보상 체계를 납치함으로써〉 작동한다고 설명했다.[56]

〈납치된〉 두뇌 회로의 이야기는 엄청나게 큰 영향력을 행사했다. 그 결과로 오늘날 도파민은 거의 일상적인 용어가 되었다. 〈납치〉라는 은유는 중독이 어떻게 뇌를 장악하는지 설명하는 유튜버부터 미국 국립 보건원National Institutes of Health과 하버드 대학교 의학 대학원 같은 신경 과학과 중독 분야의 주요 기관이 발표한 성명서까지 온갖 것에 다 들어 있다.[57] 도파민은 20년 넘게 언론에서 다루어지면서 쾌락과 동의어가 되었다. 술과 여타 약물, SNS 알림, 모닝커피 한 모금이 전부 좋게 느껴지는 것은 두뇌의 〈도파민 분비〉 때문인 것으로 생각된다. 실리콘 밸리의 바이오해커들*은 심지어 〈도파민 단식dopamine fast〉까지 한다. 〈두뇌 리부팅〉을 위해 눈 맞춤을 포함하여 아주 조금이라도 쾌락을 주는 행위는 모조리 삼가는 것이다.[58]

그러나 이 이야기는 과장된 것이다. 도파민은 중독에서 대단히 중요한 분자로서 학습과 보상 예측reward prediction의 경험에 중요하지만, 흔히 설명되는 것보다 훨씬 더 복잡하게 작용한다. 도파민에 관해 대중적으로 널리 퍼진 이야기는 어떤 점에서는 여전히 1980년대 즈음의 이해에 머물고 있다. 그 이후로 진척된 연구의 엄청난 발전을 놓치는 것이다. 한 가지 말하자면, 도파민은 〈쾌락〉 분자가 아니다. 도파민은 향유 즉 〈즐기기liking〉가 아니라, 욕망 즉 〈바라기wanting〉의 느낌

* biohackers. 신체 능력을 향상시키기 위해 명상이나 간헐적 단식, 약물 사용, 유전자 조작 등을 실험하는 사람들.

과 더 큰 관련이 있다. 1990년대 중반 일련의 실험이 이를 입증한 뒤, 로이 와이즈까지도 도파민이 쾌락의 뿌리에 있다는 자신의 가설을 철회했다.[59] 게다가 모든 약물이 그 회로에 직접 침투함으로써 두뇌에 도파민 〈폭격〉을 가하는 것은 아니다. 와이즈는 주로 각성 물질로 연구했는데, 각성 물질은 곧바로 강력하게 도파민을 분비하게 하지만 대마초나 오피오이드는 그렇지 않았다.[60] 이 다른 약물들이 도파민에 영향을 준다면, 도파민 회로에 직접 영향을 끼치는 것이 아니라 상위 회로에 작용함으로써 간접적으로만 그럴 뿐이다.

납치 이야기에서 도파민의 역할은 정확히 〈악마의 럼주〉와 같다. 도파민은 약물이 왜 마치 고유의 악의적인 의지 작용을 지닌 듯이 그토록 강력한 힘을 갖는지, 왜 중독을 일으키는지 설명할 것이라는 기대를 갖게 한다.[61] 그러나 약물은 그렇게 작용하지 않는다. 중독은 반드시 약물을 사용해야만 일어나는 것이 아니다. 크랙 코카인과 메스암페타민methamphetamine, 헤로인 같은 약물을 사용하는 자들은 대부분 심각한 문제가 없다.[62] 수십 년에 걸친 연구에서 약물 사용자 가운데 심각한 물질 사용 장애를 보이는 비율은 10퍼센트 내지 30퍼센트에 불과하다. 약물은 그 자체로 〈중독성을 갖지〉 않는다. 단독으로는 중독을 유발하지 않는다.

과학은 사회 운동에서 강력한 수단이 될 수 있으며, 물질에 관한 과학적 이야기는 당대의 지배적인 편견에 어울리도록 쉽게 왜곡된다. 금주 운동 초창기에 이미 비처는 『여섯 편의 설교』에서, 위가 어떻게 〈신경에 즐겁고 괴로운 떨림〉을 주고 〈정신에 활력〉을 전달하는지, 위가 어떻게 술의 반복적인 자극에 뒤틀려 결국 〈그 무엇으로도 채울 수 없는〉 공허함을 주고 치명적인 습관을 낳는지 전해 주는 의학적 이야기를 길게 늘어놓았다.[63] 금주 운동은 주로 종교 지도자들이 이끌었지만, 이후 의사들을 그 대의 아래 끌어모아 술에 반대하게 했다. 19세기 말, 금주 운동이 설립한 〈과학적 금주 교육부〉*는 중고등학교와 대학교의 교재를 조사하여, 예를 들면 교과서에서 술이 제어할 수 없는 갈망을 불러일으키며 얼마큼 마시든 독이요 독소라는 점을 강조해야 한다고 주장했다.[64] 그 실제의 과학적 지식은 실로 중요하지 않았다. 그 지식은 전부 기존의 〈씌움〉 이야기에 새로운 형태로 덧붙여졌다. 과학은 자명해 보이는 주장을 뒷받침하는 데 쓰였을 뿐이다.

1990년대에 〈납치〉 이야기는 지배적인 사회적 관심사를 반영하는 경향이 있었다. 낱말 자체가 폭력과 강압을 암시한다. (우연치 않게도 1990년대 말은 자동차 강탈과 테러에 대한 두려움이 점점 커지던 때였다. 1997년 오사마 빈라덴Osama bin Laden은 첫 번째 텔레비전 회견을 했으며, 루이지애나주는 〈자동차 강탈자 살해법Kill the Carjacker〉을 제정하여 자동차 운전자가 자신의 차를 강탈하려 한다고 생각되는 자를 죽일 수 있게 했다.)[65] 그러한 악마 같은 약물의 이야기는 모든 힘이 약물 자체에 있는 것으로 제시함으로써 법질서의 강경한 집행에 좋은 구실이 된다. 약물 반대의 광증은 약물 퇴치 전쟁이 점점 더 강하게 처벌적 성격을 띠는 것을 정당화하는 데 쓰였다. 아메리카 원주민이 술에 각별히 취약하다는 〈독주 신화〉처럼, 이 이야기도 문제의 진정한 원인과 억압의 폭력성을 모호하게 했다.

크랙 코카인의 유행은 강력한 여러 원인이 결합하여 나타난 결과로 보는 것이 타당하다. 조직적인 탄압도 결코 작지 않은 원인이다. 흑인과 갈색 인종의 주거 지역은 수십 년간 융자 제한 구역으로 지정되어 차별을 받고 여타 체계적인 방법으로 부자가 되지 못하게 방해

* Department of Scientific Temperance Instruction. 기독교 여성 금주 연합 Woman's Christian Temperance Union이 세운 교육 단체.

를 받아 빈곤해졌다. 그리고 〈절망의 죽음〉 연구자 앤 케이스와 앵거스 디턴이 설명한 것처럼, 1970년대와 1980년대에 자유시장 세계화와 실업으로 도시의 흑인은 매우 심한 타격을 입었다. 그들은 변화하는 국민 경제와 세계 경제라는 탄광 속의 카나리아였다.* 2000년대에 백인 노동자 계급을 타격한 것과 동일한 힘을 미리 경험한 것이다. 바로 그 힘이 크랙 코카인과 오피오이드 유행의 근저에 놓인 공통의 사회적 요인이다. 불평등의 확대로 기술이 부족한 노동자들이 점차 뒤처졌다.[66]

납치 개념은 쉽게 비인간화로 빠진다. 몇몇 경우에는 〈납치〉 개념이 더 큰 동정심을 갖게 하는 것도 사실이다. 그 덕에 빌 모이어스는 아들의 문제를, 그가 왜 거듭 크랙 코카인에 빠지는지 이해했고, 마찬가지로 기자 베스 마시Beth Macy는 자신의 책 『돕식Dopesick』에서 최근에 지역 사회 활동가들이 어떻게 〈자유 의지가 납치되었는지〉 이야기함으로써 중독된 사람들이 동정을 받게 된 과정을 설명했다.[67] 그러나 이 특정한 경우의 설명에는 대가가 따른다. 〈납치〉라는 용어가 막 쓰이던 때인 1997년 『타임』은 제1면에서 어리석게도 아무것도 걸리지 않은 낚싯바늘을 우적우적 씹고 있는 원시 시대 어부의 섬뜩한 캐리커처로 중독을 묘사했다.[68] 아마도 이것이 정신 질환의 생물학적 설명이 어떻게 비관론과 절망으로 빠지는지를 보여 줄 것이다. 사람들을 약물에 완전히 점령되고 나아가 저급한 삶으로 추락한 수동적인 환자로 보는 것이다.

비관론은 19세기 술고래 담론의 결과이기도 했다. 거의 모든 초점은 우선 음주 문제를 안고 있는 사람들을 구하는 것이 아니라 사람

* 광부들은 인간보다 카나리아가 위험한 가스에 더 민감하기에 탄광에 가져갔다. 카나리아가 죽으면 위험을 인지하고 빠져나왔다.

들이 술꾼이 되지 않도록 막는 것이었다. 사람들이 술을 끊을 수 있도록 도우려는 시도가 있었지만, 다시 술에 빠져들면 대체로 희망이 없는 사례로 보고 단념했다. 리먼 비처의 미국 금주 협회 공동 창립자 중 한 사람은 이렇게 엄하게 말했다. 「폭주하는 자는 전부 곧 죽을 것이다. 지구에서 놀라운 악습 하나가 제거될 것이다.」[69]

재단사와 목수, 대장장이 두 명, 마차 제작자, 은장이. 이렇게 여섯 명의 숙련공이 볼티모어의 손님 없는 음침한 선술집에 모여 거의 밤마다 똑같은 짓을 하고 있었다. 코가 비뚤어지도록 술을 마시는 것이다. 때는 1840년, 나라가 심한 경기 침체에 빠져 있을 때였다. 상황은 여러 해 동안 지속되고 있었다. 은행들이 파산하고 수많은 노동자가 실직하면서, 새롭게 출현하던 중간 계급인 숙련공이 특별히 심한 타격을 입었다.

　이들은 모두 그날 저녁 유명한 설교자가 읍내에 와서 금주 강연을 한다는 소식을 들었다. 그렇지만 이들은 금주 운동의 엘리트주의적 기조에 회의적이었고 몇 시간 동안 늘어놓는 죄 타령을 좋아하지 않았다. 그래도 재미 삼아, 약간의 호기심도 지닌 채, 네 사람은 참석하기로 했다. 예상대로 그들은 강연이 마음에 들지 않았다. 금주 운동 지도자들은 〈하나같이 전부 위선자〉였다. 그들은 도도한 설교자를 조롱했지만 놀랍게도 술에 대한 태도를 바꿀 마음이 생겼다. 이들은 설교라는 형식은 혐오했지만 그 메시지에는 흥미를 느꼈다.[70]

　이들은 자신들만의 클럽을 만들고 매주 모여 더 평등주의적인 정신을 함양했다. 이 남자들은 흥미를 잃지 않기 위해 번갈아 자신들의 술 문제를 알기 쉽게 설명했으며(오늘날의 알코올 중독자 익명 모임과 다르지 않다), 모임은 매번 공동의 금주 맹세와 저마다 다음 모임에 새로운 사람을 데려온다는 결의로 끝났다. 이들은 〈킹 알코올King Alcohol〉에 맞선 자신들의 투쟁을 위해 워싱턴 금주 협회를 설립했다. 워싱토니언 운동이 시작된 것이다.[71]

이 운동은 술꾼들이 술꾼을 위해 시작한 운동이었지만, 누구나 환영했고, 운동이 급격하게 성장하면서 술을 마시지 않는 사람들이 회의에 떼로 몰려와 지지를 보냈다. 워싱토니언 운동의 평등주의적 성향이 도움이 되었다.[72] 다른 금주 단체는 거의 전부 아일랜드인과 독일인 이민자들, 가톨릭교도, 흑인 미국인, 여성을 배제했지만, 워싱토니언 운동은 그들을 받아들였다. 〈마서 워싱토니언Martha Washingtonian〉 모임은 뉴욕주 금주 운동에서 여성들이 공개된 장소에서 처음으로 적극적으로 발언한 곳이었다.[73] 그러한 모임은 여성 술꾼뿐만 아니라 음주 남성의 폭력에 고통을 당하는 여성에게도 피신처를 제공했고, 그로써 향후 출현할 금주 운동에서 여성이 떠맡을 절대적인 역할을 미리 보여 주는 중요한 예고편이 되었다.[74] 전부 합하면 볼티모어 주민의 10분의 1 이상과 뉴욕 시민의 7퍼센트 이상이 워싱토니언 운동의 회원이었다. 1841년 말, 거의 20만 명이 가입했으며, 1843년에는 회원이 수백만 명에 이르렀다.[75]

워싱토니언 운동은 다른 금주 운동과의 중요한 결별을 의미했다. 그들은 여전히 술을 악마로 보았지만, 회복의 기대가 더욱 컸다. 결정적으로 그들은 이전에 널리 퍼진 고정 관념과 달리 술꾼을 파멸할 수밖에 없는 존재로 보지 않았다. 그 대신 그들의 언어는 노력과 행위 능력에 관한 언급으로 가득했다. 올바른 공동체의 지원을 받는다면, 사람들은 선택할 힘을 갖게 될 것이고, 의지를 단련하여 스스로를 구원할 힘을 얻게 될 거라고 말했다. 어떤 사람은 이렇게 말했다. 「동지들이여, 새로운 시대가 왔습니다. 새로운 힘이 작용하고 있습니다. 일찍이 가망 없다고 생각된 일이 매일 일어나고 있습니다.」[76] 청년 에이브러햄 링컨Abraham Lincoln은 정치에 입문한 지 얼마 되지 않았을 때인 1842년에 운동을 축하하면서 〈강력한 도덕적 노력〉에 찬사를 보냈다.[77] 워싱토니언 운동의 어느 저명한 인사는 자신의 변화를 이러한 말로써 설명했다. 「나는 오랫동안 완벽한 무용지물로 쓰이지 않고 있던 도덕적 힘을 행사했습니다.」[78] 다른 어떤 사람은 발언이 절정에 도달했을 때 청중을 향해 이렇게 외치곤 했다. 「가련한 술꾼들이여! 그대들에겐 희망이 있습니다. 과거의 나는 그대들보다 더 나빴고 더 타락했으며 더 심하게 욕구의 노예였습니다. 의지만 있다면 돌아올 수 있습니다. 노력해 보십시오. 해보십시오.」[79]

찬장에 숨어 있는 〈적〉의 악마처럼 사로잡는 힘에 관해서는 여전히 조심하라는 말이 있었지만, 이제 그들은 그 적을 무찌를 수 있었다. 링컨이 주목했듯이, 금주 운동은 〈죽어 있는 추상적인 이론에서 돌연 살아 숨 쉬며 움직이는 강력한 지휘관이 되었다……. 술 취한 악마들은 하나씩, 일곱씩, 무더기로 쫓겨난다. 그 불운한 희생자들은 악귀에 씌어 오랫동안 쓸쓸하게 사경을 헤매다가 구원받은 가련한 자들처럼 자신들에게 얼마나 놀라운 일이 일어났는지 세상 끝까지 널리 알리고 있다.〉[80]

워싱토니언 운동은 금주에 새로운 방식으로 접근한 풀뿌리 민주주의적인 서로 돕기 운동이었다. 술꾼들은 서로 다른 사람들의 노력에 공감하고, 그 증인이 되고, 자신의 치부를 드러내어 해결하고, 무리 안에서 지원을 찾을 수 있었다. 또한 대개 파멸적이었던 오랜 음주 이력을 구체적이고 유용한 구제 활동을 통해 보상할 수 있었다. 워싱토니언 운동은 대부분의 금주 운동과 달리 다시 술에 빠지는 것을 너그럽게 보아 넘겼고, 절주를 돕기 위해 인내심을 갖고 사람들과 협력했다. 술꾼들은 구제받았을 뿐만 아니라 악마의 럼주에 맞선 싸움을 자신들이 주인공인 영웅적인 이야기로 바꿔 놓을 수 있었다. 이는 표현의 차원에서나 조직의 차원에서나 공히 큰 힘이 되었다.

숙취에 초점을 맞춘 것이 워싱토니언 운동의 중요한 성공 요인이었다. 그들은 기도와 찬송, 지루한 설교를 금하고 대신 자신의 경험을 직접 말하게 했다.[81] 어떤 점에서 이들은 제2차 대각성 운동의 종교적 부흥 운동을 세속적인 용어로 옮기고 있었다. 개인의 고백과 술꾼 이야기의 표준적인 부침은 그대로 두되 종교적인 생각은 모조리 버렸다. 그 대신 이들은 술을 마시지 않은 온전한 상태로 음악회와 무도회, 야유회, 바자회를 열고 시가행진을 했다.[82] 뉴욕시에서 열린 대규모 축하 행사 중에 그 운동의 큰 지지자인 월터 휘트먼은 화려한 행사를 한껏 즐겼으며 〈화룡점정의 한밤의 성대한 잔치〉를 열정적으로 묘사했다.[83] 다른 무엇보다 끔찍한 혼란과 국가적 시련의 시기에 그것은 성실함과 희망 위에 선 운동이었다.

유료 강연으로 부자가 된 배우 존 바살러뮤 고프John Bartholomew Gough 같은 매우 유명한 워싱토니언 회원의 설명은 오늘날까지 남아 있으며, 그들의 상세한 개인적 이야기에는 무엇인가 아름다운 점이 있다. 그들의 이야기는 중독의 핵심에 있는 비합리적이고 당황스러운 갈등을 파고든다. 어리석게 악마에 사로잡힌 이야기가 아니라 힘써 열렬히 싸운 이야기였다. 고프는 자신 안에서 어떻게 자제력이 생겨났는지 길게 이야기했다. 때때로 그것은 자신이 정말로 술꾼이 아님을 스스로에게 납득시키는, 〈자신 앞에서 스스로 소명하는〉, 그리고 〈판사이자 배심원〉으로서 자신을 〈자발적으로 방면하는〉 적극적인 과정이었다. 때때로 그는 서약할 것을 결심하기도 했지만 〈더 편리한 계제〉로 미루었다. 그리고 때로는 반대의 감정을 밀어내는 음주의

〈지배적 격정〉 때문임을 나중에 인정하기는 했지만, 그저 서약을 잊은 것처럼 보였다.[84] 워싱토니언이 그토록 강한 흡인력을 지닌 것이 바로 이 때문이었다. 눈에 띄게 종교적이거나 의학적인 이야기가 아니라 단순하고 개인적이며 심히 공감 가는 이야기였기 때문이다. 그러나 워싱토니언 운동은 일견 등장할 때와 마찬가지로 빠르게 사라졌다.

워싱토니언들은 열정을 불러일으키고 사람들에게 금주 서약을 하도록 하는 데 능했지만, 초기의 표면적인 전환 경험 이외에는 그다지 제공한 것이 없으며, 기세를 유지하느라 고투했다. 알코올 중독자 익명 모임의 진부한 표현을 들자면, 술에 취하지 않는 것과 그 상태를 지속하는 것은 다른 문제였다. 비판자들은 곧 형식의 신선한 맛이 사라졌다고 불평했다. 사람들은 술 취한 이야기, 〈구렁에서 벗어나 개심했으나 입이 건 한 떼의 술꾼들〉이 〈혐오스러운 경험을 늘어놓는 이야기〉의 끝없는 반복이 지겨워졌다.[85] 이전의 상태로 되돌아가는 것은 큰 문제였다. 매우 유명한 자들에게서도 그런 사례를 볼 수 있다. 존 고프는 여러 차례 다시 술에 빠졌고, 결국 1845년 9월에 뉴욕시에서 한 주 동안 술잔치를 벌이다가 사창가에서 발견되었다.[86] (훗날 그는 금주 운동의 적들이 자신에게 약물을 썼다고 주장했다.)

　　게다가 워싱토니언들은 적을 만들었다. 그들의 반종교적 태도는 교회의 분노를 샀다. 이들은 개혁 정서가 신랄한 논쟁으로 끓어오르는 시점에 정치에 깊숙이 빠졌는데, 이것이 더 중요했다. 그 무렵 여러 개혁 운동이 서로 경쟁하며 저마다 앞서려고 애를 썼다. (일부 금주 옹호자들은 막 등장하던 노예제 폐지 운동에 빗대어 음주가 〈육체뿐만 아니라 불멸의 영혼까지 속박하므로〉 인간 노예제보다 더 나쁘다고 주장했다.)[87] 금주 운동은 서로 다투는 파벌로 분열되었다. 주로 술을 법으로 금지해야 하는가의 문제로 나뉘었다. 워싱토니언 운동은 처음에 그 논쟁에 관여하지 않겠다고 선언했지만, 고프와 몇몇 저명한 회원들은 결국 법적 금지에 찬성하여 다른 금주 옹호자들로부터 공격을 받았다.

워싱토니언 운동은 몇 년 안에 무너졌다.[88] 1847년에 이르면 활동하는 회원이 거의 없었다. 그러나 그들은 어느 것도 도움이 되지 않는 것 같은 때에 도발적으로 중요한 질문을 제기하여 중독에 빠진 사람들을 회복시켰다. 중독으로 고통받는 사람에게서 무엇을 기대할 수 있겠는가?[89] 그들이 얼마나 자제력을 지녔겠는가? 이후, 워싱토니언 운동 모델에 영향을 받은 다른 서로 돕기 단체들은 그 전통을 되살렸다. 금주의 아들들Sons of Temperance, 명예의 전당Temple of Honor, 선한 사마리아인the Good Samaritans 등등.[90]

한편 금주 운동은 계속해서 쪼개졌다. 법질서를 열렬히 지지하는 자들은 금주법을 요구했다. 그들은 몇몇 주에서 음주를 완전히 불법화하는 법을 얻어 냈다. 종교 지도자들은 자신들만의 서로 돕기 단체를 만들었다. 나라 자체가 자유주 대 노예주로, 노예제의 즉각적인 폐지 대 점진적인 폐지로 깊이 분열하여 내전으로 치닫던 이 혼돈의 시대에, 의학계는 아편이 함유된 타르 질의 양귀비 즙에서 근자에 추출된 강력한 결정체로 무장하여 힘과 영향력이 커졌다. 잘 쓰이지는 않았지만 곧 큰 인기를 얻게 되는 약물, 즉 모르핀이다.

5
미국의 첫 번째 아편 유행

1804년 런던, 잔뜩 흐려 음산한 어느 일요일, 토머스 드퀸시Thomas De Quincey라는 포부가 큰 젊은 작가가 다시금 이와 얼굴에 지독한 통증을 느끼며 잠에서 깼다. 그러한 통증의 발작은 자주 있었지만, 이번 경우는 최악의 사례에 들 만했으며, 이미 거의 3주나 지속되고 있었다. 그는 효과는 없었지만 통증을 잊으려고 산보를 나갔다. 우연히 마주친 친구가 결정적인 제안을 했다. 「아편을 해보지 그래?」

드퀸시의 시절에 아편은 흔했다.[1] 아주 평범한 약물로 약사뿐만 아니라 빵장수, 재단사, 기타 소매상도 쌓아 놓고 팔았다. 전형적인 형태는 이러했다. 점포의 계산대에는 커다란 생아편 덩어리가 놓여 있었다. 양귀비 즙으로 만든 갈색의 끈적끈적한 덩어리를 1페니 크기로 얇게 깎아 여럿을 포개어 작은 종이봉투에 담아 가게에 들어오는 사람마다 누구에게나 권했다. 처방전도 필요 없었다. 그러나 그날 드퀸시가 찾아간 약방의 주인은 널리 알려진 다른 형태의 약인 아편 팅크 laudanum를 건넸다. 아편을 알코올에 용해한 루비 색깔의 붉은 팅크로 가끔 향료를 첨가하기도 한다. 그는 하숙집으로 돌아와 한 모금 했다.

고통이 깨끗이 사라졌다. 그렇지만 더 중요한 것은 아편 덕에 그의 예술적 영감이 날개를 단 것이다. 그는 놀라운 환상을 보았고 지각력이 크게 향상되었다. 정신적인 것이 신체적인 것을 완전히 압도했다. 〈고통이 사라졌다는 사실은 이제 내게는 하찮은 일이었다.〉[2]

드퀸시는 스무 살을 앞둔 청년으로 옥스퍼드 대학교에 입학하여 그의 영웅인 윌리엄 워즈워스William Wordsworth와 새뮤얼 테일러 콜리지 같은 작가가 되기를 꿈꾸고 있었다. 그때까지 그의 어지러운 마음을 진정시켜 준 것은 그들의 시뿐이었다. 처음 워즈워스의 시를 읽었을 때, 그는 신비로운 경험을 했다. 그 경험으로 〈아직까지 인간이 생각지도 못한 힘과 아름다움으로 충만한 전인미답의 세계가 또렷하게 드러났다〉.[3] 이제 아편이 그 문을 더욱 넓게 열어젖혔다. 이후 그는 아편 팅크를 점점 더 많이 복용했고, 상상력이 넘치는 새로운 의식 안으로 완전히 빠져 들어갔다. 드퀸시는 약물에 힘입어 공상에 젖은 채 런던 거리를 배회했고 새로운 변화를 마음껏 즐겼다. 저렴한 좌석에 앉아 오페라를 감상하면 복잡한 화성이 눈앞에 태피스트리처럼 펼쳐졌다.[4]

얼마 있다가 드퀸시는 실제로 워즈워스와 콜리지의 동아리에 들어갔다. 그러나 아편을 점점 더 많이 쓰면서 상상 속의 경험을 예술로 바꾸는 데 어려움을 겪었다. 그 자신의 (대체로 믿을 수 없고 모순적인) 설명에 따르면, 그는 1813년이면 분명히 아편에 중독되었다. 〈이날부터 독자는 나를 정기적으로 아편 상용자로 보아도 된다. 그런 자들에게 어느 특정한 날에 아편을 했는지 묻는 것은 그의 폐가 호흡을 하는지, 심장이 제대로 움직이는지 묻는 꼴이 될 것이다.〉 그의 복용량은 곧 어마어마한 수준에 이르렀다.[5] 1817년 무렵에는 매일 320〈그레인〉*이나 되었는데, 하루에 모르핀 2만 밀리그램 이상을 맞

* 1grain은 0.0648그램.

는 것과 동일하다. (비교하자면, 극심한 고통에 처음으로 투여하는 모르핀의 양은 4시간마다 15 내지 30밀리그램, 하루 180밀리그램이다.) 그는 위대한 작가가 되기를 갈망했으나, 생산성은 정체되었다. 그는 편집자에게 기적적인 것으로 추정되는 약물 자체가 문제일지 모른다고 인정했다. 〈아편 때문에 나는 지난 6년간 침묵이라는 총체적인 무례에 빠졌다.〉[6]

1810년대가 끝날 무렵 드퀸시는 아편 자체를 주제로 삼아 그것에 집중함으로써 벗어나기로 결심했다. 약물을 주역으로 삼아 대작을 쓰기로 한 것이다. 그 결과로 1821년에 발표된 것이 격정적이고 기괴하고 산만한 작품인 『어느 영국인 아편 중독자의 고백 *Confession of an English Opium-Eater*』이다. 저자는 책이 〈서로 연결된 정연한 형태〉가 부족하고, 꿈과 철학, 기억, 사회적 논평, 반(反)의학적 공론이 뒤섞였다고 시인했다. 그러나 책은 대단한 화제가 되었다. 거의 모두가 칭찬했고 빠르게 쇄를 거듭했다. 그 책은 지금도 중독 문학의 진정한 이정표로 우뚝 서 있다. 전적으로 약물 남용만 다룬 첫 번째 문학 텍스트이자 최초의 약물 중독 회고록이다.[7]

드퀸시는 상습적 사용의 위험성에 관해 이야기했다. 〈아편의 고통〉이라는 제목의 장은 멈추지 못하는 무력함과 〈울적함과 몽롱한 우울함〉에 빠진 느낌을 설명한다.[8] 그렇지만 그는 책의 뒷부분에서 그 습관을 비교적 쉽게 끊었다고 분명하게 밝혔다. 『어느 영국인 아편 중독자의 고백』 자체는 궁극적으로는 아편을 찬미하는 책이다. 연애편지요 논쟁이고 심지어 종교적 텍스트라고 할 수도 있다. 그는 〈아편의 실체에 관한 참된 교회의 가르침〉을 설파하려 했다고 썼다. 아편은 평범한 수단이 아니라 초월에 이르는 관문이었다. 아편 중독자에게 〈그 본성의 예언자적인 부분은 탁월하다. 다시 말해서 도덕적 성정은 맑고 평온한 상태에 있으며, 전체적으로 위엄 있는 지성의 심오한 빛이 비친다〉.

드퀸시의 책은 특정한 방식의 약물 사용을 옹호했다. 기분 전환의 용도, 당시의 표현대로는 〈호사스러운luxurious〉 용법이었다. 오늘날의 무미건조한 임상 용어로 말하자면 〈비의학적non-medical〉 사용이 될 것이다. 드퀸시는 이렇게 의학적 용도와 구별하는 것을 지지했을 것이다. 아편이 단순히 병실에서 쓰는 수단이라는 관념에 드퀸시는 질색했다. 그에 따르면 의학 작가들은 오로지 거짓말만 해댔다. 〈거짓말! 거짓말! 거짓말!〉 그들은 아편이 계시한 신성한 진실의 〈가장 큰 적〉이었다.[9]

기분 전환의, 호사스러운, 비의학적, 남용의. 이렇듯 중독의 역사는 의학적으로 용인되지 않은 상황에서의 약물 사용에 대한 온갖 꼬리표와 완곡한 표현으로 가득하다. 〈의학적〉과 〈비의학적〉 간의 차이는 억지로 만들어 낸 것이다. 근대 의학이 출현하기 훨씬 전부터 중독은 하나의 수단으로 쓰였기 때문이다. 마야 문명과 아스테카 문명이 의식에서 쓴 환각제부터 고대 인도의 『리그베다』에 등장하는 신비의 음료 소마soma에 이르기까지, 여러 문화가 마취제를 사용하여 영적 세계와 교통했다. 이러한 용법은 정신적인 치유나 기분 전환의 관점에서 〈치료〉에 속하는가? 고대 그리스인들은 술에 취하는 것을 신체의 과정이 아니라 정신의 씌움이라는 유익한 형태로 이해했다. 술을 마시면 디오니시오스 신과 말 그대로 합일하기 때문에, 즉 〈신을 안으로 entheos〉 받아들이기 때문에,[10] 음주는 사고와 감정을 변하게 한다고 생각한 것이다. 의학적 용도와 기분 전환 용도를 다르다고 보고 구분하는 것은 면밀히 검토해 볼 문제이다. 어떤 형태의 약물 사용은 너그럽게 봐주면서도 다른 형태의 사용은 비난하기 때문이다. 드퀸시의 시대 이래로 특권층의 약물 문제는 너그럽고 동정적인 반응을 불러일으켰다. 궁극적인 효과는 그 구분선의 양쪽에서 똑같이 약물의 해악이 정말로 어느 정도인지를 종종 모호하게 한 것이다.

결국, 드퀸시가 추구한 초월은 정신적인 것이라기보다는 미학적이었다. 따라서 아마도 그의 아편 사용에 가장 잘 들어맞는 낱말은 콜리지와 워즈워스의 예술에 쓰인 말과 똑같을 것이다. 그가 자신의 삶을 구원하고 처음으로 영감을 불어넣어 주었다고 믿었던 운동에 붙은 말이다. 〈낭만적Romantic.〉

드퀸시는 중독으로 고통을 당한 천재의 전형이었다. 그는 스스로를 영혼의 지옥에 들어갔다가 저승에 관한 특별한 통찰력을 얻어 돌아온 오르페우스 같은 인물로 제시했다. 이는 낭만주의 전통에 안성맞춤인 메시지였다. 낭만주의란 18세기 말부터 19세기 중반까지 계몽사상의 과학과 철학, 전반적으로 완고한 합리주의에 맞서 상상력과 주관성, 감정을 찬양한 유럽 작가들을 느슨하게 가리키는 용어이다.[11] 낭만주의는 자발성과 개별성, 격한 감정을 뜻하며, 주관적인 내면의 경험을 우선시한다. 드퀸시는 아편이 그것을 강화한다고 주장했다. 아편은 또한 대체로 영국이 지구 반 바퀴만큼 떨어진 곳에서 지배한 인도에서 생산되었기 때문에, 아련한 〈동양〉을 신비롭고 초자연적이며 때로 이상하게 위험한 새로운 경험의 원천으로 보는 낭만주의자들의 오리엔탈리즘적 선입견을 완벽하게 구현했다. 낭만주의 작가들은 특히 멋진 미학적 경험을 통해 계몽사상의 규율에서 벗어나는 데 관심이 있었고, 드퀸시는 약물 사용을 정확히 그 미학적 경험으로 바꾸었다. 그는 아편 사용을 세속적 합리성의 한계를 떨쳐 내고 정신적 영역을 직접적으로 강력하게 탐험하는 수단으로 묘사했다.[12]

심각한 아편 상습을 보여 준 영국 낭만주의 작가들의 명부는 길게 작성할 수 있다. 엘리자베스 배럿 브라우닝Elizabeth Barrett Browning, 월터 스콧Walter Scott, 바이런Byron, 존 키츠John Keats, 퍼시 비시 셸리Percy Bysshe Shelly, 브랜웰 브론테 등 아주 많다.[13] 이들은 아편의 위험성을 모르지 않았다.[14] 1868년에 발표된 소설 『월장석 *The Moonstone*』에서 습관성 아편 중독자는 이렇게 말한다. 「이 질병이 진행되면서 나는 점차 아편 사용에서 아편 남용으로 넘어갔다.」(저자인 윌키 콜린스Wilkie Collins도 습관성 사용자로 어디를 가든 은제 용기에 아편 팅크를 담아 지니고 다녔다.) 그렇지만 아편 사용에서 드퀸시에 필적할 만한 단 한 사람은 콜리지였다. 그의 오리엔탈리즘 시 〈쿠블라 칸Kubla Khan〉은 그가 몽골 황제의 여름 궁전인 재너두Xanadu(상도上都)에 관한 글을 읽은 뒤 아편에 취해 몽롱한 상태에서 썼다고 한다. 콜리지의 시는 이 낭만적인 약물의 이중적인 성격을 포착하여 쾌락과 고통이 서로 얽혀 있는 것으로 묘사했다. 예를 들면, 강물이 〈햇볕이 들지 않는 바다sunless sea〉로 흘러든다는 비유가 그렇다.[15] 드퀸시도 『어느 영국인 아편 중독자의 고백』에서 아편의 쾌락과 고통이라는 양면적인 성격을 묘사했다. 그는 아편을 동양에서 온 〈천국의 열쇠〉를 지닌 것이자 〈가공할 약물〉이라고 제시했고, 심지어 아편을 의인화하여 터번을 두른 잔혹한 〈말레이 사람Malay〉이라고 표현했다.[16]

이처럼 아편을 의인화한 것은 드퀸시의 천재성을 보여 준다. 당시에 아편은 하찮은 상품이었다. 가게로 들어가 사면 그만이었다. 드퀸시는 아편을 외국에서 온 위험스러운 것으로 만들기 위해 먼저 깨뜨려야 할 금기를 창조해야 했다. 그는 아편의 관능적인 쾌락을 강조하고 약물 자체를 아시아의 〈타자〉로 의인화함으로써 호사스럽고 낭만적이며 관대한 비의학적 용도를 발명했다. 문화사가 마이크 제이

Mike Jay가 말했듯이, 그것은 〈이중 게임, 다시 말해서 도덕가와 교양인의 여론을 자극하는 동시에 새로운 악습의 발명으로 엘리트층을 기쁘게 하는 것〉이었다.[17] 그 과정에서 낭만적인 용법은 단순히 통찰을 얻기 위한 수단뿐만 아니라 반문화의 표지도 되었다.

드퀸시의 시대에 많은 사람이 그를 모방했다. 그는 〈책에서 무엇을 읽었다고…… 아편을 받아들일 사람은 없다〉고 주장하며 자신을 변호하기는 했지만,[18] 실제로 많은 젊은 문인이 그의 사례를 따랐고, 최소한 한 건의 치명적인 과다 복용에 관한 이야기가 전한다. (어느 작가는 1842년에 발표한 글 「미국의 어느 아편쟁이An Opium-Eater in America」에서 자신이 드퀸시의 책 때문에 아편을 사용했다고 음울하게 설명했다. 그러나 〈왜 그랬는지 모를 일인데 뒷부분, 즉《아편의 고통》을 나는 늘 읽지 않았다〉고 했다.)[19] 물질 사용은 흔히 남자답고 세련된 성취의 지표가 된다. 잭 런던은 〈음주가 남자다움의 상징〉이라는 것을 일찍 알았고, 찰스 잭슨Charles Jackson의 『잃어버린 주말The Lost Weekend』에 나오는 주인공 알코올 중독자는 〈포, 키츠, 바이런, 어니스트 C. 도슨Ernest C. Dowson, 토머스 채터턴Thomas Chatterton 등 재능을 불태웠으나 이른 나이에 비극적인 결말을 맞은 가련하고 무모한 천재들〉에 심취했다.[20]

그러나 드퀸시가 개인적인 실험에만 영감을 준 것은 아니었다. 예술적 열기가 뜨거웠던 1840년대의 파리에서 오노레 드 발자크Honor de Balzac와 빅토르 위고Victor Hugo, 알렉상드르 뒤마Alexandre Dumas를 포함한 당대의 선도적인 창작자 몇몇이 어느 호텔에 모여 특별한 모임을 가졌다. 이들은 새로운 기법을 공유하거나 음악을 듣기 위해서가 아니라 동양에서 온 이국적인 새로운 약물인 해시시hashish를 시험 삼아 해보려고 만났다. 프랑스는 1800년대 초에 일찍이 대마초를 받아들였다.[21] 나폴레옹 군대가 이집트에서 돌아올 때였다. 그 약물은 아편처럼 처음에는 비교적 재미없게 의학적 용도로만 쓰였다. 그러나 이 사이코노트*들은 자신의 의식을 탐험하는 데 관심이 있었다. 이들은 스스로 아시생 클럽Club des Hashischins이라는 이름을 붙였고(해시시를 써서 젊은 남자들을 암살자로 만들었다는 중동의 배교자 군사 지휘관에 관한 전설에서 이름을 따왔다), 많은 사람이 계속해서 자신의 약물 사용에 관해 글을 썼다. 그중에서도 샤를 보들레르Charles Baudelaire 가 특히 드퀸시의 영향을 받았다. 보들레르는 해시시와 아편 둘 다 했지만, 1860년에 발표한 책 『인공 천국 Les Paradis artificiels』에서는 자신이 직접 경험한 해시시에 관해서만 썼으며, 드퀸시의 『어느 영국인 아편 중독자의 고백』에서 아편에 해당하는 부분만 번역하여 그 약물에 관해 해야 할 이야기는 드퀸시가 이미 다 했다고 주장했다.[22]

드퀸시가 약물에 중독되어 고통을 당한 천재의 전형이었다면, 아시생 클럽은 자유분방한 새로운 반문화를 대표했다. 이는 약물 사용과 예술 간의 연결을 촉진함으로써 이후 수십 년간 약물 경험에 영향을 준다. 19세기 말 데카당파라는 펑크족의 원조 격인 일단의 작가들이 보들레르를 거론하면서 모르핀의 과도한 사용을 공공연히 낭만적으로 묘사하며 환영했다.[23] 클럽의 유산에는 살바도르 달리Salvador Dali 와 장 콕토Jean Cocteau, 파블로 피카소Pablo Picasso가 아편을 피운 20세기 초 파리의 살롱, 1920년대에 사람들이 함께 모여 대마초를 피운 할렘의 〈아편굴tea pads〉, 헤로인에 취한 20세기 중반의 재즈 동아리들, 약물을 하는 여타 많은 예술 단체가 포함되어 있다.[24]

콕토의 영화, 수많은 재즈의 걸작, 섹스 피스톨즈Sex Pistols, 너바나

* psychonaut. 대개 환각제의 도움을 받아 자신의 정신을 탐구하는 자.

Nirvana, 잭슨 폴록Jackson Pollock과 장 미셸 바스키아Jean Michel Basquiat의 그림, 리처드 프라이어Richard Pryor의 희극 등 세계적으로 매우 크게 성공하여 유명세를 치른 몇몇 작품은 중독에서 탄생한 것 같다. 예술과 중독은 왜 그렇게 연결되는가? 가장 간단한 설명은 중독이 의지를 굳게 하는 데 도움이 된다는 것이다. 다시 말해서 창작자들은 산만한 정신을 가라앉히고 더 깊은 영감을 찾으려 한다는 것이다. 그러나 약물 사용은, 심지어 중독까지도 사회적 목적에 역시 도움이 될 수 있다. 철학자 오언 플래너건이 말했듯이, 중독은 〈단지 어떤 물질의 특별한 복용법으로 그치지 않는다〉.[25] 그것은 또한 때로 하나의 정체성이자 생활 방식, 삶이란 직물에 짜여 들어간 〈깊은 자아deep self〉를 확인하는 방법이 된다. 레드 로드니Red Rodney는 훗날 재즈 음악가들 사이에서 헤로인이 널리 유행한 것을 두고 이렇게 말했다. 그것은 〈우리의 상징이었다. 그것이 우리를 나머지 세상과 다르게 했다〉.[26] 약물 사용은 그 초월성 때문에 곧 멤버십을 의미한다.

약물 사용과 약물 중독을 혼동하지 않는 것이 중요하다. 우리의 예술가 영웅들이 그로부터 잃은 것보다 얻은 것이 더 많다고, 중독으로 어떤 특별한 통찰력을 얻었다고 믿고 싶다. 약물 사용은 통찰력을 줄 수도 있겠지만, 중독은 그렇지 않다. 윌리엄 버로스조차 중독이 창의성과 영감을 자극한다고 생각하지 말라고 경고했다.[27] 그는 특히 이 점에서 드퀸시가 틀렸다고 지적했다. 그 경고는 버로스의 삶뿐만 아니라 드퀸시의 삶으로도 증명된다.

드퀸시는 『어느 영국인 아편 중독자의 고백』에서 〈아편의 고통〉에 관해 이야기하면서도 책을 의기양양한 승리의 기조로 끝맺었다. 스스로의 힘으로 복용량을 줄이고 결국 완전히 끊었다고 선언한다. 사실을 말하자면 그는 전혀 끊지 못했다. 거의 완전히 망가져 혼란스러운 여생을 보낸다. 그의 전기를 쓴 어떤 이는 솔직하게 말한다. 〈생애의 마지막 몇십 년간 그는 일 년에 (250파운드의 수입에서) 마약에 150파운드를 썼다. 늘 빚에 시달려 채권자들에게 쫓기는 바람에 책과 서류를 버려둔 채 방에서 도망쳤고, 끊임없이 가명을 써가며 숙소를 옮겼다. 때로는 남들이 버린 옷을 입고 맨발로 글을 썼으며(한 친구는 그가 몸에 비해 너무 큰 군인 외투를 걸치고 그 아래는 아무것도 입지 않았다고 말했다), 자살 충동을 느끼는 아내와 여넓 명의 아이 등 점점 많아지기만 하는 가족을 대체로 부양할 수 없었다.〉[28]

드퀸시는 늘 『어느 영국인 아편 중독자의 고백』의 세 번째 부분을 써서 자신의 문제를 더 잘 정리할 생각이 있었지만 좀처럼 그 일에 착수하지 못했다. 결과적으로 남은 것은 새로운 종류의 중독 이야기였다. 그의 이야기는 몰락과 부활의 명쾌한 금주 이야기가 아니었고, 휘트먼과 포 같은 자들이 전하는 유형의 오싹하고 선정적이며 음산한 금주 이야기도 아니었다. 그것은 낭만적으로 그린 엘리트의 약물 역사로 복잡하고 내향적이며 문학적이고 학문적이고 미학적인 묘사, 파멸적인 현실을 감춘 현학적 우화였다.[29]

의과 대학을 마칠 무렵 나의 음주는 서서히 심각한 결과를 드러냈다. 나는 처음으로 진지하게 사귄 여자 친구와 함께 살고 있었는데, 술을 마실 때마다 그녀와 소리를 지르며 혹독하고 맹렬하게 싸웠다. 그녀는 목소리를 낮추지 않으면 헤어지겠다고 경고했다. 그녀는 내게 분명히 문제가 있다고 말했지만, 나는 이를 별 생각 없이 무시했고 인격의 미성숙이나 스트레스 탓으로 돌렸다.

술에 취한 어느 날 밤 나는 언쟁에서 거친 행동으로, 이어 노골적인 폭언으로 일련의 선을 넘는 내 모습을 보았다. 세세하게 다 기억할 수 없다. 솔직히 말해서 늘 아련했기 때문이다. 이튿날 아침, 잠에서 깨고 난 뒤에도 우선 우리가 왜 싸웠는지 기억하지 못할 때가 많았다. 그렇지만 내가 처음으로 큰 소리로 울부짖으며 그녀를 나쁜 년이라고 불렀던 그날 밤 나는 알았다. 이제 끝이라는 것을.

다음 날 아침 나는 파리의 한 병원으로 떠났다. 여자 친구와 헤어져서 마음이 불안하고 아팠다. 이제는 과거의 여자 친구가 된 그녀는 점잖은 대학원생으로 내가 〈늑대들에 의해 키워졌다〉고 말했다.* 내가 의학이나 과학 말고는 아는 것이 거의 없었기 때문이다. 파리에서 나는 마약과 술, 문화의 낭만적인 환상으로 돌진하여 보상을 구했다. 우리 조에 속한 네 명의 의대생이 보증인 의사를 만났을 때, 그는 병원 현관 바로 앞에서 담배를 피우고 있었다. 콧수염을 기른 이 유쾌한 프랑스인은 검은 터틀넥 셔츠 위에 흰 외투를 입고 있었다. 그는 우리에게 너무 열심히 일할 생각 말라며 식당을 몇 군데 추천해 주었다. 완벽했다.

나는 도시를 돌아다니며 할 수 있는 한 온갖 박물관과 화랑을 찾아가고 오페라를 관람했다. 또한 매일 술을 마셨다. 오후 이른 시간부터 저녁까지 증류주를 홀짝거리다가 밖으로 나가 저녁을 먹었는데, 내게는 식전 반주와 포도주, 식후 소화를 돕는 술이 곧 밥이었다. 몇 번은 그 후 다시 술집을 찾아갈 수 있도록 스스로 먹은 것을 게워 냈다. 술을 더 마실 수 있게 몸에서 에탄올을 비우려 한 것이다. 그 여정이 끝날 무렵, 나는 이전에 써본 적이 없던 코카인에 손을 댔다. 짜릿했다. 흡입해서 짜릿했을 뿐만 아니라 그것을 가질 수 있어서, 가질 수 있는 사람이 되어서 흥분되었다.

당시 나의 음주와 약물 사용은 단지 스트레스를 줄이거나 물질에

* 과학 드라마 「Raised by Wolves」를 말하는 듯하다.

굴복당하는 문제만은 아니었다. 나의 일부는 새로운 정체성을 간절히 원하고 있었다. 나는 약물과 술이 세련된 사람이 되는 지름길이 될 수 있기를 바라면서 겉으로 드러나는 표상을 찾았다. 그러나 속에서는 힘든 대화가 지속되었다. 그 도시에서 가는 발걸음마다 늘 따라다니며 나를 괴롭혔다. 나는 평생 그토록 열심히 노력한 적이 없는데도 2년간의 관계를 망쳤다. 그리고 술이 그 원인의 큰 부분임을 나는 알고 있었다. 약해 빠졌다. 마무리를 하지 못했다. 어리석었다. 교양이나 중요한 지적 성장의 부족을 광란과 지루한 파티로 덮으려 했다. 이러한 생각은 거의 언제나 의식의 끝자락에 흐릿하게 머물렀다. 뚜렷한 관념이라기보다는 쓰라리고 아픈 감정으로 결코 나를 떠나지 않았다. 나는 불안정했다. 조용히 앉아 있을 수 없었고, 곧 밤마다 싸구려 포도주를 한 병 들이켰다. 호텔 방에서 홀로.

나는 그곳에서 다른 의대생에게 반했다. 일이 잘될 때는 매혹적이고 낭만적이었다. 센강에서 첫 키스를 할 때는 강물에 달빛이 반짝거렸다. 일이 잘 안 될 때는 모든 것이 고통스러웠다. 어느 날 밤 우리가 함께 외출했을 때, 나는 지하철 에스컬레이터에서 심하게 넘어졌다. 에스컬레이터가 멈추지 않고 여러 차례 회전하는 동안 188센티미터에 85킬로그램의 거구가 그녀를 깔아뭉갰다. 나는 드라이어의 온풍에 쓰러지는 축축한 박제 인형처럼 천천히 바보같이 넘어졌다. 나는 웃어넘기려 했지만, 우리는 둘 다 심하게 멍이 들고 곳곳에 찰과상을 입었다. 나는 속으로 크게 놀랐다.

그 시점에 나는 음주가 진짜 문제라는 사실을 알았지만, 일기에 그것에 관해 쓸 때는 끊임없는 구역질과 배탈을 기름진 음식을 너무 많이 먹은 탓으로 돌리려 했다. 나는 다른 결과에 대해서도 실상이 어떤지 간명하게 이야기하는 대신 〈알코올 반동의 반(反)진정 효과〉 따위의 완곡한 표현을 애써 찾아냈다. 초기 단계의 금주로 인한 떨림이라는 것이다. 뉴욕으로 돌아온 뒤 나는 코카인 판매자와 만났다. 인턴 과정을 시작하기 직전에 나는 고급 칵테일에 넣을 요량으로 많은 양을 주문했다. 속으로는 내가 비록 파리에 있지는 않지만 적어도 칵테일 기술을 연마하며 문화 공부를 계속할 수 있을 거라고 생각했다. 술과 약물을 심하게 하는 것은 일종의 거짓된 세련됨에 이르는 지름길이었다. 그것은 단순히 술을 더 많이 마시기 위한 핑계에 머물지 않았다. 내가 아닌 다른 누군가가 되기 위해 애쓰는 슬프고 고통스러운 과정이었다.

1850년대 초 프린스턴 대학교에서 의학을 공부하던 어느 청년은 정말로 제대로 공부하고 싶으면 자신이 연구하는 약물을 몇 가지는 직접 써봐야 한다고 판단했다. 피츠 휴 러들로Fitz Hugh Ludlow는 영리하지만 이상한 친구였다. 어릴 때부터 엄청나게 큰 안경을 썼고 좋아하는 취미가 〈책, 나쁜 건강, 묵상〉이라고 했다.[30] 대학 때는 지역의 약국에, 붉은 커튼 뒤에 숨겨진 그 작은 서고와 오크 나무 선반에 쌓인 약물의 얼얼한 냄새로 가득한 공기에 끌렸다. 그는 〈그 제조실에 있는 이상한 약물과 화학 약품을 모조리〉 맛보았다.[31]

　　1856년 스무 살 때 러들로는 새로 발견한 약물에 관해 고해하듯 쓴 글을 잡지에 발표했다. 약물로 그는 〈대단한 환희〉와 〈온몸을 극도의 나른함으로 뒤덮은 감각적인 황홀경〉에 빠졌다.[32] 그 약물은 해시시 형태의 대마초였다. 그는 곧 그 사용법을 『해시시 상용자Hasheesh Eater』라는 책으로 써내 자신을 대상으로 한 실험을 과장되게 설명했다. (아편이나 다른 물질의 〈상용자eater〉가 된다는 것은 그 약물을 경구로 투여한다는 뜻이지만, 이는 또한 중단할 수 없는 습관의 의미도 담고 있다.) 때로 〈작은 드퀸시〉라고 불린 러들로는 약물 사용의 낭만적 미학으로 완전히 돌아간 사람으로, 대마초가 〈동양 이야기의 궤도를 떠도는, 폭풍에 휩싸인 절정의 장엄함〉의 〈비밀을 풀었다〉고 단언했다.[33]

이 글로 러들로는 뉴욕시 예술 문화계에 받아들여졌고, 잡지 『하퍼스*Harper's*』와 『이브닝 포스트*Evening Post*』, 『애틀랜틱 먼슬리*Atlantic Monthly*』 등 그 시절의 문학적 기준이 되는 모든 매체에 자주 글을 기고했다. 결국 그는 『배니티 페어*Vanity Fair*』의 첫 편집자 중 한 사람이 되었다. 그러나 러들로가 이렇게 등단하고 채 10년이 지나지 않아, 그의 약물 문제는 점차 명백해졌다.

『해시시 상용자』의 말미에서 러들로는 마약성 물질을 전부 끊었다고 주장했지만, 드퀸시의 이야기와 마찬가지로 그것은 거짓말이었다. 얼마 있지 않아 그는 새로운 오피오이드 약물인 모르핀을 날마다 위스키에 섞어 마셨다.* 그렇지만 그는 드퀸시와는 다르게 오피오이드 중독의 공포에 관해 글을 썼다. 1867년에 발표한 글에서 그는 오피오이드 중독을 〈무서운 정신의 속박〉이요 〈영적 노예 상태〉라며 이렇게 뉘우치듯 예견했다.[34] 〈자발적으로 그것에 탐닉한 사람은 스스로 목을 그을 것이나, 자살은 기껏해야 약간 더 빠르고 약간 덜 비천할 뿐이다.〉 그는 치료를 위해 널리 여행했고, 1870년에 유럽에서 『하퍼스』에 〈다른 만성 질병〉과 똑같이 오피오이드 중독도 치료할 방법을 찾아냈다고 자축하는 편지를 보내 발표했다.[35] 그러나 그것은 그랬으면 좋겠다는 바람에 지나지 않았다. 그는 같은 해에 서른네 살의 나이

---

* 〈오피오이드opioid〉와 〈아편제opiate〉는 때때로 헷갈린다. 두 용어가 이따금 서로 바뀌 쓰이기도 하지만, 〈아편제〉는 모르핀처럼 자연적으로 나타나는 합성물을 의미하는 경향이 있고, 〈오피오이드〉는 옥시코돈 같은 모든 합성 약품을 포함한다. 책에서는 대체로 〈오피오이드〉를 썼다 — 원주.

로 사망했다. 만성적인 결핵과 평생을 따라다닌 여러 가지 중독 탓이었을 것이다.

약물학에 대한 열정에서 쓸데없는 걱정으로 급속히 옮겨간 러들로의 전환은 시대를 앞선 것이었지만 크게 앞서지는 않았다. 그의 경험은 미국의 첫 번째 오피오이드 유행을 예견했다. 수십 년 동안 축적된 약물 문제의 무시무시한 대규모 분출이었다.

미국인들은 처음부터 오피오이드에 관해 오만한 태도를 보였다. 드퀸시의 『어느 영국인 아편 중독자의 고백』을 일찌감치 평한 어떤 사람은 금주 운동이 한창이던 1824년에 쓴 글에서 선량하고 현실적인 미국인은 드퀸시처럼 창피하게 약물 사용에 빠질 가능성이 없다고 다소 자신 있게 주장했다. 〈이 나라에서 아편이라는 사치품에 빠지는 사람은 있다고 해도 극히 적으며, 이러한 성격의 무절제가 퍼질 위험도 전혀 크지 않다고 우리는 믿는다.〉[36]

그러나 이후 미국은 정말로 약물에 도취되었다. 화학은 거듭 새로운 〈특효약〉을 분리해 냈다. 쉽게 계량하여 투여할 수 있게 정제된 표준화한 추출물이다. 클로로포름과 에테르는 치 의학과 외과 수술에 혁명적인 변화를 가져왔다. 대마초도 짧은 기간 동안 치료에서 인기가 높았다. 그러나 단연 가장 중요했던 것은 모르핀이다.[37] 아스피린이나 기타 괜찮은 진통제가 등장하기 전이었기 때문에, 확실하게 믿을 만한 강력한 통증 완화제는 의사에게 큰 도움이 되었다.

19세기 미국의 경쟁적이고 기업가적인 문화에서 전문직 의사들은 민간 의학이나 동종요법 같은 대항 운동의 경쟁에 맞서야 했다. 주류 의학계의 의사들을 돋보이게 하는 한 가지 방법은 과학적인 근대 의학, 특히 새로운 약을 옹호하는 것이었다.[38] 의학 분야는 체액 중심의 총체적인 〈불-편함dis-ease〉의 개념으로부터 생물학적 원인이 있는 구체적인 질병들의 분류로 이동하고 있었고, 특정 질병을 표적으로 삼는 약물 치료가 〈더 과학적〉이라고 선전되었다.

1830년대부터 1850년대까지 콜레라와 이질이 연이어 유행하여 큰 참화를 가져온 것은 오피오이드에 대한 열광을 키우기만 했다. 오피오이드가 위장의 증상을 완화했기 때문이다. 오피오이드 유행을 강력하게 촉진한 것은 다른 기술 발전, 즉 피부밑 주사기였다. 1840년대에 영국에서 개발되어 미국에 1853년 처음으로 도입된 피부밑 주사기는 과학적 사고방식을 지닌 의사들에게는 희망이었다.[39] 정확한 분량의 약물을 신체 안에 주입하여 거의 즉각적으로 예견 가능한 결과를 얻을 수 있는 도구가 나타난 것이다. 피부밑 주사기는 그들이 약속한 새로운 정밀함을 완벽하게 구현했다. 피부밑 주사기 바늘은 훌륭한 전문 기술로 돌팔이 의사와 약초 상인에게 맞설 이상적인 대항 수단이었다.[40] 물론 주사기 자체는 약물이 아니지만, 새로운 투여 방식은 본질적으로 모르핀을 빠르게 듣도록 더욱 효과적인 형태로 바꿔 놓았고, 이에 덧붙여진 과학적 이야기는 이를 더욱 널리 퍼뜨렸다.

약물의 효능이나 용량의 변화, 즉 새로운 약물 주입 방법은 유해한 사용의 유행을 촉발하는 중요한 요인이 될 때가 많았다. 영국의 〈진 광증〉을 촉진한 한층 강력한 독주의 더욱 손쉬운 습득이나 19세기 말 기계로 감싸는 방식의 궐련 제조를 예로 들 수 있다. 1996년 퍼듀 파마는 엠에스 콘틴MS Contin(지속 효과 방출형ER 모르핀)의 특허가 끝나자 옥시콘틴을 내놓았다.[41] 저렴하여 이미 널리 쓰이는 일반적인 옥시코돈의 확정 시간 방출형SR 형태이다.* 최대 투여량은 상당히

* 지속 효과 방출형은 오랜 시간 효과가 지속되는 것이고, 확정 시간 방출형은 정해진 시간 동안 약물을 방출하는 것으로 지속 효과 방출형의 한 형태라고 할 수 있다. 보통 서방정이라고 한다.

많았다. 각각 80밀리그램과 160밀리그램으로 페르코단Percodan이나 페르코세트Percocet 같은 경쟁 약품보다 훨씬 많았다. 오늘날 오피오이드 남용이 널리 퍼지게 된 것은 단지 공격적인 마케팅 때문만은 아니었다.

피부밑 주사로 인해 서서히 심해진 모르핀 문제가 결국 터졌다. 기록이 비교적 잘 남아 있는 파리의 병원들을 보면, 모르핀 처방은 1855년부터 1875년까지 연간 272그램에서 1만 그램 이상으로 36배 넘게 증가했다. 미국에서는 어느 역사가의 추산에 따르면 오피오이드 중독을 보이는 사람의 숫자가 1842년부터 1890년대까지 6배 늘었다.[42]

남북 전쟁으로 문제는 더욱 나빠졌다. 전체 인구 대비 비율로 보자면, 남북 전쟁에서 사망한 미국인이 제2차 세계 대전보다 3배 이상 많았고, 제1차 세계 대전에 비해서는 13배 이상이었다. 병사들뿐만 아니라 그 분쟁에 영향을 받은 다른 사람들도 모르핀 덕에 이 터무니없는 참화를 견딜 수 있었다. 당대의 어느 책에는 이렇게 묘사되어 있다. 〈수많은 전장에서 수족이 잘리고 여기저기 심하게 다친 생존자들, 적군의 수용소에서 질병에 걸리고 불구가 되어 석방된 병사들, 소중한 사람들이 학살당하여 고통에 겨워 절망한 아내들과 아이 엄마들이 많이 아편을 통해 고통으로부터 벗어나 일시적인 안도감을 찾았다.〉[43]

따라서 역사가들이 오랫동안 미국 최초의 오피오이드 유행은 남북 전쟁의 결과라고 설명한 것이 놀랄 일은 아니다. 국민의 마음에 남은 상처 때문이기도 했고, 군의관들이 정신적 충격을 받은 참전 군인들에게 아편과 모르핀을 아낌없이 처방했기 때문이기도 했다. 이러한 설명이 널리 퍼지고 받아들여져서 오피오이드 중독은 〈군대병〉이나 〈군인병〉으로 불렸다.[44] 그러나 전쟁이 분명히 한 가지 요인이었지만,

첫 번째 총성이 들리기 전에도 이미 유행이 진행되고 있었다는 증거가 있다.[45] 그리고 그것은 습관성 아편 사용을 일종의 무절제로 보는 관념이 탄생하는 데 일조했다.

첫째, 러들로가 『해시시 상용자』에서 한 말이 있다. 그는 책에서 〈모든 나라에서 아편 상용은 점점 심해지는 굉장한 해악〉이라고 경고했다. 『뉴욕 데일리 타임스*New York Daily Times*』와 『사이언티픽 아메리칸 *Scientific American*』도 일찍이 1850년대에 모르핀 사용의 폭증에 관해 경고했으며,[46] 1860년 5월 하버드 대학교 의학 대학원의 전임 학장 올리버 웬들 홈스 시니어*Oliver Wendell Holmes Sr.*는 매사추세츠 의사 협회에 걱정 어린 의견을 전했다. 서쪽 먼 곳에서 개업한 어느 의사가 홈스에게 곤혹스러운 새로운 경향에 관해 편지를 보냈던 것이다. 일부 의사들이 오피오이드를 너무 많이 처방하여 무절제가 극심하고, 읍내의 거리를 지척거리는 〈아편쟁이들〉의 〈소름끼치는 만연한 퇴폐〉가 얼마나 심각한지 쉽게 알 수 있다는 것이었다.[47]

이후 경고의 외침이 늘었다. 러들로가 오피오이드에 관해 쓴 글이 1868년 『아편 상습*The Opium Habit*』이라는 책으로 발표되었다. 〈치명적인 해악〉에 〈사로잡힌〉 자들에 관한 여러 편의 이야기를 모은 것으로 일찌감치 오피오이드 중독에 진지하게 주의를 환기시킨 책 중 하나였다.[48] 그러나 과학 기술을 낙관한 의사들은 이해가 더뎠다. 그 문제에 대한 대중의 인식이 널리 퍼진 뒤에도, 많은 의사가 여전히 모르핀 주사는 완전히 안전하며 경구 투여만 습관성의 위험이 있다고 믿었다(아니면 최소한 그렇게 광고했다).[49]

이러한 과정은 약물 유행병의 전형적인 유형을 따르고 있다. 1990년대와 2000년대의 옥시콘틴 사례에서 보듯이, 무비판적 사용의 허니문 시기가 지나고 난 뒤에야 반동이 따른다.[50] 19세기 중반 코카인이 더 쉽게 쓸 수 있는 알칼로이드 형태로 분리된 후 동일한 과정이 이어졌다. 코카인은 보르도 포도주에 약물을 혼합한 〈강장 음료〉인 프랑스의 〈뱅 마리아니Vin Mariani〉처럼 곧 편리하게 습득할 수 있는 형태로 만들어져 널리 팔렸다. 특히 규제가 없는 미국의 의약품 시장에서 코카인은 원기를 북돋우는 〈강장제〉와 울혈 완화 코담배, 여타 흔한 제품의 첨가제로 엄청난 인기를 끌었다. 코카인은 처방전이 없어도 널리 약으로 쓰였다. 의사와 약사가 똑같이 이를 권했다. 제약업자들은 판촉 행위를 통해 의사들에게 직접 코카인을 권했으며, 코카인은 건초열부터 〈모르핀 상습morphia habit〉까지 온갖 것의 치료제로 뜨거운 환영을 받았다. 오피오이드 허니문은 끝났고, 1880년대가 되면 오피오이드 중독 치료제의 시장이 커졌다.[51] 켄터키주의 어떤 의사는 모르핀과 알코올 문제를 치료하기 위해 2년 동안 11킬로그램 넘게 코카 추출물을 처방했다고 자랑스럽게 썼다. 그는 이제는 모르핀 투여 욕구가 없다는, 그렇지만 1킬로그램만 더 얻을 수 없겠냐는 여인의 말을 곁들였다. (의사는 이것이 좋다고 생각한 것 같다.)[52] 그렇지만 다른 의사들은 중독 문제를 좀 더 자세히 들여다보았다.

사설 구빈원, 소년원, 교회, 정신병자 수용소, 교도소가 있었다. 그러나 그것뿐이었다. 19세기에 약물 문제나 술 문제를 안고 있는 자들이 선택할 수 있는 치료법은 제한적이었다. 오늘날의 재활 시설이나 여타 전문적인 중독 치료 센터 같은 것은 분명히 없었다.[53] 그렇지만 『아편 상습』에서는 〈아편병opium disease〉을 치료할 의료 기관의 설립을 포함하여 새로운 접근 방식의 중독 치료를 요구했고, 얼마 있지 않아 의사들이 이 요청에 응했다. 금주 운동은 무절제한 술고래들을 교정하는 데 실패했고, 워싱토니언 운동은 해산했으며, 술을 금하는 주의 법률은 음주를 억제하지 못했다. 교회와 법률, 초기의 서로 돕기 운동 전부 기회가 있었다. 이제 약의 차례였다. 의사들은 힘과 영향력이 커지자 점차 〈중독〉*이라고 부르게 되는 문제를 주시했다.

1870년 뉴욕시 YMCA에서 열네 명의 의사가 모여 새로운 단체를 설립했다. 약물과 술의 문제를 다른 질병처럼 다루어 치료해야 한다는 관념을 처음으로 받아들인 미국 중독 치료 협회American Association for the Cure of Inebriates, AACI였다.[54] 금주 운동으로 사회에는 중독이라는 **개념**이 생겼고(음주에 원인이 있고 오직 외부의 힘을 통해서만 구제할 수 있는, 어쩔 수 없는 자제력 상실의 널리 알려진 이야기인 술고래 담론), 이제 약이 개입하여 그 개념을 더욱 퍼뜨리고 구제의 힘으로 등장할 준비를 마쳤다. 이후 폭넓은 기반의 〈중독 치료 운동〉이 중독은 의학적 질병이라는 관념을 처음으로 확산시켰다. 벤저민 러시와 토머스 트로터 등이 지적 토대를 놓았지만, 이처럼 의사들이 실제로 동원된 일은 없었다. 그것은 낙관적인 운동, 나아가 열정적인 운동이었다. 그 단체의 명칭에는 기대치가 분명하게 표현되었다. 〈치료.〉

1870년의 그 작은 시작으로부터 〈사람을 노예로 만드는 약물〉에 반대하는 논문과 보고서가 연이어 나왔다. 그 논문들은 중독을 의학의 문제로 보는 인식을 반영했고 꾸준히 퍼뜨렸다. 당시의 주된 참고서였던 로버츠 바설로Roberts Bartholow의 『피부밑 주사 약물 치료 입문Manual of Hypodermic Medication』은 1869년과 1873년에 나온 첫 두 판에서는 〈모르핀 상습〉에 두 쪽도 할애하지 않았지만, 1879년 판에서는 같은 항목이 18쪽 분량의 별개의 한 장으로 늘어났다.[55] 이는 1857년 러들로의 경고를 거의 그대로 반영했다. 〈이 남용은 엄청난 해악이 되

---

* inebriety는 주로 습관성 음주를 가리키는 말이지만 책에서는 사실상 addiction과 마찬가지로 약물에 취하는 것을 포함하여 폭넓게 쓰고 있다. 〈중독〉이라고 옮긴다.

고 있다.〉 1877년 독일인 의사 에두아르트 레빈슈타인Edward Levinstein 은 습관적인 모르핀 투여를 질병으로 보는 글을 써서 큰 영향을 끼쳤다.[56] 그러한 성격의 상세한 의학 논문으로는 처음인 이 글은 〈모르핀 중독morphinismus〉, 〈모르핀 정신 착란morphia-delirium〉, 〈모르핀 해악morphia evil〉으로 다양하게 지칭하던 것에 대한 인식을 크게 자극했다.

선택할 수 있는 치료법이 늘어났다. 1860년대에 J. 에드워드 터너J. Edward Turner라는 정력적이나 오만한 의사가 뉴욕주 중독자 보호소를 열었다.[57] 빙엄턴에 있는 화려한 신고딕 양식의 건물로 볼링장과 식물 10만 본의 온실, 〈모든 설비를 갖춘 러시아 욕실〉, 그 밖에 많은 호화로운 시설을 갖추었다. 보호소는 주로 부자의 요구에 부응했고, 최소 석 달간의 치료비를 미리 요구했다. 그러한 성격의 시설로는 세계 최초였다. 오로지 약물과 술의 문제를 안고 있는 사람만을 위한 목적으로 설립한 의료 시설이었다. 곧 다른 치료 기관들이 선례를 따랐다. 이후 10년간 〈중독자 보호소〉가 6개 더 세워졌으며, 1878년에 이르면 32개 시설이 운영 중이거나 계획 중이었다. 워싱토니언 운동에서 영감을 얻은 〈워싱토니언 홈스Washingtonian Homes〉도 있었는데, 이는 오늘날의 재활 시설과 더 흡사했다. 조직적인 일상생활과 도덕 교육과 종교 교육, 서로 돕기를 통한 비의학적 수단을 강조했다.[58] 종교적인 뿌리를 갖고 있는 〈복음 금주〉 운동도 영향력을 늘렸다. 이 운동은 술꾼을 교정하는 방법으로 풀뿌리 복음주의적인 접근법을 택하여 입주 치료 프로그램과 〈리본 클럽ribbon club〉이라는 서로 돕기 단체를 개발했다.[59] 이러한 노력은 서로 겹치는 것이 상당히 많았다.[60] 다수의 비전문가가 그룹 〈홈〉 운동에서 일하기는 했지만, 경험 많은 비종교인 상담원이 때때로 보호소에 입주하여 일했고, 보호소는 도덕 교육과 종교 교육의 프로그램을 제공했다.

그렇지만 그 모든 치료 활동은 분열된 영역이었다. 기관들은 수를 써서 자신들의 치료법을 최선의 자리에 올려놓고 자신들의 중독 이론이 영향력을 얻게 하려 했다. 주정뱅이들의 개인적인 고초로 말하자면, 서로 경합하는 설명들을 이해하기가 어려웠다. 문제를 어떻게 생각해야 할지, 어디서 도움을 얻어야 할지, 심지어 무엇이 진정한 의학적 문제인지 분명하지 않았다. 지금도 우리는 이 전장에서 싸우고 있다.

나의 새 환자 크리스는 조심스럽다 못해 빈틈이 없다. 통화할 때마다 그는 오직 약물이 아닌 다른 것의 중독으로 도움을 구한다는 말만 했다. 사무실에서 만나면 그는 신중해 보이지만 그다지 침착하지는 않다. 말을 내뱉을 때마다 정확히 하려 애쓰는 호리호리한 청년으로, 원하는 도움을 받으려고 속내를 숨기고 싶은 마음과 싸우고 있었다.

감추고 있던 비밀이 조금씩 드러났다. 포르노였다. 최근에 약혼한 그는 약혼자와의 성생활에 걱정이 있었지만, 어쨌거나 거의 매일 인터넷으로 포르노를 찾는다. 이는 브루클린 중심가의 작은 사무실에 앉아 있는 30대 초의 두 사내는 물론이거니와 누구에게나 까다로운 문제였다. 그래서 나는 천천히 진행하기로 했다. 한 사람의 중독 역사를 듣는 것은 때때로 단순히 정보를 수집하는 것보다는 고백을 들어주는 것과 더 비슷했다. 나는 판단하지 않는다는 점을 전하려 했다. 그것 자체로 치료에 도움이 될 수 있음을 알았기 때문이다.

문제는 더 있었다. 크리스는 자신이 모은 포르노나 주요 사이트에 만족하지 못했다. 새로운 것에 욕구를 느꼈다. 그는 이 충동을 꺾으려 했지만 선을 넘을 때가 잦았다. 규제를 피한 미완성의 온라인 사이트를 뒤지며 실제처럼 느껴지는 새로운 아마추어 포르노를 찾아다녔

뉴욕주 중독자 보호소의 모습, 1882년.

다. 이러한 인터넷 탐색에 정신을 빼앗기다 보면, 때로는 하루에 몇 시간씩 잡아먹었다. 위험했다. 리벤지 포르노revenge porn나 불법의 기미가 조금이라도 있는 것은 찾지 않았지만 우연히 〈혐오스러운 것horrible shit〉을 많이 보았기 때문이다. 고어 포르노나 수간 포르노, 아동 포르노 따위였다. 그는 결코 이런 것들을 일부러 찾지 않았다고 말하며, 나는 그의 말을 믿는다. 그는 불가피하게 그렇게 끔찍한 이미지에 맞닥뜨리게 되는 인터넷 탐색을 확실히 싫어한다. 그것은 중독 안의 중독처럼 생각된다. 시간을 잊을 만큼 포르노에 꽂혀 있고 더불어 복권처럼 **더 많이** 원하기 때문이다.

그는 소프트웨어를 차단하기도 했고 타이머가 달린 부엌 금고에 컴퓨터를 넣고 잠가 보기도 했으며 미래의 자아가 선을 넘지 못하도록 다른 조치도 취해 보았다. 그러나 그는 멈출 수 없는 것 같다. 어느 날 그는 당일 배송으로 휴대용 컴퓨터를 주문해서 한 차례 탐색에 쓰고는 때려 부숴 쓰레기통에 버렸다.

그는 어떻게 해야 할지, 문제가 무엇인지, 심지어 자신의 버둥질을 중독으로 보아야 할지도 몰랐다.

오늘날 의학의 맥락에서 〈중독〉은 물질을 의미한다.[61] 의학계가 자진하여 섹스나 음식, 운동, 비디오 게임, 인터넷 등의 행동 중독을 〈진정한〉 중독으로 보아도 되는지 생각해 본 것은 비교적 최근의 일이다. 2013년에 와서야 『정신 질환 진단 통계 편람』은 〈병적 도박pathological gambling〉을 〈도박 장애gambling disorder〉로 다시 분류하여 물질 중독과 나란히 두었다. 비판자들은 일상생활을 과도하게 질병의 관점에서 바라본다고 걱정했다. 『정신 질환 진단 통계 편람』의 편집자였던 어떤 이는 〈단지 많이 하고, 하지 않을 때는 그리워한다는 이유만으로〉 행동 중독에 정신 질환이라는 꼬리표를 붙여서는 안 된다고 말했다.[62]

이 논쟁이 놓친 것은 이것들이 새로운 중독이 아니라 19세기 말 중독 치료 운동으로 거슬러 올라가, 중독을 바라보는 오래된 방식이 다시 나타난 것이라는 점이다. 그 운동은 폭넓게 다양한 행동 문제를 중독으로 이해했다. 여기에는 단지 오피오이드와 코카인, 술, 차, 커피, 대마, 담배뿐만 아니라 치커리와 상추처럼(가벼운 진정 효과가 있다고 추정되었다) 오늘날 우리가 음식으로 여기는 것들도 포함되어 여러 물질의 습관성 사용도 해당된다. 작가들은 다른 식품들의 중독 성질을 자주 언급했고,[63] 미국 중독 치료 협회의 주된 간행물인 『저널 오브 이니브라이어티 The Journal of Inebriety』는 초콜릿과 관련하여 처음으로 〈중독〉이라는 용어를 썼다.[64]

의학 사상가들은 〈편집증partial insanity〉이라는 오래된 관념에 점점 더 관심을 갖게 되면서 행동 문제를 질병으로 재분류하려는 의지가 훨씬 강했다(편집증 현상에 흥미를 느낀 벤저민 러시는 말년에 쓴 저작에서 거짓말과 도둑질, 음주를 어떻게 〈의지의 질병〉으로 분류할 수 있는지 설명했다).[65] 도박을 의학의 문제로 보는 책들이 마구 쏟아져 나왔다.[66] 이는 오늘날 우리가 도스토옙스키의 『노름꾼 The Gambler』 (1866)과 차이콥스키Tchaikovsky의 「스페이드의 여왕Queen of Spades」(1890)(푸시킨Pushkin이 파로faro 게임에 빠진 남자에 관해 쓴 1834년 소설이 토대이다) 같은 작품에서 보는 도박 중독이 대중적으로 점차 널리 받아들여졌음이 반영된 것이다. 성적 행위도 점차 질병으로 여겨졌고, 결국 1886년 독일인 정신과 의사 리하르트 폰 크라프트에빙 Richard von Krafft-Ebing이 『성적 정신병 Psychopathia Sexualis』을 발표했다.[67]

그렇지만 이렇게 온갖 이론이 등장하는 가운데 중독 치료 운동은 치료의 원리와 방법을 둘러싼 혹독한 내부 투쟁 때문에 훼손되었다.[68] 일관성 있는 이론도 명료한 설명도 없었다. 조직적인 옹호나 진정한 치료 대책을 세우려는 시도보다는 이득을 취하려는 행태와 개인주의가 더 두드러졌다. 모르핀과 코카인의 유행 문제가 다른 무엇보다도 의학의 〈발전〉에 기인한다는 사실이 오래지 않아 드러났다.

드퀸시는 『어느 영국인 아편 중독자의 고백』에 붙인 주에서 자신보다 아편을 더 많이 한 사람은 오직 한 명뿐이라고 자랑했다. 십중팔구 그의 영웅인 새뮤얼 테일러 콜리지를 가리키는 것이었으리라. 실제로 콜리지는 심각한 아편 문제를 안고 있었다.[69] 그는 언젠가 오늘날의 〈소버 컴패니언〉*과 놀랍도록 유사한 계약으로 어떤 남자에게 돈

---

* sober companion. 의뢰인이 금주를 유지하거나 다른 중독의 해악을 줄이도록 돕는 서비스 업종 종사자를 일컫는다. 〈맨정신 도우미〉 정도로 이해하면 되겠다.

을 주고 자신을 따라다니며 약방의 문 앞을 막아서라고 했다. 그렇지만 드퀸시와 달리 콜리지는 자신의 습관을 의사가 치료해야 할 문제로, 특히 의학적 과잉 처방의 결과로 보았다. 그는 자신이 〈알지도 못한 채 속아서 빌어먹을 습관에 빠졌다〉고 개탄했다.[70] 오늘날 이러한 유형을 설명할 때 쓰는 용어가 〈의원성(醫原性) 중독〉이다. 〈의원성〉은 의학적 치료에 원인이 있다는 뜻이다. 작금의 오피오이드 과다 복용 확산 중에 과도한 처방을 받은 자들처럼 의원성 중독의 진짜 희생자들이 있지만, 의원성 중독이라는 개념은 특권층의 약물 사용을 이해하는 데 이따금 쓰인 편리하고 강력한 담론이기도 하다.

19세기 말 오피오이드가 유행하는 동안 의학 작가들과 대중적인 작가들이 똑같이 의원성 중독에 대해 경고했다. 큰 인기를 끈 오피오이드 중독 설명 가운데 하나는 윌리엄 로저 코브William Rosser Cobbe가 1895년에 발표한 『닥터 주더스Doctor Judas』이다. 책에서 그는 자신을 진정시켜 어린애처럼 만드는 데 쓴 〈아편 강심제opium cordials〉부터 성인의 모르핀 처방에 이르기까지 아편을 허술하게 사용한 〈의학적 부주의〉가 어떻게 자신을 〈9년간 아편의 노예〉로 만들었는지 설명했다.[71] 코카인이 더 널리 사용되면서, 비판자들은 다시금 부주의한 의료 제공자들이 모르핀보다 훨씬 더 나쁜 약물을 확산시킨다고 비난했다.[72] 이러한 설명의 핵심 주제는 중간 계급과 상층 계급의 약물 사용자들은 이러한 새로운 약물의 희생자일 뿐만 아니라 어쩌면 진행 중인 대대적인 사회적 변화의 희생자이기에 도덕적으로 그들을 비난할 수 없다는 관념이었다.

산업화가 무서운 속도로 진행되고 있었다.[73] 미국의 강철 생산은 영국과 독일의 생산을 합친 것보다 많았고, 철로는 5만 6천 킬로미터에서 거의 32만 킬로미터로 증가했으며, 전기뿐만 아니라 전신과 전화도 널리 퍼졌다. 도시는 두 배 이상 커졌으며, 새로이 출현한 중간 계급이 사무실과 공장으로 몰려들었다. 몇몇 중독 치료 의사들에 따르면, 발전했다고 생각되는 모든 것이 중독 문제에 일조했다.

미국 중독 치료 협회 창립 회원이자 나라에서 가장 유명한 신경과 전문의 중 한 사람인 조지 밀러 비어드George Miller Beard는 이처럼 새롭게 나타나는 추세를 관찰하고 〈신경 쇠약〉이라는 〈미국병〉의 이론을 개진했다.[74] 점점 더 복잡해지는 현대 사회에 원인이 있는 질환으로 중간 계급과 상층 계급이 압도적으로 많이 앓았다. 비어드에 따르면, 정보의 홍수, 〈실내 생활의 혼란〉, 빠른 속도로 진행되는 경쟁적인 노동, 발전해야 한다는 부단한 압박이 미국인의 두뇌에 지나친 부담을 주었고, 이것이 중독의 근원이었다.[75] 그는 또한 여성의 두뇌가 특별히 더 약하고 쉽게 빠진다고 생각했다. 그래서 그토록 많은 모르핀 〈사용자〉가 여성이라는 이야기였다. 몇몇 읍에서는 중독자의 80퍼센트가 여성이었다. (유진 오닐Eugene O'Neill의 『밤으로의 긴 여로Long Day's Journey into Night』에 나오는 여자들이다. 소설의 토대는 모르핀 중독자인 오닐의 어머니 이야기였다. 그녀는 난산 이후 모르핀을 마구 처방받은 후 1888년 무렵부터 중독되었다.)[76] 물론 이 현상을 더 단순하게 설명한 것도 있다. 의사들이 남성 환자보다 여성 환자를 더 많이 보았고, 여성의 증상을 아편 같은 완화제로써 공격적으로 치료했다는 것이다. 그러나 여성이 허약하다고 추정하는 관념은 발전해야 한다는 사회적 열망과 결합할 때만이 잘 들어맞는다.

발전의 대가를 보여 주는 다른 증거는 의사들 자신이 중독이라는 〈큰 악습〉에 널리 굴복했다는 사실이다. 이는 그 직업에 널리 퍼진 유행병이었다. (비록 당시에는 많이 알려지지 않았지만, 유명한 외과 의사 윌리엄 할스테드William Halsted가 코카인을, 나중에는 모르핀을 자신에게 실험하다가 중독된 때였다.)[77] 1883년 저명한 미국 의사 J. B. 매티슨J. B. Mattison은 습관적인 모르핀 사용 문제를 안고 있는 사람 대다수가 의사라고 했으며, 다른 평자는 심지어 의사가 그러한 〈상습자 habitué〉의 90퍼센트까지 차지한다고 주장했다.[78] 전문직 사람들이 약물의 유혹에 넘어가 추락한 놀라운 이야기가 급격히 늘어났다.[79] 그러한 사례 중 어느 의사는 킬리의 〈금 치료법〉을 알코올 중독에 열 차례, 모르핀 중독에 네 차례 썼지만 코카인과 대마초, 기타 쉽게 구할 수 있는 약물에 다시 의존했다. 분명한 것은 약물 자체가 위험한 산업 생산품이었다는 것이다.[80] 그 시절 파우스트의 거래가 보여 주는 어두운 측면이다.

약물에 관한 이야기가 우리가 소중히 여기는 것을 위태롭게 하지 않는다면 약물 공포증은 있을 수 없다. 미국의 엘리트층은 오랫동안 자발적 결정과 자제력을 크게 강조했다. 벤저민 러시 같은 미국인에게 숙취가 그토록 불길했던 이유가 여기에 있다. 이제 완전히 새로운 약물들이 나라를 흔들고 그러한 가치를 훼손하며 동시에 현대성이 일상생활에 극심한 변화를 일으키고 있으니 더욱 불길했다. 산업화한 새로운 경제는 새로운 수준의 자제력과 극기력을 요구했고, 그래서 그러한 속성은 중간 계급의 최고 덕목으로 여겨졌다. 미국의 중간 계급은 모르핀과 코카인 같은 약물이 새로이 출현한 산업 사회의 질서에 대처하는 데 도움이 되리라고 생각했지만, 실제로 그 약물은 그러한 가치를 훼손했다.[81]

미국의 상층 계급과 중간 계급에 신경 쇠약의 환원론적 이야기는 중독이 사회적 변화와 기술적 변화의 결과이기에 사람을 비난할 수 없다고 설명하는 데 도움이 되었다. 그렇지만 치료적 접근법은 빠르게 인기를 잃었다. 험담과 경쟁은 물론 중독을 설명하는 각종 이론으로도 힘이 부쳤던 중독 치료 운동은 19세기 말에 놀랄 정도로 급속히 쇠퇴했다. 1893년 미국 중독 치료 협회의 어느 유력한 회원은 최초의 50개 시설 중에서 30개만 활동하고 있으며 그나마 대부분은 잘되지 않고 있다고 적었다.[82] 몇몇 중독자 보호소가 계획되었지만 개소하지 못했고, 다른 보호소들은 일반 정신 병원으로 전환했으나 단 한 명의 환자도 받지 못했다.[83]

다른 힘이 커지고 있었다. 악폐 척결 운동이었다.[84] 개혁가들이 나쁜 행실이라고 본 매춘과 성병, 외설, 포르노, 범죄, 도박, 부패, 그리고 당연히 술과 약물의 비의학적 사용도 포함하는 엄청나게 많은 악폐에 반대하는 폭넓은 기반의 운동이었다. 이들이 현대성의 이러한 위기에 대응한 방식은 치료가 아니라 금지와 처벌이었다. 1882년에 발간된 책 『숙취는 질병이 아니라 악폐이다*Drunkenness a Vice, Not a Disease*』의 노골적인 제목에서 볼 수 있듯이, 도덕 개혁가들은 중독이라는 새로운 질병을 대담한 시각으로 보았다.[85] 치료적 접근법은 중독이 상층 계급의 걱정일 때는 좋았지만, 점차 그것은 나쁜 부류의 사용자가 관련되었음을 의미하는 듯했고, 그런 사람들을 염두에 두고 금지가 힘을 얻었다.

6

마약 상습자

1839년 청나라 광저우에서 소수의 노동자가 이상한 임무를 받았다. 아편을 도시 한가운데로 운반하여 불태워 없애라는 것이었다. 광저우는 주강 삼각주 입구 근처의 중요한 항구 도시로 남중국해에서 내륙으로 140킬로미터 이상 들어간 곳에 있었다. 그곳은 교역상의 긴장이 팽팽한 곳이었다. 영국은 중국 시장을 개방하여 아편을 들여오려 했는데, 청나라는 이를 금하려 했다. 긴장이 고조됨에 따라, 청나라 조정은 원치 않는 외국 약물을 뿌리 뽑고자 역내에서 그 약물을 전부 몰수했다. 노동자들은 아편으로 가득한 바구니들을 거대한 구덩이로 옮겼다. 구덩이는 대나무 기둥으로 벽을 만들어 가렸고 위에는 판자를 덮었다. 그들은 날마다 조심스럽게 판자 위를 걸어 동그란 아편 덩어리를 으깨 아래의 물속으로 차버렸다. 노동자들은 위에서 소금과 석회를 부었고, 아래쪽의 다른 노동자들은 이를 바닷물과 섞어 엉망으로 만들어 강으로 흘려보냈다. 전 과정에 여러 주가 걸렸고, 결국 몰수한 아편 수백만 파운드를 다 없애 버렸다.[1]

그해 말, 영국의 거대한 군함 두 척이 청나라의 정크선 여러 척에 발포하여 세 척을 침몰시키고 두 척을 완전히 파괴하여, 영국이 우월한 화력으로 원하는 대로 할 준비가 되어 있음을 보여 주었다. 이어진 아편 전쟁에서 영국의 무차별적 포격으로 중국 군인과 민간인 수천 명이 사망했다. 청나라는 항복했으며 영국에 막대한 배상금을 물어야 했다. 이로써 청나라는 빈곤해지고 정치적으로 안정이 흔들려 완전한 패망 직전에 몰렸다. 일거리도 없었고, 식량도 없었다. 수백만 명의 백성이 굶주렸다.[2]

19세기에 아편 전쟁이 초래한 파괴는 농민 반란과 극심한 인플레이션, 국외 이주 정책을 완화하라는 서양의 압박 등 중국인의 미국 이민을 추동한, 서로 연관된 여러 강력한 요인 중 하나였다. 중국인 노동자들은 경제적 기회를 찾아 외국으로, 특히 미국 서부로 이주하여 골드러시에 참여했다. 이 개척자들 다수가 자유인이었지만, 상당히 많은 숫자가 부담이 되는 채무 계약을 떠안고 미국에 왔으며, 이 때문에 사실상의 노예제 속에 떨어지게 되었다. 노동자 부족에 대응하여 미국으로 간 중국인들은 힘든 여정 중에 수천 명이 사망했다. 도착한 중국인들은 오지의 광산 도시든 대도시든 〈차이나타운〉으로 몰려들었다. 때로는 거주가 허락된 유일한 곳이었다.[3]

외국 땅에 온 중국인 노동자들은 대개 외롭고 쓸쓸한 젊은이들로, 정신이 마비될 정도로 고되고 위험한 저임금의 노동에 시달렸다. 광갱을 파고, 농사를 위해 땅을 완전히 바꿔 놓고, 미국과 캐나다에서 최초의 대륙 횡단 철도를 건설했다. 고향을 떠나 스트레스에 시달린 이 사람들에게 아편 피우기는 차이나타운의 인기 있는 기분 전환용 소일거리가 되었다. 피우는 아편은 노동자들이 고된 삶을 버티는데 도움이 되었다(반면에 노동자를 진정시킴으로써 노무 관리에 이바지했고 노동자의 임금을 소진시켰으며 채무를 청산할 능력을 해쳤다).[4] 모두가 우리가 말하는 중독에 빠진 것은 아니다. 그렇지만 이민 반대 정서가 커지면서, 유난히 1870년대 경기 침체가 심해진 뒤에 차이나타운은, 특히 아편굴은 노동 시장 경쟁과 위험한 약물 사용에 관한 우려의 중심이 되었다. 얄궂게도 대부분이 아편 전쟁 때문에 미국으로 건너온 중국인 이민자들이 아편과 관련하여 약물 공포증의 초점이 되었다.[5]

19세기 말 중독이 상층 계급만의 병폐였던 때는 그리 오래 지속되지 않았다. 놀라운 이야기, 결국에는 훨씬 더 강력한 이야기가 나오고 있었다. 위험한 약물 사용자들이(나쁜 **부류**의 약물 사용자들이) 유행병을 일으키고 사회를 파멸시키고 있다는 것이었다. 세계의 근대화가 여러 민족과 문화를 결합하면서, 인종주의와 민족주의가 극심한 두려움을 불러일으켰고, 이 두려움은 중독 관념에 섞여 들었다.

낙인찍기는 흔히 중독을 온정적으로 바라볼 때 부딪히는 가장 큰 장애물로 거론된다.[6] 우리의 중독 치료가 여전히 종합적이지 못하고 지극히 불충분하며 수십 년 된 오피오이드 유행에 아직까지도 적절히 대응하지 못한 이유가 여기에 있다. 그렇게 부정적인 태도와 믿음의 뿌리는 약물이지만, 그 낙인은 특히 모럴 패닉이 퍼진 19세기 말에 약물 자체보다 약물을 사용하는 사람들에 대한 것일 때가 더 많았다. 도덕적으로 비난받을 만한 타락한 사용자들은 약물 사용자와 중독이라는 낙인이 찍힌 초상의 표본이 되었다. 위험하고, 게으르고, 타인에게 전파하고, 구제할 수 없고, 스스로 원하여 중독되었다는 것이다.

중독의 지성사와 그보다 더 폭넓은 약물의 문화사 사이에는 겹치는 것이 상당히 많다. 그리고 지배적인 중독의 이미지는 약물에 대한 정책 대응에 종종 드러난다. 이 시기 이후로는 특히 더 이러한 실타래가 풀 수 없을 정도까지는 아닐지언정 복잡하게 꼬였다. 19세기 말에 시작된 약물 공포증은 결국 전국적인 금지 제도로 귀결되었고 이후 오래도록 우리 곁에 남을 좋은 약물과 나쁜 약물의 구분을 낳았다.

중국인 이민자 사회에서 이른바 아편 〈굴〉은 대체로 중국인 사교 클럽에 가까웠다.[7] 사람들이 한데 모여 아편을 피우고 도박 같은 다른 오락을 즐겼다. 그러나 재원이 부족한 노동 계급의 요구에 부응하는 저급한 아편굴도 있었다. 그런 장소는 미국의 초기 아편 흡연의 일반적인 형태가 되었고 중국인 반대 정서의 표적이 되었다. 기자들은 위험을 무릅쓰고 아편굴에 들어가 불결한 침대나 더러운 방에 누워 있는 중국인들을 보고 나와 이야기를 전했다.[8] 그들은 일견 약물에 찌들어 정신을 잃었거나 미친 듯이 약물을 갈구했다. 어쨌거나 아편은 점차 차이나타운에 자리 잡은 모든 악폐의 뿌리로 묘사되었다. 이 위협적인 초상은 미국에서 점차 커지는 중국인 반대 정서와 한데 얽혔다. 언론과 정치에서 중국인은 경제와 도시 경관이 빠르게 변하는 가운데 나라에 쳐들어와 일자리를 빼앗고 도시를 망치는 존재로 묘사되었다. 판에 박힌 아편굴은, 그리고 그 안의 아편은 감염의 공포를 완벽하게 표현했다. 끔찍하리만큼 이국적인 장소에 고약한 냄새를 풍기는 위험스러운 사람들이 가득 모여 아편을 피우며 조만간 사회의 나머지 공간을 전염시킬 것 같았다. 서부 전역에서 폭동이 일어났고, 폭도는 차이나타운을 완전히 불태우고 공공연히 살인을 저질렀다. 아편굴에서 나와 움직이는 중국인은 저급한 통속 소설과 삼류 잡지에 흔히 등장하는 악한이 되었다. (소설에서 중국인은 백인 여성을 꾀어 납치하기를 각별히 즐기는 자들로 나온다.)

영국 사회도 19세기 마지막 몇십 년간 비슷한 공포를 경험했다. 1870년에 발표된 찰스 디킨스Charles Dickens의 미완성 소설 『에드윈 드루드의 비밀 *The Mystery of Edwin Drood*』은 아편이 백인 사회에 침투하여 사회를 유혹하고 파멸시킨다는 멜로드라마 같은 묘사의 시작을 알린다. 성가대 지휘자 존 재스퍼는 사람을 타락시키는 중국 아편 때문에 비열하고 음탕하고 어쩌면 살인도 저지를 수 있는 흉악한 약물 상습자가 된다.[9] (책의 맨 첫 장면에서 그는 아편굴에서 비틀거리며 나온다.) 전하려는 메시지는 분명하다. 고상한 중간 계급 출신도 타락할 수 있다는 것이다.

그렇지만 이 아편 약물 공포증은 미국에서 가장 컸다. 19세기 말 미국은 혁신주의 시대에 접어들었기 때문이다. 열렬한 개혁가들은 점차 술과 약물 사용은 물론 도박과 매춘, 성병, 범죄 같은 악폐를 공격하기 시작했다.[10] 이 도덕의 십자군은 산업화와 도시화에 따른 현실의 문제에 대응하고 있었다. 특히 많은 여성이 이제는 완전한 금주를 요구한 금주 운동에서 중요한 역할을 수행했다. 술 때문에 학대를 당하고 버림받은 경험으로 트라우마가 생겼기 때문이다(금주 운동은 때때로 증류주 회사를 겨냥한 인민주의적 반자본주의와 결합했다). 그러나 많은 개혁가 행동주의는, 특히 술과 여타 약물과 관련된 행동주의는 점차 억압적인 금지로 기우는 경향을 보였다.

개혁가들은 금지론으로 기운 자신들의 기조를 뒷받침하고자 의학에서 표현법을 빌려왔다. 그 시절에 의학 분야는 미생물학이라는 새로운 학문에 빠졌다. 그 학문이 이전에는 설명하지 못한 질병들의 숨겨진 세상을 드러냈기 때문이다. 1882년 독일인 미생물학자 로베르트 코흐Robert Koch는 결핵이 그때까지 믿어 왔던 대로 유전되는 것이 아니라 박테리아 때문에 생긴다고 보고했고, 20년 뒤 다른 연구자들이 트레포네마 팔리둠Treponema pallidum이라는 세균이 매독의 진짜 원인임을 확인했다. 한때 신체의 여러 기관에 광범위한 증상을 일으키는 능력 때문에 〈탁월한 모방자〉라고 부른 감염증이다. 그러나 이러한 발견과 연관된 공중 보건의 노력에는 도덕적 판단이 주입되었다. 특히 매독은 섹스와 하층 계급과 결합되었기에 악폐 척결 개혁가들의 상상력을 사로잡았다. 그들은 잘못이 있는 환자와 결백한 환자를 구분했다. 그 질병을 확산시키는 괘씸한 근원인 성 노동자는 처벌을 받고 격리되었으나, 매독에 감염된 아내들은 비난할 수 없는 자로 분류되어 치료를 받았다. (짐작건대 남편이 어디서 매독에 걸렸는지 묻는 사람은 없었을 것이다.) 혁신주의 시대의 개혁가들도 비슷하게 빈민을 〈유덕한 자들〉과 〈부덕한 자들〉로 구분했다.[11] 과부와 고아는 기부를 받았으나 부덕한 자들은 자신들의 나쁜 결정에 대해 비난을 받았다. 곧 일부 약물 사용자들은 후자의 범주에 할당되었고, 이들과 중국인 이민자의 결합은 도덕적 비난을 더했을 뿐이다.

올바른 약물 사용자와 나쁜 약물 사용자, 다시 말해서 의학적 사용 대 〈기분 전환용〉 사용 간의 간극은 점점 더 벌어졌다. 백인의 오피오이드 사용이 의학적 문제로 분류되면서, 즉 이들이 신중하지 못하거나 무능한 의사 때문에 의원성 오피오이드 중독에 빠진 〈우발적〉 사용자로 분류되면서, 중국인의 아편 사용은 전혀 다른 부정적인 설명 틀에 의해 비의학적이고 사회적 통제에 더 적합한 것으로 묘사되었다. 이러한 묘사는 미국의 비의학적 약물 사용의 표준이 되었다. 그것은 저속하고 위험스러운 전염성 물질의 사용이었다.[12] 기자들은 아편 흡연을, 그리고 그것이 중국인 이민자들과 관련이 있다고 비난했으며, 그 관행을 〈중국인의 특성에 뿌리가 있는〉 〈아시아의 악폐〉라고 불렀다.[13] 아편 흡연은 모르핀과 달리 방종으로 비난을 받았다. 모르핀은 동일한 약물을 다른 방식으로 쓰는 것일 뿐이었는데도 의학적 용도로 사용된다고 추정되었다.[14] (당시 모르핀의 의학적 적응증에 불면증과 불안, 과로, 자위, 〈여성의 불평〉이 포함되었음을 생각해 보

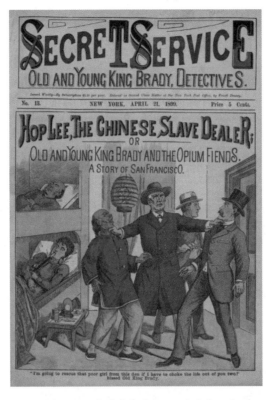

1899년 통속 소설 잡지에 실린 중국인 악당 묘사 중
하나인 〈중국 노예상 홉 리〉.

라.) 도덕적 관련성도 중독 치료에 대한 대응을 결정했다. 모르핀 주
사나 아편 조제의 문제를 갖고 있는 사람들은 대체로 중독 질병을 진
단받고 동정적인 치료를 받은 반면, 아편 흡연은 의사들과 다른 평자
들로부터 자발적으로 빠진 무의미한 악폐로, 따라서 사용자의 잘못으
로 비난받았다.[15] 여러 도시가 금지 법안을 쏟아 냈는데 아편이 아니
라 아편굴이 표적이었다. 흡연용 아편의 수입은 1909년에 철저히 금
지되었다.[16] 물질을 겨냥한 연방 정부 차원의 첫 번째 〈배척법〉이었다.

같은 이야기가 거듭 되풀이되었다. 기운을 북돋는 코카인의 속성을 처음으로 알게 된 자들 중에는 미국 남부와 멕시코만 연안의 번잡한 항구에서 새로이 해방되어 힘든 업종에서 열심히 일한 흑인 미국인이 있었다. 코카인은 뉴올리언스의 항만 노동자들 사이에 퍼졌고, 뒤이어 열차 종사자와 구두닦이 소년, 짐꾼, 호텔 사환, 기타 서비스 노동자들의 분배망을 통해 외부로 퍼져 나갔다.[17] 이윽고 〈니그로 코카인 광(狂)Negro cocaine fiend〉이라는 신화가 등장했다.

당시 사람들은 대부분 코카인을 차나 커피 정도의 비교적 나쁘지 않은 약물로 생각하기는 했지만,[18] 흑인 미국인들이 사용자가 되면서 이야기가 달라졌다. 어느 약사는 하원에서 코카인이 흑인을 신체적으로 강하게, 정신적으로는 약하게, 일시적으로 미치게, 당당하게, 대담하게, 강간을 저지르기 쉽게 만든다고 증언했다.[19] 이는 특정한 신체가 약물을 다르게 받아들인다는 전형적인 인종주의적 표현법으로 아메리카 원주민과 술에 관한 〈화주 신화〉를 떠올리게 한다. 이 경우에 코카인이 흑인의 몸에 특별한 효과를 낸다는 추정은 백인 미국인의 온갖 크나큰 두려움을 자극했다. 〈코카인에 마비된〉 흑인에 대한 언론의 광기는 살인과 섹스의 무섭고 섬뜩한 장면을 묘사했다. 어느 공무원은 이렇게 말했다고 한다. 〈코카인은…… 확실히 없애기 힘들다.〉[20] 흑인이 코카인 덕분에 32구경 총탄을 견딘다는 신화에 대응하여 많은 경찰청이 38구경 특수 총탄으로 바꾸었다.[21] 이는 이후 수십 년간 대부분의 경찰청에서 표준으로 쓰인다.

코카인 이야기는 각별히 인상적이다. 코카인은 아편 흡연과 달리 엄청나게 많은 사람이 널리 사용했기 때문이다. 몸이 부서질 듯한 노동의 고통을 덜기 위해 코카인을 복용하는 사람을 어디서든 볼 수 있었다. 남부 지역 부두의 하역 노동자뿐만 아니라 서부의 광부들과 북동부의 섬유 공장 노동자도 마찬가지였다. 실제로 코카인은 전체적으로 늘어나고 있었다. 초창기 제약 회사들이 국소마취제이자 일반적인 만병통치약으로 제조하여 널리 판매했기 때문이다.[22] 그러나 짐 크로 Jim Crow 법 시대에 비정상적인 약물 사용자에 관한 이야기는 흑인 미국인이 특별히 약물에 취약하다는 인종주의적 관념은 물론이고 폭력적이고 성적으로 공격적인 흑인이라는 인종주의적 고정 관념에도 영향을 미쳤다.

19세기 말 미국 남부에서, 약물을 규제하려는 움직임은 흑인을 통제하려는 노력과 완전히 뒤얽혔다. 여러 도시가 코카인 판매를 규제하는 조례를 제정했다. 경찰은 흑인 코카인 사용자들을 강력히 단속했고, 그 결과로 경찰력과 교도소, 흑인성Blackness의 전체적인 범죄화가 급속하게 늘었다. 1880년부터 1910년까지 남부의 기결수는 전체 인구 성장률보다 열 배 더 빠르게 증가했다.[23] 대체로 흑인이 대량으로 투옥된 결과였다. 흑인이 제기한 위험은 코카인 규제의 주된 논거였다. 멤피스 경찰청 형사과장은 코카인의 효과가 〈위스키보다 훨씬 더 강렬하다〉고 주장하며 코카인이 그 사용자를 어떻게 〈사나운 광기〉로 몰아넣는지 설명했다.[24] 이 담론은 코카인이라는 약물에 낙인을 찍는 데 놀랍도록 효과적이었다. 1910년 윌리엄 H. 태프트 William H. Taft 대통령은 의회에서 코카인이 그때까지 미국 국민이 겪은 약물 문제 중에서 가장 심각한 것이라고 말했다.[25]

이와 비슷한 〈약물광〉의 연상이 헤로인 사용자의 부정적인 고정 관념을 만들었다. 헤로인은 1898년 제약 회사 바이엘Bayer이 처음 상업적 규모로 생산했는데, 초기에는 모르핀을 대체할 안전한 약으로 찬사를 받았다.[26] 그러한 주장이 곧 논박당하고 도시에서 비의학적 사용이 증가하면서, 특히 지역적 규제로 코카인 같은 다른 약물의 구입이 더 어려워지면서, 의사들과 개혁가들은 새로운 유형의 헤로인 사용자에 관해 이야기했다. 당대의 전형적인 헤로인 중독자는 가난한 십 대였다.[27] 이들은 대개 이민자 가정에서 태어났고 무식하고 탐욕스럽고 거칠었으며 비슷한 자들끼리 어울려 도시의 새로운 현상이었던 위협적인 〈갱단〉에 합류했다.

인종주의적이고 계급적인 고정 관념은 올바른 사용과 나쁜 사용, 다시 말해서 의학적 사용과 비의학적 사용 간의 간극을 넓혔다. 불평등하게 적용된 금지론적 규제는 자기 예언을 성취하듯이 그 구분을 심화시켰다. 의료진은 이러한 약물 공포증에 대응하여 헤로인 습득을 훨씬 더 엄격하게 통제했다. 이에 재원이 부족한 사람들은 당국이 도박과 매춘, 술집, 기타 승인받지 못한 업종을 격려해 놓은, 가난하고 인종이 뒤섞인 도시 지구인 비행 구역의 더 작고 비공식적인 시장으로 내몰렸다. 온갖 종류의 물질은 재원이 더 많은 〈의사 방문 계급〉이 언제나 더 쉽게 얻었다. 반면 도시의 가난한 약물 사용자들은 거리 판매인 같은 비의학적 통로를 거쳐야 했다.[28]

이때가 〈중독〉이라는 용어가 처음으로 널리 쓰인 시기였음은 주목할 만하다. 그러한 상태에서 인종주의적 낙인이 매우 강하게 찍힌 때였기 때문이다.[29] 오늘날까지도 백인은 〈있을 법하지 않은 중독자〉라고 불린다. 교외와 농촌의 백인 사회에 확산된 나쁜 약물의 희생자라는 것이다.[30] 세간의 흥미를 끄는 이야기들은 마치 공포 영화에서 나오는 대사처럼 물어보는 미식축구 팀 주장과 치어리더들을 보여 준다. 「이런 일이 왜 일어나지?」

마찬가지로, 19세기 말 약물 공포증이 퍼졌을 때에도, 통속적인 중독 회고록과 사례 연구, 신문 기사에 약물 때문에 위험스럽고 저급한 생활로 빠진 중간 계급 사용자들의 선정적인 이야기를 연이어 내

놓았다.[31] 1881년 어느 아편 사용자는 의사에게 이렇게 말했다. 「⟨광⟩
이라는 명칭은 참으로 교묘히 쓰인다. 그 말은 최고의 인간을 범죄자
로 만들 것이다.」 중독에 대한 이러한 이해는 이른바 존경할 만한 미
국인을 무섭게 위협했다. 점차 유일한 해법은 완전한 금지로 보였다.

내가 인턴을 하고 있을 때, 뉴욕의 어느 타블로이드판 신문이 내게 정
기적으로 찾아오는 환자 한 사람에 관해 악의적인 기사를 내보냈다.
프란시스코는 반백의 도미니카인 노숙자로서 잡화점 앞 보도를 쓸어
푼돈을 찾아내고는 나머지 시간을 길모퉁이에서 싸구려 증류주를 마
시며 보냈다. 그는 일주일에 대여섯 번 밤마다 911에 전화를 걸어 가
슴 통증을 호소했고, 앰뷸런스가 병원에 데려다주면 그곳에서 잠에
곯아떨어졌다. 기사는 그를 ⟨메디케이드Medicaid(저소득자 의료 보호)
에 기생하는⟩ ⟨부랑자⟩라고 했으며, 그가 제도에 입히는 손실을 수십
만 달러로 추산했다.

우리는 기사를 돌려 보고는 그가 제도를 낭비하는 일종의 빗나
간 사기꾼으로 그려지는 것이 얼마나 슬픈지 이야기했다. 그는 분명
히 매우 곤란한 처지에 놓여 있다. 그런 삶을 일부러 선택하는 사람은
없을 것이다. 중독 때문에 반쯤 죽은 상태에서 심각한 금단 증상을 자
주 겪었고, 길바닥에 누워 자거나 조명이 밝은 혼잡한 응급실의 의자
에 앉아 잤다. 나는 동료들에게 이 모든 것을 이야기하며 겉으로는 그
를 망나니라고 해봤자 아무런 도움이 안 된다고 했다. 그러나 속으로
는 더 마음 쓰지 않았다.

나는 인턴을 시작할 때 그 경험을 엄청난 특권으로 생각했다. 나
는 매일 긴 시간 기차를 타고 도심으로 들어가면서 의학 저널과 임상
지침을 숙독했고, 환자를 공정하게 대하려고 노력했다. 난 스스로 좋

은 의사라고 여겼고, 의학의 구조적 문제를 잘 알고 있고 잘 견디는 사람이라고 생각했다. 의대에서 나는 노숙자를 위한 무료 진료의 출범에 일조했으며 노숙의 사회적 요인들에 관한 세미나를 이끌었다. 그러나 힘들고 단조로운 인턴 생활 동안 점점 더 술을 많이 마셨고 일견 끝도 없을 것만 같은 어려운 문제들에 직면했다. 나는 서서히 희망을 잃었다. 당뇨병으로 인한 족부 괴저, 건강하지 못한 식사에서 비롯한 심동맥 폐색, 식도 궤양과 망가진 췌장, 목숨이 위태로울 지경의 알코올 금단 현상. 사람들은 계속해서 해로운 음식을 먹고 나쁜 습관에 거듭 빠졌다. 그러한 문제들을 해결하기는 불가능해 보였고, 나는 누구에게도 도움이 되지 못하는 것 같았다. 다 끝내고 싶었다. 나는 자료 읽기를 중단했다. 진료도 중단했다. 제시간에 가지도 않았다.

이러한 감정은 부분적으로는 극도의 피로에서 비롯했다. 망가진 의료 체계에 참여하는 실존적인 두려움과 도덕적 상처에, 몇 달간 맥을 못 추게 하는 호출과 미칠 것만 같은 24시간 교대에 시달려 피로가 겹쳤다. 그러나 대부분은 음주 때문이었다. 두려움이 점점 더 커졌다.

나는 점차 출근이 늦었다. 정오에 취기가 남은 상태에서 전화 소리에 잠에서 깨곤 했다. 응급실에서 교대해 줘야 한다는 걱정 섞인 전화였다. 급하게 달려 나가 택시를 잡아타고 시내로 들어가며 지난밤에 마신 위스키 냄새가 나지 않기를 바라면서 껌을 씹고 물을 벌컥벌컥 들이켰다.

나는 고군분투하며 2년차에 들어서 정신과 레지던트 과정을 시작했다. 일반의 과정과 실제로 내가 원하는 것에 대비한 훈련을 마쳤기에 나의 문제가 개선될 거라고 자위했다. 정말로 그렇게 되기를 기대했다. 그러나 첫날 오리엔테이션 일정이 끝나도록 내내 잤다. 창문으로 비스듬히 비치는 햇빛에 욱신거리는 두통으로 잠에서 깼다. 불길했다. 침대에서 벌떡 일어나 전화를 보니 수많은 호출을 놓쳤다. 애석하게도 그 옆에는 어디 있냐고 걱정스럽게 묻는 메시지가 담긴 호출기가 울리고 있었다.

며칠 뒤 수석 레지던트가 복도에서 나를 잡아 옆으로 밀치고는 경고했다. 고질적인 지각과 이유 없는 결근에 모두가 주시했다. 그는 내게 조심하라고, 협조하라고 말했다. 나는 계속 신뢰할 수 없는 사람이었다. 나는 면밀한 〈조사〉를 받았다. 나는 잘못을 불확실한 지하철 탓으로 돌리고 웃어넘기려 했다. 「도심에서 16킬로미터나 떨어진 곳으로 이사한 게 잘못이었나 봐요. 하하하.」 그가 굳은 얼굴로 돌아보고는 이제 의사가 되었으니 조금 더 일찍 와서 일을 해야 한다고 상기시켰다. 그가 내게서 멀어질 때, 나는 더 열심히 하기로 결심했다. 그렇지만 또한 불가능할지도 모른다고, 나는 가망 없는 절망적인 경우일지도 모른다고 걱정했다.

1989년 7월 플로리다에 사는 제니퍼 존슨이라는 여자가 자신의 어린 아기에게 약물을 〈전달〉했다는 이유로 유죄 판결을 받은 첫 번째 여자가 됨으로써 사법 역사의 한 페이지를 장식했다. 임신 중 몇 달 동안 탯줄을 통해 아기에게 코카인을 전달했다는 이야기였다. 존슨은 전과가 없었고 임신 초기에 크랙 코카인 중독을 치료하려 했지만 자택 연금 1년에 보호 관찰 14년을 선고받았다.[32]

〈크랙 베이비crack baby〉로 온 나라가 시끄러웠다. 자극적인 연구 보고서에 따르면 크랙 베이비는 자궁에서 코카인에 노출된 후 정서와 정신, 신체의 심각한 장애를 안고 태어난다. 크랙 코카인 공포증이 퍼지는 동안 전국에서 200명이 넘는 여성이(대부분 흑인이었다) 임신 중 약물을 했다는 범죄 혐의로 기소되었다. 최근의 연구에 따르면 〈크랙 베이비〉라는 편협한 꼬리표는 빈곤이 더 크게 영향을 미친 요인들을 가렸다. 관찰된 장애의 대부분은 무주택과 의료 부족, 빈약한 음식 섭취, 학대, 트라우마로 설명된다. 그러나 크랙 베이비 이야기는 크랙 코카인 공포증을 키우기에 더할 나위 없이 완벽했다. 그뿐만 아니라 약물 사용이 유전 형질을 나쁘게 바꾸는 힘이 있다는 오래된 두려움을 다시 불러냈다. 어느 칼럼니스트의 말을 빌리자면, 약물 사용은 〈생물학적 하층 계급bio-underclass, 다시 말해서 태어날 때부터 생물학적 열등함의 낙인이 찍힌, 신체에 손상을 입은 코카인 베이비 세대〉를 만들어 낸다.[33]

이러한 두려움은 100년 전 〈퇴화〉 개념, 즉 과음 같은 악폐가 미래 세대의 정신 이상을 초래할 수 있다는 19세기 말의 관념이 중독 연구를 지배했을 때 정점에 달했다. 개혁가들은 중독된 여성이 세상에 〈정신적으로 쓸모없는 아이들〉을 수없이 데려올 것이며, 그 아이들이 조만간 〈미래의 범죄자와 술고래, 미치광이 대군〉이 될 것이라고 걱정했다.[34] 〈우생학〉이라는 용어를 만들어 낸 프랜시스 골턴Francis Galton은 이렇게 경고했다. 〈습관성 술꾼의 몸에 든 체액과 모든 분비액은 술로 오염되어 있다. 따라서 그러한 여인의 아직 태어나지 않은 아이는 분명히 습관성 술꾼이 될 것이다.〉[35] 혁신주의 시대에 이러한 관념은 과학적으로 맞지 않지만, 환원론적 화법은 쉽게 시대의 편견에 이용되었다. 사회가 중독이라는 힘든 과제를 해결하려 애쓰다가 실패하면서, 개혁가들과 의사들도 똑같이 그 문제는 해결 가망성이 없다고 판단했다.

퇴화 이론은 악폐의 생물학적 근원이라는 무서운 그림을 그렸다. 그 이론에 따르면 일군의 악폐는 생물학에 흔적을 남기고 역진화(逆進化)의 해로운 과정으로 미래 세대에 부정적인 특성을 전해 줄 수 있다. 그 시대에 엄청나게 영향력을 행사한 관념이었다. 에밀 졸라Émile Zola는 한 가족의 욕망과 악폐가 어떻게 여러 세대에 걸쳐 성적 비행과 근친상간, 살인, 정신 이상을 낳는지 추적하는 20편의 연작 소설 『루공마카르 가족Les Rougon-Macquart』을 썼다.[36] 토머스 하디Thomas Hardy의 『더버빌 가문의 테스Tess of the d'Urbervilles』와 헨리크 입센Henrik Ibsen의 『유령Gengangere』에서도 같은 주제가 되풀이된다. 브램 스토커Bram Stoker의 1897년 작 소설 『드라큘라Dracula』는 퇴화를 집중적으로 다루면서 범죄학자 체자레 롬브로소Cesare Lombroso 같은 당대의 최신 우생학 이론가를 거론하여 드라큘라가 어떻게 완전한 〈인간의 두뇌〉가 없는지, 그가 어째서 생물학적으로 그런 범죄 행위를 저지를 수밖에 없는지 설명한다.[37] 퇴화라는 주제는 또한 문명을 위협하는 것에 관한 민족주의적이고 인종주의적인 우려를 표현하는 방식이었다. 특히 드라큘라는 트란실바니아에서 이주하여 영국 사회에 기생하여 피를 빨아먹는 자로서 사라지지 않을 저주를 퍼뜨린다. (비슷하게 로버트 루이스 스티븐슨Robert Louis Stevenson의 『지킬 박사와 하이드Strange Case of Dr. Jekyll and Mr. Hyde』에서도 하이드는 여러 차례 〈원숭이를 닮은〉 자로 묘사된다.)[38] 악폐 척결 개혁가들은 문명의 몰락을 초래할 끔찍한 악순환을 이야기했다. 악폐는 퇴화를 가져오고, 그렇게 퇴화한 자들은 술과 오피오이드 문제는 물론이고 범죄와 정신 이상, 동성애 같은 한층 더 나쁜 악폐에 빠진다.[39]

이러한 섬뜩한 묘사는 중독 환자들을 돕는 의학의 명백한 실패와 함께 그 문제에 관해 비관론이 퍼지는 결과를 가져왔다. 19세기 막바지에는 미국 중독 치료 협회의 그 많은 노력이 무색하게, 의학은 큰 성과를 내지 못했고, 시장에는 〈기적의 치료법〉이 넘쳐 났다. 돈을 번 사람은 있지만, 치료적 접근법은 악폐를 없애는 데 한 일이 없었다. 중독 치료 운동의 낙관론은 사라졌고(협회는 명칭에서 〈치료〉라는 낱말을 빼버렸다), 중독을 다룬 많은 의사가 치료적 접근법을 포기하고 금지에 찬성했다. 아편이 일견 끊임없이 확산되는 것 같은 상황을 걱정한 어떤 의사는 이렇게 물었다. 〈우리의 포위된 도시 둘레로……. 벽을 세울 때가 되었다면, 그것이 아이를 많이 낳는 동양에서 우리 해변으로 해마다 밀려들어 오는 그 해로운 침입자들을 더 효과적으로 막아 줄 것인가?〉[40]

중독자 보호 시설은 교정하는 곳이 아니라 가망 없는 사례를 격리하는 장소가 되었다. 어떤 의사들은 미래 세대를 오염시키지 않도록 사람을 무한정, 필시 남은 생애 동안 내내, 감금할 수 있는 〈중독자 집단 수용소〉를 세우자고 주장했다.[41] 우생학은 한 걸음 더 나아가고 요구했다. 정신 장애인과 기타 정신 질환을 앓는 수많은 사람과 더불어 중독자도 강제로 불임 시술을 시켜야 한다는 것이었다.[42] 만족할 만한 의학적 설명이나 실행 가능한 치료법이 없는 상태에서 유일하게 할 수 있는 대응은 금지로 보였다.

1902년 8월, 찰스 헨리 브렌트Charles Henry Brent 주교가 필리핀 최초의 성공회 선교사로 마닐라에 도착했다. 그는 훗날 〈역사상 가장 대담하고 용감한 그리스도의 사절 중 한 사람〉으로 불리게 된다. 그는 여러 섬이 아편으로 넘치는 것을 보고 크게 놀랐다. 에스파냐는 판매 독점을 통해 아편 사용을 50년 넘게 비교적 잘 통제했지만, 미국은 에스파냐-미국 전쟁 중에 많은 섬을 장악하는 과정에서 여러 해 동안 게릴라전에 휘말렸고 혼란 속에서 수입된 아편이 그 지역을 뒤덮었다. 브렌트는 그 결과로 널리 퍼진 아편 사용이 자신이 맡은 영혼들에게 무서운 위협이 된다고 생각했다.

필리핀의 새로운 총독으로서 훗날 대통령이 되는 윌리엄 하워드 태프트는 아편 공급을 일정하게 조절하기 위해 판매 독점 재개를 원했지만, 브렌트와 여타 종교 지도자들은 이에 깜짝 놀랐다. 브렌트가 태평양을 건너온 목적은 사람을 망치는 독성 물질의 판매를 가능하게 하는 것이 아니라 서구의 가치를 퍼뜨리고 악폐에 맞서 싸우는 것이었다. 브렌트의 생각에 모든 악폐 중에서도 아편이 〈필리핀 사회의 가장 큰 악〉이었다.[43] 브렌트를 비롯한 개혁가들은 태프트의 제안에 항의했다. 정부는 굴복했고 아편을 완전히 금지했다. 현대의 국제적인 약물 금지 운동이 이렇게 탄생했다.

브렌트는 〈약물 문제〉에 투신했고, 약물 통제에 관한 최초의 국제회의인 1909년 상하이 아편 회의의 의장이 된다.[44] 해밀턴 라이트 Hamilton Wright라는 의사가 그와 함께했는데, 두 사람은 먼저 상하이에서, 이어 헤이그에서 청중 앞에서 악폐 척결 운동의 중독에 관한 시각에 관해 격한 발언을 쏟아 냈다. 약물은 자동적으로 중독에 이르게 될 정도로 강력하고 해롭기 때문에 유일하게 합리적인 정책은 완전한 금지라는 것이었다. (어느 평자는 미국인들이 〈직설적이고 이상주의적이며 비타협적이어서 인기가 없다〉고 평했다.)[45] 다른 나라들은 미국의 시각을 채택할 준비가 되어 있지 않았고, 불길하게도 라이트는 미국으로 돌아가 국내의 약물 반대 입법을 위해 로비를 벌였다.[46]

라이트는 이데올로기로 움직이는 정력적인 인물로 사실에 얽매일 필요를 느끼지 않았다. 그는 입법자들을 설득하기 위해, 이를테면 흑인 코카인 사용자들이 백인 여성에게 가하는 위험성을 강조하는 등 기꺼이 인종주의적 공포증에 호소했다. 그는 하층 계급과 범죄적 사용의 위험성을 부풀리려고 통계를 갖고 장난을 쳤다. 중독자의 무려 25퍼센트가 중국계 미국인이며 〈불우한 여자들과 이들에 빌붙어 사는 자들〉이 22퍼센트로 그 뒤를 바짝 좇는다고 그는 주장했다.[47] 1911년 『뉴욕 타임스』의 인물 소개란에서(라이트는 〈성실하고 정력적이며 쉽게 흥분하고 사람의 마음을 끄는 매력이 있다〉고 우호적으로 묘사되었다), 그는 이렇게 말했다. 〈세상의 모든 나라 가운데 미국이 습관성이 되기 쉬운 약물의 일인당 소비량에서 가장 앞선다.〉 특히 아편은 〈인류에게 알려진 것 중 가장 치명적인 약물〉이라고 했다.[48] 머리기사 제목이 비명을 지르는 듯했다. 〈엉클 샘이 세계 최악의 약물광이다.〉

　　라이트의 거짓 통계는 신중한 연구자들이 내놓은 통계와 모순되었지만, 정치적 견지에서 보면 그의 접근 방식은 매우 효과적이었고, 라이트는 수 세대에 걸쳐 금지론자들의 논조와 전략을 정립했다. 규제 없는 시장으로부터 엄청난 이득을 보았던 제약 회사들이 서로 협력하여 반대했는데도, 라이트는 서서히 약물 금지에 관한 합의를 이끌어 냈다. 연방법으로 의료 행위를 규제하는 데 주저하는 견해도 있었다. 이는 전통적으로 주의 책임으로 남겨진 영역이었기 때문이다. 그렇지만 흑인과 빈민의 약물 사용에 관한 이야기들이 연방 정부의 약물 금지가 헌법에 합치하는지에 관한 우려를 덜어 주었다. 라이트가 여러 해 동안 끈질기게 운동을 벌인 후, 의회는 약물 퇴치 법안을 통과시켰다. 1914년 해리슨 법(해리슨 마약세법)이다.

　　그러나 해리슨 법은 복잡했다. 그것은 우회적인 형태의 금지였다. 약물을 직접적으로 금지한 것이 아니라 오피오이드와 코카인(이제 〈마약narcotics〉이란 꼬리표가 붙었다)의 생산과 수입, 판매를 규제한 것이다. 이러한 약물을 판매하는 사람은 관계 기관에 등록하고 세금을 납부해야 했다. 따라서 등록 없이, 일반 대중에게는 처방 없이 약물을 소지하는 것은 유죄로 추정될 수 있었다. 그렇더라도 마약 소지를 범죄 행위로 만드는 은밀한 수단으로 재무부의 권한을 쓰는 것은 법률적으로 말하자면 문제의 소지가 있었다.[49] 의료 행위가 무엇이냐는 질문은 한층 더 혼란스럽고 모호했다.

진 푸에이 모이Jin Fuey Moy는 호감 가는 인물은 아니었다. 당대의 인종주의적 태도를 감안하면 더욱 그렇다. 중국계 미국인으로 의대를 졸업한 초기 세대의 한 명인 그는 여러 차례 체포되었다. 처음에는 미성년 백인 여성과 눈이 맞아 달아났다는 이유로, 그다음에는 중국인 노동자들을 미국으로 밀입국시켰다는 이유로 체포되었다.[50] 시간이 더 지난 다음에, 모이는 중독자에게 모르핀 처방전을 써주었는데, 이런 행위는 한마디로 불법이었다. 그는 환자를 대충 살펴보고, 어쩌면 아무런 검진도 하지 않고 어마어마한 양의 모르핀을 처방했다(보통 처음 투약하는 양이 대략 15밀리그램이었을 때 16드램dram까지 처방했는데, 이는 28그램이 넘는 양이다).[51] 그는 환자에게 왕진 비용을 청구하지 않고 약물값만 받았다.

이러한 의료 행위는 확실히 문제가 있어 보이지만, 해리슨 법이 오피오이드 처방에 관해 허용한 것이 무엇인지는 그다지 명확하지 않았다. 원칙적으로 의사들은 해리슨 법에 따라 정상적으로, 〈전문가로서의 진료 중에만〉 처방할 수 있었고,[52] 파운드 단위로 오피오이드를 판매한 불법적인 〈영수증 의사scrip doctors〉든 지속적으로 처방하되 복용량을 신중하게 조절한 양심적인 공급자든 많은 의사가 계속해서 중독자에게 오피오이드 처방전을 써주었다.[53] 금지론의 입장에 있는 연방 검사들은 이러한 관행들을 동일한 행위로 정리하고, 중독자에게 준 오피오이드 처방전은 점점 사용을 줄여 자제할 수 있게 하는 계획의 일환이 아니라면 전부 불법이라고 주장하며 새로운 단속 규정을 만들었다. 이것이 정당한가의 문제는 중독이 질병이냐 아니냐는 질문에 달려 있었다. 검사들의 논거는 중독이 질병이 아니라는 것이었고, 따라서 중독자에게 오피오이드를 처방하는 것은 합법적인 의료 행위가 아니었다. 이것은 놀라운 재해석이었다. 의사가 무슨 말을 하든 어떤 판단을 하든 상관없이, 약물의 질서 있는 통제를 위한 법을 중독자에 대한 처방의 완전한 금지로 바꾼 것이다. 이제 의사는 직업적인 판단을 할 수 없었고, 의료업계 전체가 질병의 특성을 결정할 수 없었다. 연방 검사들은 전면적인 공세에 나서 엄청나게 많은 의사와 환자를 유죄로 몰았다. 많은 사람이 맞서 싸웠지만, 의사는 이겼을 경우에도 널리 알려진 탓에 경력을 망치기 일쑤였다.

대법원까지 간 첫 번째 재판이 진 푸에이 모이 사건이었다. 검사들은 의사 모이와 그의 환자 한 명을 표적으로 삼아 약물을 소지하기만 해도 범죄를 저지른 것이 되게 하려고 했다.[54] 이들은 실패했다. 법원이 의회가 검사에게 그 정도의 큰 권한을 부여할 뜻이 없었다고 판결했기 때문이다. 1916년 모이와 그의 환자 둘 다 무죄로 석방되었다.

이듬해 미국은 제1차 세계 대전에 들어갔고, 편협한 국가주의와 악폐 척결의 열기가 절정에 이르러 금지 운동을 촉진하는 데 일조했다. 이제 금주 운동은 기독교 여성 금주 연합보다 한층 더 공격적인 단체인 주점 반대 연맹Anti-Saloon League이 이끌었는데, 술은 〈외국의 미개한 종족들의 침입〉과 긴밀하게 결합된 독성 물질로서 인간을 노예로 삼는다는 관념에 초점을 맞추었다.[55] (한때 금주에 강력하게 반대한 세력이었던 독일계 미국인들은 힘을 잃었다.) 이민에 반대하는 인종주의적 광란은 사실상 1840년대의 가톨릭 반대 광증과 아일랜드인은 술고래라는 고정 관념부터[56] 19세기 말의 더 일반적인 이민 반대 배

외주의를 거쳐 20세기 초의 금주 운동에 이르기까지 모든 금주 운동을 관통하는 주된 동인이었다. 이는 큐클럭스클랜KKK의 지원을 받았을 뿐만 아니라 사실상 큐클럭스클랜의 부활에 도움이 되었다.[57]

전쟁은 또한 1918년 인플루엔자의 세계적 유행을 가져왔다. 치명적인 질병이 도시에서 도시로 퍼져 감에 따라, 지역의 공무원들은 대중에게 걱정하지 말라고 말했지만, 사람들은 친구와 가족이 끔찍한 죽음을 맞는 것을 지켜보았다.[58] 미국에서 그때는 무서운 시절이었다. 전쟁이 끝날 때, 미국인들은 러시아 혁명의 성공에 위협을 느꼈다. 미국 내에서는 처음으로 〈공산주의 공포증〉이 일어나면서 볼셰비키와 아나키스트를 국가를 위협하는 소수 집단의 목록에 추가했다. 이미 퇴화와 악폐에 연결된 약물 사용은 옹호의 여지가 없게 되었다. 금주법 제정은 한때 매우 힘든 일이었지만 이제 서서히 실현 가능한 것처럼 보였다.[59]

1919년 금주법을 위한 무대가 마련되었다. 미국은 나라 전역에서 술의 생산과 운반, 판매를 금지하는 헌법 개정안을 비준했고, 정부는 새로이 설치한 금주국Prohibition Unit 내의 마약과Narcotics Division에 마약 단속 권한을 주고 자금을 넉넉히 지원했다.[60] 미국은 또한 국제적인 금주 운동을 촉진시켰던 것처럼 일련의 약물 조약을 통해 국제적인 약물 금지를 확산시키는 데에도 마침내 성공했다.[61] 중독자에게 오피오이드를 처방하는 문제와 관련하여 두 건의 결정적인 재판이 대법원에 올라갔다. 미국 정부 대 진 푸에이 모이 재판이 끝난 지 겨우 3년 만에, 매우 다른 법정이 5 대 4로 중독자에게 오피오이드를 처방하는 데 반대하는 판결을 내렸다. 웹Webb 대 미국 정부 재판에서 다수 의견이 〈습관을 치료하려는 노력〉이 아니라 단순히 〈습관적 사용의 지속〉을 위해 모르핀을 처방하는 것은 너무도 명백한 의료의 악용이므로

〈그 주제에 관한 토론은 필요 없다〉고 판결했다.[62] 법정은 겨우 세 쪽에 불과한 판결문에서 해리슨 법의 범위를 크게 확대하여 적용했고 의료 행위의 한 영역 전체를 불법화했다. 자신의 영수증 공장을 결코 멈추지 않았던 진 푸에이 모이는 1920년 한 번 더 대법원에 끌려갔고, 이번에는 재판에서 패배하여 2년간 옥살이를 했다.[63]

완전 금주의 시대가 도래했다. 효과가 있었나? 어떤 이들은 미국의 금주 실험이 성공이라고 말한다. 술 소비율을 줄이고 술로 인한 합병증을 낮추었을 **수도** 있기 때문이다. 이후 여러 해 동안 간경변과 기타 간 질환의 비율은 실제로 상당히 하락했지만, 금주법이 그러한 감소의 원인이라는 결론조차 논란이 되었다. 금주법의 시행 이전에 이미 음주의 하락세가 나타났기 때문이다. 또한 금주법으로 폭주가 증가했으며, 산업용 알코올에 첨가해야 하는 독소뿐만 아니라 불법적인 술의 소비로 인한 부상도 늘었다. 의학 이외의 해악을 보자면, 금주법의 비용은 매우 컸다.[64] 범죄와 폭력이 폭발적으로 증가했다. 금주법 규정의 적용은 심히 불공평했다. 사람들은 법을 존중하지 않았다. 주교 브렌트도 의구심이 들었고, 말년에 금주의 효과를 의심했다.[65]

약물 금지의 비용도 매우 컸다. 암시장이 번창했다. 1920년대에 북서부 멕시코에서 양귀비 밭이 우후죽순처럼 늘어났다.[66] 해리슨 법의 제정 직전에 약물 사용자들은 공황에 빠져 뛰쳐나가 약물을 마구 사들였다. 큰 도시의 중심가에서 오피오이드 시세는 하늘 높은 줄 모르고 치솟았다. 공급의 제한은 사람들에게 강력한 투여 형태에 의지하게 했다. 약물 사용자들에게 정맥주사로 약물을 투여하도록 조장한 것이다.[67] 약물 정책 활동가들은 이를 〈금지의 철칙iron law of prohibition〉이라고 불렀다. 법의 집행이 엄격해질수록 사람들은 자연스럽게 더 강한 형태의 약물로 쏠릴 것이라는 이야기였다(〈단속이 심해질수록 약물은 더 강력해진다)).[68] 이러한 법칙을 입증하는 사례는 차고 넘친다. 작금의 오피오이드 유행병이 나타나던 초기에, 오피오이드 처방을 단속하자 사람들은 헤로인으로 몰려갔고, 이후 법의 집행이 헤로인 공급을 단속하자 한층 더 강력하고 쉽게 거래할 수 있으며 더 치명적인 펜타닐fentanyl로 옮겨 갔다.[69]

해리슨 법은 또한 약물 금지의 즉각적인 효과를 넘어서 완전히 새로운 것을 만들어 냈다. 상이한 형태의 향정신성 약물 간의 기본적인 법적 구분이다. 이는 올바른 사용자와 그릇된 사용자 간의 인종주의적 구분을 반영하고 보완하고 강화했으며, 따라서 건전한 약물과 나쁜 약물을 새롭게 공식적으로 구분했다.[70] 이 구분은 또한 〈마약〉(즉 소수민족과 빈민과 결합된 약물인 비의학적 오피오이드와 코카인)을 사실상 금지한 반면 〈치료약〉(즉 백인 중간 계급 사용자와 결합된 물질)의 규제된 시장을 허용했다. 이는 조만간 엄청나게 중요한 구분임이 밝혀진다. 한편 이러한 약물의 사용에 관해 결정적인 질문이 하나 남아 있었다. 정확히 누가 이러한 약물을 습득하여 사용할 수 있는가?

1920년대까지도 중독자에게 오피오이드를 처방하는 것이 합법적인지에 관해 중대한 질문이 있었다. 정규 의료 종사자에게는 그러한 관행이 불법이었지만, 중독 치료에 공감하는 의사들은 공공의 조직적인 〈유지 치료maintenance treatment〉가 허용되기를 바랐다.[71] 미국 공중 보건국U.S. Public Health Service, PHS은 곧 이 조치를 권고했고, 곧 뉴올리언스부터 동부 해안까지 여러 도시가 대략 12개의 〈마약 진료소〉를 세워 중독자에게 오피오이드를 나누어 주었다.[72] 상당한 반발이 공공연히 이어졌다.[73] 여러 잡지에는 진료소 주변에 출몰한 비행 지구를 선정적으로 설명한 기사로 넘쳐 났다. 마약 판매자가 진료소 인접 거리를 배회하고 환자들이 근처의 공원에서 마약을 한다는 것이었다. 뉴욕에서는 환자들이 진료소 밖에서 길게 줄을 서서 기다려야 했고, 그들은 여행자로 가득 찬 관광버스들의 요란한 확성기에 일상적으로 시달렸다.[74] 마약과의 공무원들은 진료소를 찾아다니며 검사하고 법적으로 압박을 가했으며 노골적으로 협박했다.[75] 많은 진료소가 굴복했다. (이는 도시 지역에 대한 단속을 의미했다. 도심에서 약간 떨어진 백인 지구는 당연히 아니었다. 그곳에서는 모르핀의 회색 시장이 번창했다.)[76] 이는 본질적으로 미국에서 지역 사회를 기반으로 한 중독 치료의 소멸을 의미했다. 1910년대부터 1938년까지 2만 5천 명이 넘는 의사가 고발당했는데, 그중 2천 명이 상당한 액수의 벌금형에 처해졌고 3천 명이 징역형을 받았다. 이들이 전부 사악한 〈영수증 의사〉는 아니었다.[77]

단속의 위협이 상존하는 가운데 중독과 관련된 진료소에서의 만남은 상호간의 불신을 조장했고, 이는 오늘날까지도 지속된다. 중독자에게 부프레노르핀buprenorphine이나 메타돈methadone 같은 오피오이드를 처방할 때에는 〈유지〉라는 꼬리표가 붙었다. 그다지 치료의 힘이 있지는 않다는 뜻이다. 의사들은 그러한 처방을 내리면 추가로 조사를 받았고 법의 감시를 받았다. 다른 성격의 부적절한 처방(자낙스Xanax 같은 벤조디아제핀이나 애더럴 같은 각성제)도 당연히 규제를 받았지만, 오늘날까지도 오피오이드는 두드러진다.

1920년대 초 그 시점에, 금지론에 입각한 기소의 압박이 심했는데도, 중독 치료의 법적 지위는 여전히 모호했다. 1922년의 어느 재판에서 대법원은 고용량을 처방하는 〈유지〉 치료는 불법이라고 판결했다.[78] 환자의 약물 치료를 관리하기 위해 그의 〈박약하고 그릇된 의지〉에 의존한다면 결과는 〈이 해로운 약물을 원하는 병적인 갈망을 충족시키는 것〉일 뿐이기 때문이었다. 그러나 1925년 린더Linder 대 미국 정부 재판에서 법정은 중독 증상을 완화하기 위해 〈적당량〉을 처방하는 것은 의사의 신중하고 통제된 직업적 행위의 일부라면 수용할 수 있다고 판결했다.[79] 이는 엄청나게 중요한 판결이었지만 오랫동안 의도적으로 무시되었다. 중독자에게 오피오이드를 처방하는 것은 정말로 불법이 아니었다. 그러나 검사들은 계속해서 마치 그것이 불법인 양 행동했다. 잘못된 정보와 잔인한 폭력을 통해 오피오이드 처방을 사실상 금지했다.

의료 종사자들은 유지 치료를 위해, 더 폭넓게는 중독에 대한 치료적 접근법을 위해 더 많이 싸웠을 수도 있다. 그러나 의사들은 그 문제를 좀 더 냉정하게 바라보았다. 그들은 오랫동안 판단을 유보했다. 1876년으로 돌아가 보면, 미국 의사 협회는 중독을 질병이자 악폐로 보는 결의안을 통과시켰고, 1919년 재무부의 조사에 따르면 의사들은 중독이 〈질병〉인지 아니면 〈악폐〉인지를 두고 거의 대등하게 의견이 갈렸다.[80] 중독자를 치료한 의사들조차 무기한의 유지 치료가 적절한지를 두고 양분되었다.[81] 그러나 1920년 미국 의사 협회는 논의에서 〈악폐〉의 입장을 지지했고 유지 치료에 반대했다. 1920년대 말 미국 의사 협회는 그러한 치료를 제공했다가 유죄 판결을 받은 의사들의 이름을 발표했다. 미국 의사 협회의 마약 상황 위원회Committee on the Narcotic Drug Situation는 유지 치료를 〈단호히 비난한다〉는 보고서를 냈으며, 뒤이어 어느 위원은 비아냥과 조롱이 넘치는 글에서 이렇게 선언했다. 〈약물 중독이 전문가에게 《치료》를 허용해야 하는 《질병》이라는 주장, 희생자에게 그 신체적, 정신적 무절제를 초래한 약물을 공급하는 것이 곧 치료라는 천박한 주장을…… 자칭 《전문가》라는 자

들이 무수히 많은《문헌》에서 주장하고 강조했다.)[82]

중독의 핵심 문제에 관한 의학적 견해는 혼란에 빠졌다. 지나치게 환원론적인 설명은 도움을 주기보다 해를 더 많이 끼쳤다. 1928년에 출간된, 오피오이드 중독에 관한 이론들을 검토한 대작『아편 문제 *The Opium Problem*』는 호르몬 이상부터 심리학적 개념과 정신 분석 개념을 거쳐 〈혈액 속의 결정체〉에 이르기까지 4천여 건의 연구를 요약했다. 저자들 스스로 확인한 바와 같이, 중독의 의학적 이해로 말하자면 〈서로 모순된 의견들의 혼란〉이 보였다.[83]

의학적 합의는 없고 그 대신 지독한 낙인이 치고 들어왔다. 지배적인 문화적 견해는 1928년의 베스트셀러『마약, 산송장의 이야기 *Dope: The Story of the Living Dead*』에 표현되었다. 이 책은 약물 중독을 〈(사람을) 쇠약하게 하는 역겹고 불쾌하고 고통스러운 질병〉이라고 했고, 중독된 사람을 〈천연두보다 더 나쁘고 나병보다 더 끔찍한〉 질병의 〈매개자〉라고 묘사했다.[84] 이는 으스스하게도 1832년 숙취에 반대하는 무서운 장광설의 표현을 되풀이한다.[85] 〈그는 정신의 역병처럼 활보하며 숨 쉴 때마다 그 사악한 역병을 퍼뜨린다. 그는 걸어 다니는 전염병이요 살아 있는 죽음이다. 그는 지옥을 베푼다.〉 100년 뒤 그 비난조의 묘사는 일반적인 견해가 되었다. 거의 100년이 지난 오늘날에도 약물 사용에 관해서 같은 말을 찾기가 쉽다. 이 점에서 〈낙인〉이라는 낱말은 약하고 불충분해 보인다. 더 나은 말이 있다. 〈억압〉이다.[86]

혁신주의 시대의 금지 운동이 끝날 무렵, 약물 사용자에 대한 지배적인 고정 관념은 심히 부정적이었고, 사회에서 중독자에 대한 동정은 찾아보기 힘들었다. 그들은 〈악마〉요 〈악한〉이고 〈사회악〉이자 〈전염병〉이었다. 인간 이하의 것이요 질병을 옮기는 것이며 무엇에 쓴 존재이다.[87] 그러나 전부 좋아서 자발적으로 선택한 것이다. 최근의 연구에서 중독자를 마약 살 돈을 얻기 위해 방치된 공사 현장을 뒤지는 자들로 묘사했듯이, 1920년대에 도시의 약물 중독자들은 쓰레기 더미를 뒤져 고철을 찾는 자들로 알려졌다.[88] 그들은 고철을 팔아 불법 마약상에게 약물을 샀다. 이들은 〈정크맨junkmen(넝마주이)〉으로, 나중에는 〈정키junkies(마약 상용자)〉로 알려진다. 들러붙은 다른 별명처럼, 이 꼬리표도 여러 차원에서 효과를 냈다. 이 사람들이 어떻게 생존했는지는 물론이거니와 훌륭한 미국이 이들을 어떻게 바라보았는지도 떠올리게 했다. 그들은 인간쓰레기였다.

미국은 중독에 동정적으로, 치료의 시각으로 대응하는 데 매우 가깝게 다가간 듯했으나, 그러한 태도는 사라졌고 수십 년이 지나도록 다시 볼 수 없었다.

제3부
현대 중독의 뿌리

7

현대 금주운동

1936년 엄청나게 호화로운 정기 여객선 〈퀸 메리호Queen Mary〉에서 세련된 승객 수백 명이 뉴욕시의 선창으로 쏟아져 나왔다. 서로 밀치며 하선하는 무리 속에서 마티 맨Marty Mann의 어머니와 여동생이 그녀를 잠깐이라도 보려고 목을 길게 빼고 두리번거렸다. 사회에 화려하게 첫발을 내디딘 마티가 블룸즈버리 그룹의 버지니아 울프 같은 자들과 친밀하게 지내며 유럽에서 6년을 보낸 뒤 어떻게 변했는지 모녀는 궁금했다.

승객들이 썰물처럼 빠져나가며 대열의 꼬리가 가늘어졌다. 그녀는 어디에 있나? 마침내 트랩 꼭대기에 몇몇 선원이 들것에 한 여성을 눕혀 들고 나타났다. 마티였다. 의식이 없었고 술 냄새가 진동했다.

마티 맨은 귀국 배표를 구입하고자 돈을 빌려야 했는데, 그녀의 가족은 이 사실을 몰랐다. 마티는 한때 성공적인 광고 회사 간부이자 사교계의 명사였지만 오랫동안 음주를 통제하지 못했다. 그녀는 이미 두 차례나 자살을 시도했다. 마티는 집으로 돌아오는 여정에서 술을 마시지 않을 작정이었다. 맑은 머리로 하선하여 삶을 되찾을 요량이었다. 그러나 상륙이 가까워지자 그녀는 〈퀸 메리호〉의 호화로운 아르데코 바에서 만취하여 쓰러졌다.

마티의 어머니는 즉시 그녀를 입원시킬 곳을 찾았다. 그리고 이후 여러 해 동안 마티 맨의 삶은 한 가지 질문에 사로잡혔다. 정확히 그녀의 문제는 무엇인가?[1]

마티 맨은 여섯 곳 이상의 정신과를 찾아다니며 의사의 진찰을 받았지만, 당대의 정신 분석 전문의는 대부분 중독을 정신과 치료의 적절한 대상으로 여기지 않았다. 아무도 그녀의 문제를 떠맡지 않았다. 그녀는 곧 홈리스가 되어 이 집 저 집을 전전하며 음주와 블랙아웃에 빠졌다. 구제 방법이 보이지 않았다.

1930년대에 알코올 중독으로 고통받는 공포를 상상해 보라. 무엇인가 잘못되었다는 느낌은 있지만, 그것이 무엇인지 전혀 이해하지 못하는 공포. 갖가지 이론과 설명, 치료법이 있지만, 그 무엇도 도움이 되지 않는 것 같다. 혼란과 절망뿐이다. 중독 환자에게는 암울한 시절이었다. 그 비관적 태도는 1937년에 처음 개봉한 영화 「스타 탄생A Star Is Born」에 잘 드러나 있다. 프레드릭 마치Fredric March가 연기한 노먼 메인에게 알코올 중독은 사형 선고이다. 그 때문에 그는 태평양 바닷속으로 걸어 들어가 아내의 짐을 덜어 준다.

결국, 몇몇 연줄 좋은 친구의 영향력 덕분에 맨은 벨뷰 병원의 신경과 병동에 입원할 수 있었고, 이어 코네티컷주의 약 20만 2천 제곱미터 땅에 세워진 호화로운 정신 건강 시설인 블라이트우드Blythewood에 자선 대상자로 입소했다. 맨은 정신과 의사 해리 타이바웃Harry Tiebout을 매일 한 시간씩 만나며 심리 치료에 전념했지만, 그래도 어려움을 겪었다. 주말 외출 허가를 받아 도시로 나갔는데, 매번 술을 마시지 않겠다는 결심을 깨지 않을 자신이 있었다. 몇 번의 외출에서는 성공했다. 그러나 얼마 지나지 않아 다시 술을 마신 채 부끄러워하며,

대체로 좌절한 채 복귀했다.[2] 몇 달간의 치료 끝에 마찬가지로 좌절한 타이바웃은 그녀에게 변화가 없다면 퇴원시킬 수밖에 없다고 말했다.

그 후 1939년 초 어느 날, 타이바웃은 흥분해서 맨을 자신의 집으로 불러들여 새로 나올 책의 초고를 보여 주었다. 자신들만의 새로운 프로그램을 만든 알코올 중독자들의 작은 모임인 알코올 중독자 익명 모임이 쓴 책이었다. 맨은 책을 훑어보며 희망을 느꼈다. 그녀는 책에 보이는 종교적 언어에 회의적이었고, 그 모임이 약속한 구원의 전망은 의료계와 완전히 무관한 방법을 통한 것이었지만, 자세히 검토할 가치가 있는 듯했다. 타이바웃은 그녀를 기차에 태워 뉴욕으로 보냈다. 맨은 첫 〈모임〉에 참석할 수 있을지 궁금해하며 이번에는 긍정적으로 생각하면서도 다소 신중했다.

알코올 중독자 익명 모임은 초창기에는 각종 부류의 사람들이 모인 자그마한 비공식적 친목 단체였다. 물론 그 모임은 곧 중독의 역사에서 가장 중요하고 오래 지속된 사회 운동이 되어 물질 문제에 관한 미국인의 인식을 결정하게 된다. 의료계보다 훨씬 더 큰 영향력을 행사했다고 볼 수 있다.

반면 마거릿 〈마티〉 맨이 그 역사에서 수행한 역할은 그만큼 크게 평가받지는 못한다. 맨은 뛰어난 전략가이자 홍보의 천재로 20세기 중반 알코올 중독 변호에서 결정적인 역할을 했다. 마티 맨은 알코올 중독자 익명 모임이 인기를 얻은 데에 창립자인 빌 윌슨Bill Wilson보다 더 중요한 인물일 수도 있는데도 오늘날 대체로 잊혔다. 심지어 알코올 중독자 익명 모임에서 매우 헌신적으로 활동하는 사람들도 그녀를 잘 모른다.

알코올 중독자 익명 모임에서 맨의 〈보증인〉이었던 빌 윌슨은 자신이 만든 단체와 불가분의 관계에 있다. 어쨌거나 맨이 초고 형태로 읽은 그 모임의 〈경전〉인 〈빅 북Big Book〉『알코올 중독자 익명 모임 *Alcoholics Anonymous*』의 첫 장은 윌슨 자신의 이야기이며, 맨이 1939년 그날 간 곳은 브루클린에 있는 윌슨의 집이었다.[3]

윌슨이 술을 끊기 전에 브루클린에 있는 그의 집은 10년 넘게, 술과의 고투에서 벗어나 쉴 수 있는 피난처가 아니라 그 싸움의 중심지였다. 금주법 시대에 그는 2층의 욕조에서 민들레로 술을 빚었는데, 술이 익기를 기다리지 못해 익지 않은 채로 마셨다가 심한 통증에 시달리기도 했다.[4] 그는 오랫동안 고생한 아내 로이스Lois에게 수도 없이 술을 끊겠다고 진지하게 약속했다. 심지어 가정용 성경에 맹세를 써넣기도 했다. 그렇지만 그는 시간의 차이가 있었을 뿐 늘 약속을 깼다. 한번은 로이스가 현관 안쪽 통로에 머리에 상처를 입고 피를 흘리며 쓰러져 있는 남편을 발견했다.[5] 나중에 윌슨의 음주가 더 나빠져 망상에 시달리다 자살을 시도하게 되었을 때, 로이스는 매트리스를 아래층의 거실로 끌어내렸다. 2층 창문에서 뛰어내리고 싶은 충동을 느끼지 않도록 그곳에서 잘 수 있게 해준 것이다.[6]

마티 맨처럼 윌슨도 여기저기 의사를 찾아다녔지만 구제를 받지 못했다. 의사들은 간단히 의지를 더 굳게 다지라고 주문하고는 그를 돌려보냈다.[7] 부자였던 처남이 센트럴 파크 웨스트에 있는 멋진 민간 병원인 찰스 B. 타운스 병원Charles B. Towns Hospital에 여러 날 머물 비용을 지불했다.[8] 부유한 알코올 중독자들이 병원의 자체적인 〈치료〉 방식을 토대로 〈관장〉과 〈구토〉라는 〈해독〉 치료를 받았다. 타운스 병원은 그 시절의 다른 많은 병원처럼 생물학적 중독 치료라는 환원론적 관념에 빠져 있었다. 이는 부분적으로는 다른 분과의 의학에서 이루어진 발전에 영향을 받은 꿈같은 희망이었다. 1910년 현대 최초의 항균 약품인 〈마법의 총알magic bullet〉, 즉 매독 치료제 살바르산Salvarsan 이 세상에 알려졌고, 연구자들은 중독도 〈항체〉로 치료할 수 있겠다는 희망을 품었다. 말에서 다량의 피를 뽑아 디프테리아 항독소 혈청을 만드는 법을 알아내 1901년 노벨상을 받은 에밀 폰 베링Emil von Behring 같은 선구자들로부터 영감을 받아, 샌프란시스코의 일단의 연구자들이 알코올을 무력화시키는 항체를 발견했다고 주장했다.[9] 이들은 많은 양의 알코올을 주입한 말에서 피를 뽑아 항체 혈청을 정제했다고 주장했다. 그러나 당연하게도 인간을 대상으로 한 시험은 실패했다.[10] 그럼에도 돈을 벌려는 자들은 〈항체〉로 중독을 치료할 수 있다고 선전하며 지방과 단백질, 비타민을 되는 대로 혼합한 다른 치료약을 들고나왔다(놀랍지도 않지만 그로 인해 많은 사람이 죽었다).[11]

이러한 치료 노력에는 종종 다른 차원이 개입되었다. 레슬리 킬리의 〈금 치료법〉은 한 편의 소극이었으나 그의 연구소로 사람들을 끌어들였다. 그곳에서 사람들은 주기적으로 주사를 맞았을 뿐만 아니라 환자가 운영하는 킬리 연맹이라는 협회에 참여했으며 퇴원해도 연락을 유지하라는 권고를 받았다.[12] 이러한 서로 돕기 노력은 치료 경험에서 가장 유익하고 영향력이 큰 요소였을 것이다. 클럽 하우스와 모임을 확산시켰고, 최종적으로 미국 전역에 370개의 지부가 생겼다. 〈치료〉라는 골자와 연맹 자체는 당연히 홍보 수단이었지만, 20세기에 들어설 무렵 킬리 연구소는 금주론의 낙인이 대중적 태도를 지배한 시절에 중독을 대하는 방법으로 치료와 서로 돕기에 대한 관심을 드높였다.

타운스 병원은 그러한 서로 돕기 노력이 부족했지만 윌슨 같은 환자들에게 다른 치료법을 제공했다. 주로 의지력 개념을 중심으로 조직된 일종의 집중 심리 치료였다. 타운스가 직접 환자들에게 의지력 강화를 위한 상세한 계획 수립(〈시간 관리〉) 방법과 다른 훈련에 관해 가르쳤다(그는 하루에 두 시간이나 웨이트 트레이닝을 해서 〈의지력의 거인〉이라는 평가를 받은 사람이다).[13] 이 모든 것이 윌슨에게는 효과가 있었다. 그는 프로테스탄트이고 자유 의지론적 성향을 지닌 뉴잉글랜드 사람으로 늘 개인의 불굴의 정신을 신뢰했다. 윌슨은 타운스 병원에 여러 차례 입원해 있는 동안 생각이 크게 바뀌었다. 그곳의 의사 윌리엄 실크워스William Silkworth는 마침내 윌슨에게 그가 다른 사람들과 근본적으로 다르며 다시는 안전하게 술을 마실 수 없다는 것을 납득시켰다. 윌슨은 금주를 결심하고 병원을 나갔지만, 타운스 병원에서 〈치료율〉이 95퍼센트에 달한다고 선전했는데도, 퇴원할 때마다 곧 다시 술에 빠졌다. 강해졌다는 의지력이 무색하게 그는 다시금 술집을 향해 걸어가며 절망적인 독백을 되풀이했다. 「가지 않을 거야. 가지 않겠어.」 그렇지만 그는 자신이 술집에 다시 들어갈 것임을 내내 알고 있었다.[14]

1934년 어느 날, 윌슨은 에비 새처Ebby Thacher의 방문을 받았다. 기숙학교 동창생이자 술친구였는데 술을 끊고 당대의 저명한 복음주의 기독교 단체인 옥스퍼드 그룹에 합류했다는 충격적인 소식을 안고 찾아왔다. 새처는 몇 시간 동안 윌슨에게 자신이 어떻게 신앙 덕분에 구원을 받았는지 설명했다. 조직 종교에 오랫동안 회의적인 태도를 지닌 윌슨에게 새처는 〈약간 미친 사람〉 같았지만, 윌슨도 절실했기에 그 길을 시도해 볼 만했다.[15] 윌슨은 새처와 길게 이야기를 나누었고 옥스퍼드 그룹에 자신을 맡겨 보기로 했다. 옥스퍼드 그룹은 소모임 토론과 빈번한 고백 같은 영적 실천을 크게 강조했다. 그렇지만 그는 술을 끊을 수 없었다. 한 번 더 그는 마지막 치료를 기대하며 타운스 병원을 향했다.

타운스 병원으로 돌아온 윌슨은 깊은 우울증에 빠졌다. 아무것도 효과가 없었다. 수년 간 애쓴 보람이 없었다. 타운스 병원의 치료는 실패했다. 종교도 실패했다. 그는 병실에서 절망에 젖은 채 완전히 믿지도 않는 신에게 소리쳤다. 「신이 있다면 내 앞에 나타나십시오. 난 무엇이든 할 준비가 되어 있습니다.」[16]

훗날 윌슨이 자세히 설명했듯이, 돌연 병실이 밝은 빛으로 타올랐다. 그리고 그는 어느 산의 정상에 서 있었다. 굉장한 바람이 불었고, 목소리가 들렸다. 「너는 자유로운 사람이다.」

윌슨은 어떻게 생각해야 할지 몰랐다. 정말로 종교적 체험이었을까? 아니면 환각을 보았을 뿐인가? 어쨌거나 그는 술 금단 증상이 있었고 벨라도나belladonna와 히오스 잎hyoscyamus(사리풀) 같은 강력한 향정신성 물질을 잔뜩 복용했다.[17] 이튿날 에비가 그에게 윌리엄 제임스William James의 『다양한 종교적 체험 The Varieties of Religious Experience』을 가져다주었다. 다양한 전통의 영적 치료자들이 보여 준 신비로운 통찰력을 자세히 설명하는 내용으로, 특히 직관적인 깨달음을 통해 개심한 술꾼들의 이야기를 담았다. 윌슨이 특별히 마음을 빼앗긴 구절이 있다. 〈내가 아는 알코올 중독증의 근본적인 치료법은 종교에의 심취가 유일하다.〉[18] 제임스의 접근법은 훗날 그가 실용주의라는 철학 학파로 발전시켰는데, 종교를 어떤 형이상학적 진리라는 기준이 아니라 오로지 그 효과만으로 판단하는 것이었다. 〈이제 우리는 모두 종교 생활을 전적으로 그 결과로써만 판단할 준비를 해야 한다.〉[19] 제임스는 종교를 〈눈에 보이지 않는 질서가 있다는 믿음, 최고의 선은 우리 자신을 그 질서에 조화롭게 맞추는 데 있다는 믿음〉으로 폭넓게 정의하자고 했다.[20] 윌슨은 나중에 『알코올 중독자 익명 모임』에서 이처럼 실용적이고 융통성 있게 종교를 바라보는 방식을 찬성의 뜻으로 인용했다. 그래서 알코올 중독자 익명 모임이 특정한 신조나 종교적 실천을 향한 충실함이 아니라 신성한 것이나 초월적인 것에 대한 인식을 강조한다는 의미에서만 영적 프로그램이라는 점을 밝히고, 〈더 높은 차원의 힘〉을 얻는 데 필요한 것은 자아가 아닌 다른 존재에 〈자신을 맡기는 것〉뿐임을 분명하게 드러냈다.

윌슨은 옥스퍼드 그룹에 들어갔고 몇 달 더 술을 마시지 않았지만, 이 새로운 종교적 실천은 그에게 충분하지 않았다. 그는 오하이오주의 애크런으로 업무 차 가던 어느 날, 어느 한적한 호텔 로비에서 술을 마시고 싶은 욕구에 시달렸다. 그는 공황 상태에 빠져 허둥대다가 만일 다른 알코올 중독자와 연락한다면 술을 마시지 않을 수 있을지도 모른다고 생각했다. 그는 옥스퍼드 그룹의 회원들을 찾아 나섰고 마침내 밥 스미스Bob Smith라는 외과 의사를 만났다(나중에는 애정을 담아 닥터 밥이라고 설명한다). 두 사람은 만나자마자 궁합이 맞아 다섯 시간 동안 커피를 마시며 대화를 나누었다.

윌슨과 닥터 밥에게 알코올 중독의 핵심은 그것이 신체적, 정신적, 영적 요인이 뒤섞인 복합적인 상황이라는 것이었다. 훗날 윌슨은 이를 알코올 중독의 〈삼중 성격〉이라고 부른다.[21] 두 사람은 함께 알코올 중독자를 위한 〈열두 단계〉 프로그램을 만들면서 세 가지 중요한 관념을 통합했다. 첫 번째는 윌슨이 타운스 병원에서 얻은 의학적 식견으로, 진짜 알코올 중독자는 결코 다시는 안전하게 술을 마실 수 없다는 것이다(나중에 열두 단계 프로그램의 첫 단계인 〈자신의 무력함을 인정하기〉로 공식화한다). 두 번째는 첫 번째 관념을 더욱 강하게 담금질하는 것으로, 필요한 시각의 변화는 실제로는 의지력의 **정반대**라는 영적 교훈이었다. 다시 말해서 알코올 중독증에서 벗어나려면 자신을 버리고 자아보다 더 큰 일종의 실용적 영성을 반드시 신뢰해야 한다는 것이다(두 번째 단계인 〈자신보다 더 강력한 힘〉을 믿기와 세 번째 단계인 〈신을 우리가 이해하는 대로〉 개인적으로 정의하는 것을 허용하기이다). 세 번째는 지속적인 변화의 노력이다.[22] 온 힘을 다해 정체성을 되찾고 다른 사람들에게 봉사하는 것으로, 둘 다 옥스퍼드 그룹의 강한 영향을 받았다(나머지 단계). 이러한 체제는 왜 첫 번째 단계만 술을 언급하는지 말해 준다. 술을 끊는 것은 필요하지만 그 자체로 충분하지는 않았다. 계속 건강을 지키려면 사람을 완전히 바꾸는 프로그램이 필요했다. 이 과정은 곧 〈회복〉으로 알려지게 된다.

많은 평자가 주목했듯이 알코올 중독자 익명 모임은 권력을 가진 자들, 즉 백인이고 프로테스탄트인 중년의 전문 직업인들이 자신들을 위해 만들었다. 알코올 중독자 익명 모임의 초창기에 여성은 들어가기 쉽지 않았다. 그즈음에 널리 퍼진 여성 알코올 중독자에 대한 고정 관념은 여러 가지였다. 성적으로 난잡하고 게으른 엄마이자 남자보다 증상이 더 심하고 치료하기 더 어렵다는 것 등이었다.[23] 특히 애크런의 닥터 밥은 여성 알코올 중독자를 믿지 못하기로 악명이 높았다.[24] 일반적으로 알코올 중독자 익명 모임의 많은 남자 회원은 여성 알코올 중독자를 돕기 위해 노력하기보다는 자신들의 아내에게 맡겼고, 모임에 여자가 있으면 유혹이 심할 거라고 우려했다. 그 시절 회원들은 흔히 이런 경고의 말을 들었다. 〈모든 치마 밑에는 속옷이 있다.〉[25] 1945년 알코올 중독자 익명 모임의 공식 출판물인 『그레이프바인 Grapevine』은 기사에서 대다수 여성이 알코올 중독자 익명 모임에 적합하지 않은 이유를 개괄했다. 여자는 말이 너무 많다, 여자는 다른 여자를 좋아하지 않는다, 여자는 지나치게 많은 관심을 원한다, 여자는 너무 쉽게 감정이 상한다, 여자는 상황을 주도하고 싶어 한다, 그리고 끝으로 〈성공에 눈먼 여자〉는 전화번호를 따서 데이트를 하려고 단체에 가입할 것이다.[26] 오늘날까지도 알코올 중독자 익명 모임에서 남자 회원이 여자보다 거의 두 배 많다.[27] 알코올 중독자 익명 모임의 개척적인 여자 회원들은 그러한 관념에 맞서 싸웠고, 또 다른 이들은 대안 단체를 만들었다. 예를 들면, 1975년 페미니스트 사회학자인 진 커크패트릭Jean Kirkpatrick이 금주를 기본 원칙으로 〈위민 포 소브라이어티 Women for Sobriety〉를 창설했다. 이 단체는 능력 배양, 자신감, 역량 강화, 책임감, 긍정적 사고를 강조하는 〈13개 신조〉를 천명했다.[28]

당시에 맨에게는 그러한 대안이 없었다. 1939년 4월 그 싸늘한 저녁에 맨해튼에 도착한 그녀는 덜컹거리는 지하철을 타고 브루클린 하이츠에 있는 윌슨의 집으로 갔다. 그녀는 처음에는 긴장되어 2층에 숨어 있었으나, 로이스가 잘 구슬려 아래층 거실의 모임에 데려왔다.[29] 그녀는 곧바로 모든 것이 더할 나위 없이 명확하게 옳다고 느꼈다. 〈나는 그들의 말을 이해했고, 그들은 나의 말을 이해했다. 우리는 서로의 할 말을 대신했다. 나는 그 방에서 남이 아니었다. 그들은 나의 사람들이었다.〉[30]

윌슨보다 더 심하게 종교에 회의적이었던 맨에게 가장 큰 매력은 다른 사람들과 같은 심정임을 확인하고 교제하고 무리를 이루는 것이었다. 알코올 중독자 익명 모임에 관한 당대의 연구에 따르면 교제가 그 단체의 성공에 큰 역할을 했음을 확인했다.[31] 사람들이 금주를 유지할 수 있게 도운 체계의 가장 큰 증거는 공동체적 유대와 건전한 사회화 기회였다. 맨은 외관상 알코올 중독자 익명 모임의 다른 회원들과 달랐다. 그녀는 레즈비언이었고, 파트너인 프리실라 펙Priscilla Peck은 나중에 알코올 중독자 익명 모임에 가입한다. 두 사람은 처음으로 장기간 회원 자격을 유지한 여자들에 속했다. 그리고 최초의 성적소

수자에 속했다. 그럼에도 그녀는 알코올 중독자라는 공동의 정체성에서 엄청난 힘을 발견했다. 맨은 〈빅 북〉의 후속 판에 실린 자신의 이야기에서 이렇게 쓴다. 〈킹 제임스 성경에 《구원salvation》으로 번역된 히브리어에는 다른 뜻이 있다. 《집으로 간다》는 뜻이다. 나는 구원을 찾았다. 나는 이제 혼자가 아니다.〉[32]

맨은 윌슨의 후원을 받았고 새로이 찾은 친교 관계에 푹 빠졌다. 그 관계는 서서히 성장한다. 1939년 말, 빌 윌슨과 로이스 윌슨, 맨, 그 밖에 몇 명이 더 클리블랜드로 가서 새로운 모임의 창설을 도왔다. 맨은 군중 앞에서 재치 있게 말했다. 「언젠가 우리가 전국을 돌아다니며 모든 도시에서 알코올 중독자 익명 모임을 발견할 수 있다면 멋진 일이 아니겠습니까?」 농담이었다.[33] 백여 명 남짓 모인 사람들은 배꼽이 빠지도록 웃었다. 그렇지만 맨에게 그 말은 반만 농담이었다. 그 동아리에서 사람들은 다시 술에 빠졌고 심지어 죽기도 했다. 분명코 그들이 할 수 있는 일은 더 많았다.

나는 의대를 졸업한 후 긴 1년이 지난 뒤 정식 정신과 레지던트로 교대 근무를 시작했다. 나는 다른 의학적, 외과적 원인으로 입원한 환자들을 돌보는 세부 전공인 자문 조정 정신 의학consultation-liaison psychiatry(정신 신체 의학) 분야에서 일했다. 나는 매일 익숙한 회전문을 지나 소독이 잘된 병원 로비로 들어갔다. 인턴 시절을 보낸 같은 병원이었지만, 창문 없는 회의실로 들어가 야간 근무를 한 인턴으로부터 서명을 받거나 급히 달려가 채혈이나 흉강천자, 기타 체액이 튀기는 끔찍한 절차를 수행하지는 않았다. 마침내 내가 선택한 분야의 환자들을 책임지고 진료했다. 나의 판단대로 환자들을 돌보며 병원을 자유롭게 돌아다녔다.

마침내 정신과 의사가 되어 전문의로서 진찰하고 차후 일생 동안 써먹을 기술을 익힌다고 생각하니 짜릿했다. 위층의 일반 병동에서는 말기 폐기종 환자의 불안한 호흡을 안정시키곤 했다. 그녀의 목과 가슴의 모든 근육이 마지막 한 모금의 공기를 빨아들이려는 듯 극도로 긴장되는 것을 눈으로 볼 수 있었다. 아래층의 외과 병동에 내려가면 수술 전 심리 상담capacity consult을 했다. 절단 수술을 해야 하는데 왜 그런 수술이 필요한지 이해하지 못하는 정신 분열증 환자를 돌보았다. 극심한 우울증을 앓는 환자들의 투약을 조절했고, 병원에서 정신 치료 임상 과정을 시작했다.

그 일이 좋았다. 그러나 여전히 제대로 하지는 못했다. 심히 혼란스럽고 무서웠지만, 그보다는 비현실적이었다고 해야겠다. 수석 레지던트가 나의 초라한 인턴 기록이 주목을 받을 것이라고 경고했는데도, 나는 여전히 음주를 통제하느라 힘들었다. 술집이 문을 닫는 새벽 네 시까지도 취해 있기 일쑤였다. 아니면 아파트에서 텔레비전을 틀어 놓고 홀로 마구 들이켰다. 병원에는 오전 9시까지 도착해야 했다. 8시까지 안전하게 출근하기로 결심은 했지만, 후다닥 뛰어 들어갈 때가 더 많았다. 그래 봐야 간신히 9시 45분 회진 시간에 맞춰 도착할 뿐이었다.

불과 몇 주 만에 나는 기피 대상이라는 말을 들었다. 우리 수련 팀장인 샌드라는 사무실 책상에서 가까운 선반에 확성기를 두고 있는 사나운 여자로 당장 나를 보자고 했다. 나는 그녀의 사무실로 가면서 그날 아침에 샤워를 했는지 기억해 보려 했고, 샤워를 했다고 해도 몸에서 술 냄새가 가셨는지 확인했다. 사무실로 들어갈 때 심장이 쿵쾅거렸다. 샌드라는 당연히 그곳에 있었고, 더불어 부팀장과 수석 레지던트도 있었다. 텔레비전 쇼에서 본 중독 개입이 머릿속에 떠올랐다.

대면 추궁과 심각한 결말의 극적인 장면이었다.

지금 그 대화를 돌이켜 보면, 가장 기억에 남는 것은 그들의 조심스러우면서도 솔직한 걱정이었다. 그들은 말했다. 「자네가 고군분투하고 있는 것은 분명해. 그렇지만 걱정하지 마. 곤경에 처한 것은 아니야. 도움이 될 만한 수단이 많아.」 비밀 방문 상담, 전문의 위탁 등이다. 내가 예상한 결말은 없었다. 불시 소변 검사도 없었고 즉결 처분의 해고도 분명히 없었다. 그러나 내심 여전히 당황스러웠다. 공기에서 산소가 다 빠져나간 것 같은 기분이었다. 핑곗거리를 찾으려고 발버둥을 쳤다.

나는 그 순간이 남은 인생을 좌우한다고 느꼈다. 달리 무엇이라고 설명할 수 없었다. 그저 발각되면 죽을 것 같았다. 그것이 전부였다.

나는 말했다. 「어떻게 보이는지 압니다. 내게 약물이나 술의 문제가 있는지 궁금하신 거죠. 그렇지만 결코 그런 문제는 아닙니다.」 무책임하고 미숙했음을 알고 있다고, 죄송하다고, 해결하려고 애쓰고 있다고 말했다. 그들의 관심을 떨쳐 버리기 위해 할 수 있는 거짓말은 다 꾸며 냈다. 거짓말로 핑계를 대도 어려움이 사라지는 것이 아니라 오히려 문제가 더 심각해진다는 것을 깨닫지 못한 채 말이다.

부인은 중독 치료의 가장 큰 장애물이다.[34] 물질 사용 장애를 갖고 있으면서 도움을 받지 않는 사람 중에 치료가 필요하다고 생각하는 사람은 5퍼센트 미만이다. 그런데도 철학자 해나 피커드Hanna Pickard가 말했듯이, 부인은 중독의 최신 정의에서 놀랍게도 보이지 않는다. (예를 들면, 거의 1,800쪽에 달하는 『미국 중독 의학회 중독 의학 원론ASAM Principles of Addiction Medicine』은 책 뒷부분으로 밀려난 윤리적 문제에 관한 장에서 부인에 고작 두 쪽을 할애한다.)[35] 이는 부분적으로는 부인 개념에 대한 일종의 반감을 반영한다. 시대에 뒤진 프로이트Freud 심리학의 잔존물이라는 것이다. 그러나 중독에 부인이라는 요인이 들어 있음을 부인하기는 어렵다. 어떤 사람들은 죽음에 대면할 때까지도 내내 자신에게 문제가 있다는 사실을 부인한다. 금단 현상 때문에 병원에 입원한 뒤에도, 과다 복용 역전 치료overdose reversal 이후에도, 그들은 스스로에게 괜찮을 것이라고 말한다. 진화생물학자 로버트 트리버스Robert Trivers는 인간의 자기기만 경향이 우연한 결함이 아니라 인간 심리의 특징이라는 이론을 제시했다. 그는 자기기만이 인간의 어떤 상호작용에서는 실제로 이익이 되기 때문에 수 세대에 걸쳐 선택된 것이라고 주장했다.[36] 자기기만 덕분에 타인을 더 설득력 있게 속일 수 있으므로 스스로를 오도한다는 것이다. 도발적인 이론이지만 중독의 경우에 내게는 옳게 보인다.

이렇게 레지던트 기간에 개입에 준하는 상황에 직면하여, 나는 생각할 수 있는 모든 핑계를 다 댔다. 인턴을 마친 후였지만 여전히 잠이 부족하다거나 치료를 받고 있다거나, 이를테면 선배들과의 문제 같은, 좋지 않은 성과의 원인인 〈더 깊은〉 문제를 해결하는 중이라고 말이다. 물론 어떤 것도 사실이 아니었지만, 놀라운 점은 그 순간에는 정말로 그것이 사실이라고 믿었다는 것이다.

내 생각에 샌드라의 사무실에서의 만남은 내가 다른 길을 선택하고 도움을 받을 수 있었던 마지막 진정한 전환점이었다. 그렇게 명백하게, 판단을 삼간 채 도우려는 사람이 많았는데도, 내가 얼마나 자기방어가 심했는지 생각해 보니 맥이 빠지고 다소 무섭기까지 했다.

샌드라는 회의적이고 다소 실망한 듯했지만 내게 강력히 권했다. 「문제가 무엇이든 도움을 받아.」 그들은 내게 일주일에 두 번 수석 레지던트를 만나라고 요구하고 전체적으로 나를 더 면밀히 주시하려 했다. 나는 질책을 받은 느낌으로 방을 나왔지만, 실제로 단 한 번도 도움을 청하지 않았다.

돌이켜 보건대 내가 정말로 두려워한 것은 분명히 변화였다. 변화가 효과가 없을 가능성, 효과가 있는데 더욱 나빠질 가능성. 물론 나는 내가 다르다는 생각, 정신적으로 병든 알코올 중독 초기에 있다는 생각에 두려웠다. 만일 내가 다른 설명을 찾아내고 그 곤란한 상황에서 벗어날 수 있다면, 이는 내가 정상이라는 사실을 입증해 줄 것이었다. 반면 도움을 받아들인다면 내가 어떤 식으로든 아프다고 인정하는 셈이었다.

마티 맨이 자신의 〈금주 운동〉으로 극복하고 싶었던 것이 바로 이러한 형태의 깊이 뿌리 내린 부인이었다. 그녀는 생각했다. 그토록 강력한 힘에 맞서려면 젖 먹던 힘까지 다 끌어내야 하리라고.

마티 맨은 정신이 말짱했을 때는 일종의 발동기 같았다. 에너지로 넘치고 총명하고 세련되고 그럼에도 늘 진실한 마음으로 이야기한 그녀는 알코올 중독자 익명 모임의 회합에서 청중을 사로잡았다. 그녀는 사교 모임에서 믿을 만한 의논 상대요 조언자로 알려진다. 마티 맨이 파트너인 프리실라 펙을 만난 것도 이때쯤이었다.[37] 기품 있는 세계주의적 예술가였던 프리실라는 나중에 잡지 『보그Vogue』의 아트 디렉터가 된다. 알코올 중독자 익명 모임은 성장하고 있었다. 1941년 잭 알렉산더Jack Alexander가 『새터데이 이브닝 포스트Saturday Evening Post』에 강력한 지지 기사를 실은 후에 특히 더 성장했다.[38] (다른 무엇보다도 〈떠맡은 알코올 중독자의 50퍼센트가 거의 즉각 회복되었다〉는 것과 〈25퍼센트는 한두 차례 재발 후에 나아졌다〉는 내용이 돋보였다.) 이 모임은 그랜드 센트럴 스테이션 근처에 널찍한 공간을 마련하여 전국에서, 곧 전 세계에서 날아오는 엄청난 양의 편지에 답했다.[39] 〈빅 북〉에서는 거의 언급조차 없던 비공식적 친교가 전 세계로 뻗을 잠재력을 지닌 조직으로 성장하고 있었다.[40] 그러나 맨은 그것으로 만족하지 않았다. 인생을 구하는 자신들의 프로그램에 대해 전혀 들어보지 못한 사람이 아직도 무수히 많다고 그녀는 생각했다.

제2차 세계 대전이 맹위를 떨치고 있었고, 맨은 미국사에 관한 라디오 프로그램을 제작하는 새로운 일을 하고 있었다. 한번은 정신 질환자들의 비인간적 처우에 반대하여 전국적인 운동을 펼친 19세기 개혁가 도로시아 딕스Dorothea Dix를 다루었는데, 맨은 깊이 감동했다. 알코올 중독자를 위해 비슷한 싸움을 하면 어떨까? 그녀는 곧 한밤중에 큰 깨달음을 얻어 타자기 앞으로 달려가 정신없이 자판을 두들겼다. 알코올 중독은 정신의 문제가 아니라 의학적 상태임을 대중에게 납득시킬 전국적 캠페인을 위해 상세한 계획을 수립한 것이다. 그녀의 계획은 과학자와 의료 종사자만이 아니라 사회 전체를 겨냥했다.[41] 자신처럼 부인에 빠져 도움 받기를 거부하는 젊은 사람들도 당연히 포함되었다. 그녀의 기획은 의학적 치료가 목표였다. 그녀는 알코올 중독을 질병으로 만들고자 했다.

맨의 시대에 공중 보건 지지 운동은 암과 결핵 같은 질병에서 낙인을 제거하는 데 눈부신 성공을 거두고 있었다.[42] 맨 자신도 1910년대 말 어릴 적에 결핵에 걸린 적이 있는데, 당시 결핵은 매우 수치스러운 것이었고 하층 계급과 연관되었기 때문에 맨의 부모는 그녀를 시카고에서 로스앤젤레스의 요양소로 보내 치료를 받게 했다. 딸의 병명은 비밀로 했다. 심지어 그녀 자신도 몰랐다. 그때 이후 맨은 전국 결핵 협회(오늘날의 미국 폐 협회American Lung Association)가 연구와 기금

모금, 치료, 특히 그 질병에 대한 사회의 동정을 옹호하여 대중적 태도를 완전히 혁명적으로 바꿔 놓았음을 목도한다.[43] 맨에게 자신의 알코올 중독은 다른 질병과 마찬가지로 하나의 질병이었고, 그렇게 질병으로 인식하고 치료해야 했다.

마티 맨은 윌슨과 약간 비슷하게 발명가라기보다는 혁신자였다. 둘 다 무엇인가 완전히 새로운 것을 만들어 냈다기보다 기존의 씨줄과 날줄을 시대정신에 맞게 엮었다. 맨의 운동의 경우, 알코올 중독을 질병으로 생각해야 하지 않겠냐는 관심은 이미 커지고 있었다. 1941년 미국 공중 보건국은 알코올 중독을 비도덕적 행위가 아닌 공중 보건의 문제로 보는 중요한 간행물을 발행했다.[44] 일단의 알코올 연구자들도 알코올 문제 연구회라는 단체를 세워 술 문제에 대한 치료적 접근법을 널리 알리려 했다. 〈알코올 중독자는 아픈 사람으로 보아야 한다.〉〈결핵이나 암, 심장병, 기타 심각한 만성 질환을 앓는 사람과 똑같이 말이다.〉[45] 알코올 문제 연구회는 나중에 본인이 알코올 중독에서 회복 중이었던 홍보 전문가 드와이트 앤더슨Dwight Anderson을 고용하여 이러한 견해를 널리 퍼뜨리게 했다. 앤더슨은 그들에게 좀 더 적극적으로 여론 형성에 참여하라고 촉구하면서, 특히 알코올 중독자가 〈환자〉이지만 그들을 도와줄 수 있다는 관념에 주목하라고 강력히 권고했다. 다시 말해서 〈치료 전문가들의 책임감〉을 강조한 것이다.[46] 알코올 문제 연구회에 참여한 예일 대학교의 몇몇 연구자들은 이미 연구를 수행하면서 주 차원에서 옹호 활동을 벌였으며 알코올 중독에 대한 새로운 과학적 견해를 널리 홍보했다.

맨은 예일 대학교의 이 연구자들과 연락했다. 가장 운명적이었던 것은 우상 파괴적인 영리한 헝가리계 미국인 남자 E. M. 〈벙키〉 옐리네크E. M. 〈Bunky〉 Jellinek와의 만남이었다. 열정적인 괴짜들이 점령한 분야였는데도 옐리네크는 돋보였다. 그는 일찍이 통화 투기와 밀수 계획이 실패하면서 체포 영장이 발부되자 헝가리에서 도망쳤고 시에라리온과 온두라스에서 잠시 머물렀다가 이력서에 여러 학위를 날조하여 집어넣고 매사추세츠에서 생물통계학자로 일자리를 얻었다.[47] 요컨대 그는 사기꾼이었다. 그렇지만 또한 생산적인 훌륭한 연구자이기도 했다. 오늘날 알코올 연구에서 가장 권위 있는 상에 그의 이름이 붙어 있다.

옐리네크는 단번에 맨의 재능을 알아보았다. 그녀는 깜짝 놀랄 정도로 재능 있는 연사였다. 그녀의 사회적 자본은 성장 중인 알코올 중독자 익명 모임의 친교에 확고한 기반을 갖고 있는 것을 포함하여 비할 데가 없었다. 맨은 기꺼이 자신을 회복 단계에 있는 알코올 중독자로 인정한 매력적인 상층 계급 여성으로서 알코올 중독자는 하층 계급이 사는 우범 지대의 난봉꾼이라는 지배적인 고정 관념을 때려부쉈다. 그리고 그녀는 새로운 개혁 운동에 투신할 수 있을 만큼 자유로웠다. 맨은 불과 한두 달 만에 이사하여 뉴헤이븐의 옐리네크 가족과 합류했고 여름 동안 알코올 중독을 연구했다. 몇 달 뒤 그녀는 준비를 마쳤다.

1944년 10월, 뉴욕의 호화로운 빌트모어 호텔에서 맨은 기자 회견을 열어 알코올 중독에 맞서 싸울 새로운 전국 조직을 선포했다. 〈키가 크고 현명해 보이는 금발 여성〉(훗날 어느 지방 방송국이 그녀를 이렇게 묘사했다)은 미드웨스트의 듣기 편한 비음이 약간 섞인 캐서린 햅번Katharine Hepburn의 말투처럼 당당하고 세련된 목소리로 그 자리에 참석한 45개 신문사 기자들의 마음을 사로잡았다.[48] 특히 그녀가 알코올 중독자였지만 〈5년 동안 술을 마시지 않았다〉고 밝힌 뒤에 그들의 놀라움은 더욱 컸다.

맨은 그 단체가(조만간 전국 알코올 중독 협의회NCA로 알려진다) 다른 무엇보다도 〈알코올 중독은 질병〉임을 대중에게 납득시키기 위한 캠페인에 착수할 것이라고 선언했다.[49] 그녀는 또한 알코올 문제 연구회로부터 드와이트 앤더슨의 홍보 아이디어를 여럿 빌려와 알코올 중독자는 〈아픈 사람이다〉, 〈도움을 받을 수 있다〉, 〈도울 가치가 있다〉, 그러므로 〈알코올 중독은 중요한 공중 보건의 문제이다〉라고 주장했다.

기자 회견 이후 두 주 동안 꼬박 새로운 기사가 쓰였다. 『타임』은 그달에 맨에 관해 특집 기사를 내보냈다. 그녀는 1년도 안 되는 기간 동안 전국에서 마흔아홉 번 연설을 했다. 그녀는 이후 더 많은 곳에 등장했다. 연간 200회 이상의 공개 강연이 예약되었고, 때로는 250건에 이르렀다.[50] 그녀는 가는 곳마다 현지에 〈알코올 중독 정보 센터〉를 세워 알코올 중독을 질병으로 여기는 대중 교육 캠페인에 착수했다.[51] 기초적인 조직과 상급 차원의 단체 사이에 긍정적인 피드백 순환이 이루어졌다. 서로 돕기와 치료적 접근법을 옹호하는 자들의 느슨한 형태로 조직되었으나 활발한 동맹이 탄생했다. 학자들은 이를 〈현대 금주 운동modern alcoholism movement〉이라고 부른다.

10년이 약간 넘는 기간이었지만 변화는 이미 뚜렷했다. 알코올 중독자 익명 모임의 회원은 1944년 1만 명을 약간 넘었는데, 1950년에는 10만 명에 육박하는 수준으로 소소하게 증가했다.[52] 맨의 옹호가 알코올 중독자 익명 모임의 인기 상승에 기여했지만, 이 성장과 성공은 상당 부분 알코올 중독자 익명 모임 자체의 성숙함에 돌아가야 한다. 알코올 중독자 익명 모임이 성장하면서 그 지도자들은 불가피하게 나라 곳곳의 지부에서 재정과 관리, 회원 자격에 관해 제기하는 도전적인 질문에 직면했다. 그러한 의견 교환 과정에서 윌슨은 몇 가지 원칙을 세워 최종적으로 〈12개조Twelve Traditions〉로 정리했다. 조직의 단합을 보호하고 고통받는 알코올 중독자를 돕는 데 집중하는 것이 목적이었다(워싱토니언 운동처럼 정치적 논쟁에 빠져 허우적대지 않으려 했다). 예를 들면, 12개조 원칙은 술을 끊으려는 욕구가 유일한 회원 자격이라고 명백하게 밝혔다. 초기의 몇몇 지부 단체는 알코올 중독자 익명 모임의 회원 자격에 엄격한 잣대를 적용하여 한 차례 이상 다시 술에 빠진 자들을 제명했다. 알코올 중독자 익명 모임은 또한 권위주의를 피하고 지부 단체에서 자체적으로 융통성 있게 운영하도록 일부러 분권적인 조직 구조를 채택했다.[53]

맨의 옹호 노력은 곧 의료계에서도 감지되었다. 맨이 뉴욕에 와서 초기에 사귄 친구 중 한 사람으로 루스 폭스Ruth Fox라는 정신과 의사가 있다.[54] 맨은 폭스와 함께 의사 단체의 설립을 돕는데, 그 단체는 나중에 오늘날 의료계 조직으로는 미국에서 가장 큰 전문가 단체인 미국 중독 의학회가 된다. 서서히 그렇지만 확실하게, 이 노력은 중독의 치료적 접근법에 힘을 실어 주었다. 지역 병원들이 전문적인 알코올 중독 진료과를 설치하기 시작한 것이다. 1956년 미국 의사 협회 AMA는 〈알코올 중독을 의학의 문제〉로 인정하는 결의안을 채택했다. 한 해 뒤 미국 병원 협회AHA는 종합 병원에 알코올 중독자 치료 프로그램 개발을 촉구하는 자체 결의안을 통과시켰다.[55]

의미 있는 문화적 변화가 일어나고 있었다. 1945년 「잃어버린 주말The Lost Weekend」의 대성공과 1962년 「포도주와 장미의 나날Days of Wine and Roses」 사이에 최소한 서른네 편의 할리우드 영화에서 알코올 중독자가 주인공으로 등장한다.[56] 몇몇 영화는 프로이트 정신 분석이 밑바탕에 깔렸고 몇몇 영화는 패배주의적이었지만(이 점에서 가장 주목할 만한 작품은 1937년 판의 개작인 1954년 판 「스타 탄생」일 것이다), 영화는 점차 알코올 중독자 익명 모임의 관념을 받아들여, 좀 더 정확히 말하자면 마티 맨의 사상과 그녀의 단체에 의존하여, 알코올 중독을 질병으로 보는 관념을 일종의 등장인물로 그린다.[57] 실제로 알코올 중독자 익명 모임과 전국 알코올 중독 협의회의 회원들이 「파멸Smash-up」부터 시작하여 알코올 중독에 관한 여러 편의 영화 제작에 직접적으로 조언했다.[58] 전국 알코올 중독 협의회와 알코올 중독자 익명 모임은 서로 겹치기는 하지만 같지는 않았다. 알코올 중독자 익명 모임은 전국 알코올 중독 협의회에 크게 기여했고(초기에 맨을 연사로 초청한 이들은 대부분 알코올 중독자 익명 모임의 지부 회원이었다),[59] 결과적으로 전국 알코올 중독 협의회 활동은 전문적인 심사부터 대중 교육 활동까지 전부 알코올 중독자 익명 모임의 회원 가입을 분명히 늘렸다. 그러나 두 단체는 실제로 서로 다른 조직이었다. 맨이 끈질기게 알코올 중독자 익명 모임을 옹호하고 그 회원임을 밝힌 것이 훗날 모든 회원은 대중 매체에서 이름을 밝히지 말아야 한다는 그 단체의 관례가 된 이유 중 하나였다. 그 시점부터 맨과 여타 공개적으로 회복 중임을 밝힌 수많은 알코올 중독자 익명 모임 회원이 회복 중인 알코올 중독자임을 밝히되 그 단체를 거론하지 않는다는 까다로운 규정을 지켰다.[60] 알코올 중독자 익명 모임은 단체와 무관한 외부 문제들에는 아무런 태도를 취하지 않았으며 로비도 하지 않았다. 그러나 맨과 전국 알코올 중독 협의회는 확실히 그 반대였다. 전국 알코올 중독 협의회와 알코올 중독자 익명 모임, 그리고 (시간이 지난 뒤에는) 점차 성장하는 치료 산업 사이의 선명한 구분은 차후 흐려지지만 그래도 중요하다.

전국 알코올 중독 협의회는 이러한 변화를 추동한 유일한 힘은 아니었지만 대체로 가장 잘 눈에 띄었다. 전국 알코올 중독 협의회는 광고를 내서 알코올 중독자가 〈환자〉이며 효과적으로 치료할 수 있다는 말을 퍼뜨렸으며, 미국 기업들에 알코올 중독자를 쉽게 해고하지 말고 치료하도록 로비를 벌였다.[61] 맨은 한때 텍사스 전국 알코올 중독 협의회 텍사스 지부 회원이었던 린든 B. 존슨 대통령 같은 정치인과의 연고에 기댔다. 1966년 린든 B. 존슨은 의회에서 보건에 관한 특별 메시지를 전하며 새로운 프로그램을 선포했는데, 그는 알코올 중독이 〈결국에는 과학적 연구와 적절한 치료에 굴복할 질병〉이라고 선언했다.[62] 린든 존슨이 전국 알코올 중독 협의회의 동지로서 유일한 권력자는 아니었다. 2년 뒤, 알코올 중독자 익명 모임 회원이요 회복 중인 알코올 중독자임을 공개한 해럴드 휴스Harold Hughes가 상원 의원에 당선되자 맨과 전국 알코올 중독 협의회는 환호했다. 상원에서 그는 알코올 중독에 관한 연방 차원의 입법을 위해 계속 노력했고 맨과 익명의 빌Bill W.이라는 자의 의회 증언을 마련했다. 1970년 의회는 휴스 법으로 알려진 포괄적인 알코올 중독 관련 법을 통과시켰다. 리처드 닉슨이 거부권을 행사하여 입법을 거의 무산시킬 뻔했으나, 마지막 순간에 맨의 부유한 공화당 협력자들이 은밀히 대통령에게 정치적인 압력을 행사했고, 닉슨은 결국 1970년 마지막 날에 법안에 서명했다.[63] 이로써 전국 알코올 남용·알코올 중독 연구소NIAAA가 설립되었고, 또한 오늘날의 중독 치료 체계의 토대가 놓였다. 그리고 맨에게 그 입법은 대중의 인식 변화라는 차원에서 한층 더 근본적인 승리였다.

휴스 법의 통과 직후, 맨은 연설에서 알코올 대 알코올 중독의 싸움, 〈미국의 150년간의 전쟁〉이 끝났다고 선언했다.[64] 그녀의 설명에 따르면, 미국의 탄생 초기부터 도덕주의적인 금주 세력, 즉 〈드라이스 drys〉는 술의 폐해를 비난했다. 악마의 럼주라는 해악이 알코올 중독자에게 붙었고, 이것이 〈낙인의 근원, 알코올 중독자나 그 가족이 그 질병을 인식하고 인정하고 도움을 구하는 것을 매우 효과적으로 방해한 숨 막힐 듯한 가리개의 근원〉이었다. 그러나 이후 그녀의 전국 알코올 중독 협의회는 두 가지 상충하는 중요한 힘을 결합했다. 과학자(예일 대학교 연구자들)와 알코올 중독자(알코올 중독자 익명 모임)였다. 이 두 힘의 결합을 통해 금주 운동은 미신과 낙인의 세력에 승리를 거두었다. 이제 〈주된 관심의 대상〉은, 의당 그러해야 했지만, 〈술병〉이 아니라 〈어려움에 빠진 사람들〉이었다. 돌이켜 보건대, 그녀의 승리의 발언을 하찮은 자기만족으로, 상당히 단순한 생각으로 보지 않기는 어렵다. 〈술병〉에도 걱정스러운 것이 분명히 있지 않았나?

미국에서 금주법은 1933년에 폐기되었지만, 술을 둘러싼 미국의 전쟁은 이후로도 계속되었다. 금주 반대파인 〈웻츠wets〉와 금주 찬성파인 〈드라이스〉 간의 처절한 싸움이 지속되었고, 과학자들은 술에 관한 연구를 수행하는 데 어려움을 깨달았다. 1930년대 말, 버지니아주는 두 명의 저명한 약학 교수 J. A. 와델J. A. Waddell과 H. B. 하그H. B. Haag에게 술의 효과에 관한 과학적으로 균형 잡힌 보고서의 작성을 의뢰했다. 보고서는 중간적인 태도를 취하여, 적당한 음주에는(하루 한 잔이란 뜻이다) 완전히 건강하다는 보증서를 조심스럽게 부여했지만, 금주 반대파에는 지나치게 찬성하는 입장이었고 금주 찬성파에는 지나치게 반대하는 입장이었다. 주 의회는 투표로써 보고서 사본들을 파기했고, 1939년 4월에 남은 1천 부의 사본은 의사당 지하실에 가져가 화덕 속에 던져 버렸다. 주 법무차관과 여타 공무원들이 불을 지피는 장면이 사진으로 남아 있다.[65]

벙키 옐리네크와 마티 맨과 연결된 단체인 알코올 문제 연구회도 비슷한 도전에 직면했다. 1930년대가 끝날 무렵, 이 단체는 자금이 부족하여 재정적으로 파산 직전에 몰렸다. 버지니아의 연구자들처럼 이들도 치료적 접근법을 취하는 성향이 어느 편도 만족시키지 못했음을 알았다. 이들은 개인 기부자를 발굴하려 애썼다. 오직 한 곳만 자금을 댈 의사가 있어 보였다. 주류 산업이었다.

몇몇 과학자는 이해 충돌 가능성에 주저했지만, 1930년대 마지막 몇 달 동안 알코올 문제 연구회는 일부 금주 찬성파가 항의하며 떠나는 상황까지 가면서 고민 끝에 타협하여 주류 산업의 돈을 받기로 했다. 알코올 문제 연구회는 술에 대한 연구는 중단하고 알코올 중독에만 집중하기로 했다.[66] 금주 반대 대 찬성의 날카로운 논쟁을 피하고 술병이 아니라 사람의 문제에 초점을 맞추기로 한 것이다. 이 조치는 중립적으로 보일 수도 있지만 실상은 그렇지 않았다. 과학적 조사는 그 자체로 강력한 힘을 발휘할 수 있다.

주류 산업은 오랫동안 사람들의 중독 관념을 형성하는 데 중요한 역할을 했다. 역사가 존 버넘John Burnham은 『나쁜 습관Bad Habits』에서 금주법의 실패는 개혁가들이 약했기 때문이 아니라 그들이 맞서 싸운 세력이 강했기 때문이라고 이해하는 것이 옳다고 주장한다. 그러한 세력 중 가장 결정적인 것이 주류 산업이었다. 좀 더 넓게 말하자면, 금주법 폐지 이후는 악폐에 관한 미국인의 생각에 대대적인 변화가 보인 시기였으며, 흡연과 도박, 섹스 등 다른 악폐가 수용할 만한 것, 심지어 존중할 만한 것이 되었다. 버넘은 산업주의가, 산업 자체만이 아니라 시장의 확대에 기여한 대중 매체와 광고의 성장도 이러한 전환의 주된 동력이었다고 주장한다.[67]

이것은 어떤 사악한 음모가 아니었다. 주류 산업은 잠재적으로 해로운 상품을 팔아 이익을 취한 다른 산업처럼 시장의 몫을 늘리기 위해 할 수 있는 일을 했을 뿐이다. (말이 난 김에 덧붙이자면, 산업의 자율 규제라는 관념이 완전한 환상인 이유가 여기에 있다.) 중독에 관한 치밀한 시각이 부재한 가운데 약물 사용에 대한 정책 대응은 완전한 금지와 묵인하는 듯한 규제 완화 사이를 오가는 경향이 있다. 금지론적 접근법에 상당한 위험성이 있지만, 규제 완화라는 대척점에도 분명히 위험성은 있다.

중독 공급 산업은 적어도 100년 동안 중독 관념의 형성에 강력한 영향력을 행사했으며, 그 과정에서 미국과 국제 사회의 정책 형태도 결정했고, 문화적 규범에 직접적으로 개입했으며, 전체적으로 건강과 질병에 관한 우리의 핵심적인 사고에 영향을 미치려 애썼다. 물질 자체가 아니라 사람에게 문제가 있다는 주장은 그들이 예로부터 가장 즐겨 쓴 논거이다. 주류 산업이 금주법 폐지를 위해 로비를 벌일 때 내놓은 주장에서 가장 중요한 요소는 개인의 자유와 책임을 매우 강력히 역설한 것이다. 혁신주의 시대의 악폐 척결 개혁가들은 사회적 문제의 원인으로 폭넓게 환경에 초점을 맞추었지만, 금주법 폐기를 옹호한 자들은 다시금 개인에 집중했다. 예를 들면, 이들은 소수의 사람들이 어떤 물질을 부적절하게 사용했다고 해서 나머지 사람들까지 처벌해야 하는 것은 아니라고 주장했다. 이는 주류 산업의 홍보에서 효과적인 수단임이 입증되었다.

금주법 폐지 이후 주류 산업은 역설적이게도 알코올 중독이라는 개념이 술 판매 규제에 반대하는 데 유용하다는 사실을 깨달았다. 논거는 이러했다. 음주 문제의 책임은 아픈 사람에게 있으며, 이상이 없는 음주는 무해하고 자연스럽고 정상적이라는 것이다. 1947년 주류 판매 허가 유한회사Licensed Beverage Industries Inc.의 사장은 과학자들이 이 점에 동의했다고 감사했다. 《문제 음주자의 질병》의 뿌리는 술병이 아니라 그 사람에게 있다.)[68] 알코올 문제 연구회는 음주에 찬성하는 로비 단체가 작성한 보고서에 〈잠재적으로 소중한 동맹자〉로 올랐다.[69] 금주법 폐지 이후 수십 년 동안 알코올 중독에 관한 중요한 회의는 모조리 주류 산업으로부터 자금을 받았다.

오늘날까지 주류 산업의 핵심 주장은 술의 가장 중대한 해악은 소수의 과도한 음주자에 국한된다는 것이다. 그럴듯하지만 틀린 주장이다. 얼핏 보면 옳지만, 그리고 어쩌면 개인적으로 중독을 경험한 사람들에게는 직관적으로 끌리는 주장이지만, 실제로는 단단히 틀렸다. 알코올 문제는 일종의 스펙트럼을 이룬다. 술의 해로운 효과는 대부분 가장 심한 경우가 아니라 종형 곡선의 중간에 있는 훨씬 더 많은 음주자에게서 나타난다는 사실을 수많은 연구가 밝혀냈다.[70] 〈위험스러운hazardous〉 음주자나 〈위험에 처한at-risk〉 음주자로 규정된 집단이다. 고정 관념 속의 알코올 중독자가 아니더라도 음주 운전을 하고 싸움질을 하며 가정 폭력을 행사하고 술과 관련된 질병에 걸린다. 위험 음주자는 개인적인 차원에서는 이러한 문제가 더 적지만, 그들은 인구의 많은 부분을 차지하기 때문에 전체적으로 대부분의 문제에 해당한다.

주류 산업은 이러한 사실을 모호하게 해야 할 강력한 동기가 있다. 또한 주류 산업 수익의 대부분은 이 위험 음주자에게서 나온다.[71] 위험스러운 수준 이상으로 술을 마시는 모든 사람의 소비를 성공적으로 제한할 수 있다면, 술 판매량이 엄청나게 줄어들 것이다. 몇몇 계산에 따르면 주류 산업 수익이 최대 60퍼센트까지 사라진다. 그래서 홍보 활동이 계속되는 것이다. 주류 산업은 국제 알코올 정책 센터 같은 무해한 듯 보이는 명칭의 전위 조직들에(최근의 추산에 따르면 서른 개가 넘는다) 자금을 대서 알코올 규제와 학문에 영향을 끼치려 한다. 그 목적은 대개 알코올 문제의 계통적인 원인이 아니라 〈하드코어 hard core 음주 운전자〉나 임신한 여성 같은 특정 집단에 초점을 맞추는 것이다.[72] 세계 보건 기구WHO 같은 단체들이 중요한 보고서와 조사 내용을 발표할 때면, 주류 산업과 연관된 단체들도 연구 용역을 맡기고 그 결과물을 수많은 유권자에게 무료로 배포한다. 개인 차원의 개입에 집중해야 한다는 자신들의 견해로 공중 보건 자료를 밀어내려는 짓이다. 비슷한 이유에서 1980년대에 주류 산업 단체들은 음주 운전 반대 어머니회MADD와 음주 운전 반대 학생회SADD 같은 단체에 자금을 지원했다. 이 단체들은 개인의 책임을 강조했고, 다른 소비자 보호 단체가 옹호한 광고 개혁 같은 제도적 변화보다는 행위에 상응하는 법적 처벌을 옹호했다.[73]

주류 산업의 규모와 그 힘은 눈부실 정도이다. 2005년 전 세계적으로 스물여섯 개 거대 주류 회사들이 거둔 순이익은 1550억 달러에 달했고 영업 이익은 260억 달러였다. 오늘날의 어떤 계산에 따르면, 전 세계 주류 시장의 크기는 1조 5천억 달러에 이른다.[74] 이들이 정책에 미치는 영향을 과소평가해서는 안 된다. 중독 공급 산업이 더욱 강력하게 성장함에 따라, 그들은 모든 외국을, 심지어 모든 대륙을 표적으로 삼아 시장의 문을 열고 규제를 풀었고, 그 과정에서 학자들이 말하는 이른바 〈산업적 유행병〉을 탄생시켰다.[75] 그러한 방식의 가장 현저한 최근 사례는 2000년대 첫 10년 말기에 나타났다. 사하라 사막 이남 아프리카의 네 나라 말라위와 우간다, 보츠와나, 레소토가 이상하게도 서로 간에 2년 차이로 새로이 유사한 주류 산업 정책 초안을 마련했다. 좀 더 자세히 들여다보면 무엇인가 보인다. 노르웨이 연구팀은 네 나라가 완전히 다른 정치 과정을 겪었고 극적으로 상이한 문화를 지녔음에도 네 초안 문서가 문구와 구조, 페이지 형식에서 사실상 동일하다는 사실을 밝혀냈다. (서로 간에 가장 먼 우간다와 레소토는 약 3,200킬로미터 떨어져 있다.) 연구팀이 좀 더 깊이 파보니 정책 문서들이 주류 산업으로부터 자금을 받은 단체인 국제 알코올 정책 센터와 세계에서 두 번째로 큰 주류 회사인 샙밀러SABMiller에서 나왔음을 판단할 수 있었다.[76] 인구를 합하면 거의 5천만 명에 달하는 네 주권 국가의 주류 산업 정책을 금지가 아니라 규제를 지침으로 삼은 다국적 기업이 결정한 것이다. 어쩌면 내가 거론해서는 안 되는 것인지도 모르겠으나, 전체적으로 그 정책은 이를테면 술을 쉽게 구매할 수 없게 하고 광고를 제한하는 것처럼 술의 해악을 줄이는 데 가장 효과적인 것으로 입증된 개입 수단을 무시하고, 대신에 개인주의적 접근법을 장려하여 〈소비자 교육〉 같은 가벼운 전략을 홍보했다.[77]

금주법 시대의 대대적인 문화적 변동이 남긴 다른 유산은 술과 담배를 한편으로, 다른 약물을 한편으로 하는 엄격한 구분이었다. 20세기 초 몇십 년간 주류 산업과 담배 산업은 자신들의 상품을 정상적인 것으로 변호하고 특히 〈약물〉과의 차별성을 드러내고자 홍보비로 수백만 달러를 썼다. (이 두 산업은 실제로 미국의 광고가 정보 전달에서 좀 더 교묘하게 감정을 조종하고 설득하기 위한 것으로 변화하던 때인 1920년대와 1930년대에 광고가 설득 기술로 발전하는 데 중요한 기폭제였다.) 1929년 광고의 선구자 에드워드 버네이스Edward Bernays가 여성의 흡연을 좀 더 받아들일 만한 것으로 만들기 위한 캠페인의 일환으로, 뉴욕에서 부활절 행진을 하는 일단의 여성들에게 담뱃불을(그는 이를 〈자유의 횃불〉이라고 불렀다) 붙여 주는 행사를 극적으로 설계하여 보여 주었다.[78] 물론 담배와 술이 점점 더 허용된 사정의 책임을 산업 홀로 질 수는 없지만, 산업은 어쨌거나 중요한 인자였고, 결과적으로 오늘날까지도 술과 담배, 그리고 약물 간의 구분은 지속된다.

20세기에 들어설 무렵, 알코올 중독과 일반적인 중독의 조건 사이에는 아무런 구분도 없었다. 모든 형태의 중독은 〈중독〉이라는 우산 밑에 통합되었다. 몇십 년 뒤, 그리고 오늘날까지도, 술과 담배, 그리고 다른 약물 사이에만 간극이 있는 것은 아니다.[79] 알코올 중독과 다른 형태의 중독 사이에도 간극이 있다. 이 간극은 중독에 대한 미묘하고도 다원주의적 시각을 해친다. 그뿐만 아니라 이 때문에 치료의 대대적인 불공정이 가능해지고 약물의 범죄화는 계속 일종의 무기로 쓰인다.

퍼스트 레이디였던 베티 포드Betty Ford는 남편의 대통령 임기가 끝난 후 몇 달 지나면서 삶의 목적이 없어진 것 같고 외롭고 화가 났다. 남편을 낙선시킨 나라에 분개했다. 남편 제럴드 포드Gerald Ford가 나라 곳곳을 돌아다니며 강연하고 기업 이사회에서 일하는 동안, 그녀는 팜 스프링스에서 멀지 않은 랜초미라지의 임대한 주택에 홀로 지내며 자서전을 썼다. 사람들은 적어도 그녀가 글을 쓰고 있으리라고 생각했으나, 그녀는 거의 매일 오후가 되도록 침대에서 나오지 않은 채 술을 마시고 점차 진통제와 진정제를 더 많이 복용했다. 1977년 크리스마스에 베티 포드의 가족은 그녀를 보고 소스라치게 놀랐다. 그녀는 충격적일 정도로 체중이 감소했고, 한때 저명한 무용가 마사 그레이엄Martha Graham과 함께 춤을 춘 사람인데도 발을 질질 끌며 어색한 몸짓으로 집을 돌아다녔으며, 말은 발음이 분명하지 않아 거의 헛소리처럼 들렸다.

회복 중인 알코올 중독자였던 그녀의 의사가 간곡히 말렸고 가족도 말렸으나, 베티는 조언을 들으려 하지 않았다. 그래서 그녀의 가족은 개입하기로 했다. 당시에 비교적 새로운 방식이 널리 퍼졌는데, 성공회 신부 버넌 존슨Vernon Johnson이 1973년에 발표한 책『나는 내일 끊을 것이다*I'll Quit Tomorrow*』에서 알려 준 것이다. 이들은 해군의 중독 전문가를 불렀고, 제럴드 포드는 약속된 연설 일정을 헨리 키신저Henry Kissinger에게 넘기고 비행기를 타고 집으로 돌아왔다. 1978년 4월 1일 이른 아침, 사막의 뜨거운 햇빛이 비치는 가운데 제럴드는 아직 목욕 가운 차림으로 소파에서 훌쩍거리고 있는 베티를 붙잡고 있었다. 가족들이 관여하자 베티는 마지못해 치료를 받겠다고 말했다.[80]

베티는 롱비치 해군 병원에서 치료를 받았다. 두 번째 개입 이후 베티 포드는 약물과 술에 중독되었다고 밝히는 진술서를 배포했다. 이후 그녀는 열두 단계 회복 프로그램을 열심히 따랐다. 1982년 그녀는 랜초미라지에 직접 치료 센터를 열었다. 4년 전 눈물을 흘리며 앉아 있던 곳에서 멀지 않은 곳이다. 그 시점부터 그녀는 지칠 줄 모르는, 거침없는 치료의 옹호자가 되었다. 이는 중독의 문화적 이해에서 분수령이었다. 하층 계급이 사는 우범 지대의 술꾼이라는 알코올 중독자의 대중적 이미지가 변했다. 이제 누구라도 알코올 중독자가 될 수 있었다. 베티 포드는 친구와 가족, 직장 동료 등 모두가 중독에 빠질 수 있음을 보여 주었다. 얼마나 성공한 이력을 지녔든 상관없었다.

열두 단계 서로 돕기 프로그램은 급속도로 사람들의 눈에 띄었고 인기가 높아졌다. 라이자 미넬리Liza Minneli, 메리 타일러 무어Mary Tyler Moore, 토니 커티스Tony Curtis, 조니 캐시Johnny Cash는 모두 베티 포드 센터에서 매우 요란스럽게 치료를 받았다. 엘리자베스 테일러Elizabeth Taylor는 (베티 포드의 권고에 따라) 회복 중인 알코올 중독자임을 공개했고, 1985년 『뉴욕 타임스』의 긴 인물 기사에서 베티 포드 센터의 〈치료율〉이 75퍼센트에 이른다는 주장을 거듭 되풀이했다.[81] 알코올 중독자인 것은 단지 받아들일 수 있는 일일 뿐만 아니라 하나의 유행이 되었다. 마이클 키튼Michael Keaton이 출연한 론 하워드Ron Howard의 영화 「클린 앤드 소버Clean and Sober」처럼 텔레비전 쇼와 영화가 열두 단계 회복 프로그램으로 성공리에 구원받은 자들의 이야기를 폭넓게 다루었다.[82] 미국과 캐나다에서 알코올 중독자 익명 모임의 회원은 1970년 20만 명이 못 되었는데 1980년에 거의 50만 명에 달했고, 1990년에는 100만 명에 가까웠다.[83] 열두 단계 회복 프로그램은 매우 열렬한 지지자들에게는 세상을 바꿀 이상적인 운동이었다. 회복을 전문적으로 다룬 어느 잡지는 이렇게 썼다. 〈우리는 세계적 위기의 시대에 사고방식의 감동적인 변화의 탄생에 참여하는 특권을 받았다. 삶의 정신적 태도를, 결과가 아니라 과정을, 위계질서가 아니라 평등을 강조하는 열두 단계 프로그램은 우리 자신과 지구를 치료할 최고의 희망이다.〉[84] 이렇게 회복에 열광하는 분위기는 마티 맨이 없었다면 불가능했을 것이다.

1970년 휴스 법이 제정된 후, 맨은 1980년에 죽을 때까지 지칠 줄 모르고 일했고 고된 연설 일정을 수행했다.[85] 2년 뒤 갤럽 조사에서 알코올 중독을 질병으로 생각하는 미국인의 숫자가 역사상 최고를 기록했다. 대략 80퍼센트였다(1940년대 말과 1950년대 초의 약 20퍼센트에서 늘어난 수치이다).[86] 그러나 질병이라는 용어와 마티 맨의 치료적 접근법과 서로 돕기의 알코올 중독 옹호 사이의 관계는 복잡했다.

맨 자신은 알코올 중독에 질병이라는 이름을 붙여 준 공을 취하지 않았다. 그 대신 질병 개념을 퍼뜨린 공을 알코올 중독자 익명 모임에 돌렸다. 맨의 말에 따르면, 그녀는 『알코올 중독자 익명 모임』의 초기 판본을 처음 읽었을 때 어떤 계시를 받았다. 〈이처럼 느끼고 행동한 사람이 세상에서 나만은 아니었다. 나는 미치거나 타락하지 않았다. 나는 아픈 사람이었다. 나는 당뇨병이나 암, 결핵같이 이름과 증상을 갖는 실제의 질병으로 고통받고 있었다. 도덕적 낙인이 아닌 존중받아야 할 질병이었다.)[87] 그러나 이 설명은 수정주의적 역사의 분위기를 띤다. 맨이 1939년에 읽은 판본인 알코올 중독자 익명 모임 〈빅 북〉의 주된 내용에는 〈질병disease〉이라는 낱말이 단 한 번만 사용된다. 그리고 그것은 〈영적 질병spiritual disease〉이라는 개념을 가리킬 때 쓰였다. 텍스트 곳곳에 〈아픔sickness〉과 〈병듦illness〉 같은 다소 의학적인 용어가 나타나지만, 신체적인 것은 초자연적인 것에 완전히 종속되지는 않았다고 해도 언제나 그것에 의해 억제되었다. 예를 들면, 알코올 중독은 〈오직 영적 경험으로만 정복될 병듦〉이었다. 알코올 중독자 익명 모임의 알코올 중독 개념에 담긴 온전한 의미는 그것이 신체적, 정신적, 영적 요소가 뒤섞여 유연하게 균형을 이룬 잡종이라는 것이었다. 윌슨은 이를 알코올 중독의 〈삼중 성격〉이라고 불렀다.[88] 서로 돕기라는 접근법은 종종 중독을 더 큰 병적 상태의 한 가지 증상일 뿐이라고 제시하며(그 모임에서 흔한 표현 중에는 〈나는 음주 때문에 왔고 생각 때문에 머물렀다〉는 말이 있다), 알코올 중독자 익명 모임은 글을 통해서 그 관념을 개인적인 해석에 열려 있는 것으로 제시하려 했다. 알코올 중독의 특정한 설명을 지나치게 중요시하지 않으려 한 것이다.

윌슨의 전기를 쓴 사람이 말했듯이, 알코올 중독자 익명 모임은 〈신성한 것과 세속적인 것의 관계를 교묘하게 처리〉하여 세워졌고, 윌슨은 두 요소의 균형을 잡으려고 의식적이고 의도적으로 선택을 했다.[89] 〈빅 북〉은 실제로 사람들이 〈더 높은 차원의 힘〉을 찾는다고 주장하지만 종교가 알코올 중독자 익명 모임에 기여한 바는 전체적으로 낮추어 본다. 윌슨은 책에서 자신이 경험한 〈밝은 빛〉의 중요성을 깎아내렸고 심지어 옥스퍼드 그룹의 이름을 거론하지도 않았다. 그 대신 그 운동이 윌리엄 제임스와 카를 융Carl Jung 같은 자들에게 지적으로 신세를 졌다고 강조했다. 알코올 중독자 익명 모임의 글은 질병의 문제를 회피하며 대신 알코올 중독을 〈아픔sickness〉이나 〈병폐malady〉로 부른다. 윌슨은 나중에, 1960년에 한 연설에서 알코올 중독에 단일한 본질의 꼬리표를 달아 주기를 주저했다고 설명했다. 「우리 알코올 중독자 익명 모임 회원들은 알코올 중독을 절대로 질병이라고 부르지 않았다. 엄밀히 말하자면 그것이 본질적으로 질병이 아니기 때문이다. 예를 들면, 심장병heart disease 따위는 없다. 별개의 심장 증상ailment들이나 그러한 증상의 결합이 있을 뿐이다. 알코올 중독도 그와 비슷하다.」[90]

　　반면 이와 대조적으로 맨은 알코올 중독이 분명히 이미 알려진 독특한 과학적 실체라고 강력히 주장했다(70년 이상 지난 오늘날에도 우리가 확신을 갖고 내놓을 수 없고 내놓지 못하는 상당히 대담한 주장이다).[91] 그녀는 질병과의 유사성을 들어 이 주장을 강조했고(종종 알코올 중독을 결핵과 당뇨, 암과 비교했다), 효과적으로 구체적인 사례를 제시했다. 결핵이 그녀가 뜻하는 바에 더 가까워 보였다. 결핵은 이미 알려진 세균 때문에 발병하고, 정상적인 폐 기능과는 확연히 다른, 역시 잘 알려진 일련의 증상을 낳으며, 널리 수용된 치료법으로 치료한다. 원인과 치료법이 분명한 단일한 병증의 미생물학적 모델, 이것이 바로 상식적인 질병 관념이다. 어떤 사람에게 있거나 없거나 둘 중 하나이다. 그러나 오늘날 우리는 대부분의 질병이 그 정도로 간단하지 않다는 점을 이해하고 있다. 당뇨병은 먹는 음식과 비만, 유전, 자가 면역 질환의 기능 장애 등 다양한 요인에 의해 발생한다. 당뇨병 환자와 건강한 사람 간의 경계는 본질적으로 명확하지 않다.[92] 실제로 그 경계는 전문가의 모임이 결정할 필요가 있는데, 혈당 수치와 기타 바이오마커biomarker의 적절한 기준에 관해서는 논쟁이 있다. 암의 경우도 유사하다. 암은 여러 상이한 분자 경로와 유전 경로의 교차점에서 발생하며, 우리의 몸은 끊임없이 분주하게 비정상적 생성물을 찾아내고 전암 상태에서 제거한다. 현대의 질병에 관해 알면 알수록, 그 질병들은 상식적인 감염 모델(경계가 분명한 별개의 실체)과 덜 비슷하게 보이며, 복잡하게 상호 작용을 하는 기능성 질환과 더 비슷해 보인다. 그러나 맨에게 하나의 실체로서의 알코올 중독은 정체성의 뿌리였다. 그녀에게 알코올 중독은 알코올 중독자 익명 모임의 매우 강력한 본질이었다. 새로이 알게 된 사람들과 자신이 같은 부류임을 확인하는 토대였던 것이다. 맨의 운동에, 적어도 그녀가 애초에 구상했던 대로는, 다원론의 여지는 없었다.

맨의 질병 담론에서 이상한 것은 그녀가 내심, 적어도 알코올 중독자 익명 모임의 일부 회원과 공유한 견해에서 질병의 비유에 꽤나 회의적인 것처럼 보였다는 사실이다. 약이 과연 큰 도움이 될 수 있을지 의심할 지경이었다. 1945년 맨이 장차 전국 알코올 중독 협의회가 될 단체를 출범시킨 직후, 알코올 중독 익명 모임의 회원인 지역 조직자가 맨에게 편지를 보내 그녀의 운동이 지나치게 의학에만 집중하고 알코올 중독자 익명 모임의 영적 차원과는 충분하게 조화를 이루지 못한다고 이의를 제기했다. 맨은 이렇게 답했다. 〈뼛속까지 알코올 중독자 익명 모임의 일원인 나는 병원이나 여타 의학적, 정신과적 방법이 아주 많은《앨키(알코올 중독자)》를 바로잡을 수 있다고 생각하지 않는다(이따금 몇몇 경우에는 바로잡기가 가능하다는 것을 알고 있기는 하지만).[93] 그러나 보통 사람이라면 우리 모임과 같은 비전문가 단체를 찾아 어떤 곳인지 살펴보기보다는 병원에 가서 자신을 괴롭히는 것을 처리할 방법을 찾는 것이 더 쉬울 것이라고 나는 믿는다. 또한 병원의 존재 자체가 알코올 중독이 감추거나 처벌해야 할 것이 아니라 치료해야 할 질병이라는 점을 강조하고 초심자에게 확실하게 알려 줄 것이라고 나는 믿는다.〉

맨에게 질병 담론은 중독과 관련하여 희망을 전파하고 사람들을 회복의 길에 들어서게 하며, 특히 담론을 재구성하는 방법이었다. 전국 알코올 중독 협의회의 알코올 중독 정보 센터의 임무는 〈적대적인 영토로 깊이 침투하여 편견이라는 전선을 뚫고 들어가 그 전선 뒤에 사로잡힌 자들, 즉 알코올 중독자와 그 가족을 위해 희망의 교두보를 설치하는 것〉이었다. 그녀의 최우선 관심사는 〈건널 수 없는 늪, 무지와 공포, 미신, 낙인의 무인 지대〉를 건널 다리를 세우는 것이었다.[94]

그러나 질병에 얼마나 자주 도덕적 잣대를 들이댔는지를 생각하면, 이 질병 담론이 낙인을 제거해 주기를 바라는 마음에는 우스운 측면이 있다.[95] 낭만주의 시대부터 『마의 산Der Zauberberg』까지 결핵을 비난하듯 묘사한 경우가 얼마나 많은지 생각해 보라. 구로사와 아키라가 1948년 작 영화 「주정뱅이 천사」에서 공연히 결핵과 알코올 중독을 미국의 일본 점령이 남긴 해악의 두 가지 지표로 쓴 것은 아니다. 현대의 연구에서도 질병 프레임이 과연 오점을 줄여 주는지에 관해서 의구심을 드러낸다. 많은 연구에 따르면, 스펙트럼 모델과 대비되는 이분법적 질병 모델의 알코올 중독 개념은 사람들이 자신의 해로운 음주를 인식하는 것을 더 어렵게 만든다.[96] 또 다른 연구를 통해 재발의 가장 강력한 선행 요인이 질병 모델의 중독 개념에 대한 믿음임을 밝혀냈다.[97] 질병 담론은 〈여타 질병과 같은 질병A Disease Like Any Other〉 같은 전국적인 정신 질환 캠페인에서[98] 볼 수 있듯이 종종 중독과 여타 정신 건강 문제를 위한 〈낙인찍기 반대 운동〉의 핵심이었지만, 뒤이은 조사 결과를 보면 실망스러울 정도로 비효율적이었고 심지어 역효과만 내서, 어떤 기준에 따르면 오히려 낙인찍기가 사실상 더 심해졌다. 오바마 정부의 약물 정책에서 선임 정책 고문으로 일한 심리학자 키스 험프리스Keith Humphreys에게 낙인찍기 반대 운동에 관해 물었더니, 그는 이렇게 딱 잘라 말했다. 「실패다.」[99]

중독 관념은 생사와 관련된 지극히 중요한 문제이다. 마티 맨은 자신이 알코올 중독자이며 다시는 술을 마실 수 없다는 생각 덕분에 구원을 받았다. 적어도 그녀가 판단하기로는 그렇다. 그녀와 동시대에 살았던 수많은 사람이 음주 문제를 치료할 수 있고 의지력을 키울 수 있으며 재발하여 상상할 수 없는 귀결을 떠안기 전에 신사처럼 점잖게 술을 마실 수 있다는 말을 들었다.[100] 나는 2019년 미국 중독 의학회 회의에 참석했을 때 중독 변호자요 『뷰티풀 보이Beautiful Boy』의 작가인 데이비드 셰프David Sheff가 질병 모델의 중독 개념 덕분에 아들 닉에게 품었던 비난의 태도를 버리고 그에게 올바른 의학적 치료를 받게 할 수 있었다고 말하는 것을 들었다. 바로 앞선 세대의 옹호자들이 기대했던 바이다.

그러나 내가 태어날 무렵인 1980년대 초 회복 열풍이 불었을 때, 나의 부모는 둘 다 전통적인 방식의 외래 진료로 알코올 중독을 치료받으러 다녔다. 두 사람은 싫증을 느끼고 그만두었다. 자신이 의학적으로 문제가 있다는 사실을 받아들일 뜻이 없었던 것이다. 특히 어머니는 질색했다. 자신은 환자가 아니었다. 그녀는 대학교의 학과장이었다. 아무런 기초도 없는 상황에서 박사과정을 설치한 사람이었다. 어린 꼬마였던 나도 어머니가 완전히 괜찮지는 않다는 사실을 잘 알았다. 음주 운전을 했고 시시때때로 정신을 잃었으며 기분이 오락가락했다. 그렇지만 나는 나이가 들어 음주 문제로 어머니를 다그쳤을 때에도 그녀의 가장 기본적인 믿음을 결코 이겨 낼 수 없었다. 「난 알코올 중독자가 아니야. 네 아버지를 봐!」 아버지는 그 병을 앓고 있는 사람이었다. 어머니는 달랐다.

8

좋은 약물과 나쁜 약물

윌리엄 버로스는 점점 더 깊은 절망에 빠졌다. 오피오이드 중독 때문에 의사와 늘 마찰이 있었기에 하버드 대학교를 졸업했다는 위신도 닳아 없어졌고, 뉴욕의 어떤 의사도 그에게 더는 처방을 해주지 않았다. 그는 처방전을 위조했지만 곧 체포되어 벌금을 물었다. 지하철에서 술에 취해 정신을 잃은 사람에게 훔치려고도 했지만, 작고 마른 건장하지 못한 사람이라서(기숙학교 시절 운동을 즐기기보다 촛불을 켜고 보들레르를 읽는 데 열중했다) 두들겨 맞기 직전에 간신히 도망치고는 포기했다. 버로스는 헤로인을 끊으려 애썼지만 습관에서 헤어나지 못했다. 혼자 힘으로 구하려고 거래를 시도했지만 연방 요원들이 득달같이 달려들었다.[1]

1947년 뉴욕, 헤로인 중독이 가능했다손 치더라도 그러기에는 각별히 때가 좋지 않았다. 대략 1920년대부터 1960년대까지 미국은 약물에 반대하는 금지론의 뜨거운 열기가 지배했다.[2] 법의 집행은 엄격했고 처벌은 가혹했으며 치료라는 선택지는 거의 없었다. 1915년 해리슨 법이 발효되고 불과 며칠밖에 지나지 않았을 때, 마약 사용자인 버로스의 삼촌 호러스가 디트로이트의 하숙집에서 깨진 유리 조각으로 자살했다.[3] 전하는 말로는 자신과 같은 사람들이 어떻게 약물을 빼앗기고 추적당하고 투옥될지 앞일을 예견했기 때문이었다. 그 후 몇십 년 지나 윌리엄 버로스의 헤로인 중독은 한계점에 도달했고, 그가 취할 수 있는 선택지는 거의 사라졌다. 그래서 1948년 1월 어느 추운 날, 버로스는 뉴욕에서 신시내티까지 자동차를 몰고 간 뒤 켄터키주 렉싱턴으로 가는 남행 열차에 올라탔다. 일명 〈나르코Narco〉라는 미국 마약 중독자 수용소U.S. Narcotic Farm*에 들어가려 한 것이다.[4]

나르코는 약 4제곱킬로미터에 달하는 켄터키주의 드넓은 초원에 세운 교도소 겸 병원이었다. 라이커스 섬Rikers Island의 교도소나 싱싱 교도소Sing Sing Correctional Facility에 입소한 적이 있는 사람도 그 규모에 소스라치게 놀랐다. 자동차를 타고 몇 킬로미터에 걸쳐 죽 이어진 목초지와 돼지 축사, 농작물 밭, 과수원을 지나야 거대한 건물이 시야에 들어온다. 바닥 면적만 약 4만 8500제곱미터에 달하는 건물은 한가운데에 지구라트와 비슷한 아르데코 양식의 탑이 솟아 있고 양쪽으로 여러 층이 길게 뻗어 있으며 안쪽의 네모꼴 뜰은 테니스장과 소프트볼 구장이 들어갈 만큼 넓었다.[5]

버로스는 오래 머물지 않았다. 단지 법망을 피해 며칠간 해독을 원했을 뿐이다. 금단 현상에 필요한 약을 더 받지 못하자 그는 택시를 타고 렉싱턴으로 가서 기차에 올라 신시내티로 돌아갔고 파레고릭 paregoric(의사의 처방전 없이 구입할 수 있는 아편 팅크)을 사 먹었다.[6] 그러나 다른 많은 사람에게 나르코는 인간미가 있는 피난처였다. 약물 범죄에 가혹한 처벌로 일관한 나라의 한가운데 있는 오아시스였다. 나르코는 또한 중독자를 좀 더 가엾이 여겨 치료해야 한다고 믿는 의사와 연구자에게 성소와도 같았고, 소수의 전문가들이 만나 생각을

* 현재 법무부 교정국이 운영하는 연방 의료 센터Federal Medical Center이다.

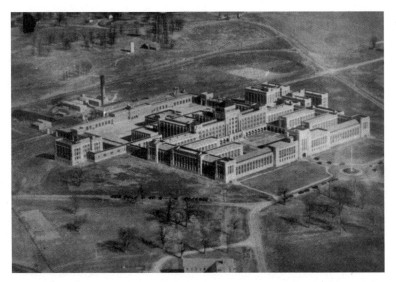

켄터키주 렉싱턴에 있는 〈나르코〉, 즉 미국 마약 중독자 수용소를 공중에서 본 전경, 1935년경.

교류하는 회합의 장소였다. 그곳에서 신경 생리학과 행동주의라는 새로운 과학이 중독 연구에 도입되었다. 연구자들과 임상 의사들은 중독에 빠진 환자들이 망가지거나 사악한 사람이 아니며 대개 풍요로운 내적 삶을 지닌 악의 없는 사람임을 알게 되었다.

　그러나 여러 점에서 이 시기는 좋은 약물과 나쁜 약물 간의 구분을, 좋은 약물 사용자와 나쁜 약물 사용자 간의 구분을 돋보이게 했을 뿐이다. 당대의 선입견과 편견에 큰 영향을 받은 것으로 중독을 지나치게 환원론적으로 바라보는 시각 때문에 사회는 그 구분된 양쪽이 다 같이 갖고 있는 위험성을 보지 못했다. 그 결과로 가장 무시된 자들부터 특혜를 가장 많이 받은 자들까지 스펙트럼 전체에 걸쳐 중독자를 저버린 불평등한 분리 체제는 더욱 공고해졌다.

나르코의 첫 번째 소장은 로런스 콜브Lawrence Kolb였다. 그는 공중 보건에 관심이 있는 정신과 의사로 워싱턴 DC의 국립 위생 연구소(국립 보건 연구소NIH의 전신)에서 약물 중독의 〈항독소〉 이론에 관해 중대한 연구를 수행했다. 찰스 타운스Charles Towns가 널리 알리는 데 부분적으로 기여한 그 항독소 이론은 중독의 근원이 혈액 속의 면역학적 반응이라고 가정했다.[7] 이는 중독이 바로 신체적으로 결정되는 질환이라는 관념에 부합하는 것인데, 콜브는 이 이론의 오류를 확실하게 증명하는 연구를 수행했다.*

콜브는 관습에 얽매이지 않는 자유롭고 총명한 사상가에 머물지 않았다. 그는 대단한 노동 윤리를 지닌 자수성가한 인물이었다. 아이가 열다섯 명이나 되는 가난한 집안에 태어나 고등학교를 마치지 못했는데도 혼자 힘으로 의대에 입학했고, 처음에는 성적이 거의 낙제에 가까웠으나 결국 반에서 3등으로 졸업했다.[8] 공중 보건국이 그를 워싱턴 DC로 불러들여 중독 연구를 맡겼을 때, 실험실 연구는 시작일 뿐이었다.[9] 그는 곧 엄청난 현실 세계의 연구에 연이어 몰입하여 메인주에서 앨라배마주까지 돌아다니며 중독에 빠진 사람들과 그 가족들, 그들을 치료한 의사들과 면담했다. 〈정키〉라는 말이 지배적인 고정 관념이던 때에, 콜브는 자신이 만난 많은 사람이 모르핀과 아편 같은 관리용 오피오이드를 신뢰할 만한 의사로부터 정기적으로 처방받기만 하면 잘 지낼 수 있고, 심지어 성공적인 삶을 살 수 있음을 알고는 크게 놀랐다.[10] 콜브는 또한 약물 사용이 감각적인 것의 추구와 감정적 문제로 인한 고통의 완화 같은 목적에 도움이 된다는 점을 깨달았다.

* 예를 들면, 그는 중독된 인간의 혈청을 추출하여 쥐에 투여하면, 그 설치류는 모르핀 과다 투여에서 보호받지 못한다는 점을 입증했다 — 원주.

1925년 콜브는 이정표가 될 만한 글을 연이어 발표했는데, 중독의 원인은 위험한 약물의 포로가 된 일종의 생리학적 현상이 아니라 근저의 심리적 문제라는 것이 결론이었다. 구체적으로 말하자면 그의 생각에 중독에 빠진 사람은 장기적인 인성 문제로 약물에 손을 댔다. 그가 사용한 용어는 오늘날에 듣기에는 귀에 거슬린다. 중독된 사람은 약물을 쓰게 만드는 〈뒤틀린 성격〉을 지녔다거나 〈정상인처럼 보이려 애쓰는 못난이〉 아니면 〈사이코패스〉라는 것이다.[11] 그러나 마약 통제가 엄격하던 시절에 콜브의 모델은 공감의 태도를 기본으로 삼았다. 그의 근본적인 논지는 사람들이 좋아서 중독에 빠지는 것이 아니고, 중독자가 죄인이거나 범죄를 저지르는 위험한 사람도 아니라는 말이었다. 마음 깊은 곳의 문제가 원인이라는 것이었다.

오늘날 우리는 단 하나의 〈중독되기 쉬운 성격〉이란 없다는 사실을 알고 있다. 수십 년간의 연구 끝에 중독된 사람들과 사회의 나머지 사람들을 가르는 일관된 인성의 차원이나 방어 기제는 없다는 점이 밝혀졌다. 대담함과 충동적 기질이 중독에 쉽게 빠지게 할 수 있지만, 걱정과 억압 같은 반대의 성향도 그렇게 할 수 있다.[12] 특정한 유형의 성격이 중독에 빠질 위험성이 더 클 수 있으나, 중독자의 성격 유형으로 단 한 가지를 꼽을 수는 없다.

콜브는 인성에 초점을 맞춤으로써 20세기 초 심리학의 중요한 경향을 따라갔다. 콜브는 엘리스섬에서 이민자를 심사하고 뉴욕주 정신 의학 연구소에서 연구하며 이력을 쌓기 시작했다.[13] 이민자 선별에 지능 검사와 기타 심리학적 평가를 적용하는 데 관심이 큰 때였다. 그렇지만 그 연구는 제1차 세계 대전에 참전할 신병들에게 실시한 비슷한 심리 검사와 마찬가지로 단순한 지능 검사로는 정신 질환을 가려 내기에 충분하지 않다는 점을 보여 주었다.[14] 그 대신 콜브 같은 연구자들은 장기적으로 변하지 않는 정신적 특징을 확인할 다른 방법을 모색했으며, 당시에 새로이 떠오르는 개념인 인성이 그들의 조직 원리가 되었다. 콜브의 실험실 연구가 입증했듯이, 중독의 생물학적 원인을 찾는 일은 실패로 돌아가 이러한 접근 방식을 뒷받침했다. 따라서 1920년대와 1930년대의 다른 많은 의학 사상가들은 중독을 인성 문제로 보는 이론을 제안했다.[15]

콜브는 연구 덕분에 나르코의 소장이 되었다. 나르코는 1935년 개소식 때 〈약물 중독을 위한 뉴딜〉로 갈채를 받았다. 콜브는 지칠 줄 모르고 열심히 일해서 나르코를 다른 무엇보다 공감이 지배하는 치료 시설로 만들었다. 그는 처음부터 입소한 중독자를 〈수감자〉가 아니라 〈환자〉라고 불러야 한다고 강력히 주장했다.[16] 치료 프로그램의 하나로 집단 심리 치료가 있었지만, 나르코의 주된 치료 철학은 환자를 건강한 환경 속에 집어넣는 것이었다. 어떤 환자들은 동 트기 전에 일어나 소젖을 짜고 돼지를 잡고 건초를 단으로 묶고 케일과 토마토 밭을 살폈으며, 다른 이들은 환자복을 꿰매고 세탁하거나 X-레이 촬영 기사나 전기 기술자 같은 장인의 견습생이 되어 기술을 배웠다. 볼링장과 당구장, 배구 경기장이 있었다. 환자들은 문학 창작, 회화, 재즈 등의 수업을 들었다. 1955년에 개봉된 영화 「황금팔을 가진 사나이The Man with the Golden Arm」에서 프랭크 시나트라Frank Sinatra가 분한 〈프랭키 머신Frankie Machine〉은 나르코에서 여섯 달을 보낸 뒤 돌아와 찬사를 늘어놓는다. 「내가 본 세상에서 가장 멋진 곳. 구기 운동, 맛있는 음식, 심지어 드럼을 치는 법도 배웠지.」 보통의 감옥에서 그곳으로 이감된 어떤 환자는 신문 인터뷰에서 〈믿을 수 없을 만큼 좋다〉고 열광했다.[17] 그곳을 〈컨트리클럽 감옥〉이라거나 〈정키들을 위한 수백만 달러짜리 싸구려 여인숙〉이라고 조롱하는 말도 있었다.[18]

나르코는 의사와 연구자에게도 특별한 장소였다. 1960년대에 들어서고 한참 지날 때까지도 기본적으로 미국의 최상급 중독 연구자들은 모두 나르코에서 연구를 시작했다. 오피오이드 수용체의 발견과 중독 치료를 위한 메타돈과 부프레노르핀의 사용, 날록손naloxone(과다 복용 역전제 나르칸Narcan의 유효 성분) 같은 오피오이드 길항제의 성격 규정처럼 20세기 중반 중독 연구에 대한 중요한 과학적, 의학적 기여는 거의 전부 나르코에 기원이 있다. 그러나 이 가혹한 금지론의 시대에 약물 정책의 핵심 동력은 의학이 아니라 법의 집행이었다. 특히 연방 마약국Federal Bureau of Narcotics, FBN의 수장 해리 앤슬링어Harry Anslinger는 1930년부터 32년 동안 독재적인 권력을 휘둘렀다. 그는 세계주의적이고 매력적인 전직 외교관이었지만 동시에 무섭고 고압적이며 웃지 않는, 그리고 비타협적인 약물의 적이었다. 말년에 그는 이렇게 감탄했다. 「나치 정권은 중독자를 심하게 압박하여 상황을 꽤나 잘 처리했다.」[19]

앤슬링어의 끈기에 비할 것은 오로지 그의 정치적 통찰력뿐이다. 그가 연방 마약국을 장악했을 때, 대마초는 그의 우선순위에서 높은 자리를 차지하지 않았다. 그러나 그는 곧 그 약물을 금지해야 한다는 강력한 운동이 존재함을 알아챘다. 멕시코인을 적대시하는 심한 인종주의가 떠받친 운동이다. 1910년부터 멕시코 혁명의 폭력을 피해 미국으로 난민이 쏟아져 들어왔는데, 이들은 엘파소 같은 이민국 지청에서 석유 세례를 받았고 그들의 의복은 지클론B로 훈증 소독을 했다.[20] 이후 그들은 미국 전역에서 린치를 당하고 널리 퍼진 외국인 혐오증에 대면했다. 대중은 멕시코인 노동자를 대마초와 연관 지었고, 멕시코인 반대 정서가 확산되는 가운데 금지론 성향의 의사들과 서부와 남부의 경찰 당국은 그 약물을 더 엄격히 통제해야 한다고 선동했다.[21] 앤슬링어는 이질성과 약물이라는 이 쌍둥이 담론에 잠재력이 있음을 깨닫고는 이에 편승하여 자기 직무의 힘을 크게 확대했다.[22] 그 시점부터 그는 간교하게 물질 사용과 인종주의적 고정 관념의 연관성을 강조했고 약물을 폭력과 일탈과 무자비하게 결합했다.

앤슬링어는 약물이 통제 불능의 중독과 범죄, 폭력을 유발한다는 무서운 이야기를 꾸며 내는 데 도가 텄다. 그는 부단히 정치인을 의식화하고 정책을 수립했을 뿐만 아니라 직접 홍보 활동에 관여했다. 선정적인 글과 책을 써서 배포했으며, 자신의 기관에서 나온 것이 아닌 언론의 이야기는 강압적으로 막았고, 할리우드의 영화감독들에게 각본에 쓰도록 위험한 약물에 관한 생각을 강요했다.[23] 그때는 황당한 약물 반대 영화의 시대였다. 예를 들면, 1936년에 개봉한 「당신의 자녀들에게 말하라Tell Your Children」는 몇십 년 뒤 「리퍼 매드니스Reefer Madness」라는 제목*으로 바뀌어 유명해진 영화인데, 환각과 자동차 사고, 자살, 강간, 살인 등 고등학생들이 대마초를 피운 뒤에 벌이는 일련의 사건들로 그 대가가 무시무시하다는 점을 보여 준다.[24]

콜브와 다른 의료 종사자들에게 가장 분통이 터지는 것이었는데, 앤슬링어는 중독에 관한 그렇게 끔찍한 이야기를 전하면서 과학 용어를 아주 쉽게 사용했다. (예를 들어, 그는 대마초를 피우면 〈섬망 상태에 빠져 사납게 날뛰고 그동안에 적어도 일시적으로는 무책임하게 폭력적인 범죄를 저지르기 쉽다〉고 주장했다.)[25] 앤슬링어는 콜브의 이론에 기대어 중독에 빠진 자들을 〈사이코패스〉라고 불렀다. 그들은 〈먼저 약물에 길들여진 사람과 접촉하여 전염되었다〉.[26] 앤슬링어는 중독이 근본적으로 비뚤어진 사람과 근본적으로 위험한 약물의 멈출 수 없는 결합이라고 하면서 의료 제도만으로는 처리할 수 없다고 단

* reefer는 마리화나가 들어간 담배를 말한다.

영화 「마리화나Marihuana」(1936)의 포스터.
1930년대부터 많이 나온 대마초 반대 영화의 하나이다.

언했다.[27] 금지와 경찰이 유일한 〈치료법〉이었다. 「혹독하게 처벌하면
중독은 사라진다.」[28] 앤슬링어는 이렇게 물었다. 「최선의 중독 치료
법?」「애초에 없게 하라.」[29]

　콜브는 평생토록 치료적 접근법의 강력한 옹호자였고, 중독의
위험성이라고 추정된 것에 관해 공포심을 퍼뜨리는 행위에, 이를테
면 중독이 〈도덕적이고 신체적인 해악〉이어서 〈문명의 지속과 세상
의 운명, 인류의 미래〉를 위협한다고 경고하는 약물 반대 활동가들에
게 점점 더 강력히 맞섰다.[30] 콜브는 과학적으로 엄밀한 통계 연구를

수행하여 잘못된 정보를 퍼뜨리는 그러한 운동가들을 논박했다. 그들이 중독된 사람의 숫자를 심하게 부풀렸기 때문이다. 그러나 콜브가 활동한 시기는 대중적인 정서가 이미 금지로 크게 기운 때였고, 결국 그는 졌다. 앤슬링어의 견해가 우세했으며, 그 결과로 1940년대와 1950년대에 약물 때문에 체포되어 처벌받은 사람이 엄청나게 증가했다. 나르코에 새로 입소한 환자는 1940년 682명이었는데 1949년에 1,600명에 달했으며 1950년에는 2,300명을 넘었다.[31] (나르코에 입소한 흑인의 비중은 1940년에 대략 10퍼센트였는데 1950년에 30퍼센트로 대폭 늘었다.[32] 푸에르토리코인과 멕시코인의 입소는 1퍼센트에서 1960년대가 되면 전체의 4분의 1 이상으로 치솟았다.) 얼마 있다가 콜브는 그 시설을 떠나 국립 정신 건강 연구소NIMH의 전신인 미국 공중 보건국의 정신위생과 과장이 되었다.[33] 그가 떠난 후 나르코는 과밀하여 가망 없는 상태에 빠졌다. 절망과 징벌의 방침에 젖었다. 그 시기에 입소한 어느 환자는 이렇게 회상한다. 「아무도 치료를 받지 못했다. 집단 치료도 없었고 개별 치료도 없었다. 우리는 아무것도 하지 않았다……. 아무런 프로그램이 없었다.」[34] 불과 몇 년 만에, 처음에는 의학의 진보를 기념하는 당당한 최첨단 시설이었던 것이 전면적인 통제를 목표로 하는 권위주의적 기관이 되어 버렸다.

1953년 나르코에 들어갔다 나온 지 몇 년 지났을 때, 버로스는 첫 번째 책 『정키Junky』를 발표했다. 책은 〈정키〉라는 말의 반문화적 교정에서 중대한 이정표이다. 〈정키〉는 소속감의 증표이자 부르주아의 복종에 반대하는 의식적인 반란이라는 약물 사용자의 새로운 정체성을 강조했다. 그러나 버로스는 콜리지와 드퀸시, 보들레르 같은 낭만파 작가들로부터 깊은 영향을 받았는데도, 중독에 관한 놀랍도록 환원론적

인 시각이 책의 곳곳에서 발견된다.[35]

그는 〈정크(마약)〉가 〈다른 약물의 작용과는 상이하게〉 사람의 몸을 노예로 만드는 방법을 갖고 있다고 주장했다. 〈정크를 사용하면 세포가 영구적으로 변해, 결국 정크에 의존하는 세포가 된다.〉 〈정크는 결함을 낳아서 일정한 간격을 두고 계속 복용하지 않으면 몸이 제대로 기능하지 않게 된다……. 정크를 끊으면 금단 증상으로 결핍 상태가 초래된다……. 내가 아는 한, 정크는 이러한 정의에 따라 유일하게 습관성을 유발하는 약물이다.〉 바로 이러한 성격의 결정론적 추론에 따라 버로스는 그가 내린 가장 유명한 결론 중 하나에 도달한다. 〈한 번 정키는 영원한 정키이다.〉[36]

오피오이드가 이를테면 코카인과 달리 유일하게 중독성이 있다는 것이 버로스의 요지였다. 〈C에 대해서는 내성이 없다……. 1회분을 맞으면 곧 절박하게 한 대 더 맞아 절정의 황홀감을 유지하고 싶은 욕구가 인다. 그러나 C가 몸에서 빠져나가면 곧 잊게 된다. C에는 습관성이 없다.〉[37]

버로스는 코카인과 여타 각성제의 문제를 〈정신적인 중독〉일 뿐이라고 치부한 당대의 최고 연구자들이 지닌 편견을 따르고 있었다. 예를 들면, 두 명의 선도적인 과학자는 〈사용을 중단했을 때 금단 증상이 없다면 그 약물이 진정한 중독을 낳는다고 생각하기 어렵다〉고 썼으며,[38] 로런스 콜브 자신도 유력한 논문에서 각성제는 진정한 중독성이 없다고 주장했다.[39] 좋은 약물과 나쁜 약물에 관한 지배적인 가정은 중독을 생물학을 토대로 협소하게 설명하는 방식에 쉽게 반영되었다.

엄청난 규모의 나르코에 자그마한 연구실이 하나 처박혀 있었다. 온전히 중독만 연구한 세계 유일의 연구실이었다.[40] 나르코가 개원했을 때, 중독의 생물학적 원인을 밝히려는 오랜 세월 동안의 시도는 실패로 돌아갔다. 세척하고 하제를 쓰고 구토하게 하는 온갖 특허 치료법과 주사제도 헛수고였을 뿐이다. 그랬는데도 나르코의 과학적 프로그램은 환원론적 이상에 입각하여 수립되었다. 의회가 직접 중독의 과학적 치료법을 찾아내는 임무를 맡겼기 때문이다.[41] 구체적으로 말하자면 〈중독성 없는〉 진통제의 확보라는 그 첫 번째 목적은 기존의 법질서 유지라는 접근방식의 필연적인 귀결이었다. 진통 효과는 그대로이지만 도취나 중독의 성향은 없는 약물이 있어서 헤로인이나 모르핀을 대체할 수 있다면, 법의 집행으로 위험한 오피오이드를 완전히 근절할 수 있지 않겠냐는 것이었다.[42] 그러나 약물의 〈중독성〉을 평가하는 것은 고사하고 정의하는 것조차 어려웠다. 어떻게 정의할 수 있겠는가?

신경 과학은 순조롭게 발전하고 있었다. 20세기 초 몇십 년간 그 분야는 1906년 카밀로 골지Camillo Golgi와 산티아고 라몬 이 카할 Santiago Ramon y Cajal이 신경계의 기본적인 세포 구조를 해명한 공로로 노벨상을 수상한 것을 시작으로 대단한 진전을 이루었다. 후속 연구는 신경 자극이 세포를 따라 이동하는 작동의 구조와 두뇌의 다른 기계적 작용을 밝혀냈다.[43] 신경계의 차원에서 세계 유수의 두뇌 영상 과학자들이 뇌파 검사EEG 방법을 개발했고(두피 표면에 전극을 부착하여 두뇌의 무수히 많은 전기적 활동을 기록한다), 나르코는 〈그 중독자들의 두뇌에서 무슨 일이 일어나고 있는지 알아내기 위해〉 초기 뇌파 검사 학자 한 사람을 데려왔다.[44] 그러나 1930년대에 쓸 수 있는 초보적인 수단은 만족스러운 답변을 얻기에는 충분하지 않았고, 그래서 연구자들은 다른 방법론에 눈을 돌렸다. 행동주의라는 새로운 심리학 분야이다.

〈심리학은 먼저 그 영혼을 잃었다. 그다음 정신을 잃었다. 그다음 의식을 잃었다. 그러나 일종의 행동은 남아 있다.〉[45] 1921년에 쓰인 이 말은 윌리엄 제임스의 인간주의적 심리학으로부터 행동주의로의 이행을 알린다. 주관성이라는 심리학의 전통을 철저하게 거부한 것이다.[46] 존 B. 왓슨John B. Watson 같은 행동주의 심리학자들은 인간을 단순한 기계적 법칙을 따르는, 겉으로 관찰할 수 있는 자극과 반응으로 환원시킬 〈과학적 심리학〉을 약속했다. 행동주의 심리학은 20세기 초에 엄청난 인기를 끌었고, 지금도 특정한 기조의 심리학 연구에 강한 영향력을 행사한다. 특히 오랫동안 습관적인 약물 사용을 결정한 자극과 반응, 보상의 정확한 작용 구조를 추구한 중독 연구에서 영향력이 크다.[47]

나르코 연구실의 과학자들은 복잡한 현상을 행동주의에 입각하여 간단하게 평가할 필요가 있었다. 약물이 왜 그렇게 중독성을 띠는지 설명할 방법이었다. 그들은 〈오피오이드 금단 증상〉(발한, 갈구, 전반적으로 심한 불안 등 〈콜드 터키cold turkey〉의 경험)*이 약물의 중독성을 보여 주는 최고의 과학적 표지이며, 〈중독의 필수 조건〉이라고 빠르게 결론을 내렸다.[48] 나르코의 첫 번째 실험실 책임자는 이렇게 썼다. 〈나는 곧 이것이 모든 일이 거의 시계처럼 정확하게 일어나는 매우, 매우 신뢰할 만한 성격의 질병이라는 생각이 들었다.〉[49]

나르코의 환자들은 공짜로 약물을 주겠다는 약속에 연구에 참여했다. 그들은 연구 중에 약물을 투여받았을 뿐만 아니라 실험 막바지에는 모르핀을 추가로 지급받았다. 오늘날의 윤리학자들을 질리게 할 일련의 실험에서, 연구자들은 환자에게 내성이 생길 때까지 오피오이

---

* 담배나 약물 사용을 급하게 중단하면 냉장고에 칠면조를 집어넣었을 때처럼 피부에 소름이 돋는다는 의미로 만들어진 용어이다.

드를 주었고 이후 약물을 중단했을 뿐만 아니라 나중에는 오피오이드 차단 약물을 투약하여 그들을 금단 현상에 몰아넣었다.[50] 환자들이 괴로워 불평을 해대자, 연구자들은 클립보드를 들고 서서 심박수와 하품, 발한, 근수축, 소름, 설사, 심지어 자연스러운 오르가슴까지 약물 사용과 금단 현상의 모든 객관적 징후를 충실하게 기록했다. 통증과 괴로움을 측정하기 위해 과학자들은 뜨겁게 달군 금속을 실험 대상의 피부에 얹거나 그들의 이에 전기 충격을 가하고 아픈 정도를 수치로 말해 달라고 요청했다.

이 소름끼치는 실험의 결과는 몇 가지 점에서 유용했다. 오피오이드 금단 현상이 정말로 신체적인 현상임을 분명하게 밝혔기 때문이다. 1940년대에 들어선 후로도 사람들은 여전히 오피오이드 금단 현상이 심인성인지(머릿속에서만 느끼는 것인지) 아닌지 논쟁하고 있었다. 그러나 많은 임상 의사와 비전문가 평자가 똑같이 나르코가 공식화한〈오피오이드 금단 증후군〉을 너무 과하게 받아들였고 신체적 의존 상태를 중독과 동일시했다.[51] 그렇게 하고는 끝이었다. 이러한 설명에서는 내성과 금단 증상만 있어도 이는 곧 중독의 존재를 입증한다. 그 이상은 없었다. 복잡하고 다면적인 중독의 경험은 주체성을 모조리 빼앗긴 채 인체의 결정론적 동력학으로 축소되었다.

모든 중독 행위를 내성과 금단 증상으로만 설명하는 것은 지나치게 환원론적이다. 금단 증상은 지극히 불편할 수 있다. 나아가 중요한 재발의 위험 인자이다. 그러나 많은 인자 중 하나일 뿐이다. 대다수 사람이 중독을 극복하는 데에는 단지 해독만 필요한 것은 아니다. 실제로 해독만 하고 차후 치료를 받지 않으면 약물을 계속 사용할 때보다도 과다 복용 사망의 위험성이 더 커진다.[52] 〈신체적〉 중독과〈심리적〉 중독의 구분은 현실을 오도한다.[53] 그러한 생각이 오랫동안 이른바 심리학적 중독은 〈진짜〉 중독이 아니라고 암시하는 데 쓰였기 때문이다. 그러한 암시는 종종 시장의 이해관계자와 권력자에게 이익이 되었다.

그럼에도 1950년대와 1960년대에 연구자들과 형법 제도, 일반 대중은 중독을 규정하는 특성으로서 내성과 금단 증상이라는 관념을 빠르게 붙잡았다. 경찰은 약물 사용 혐의로 체포된 사람들에게 오피오이드 차단 약물 날린Nalline을 주사하여 〈반응 유도〉를 살폈다.[54] 그들에게서 금단 증상이 나타나면, 그것은 곧 중독되었다는 뜻이었다. 이후 몇십 년 동안, 최소한 1970년대에 들어설 때까지, 연구와 임상은 이러한 체제에 짓눌렸다. 비교적 최근인 1976년에 미국 중독 의학회는 알코올 중독의 특징을 〈내성과 신체적 의존 상태 또는 기관의 병적 변화, 아니면 둘 다〉라고 정의했다.[55]

버로스의 반문화부터 나르코의 실험실까지, 오피오이드는 중독의 전형이었고, 오피오이드 사용의 신체적 특성이 중독에 관해 과학적으로 의미 있는 것을 모조리 보여 준다는 가정을 낳았다. 이는 위험스러운 가정이다. 임상 의사와 정책 입안자, 일반 대중으로 하여금 다른 물질의 진짜 해악을 보지 못하게 만들기 때문이다. 이러한 편협함은 최근의 코카인 역사를 고려하면 심히 근시안적이다.

1884년 4월, 지그문트 프로이트는 아직 하급 신경해부학자로서 빈에서 바닷가재의 신경 세포를 연구하며 학계의 출세 사다리를 오르려 애쓰는 중이었다. 그때 그는 새로운 〈마법의 물질〉을 우연히 발견했다. 코카인이다. 그는 코카인을 마음대로 복용하여 저술의 동력으로 삼았지만, 더 중요한 것은 그가 코카인으로 가까운 친구 에른스트 폰 플라이슐마르크소Ernst von Fleischl-Marxow의 모르핀 중독을 치료하려 했다는 사실이다. 플라이슐마르크소는 코카인을 매우 좋아했고, 몇 년 만에 처음으로 모르핀 양을 줄일 수 있음을 확인하고는 프로이트에게 최대한 빨리 이를 알리라고 강력히 권했다.[56] 프로이트는 재빨리 「코카인에 관하여Über Coca」를 발표했다. 그의 첫 번째 중요한 과학 논문으로 코카인의 역사와 약학, 동물 연구, 인체에 미치는 효과를 대담하게 설명했다.

「코카인에 관하여」는 대체로 명쾌하고 잘 읽히지만 마지막 부분에 가서 궤도를 이탈한다. 코카인을 소화 불량, 천식, 성교 능력 상실, 히스테리, 건강 염려증, 우울증의 치료법으로, 그리고 당연히 모르핀 중독의 〈치료〉에 써야 한다고 제안한 것이다. 프로이트는 독일어권 의학계로부터 중독의 위험성을 순진하게 생각한다고 비난을 받았다. (저명한 독일 의사 프리드리히 엘렌마이어Friedrich Erlenmeyer는 코카인으로 모르핀 중독을 치료하려는 것은 바알제붑*으로 사탄을 쫓아내려는 것과 같다고 말했다.)[57] 아니나 다를까 플라이슐마르크소는 딱 석 달만에 지독한 코카인 중독에 빠졌다. 한 번에 1그램 이상을 복용했는데, 이에 종종 얼굴이 벌겋게 변한 채 정신 이상을 보이고 환각을 일으켰다. 게다가 그는 다시 고용량의 모르핀을 맞았다. 세계 최초의 〈스피드볼〉** 중 하나였을 것이다. 그는 그렇게 7년 동안 고문을 당하다가 1891년 마흔다섯 살의 나이로 사망했다. 죄책감을 느낀 프로이트는 남은 생애 동안 서재 벽에 죽은 친구의 사진을 걸어 놓았다.[58] 그 옆에는 마케도니아의 알렉산드로스 대왕의 초상과 플라이슐마르크소가 그에게 준 성 아우구스티누스의 금언이 붙어 있었다. 〈의심이 들거든 그만두라.〉

이후 유럽과 미국에서 의사들은 코카인이 마법의 약이 아니라

---

* Beelzebub. 필리스틴 사람들의 신이자, 기독교에서는 사탄의 다른 이름이다.
** speedball. 각성제와 오피오이드를 혼합한 다중 마약.

심각한 중독 가능성이 있는 약이라는 사실을 거듭 깨달았다. 그러나 코카인은 여러 해 동안 계속해서 치료약으로 쓰였고, 프로이트의 이야기는 어떤 물질을 치료약으로 규정하면 어떻게 그것이 근거도 없이 검증을 면하고 그 해악이 모호해지는지를 보여 주는 사례가 되었다. 프로이트 자신도 1890년대 내내 코카인을 과하게 복용했는데, 그것이 극심한 두통과 〈난서증(亂書症)〉(글씨를 쓰지 못하는 증상)을 치료해 준다고 스스로에게 변명했다. 프로이트는 친구 빌헬름 플리스 Wilhelm Fliess에게 보낸 편지에서 투여량을 통제하느라 애쓰고 있다며 이렇게 고백했다. 〈코카인이 많이 필요해……. 고통은 거의 내내 초인적인 수준이야.〉[59]

나는 수련 팀장의 약간의 개입 이후 더 조심하려고 노력했다. 실제로 일찍 잤고 한동안은 술을 줄였다. 그러나 무엇을 해야 할지 확신하지 못했다. 음주는 나의 정체성에서 핵심적인 부분이 되었다. 술은 나의 일상에 규칙적으로 나타나는 하나의 구조였으며 나의 정신 상태를 예측할 수 있게 했다.

공허함을 채우기 위해 나는 연구 프로젝트를 끌어모았고 약속을 남발했다. 술 대신 학계에서의 성공에 중독될 수 있다고 판단한 것이다. 한편 나는 돈 때문에 걱정이 생겼다. 맨해튼의 멋진 웨스트 빌리지에 사느라 돈이 거덜 났다. 그래서 시간제로 잡지 기사를 편집하는 일을 했다. 나는 새벽 5시에 일어나 글을 쓰고 낮에 간신히 환자를 보았지만, 그렇다고 마음속의 목소리가 잠잠해지지는 않았다. 충분하지 않다는 느낌을 지울 수 없었다. 나는 존경받는 학자가 되는 길에 있지 않았다. 파산했고, 생명 윤리에 관한 모호한 논문을 쓰고 있었고, 레지던트 과정에서 겨우 살아남았다. 열심히 노력하면 할수록, 더 부족한 것 같았다. 나는 더 열심히 일해서 더 나은 사람이 되고 특별해질 방법을 찾아야 했다.

내가 근근이 버티기 위해 애더럴을 더 많이 쓰기 시작한 것이 바로 그즈음이었다. 내 안의 일부는 내가 건강에 해로울 정도로 바쁘게 지내고 있음을 알았고, 벌여 놓은 일을 처리하느라 암페타민을 때려 넣고 부지런히 일하지는 말아야 한다는 것을 깨달았지만, 나는 그 약을 용법대로 사용했고, 처방약은 결코 쉽게 떨어지지 않았다. 그래서 스스로 그것은 정말로 아무런 문제가 아니라고 생각했다.

서서히 다시 술을 마셨다. 그런데 애더럴이 음주 관리에 도움이 된다는 점을 알게 되었다. 주중에 밖에 나가 술을 마셨을 때, 이튿날 아침 애더럴 한 알이면 음주의 여파가 한풀 꺾이고 둔화된 정신 기능이 어느 정도 돌아왔다. 나는 깨어 있다가 한 알 먹고 잠깐 잤다가 다시 계속 깨어 있었다. 저녁이 되어 서서히 늘어질 때 한 알 더 먹으면 정신이 바짝 들었다. 참으로 고통스러운 조정이었다.

그래도 그해 가을 방학이 올 때까지 레지던트 과정을 그럭저럭 버티는 데 성공했다. 좀처럼 찾아오지 않는 2주간의 소중한 휴식이었다. 나는 동해안을 따라 내려가 친구들을 보려고 했다. (나는 그 휴가에 미리 〈코가 비뚤어지게 마실 11월〉이라는 이름을 붙여 주었는데, 이는 내가 나의 문제를 얼마나 자각하지 못했는지를 말해 준다.) 나는 각성제와 술 사이에서 조화를 꾀하는 데에도 동일한 기계론적 논리를 적용했다. 여기저기서 애더럴을 약간 복용하며 파티를 계속했고, 너무 빠르다는 느낌이 들면 몇 알 더 집어삼켰다. 델라웨어에 도착했을 때 나는 완전히 엉망이 되고 있었다. 나의 몸은 신체적 증거를 축적했고, 이는 점점 더 부정하기 어려워졌다. 주변에 아무도 없는 가운데 홀로 뜨거운 물이 가득한 욕조에서 정신을 잃었고, 수영장에서 열쇠를 잃어버렸다고 생각하고는 거대한 수영장에 거듭 뛰어들어 하얀색 열쇠를 찾겠다고 흰 바닥을 더듬었고, 얼굴을 하도 긁어 코에 쓸린 상처에서 진물이 났다. 결국 열쇠를 하나 찾았고, 여러 통로에서 모든 문에 다 꽂아 본 뒤 어느 방에 들어갔다. 고맙게도 아무도 없었다. 그 후 노스캐롤라이나에서는 언제 어디서 그랬는지 모르지만 등에 깊은 상처가 있음을 발견했다. 나는 일에 집중하려고 애더럴을 처방받았지만 더는 그 목적에 쓰지 않았다. 그런데도 여전히 하루에 한두 알 복용하고 있었다. 내 생각은 적어도 이랬다. 〈이제 더는 꼼꼼히 확인하지 않고 있어.〉 그래서 이렇게 생각했다. 〈얼마나 나쁠까?〉

한 주 넘게 파티를 하고 잠은 정말로 적게 잤는데도, 아침 6시면 저절로 잠에서 깼고 힘도 넘쳤다. 나는 여유가 없는데도 즉흥적으로 노스캐롤라이나에서 뉴욕으로 돌아가는 당일 비행기 표를 구매했다. 내 안의 신중한 자아는 무엇인가 잘못되었음을 깨달았다. 나는 너무나 충동적이었고 지나치게 흥분해 있었다. 그러나 그 자아는 서서히 물러났고, 다른 자아는 내가 정신적으로 각성하고 있다고 판단했다. 덜거덕거리는 지하철 E 선을 타고 라과르디아 공항에서 시내로 들어가는 길에, 나는 자애로운 시선으로 객차를 둘러보다가 어떤 초라한 차림의 여자를 보고 괴상야릇하게 환한 미소를 지었다.

1940년대 중반 앨런 긴즈버그Allen Ginsberg는 버로스를 조앤 볼머Joan Vollmer와 짝을 지어 주었다. 조앤 볼머는 그리니치 빌리지 시절부터 알고 지낸, 세상 물정에 밝은 총명한 비트Beat족 작가로 버로스의 아내가 되었다. 볼머의 약물 취향은 다른 방향으로 흘렀다. 그녀는 암페타민을 더 좋아했다. 잭 케루악이 알려 준 것인데, 그 시절에는 벤제드린Benzedrine처럼 의사의 처방 없이도 쉽게 구할 수 있었다. 1946년 그녀는 벨뷰 병원 최초의 여자 암페타민 정신병 환자라는 달갑지 않은 명성을 얻었다.[60] 핵실험에 관한 망상과 벌레가 피부를 뚫고 들어간다는 망상에 시달리며 온몸이 종기로 뒤덮인 채 병원에 들어왔다. 딱 1년 뒤, 두 사람은 버로스의 마약 혐의를 피하려고 어린 아들 빌리 주니어를 데리고 텍사스로 도피했다.[61] 그곳을 찾아간 방문객들이 보니, 아직 유아였던 빌리가 벌거벗은 채 마룻바닥에 똥을 싸고 있는데, 볼머는 왼팔 팔꿈치 안쪽을 강박적으로 물어뜯으며 작은 도마뱀을 찾으려고 나무를 뒤지고 있었다. 버로스가 헤로인과 씨름하고 있는 동안(그들은 곧 마약 혐의를 피하기 위해 다시 나라를 완전히 떠나야 했다), 볼머는 좋아하는 약물을 얻으려고 휴스턴의 한 약국으로 차를 몰아야 했다.

두 사람이 몇십 년 동안 암페타민 같은 각성제에 열광하고 있을 때, 전체적으로 미국은 새로운 조제약pharmaceuticals의 매력에 빠져 있었다. 20세기 중반의 꽤 긴 시간 동안, 그리고 어떤 면에서는 지금까지도 새로운 처방약이 연이어 대중에게 안전한 것으로 판매되었으나 곧 부작용이 드러났다. 그동안 내내 이 나라는 명백한 위험성을 보지 못했다. 이러한 맹점은 한편으로는 오피오이드 중독의 〈정키〉 패러다임에 관한 선입견이 초래한 결과였고, 다른 한편으로는 의도적인 치밀한 판매 전략의 효과였으며, 또 다른 한편으로는 사회가 새로운 합성물에 마음이 끌릴 때 거듭 나타나는 〈허니문〉 기간 때문이었다. 그러나 더 근본적인 차원에서 보면 이러한 태도는 좋은 약물과 나쁜 약물을 구분하는 깊은 인식상의 차이가 가져온 해로운 결과였다.

코카인의 허니문 기간이 막 끝나기는 했지만, 새로운 각성제들이 나타나 곧 그 자리를 대신했다. 역사가 니컬러스 라스무센Nicolas Rasmussen이 일급의 역사책 『각성제에 관하여 On Speed: The Many Lives of

Amphetamine』에서 이를 폭넓게 다루었다. 1920년대에 잠시 에페드린 ephedrine과 아드레날린adrenaline 같은 정제된 호르몬제에 대한 광풍이 불었는데, 진정한 발견의 순간은 1929년에 찾아왔다. 고든 앨리스 Gordon Alles라는 젊은 화학자가 화학적으로 연결된 일련의 새로운 합성 분자를 자신의 몸에 실험했다. 이윽고 앨리스는 우연히 자신의 혈압 을 올리고 코를 시원하게 뚫어 주며 〈약간의 잠 없는 밤〉을 초래한 신 비로운 분자를 찾게 되었다.[62] 그가 발견한 것이 암페타민이었다. 암 페타민은 곧 제약 회사 스미스, 클라인 앤드 프렌치Smith, Kline & French, SKF가 도입하여 성공을 거두었다. 처음에는 울혈용 벤제드린 흡입제 로, 나중에는 우울증과 알코올 중독, 음식 조절과 체중 조절을 포함한 일련의 치료법에 정제 형태로 쓰였다.

초기의 몇몇 평자는 암페타민 사용의 중독 위험성에 주의를 환 기시키려 했다. 1938년 초, 『미국 의사 협회보*Journal of the American Medical Association*』에 실린 논문은 암페타민을 다이어트 목적으로 사용하면 위 험하다고 경고하여 큰 주목을 받았다. 환자가 약을 끊는 데 어려움이 있으리라는 것이 이유였다. 다른 보고서는 암페타민이 알코올 중독을 〈효과적으로〉 치료했으나 환자에게 새로운 중독 약물이 되었다고 설 명했다. 벤제드린 흡입제가 비의료용으로 쓰인다는 보고가 늘어났다. 사람들은 벤제드린 흡입제를 의사의 처방 없이 구입할 수 있어서 취 할 때까지 많은 양을 빨아들였다. 그 시절에 유명한 재즈 색소폰 연주 자 찰리 파커Charlie Parker는 헤로인을 집어 들기 전에 벤제드린 흡입제 를 심하게 썼다. 어느 목격자에 따르면, 밤에 음악을 연주하고 나면 흰 색의 텅 빈 플라스틱 흡입기가 바닥에 눈처럼 쌓였다.[63]

그렇지만 그동안 내내 의료계는 중독 패러다임으로 여전히 오피 오이드에 집착하고 있었다. 로런스 콜브가 직접 넌지시 밝혔듯이, 각성제는 〈정신적인 중독을 일으킬〉 뿐이었다.[64] 그래서 각성제 판매는 억제되지 않고 오히려 늘어났다. 그리고 가장 큰 촉진 요인이 생겼다. 제2차 세계 대전이다.

약물 사용은 수백 년 동안 전쟁과 밀접한 연관이 있었다.[65] 메소포타미아의 전사들은 배급 식량으로 맥주를 받았고, 고대 그리스인들은 포도주를 전사의 음료로 삼았으며, 벤저민 러시는 병사들이 받은 럼주가 너무 많다고 탄식했고, 19세기 말 바이에른 군인들은 순수한 코카인을 지급받았다. 그러나 제2차 세계 대전은 **합성** 약물이 처음으로 널리 쓰인 전쟁이었다.[66] 합성 약물은 거의 비행기나 군함과 같은 규모로 대량으로 생산되었다. 먼저 독일이 전격전 전술을 추동하고 급강하폭격기 슈투카의 조종사가 의식을 잃지 않고 3천 미터가 넘는 강하를 견딜 수 있도록 돕고자 암페타민을 사용했다. 독일군은 전격전이 절정에 도달한 석 달 동안 메스암페타민 3500만 정을 소비했다.[67] 남부 잉글랜드 벌판에 추락한 독일군 비행기의 잔해에서 메스암페타민 정제가 발견되자, 연합군은 곧바로 각성제를 도입했다. 곧이어 미국 육군이 암페타민을 전투 구급함에 기본 약으로 집어넣었다. 일부 병사들은 환각을 일으키고 보이지 않는 적과 싸웠다.[68] 미군 병사들은 이 새로운 약물에 깊이 빠진 상태로 귀국하여 에너지와 원기, 활력을 이상화한 전후 시대 문화를 낳았다. 1940년대 은어로 〈펩pep〉이라는 것이다.

이상하게도 미국인들은 그 전쟁 양편의 어느 나라 군대보다 훨씬 더 높은 수준으로 암페타민을 사용했다. 독일군과 영국군이 한참 더 일찍 중독의 위험성을 인식했다.[69] 독일군은 일찍이 1941년 중반에 암페타민을 특별 처방 약품으로 관리했고 중독의 위험성이 크다고 엄하게 경고했으며, 영국군은 그 직후 비슷한 통제에 들어갔다. 그렇지

우울증 치료를 위한 암페타민 벤제드린 광고, 1945년.

만 미국인들에게서는 그러한 조심성을 볼 수 없었다. 미국 특유의 마케팅과 소비자 주권 운동에 대한 열의, 그리고 그것이 중독 개념에 미친 영향이 그 이유 중 하나이다.

스미스, 클라인 앤드 프렌치는 중독과 암페타민에 관한 경고가 나올 때부터 광고와 마케팅에 더 심혈을 기울여 그러한 염려를 불식시키려 했다. 마치 그 회사는 처방약 유행병을 일으키는 방법을 가르치는 교본을 작성하는 것 같았다. 첫째, 공격적인 광고를 통해 소비자

기반을 확대하라. (스미스, 클라인 앤드 프렌치는 벤제드린을 일반의가 우울증과 통증, 알코올 중독, 비만을 치료할 수 있는 손쉬운 방법이라고 광고하여 벤제드린 광증을 촉발했다.) 둘째, 감독 기관과 사회가 걱정하기 시작하면, 일견 남용을 억제할 것 같은 공식을 만들어 그들을 진정시켜라. (스미스, 클라인 앤드 프렌치는 벤제드린 흡입제에 염료와 얼얼한 캡사이신을 첨가했다. 이는 비의료용 사용을 중단시키지 못했지만 입법자들이 더는 그들을 괴롭히지 않게 하는 데는 도움이 되었다.) 셋째, 이것이 가장 중요한데, 과학자들과 임상 의사들에게 돈을 주어 당신의 약물이 정말로 중독성이 있는 것은 아니라고 주장하게 하라. (퍼듀 파마로부터 돈을 받은 의사들은 이른바 각성제 중독이라는 것은 무엇이든 〈약물 자체의 약리 작용〉 때문이 아니라 사용자 개인의 심리의 잘못이라고 주장했다.)[70] 그들은 중독은 신체적 의존 상태라는 기존의 모델을 사용하여 약물이 금단 현상을 일으키지 않으므로 정말로 중독성이 있지는 않다고 주장했다. 그 결과로 벤제드린은 막대한 돈을 벌어들인 최초의 블록버스터 약물이 되었다.

곧 더 많은 블록버스터가 나타나 대성공을 거둔다. 전후 시대는 미국에는 풍요의 시대였다.[71] 중간 계급이 교외로 쏟아져 나와 식기세척기와 라디오, 텔레비전, 기타 새로 쌓은 부의 온갖 장식물로 집안을 가득 채웠다. 소비자 지출이 시민으로서 당연한 행위로 인식되면서, 처방약도 소비재라는 틀에 들어갔다. 제약 회사는 의사의 진료실에 〈영업사원detail man〉을 무더기로 집어넣었다. 1950년대가 되면 의사 진찰이 처방전으로 이어지는 경우는 95퍼센트나 되었고, 전체 약 판매는 불과 20년 만에 3억 달러에서 23억 달러로 치솟았다.[72] 이러한 상황 전개가 퍼듀 파마 제국의 토대를 놓았다. 옥시콘틴이 출시되기 한참 전인 1960년대에 아서 새클러는 새로 나온 〈약한 진정제〉 리브리움Librium과 발륨Valium(훗날의 자낙스 같은 벤조디아제핀)의 마케팅을 극한까지 밀어붙였다. 새클러는 회사에 우호적인 목소리를 내는 연구자들에게 엄청난 돈을 뿌리는 대단한 혁신의 선구자였다.[73] 그로써 연구 결과를 왜곡하여 마케팅 목적에 쓰고, 대표적인 간행물의 발간과 겉보기에 독립적인 이익 단체에 자금을 제공했다.

제약 회사의 마케팅 전략은 특히 정신 의학 분야에서 오늘날의 지배적인 의료 관행에 직통으로 이어지는 길을 제시한다. 약물을 통한 치료를 과도하게 우선시하는 것이다. 약물 치료는 실체를 느낄 수 있고 효과가 있으며 알기 쉽다. 제어하기 어려운 신체를 조심스럽게 적정 수준에 맞추어 통제하겠다고 약속한다. 중독을 포함하여 약물의 극심한 해악은 거의 언제나 합법적인 제품이 일으킨다는 사실을 잊은 채 거듭해서 그리고 선택적으로 기억 상실에 빠진다. 19세기에는 모르핀과 코카인, 20세기 중반에는 각성제와 진정제, 그리고 술과 담배는 때를 가리지 않고 언제나 그러했다.

암페타민이 엄격한 통제를 피한 것은 한편으로는 오피오이드와 너무 달랐기 때문이지만(중독의 필수 조건으로서의 금단 증상에 대한 과도한 환원론적 집착을 피했다), 그러한 구분은 오도되었을망정 최소한 근거는 있다. 세월이 흐르면서, 그리고 중독 공급 산업의 비대칭적 힘이 계속 작용하여 좋은 약물과 나쁜 약물, 중독성 있는 약물과 양성 약물 간의 차이를 벌리면서, 그러한 정당화는 거의 불합리해지고 위험해졌다.

1951년 여름, 중년의 의사가 중독 치료차 나르코에 왔다. 처음에 그는 괜찮아 보였다. 그는 코데인codeine 복용량을 이미 조금씩 줄이고 있다고 말했다. 그러나 입소한 지 겨우 한 시간이 지났을 때 그는 구토

를 하고 땀에 흠뻑 젖었다. 얼마 있지 않아 그는 환각을 보았고, 심장
이 두근거렸으며, 혈압이 불안정했고, 체온이 41.5도까지 치솟았다.
놀라서 말문이 막힌 의사들은 찜질포, 에페드린, 인슐린, 페니실린, 진
정제 등 비치된 것을 있는 대로 다 그에게 쓰고 주사했지만, 어느 것도
효과가 오래가지 않았다. 잠 못 이루는 지옥 같은 엿새가 지난 뒤 그
는 사망했다. 얼핏 보기에 심장마비였다. 나중에 가서야 그 의사의 아
내가 진료팀에 내막을 밝혔다. 사실 그는 세코바르비탈secobarbital(세코
날)에 중독되었고 강력한 바르비투르산염 캡슐을 하루에 쉰 개나 삼
키고 있었다는 것이다.[74]

바르비투르산염은 당대의 다른 블록버스터 약물로 W. H. 오든
W. H. Auden의 이른바 〈불안의 시대〉를 겨냥한 듯한 강력한 진정제였다.
냉전, 핵폭탄의 공포, 정신 분석의 유행이 전부 걱정의 인식을 일종의
현상으로 만들었다. 그 무렵의 어느 연구에 따르면, 도시 거주자의 절
반이 임상적으로 심각한 불안을 느꼈다.[75] 그러한 환경에서 바르비투
르산염은 과다 복용하면 사망의 위험성이 높은 약물의 하나였는데도
엄청난 인기를 끌었다. 1940년대 말 바르비투르산염은 일인당 연간
24회 복용량에 해당할 정도로 충분히 제조되어 판매되었다.[76] 의학
저널과 대중 언론에 바르비투르산염 중독을 우려하는 글이 간간이 실
렸지만, 그것이 기본적으로 부유한 백인 소비자가 습득할 수 있는 약
이었기 때문에, 대다수 연구자와 단속원은 바르비투르산염 문제를 진
짜 중독이라기보다는 〈습관적 복용〉 정도로 간단히 처리했다.[77]

그러므로 바르비투르산염은 오랫동안 규제를 더 강화하려는 시
도에서 피해 갔다. 이는 특히 오피오이드 금단 증상이라는 중독 모델
에 비추어 볼 때 좋은 약물/나쁜 약물 구분의 부조리를 보여 주는 현
저한 사례였다. 오피오이드처럼 바르비투르산염도 명백한 신체적 내

성과 금단 증상을 유발하지만, 오피오이드보다 훨씬 더 나쁜 것은 나르코의 그 의사 환자가 증명했듯이 금단 증상이 치명적일 수 있다는 사실이다. 몇몇 과학자는 이미 이 사실과 관련하여 경각심을 높이고 바르비투르산염의 중독 위험성을 강조하려 했다. 나르코의 의료진은 그 의사의 진짜 사망 원인을 놓쳤지만, 당시 나르코 연구실 책임자였던 해리스 이스벨Harris Isbell은 한 해 전에 이미 바르비투르산염 중독에 관한 논문을 발표했는데, 그 첫 문장에서 이렇게 주장했다. 〈바르비투르산염에 장기적으로 취해 있다면 이는 중독을 어떻게 정의하든 상관없이 진정한 중독을 대표한다.〉 따라서 일부 개혁가는 바르비투르산염을 더 강하게 통제하라고 요구했고(이를테면 바르비투르산염을 모르핀과 같은 범주에 넣었다), 1955년 의회는 그 문제에 관해 대규모 청문회를 열었다. 상원 의원들 앞에서 바르비투르산염 금단 증상으로 정신 이상과 폭력에 빠진 나르코 환자들을 보여 주는 불쾌한 영화를 틀어 주었다. 공중 보건국 사관단PHSCC 부단장은 바르비투르산염 중독이 〈마약〉 중독보다 더 나쁘고 치료하기 더 어렵다고 공식적으로 발표하여 이스벨의 견해를 되풀이했다.

그런데도 의회는 중대한 조치를 취하지 않았다. 그 이유는 규제에 반대할 법하지 않은 인물인 해리 앤슬링어의 발언에서 찾아볼 수 있다. 앤슬링어는 일반적으로 엄격한 약물 통제의 입법에 찬성했지만, 이 경우에 그는 바르비투르산염을 규제하면 불안할 때 그 약물을 복용하는 모든 사람, 즉 중간 계급 백인이 고생스러울 것이라고 말했다.[78] 이 점에서 그가 제약 회사들의 지원을 받았다는 사실도 언급할 필요가 있다.[79] 거의 모든 의료 산업과 제약 산업의 협회가 의회가 바르비투르산염 규제에 관심을 갖는 데 반대했기 때문이다. 결국 날카롭지 못한 〈중독〉 개념이 널리 퍼졌다. 중독은 〈정키〉를, 일반적으로는 잘못된 부류의 사람들을 지칭하는 용어였다. 그러므로 조제약의 문제는 근본적으로 달라야만 했다.

이 시점까지 좋은 약물 대 나쁜 약물이라는 불평등한 분리 체제는 너무도 깊이 뿌리를 내려 극복할 수 없었다. 〈조제약〉으로 여겨진 몇몇 약물은 치료 효과가 있는 좋은 약으로 취급받았고, 그 잠재적 위험성은 무시되었다. 다른 약물은 그저 〈약물drugs〉이었고(이 경우에 그 용어는 주로 오피오이드와 코카인, 대마초를 의미했다), 마치 전체적으로 중독성이 있는 것처럼 여겨졌다. 따라서 금지해야 했다. 역사가 데이비드 허츠버그David Herzberg는 이러한 추론 방식을 문제가 있는 〈치료받을 권리therapeutic entitlement〉의 사례라고 불렀다. 20세기 초 인종주의적 공포 때문에 중독성 있는 약물과 치료 효과가 있는 약이라는 그릇된 이분법이, 즉 해리슨 법으로 공식화한 구분이 강화되었다. 간단히 〈약물〉이라고 부른 한 가지 범주의 물질들은 금지된 반면, 〈조제약〉이라고 부른 다른 물질의 통제된 시장은 중간 계급 백인이 우선적으로 습득할 수 있는 사회적 권리로서 계속 허용되었다.[80] 그러나 이는 양날의 검이었다. 그 구분선의 양편에 있는 자들 모두에게 큰 해를 유발할 수 있었다. 한편에서는 효과 없는 파괴적인 약물 퇴치 전쟁이 벌어졌고, 다른 한편에서는 느슨한 조제약 규제가 있었다. 실제의 해악에 집중하는 합리적인 약물 정책이라면 과도하게 단순화한 양극단 사이에서 균형을 잡을 것이다. 얄궂게도 앤슬링어의 연방 마약국은 20세기 중반 내내 백인 시장에서 합법적인 오피오이드 사용을 억제하고 판매를 비교적 안정된 수준으로 유지하는 꽤나 좋은 일을 했지만, 그 공간에 우리의 자리는 거의 없었고 우리는 그곳에 오래 머물지도 않았다.

그 대신 오늘날까지 약물 정책에 대한 우리의 모순된 반응은 중독에 대한 여러 가지 왜곡된 이해가 반영된 것이다. 어떤 물질은 불법이고, 다른 물질은 용인되며, 술과 담배는 아예 약물로 취급되지도 않는다. 허츠버그의 주장에 따르면, 이러한 척도에 따라 21세기 초 많은 사람의 투옥과 오피오이드 위기는 동전의 양면일 뿐이었다.[81] 체제는 정확히 계획대로 움직여, 한편에서는 조제약 습득을 권리로 유지했고 다른 한편에서는 약물 범죄를 소수 집단을 통제하는 방법으로 썼다.

1955년 시카고의 어느 으스스한 겨울날, 위대한 재즈 색소폰 연주자 소니 롤린스Sonny Rollins가 시카고에서 렉싱턴으로 가는 열차에 올라타 나르코에 입소했다. 많은 젊은 음악가처럼 그도 처음에는 자신의 우상인 찰리 〈버드〉 파커를 모방하려고 헤로인에 손을 댔다.[82] 그러나 한때 파커의 후계자로 알려졌던 청년 소니는 더는 색소폰을 갖고 있지도 않았다. 롤린스는 나아지기를 간절히 바라며 나르코에 몇 달간 머물렀다. 켄터키의 날씨가 봄으로 바뀌고 산비탈에는 꽃이 피었다. 어느 날 그는 자신의 친구이자 우상인 버드가 뉴욕에서 사망했다는 소식을 들었다. 파커의 시신은 약물 사용으로 인한 합병증으로 심하게 손상되어 검시관은 그의 나이를 쉰다섯 살에서 예순 살 사이로 추정했다. 찰리 파커는 서른네 살에 죽었다.[83]

롤린스와 버드, 그리고 다른 수많은 사람이 전후 시대의 대대적인 헤로인 위기 속의 일부였다. 그 위기는 재즈 음악계를 특히 강력하게 타격했다. 빌리 홀리데이Billie Holiday, 마일스 데이비스Miles Davis, 존 콜트레인John Coltrane 등 여럿이 오피오이드와 씨름한 것으로 유명했다. 어느 역사가는 1940년대와 1950년대 비밥 음악가 중 헤로인을 시험 삼아 해본 사람이 75퍼센트나 된다고 추산했다.[84] 마일스 데이비스의 음반 「버스 오브 더 쿨Birth of the Cool」에 등장하는 바리톤 색소폰 연주자이자 편곡자 제리 멀리건Gerry Mulligan은 이렇게 간단히 요약했다. 「결국 거대한 학살극이 벌어졌다.」[85]

　　조제약을 다루는 방식이 느슨했던 것과는 대조적으로, 이 헤로인 유행병에 대한 정부의 반응은 금지론적인 엄격한 단속이었다. 어떤 투사는 기소를 늘리라고 요구했고, 이는 약물 문제의 서로 돕기 접근법을 확립하려는 초기의 노력을 직접적으로 억압했다. 당시는 마약 중독자 익명 모임NA의 초창기였는데, 이들의 조직 노력은 경찰의 감시와 신분을 감추고 모임에 잠입한 기관원들의 존재로 방해를 받았다.[86] 앤슬링어는 1951년 보그스 법과 1956년 마약 통제법의 입법을 주도했는데, 두 법은 아마도 엄격한 약물 금지의 정점을 찍었을 것이다. 약물 범죄의 최저형량제를 이례적으로 장기간 유지했고 몇몇 경우에는 사형까지 요구했기 때문이다. 예를 들면, 대마초 초범의 처벌은 2년에서 5년의 징역형과 수천 달러의 벌금으로 시작했다.[87]

　　엄격한 단속은 그 유행병의 사회경제적 원인에 기름을 부었을 뿐이다. 전후 시대의 제2차 대이주Second Great Migration 동안에 수백만 명의 흑인 미국인이 더 나은 삶을 찾아 남부를 떠났다. 짐 크로 법Jim Crow Act을 피하고 더 좋은 직업을 구하고자 한 것이다. 그러나 로스앤젤레스부터 시카고와 뉴욕에 이르기까지 흑인은 미국의 〈풍요의 시대〉에서 체계적으로 배제되었다. 인종주의적으로 제한된 주택 정책 탓에 유색인은 〈대출이 거부된〉 형편없는 도시 지구로 떠밀려 들어갔다.[88] 이는 곧 〈이너 시티inner city〉로 알려진다. 바로 그 시절에 등장한 용어이다. 흑인 퇴역 군인들은 미군 병사법G. I. Bill(퇴역 군인 재정착법)의 교육과 주거 조항의 적용 대상이 아니었고, 주거 분야의 다른 차별 조치들은 연방 주택청FHA 차원까지 올라갔다. 빈곤과 실업으로 망가져 조밀하게 모여 생활한 〈이너 시티〉는 헤로인 시장에 더할 나위 없이 완벽한 곳이었다.[89] 전쟁이 끝난 후 무역이 재개되면서 헤로인은 사용이 급증했고, 곧 다른 점에서는 한정된 이너 시티 경제의 주요 상품이 되었다. 앤슬링어는 흑인 가족이 잘못이라고 암시하는 인종주의적인 말로 이러한 요인을 설명했다. 〈그 증가는 사실상 100퍼센트 경제적으로나 사회적으로 수준이 가장 낮은 경찰 관할 구역의 니그로 사이에서 나타난다……. 교회와 가정, 학교가 전부 잘 갖추어진 좋은 가정에서 태어난 아이들에게는 약물 중독이 없다.〉[90] 그의 유일한 해답은 당연히 약물 퇴치 전쟁의 점진적 강화였다.

한편 조제약을 얻을 권리 또한 백인 시장에 해를 끼치고 있었다. 엄격한 단속이 대마초와 헤로인의 위험성에만 초점을 맞추고 있는 동안, 조제약 사용이 급증했던 것이다. 1940년대 말이면 바르비투르산염은 이미 우연한 중독으로 인한 사망의 주된 원인이었다.[91] 중독으로 병원에 들어온 사람의 거의 4분의 1에 해당했다. 그로 인한 사망은 1950년대와 1960년대에 지속적으로 이어졌다. 매릴린 먼로Marilyn Monroe는 널리 홍보된 바르비투르산의 과다 복용으로 1962년에 사망했다. 바르비투르산염과 관련된 유명 인사의 연이은 중독과 자살 중 초기의 사례였다. 몇몇을 들자면 다음과 같다. 배우이자 가수인 주디 갈런드Judy Garland, 소설가 찰스 잭슨, 추상화가 마크 로스코Mark Rothko, 영국의 시인이자 소설가인 맬컴 라우리Malcolm Lowry, 사진작가 다이앤 아버스Diane Arbus, 배우이자 모델인 에디 세즈윅Edie Sedgwick, 기타리스트 지미 헨드릭스Jimi Hendrix. 대체로 같은 시기에 암페타민 사용도 치솟았다. 1960년대 말이면 성인 미국인 스무 명에 한 명꼴로 암페타민 처방약을 사용했고, 적어도 그중 절반은 비의료용으로 사용했다.[92] 이는 다가올 〈크랭크crank〉(할리데이비슨 오토바이의 크랭크실에 감추어 운반한 메스암페타민) 유행병의 전조가 되었다. 곧 다른 진정제들이 뒤를 이어, 1970년대 초가 되면 미국인의 5퍼센트가(1천만 명) 퍼듀 파마가 판매하는 발륨을 정기적으로 (몇 달 동안 매일) 복용했다.[93] 여성만 따로 계산하면 10퍼센트이다.

조제약/약물 구분에 몰두하는 것은 양쪽에서 공히 공중 보건 위기를 더 악화시켰을 따름이다.[94] 규제가 미진한 조제약 시장이 위험해졌을 뿐만 아니라 비공식적 헤로인 시장이 더욱 성장했다. 금지론적인 엄격한 단속은 조직범죄에 크게 이로웠기 때문이다. 그리고 순도 낮은 헤로인impure heroin 시장은 위험스러울 정도로 규제가 느슨하고 단속은 가혹했기에 유색인 사회는 더욱 황폐해졌다.

버로스의 삶이 보여 주듯이 실상은 이렇다. 우리는 이 향정신성 약물의 영역을 계속 분리한 채 둘 수 없다. 약물 사용자를 나쁜 놈이라고 부정적으로 이야기하면 치료의 선택지가 자연스럽게 줄어들 것이기 때문이다. 1951년 어느 날 밤 멕시코시티에서, 버로스는 집에 손님들이 있는 가운데 술에 취한 채 빌헬름 텔을 흉내 내어 총을 쏘다가 아내 조앤 볼머의 얼굴을 맞혔다.[95] 그녀는 병원에 도착하자마자 숨을 거두었다. 부부의 어린 아들 빌리는 세인트루이스의 조부모에게 보내져 살다가 이후 사우스 플로리다로 갔지만, 평생토록 트라우마가 가시지 않았다. 그는 고통을 줄이기 위해 백인 시장의 약물에 손을 댔다. 술을 마신 것은 그렇다 치자. 그는 점차 1960년대 부유한 교외 거주 백인들의 자연스러운 선택지로 기울었다. 그의 첫 책의 제목이 된 약물, 즉 각성제speed였다. 결국 빌리는 법적으로 곤란한 처지에 놓였고, 1967년 외국에 있던 아버지가 귀국하여 그의 치료를 도왔다. 버로스는 빌리를 나르코로 데려갔다. 자신이 입소한 지 거의 정확히 20년이 지난 뒤였다. 그러나 이 무렵은 금지론적 약물 정책이 맹공을 퍼붓던 때였기에 나르코는 급격하게 쇠락하고 있었고, 엉망진창이 되어 혼란스러웠다. 빌리에게 그곳은 이랬다. 「내가 여태껏 본 그러한 시설로는 (자체의 기준으로 보더라도) 가장 쓸모없는 곳이었다. 그곳에 들어간 지 두 주 만에 다일로디드Dilaudid를 밀매하는 자가 다가왔다.」[96]

결국 나를 벼랑 끝에서 완전히 밀어 떨어뜨린 것은 애더럴이라는 암페타민 복합제였다. 나는 애더럴을 쉽게 입수했다. 나같이 특전을 가진 백인 사용자에게는 하나의 권리였기 때문이다. 나는 병원을 통해 애더럴을 구했으며 의료 보험으로 값을 치렀고 대체로 비교적 용인된 방법으로 복용했다. 애더럴은 기존의 사회 질서를 유지하고 뒷받침하는 약물이었다. 어쨌거나 각성제는 잠을 깨워 일하게 하지 않는가. 그러나 나는 애더럴을 입수한 지 얼마 지나지 않아서 그것을 위험스럽게 사용했으며, 술과 암페타민, 며칠 연이은 수면 부족이 결합하자 약물에 기인한 미친 짓을 하게 되었다.

처음에는 아주 유쾌했다. 자아가 완전히 사라지고 정신이 맑아졌다. 초월적인 신비로운 경험이었다. 그다음 망상이 시작되었다. 나는 선과 악의 영적 대결에 빠져 있다고 생각했다. 나는 정신 수양을 게을리했다. 혼란스러운 느낌에서 벗어나려면 명상을 더 해야 했다. 때때로 약물 때문에 정신 이상이 온 것인지 정말로 궁금했지만 더는 현실을 분간할 수 없었다. 많은 생각과 감정, 두려움이 한꺼번에 몰려왔기 때문이다. 우리는 정신 질환을 하나의 실체처럼, 명확하게 정의할 수 있는 상태로, 또는 최소한 어떤 지표나 임계점이 있는 상태로 이야기하지만, 나는 그런 관문을 통과한 적이 없다. 온전한 정신과 정신 이상 사이에 걸쳐 있는 것 같은 기분이었다. 그 둘의 양자 불확실성 속에 동시에, 병든 나의 정신을 순식간에 관통하는 다중 상태 속에 사는 것 같았다.

나는 알코올 금단 증상으로 발작을 일으켜 병원으로 실려 갔다. 의료진이 나를 괴롭히려고 온 사악한 존재라는 생각이 들었다. 그들은 내게 심전도 검사 결과 심장에 전기 전도 장애가 있는 것 같다고 말했다. 심장 문제로 돌연사할 위험이 있었기에, 그들은 내게 밤새 계속 지켜볼 필요가 있으니 병원에 있으라고 강력히 권했다. 그들은 또한 내게 약물 문제가 있음이 분명해 보여 중독 의학과 진료를 요청했다고 말했다. 나는 이 모든 일이 결국 나의 레지던트 수련 과정에 영향을 줄 것이고, 따라서 치료를 받아야 할 것임을 알고 있었다. 나는 망상에 빠져 있으면서도 동시에 가혹한 현실에 마주하지 않으려면 중독을 숨겨야 한다는 냉정하리만큼 합리적인 충동도 느꼈다. 그래서 들키지 않으려고 망상과 중독에 대한 염려를 꽉 억누른 채 의사들의 조언을 무시하고 홀로 집으로 돌아갔다.

며칠 뒤 생각이 명료하지 못했다. 얼마나 나쁜 일이 있었는지 스스로에게도 부정하기는 더욱 어려워졌지만 속으로는 여전히 저항하고 있었다. 나는 속으로 같은 말을 거듭 속삭였다. 〈미쳤다는 게 뭔지 난 알아. 이건 미친 게 아니야.〉 단 한순간 나는 내가 얼마나 잘못되었는지 알았다. 정말로 소중한 순간이었다. 혼자 해결할 수 없음을 깨달은 나는 비명을 질러 도움을 청했다. 감사하게도 이웃이 〈감정적으로 불안한 사람〉이 있다고 경찰을 불렀다. 경찰은 매우 조심스럽게 측은히 여기는 마음으로 행동했는데, 이웃이 그렇게 신고하지 않았다면 총을 쏘며 들어왔을지도 모른다. 병원의 기록에 따르면 이웃은 경찰 특공대를 요청했다. 그러나 내가 기억하는 것은 문밖에서 손잡이가 해체되고 구멍 속으로 작고 긴 도구가 들어와 문을 연 것이다. 아주 짧은 머리에 무거운 방탄조끼를 입은 젊고 씩씩한 경관이 천천히 방 안으로 들어와 조용히 그의 손을 잡고 차분하게 물었다. 「이봐요, 괜찮아요. 얌전히 같이 나갈래요?」

그 순간에도 나는 자신이 없었다.

「안 될 것 같은데요!」

그들은 테이저 건을 쐈다. 화살이 방을 지나 날아와 왼쪽 젖꼭지 바로 아래에 꽂혔다. 심장 근처여서 위험했다.

제4부
법정으로 간 중독

9

재활

2월의 어느 싸늘한 밤 로스앤젤레스 중심가에서 사복 차림의 경찰 두 명이 흑인 청년들이 타고 있는 낡은 자동차를 길가에 세웠다. 스물다섯 살의 제대 군인 로런스 로빈슨Lawrence Robinson이 뒷좌석에 여자 친구와 함께 앉아 있었다. 그의 친구 찰스 뱅크스Charles Banks가 운전석에서 내렸을 때, 로빈슨은 날씨가 쌀쌀했는데도 땀을 흘리고 있었다. 한편으로는 금단 증상 때문이었지만(그는 헤로인 사용자였고 한동안 투약하지 못했다) 약물이나 투약 도구를 지니지 않았는데도 법이 두려웠기 때문이기도 했다. 1960년 캘리포니아에서는 중독 자체가 범죄였다.[1]

　당연하게도 두 경찰관은 뱅크스의 팔에서 선명한 바늘 자국을 보고는 즉시 그를 체포했다. 로빈슨과 다른 친구들은 차에서 내려 가까운 건물의 벽을 마주 보고 서라는 지시를 받았다. 이때 로빈슨은 식은 땀을 흠뻑 흘리고 있었다. 그리고 경찰은 그에게 외투를 벗고 소매를 걷게 했다. 양쪽 팔꿈치 안쪽 위아래로 잔뜩 모여 있는 딱지와 얼룩진 멍 자국을 놓칠 수 없었다. 그는 체포되어 경찰서로 끌려갔고, 로스앤젤레스 경찰청의 마약 전문가가 추가로 호되게 심문한 뒤 증거로 삼고자 그의 팔을 사진으로 찍었다.

로빈슨은 혐의를 벗기 위해 새뮤얼 카터 맥모리스Samuel Carter McMorris를 고용했다. 그는 젊고 열정적인 흑인 변호사로 근자에 연방 대법원에서 승소한 경험이 있었다. 처음에 로빈슨과 맥모리스는 오늘 날이라면 확실해 보일 수 있는 근거로 이의를 제기했다. 〈운전하는 흑인driving while Black〉이기 때문이라는 것이었다. 경찰이 처음에 그들을 세운 이유는 꽤나 설득력이 없었다(번호판이 더러웠다는 것이다). 그러나 그들은 재판에서 패했다.

맥모리스는 더 근본적인 쟁점을 찾아 곧바로 항소했다. 그는 경찰이 차를 멈춘 과정을 문제 삼았고 그 사건의 여러 가지 다른 요소에도 이의를 제기했지만, 추가로 결정적인 한 걸음을 더 내디며 중독 자체를 범죄로 정한 법률을 공격했다. 중독을 범죄로 처벌하는 것은 헌법에 위배된다고 주장한 것이다. 로빈슨의 범죄는 결코 어떤 행위가 아니었다. 마약에 중독되었다는 상태였을 뿐이다. 그는 연방 대법원에 상고하고 기다렸다.

그사이 몇 달 동안 미국은 사회 개혁을 향한 역사적 전환을 계속 이어 갔다. 텔레비전에 멋지게 나오는 매사추세츠주의 젊은 상원 의원 존 F. 케네디가 린든 B. 존슨을 물리치고 민주당 후보에 지명되어 리처드 닉슨을 누르고 대통령이 되었다. 존 F. 케네디와 린든 B. 존슨 두 사람은 이후 10년간 대부분을 대통령직을 수행하며 빈곤과 질병을 없애려는 새로운 전쟁의 총사령관이 된다. 한편 맥모리스의 항소는 캘리포니아에서 기각되었다. 그는 논거를 더 충실히 다듬어 중독을 범죄로 처벌하는 것은 유례없이 잔인한 것이라고 주장하며 연방 대법원에 상고했다. 캘리포니아 법은 사실상 마약 통제가 엄격했던 1929년에 제정된 약물 법의 잔재였다. 맥모리스의 주장에 따르면 이제 사람들은 중독을 범죄가 아니라 질병으로 인식했다. 법률의 영역이 아니라 의학의 영역에 속한 것이다. 법원은 로빈슨 사건을 접수했고, 겨우 마흔 살에 불과했던 맥모리스는 다시 연방 대법원의 백인들 앞에 섰다.[2]

오늘날 연방 대법원까지 올라간 많은 사건이 소송 절차보다는 로켓 발사나 군사적 침공과 더 비슷한 장기적인 계획의 결과였다. 이익 집단은 완벽한 판례, 호의적인 피고인과 이상적인 사실의 맞춤한 조합, 그리고 당연한 이야기지만 탁월한 변호사를 찾아 몇 년 동안 온 나라를 샅샅이 뒤진다. 이 사건에서는 그렇지 않았다. 맥모리스는 진정한 약자로서 가망 없는 싸움을 하고 있는 것 같았다. 그는 구두 변론을 위해 연방 대법원에 모습을 드러냈을 때 판사의 질문에 두려움에 떨며 말을 더듬었다. 겉으로 볼 때에는 비참할 정도로 압도당한 것 같았다. 그러나 그는 법정이 중요하게 여기는 큰 철학적 문제를 찾아내는 재주가 있었다. 그렇게 보였다.

중독 자체가 재판에 올랐다. 로스앤젤레스 지방 검사는 중독의 책임은 중독자에게 있다고 주장했다. 로빈슨이 가엾은 희생자가 아니라 〈자신의 혈관 속에 이질적인 연료〉를 〈기꺼이 자발적으로〉 집어넣기로 한 자였다.[3] 판사들은 구두 변론에서 이러한 생각을 그다지 우호적으로 받아들이지 않았다. 그들은 담배는 어떠냐고 매섭게 질문했다. 수술을 받고 진통제에 중독된 사람들은? 국가가 그 모든 중독의 사례를 처벌하는 것이 정말로 합당한가? 질문이 끝날 무렵 로빈슨과 맥모리스가 호의적인 청중을 얻었다는 것이 분명해 보였다.

과연 법정은 6 대 2로 단호하게 로빈슨의 무죄를 선언하는 판결문을 내놓았다. 〈감기에 걸렸다는《죄》로 단 하루라도 감옥살이를 한다면 이는 이례적으로 잔인한 처벌이다.〉 판사 윌리엄 O. 더글러스

William O. Douglas는 중독을 범죄로 정한 법을 중세에 비교했다. 그때에 제정신이 아닌 상태로 범죄를 저지른 자들은 〈말뚝에 묶여 화형을 당하거나 교수형에 처해졌다. 그리고 가난한 정신 이상자들은 종종 미개인처럼 시골을 배회했는데 때때로 칼이 채워져 조롱을 당하고 채찍을 맞고 투옥되었다〉.[4] 기본적으로 이들은 중독이 법이 아니라 의학의 문제라는 데 동의했다. 〈중독자는 아픈 사람이다.〉 만일 법이 〈아픈 상태를 범죄로 만들도록 허용하고 아픈 사람을 아프다는 이유로 처벌받게 한다면〉 그것은 〈야만스러운〉 짓이 될 것이다.

　로빈슨 대 캘리포니아주 재판의 판결은 형법의 변경에서 그치지 않았다. 그것은 오래된 금지론적 접근법이 쇠락하고 중독을 더 폭넓게 의학의 문제로 받아들이는 태도가 늘어났음을 뜻했다. 가혹한 법 집행은 효과가 없었다. 생물학적 연구는 어떤 결론에도 이르지 못했다. 중독에 과학적 해법은 없었고 어쨌거나 중독성이 없는 진통제도 없었다. 개혁의 주기는 다시 한 바퀴 돌았고, 재활이라는 새로운 혁명적 이상이 힘을 얻었다. 중독은 치료의 문제로 다룰 수 있다는 것이었다.

　의사들이 마침내 가혹한 약물 법과 단속에 반대하여 말하기 시작했다. 뉴욕 의학회NYAM는 오피오이드 유지 진료의 재개를 옹호했다.[5] 1920년대에 연방 마약국이 폐기한 전략이었다. 로런스 콜브는 캘리포니아에서 거의 은퇴한 것이나 다름없었는데 1956년 『새터데이 이브닝 포스트Saturday Evening Post』에 실은 기고문에서 유지 치료 계획을 지지하며 연방 정부 정책을 통렬히 비난했다.[6] 사회 과학의 중요성이 두드러지면서 이러한 운동은 힘을 받았다. 특히 사회학자 앨프리드 린데스미스Alfred Lindesmith가 연방 정부의 약물 정책에 대한 비판에서 영향력이 컸다. 린데스미스는 연구를 통해 이른바 정상인과 중독자를 가르는 구분선에 이의를 제기하고 중독은 단순한 신체적 의존 상태를 넘어서는 학습 과정이라며 지나치게 단순한 설명에 반대했다.[7] 1958년 린데스미스는 널리 읽히는 미국 변호사 협회ABA와 미국 의사 협회의 중간 보고서를 편집하면서 처벌 체제를 비판했다. 그는 〈징역 선고의 위협으로 약물 중독자가 매일 약물을 사용하는 것을 막을 수 있는지〉 의심쩍게 생각했으며, 유지 치료를 실험해 보자고 권고했다(1920년대부터 중독자에게 모르핀과 헤로인을 조절하여 처방한 〈영국 제도〉에서 부분적으로 영감을 받았다).[8] 해리 앤슬링어는 격분했다. 그는 그 보고서를 지속적으로 신랄하게 공격했고 나아가 발행을 완전히 금지하려 했지만, 결국에는 절망한 듯했고 사람들과의 접촉을 끊었다.[9] 한편에는 오랫동안 처벌 체제가 불합리하다고 외친 저명한 학자가 이끄는 의사들과 변호사들의 존경받는 동맹체가 있었다. 다른 한편에는 그 실패한 체제의 기획자가 있었다. 미국 변호사 협회와 미국 의사 협회는 1961년 완전한 보고서를 발행했다. 70대 초에 접어들어 성질이 죽은 앤슬링어는 이듬해 은퇴했다. 로빈슨 대 캘리포니아주 재판 판결이 내려진 그해였다.

합의가 형성되고 있었다. 치료는 이제 알코올 중독자 익명 모임의 지하실이나 나르코의 순화된 실험실에만 국한되지 않을 것이었다. 사람들의 문제 해결 노력을 막지 않아도 되었다. 그러나 정확히 어떻게 도울 것인지는 여전히 매우 불확실했다. 중독자는 종종 자신에게 문제가 있다는 사실을 부인하고 치료를 거부한다. 약간의 (희망하건대 선의의) 강제가 필요한 시점이 있지 않은가? 로빈슨 사건에서의 반대 의견은 바로 이러한 긴장을 돋보이게 한다. 소수 의견을 낸 판사들은 중독이 복잡한 현상이라고 설명하고, 어쩌면 법이 아니면 거리에서 벗어나지 못할 자들을 구해 내 재활과 치료 프로그램에 위탁함으로써 법이 치료가 될 수 있다고 주장했다. 그들의 주장에 따르면, 아마도 사람들을 통제하는 것이 아니라 그들을 초기 단계의 중독에서 빼내 중독이 심해지기 전에 문제를 막는 것이 법의 목적이었을 것이다.

당시에 법정은 모르고 있었지만, 맥모리스는 연방 대법원에서 로빈슨 사건을 변론할 때 의뢰인에 관한 한 가지 결정적인 정보를 숨기고 있었다. 로빈슨 자신이 과다 복용으로 오래전에 사망한 것이다.[10] 열 달 전에 그는 로스앤젤레스의 어느 뒷골목에서 죽은 상태로 발견되었다. 로빈슨이 거리가 아니라 교도소에 있었다면 더 안전했을지 누가 알겠는가? 다만 한 가지는 분명했다. 사람들이 마침내 중독 치료를 시도할 준비가 되었지만, 정확히 어떻게 도움을 줄 것인지는 명확하지 않았다.

뉴욕 경찰은 내게 테이저 건을 쏜 뒤 아파트에서 나를 끌고 나갔다. 내 기억은 조각조각 잘린 것뿐이었다. 수갑, 들것에 묶은 끈, 열 명은 넘어 보이는 경찰들에 이끌려 승강기가 없는 5층짜리 건물의 좁은 복도를 지나 내려갈 때의 어질어질한 시야. 그들은 내 방문을 부수고 나를 제압할 때 분출한 아드레날린이 이제 사라졌다고 서로 웃으며 농담을 했다. 그들이 나를 끌고 계단을 내려갈 때 창피했다. 이건 옳지 않다고, 내게는 아무런 문제가 없다고, 나를 이런 식으로 끌고 가서는 안 된다고 속으로 생각했다. 경찰은 나를 벨뷰 병원 정신과 응급실로 데려갔다. 뉴욕시가 〈감정적으로 불안한 사람〉을 데려갈 곳으로 선호한 종착지였다. 그곳에, 어항같이 사방에서 빤히 들여다보이는 응급실에, 이전과 달리 이번에는 커다란 유리창의 반대편에서 나는 겁에 질리고 정신적 혼란과 망상에 빠진 채 앉아 있었다. 정신이 돌아오는 순간도 있었지만, 대체로 나는 허깨비 같은 힘에 사로잡혀 가짜 환자들에 둘러싸인 가짜 응급실에 갇혀 있다고 믿었다. 아니면 죽어서 연옥에 있거나 생과 사의 중간에 있다고 믿었다.

항정신성(抗精神性) 약물의 효과가 나타나면서 망상은 서서히 사라졌고, 이중 진단 환자 병동으로 가면서 정신이 더 맑아졌다. 나는 사후 세계에 있지 않았고 성전을 벌이고 있지도 않았다. 여전히 여기 저기에서 갑자기 무엇이 눈에 확 들어왔지만(어느 간호조무사의 팔목 안쪽에서 용 문신을 보고는 잠시 공포에 사로잡혀 그것이 어떤 사악한 조직의 일원임을 보여 주는 은밀한 표시는 아닌지 의심했다), 대체로 나의 현실을 위협하는 야릇한 과제에 서서히 맞서 싸웠다.

나의 주치의 골드먼 박사는 비교적 젊었고 안경을 낀 어줍은 사람이었다. 다른 때였다면 친절한 선배쯤으로 보였을 것이다. 그의 격식을 차리는 촌스러움 뒤에는 성실함이 엿보여 안심이 되었고, 처음으로 나는 나의 음주가 정말로 어느 정도인지를 털어놓으면서 편안함을 느꼈다. 나는 완전히 무너져 골드먼 박사와 그의 동료 의사들에게 내가 알코올 중독자라고 말했다. 그러나 곧 의심과 무서운 불확실성에 마음이 산란하여 친구들에게 전화하고 다른 환자들을 붙들고 과연 내가 〈진짜〉 알코올 중독자인지 이야기를 나누었다. 하루에도 여러 번 마음이 오락가락했다. 나는 이전에 조금도 깨닫지 못했지만 내가 심히 아픈 사람이라는 사실을 기꺼이 인정할 수 있었다. 그렇지만 내게 일어난 일을 어떻게 이해해야 할지 여전히 확신이 없었다.

응급실에 있을 때 어떤 레지던트가 나의 손에 세 겹으로 접은 복사물을 쥐여 주면서 의사 단체에 연락해 보는 것이 좋겠다고 말했다. 그가 알려 준 것은 의사 협회에 속한 뉴욕주 〈의사 건강 프로그램〉으로 중독증과 기타 정신적인 문제를 갖고 있는 의사가 안전하게 진료에 복귀할 수 있도록 돕는 것이었다. 나는 이중 진단 환자 병동의 복도에 있는 공중전화로 올버니에 있는 그 사무실에 전화를 걸었다. 그러고는 전화기를 목으로 누른 채 복사물에 크레용으로 끄적거리며 도움을 청했다. 나는 주 면허국과 문제가 없음을 알게 되었다. 잘된 일이었다. 면허국의 조사는 가혹하기로 악명이 높았고, 반면 의사 건강 프로그램은 치료에 더 초점을 맞추었기 때문이다. 그러나 치료를 받으라는 권고를 완전히 받은 것도 아니어서 상황은 애매했다. 의사 건강 프로그램에서 나의 담당자는 내가 그들이 선정한 재활 시설에 들어가 좀 더 길게 심사를 받아 보기를 원했다. 이후 나는 점점 더 불안해졌고, 병원에서 나가 외래 진료로 치료받을 수는 없는지 걱정했다. 나는 술을 끊겠다고 생각했다. 생애 처음으로 정말로 알코올 중독자 익명 모임에 갈 준비가 되어 있었다. 그러나 나의 담당자에게 그렇게 할수 있겠냐고 물었을 때, 그녀는 재활 시설에 들어가지 않고 외래진료로 치료를 받는다면 다시 일해도 좋다는 허가를 받을 때까지 족히 반년은 걸릴 거라고 말했다. 좌절한 나는 내가 자진하여 프로그램에 들어온 것을 알지 않느냐고, 그런데도 완전히 내 의지대로 할 수 없는 거냐고 물었다. 그녀는 내가 그들에게 전화를 걸어 나의 문제를 상세히 설명한 뒤에 그냥 나가 버린다면 자신들은 면허국에 나의 사례를 보고할 의무가 있다고 말했다.

나는 반대편의 자리에서 이러한 대화를 수없이 많이 들었지만, 규칙도 모른 채 게임에 내던져진 기분이었다. 나는 자발적 치료와 마지못해 받는 치료 사이의 불편한 공간에 있었고, 고분고분 따르고 싶었지만 부지불식간에 고집불통 환자의 역할에 빠져들었다. 나는 원하는 바를 말함으로써 그녀에게 내가 판단력이 부족하다는 증거를 이미 너무 많이 드러냈다. 그것이 어떤 결과를 초래할지 나는 알고 있었다. 정신과 환자는 자신의 문제를 인정해야만 한다. 자신에게 일어난 일 때문에 분명코 곤란한 처지에 몰린다. 경솔하게도 자신을 응급실로 들어오게 한 사건들을 무시하는 것은 현명한 처사가 아니다. 경고를 받는 이유가 될 뿐이다. 그래서 당연한 이야기지만 나는 그 시점까지도 과연 그들의 도움을 더 받고 싶은지 확신하지 못했는데도 재활 시설에 가기로 결정했다.

골드먼 박사가 나를 아래층까지 동행하여 벨뷰 병원의 혼잡한 현관을 나갈 때까지 안내했다. 내가 그 복도를 처음 지나간 것은 뉴욕대학교에 레지던트를 신청했을 때였다. 이번에는 수갑을 차고 들어갔다.

우리는 맑고 추운 12월의 어느 날 뉴욕시의 1번가에 발을 내디뎠다. 모퉁이에 나를 재활 시설로 데려갈 차가 기다리고 있었다.

드문드문 형광등이 밝혀진 간호사실에서 어깨가 구부정하고 바짝 마른 상담사를 만났다. 그는 가만히 컵을 응시하고 있는 나를 보더니 철저히 몸수색을 하면서 이전에 새로 들어온 환자의 의족 안에서 몇 킬로그램의 코카인을 찾은 이야기를 해주었다. 그다음, 수술복을 입은 간호사가 언짢은 표정으로 다가와 몇 가지 양식에 내 서명을 받고는 나를 뒷방으로 데려가 짐 가방을 자세히 조사하고 읽으려고 가져온 것을 전부 압수했다. 간호사는 소설책과 도덕심리학에 관한 학술지 논문으로 가득 찬 파일을 보고는 눈살을 찌푸렸다. (나는 밀린 독서를 마저 하고 일도 좀 하고 싶었다.) 그녀는 벨뷰 병원의 허술한 입원 환자 팔찌를 벗기고 두껍고 딱딱한 밴드를 붙였다. 분명코, 그리고 불길하게도 몇 주는 버틸 수 있게 만든 것이다.

상담사가 나를 여기저기 데리고 다닐 때 정신이 무너졌다. 그곳은 단조롭고 사람을 울적하게 만드는 시설의 냄새가 짙었다. 텅 빈 커다란 식당에 들어가니 어둑한 뒤쪽에서 조리원이 나타나 버터에 볶은 국수를 커다란 접시에 담아 보호 덮개 위로 건넸다. 마치 다른 것은 먹지 않으려는 어린애에게 주는 것 같았다. 나는 수목으로 가득한 뒷마당을 내다보며 혼자 식사를 하고는 해독 병동으로 갔다. 얇은 커튼 뒤에서 금단 증상으로 괴로워하는 신음 소리가 끊이지 않았다.

이튿날 아침, 원무과에서 몇 가지 양식에 서명을 한 뒤 책장에 빼곡하게 꽂혀 있는 수백 권의 알코올 중독자 익명 모임 〈빅 북〉 한 부를 일종의 의식처럼 건네받았다. 아밋이라는 친구와 같이 오리엔테이션을 받았다. 심각한 오피오이드 문제로 이미 입원한 지 여러 주가 지난 마취과 의사로 새처럼 날쌘 사람이었다. 나는 그에게 한 주 동안 심사를 받은 뒤에 퇴원하여 외래 진료로 치료받기를 바란다고 말했다. 그는 웃음을 터뜨렸고, 나는 속이 쓰렸다. 그도 역시 그곳에 있고 싶지 않았다. 심사라는 것은 그저 형식일 뿐이라고 그는 말했다. 대개 계속 머문다는 말이었다. 나도 다른 사람과 똑같이 여기 있어야 했다. 그는 고개를 숙이고 말썽을 일으키지 말라고 했다. 그들이 동작 하나하나 주시한다고, 심지어 세탁부 직원들까지 지켜본다는 것이었다.

일정은 단체 모임, 대화, 신체 활동으로 터무니없이 빡빡했다. 강당에 가서 만고풍상을 다 겪은 듯 엄한 얼굴의 깡마르고 강인해 보이는 노인네가 자신의 중독에 관해 늘어놓는 이야기를 들어야만 했다. 그는 병원에서 오피오이드를 훔쳤고, 전처가 쏜 총에 맞았으며, 욕조에 들어앉아서 심장이 멈출 때까지 입에 펜타닐을 때려 넣었다. 그 남자는 이렇게 말했다. 「사람들은 재활이 세뇌와 비슷하다고 말합니다. 그 시절엔 확실히 나의 뇌를 어느 정도 씻을 수 있었죠.」 아밋이 내 귀에 대고 그가 재활 시설의 진료부장인 서머스Summers 박사라고 속삭였다.

이때쯤이면 나는 최대한 빨리 재활 시설에서 나가야 한다고 판단했고, 아밋이 경고를 하기는 했지만 어떻게 하면 심사 뒤에 퇴원할 수 있을지 골몰했다. 그날 하루 종일 나는 연습 삼아 다른 의사 환자들에게 나의 이야기를 되풀이했다. 내가 여기 온 이유는 미친 짓을 했기 때문이다. 나의 음주는 아주 건전하지는 못했지만 재활 시설에 들어올 필요까지는 없다. 나는 외래 진료로 치료받을 준비가 되어 있다, 등등. 몇몇은 납득한 듯했지만, 대부분은 허풍이라고 생각한 것 같았다.

이튿날 나는 서머스 박사의 사무실로 불려가 입소 면담을 했다. 나는 그가 나의 상태에 관해 최종적인 판단을 내릴 권한을 갖고 있을 것이라고 들었다. 나는 힘차게 서둘러 복도를 걸어 다가오는 그를 주의 깊게 바라보고 있었다. 이 정도라면 어떻게 해볼 수 있겠다 싶었다. 나이 많은 의사에게 아부하며 보낸 시절이 얼마인가.

그러나 내가 그의 사무실에 앉자마자 그는 험악하게 얼굴을 찡그리더니 심문하듯 질문을 쏟아 냈다. 정확히 얼마나 많이 마셨나? 다른 것은 하지 않았나? 확실한가? 희망은 시들었지만, 긍정적인 자세를 유지하려 애쓰며 나의 상태를 침착하게 이렇게 설명했다. 젊은 놈이라 진탕 마셔 댔고 여기에 과로와 극도의 피로 때문에 애더럴을 복용하고 간간이 코카인도 사용해서 상태가 악화되었다. 결코 건강하지는 않지만 지금 아주 의욕적이다. 외래 진료로 충분히 해낼 수 있다. 교훈을 얻었고 나아지기를 원한다.

나는 그의 얼굴에서 입을 열 기미가 있는지 주의 깊게 바라보았다. 하지만 그는 한참 동안 망설인 뒤 책상 너머로 몸을 기울여 나의 머리카락으로 약물 검사를 해야겠다고 말했다.

그는 거드름을 피우며 말했다. 「자, 뭐가 나올까?」

나는 처음에는 당황했다. 방금 내가 몸에 집어넣은 것에 대해서 모조리 말하지 않았나. 잠시 뒤에 깨달음이 왔다. 나는 이제 그에게 동료도 훈련받는 수련의도 아니었다. 나는 환자치고는 최악의 부류에 속하는 중독된 의사로, 이야기를 조작하여 계속 부인할 수 있는 능력을 완벽히 갖추었다. 벨뷰 병원에서도 나는 환자였지만 존중을 받았다. 심지어 동료 취급도 받았다. 그러나 여기서는 그저 거짓말쟁이일 뿐이었다. 무너뜨려 교정해야 할 대상이었다.

서머스 박사는 다시 물었다. 「대마초? 메스암페타민? PCP(펜시클리딘)? 분명히 뭐가 더 있는데.」

대답하려고 하는데 당황하여 목구멍이 조였다. 마지막으로 한 번 더 간절히 호소하려 했지만, 서머스 박사가 말을 잘랐다.

「난 자네처럼 의사야. 중독 의학을 다루고 있지. 그렇지만 원래 전공은 말썽이지. 지금 자네는 말썽쟁이야. 여기 오래 있어야 할 거야. 자, 시작하지. 여기서 자네 인생이 구원받을 수도 있어.」

기진맥진한 폴 모런츠Paul Morantz는 로스앤젤레스 북서부 협곡에 처박힌 퍼시픽 팰리세이즈의 작은 집에 차를 대면서 안도의 한숨을 내쉬었다. 모런츠는 로스앤젤레스 변호사로 얼마 전에 시너논Synanon을 고발했다. 시너논은 관습적인 틀에서 벗어난 중독 치료 단체로 1950년대에 약물 치료 공동체로 설립될 때는 금방이라도 무너질 듯 허술했으나 곧 완전한 광신적 집단으로 성장했다. (시너논에는 〈제국 해병대Imperial Marines〉가 있었는데, 이들은 탈퇴자를 두개골이 깨질 때까지 구타하여 혼수상태에 빠뜨린다.)[11] 그의 의뢰인은 시너논 프로그램에 들어가자마자 머리털을 밀리고 강제로 90일 동안 갇혔던 여성이었다. 그는 승소했지만 그 과정에서 시너논에 괴롭힘을 당했다. 그는 그날 밤 드디어 쉴 수 있겠구나 생각하며 집에 도착했다. 1978년 월드시리즈 첫 게임이 있던 날이다. 집으로 들어오면서 그는 무심코 우편함을 들추어 봤다. 우편함 아래쪽에 1미터 35센티미터 길이의 방울뱀이 도사리고 있다가 그의 손 깊숙이 독니를 찔러 넣었다. 존재를 알아채지 못하게 방울 소리가 나는 꼬리가 잘려 나간 상태였다. 모런츠는 이웃에 들리게끔 비명을 질렀다. 「시너논! 시너논이 사람 잡네!」[12]

그 방울뱀은 정말로 시너논이 넣어 둔 것이었고, 그 이야기는 전국적인 뉴스가 되었다. 모런츠는 때맞춰 병원에 도착했고, 해독제를 열여덟 대나 맞고 목숨을 구했다.[13] 두 달 뒤, 로스앤젤레스 검사가 시너논의 100만 달러짜리 복합 시설을 급습하여 그 지도자 찰스 디더리치Charles Dederich를 모런츠 살인 모의 혐의로 체포했다. 20년 전 자신이 알코올 중독에서 치료되었고 알코올 중독자 익명 모임과 함께했다고 떠벌인 디더리치는 시바스 리갈에 너무 심하게 취한 상태였다. 그래서 들것에 실어 교도소로 데려가야 했다.[14]

디더리치는 실패한 영업 사원으로 1956년 알코올 중독자 익명 모임의 열성적인 회원이 되었다.[15] 처음에는 그 모임이 삶의 전부였다. 그는 알코올 중독자 익명 모임의 회합에서 말하기를 즐겼다. (체구가 거대한 그는 우렁찬 목소리에 오른쪽 눈은 오래된 뇌수막염 발작으로 거의 반쯤 감겨 있었고 철학과 신비주의에 관해 설명하기를 매우 좋아했다.) 그는 상당한 존재감으로 곧 일단의 젊고 감수성이 풍부한 회원들을 측근으로 끌어들였다. 그들 중 몇몇은 디더리치를 〈아빠〉라고 불렀다.[16]

그러나 얼마 있지 않아 디더리치는 알코올 중독자 익명 모임이 지나치게 편협하다고(당시에 그 모임은 보통 다른 약물 문제를 안고 있는 사람을 받아들이지 않았다), 종국에는 지나치게 관대하다고 판단했다.[17] 빌 윌슨과 그의 협력자들은 〈빅 북〉을 쓰는 과정에서 규범적인 성격을 피하기 위해 자신들의 프로그램과 관련된 모든 것을 철저히 일종의 제안처럼 제시했다. 따라서 철저하게 자신의 고유한 경험에만 집중하고 조언이나 〈상호 대화〉로 알려진 직접적인 대면은 피하는 것이 그 모임의 중요한 전통이었다.[18] 반면 디더리치는 자신을 따르는 젊은이들이 중독에서 빠져나오도록 충격을 주고 뒤흔들 필요가 있다고 믿었다. 그래서 자아를 무너뜨리고 환각에 가까운 상태에 빠뜨리기 위한 극단적인 형태의 집단 치료를 고안해 냈다.[19] 몇 시간에서 며칠까지 이어지는 마라톤 대면 회합이다. 그는 자신이 살던 산타모니카의 초라한 아파트에서 일주일에 세 차례 마라톤 대면 회합을 가졌다. 〈게임The Game〉이라고 부른 이 왜곡된 단체 훈련에서 참가자들은 서로에게 큰 소리로 좌절감과 넋두리를 쏟아 냈는데, 이는 곧 시너논의 기본적인 방법이 되었다. 비판자들은 그 집단이 세뇌를 시킨다고 고발했지만, 디더리치는 대다수 사람이 자주 〈뇌를 씻을〉 필요가 있다고 반박했다.[20]

디더리치는 꽤나 훌륭한 영업 사원으로 드러났다. (그는 이러한 선전 문구를 널리 알린 사람이다. 〈오늘은 당신에게 남은 삶의 첫날이다.〉) 그는 언론의 주목을 받았고 더 많은 회원을 끌어모았다. 돈이 조금씩 들어오다가 나중에는 마구 쏟아졌다. 시너논은 산타모니카의 낡은 건물에서 해변의 호텔로 쓰이던 대궐 같은 건물로 이사했고, 이어 매린 카운티에서 레이크 하바수 시티까지 거대한 연락망을 갖춘 당당한 제국이 되었다.[21] 유명 인사의 추천서와 기업 후원자가 있었고, 캘리포니아 정치인들과 긴밀한 관계를 유지했다. 그들은 시너논이 약물 치료 시설을 운영할 수 있도록 주 법률을 개정했다.

시너논은 또한 하나의 운동으로 번져, 나라 전역에서 그것을 모방한 수백 개의 치료 프로그램이 생겼다. 장기간 술과 약물의 문제를 안고 있는 사람들이 숙식하며 치료를 받는 형태로 오늘날의 중독 치료에 강력한 영향을 행사하는 이른바 〈치료 공동체TCs〉이다.* 많은 치료 공동체가 시너논만큼 멀리 가지는 않았지만 실제로 동일한 대면 원리에 따라 프로그램을 만들었다. 먼저 들어온 환자들이 자문단으로 활동하는 고도로 위계적인 구조를 갖추었고 몇 달에서 몇 년에 이르기까지 입원하여 혹독한 훈련을 통해 치료했다.[22] 〈치료 공동체〉라는 말을 들어보지 못했을 수 있지만(나는 레지던트를 마친 후에도 오래도록 듣지 못했다), 치료 공동체는 어디에나 있고 아직도 널리 활동하며 매년 수많은 환자를 치료한다. 때로는 메디케이드medicaid로 지원받는 사람이거나 형법 제도에서 의뢰한 사람들이다. 오늘날 많은 치료 공동체가 여전히 대면 방식을 취하고 있으나, 이것이 그들의 프로그램에서만 볼 수 있는 특징은 아니다. 시너논은 중독자는 필요한 수단을 다 동원하여 무너뜨리고 그 성격을 고쳐야 한다는, 중독 치료에서 일반적인 관념을 모범적으로 보여 주고 확산시키는 데 일조했을 뿐이다.

치료 공동체가 인기를 끌게 된 한 가지 이유는 의료계가 오랫동안 중독자를 등한시했다는 데 있다. 1920년대로 돌아가 보면, 의료계는 치료적 접근법을 나르코와 소수의 다른 치료 제공자에게 남기고 대체로 중독 치료에서 물러났다. 재활에 대한 관심이 높아지고 중독을 의학의 문제로 받아들이는 추세가 강해진 시기인 1965년에도 많은 주가 여전히 중독 치료 시설을 갖추지 못했다. 치료 공동체가 이 빈틈을 메웠다.[23] 이들은 재정적으로도 정치적으로도 매력적이었다. 비용을 지불하지 못하는 환자들이 일을 해서 운영비를 절감했으며, 〈사

* 치료 공동체의 다른 계보가 있다. 영국 정신과에서 출발한 것으로 디더리치에게 미친 영향은 거의 없지만 일반적인 정신 건강 문제를 다루었다 — 원주.

랑의 매tough love〉는 대화의 주제로서 늘 효과가 있는 것 같다. 그러나 치료 공동체는 중독자가 일반적인 의료 제도에서 그토록 나쁜 처우를 받지 않았다면 결코 뿌리를 내리지 못했을 것이다. 그러한 현실 때문에 훨씬 더 큰 대안적 치료 방식이 더 일찍 발달했다.

1949년 5월, 미네소타의 작은 알코올 중독자 익명 모임이 힘든 시기를 겪으며 무너진 정직한 사람들, 이른바 〈전문 직업인들〉을 위해 헤이즐든Hazelden이라는 휴양소를 세웠다. 헤이즐든은 열두 단계에 관한 3주 과정의 강의에(나중에 4주로 늘어나 오늘날에는 28일 모델이 널리 퍼졌다) 더하여 〈침대를 정리하고 나는 신사라며 스스로 위로하고, 둘러앉아 다른 사람들과 대화하라〉는 일반적인 가르침으로 시작했다.[24] 초기에는 참여가 저조했다. 어느 크리스마스에는 상담사 혼자 두 명분의 식사를 준비하여 유일한 입소자와 함께 앉았다.[25] 그러나 헤이즐든은 꾸준히 성장했고, 1960년대에는 중독에 대한 치료 접근법이 수용되면서 인근의 윌마 주립 병원*을 모방하여 알코올 중독자 익명 모임 방식으로 회복 중인 자들을 대상으로 상담사 양성 과정을 정식으로 시작했다. 그로써 〈휴양소〉 모델에서 더 전문적인 체제로 전환했다. 체계적인 이수 과정을 갖추고 환자였던 자들을 상담사로 바꾸는 이 모델은 모방하기 쉬웠고, 헤이즐든의 지도자들은 그 모델을 공유해야 했다.[26] 이는 열두 단계 프로그램에 입각한 〈미네소타 모델〉의 재활로서 곧 나라 전역에 널리 퍼졌고, 오늘날까지 중독 치료의 지배적인 프로그램이 되었다.

두 치료 공동체와 미네소타 모델은 서로 돕기와 치료적 접근법을 기이하게 혼합했고, 1960년대에 의료계의 방치가 남긴 빈틈을 채웠

* Willmar State Hospital. 미네소타주 최초의 주립 병원으로 1912년 알코올 중독자와 약물 중독자의 치료를 위해 건립되었다.

기 때문에 확실하게 정착했다. 마티 맨의 중독 옹호가 일부 의료 제도의 알코올 중독 치료를 자극하고 의료 단체의 지지 성명을 얻어 내는 데 도움이 되었고, 알코올 중독자 익명 모임도 해를 거듭하며 더욱 인기가 많아졌지만, 그래도 여전히 적절한 치료 프로그램은 적었다. 약물 중독의 경우 특히 더 부족했다. 때는 정신 분석의 전성기였고, 정신과 의사는 대부분 중독자 치료를 기피했다. 오늘날까지 가정의나 정신과 의사에게 술 문제나 약물 문제를 다루게 하려는 시도는 어김없이 실패한다. 낙인과 훈련 부족, 제도적이고 구조적인 지원 결여 때문이다.[27] 이는 분리 체제의 구조적 오점을 반영하고 또 강화한다.

이러한 상황에서 미네소타 모델은 모든 환자의 욕구를 충족시키기 위해 노력했다. 알코올 중독자 익명 모임처럼 이 모델도 무기력한 알코올 중독자가 자발적으로 치료를 모색한다는 관념을 토대로 수립되었지만, 1960년대가 흐르면서 치료 프로그램에 참여하는 환자는 더욱 다양해졌다. 술 문제가 있는 나이 많은 전문직 종사자는 줄어들고 심각한 약물 중독으로 치료가 더 어려운 젊은이들이 많아졌다. 이러한 상황에서 재활 시설은 시너논의 방식을 일부 채택했다. 1967년 헤이즐든의 몇몇 간부가 의도적으로 시너논의 대면 기술을 모방한 병원을 방문했고, 이후 얼마 지나지 않아 헤이즐든은 그러한 전략을 도입했다. 예를 들면, 집단 치료에서 한 사람을 〈궁지hot seat〉에 몰아넣고 다른 환자들이 〈화를 잘 낸다〉, 〈거만하다〉 따위의 스무 가지가 넘는 〈성격 결함〉이 적힌 종이를 이용하여 그의 행동과 태도를 비판하는 것이다.[28]

오늘날 모진 대면 추궁은 여러 재활 시설에서만 쓰이는 것이 아니다. (특히) 교도소의 프로그램, 자연 치유 프로그램 같은 청소년 교정 시설, 십 대 문제 청소년 산업troubled-teen industry에서도 많이 쓰인다.

한편 치료 공동체는 다양하다. 모든 치료 공동체가 전부 대면 추궁 방식을 쓰는 것도 아니다. 기존의 많은 치료 공동체가 자존심에 상처를 입히는 극단적인 전술의 사용을 거부했으며, 미국의 치료 공동체 연합회와 국제적 연합회는 강도 높은 대면의 전통을 지속하면서도 〈욕설〉 기법에는 공식적으로 반대했다.[29] 사회학자 커윈 케이Kerwin Kaye는 최근에 〈상대적으로 부드럽고〉 배려가 더 많은 곳 중 하나로 여겨진 뉴욕의 어느 치료 공동체를 연구했는데, 실제로 여덟 달 동안 잠입해 지켜보니 간부들이 일상적으로 입소자를 호되게 질책하고 여럿이 보는 앞에서 창피를 주고 〈마약 중독자dope fiend〉라고 불러 몹시 두려웠다. 최악의 사례는 간부진이 한 건의 규율 위반을 적발하자 모든 입소자의 방에 들어가 매트리스를 뒤집고 소지품을 바닥에 쏟아부으며 샅샅이 뒤진 후 (티끌 한 점 없이 깨끗해야 한다는 시설의 일상적인 군대식 기준에 따라) 자정이 넘도록 다시 치우게 한 것이다.[30]

수십 년의 연구 끝에 그러한 대면 관행이 물질 중독 치료에 효과적이라는 증거는 거의 없음이 밝혀졌다. 실제로 역효과를 내서 저항을 더 초래하는 경우가 많다.[31] 치료 공동체에 몇 달에서 몇 년까지 머무르는 것이 그보다 강도가 덜한 치료보다 좋다는 강력한 증거도 없다. 오늘날 의학 연구 평가의 최고 기준이 되는 『코크런 리뷰Cochrane Review』는 2006년 치료 공동체가 약물 사용 중단 비율 같은 척도에서 다른 치료법보다 더 낫다는 증거를 발견하지 못했다. 치료 공동체는 비용이 적게 들고 정치적으로 매력적일지는 몰라도, 오늘날의 가장 분명한 증거에 따르면 28일 재활 시설이나 외래 진료 치료같이 기간은 더 짧고 극단적인 면도 덜한 치료법도 대체로 비슷한 결과를 보여 준다.[32]

그러나 수많은 사람이 이러한 유형의 환경 덕분에 삶이 엄청나게 바뀌었다고 말한다. 강도 높은 치료가 중독에 깊이 빠진 생활 방식을 해결하는 데 실제로 도움이 되었다고 주장한 것이다. 그들의 주장에 따르면 그 방법의 핵심은 욕설을 퍼붓는 대면 추궁이 아니라 자신에 대한 생각을 바꿀 기회에 있다.[33] 이는 많은 경우에 중독 치료의 명백한 목표이다. 단지 병리적 현상을 교정하는 것뿐만 아니라 정체성을 전면적으로 고치는 훨씬 더 어려운 과제인 것이다.

앞으로 재활 시설에서 집단 치료를 받고, 능력 진단 평가지를 작성하고, 레크리에이션 치료에서 오려붙이기를 하고, 공감하는 태도로 늘 계획을 수립해야 했는데, 나는 여전히 수용과 거부 사이에서 갈피를 잡지 못했다. 기분 변화가 극심했고 침대 속에 파묻혀 흐느꼈으며, 마침내 혼자가 되어 미친 짓을 벌인 이후로 계속 찾아온 압도적인 공포를 경험했다. 나는 진짜로 문제가 있다고 조금씩 인정하기 시작했다. 약물 복용량과 음주량을 최소한으로 줄이려는 노력을 중단하기로 했다. 퇴원하여 외래 진료 프로그램으로 전환할 수 있다는 희망에서 입소 이후 계속 해오던 것이었다. 그러나 대개는, 그렇게 결심하고 곧바로, 다시 되돌아가 이 사람들은 바보라고, 내 입장을 고수하고 최대한 빨리 나가야 한다고 확신했다. 나는 무엇이 진짜 현실인지 몰랐다.
　나는 재활 시설의 접근 방식에서 잘못된 것 같은 점을 간파했다. 완전히 해롭다고는 할 수 없었지만 나의 저항을 키웠다. 두려움과 감시당한다는 느낌이 입소한 의료 종사자들 사이에 퍼졌다. 어느 경박한 외과의는 〈강제 퇴원〉을 당했다. 약물이나 술 문제 때문이 아니라 여자 환자에게 끊임없이 말을 걸었기 때문이다. 그는 미시시피의 장기 돌봄 프로그램으로 옮겨 갔고, 듣기로는 그곳에서 회복을 방해하는 뿌리 깊은 인성 문제를 해결할 예정이다. 〈책임 있는 관계〉라는 정기적인 집단 훈련에서 우리는 치료나 알코올 중독자 익명 모임에 관해 의심을 표명하는 것 따위의 다른 사람들의 말썽스러운 행위를 비난했다. 나이 많고 점잖았으나 은근히 완고하고 비협조적이었던 어느 가정의는 알코올 중독자 익명 모임에서 자신이 보기에 논리적이지 않은 요소들을 계속 지적하다가 『킹 베이비 *King Baby*』라는 제목의 소책자를 받았다. 그의 내성이 어떻게 그의 미성숙함을 드러내는 징후인지 설명한 책이다. 내게는 전부 정신 나간 짓 같았다. 그들의 개입 대상은 광범위했다. 인간의 개성과 특성 자체였다. 정신과에서는 절대로 한두 주나 한두 달 만에 기본적인 성격을 교정하려 하지 않는다.

　재활 시설에 들어가고 얼마 지나지 않아 어머니가 나를 찾아왔다. 내가 미친 짓을 벌인 이래로 어머니는 내가 거친 모든 것, 즉 주의 감독 프로그램과 몇 달간 이어진 의사를 위한 특별 프로그램이 과잉 대응이라는 나의 주장에 동조했다. 어머니는 내가 알코올 중독자라는 견해를 증오했고 거부했다. 어머니는 알코올 중독자 익명 모임이 무척 싫었다. 어쨌거나 어머니는 거의 평생토록 자신의 음주 문제에 대한 알코올 중독자 익명 모임의 시각에 맞서 싸우지 않았는가. 그러나 그때 어머니 때문에 깜짝 놀랐다. 어두침침한 식당에서 고집불통인 친척을 방문한 다른 고분고분한 가족들에 둘러싸인 채 어머니는 체념한 듯 나를 바라보며 싸움을 멈출 때가 왔다고 말했다. 이제 그만 포기하고 상황을 받아들여야 했다. 나는 몸에서 자그마한 안도감을 느꼈고, 어머니가 옳을지도 모른다고 생각했다.

　시설에 들어오고 한 주가 지났을 때, 나는 모든 상담사를 한꺼번에 만났다. 그들은 내게 입원 치료의 전 과정을 마치는 것이 좋겠다고 권했다. 그들은 나보고 건성건성 넘어갈 수는 없을 것이라고 장담했다. 나는 정말로 참여해야 했다. 그렇지만 선택이 나의 몫이라는 점이 가장 중요했다. 아무도 나를 그곳에 잡아 둘 수는 없었다. 나는 원할 때 떠날 수 있었다. 오랜 시간 고생을 많이 하겠지만, 다시 의사로 일하기를 원한다면, 언제라도 떠날 수 있었다.

쉽게 선택했어야 했다. 왜 그렇게 어렵다고 느꼈을까? 나는 다른 의사 환자들에게 어떻게 생각하는지 물었다. 몇몇은 내게 머물라고 요구하는 것은 터무니없는 말이라는 데 동의했고, 다른 이들은 어떻게 〈항복〉해야 하는지만 계속 이야기했다. 잘 설명하려 했지만 나도 내가 무슨 말을 하고 있는지 혼란스러웠다.

마음을 접고 비록 불완전할지언정 제시된 도움을 받아들일 수 있게 한 것은 바로 이러한 갈등, 내가 나라고 생각하는 것, 내가 원한다고 생각하는 것에 대한 무시무시한 애착이었다. 머리가 빙빙 돌았다. 토할 것 같았다. 나는 그 많은 일을 겪은 뒤에도 어떻게든 해보려고 많이 노력했다. 그것 자체도 무서웠다. 나는 깨달았다. 특정 프로그램이 결함이 있다고 해도 내게 집중한 그 모든 힘은 선한 의도를 지녔으며, 그들은 나를 안전하게 지키고 내게 무엇인가 아주 잘못되었다고 말하려 애쓰고, 특히 나의 의지력과 자아 정체성에 대한 나의 애착이 어쩌면 내가 직면한 가장 큰 위험일지도 모른다는 것을 말이다.

나는 한 주 동안 고집스럽게 나를 〈심사를 받으러 입소한 평범한 백인 남자〉로 소개했지만, 이튿날 아침 점호 때 그렇게 하지 않았다. 나의 얼굴은 붉게 상기되었다. 자아의 일부를 잃어버린 느낌이었다. 그러나 나의 다른 일부는 긴장이 풀어졌다.

오늘까지도 나는 그 재활 프로그램을 어떻게 생각해야 할지 완전히 자신하지 못한다. 서머스 박사는 지나치게 가혹했나? 나는 자극을 받을 필요가 있었나? 나는 외래 진료만으로도 잘 해나갈 수 있었나? 성격과 인성의 재건에 초점을 맞춘 것은 지나친 대응이었나? 어려운 선택에 직면해 있었다는 점에서 모종의 강제가 필요했다는 것은 납득된다.[34] 중독 치료를 받는 사람에게는 대체로 일종의 강제가 동반된다. 가족과 친구들로부터 최소한 비공식적인 강요가 있다. 나는 조만간 의사로 다시 일하려면 그곳에 있어야 했다. 그래서 그곳에 갔다. 그런 의미에서 강압이 있었다는 사실이 기뻤다. 감독 프로그램에 들어가지 않았다면, 충실히 치료를 받지 못했을 것이고 회복되지 못했을 것이다. 다른 사람에게 해를 끼쳤을 수도 있고 죽었을지도 모른다. 그렇지만 내가 얼마나 심도 있는 재활을 거쳤든 간에 그것이 대면 추궁보다는 인간관계와 더 많은 관련이 있다고 믿고 싶다. 처음에 서머스 박사가 거칠게 몰아붙였는데도 나는 정말로 굴복할 필요성을 느끼지 못했고, 나를 변화시킨 가장 의미가 깊은 경험은 정식 치료보다는 서로 돕기가 뿌리를 내려 효과를 발휘할 수 있는 상황에 놓인 것이었다.

나는 재활 프로그램을 충실히 따르기로 결정한 직후 우리 모두가 무리 앞에서 자신의 〈중독 이야기〉를 30분간 풀어놓고 〈성격 결함〉에 관해 무리의 의견을 들어야 한다는 것을 알았다. 나는 그 관념이 무서웠다. 의료 종사자 집단의 다른 사람들이 나를 창으로 찌르는 상상을 했다. 그러나 나는 결국 앉아서 나의 이야기를 했다. 아주 홀가분한 경험이었다. 상담사는 우리를 방에 남겨 두고 나갔다. 내가 상황이 얼마나 나빴는지, 이별과 수많은 야심한 밤, 숨기, 창피함, 무기력감, 특히 스스로를 통제하려는 싸움에서 늘 실패한 일을 농간을 부리지 않고 솔직하게 이야기한 것은 사실 그때가 처음이었다. 방 안 여기저기서 낄낄거리는 소리가 들리고 미소가 보였으며 알겠다는 뜻으로 고개를 끄덕이는 사람이 있었지만, 대다수는 부드러운 표정으로 주목했다. 이후 사람들이 나의 〈결함〉에 관해 의견을 적어 보내 주었다. 나는 난도질을 당할 것을 예상했지만, 대부분은 격려와 위로였다. 재활의 다른 좋은 부분처럼 그것도 이해심 있는 사람들 사이에 있는 경험이었을 뿐이다.

1943년 제2차 세계 대전이 절정으로 치달을 때, 의회는 마침내 여자 의사의 장교 임관을 허용했고, 1년 뒤 코넬 대학교 의과 대학을 졸업한 총명한 마리 나이스원더Marie Nyswander가 정형외과 의사가 되는 꿈을 실현할 기회를 잡았다. 그러나 해군은 여성의 군의관 복무를 허용하기로 했으면서도 여성 외과 의사는 원하지 않았다. 나이스원더는 나르코에 배치되었다. 그녀는 나르코를 몹시 싫어했다. 몇 년 뒤 의료계의 중독 치료에 대한 가장 큰 기여가 될 일의 시작치고는 어울리지 않았다.

　나이스원더는 나르코에 도착하여 직원들이 환자를 마치 죄수처럼 다루고 흑인 환자에게 사람이 생각할 수 있는 최악의 욕설을 퍼붓는 것을 보고는 무섭기도 했거니와 동시에 더 잘 해야겠다는 마음이 들었다. 그녀는 늘 의학을 사회적 폐해를 해결하는 방법이라고 생각했다. 십 대 때에 그녀는 1년 동안 결핵 요양소에 갇힌 적이 있었다. 그곳에서 가난한 환자들의 분투를 목격하고는 카를 마르크스Karl Marx와 프리드리히 엥겔스Friedrich Engels의 저작을 읽었으며 잠시 청년 공산주의 연맹에 몸을 담았다. 나이스원더는 정치 혁명의 환상에서 깨어나고 의학으로 눈을 돌렸다. 이제 그녀는 통제와 봉쇄, 격리를 위해 설립된 절망적인 기관인 나르코에 왔다. 그녀가 마음에 그렸던 개혁과는 거리가 멀었다. 나이스원더는 다른 길을 찾기로 결심했다.

　나이스원더는 1년간의 나르코 근무를 마치자마자 다시 뉴욕으로 돌아가 정신과에 몰두했다. 당시 부르주아는 정신 분석에 열광했지만, 나이스원더는 두 가지 진료를 시작했다. 하나는 집중적인 중독 심리 치료였고, 다른 하나는 헤로인에 중독된 재즈 음악가들을 대상으로 한 특별 진료였다. 재치 넘치고 교양 있고 세상 물정에 밝은 나이스원더는 환자들의 사랑을 받았다. 이스트 103번가에 있는 그녀의 진료실에 환자들이 몰려왔다. 전후 시대 헤로인 위기가 한창일 때 그곳에서 변두리 주택 지구까지 먼 길을 걸어가는 그녀를 우연히 본 사람들은 소스라치게 놀랐다.

나이스원더는 1956년 첫 번째 책『환자로서의 약물 중독자*The Drug Addict as a Patient*』를 발표한 뒤 세심한 동정적 치료의 전국적인 지도자가 되었다.[35] 나이스원더의 책은 지금 읽어도 감동적이다. 약물 사용에 영향을 미치는 다양한 심리적 요인과 사회적 요인을 인정하면서도 매우 낙관적이고 환자들의 자존심을 존중하는 태도가 곳곳에 드러난다.[36] 나이스원더는 모든 중독자를 〈마조히스트〉나 〈조잡한 자위 대용물〉을 찾는 사람으로 격하하는 정신 분석의 진부한 고정 관념을 내던지고 대신 환자들의 약물 사용 동기의 복잡성과 다양성을 환기시키며 약물 사용이 완벽하게 이해할 수 있는 기능을 한다고 설명했다. 〈그들이 느낄 수 있는 삶과 기쁨이라면 무엇이든 생생하게 유지하는 방법〉이며, 심지어 〈신비로운 경험 속으로 들어가는 방법〉이자 〈명쾌한 감정과 인식의 조화〉였다.[37]

그렇지만 나이스원더는 환자들이 보여 준 실제의 결과에 사기가 꺾였다. 세계 최고의 정신 분석도 그녀의 환자들을 치료하기에는 충분하지 않은 것 같았다. 그들은 변함없이 힘들게 고투하는 가난한 지역 사회로 돌아가 다른 사용자들에 둘러싸여 무수히 많은 유혹에 대면했고 헤로인을 끊을 이유를 찾지 못했다. 그들을 도우려면 더 강력한 것이 필요했다.

빈센트 돌Vincent Dole은 무엇 때문인지 모르겠지만 괴로웠다. 때는 1962년, 저명한 물질대사 연구자인 돌은 뉴욕의 로커펠러 의학 연구소에 안정되게 자리 잡고 있었다. 하지만 허드슨 밸리의 부유한 교외 지구에서 통근하는 길에, 125번가 역사에서 걸어 내려올 때마다(그는 몰랐지만 나이스원더의 진료실을 지난다) 주변에 보이는 오피오이드 유행병의 규모를 더는 무시할 수 없었다. 그는 〈대단한 특혜를 입은 두 오아시스 사이를 진정 비참한 유행병의 바다를 지나 이동하고 있는 느낌을 받았다〉.[38] 그는 동료에게(나중에 알려진 바로는 유명한 의사이자 작가인 루이스 토머스Lewis Thomas였다) 관심사를 이야기했고, 막 휴가를 떠날 참이었던 그 동료는 돌에게 중요한 기관인 뉴욕시 마약 위원회에 관한 자신의 견해를 밝혔다.

돌은 열렬한 중독 연구자가 되었고, 우연히 나이스원더의 책을 읽은 뒤 즉시 그녀를 고용하여 연구의 중심을 오피오이드로 옮겼다. 두 사람은 기본적인 연구부터 시작했다.[39] 중독자를 병원에 입원시켜 여러 약물의 효과를 연구했고, 1964년 이상한 점을 포착했다. 관찰 대상인 환자들은 대부분 제공되는 약물에 빠르게 몰입하여 언제 다음 번 헤로인이나 모르핀, 하이드로모르핀(다일로디드)을 맞을까에 온통 정신이 팔려 있었지만, 다른 약물 즉 메타돈을 시험했을 때는 상황이 극적으로 달랐다.

메타돈은 나이스원더처럼 나르코의 세계에서 왔지만 나르코의 일부는 아니다. 수많은 합성 오피오이드의 하나인 메타돈은 1930년대 독일에서 처음 합성되었고, 1946년 미국 정보팀은 그 합성물을 발견하자마자 나르코로 가져가 추가 시험을 했다. 나르코에서 메타돈은 금단 증상의 주된 치료제가 되었다. 메타돈은 극도로 서서히 작용하는 오피오이드인데, 효과가 오래가는 다양한 합성물로 분해되기도 하거니와 매일 복용하면 몸 안에 약물 저장소가 생기기 때문이다. 그래서 메타돈은 24시간 넘게 효과가 지속된다. 그리고 결정적으로 매일 규칙적으로 복용하면 도취감이 생기지 않는다.[40]

그리하여 돌과 나이스원더가 오피오이드에 중독된 두 명의 환자에게 그 대신 메타돈을 투여했을 때, 시험 대상자는 다음 번 복용을 초조하게 기다리지 않았다. 그뿐만 아니라 새롭게 활력을 찾았고 심지어 〈정상〉이 되었다.[41] 선배 세대의 나르코 과학자들은 철학적으로 오피오이드 유지에 반대했지만, 돌과 나이스원더는 바쁘게 돌아가는 도시에서 일했기 때문에 곧 대상자들의 강력한 요구에 따라 유지 실험을 했다. 나이스원더는 나중에 이렇게 회상한다. 「나이 든 중독자는 열심히 그림을 그리기 시작했고, 그의 그림은 훌륭했다. 더 어린 중독자는 우리에게 고등학교 졸업장을 얻게 해달라고 간청했다. 우리는 두 사람을 병원 밖에 있는 학교에 보냈고, 그들은 계속 병원에서 지냈다. 두 사람 다 기회가 충분했지만 아무도 밖에서 헤로인을 습득하지 않았다. 두 명의 게으름뱅이는 힘찬 발전기로 변했다.」[42] 나이스원더와 돌은 즉시 그 치료의 함의를 깨달았다. 그들은 레지던트를 막 마친 코넬 대학교의 다른 의사 메리 진 크리크Mary Jeanne Kreek를 고용하여 중독자에게 메타돈을 투여하는 실험적 프로그램을 시작했다.

1965년 이들은 『미국 의사 협회보』에 놀라운 결과를 설명하는 글을 실어 큰 충격을 주었다.[43] 여러 차례 치료를 받았으나 성과를 보지 못한 스물두 명의 〈정맥주사〉 헤로인 사용자가(나르코와 다른 병원에서 전통적인 재활 치료를 여섯 차례 이상 받은 사람이 많았다) 메타돈을 꾸준히 복용하여 성공리에 치료되었다. 전부 〈마약 갈망narcotic hunger〉이 완전히 소멸되는 경험을 했고 삶의 전환을 이루어 다시 학교에 가고 직업을 구했으며 가족과 화해했다. 네 명의 환자는 시험 삼아 거리에서 헤로인을 주사하는 〈실험〉을 했지만, 메타돈이 도취 효과를 〈막았다〉. 환자들은 〈반응이 없어서 크게 놀랐다〉. 그들은 즉각 마약을 중단했을 뿐만 아니라 연구 병동으로 돌아와 다른 환자들에게 실험해 볼 필요도 없다고 말했다.

의학사에서 최초로 중독의 완전한 치료를 장담하는 단일 약물이 실제로 그 약속을 뒷받침할 증거를 확보했다. 논문의 제목은 저자들의 전체론적 열망을 드러낸다. 메타돈은 단지 〈유지〉가 아니라 그 자체로 일종의 〈의학적 치료〉였다. 메타돈은 선풍적이었다. CBS 이브닝 뉴스의 월터 크롱카이트 Walter Cronkite는 돌을 다루며 이렇게 말했다. 「새로운 실험적 치료 방법이 자유의 희망을 준다.」 그리고 『뉴요커 New Yorker』는 양면 기사로 나이스원더를 소개했는데, 그녀는 메타돈의 혁신적 사용을 현미경의 발견에 비유했다.[44] 두 사람은 스물두 명의 환자를 128명까지 늘려 연구 논문을 마구 쏟아 냈다.[45]

이들의 연구는 급속하게 확대되었다. 뉴욕시 병원 감독관은 돌에게 이스트 빌리지 끝자락 스타이버선트 광장 공원이 내려다보이는 맨해튼 종합 병원의 비어 있는 한 층을 마음껏 쓰라고 프로그램 출범 장소로 제공했다.[46] 당시 뉴욕은 사회적 배제와 민족 분쟁의 진앙지였다. 그 직후 1969년 브루클린의 베드스타이(베드퍼드-스타이버선트) 인근에 무상으로 운영되는 뉴욕시 최초의 메타돈 진료소가 들어섰다. 이는 메타돈이 일반 사회에서 먼 실험에서 일상적인 치료로 전환되었다는 표시였다. 얼마 지나지 않아 리처드 닉슨 대통령이 메타돈은 중독 문제에 대해 〈얻을 수 있는 최선의 해답〉이라고 선언한다.[47]

메타돈은 세상을 사로잡은 〈화학 요법 혁명〉의 하나였을 뿐이다. 최초의 항정신성 약물인 클로르프로마진 Chlorpromazine은 1950년 프랑스에서 발견되었고 그 전에는 고치기 어려운 사례로 포기한 보호소

환자들에게서 놀라운 회복을 이끌어 냈다. 클로르프로마진은 곧 미국에 소라진Thorazine으로 들어왔고, 동시에 리튬lithium과 LSD, 〈약한 진정제〉 밀타운Miltown의 인기가 폭발했다. 정신 의학이 마침내 정신병의 생물학적 암호를 풀어 날로 늘어 가는 고통을 간단한 알약으로 치료할 수 있는 것 같았다.[48] 엄청나게 다양한 새로운 정신적 문제가 정신과 진료의 영역 안으로 빨려 들어왔다. 그렇게 정신 질환의 과학적 모델 자체가 변했다. 이전에는 신경 전달이 전기적이라고 생각되었는데, 이제 약물이 신경 전달은 화학적이라는 점을 입증했고, 그로써 정신 질환의 근본적인 원인을 화학적으로 찾아낼 수 있다는 믿음이 커졌다.[49]

그렇지만 메타돈은 상당한 반대와 비판에 직면했다. 의료인들은 절제라는 덕목에 대한 미국인의 집착을 보여 주었다. 어느 저명한 중독 의학 전문의는 『미국 의사 협회보』에 〈이 연구자들은 공공연히 중독자에게 그 중독을 충족시키고 지속시킬 마약을 주고 있다〉라고 불만을 토로했다.[50] 나르코의 연구자 해리스 이스벨은 이전에 중독자였다는 자들이 얼마나 잘 해냈는지 믿지 않았고, 돌에게 단호히 〈저들은 중독자가 아니다〉라고 말했다.[51]* 흑인 사회의 지도자들도 확고히 반대했다. 그들은 메타돈을 범죄의 근본 원인, 다시 말해서 〈이너 시티〉 사회에 집중된 빈곤과 그것의 의도적인 배제와 무시를 해결하지 못한 〈백인 중간 계급의 미국이 우리에게 던져 준 해법〉으로 치부했다.[52] 흑인 사회의 지도자들은 메타돈이 일종의 사회적 통제 수단이 되리라고 경고했다. 「우리의 몇몇 관료는 범죄를 멈출 수만 있다면 곧 값싼

* 이스벨이 떠났을 때, 환자들은 돌에게 의기양양하게 보고했다. 그들은 모두 나르코에 갔었고, 일부는 여러 번 갔었는데, 그들에게 유일하게 효과가 있었던 프로그램은 바로 메타돈이었다는 것이다 — 원주.

합성물로 게토 주민 전체를 마비시킬 것이다.」[53] 그러나 가장 강력한 반대는 치료 공동체 지도자들에게서 나왔다. 그들은 중독에는 전면적인 성격 개조가 필요하다고 믿었다. 어느 지도자는 이렇게 선언했다. 「메타돈은 모르는 사이에 취한다. 비도덕적이다. 증상은 치료하지만 병은 치료하지 못한다.」[54]

돌과 나이스원더는 처음부터 메타돈을 단순한 기적의 치료제로 제시하지 않았다. 재활, 즉 사회적, 심리적 영역과 조화를 이루는 두뇌라는 더 심층적인 기획의 한 요소로 쓰려고 했다. 〈우리의 목표는 중독자의 재활이다. 우리는 거리와 교도소에서 헤로인 사용자를 없애고 그들을 가족과 학교, 일터로 돌려보낼 더 나은 방법을 찾고 있다.〉[55] 그들의 프로그램은 약물 치료에 더하여 폭넓은 사회적 서비스를 제공한다. 나이스원더는 심리 치료를 연구하던 때에 사회 심리적인 노력만으로는 대개 충분하지 않지만 그러한 개입이 종종 필요하다는 점을 배웠다. 그러나 다른 때에, 특히 그 치료법의 합법성에 대한 공격이 고조될 때, 돌과 나이스원더는 수세적인 태도를 취하여 중독의 본질을 지나치게 생물학적 환원론으로 설명했다. 1967년에 발표한 유력한 논문 「헤로인 중독-대사질환Heroin Addiction-a Metabolic Disease」에서 두 사람은 중독의 뿌리가 나르코의 의사들이 몇 세대 동안 가정했던 것처럼 〈중독에 빠지기 쉬운 성격〉이 아니라 〈민감한 신경〉이라고 주장했다.[56] 학술지에서부터 석간신문에 이르기까지 돌과 나이스원더는 메타돈으로 치료받은 환자들에게서 〈약물 갈망〉이 어떻게 싹 사라졌는지 설명하면서, 메타돈 덕분에 환자들이 〈정상〉으로 돌아왔고, 메타돈이 최소한 추가적인 약물 사용을 〈차단〉했다고 강조했다.[57] 이는 반대에 부채질을 해서 비판을 더욱 자극했을 뿐이다. 돌은 말년에 이 결정론적 표현은 약간 도를 넘은 과잉 반응이었으며, 과학적 엄밀함보다는 비판에 대응할 필요성에서 나왔다고 인정했다.[58] 약물 치료와 여타 치료법, 서로 돕기 등의 다양한 접근법이 실제로 서로 충돌하지 않았기 때문에, 파벌로 나뉘어 다툴 필요는 없었다. 그렇지만 중독 치료의 다원주의적 접근 방식에 마음이 열려 있는 사람은 극소수였다.[59]

중독은 치료의 대상이라는 관념이 엄청난 지지를 받았지만, 그 에너지는 치료 공동체부터 이제 막 생기기 시작한 재활 시설과 초기 메타돈 처방 병원, 실제로 중독을 치료한 소수의 의사들까지 문제를 서로 다른 시각으로 이해하는 여러 분야로 분산되었다. 중독은 무엇이었나? 신체 질환, 성격 장애, 정신 질환, 아니면 완전히 다른 것? 공통의 기반을 찾기는 어려웠고, 치료라는 기획은 내분으로 위험에 처했다. 한편 1960년대 중간 계급은 약물 문화가 통제를 벗어나고 있다고 걱정했다. 종전 후 베이비 붐 시기에 태어난 자녀들이 사춘기에 접어들었고 약물을 점점 더 많이 시도하고 있었기 때문이다. 1967년 샌프란시스코에 5만 명이 〈휴먼 비인Human Be-in〉 행사로 모여 대마잎을 깃발 삼아 휘날리며 LSD를 복용했다. 이 행사 때문에 〈환각제psychedelic〉라는 말이 교외에 퍼졌다. 〈물병자리 시대〉가 시작되면서, 그 중간 계급은 헤로인이 바로 뒤따라올 것이라고 우려했다. 『타임』은 이렇게 머리기사 제목을 뽑았다. 〈헤로인이 젊은이들을 덮친다.〉 『라이프Life』는 부모들에게 소도시에 침투하는 헤로인 중독의 〈게토 병폐ghetto malady〉를 경고했으며, 일간지 『뉴스데이Newsday』는 교외의 롱아일랜드까지 이어지는 〈헤로인 길heroin trail〉에 관한 보도로 퓰리처상을 수상했다.[60]

1968년 리처드 닉슨은 오래된 인종주의적 관념을 거의 공공연히 이용한 〈법과 질서〉와 〈범죄에 대한 강경 대응〉이라는 정책으로 대통령에 당선되었다. 닉슨은 도시에 번지는 약물과 범죄를 민권에 저항한(적극적으로 반대한) 자들의 인종주의적 두려움에 능숙하게 연결했다.[61] 그의 참모들은 이렇게 말했다. 「모든 문제는 실로 흑인이다.」[62] 선거 운동 전략은 그들의 표를 얻기 위한 것으로 〈우리는 인종주의자를 따라갈 것이다〉였다. 표면적으로 보면 마치 닉슨이 약물 금지로 돌아갈 운명인 것 같았다. 그는 청교도로 1969년 우드스톡 축제 같은 쾌락주의적 행사를 혐오했다. 그는 멕시코에서 약물 단속을 독려했으며(소규모 생산자를 시장에서 몰아내 훗날 거대 카르텔이 출현할 수 있게 했다), 말년에 〈약물 퇴치 전쟁은 우리의 두 번째 내전〉이라고 주장했다.[63]* 그러나 안타깝게도 닉슨의 말과 그의 정책은 서로 모순이다. 그가 교육과 연구, 치료의 포괄적인 프로그램도 요구했기 때문이다.[64] 헤로인의 물결이 한 번 더 솟구치면서, 어떤 정서가 지배적일지, 누군가 진정 도움이 될 수 있을지는 아직 알 수 없었다.

* 닉슨의 약물 반대 입장은 그가 임기 중에 진정제를 상습 복용했다는 소문을 고려하면 훨씬 더 놀랍다 — 원주.

10
무관용

조시가 자신감 넘치게 성큼성큼 문을 통해 들어온다. 이 멋진 푸에르
토리코 여성은 긴 머리를 묶어 늘어뜨렸고 꼼꼼하게 화장을 했으며
나의 손을 꽉 잡고 악수할 때면 긴 손톱이 나의 손목을 긁었다. 우리는
그녀의 과거에 관해 토론을 시작했다. 위탁 가정에서의 여러 차례 강
간. 잡생각을 없애 준다고 들은 오피오이드. 많은 생존자가 느끼는 이
유 없는 죄책감과 수치심. 돈이 떨어졌을 때 약물 판매를 시킨 판매상.
그녀는 중요한 세세한 이야기는 대충 얼버무리며 말수가 줄어들었다.
내게 이야기를 다 털어놓는 것이 중요하다는 사실을 알면서도 대화의
주제를 바꾸려 했다.

　　나는 법 정신 의학 연구의 일환으로 조시를 만나고 있다. 법정에
그녀의 〈적절한 치료 수준〉에 관한 의견을 제시하기 위해 평가를 마
치고 있는 중이다. 조시는 교정 시설 형태의 대면 치료를 포함하여 몇
차례 형법상의 치료 제도를 거쳤지만, 이는 그녀의 트라우마를 악화
시켰을 뿐이다. 그녀는 공포에 사로잡히거나 대인 관계에 문제가 생
기면 보통 〈히스테리〉라는 꼬리표가 붙어 퇴소했다. 현재의 치료 프
로그램에는 약한 정신과 약물이 포함되어 있지만 중독에 쓰는 약은

아니다. 메타돈이나 부프레노르핀 같은 약은 확실히 없다. 2014년 현재, 사법 당국이 오피오이드 중독 치료를 의뢰한 사람 중에서 인생을 구할 잠재력이 있는 이러한 약물을 받는 사람은 겨우 스무 명에 한 명 꼴이다.[1]

조시의 〈적절한 치료 수준〉은 무엇인가? 그녀의 현실과 이상 사이의 간극을 생각하면 기운 빠지는 질문이 아닐 수 없다. 실질적인 트라우마 심리 치료, 좋은 의사와의 안정적인 관계, 과다 복용 사망을 줄이는 것으로 입증된 약물 치료가 필요하다. 그러나 이것은 형법 제도 안에 있는 사람에게는 대체로 꿈같은 이야기이다. 만일 조시가 운이 좋다면 이미 받고 있는 정신과 약물, 즉 그녀 생각에 도움은 되지만 충분하지는 않은 약물을 강제로 빼앗기지는 않을 것이다. 그리고 그녀는 교정 시설처럼 운영되지 않는 환경에서 지낼 수 있을 것이다. 바로 그것이다.

나는 레지던트 과정을 마친 후 1년간 법 정신 의학 공부에 전념했다. 그러면서 처음에 조시 같은 환자들을 만났다. 일주일에 하루 뉴욕주의 경비가 삼엄한 여자 교도소에서 일했다. 우리의 정신과 진료소에 보내진 모든 환자가 낮은 수준의 약물 범죄와 개인적인 트라우마 역사를 다 갖고 있는 듯했다. 그들 중 여럿이 엄격한 교정 시설에 가는 것으로 감옥살이를 잠시 때우려 했지만, 그곳에 가면 머리털을 밀고 직원들이 소리를 지르는 가운데 눈밭에서 엎드려 팔굽혀펴기를 했다.[2] 그들의 이야기가 잊히지 않았다. 출생의 우연이 아니라면 나의 이야기도 완전히 다를 수 있었다. 얼마나 불공평한가. 뉴욕 경찰청은 맨해튼의 부자 동네에 사는 백인 남자인 나를 고발하지 않고 병원에 데려갔다. 만일 내가 다른 주택 지구에 사는 유색인이었다면, 지금의 집단 감금 시설을 가득 메우고 있는 많은 사람처럼 투옥되거나 어쩌면 총에 맞아 죽었을지도 모른다.

대략 50년 전 미국은 중독을 새로운 치료적 접근법으로 바라보는 변화의 시점에 있었던 것 같다. 그 문턱을 넘었다면 처벌적 접근법을 버리고 동정적으로 관대하게 치료했을 것이다. 그러나 그때 이 나라는 재활이라는 관념에 대한 인내심을 완전히 잃고 금지론에 입각한 대응의 길을 갔는데, 역설적이게도 이것이 중독 치료 제도를 낳았다.

1971년 6월 17일 헤로인 유행병이 다시 한창 퍼질 때, 닉슨은 공식적으로 〈약물 퇴치 전쟁〉을 선포했다. 그해에 미국인들은 헤로인 중독을 나라에서 세 번째로 시급하게 해결해야 할 문제에 올려놓았다.[3] 일견 끝나지 않을 것만 같은 베트남 전쟁과 침체된 경제만 그보다 앞에 있었다. (비교하자면 2019년 널리 알려진 오피오이드 과다 복용 위기 중에도 약물과 약물 중독은 이 나라가 직면한 심각한 문제 중에서 열두 번째 자리를 차지했다.)[4] 공포심을 더욱 키운 것은 헤로인이 베트남 전쟁에도 널리 퍼졌다는 사실이다. 입대한 미국 군인의 3분의 1 이상이 헤로인을 해본 적이 있었다.[5] 거리의 판매상은 사이공 거리를 배회하는 미국 병사의 주머니에 순도 95퍼센트 헤로인 주사제 약병을 찔러 넣었고, 판매상들은 군복 입은 병사들의 호위를 받는 의회 조사단에도 여러 차례 접근했다.[6]* 1971년 두 명의 하원 의원이 여러 차례 기자 회견을 열어 현역 복무자의 10퍼센트에서 15퍼센트까지 중독되었다고 밝혀 큰 주목을 받았다.[7] 닉슨은 약물 퇴치 전쟁을 선언한 텔레비전 방송에서 심상치 않은 분위기에 맞게 약물이 나라를 파괴할

* 전하는 바로는, 중앙 정보국CIA이 동남아시아 〈골든트라이앵글Golden Triangle〉의 전략적 협력자들의 아편 재배 사업을 보호하고 심지어 사업에 참여했기 때문에 헤로인을 어디서든 쉽게 구할 수 있었다는 점을 언급할 필요가 있다 — 원주.

것이라고 전망했으며, 틀린 이야기지만 헤로인 사용자가 매년 20억 달러에 해당하는 재산죄의 원인이라고 주장했다.[8]

그러나 오늘날의 시각에서 볼 때 닉슨의 전쟁에서 놀라운 점은 그것이 중독에 대한 치료적 대응으로 이어졌다는 사실이다. 닉슨이 전쟁을 선포했을 때는 약물 퇴치 전쟁의 역사에서 유일하게 자금의 대부분이 법 집행이 아니라 치료로 흘러간 순간이었다.[9] 닉슨은 또한 비교적 젊은 정신과 의사 제롬 재피(나르코의 또 다른 동창생이다)를 최초의 약물 차르로 소개했고, 뒤이어 행정부는 약물 중독 치료에 대한 연방 차원의 대응 노력에 엄청난 돈을 퍼부었다.[10] 닉슨의 어느 고문은 이를 〈약물 정책의 캐멀롯 시대〉라고 불렀고, 어느 학자는 심지어 닉슨을 〈최초의 치료 대통령〉이라고 불렀다.[11]

그러나 연방 정부 안에는 중독에 대한 치료적 접근법, 특히 메타돈 형태의 치료법에 반대하는 기류가 만만찮게 남아 있었다. 연방 마약국은 해리 앤슬링어 시절부터 유지 치료에 반대했다. 국제적으로 영향력을 행사하여 막으려 할 정도였다. 1940년대 초에 멕시코 정부는 오피오이드 유지 치료를 합법화하려 했으나, 앤슬링어가 모르핀의 전면적인 수출입 금지를 발하여 멕시코의 실험은 여섯 달이 채 못 되어 무산되었다.[12] 연방 검사들은 오랫동안 자체적으로 유지 치료를 금지했다(그들이 실질적인 법적 근거 없이 순전히 폭력의 힘으로 금지했다는 사실은 괘념치 말라).[13] 그래서 연방 마약국은 빈센트 돌과 마리 나이스원더의 메타돈 실험 이야기를 들었을 때 기쁘지 않았다.

돌과 나이스원더가 메타돈 연구를 시작한 직후, 연방 마약국은 요원을 보내 돌을 괴롭혔다. 책상을 두들기며 〈법을 위반하고 있다〉고 우기는 요원이 돌에게는 거만하고도 다소 우스워 보였다. 돌은 그 말이 거짓임을 알고 있었다. 학계의 해박하고 노련한 지도자였던 돌은 이미 뉴욕 주지사 넬슨 로커펠러Nelson Rockefeller의 지지를 확보했다. 두 사람의 변호사들은 유지 치료를 금지하는 명확한 법이나 판례가 전혀 없다는 사실을 알고는 크게 놀랐다. 돌은 차분했다. 나중에 회상했듯이 그는 격분한 요원을 돌아보며 침착하게 말했다. 「이 문제에서 결판을 보려거든 나를 법정에 끌고 가야만 할 거요.」[14] 어디 한번 해보라는 말이었다. 그 순간 요원의 얼굴이 갑자기 변했다.

이후 메타돈은 의학의 영역에서 확고한 자리를 차지한 듯했다. 연방 마약국이 돌과 나이스원더가 자료를 조작했다고 암시하는 소문을 퍼뜨리며 계속해서 반대했지만, 메타돈 프로그램에 돈이 쏟아져 들어왔다. 그러나 그 자금은 축복이면서 동시에 저주이기도 했다. 프로그램은 너무나 급속하게 팽창하여 실제 역량의 허용치를 크게 뛰어넘었다. 뉴욕에서는 메타돈의 가장 열렬한 옹호자들조차 보건국에 속도를 늦추라고 촉구했다.[15] 〈필 밀〉을 운영하는 비양심적인 의사들이 있었다. 그러나 더 흔한 것은 〈주유소gas station〉 프로그램이었는데, 이는 직업 훈련과 기타 사회적 지원같이 돌과 나이스원더의 프로그램에 원래 포함된 연결 재활 서비스는 전혀 제공하지 않고 단지 약만 나누어 주었다. 『뉴욕 타임스』의 어느 기자는 두 번이나 진료소에 들어가 중독의 증거도 제시하지 않은 채 (아무런 증명서도 없이) 30달러를 내고 메타돈 280밀리그램을 구입했다.[16] 보통 첫 복용량은 20밀리그램에서 30밀리그램이다. 메타돈의 비의료용 사용이 증가했고, 과다 복용으로 사망하는 사례도 나왔다. 온정적이고 총체적인 재활 프로그램을 확립하기 위해 열심히 일한 돌과 나이스원더는 이러한 상황에 경악했다. 돌은 〈단지 메타돈을 주는 것만으로 복잡한 사회 문제가 해결되리라는 생각은 어리석다〉고 탄식했다.[17]

연방 정부의 금지론자들은 이러한 문제점을 이용하여 메타돈 반대에 박차를 가했다. 돌과 나이스원더를 괴롭혔을 뿐만 아니라 흑인 메타돈 시장에 관해 경고를 내보냈고, 메타돈을 흑인과 갈색 인종이 거주하는 이너 시티의 약물 사용과 상징적으로 연결했으며, 메타돈 사용을 억제하기 위해 법령을 개정하고 규정을 만들어 반격했다.[18] 그들은 메타돈을 제거할 수 없었지만, 무력하게 하여 통제할 수 있었다. 불과 몇 년 만에 메타돈 치료는 약이라기보다는 법 집행의 수단에 가깝게 변했다.[19] 개업의는 이제 자기 진료실에서 메타돈 치료를 할 수 없었고, 연방 정부가 특별히 승인한 허가받은 프로그램만 (연방 정부 약물 단속반의 끊임없는 감시를 받으며) 중독 치료에 메타돈을 처방할 수 있었다. 1981년 한때 공산당원이었던 마리 나이스원더는 자신이 메타돈 사용에 대한 연방 정부의 이례적인 통제를 비판할 때 〈마치 공화당원 같았다〉고 빈정대듯 이야기했다.[20] 오늘날 메타돈 치료는 심각한 문제를 안고 있지만, 대부분은 이 시기에 뿌리가 있는 지나친 규제에서, 다시 말해 엄격하고 임의적인 투약 정책, 유연성 없는 고정된 처방 기준 일람표, 터무니없이 비싼 약값, 부적절한 심리 치료와 회복 치료에서 비롯했다.[21]

메타돈은 또한 중독의 이해와 치료에서 극명하게 드러난 인종주의적 불평등의 매우 강력한 사례 중 하나이다.[22] 흑인 사회와 갈색인 사회는 오랫동안 치료를 위해 싸워야 했다. 예를 들면, 1970년대에 흑인과 푸에르토리코인 사회의 단체들이 병원에 약물 치료 시설을 설치하라고 연좌농성과 시위를 벌였다. 한번은 십 대 청소년들이 약물 치료를 받을 수 있게 하려고 할렘에 있는 세인트 루크 병원의 지역 사회정신과를 나흘 동안 점거했다.[23] 유색인 사회에서 늘 중대한 문제였던 중독은 너무나 자주 낙인찍기 방식으로, 다시 말해서 자업자득이요 무책임한 짓이라고 설명되어 금지론적 접근 방식을 정당화한다.

구조적인 차원에서는 중독은 가난과 여타 근본적인 원인의 결과로, 불가피하고 충분히 예상되는 것으로 치부되었고, 따라서 형법 제도의 영역에 넘겨졌다.[24] 한편 중독에 대한 다른 설명들은 완전히 다른 별개의 중독 치료를 촉발했다.

부프레노르핀은 1975년 나르코 연구자들이 처음으로 중독 치료제로 제안했으나 오랫동안 등판하지 못했다. 약물 반대의 낙인, 특히 메타돈을 둘러싼 규제 때문이었다. 학자 새뮤얼 로버츠Samuel Roberts와 헬레나 핸슨Helena Hansen이 입증했듯이, 오피오이드 유행병이 백인의 문제로 드러난 뒤에야 부프레노르핀의 사용이 가능해졌다. 1990년대 말, 치료 옹호자들은 〈마약 중독이 도심에서 교외 지역으로 확산되고 있다〉고 주장하면서, 〈현재 방식〉의 메타돈 치료는 〈마약 중독이 교외로 확산되는 상황에는 맞지 않다〉고 의회에 경고했다.[25] 이에 따라 의회는 부프레노르핀을 개업의가 처방할 수 있도록 특별 항목으로 잡는 법안을 통과시켰지만(처벌적 개입이 아니라 약학적이고 임상적인 개입), 특별히 허가를 받은 의사들만 처방할 수 있었고 이들은 자부담과 민영 의료 보험으로만 진료비를 받을 가능성이 높았다. 당연하게도 부프레노르핀이 승인되고 3년이 지났을 때, 그 약을 복용한 미국 환자의 대략 90퍼센트가 백인이었다.[26] (부프레노르핀 입법에 반대한 의원은 많지 않았는데, 실제로 그중 몇몇은 부프레노르핀이 금전적으로 여유 있는 사람만 입수할 수 있으며 저소득층 중독자는 버려질 것이라고 말했다. 옳은 지적이다.) 오늘날 여전히 백인이 부프레노르핀을 얻을 가능성이 훨씬 더 높다.[27] 그 약은 대체로 백인 상층 계급 약물 사용에 대응하는 완전히 다른 별개의 분리된 제도 가운데 하나이다.[28] 사회적으로 무시된 환자들은 대부분 1970년대에 확립된 통제 체제에 따랐다.

약물에 반대하는 낙인찍기는 또한 얄궂게도 오늘날 중독 회복에 매우 중요한 일부 열두 단계 프로그램 공동체에도 퍼졌다. 그 결과로 서로 대립할 필요가 없는 치료적 접근법과 서로 돕기 접근법 간에 쓸데없는 긴장이 조성되었다. 마약 중독자 익명 모임 초기의 지도자들은 메타돈을 우호적으로 보았다. 뉴욕시의 중독자를 보살펴 1960년대 초 뉴스에 〈마약 중독자 사제Junkie Priest〉로 널리 알려진 대니얼 이건Daniel Egan 신부 같은 사람이다.[29] 그러나 메타돈의 엄격한 단속으로 열두 단계 프로그램 공동체의 약물 반대 정서는 건전하지 못한 극단적인 수준까지 치달았으며,[30] 얼마 있지 않아 마약 중독자 익명 모임의 메타돈 환자는 봉사의 기회를 받지 못하게 되었고 모임에서 발언도 허용되지 않았다. 1996년까지도 마약 중독자 익명 모임의 이사회는 메타돈을 복용하는 자는 연사가 될 수 없고 회의를 주재할 수도 없다고 단언했으며, 지금까지도 마약 중독자 익명 모임의 공식 소식지는 중독 치료를 위해 약을 복용하는 환자는 〈깨끗하지 않다〉고 일관되게 밝히고 있다.[31]

이와 동일한 약물 반대 낙인찍기는 모든 향정신성 약물로 번졌다. 일부 서로 돕기 단체들과 회복 중에 있는 사람들은 암페타민과 바르비투르산염, 벤조디아제핀 같은 약물의 과잉 처방에 대한 합리적 대응책을 갖고 있었다. 일찍이 1940년대에 알코올 중독자 익명 모임은 간행물에서 진정제 중독이 〈술의 대용물〉이라고 했다.[32] 열두 단계 프로그램 공동체의 문화가 역동적이고 이질적이라는 점도 주목할 필요가 있다. 이러한 태도는 단체마다 다르고 오늘날에도 계속 변하고 있다. 그렇지만, 특히 열두 단계 프로그램의 근본주의로부터 강한 영향을 받은 치료 환경에서는, 사람들은 잡힐 듯 잡히지 않는 〈약물에서 해방된〉 상태라는 이상을 찾아 때때로 정신과 약물 치료를 중단하라는 압력을 받는다.[33] 약물 사용 중단을 기본으로 하는 프로그램들이 심장약을 복용하는 사람을 받아들이지 않는다는 말이 있다.

중독의 약물 치료는, 특히 오피오이드 중독의 경우에 사람을 살린다. 주의 깊게 통제한 임상 실험부터 일상의 관행에 대한 대규모 조사에 이르기까지 수많은 연구가 부프레노르핀과 메타돈이 오피오이드 중독 환자의 사망률을 절반 이상 줄인다는 사실을 증명했다.[34] 최근에 4천 명이 넘는 환자를 대상으로 한 대규모 연구에서, 약물 치료든 물리 치료든 상관없이 집중적인 외래 진료 치료와 재활 시설 입소 치료를 포함하여 모든 치료법 중에 부프레노르핀과 메타돈만이 오피오이드 과다 복용을 줄이는 것으로 나타났다.[35] (오피오이드 사용 장애OUD에 널리 쓰이는 새로운 약 날트렉손Naltrexone도 유용하다. 날트렉손은 약물 반대 낙인찍기에 비교적 덜 당했다.) 이전에 약물을 수용하지 않던 공동체들 가운데 약물 치료를 허용하는 기류가 약간 보이지만, 더디고 종종 불완전하다. 2012년 헤이즐든은 부프레노르핀을 제공하겠다고 선언했다.[36] 그러나 다른 많은 치료소처럼 헤이즐든도 입소자에게 메타돈 사용을 허용하지 않는다.[37]

메타돈에 대한 금지론의 반발은 비교적 다양한 약물 정책 분야에 드러난 하나의 현상일 뿐이다. 예를 들면, 1970년대의 대마초 정책은 놀랍도록 온건해지고 미세해졌다. 국가 마리화나·약물 남용 조사 위원회는 1972년 〈완전한 금지〉에 대한 반대를 권고하고 대마초를 개인적 용도로 소지하는 것을 범죄로 보지 말라고 요구하는 상세한 보고서를 발표했다.[38] 예상대로 닉슨은 보고서를 무시했다.[39] 그러나 포드 행정부와 카터 행정부 시절에 두 정당이 초당적으로 협력하여 대마초를 처벌 대상에서 제외하는 데 신중하고도 세심한 관심을 기울였다. 1975년 포드 행정부는 중요한 〈백서〉를 발간하여 약물 통제 노력을 물질의 실질적인 해악과 좀 더 긴밀히 일치시키라고 요구했다.[40] 암페타민과 바르비투르산염 혼합제, 헤로인이 가장 위험하다는 것을 확인하고 대마초 단속은 급할 것이 없다고 주장했다. 한편 새로운 국립 알코올 남용·알코올 중독 연구소NIAAA와 국립 약물 남용 연구소 NIDA는 중독에 대해 치료 방식으로 대응하는 쪽으로 계속 전진했다.

그러나 다른 시각에서 보면 메타돈에 대한 공격은 강력한 금지론적 사고방식을 예시하는 징후였다. 금지론적 시각은 이후 진보적 개혁들을 단속의 도구로 탈바꿈시킨다. 예를 들면, 1970년에 통과된 물질 규제법CSA은 최저 형량제를 폐지하고 치료와 연구를 지원하였기에 처음에는 비교적 관대한 일괄 개혁안이었다. 그 법률 덕분에 진정제와 각성제 제조업자들에게 비교적 효율적인 새로운 제한 조건들을 적용하여 전면적인 규제 없이 그 백인 시장의 약물이 지닌 해악을 줄일 수 있었다. 그렇지만 법무부에 〈기준 일람표 확정〉(약물 사용을 제한하는 토대가 되는 등급과 규제의 제도) 권한이 주어지자 약물 규제에서 연방 정부가 수행하는 역할이 크게 확대되었다. 이는 규제와 처벌의 성격이 점점 더 강해지는 일련의 조치가 이어질 기반이 되었는데 의료적 사용과 비의료적 사용 간의 구분이 더 심해지는 결과를 낳았을 뿐이다.[41] 곧이어 닉슨은 연방 차원의 완전히 새로운 약물 관리 기구를 만들고 무단 가택 수색과 전화 도청, 예방적 구금 등 새로이 강력한 법 집행 수단을 개발했다.[42] 닉슨은 중앙 정보국에 약물 밀매 타파 전쟁에 합류하라고 명령하면서 〈전면전〉을 선포하고 마약 밀매상을 〈세상 끝까지 추적〉하겠다고 다짐했다.[43]

워터게이트 사건으로 닉슨의 대통령직이 점차 위태로워지면서, 그의 호전적인 표현과 합리적이고 균형 잡힌 정책 사이의 괴리는 너무 심해져 계속할 수 없었고 결국 그는 금지론적 접근법에 힘을 쏟기 시작했다. 약물 단속 예산은 1969년 3400만 달러에서 1974년 2억 1700만 달러로 급증했고, 치료 예산은 처음으로 삭감되었다.[44] 1973년 닉슨 행정부는 마약 단속국DEA을 세워 약물 퇴치 전쟁에 관여한 여러 연방 기관들을 (중앙 정보국에서 활동한 50명의 요원을 포함하여) 하나의 거대 기구로 통합했다.[45] 강력한 국내 감시 수단이 된 이 기구를 닉슨은 정적을 제압하는 데 쓰려고 했다고 한다. (이 또한 1973년의 일인데, 넬슨 로커펠러가 〈푸셔pusher(마약 밀매자)〉에게 종신형을 선고하는 것을 포함하는 가혹한 약물 법률을 거세게 요구하여 뉴욕주 의회를 깜짝 놀라게 했다.)[46] 그해 말 닉슨은 중요한 연설에서 약물 퇴치 전쟁에 〈더 혹독한 처벌과 더 강력한 수단〉을 쓰자고 주장했다.[47] 가혹한 최저 형량제로 돌아가고 가석방 없는 종신형의 가능성도 열어 두자는 것이었다.

전체적으로 보면 전반적인 법 집행 정책에서 처벌로의 전환이 이루어졌고, 1960년대의 재활이라는 이상은 빈곤의 범죄화에 지속적으로 밀려났다. 1973년 『뉴욕 타임스』 사설에서 영향력 있는 보수적 정치학자 제임스 Q. 윌슨은 이렇게 말했다. 〈만일 우리가 처벌과 교정의 사회 복귀 이론을 완전히 폐기한다고 가정해 보라.〉[48] 얼마 있다가 1960년대와 1970년대의 개혁적이라는 조치들이 단속 성격이 더 강한 수단으로 바뀐다.[49] 경찰 현대화에 많은 자금을 투입하여 도심 저소득층 사회에서 감시와 통제를 급격하게 확대했다.

20세기 초의 금지론적인 약물 반대 정서는 사실상 중독 치료의 종식을 의미했다. 그러나 이번에는 무엇인가 다른 점이 있었다. 중독 치료 제도가 자체적으로 무관용 이데올로기를 만들고 있었다.

해럴드 휴스는 실제로도 상징적으로도 거인이었다. 키 190센티미터에 몸무게 110킬로그램인 휴스는 1970년대 초에 마티 맨의 연방법 제정 추진에 도움을 준 상원 의원으로 쩌렁쩌렁 울리는 저음의 목소리와 설교자 같은 강력한 화법으로 유명했다.[50] 그는 알코올 중독자 옹호 운동의 영웅이었다. 회복 중인 알코올 중독자임을 공공연히 밝힌 그는 자신의 이름이 들어간 알코올 중독에 관한 연방법, 즉 휴스 법의 주된 설계자였을 뿐만 아니라 대통령 후보로 나서기도 했다. 닉슨이 알코올 중독 치료에 들어가는 연방 예산을 끊고 법안에 거부권을 행사하며 자금을 몰수하자, 휴스는 의회의 공격을 이끌어 그와 싸웠다.[51] 1974년 5월, 닉슨은 정식 탄핵 청문회가 시작되기 며칠 전에 새로운 휴스 법안에 서명하여 연방 자금의 물꼬를 터주었다.

그래서 그해 말 샌프란시스코의 거대한 회의장에 모인 수천 명의 치료 전문가들은 상원 의원 휴스의 발언을 기다리면서 분명코 막 출범한 자신들의 운동을 그가 격려해 주기를 기대했을 것이다. 그러나 휴스는 연단에 올라서자마자 그들에게 엄중히 경고했다. 그는 중독 치료 분야는 〈새로운 시민 군대〉를 빠르게 제도화하는 〈주류 산업·약물 산업 복합체〉를 닮아 가고 있다고 말했다. 그는 기획 전체가 돈과 권력에 의해 부패할까 봐 걱정했다. 휴스는 특히 청중에게 이렇게 자문해 보라고 촉구했다. 곤란한 처지에 놓인 사람들을 돕는 데 정말로 관심이 있는가? 아니면 중독 치료는 〈사람들을 돕는다는 핑계로 그들을 조직하여 자기만족을 이끌어 내는 장치〉가 되었나?[52]

중독 치료 분야는 실로 엄청나게 성장하고 있었다. 알코올 중독 치료 프로그램의 숫자는 1973년부터 1977년 사이에 거의 다섯 배가 늘었고, 약물 치료 프로그램도 비슷한 팽창을 보였다.[53] 연방 정부의 자금이 풍부하게 공급되었을 뿐만 아니라 민영 의료 보험도 차츰 중독 치료비를 부담했으며, 새로운 민간 치료 프로그램도 이러한 추세에 박차를 가했다. 미국에서 알코올 중독으로 치료받은 사람은 마티맨의 〈금주 운동〉이 탄생한 1942년 10만 명 미만에서 1977년 100만 명 이상으로 급격하게 증가했다.[54]

그러나 폭발적인 성장에는 모든 물질 중독 문제는 동일하다고 주장하는 천편일률적 이데올로기로의 해로운 이행이 동반되었다. 이 이데올로기는 점차 다른 해석을 용납하지 않았다. 메타돈 프로그램에서 보듯이, 급속한 팽창은 프로그램의 질적 저하를 초래했다. 직원이 절실히 필요했던 중독 치료 프로그램은 막 환자 꼬리표를 뗀 자들을 충원하여 대충 훈련을 시키고 실질적인 자격 제도와 전문적인 기준, 심지어 기본적인 자질 관리도 없이 그들을 〈상담사〉 지위에 올려놓았다. 그렇게 수익에 눈이 먼 엄청나게 많은 치료 센터는 혁신의 유인이 없었다. 대부분은 틀에 박힌 모델로 굳어졌다. 모든 사람을 다 중독자로 진단했고 오래된 28일 모델로 그들을 치료했으며 알코올 중독자 익명 모임을 유일한 치료 방법으로 권유했다. 그러고는 〈졸업식〉으로 퇴소시킨 뒤 아무런 후속 치료를 하지 않았다.[55]

그 결과는 휴스가 경고한 대로 사람들을 모진 왜곡된 이데올로기에 따라 〈조직〉하는 치료 프로그램이었다. 문제의 특성이 무엇인지, 얼마나 심한지 상관없이, 치료를 받으러 온 사람은 모두 중독자로 진단받았고, 그 프로그램들은 모두에게 약물을 끊으라고 요구했다. 1988년 베티 포드 센터의 소장은 이렇게 퉁명스럽게 말했다. 「환자들은 이곳을 거쳐 알코올 중독자 익명 모임에 가는 것이 얼마나 중요한지 묻는다. 나는 이렇게 말한다. 〈내가 보증한다. 당신이 이곳을 떠난 뒤 알코올 중독자 익명 모임에 가지 **않으면**, 당신은 성공할 수 없을 것이다.〉」[56] 모든 문제를 중독으로 몰아가는 과정에서 그 프로그램들은 원래의 열두 단계 프로그램의 취지에 어긋나는 편협한 중독 관념을 취하느라 문제의 진정한 다양성을 놓쳤다. 알코올 중독자 익명 모임의 창립자들은 자발적으로 도움을 구하는 사람들을 위한 프로그램을 개발하면서 사람들이 자신만의 방식대로 이해할 수 있는 넓고 유연한 중독 관념을 만들어 냈다. 이제 치료 산업 복합체에 반영된 대로 그러한 중독 관념은 급격하게 변하고 있다.[57]

이렇게 중독에 이데올로기적으로 접근하는 것은 해롭다. 현재의 연구가 보여 주듯이 약물 문제나 술 문제를 안고 있는 모든 사람에게 사용 중단이 반드시 최선의 치료 목표는 아니기 때문이다. 끊어야만 중독에서 안전하게 회복될 것 같은 사람이 많이 있다. 그러나 심각한 물질 문제를 겪은 후에도 몇몇 사람은 사용을 적당히 줄일 수 있으며, 사용량을 전혀 줄이지 않고도 생활 속의 활동을 개선하고 전체적으로 편안하게 지낼 수 있는 사람은 훨씬 더 많다.[58] 게다가 많은 사람이 사용 중단이라는 발상에 거부감을 느낀다. 끊어야 한다는 생각을 너무 강하게 밀어붙이면 역효과가 날 수 있다. 사용 중단에만 너무 엄격하게 초점을 맞추면 〈중단 위반 효과abstinence violation effect〉가 유발될 수 있다. 일정 기간 스스로 절제한 뒤 물질 사용을 재개했을 때 죄의식과 수치심, 절망감을 경험한 자들은 해로운 사용으로 되돌아갈 가능성이 더 크다.[59] 그러나 1970년대에 이러한 효과가 나타난다는 사실을 처음으로 확인한 연구들이 나타났을 때 열띤 논쟁이 벌어졌다.

1970년대 중반, 랜드 연구소는 국립 알코올 남용·알코올 중독 연구소(1970년 첫 번째 휴스 법으로 세워진 연구소)가 설립한 45개 치료 센터를 대상으로 한 대규모 조사를 끝내고 있었다. 그것은 그때까지 이루어진 알코올 중독 치료 연구로는 가장 방대했다. 예비 결론이 조금씩 새나갔고, 연구자들이 깜짝 놀랄 만한 것을 관찰했다는 말이 떠돌았다. 알코올 중독으로 진단받고 치료를 받은 후 적당한 음주로 되돌아온 사람들이 완전히 끊기로 한 사람들만큼이나 잘 해냈다는 것이다. 두 집단 모두 해로운 음주가 재발할 가능성은 비슷했다.

랜드 연구소의 결과는 오직 사용 중단뿐이라는 지배적 이데올로기와 충돌했다. 가장 단호한 금주 옹호 운동 측은 격분했다. 캘리포니아의 강력한 석유 기업가로 마티 맨의 금주 옹호 단체인 전국 알코올 중독 회의의 헌신적인 회원이었던 토머스 파이크Thomas Pike보다 더 화난 사람은 없을 것이다. 파이크는 남부 캘리포니아에서 가장 영향력 있는 공화당 실세 중 한 사람이었다. 1970년 그는 워싱턴에서 휴스 법이 결승선을 통과하는 데 주된 역할을 했다. 닉슨이 거부권을 행사하여 법안을 무산시킬 것처럼 보이자, 파이크는 최고경영자 친구들을 모아 닉슨에게 직접 전화를 걸었다. 닉슨의 고향인 캘리포니아주 공화당 재정 위원회 전임 의장이라는 위치를 이용하여 닉슨에게 법안에 서명하도록 압박을 가한 것이다.[60]

파이크는 알코올 중독자 익명 모임에서 25년 동안 술을 마시지 않았으며(1993년 그가 사망했을 때 그의 차 번호판은 AA 47 YR이었다), 소소한 치료 목표는 위험하다는 점을 뼈저리게 느꼈다. 알코올 중독자 익명 모임의 〈빅 북〉에는 통제된 음주의 가능성은 〈모든 비정상적 음주자의 커다란 망상〉이라고, 수많은 알코올 중독자를 중독과 죽음으로 내몬 유혹의 노래라고 쓰여 있다.[61] 〈우리는 한 사람도 남김 없이 우리 같은 유형의 알코올 중독자가 진행성 질병에 걸려 있음을 확신하고 있다. 꽤 긴 시간에 걸쳐 보면 우리는 더 나빠질 뿐, 결코 더 좋아지지 않는다.〉

파이크와 맨, 기타 알코올 중독 활동가들은 랜드 연구소의 보고서를 무너뜨리기 위해 지칠 줄 모르고 노력했다. 파이크는 그 자신

의 말을 빌리자면 〈호랑이처럼 보고서의 저자들과 싸웠다〉.[62] 그리고
연구소가 보고서의 폐기를 거부했을 때 결국 항의의 표시로 랜드 연
구소 이사직에서 사임했다. 이들은 최후의 수단으로 국립 알코올 남
용 · 알코올 중독 연구소 소장으로 하여금 보고서를 취소하게 하려 했
지만 거부당했다.[63]

　　1976년 랜드 연구소와 전국 알코올 중독 회의는 서로 며칠 차이
로 마치 결투하듯 기자 회견을 열었다. 그 논쟁은 『뉴욕 타임스』와 다
른 많은 신문의 제1면에 올랐다. 금주 옹호자들은 랜드 연구소 연구
자들의 인성에 의문을 표했고, 보고서가 〈편향된 반론〉이라고, 〈비윤
리적이고 무원칙하며 사람의 목숨을 갖고 러시안룰렛 놀이를 한다〉
고 비난했다.[64] 전국 알코올 중독 회의의 어느 간부는 이렇게 말했다.
「나의 걱정은 수많은 사람이 다시 술을 마셔 볼 것이고, 그 결과로 수
많은 사람이 죽을 것이라는 데 있다.」[65] 훗날 국립 알코올 남용 · 알
코올 중독 연구소 소장이 되는 이넉 고디스Enoch Gordis는 이렇게 회상
했다. 「금주 운동은 마치 교회에서 이단 주장이 나온 것처럼 반응했
다.」[66] 이는 그 분야에서 중독의 성격을 둘러싼 가장 분열적인 이데올
로기 싸움이었다. 금주 옹호자들은 음주 문제를 안고 있는 사람들의
이질성을 인식했을지도 모른다(알코올 중독자 익명 모임의 〈빅 북〉은
술 문제의 다양성을 인정했으며, 일부 심한 술꾼도 혼자 힘으로 술을
끊을 수 있다고 인정했다).[67] 그러나 이들은 지배적인 이데올로기를
위해 자료를 부정했다. 과학적인 중독 연구와 대중적 관념 사이의 간
극은 더 벌어지고 있었다.

　　논쟁이 진행되는 가운데, 부부 심리학자로 새롭게 술 문제 연구
에 뛰어든 마크 소벨Mark Sobell과 린다 소벨Linda Sobell이 남부 캘리포니
아 샌버너디노산맥 기슭에 둥지를 튼 패튼 주립 병원Patton State Hospital

의 알코올 중독자 병동에서 통제된 음주controlled drinking의 새로운 치료를 실험하고 있었다.[68] 패튼 주립 병원의 알코올 중독자 병동 환자들은 막다른 골목에 도달한 입원 환자들로 상태가 심각했다. 다수가 체포된 경험이 있고 이혼했으며 진전섬망으로 고생했고 그렇지 않다고 해도 삶이 망가졌다. 그럼에도 소벨 부부는 환자들을 행동 치료 기법behavioral technique을 통해 훈련시켜 해로운 음주를 줄이게 할 수 있는지 알아보고자 17회 치료 프로그램을 개발했다. 예를 들면, 환자들에게 섞어 마시기의 효과를 알아채도록 훈련시키거나 폐쇄 회로 텔레비전을 통해 그들을 감시하고 술을 너무 빨리 마시면 고통스러운 전기 충격을 가하는 것 따위이다. 이 부부 심리학자가 몇 달 동안 열심히 기록을 수집하여 도달한 결론은 충격적이었다. 보통의 입원 환자가 받는 일반적인 집단 치료와 알코올 중독자 익명 모임에 비해, 실험 대상자들이 명백히 성과가 더 좋았다. 음주가 개선되었을 뿐만 아니라, 가족과 친구와의 관계와 업무 수행 능력도 개선되었다.[69] 소벨 부부는 이렇게 썼다. 〈이러한 결론은 알코올 중독자의 음주는 돌이킬 수 없다는 관념을 정면으로 반박한다.〉

다시 한 번 진행한 연구 결과는 지배적인 중독 패러다임과 충돌했다. 그리고 이번에도 역시 격한 반응이 나왔다. 소벨 부부의 환자였으나 환멸을 느낀 어떤 사람은 비슷한 생각을 지닌 일단의 연구자들과 의사들과 연락했다.[70] 그중 한 사람인 메리 펜더리Mary Pendery는 랜드 연구소 보고서를 비판한 유명 인사로, 그 보고서를 공격하는 전국 알코올 중독 회의의 기자 회견에서 대변인 역할을 했다. 이들은 실험에 참여한 환자들을 찾아내 자신들만의 방식으로 다시 분석했고, 1982년 『사이언스』에 소벨 부부의 연구를 거세게 반박하는 글을 발표했다. 이들은 〈통제된 음주〉 실험 대상의 대다수가 이전 상태로 되돌아갔거나 술과 연관이 있는 원인으로 사망했다고 보고했고, 나아가 소벨 부부가 실험 결과를 완전히 잘못 전달했다고 주장했다. 연구에 참여한 심리학자 어빙 말츠맨Irving Maltzman은 『뉴욕 타임스』와의 인터뷰에서 이렇게 역설했다. 「조작이라는 것을 합리적으로 의심할 수 없다.」[71] CBS의 「60분」이 그 이야기를 취재해 방송했다. 방송은 어느 환자의 무덤에서 가슴 아픈 장면을 연출하면서 소벨 부부를 실험 대상자들의 삶을 가지고 장난친 순진하고 미숙한 연구자로 그렸다.[72]

결국 연방 정부 연구 기관의 일단의 지도자들이 내놓은 것과 미국 의회 연구원이 내놓은 것을 포함하여 다섯 건이나 되는 조사 보고서가 소벨 부부에게 아무런 혐의가 없음을 밝혔다.[73] 어쨌거나 소벨 부부는 알코올 중독의 완벽한 치료법을 발견했다고 주장하지 않았다. (실제로 여러 실험 참여자가 한동안 고생했으며 결국 금주를 선택했다.) 두 사람은 자신들의 방법이 일반적인 치료법보다 성과가 더 좋았다고 발표했을 뿐이다. 그리고 그들의 결론은 실제로 증거의 뒷받침을 받았다. 전통적인 금주 운동이 보기에 문제는 그러한 결론이 중독의 이미지를 복잡하게 만들었다는 데 있었다. 소벨 부부의 설명은 이후 꽤 많은 증거로 뒷받침되었는데, 그 한 가지 핵심 원리는 음주 문제를 안고 있는 몇몇 사람은 완전히 술을 끊지 않고도(완전한 사용 중단 없이) 생활이 실질적으로 개선되고 나쁜 결과가 줄어들 수 있다는 것이었다.[74] 그 무렵의 다른 연구들도 비슷한 의미를 지닌 결론을 제시했다. 약물 사용은 오로지 물질의 생물학적 효과만으로 설명할 수 없으며, 어떤 사람들은 헤로인 같은 약물을 사용해도 심각한 결과를 초래하지 않을 수 있고, 중독된 사람들은 일반적으로 정신과 신체의 〈통제력 상실〉로 고생하지 않았다고 했다.[75] 심리학 연구자들은 동기 부여 인터뷰와 재발 방지 치료법 같은, 증거에 기반한 새로운 중독 치료법을 개발하고 있었다.[76] 여러 연구를 통해 중독은 더욱 다양하고 미묘한 차이가 있음이 드러나기 시작했다. 서로 돕기 노력과 금주 옹호가 이러한 새로운 치료 접근법과 대립할 이유는 없었다. 회복에 이르는 길은 다양했다. 그러나 이 분야는 이러한 결론을 받아들이는 대신 더욱 분열했고, 이는 중독 관념을 심각하게 오해하고 노골적으로 악용하는 계기가 되었다. 결과는 심상치 않았다.

1976년 여름, 에머리 대학교의 영문학 교수 마샤 키스 슈커드Marsha Keith Schuchard는 애틀랜타의 교외에 있는 집에서 열세 살 된 딸의 생일 파티를 열어 주었다. 그날 저녁 슈커드는 7학년짜리들이 머리에서 냄새를 풍기고 눈이 시뻘개진 채 낄낄거리며 비틀거리는 모습을 보고 대경실색했다. 그녀와 남편은 파티가 끝난 뒷마당을 살펴보았고, 아니나 다를까 종이와 클립, 담배꽁초, 대마초 부스러기로 가득한 플라스틱 통을 발견하고 소스라치게 놀랐다. 자칭 마음 넓은 대학교수였던 슈커드는 약물 반대 활동가라는 생각지도 못한 역할을 스스로 떠맡았다. 그녀는 지역의 다른 부모들을 모아 〈참견하는 부모회Nosy Parents Association〉를 조직했다. 나중에 전국 행동 가족National Families in Action으로 개칭하는 이 단체는 그 시대 최초의 약물 반대 부모 모임이었다. 곧 같은 생각을 지닌 부모 단체들이 연합하여 점점 더 위험스러워지는 약물 묵인에 맞서 싸웠다.[77]

부모 단체들은 약물을 더 강력히 규제하라고 로비를 벌였지만, 70대 말에 들어선 사람들은 대체로 대마초를 큰 위협으로 보지 않았다.[78] 정책 전문가들은 대마초가 흔히 이야기되는 것처럼 해롭지는 않다는 증거를 갖고 반박했고, 지미 카터Jimmy Carter는 그러한 부모 단체들을 철저히 외면했다. 그러나 사회적 보수주의가 힘을 얻고 있었고, 경제는 침체에 빠졌으며, 부모들은 새로운 약물 반대, 무관용 분위기의 선봉에 섰다. 조만간 나라의 나머지도 완전 금지라는 오래된 환상, 즉 〈약물에서 해방된 미국drug-free America〉이라는 이상에 휩쓸리게 된다.

로널드 레이건Ronald Reagan이 1980년 대통령 선거에서 승리한 것은 적어도 부분적으로는 닉슨이 썼던 도그휘슬dog-whistle 전략의 인종주의를 한층 더 극단적으로 끌고 가 큰 효과를 보았기 때문이다. 그는 공적 부조를 받는 사람들을 〈복지의 여왕welfare queens〉이요 〈이마에 끈을 동여맨 어린 수사슴strapping young bucks〉이라고 말했다.[79]* 레이건은 집무를 시작하자마자 약물 정책 담당자들을 싹 치워 버리고 〈약물 문제〉를 도덕적 쟁점으로 다루는 데 관심이 있는 일단의 조언자들로 대체했다.[80] 그는, 특히 그의 아내 낸시Nancy는 부모들의 운동을 온전히 끌어안았다. 부모 운동들은 1980년 〈마약 하지 않는 청년을 위한 전국 부모 연맹〉으로 힘을 합쳤다. 해밀턴 라이트나 해리 앤슬링어의 정책처럼 레이건의 약물 반대 운동도 독창적 발명품이 아니라 일종의 혁신이었다. 약물을 처벌적 프로그램을 효과적으로 정당화할 수단으로 보는 시각으로 돌아간 것이다.

당대의 지배적인 중독 관념은 개인의 비도덕적 선택과 가깝게 연결되었다. 레이건 부부는 약물을 중독의 원인으로 조롱했지만, 해법은 치료에 예산을 투입하는 것이 아니라 개인의 책임성과 가족의 가치에 있었다.[81] (대서양 건너편의 마거릿 대처Margaret Thatcher도 같은 접근 방식을 취했다. 영국 정부의 관료들은 〈자조, 자기 주도적 결정〉

* 로널드 레이건이 1976년의 연설에서 자신이 일을 하지 않고 대신 힘들게 일하는 백인 납세자에게 빌붙어 사는 게으른 흑인들이라는 뜻으로 쓴 표현이다. 〈buck〉이라는 낱말은 오랫동안 백인의 권위를 부정하고 백인 여성을 탐내는 건장한 흑인의 위협적인 이미지를 드러내는 데 쓰였다.

을 높이 샀고 공적 서비스의 효과를 신뢰하지 않았다.)[82] 마찬가지로 1980년에 설립된 〈음주 운전 반대 어머니회〉도 곧 수백만 달러를 모금했고, 주류 산업의 마케팅 효과에도 주목한 다른 단체들과는 달리 음주 운전자의 개인적인 비행에만 초점을 맞춤으로써 대중의 끝없는 관심을 받았다.[83] 한편 도덕주의적 중독 관념은 조제약과 약물의 간극을 더욱 넓혀, 규제에 반대하는 개혁가들은 식품 의약국FDA 예산을 삭감했고 식품 의약국의 산업 감독을 약화시켰다. 또한 제약 회사가 소비자에게 직접 호소하는 마케팅을 승인하고 진정제와 각성제, 특히 오피오이드의 부활을 가능하게 했다.[84] 예를 들면, 1990년대에 옥시콘틴을 승인하고 〈장기간 복용〉해도 안전하다는 광고도 허용한 것이 그 출발점이었다.

정치적 기류가 급속히 금지 방향으로 변하면서, 약물 퇴치 전쟁은 법 집행의 역할을 확대할 정치적 핑계를 제공했다.[85] 1982년 6월, 레이건은 백악관 장미정원Rose Garden에 서서 〈항복의 깃발을 내리고〉(은연중에 카터 행정부에서 휘날린 깃발을 암시했다) 〈전투 깃발을 올리자〉며 약물 퇴치 전쟁을 (다시) 선포했다.[86] 이 새로운 약물 퇴치 전쟁으로 연방 정부는 거리의 범죄에 관여할 핑계를 얻었으며, 이에 따라 연방 기관의 예산이 늘어났다.[87] 약물 퇴치 전쟁으로 자산 몰수법이 대폭 확대되어 법 집행 기관은 범죄의 증거 없이 사유재산을 압수할 수 있게 되었다.[88] 1980년대 중반 크랙 코카인 유행병이 터졌을 때, 행정부는 전담팀을 꾸려 그 약물의 위험성을 널리 알렸고, 마약 단속국은 대중 매체가 최고로 선정적인 이야기들에 세간의 이목을 끌도록 적극적으로 조장하는 임무를 맡았다. 사실을 말하자면 이는 쉬운 과제였다. 연구자들까지도 크랙 코카인은 〈인류에게 알려진 것 중에서 중독성이 가장 심한 약물〉이고, 〈거의 즉각적으로 중독〉을 일으킬

1987년 로스앤젤레스에서 열린 〈아니라고
말하라〉 집회에서 낸시 레이건이 연설하고 있다.

약물이라는 환원론적 담론을 되풀이하던 시기였기 때문이다.[89]

　　레이건은 1986년에 중요한 연설에서 약물 퇴치 전쟁 수사법의
강도를 한층 더 끌어올려 〈사회의 전 계층을 약물 남용 반대에 동원하
여 전국적인 약물 퇴치 십자군〉을 전개하고, 〈미국에서 이 재앙을 제
거하려는 노력을 부단히 지속하자〉고 요청했다.[90] 같은 해 레이건 부
부는 자신들의 〈아니라고 말하라Just Say No〉 운동을 강화했으며, 로널
드는 두 정당의 초당적 협력으로 최저 형량제를 도입한 법률인 약물
남용 방지법에 서명했다. 이 법률로 가난한 유색인이 더 흔하게 사용
하는 크랙 코카인과 부유한 백인들이 더 자주 사용하는 가루 형태의

코카인 사이에 선고 형량의 극단적인 불균형이 확고해졌다.[91] 최저 형량제의 문턱을 넘는 양은 크랙 코카인보다 가루 형태의 코카인이 100배 더 많았다.

　1980년대의 약물 퇴치 전쟁은 궁극적으로 중독과는 거의 아무런 관계도 없었다. 그것은 약물 사용자, 특히 유색인 사용자를 겨냥한 전쟁이었고, 중독은 하나의 핑계였을 뿐이다. 그 전쟁을 지휘한 자들은 중독 관념을 하나의 무기로 휘둘렀다. 미국 중독 역사에 깊이 뿌리내린 전략이다. 그리고 중독 관념은 특히 미국이 집단 감금 제도를 발전시키는 데 중요한 요소로 작동했다. 그 덕분에 미국은 지구상에서 가장 큰 감금 시설을 갖춘 나라로 유명세를 치르고 있다.[92] 인구는 전세계 인구의 5퍼센트도 안 되지만, 수감자로 치면 20퍼센트가 넘는다. 약물로 인한 체포는 특히 유색인의 경우에 형법 제도에 들어가는 출발점으로 한층 더 중요해졌다. 오늘날 미국인의 약물 사용은 흑인과 백인이 거의 동일한 비율을 보이는데도 약물 범죄로 체포될 가능성은 흑인이 백인보다 두 배 이상 많다.[93]

　물질 사용의 문화적 이해에 가해진 충격은 엄청나게 커서, 중독은 위험하게 퍼지는 전염병이므로 필요한 수단을 모조리 써서 근절해야 한다는 공포가 조성되었다. 약물 반대 정서는 무비판적인 언론보도와 학교의 약물 남용 반대 교육DARE 프로그램, 텔레비전과 잡지의 약물 반대 광고로 더욱 강해졌다.[94] 직장도 〈무관용〉 모델로 이행했다. 이 현상이 어느 정도였는지를 보여 주는 기괴한 일이 벌어졌다. 1986년 8월, 레이건과 조지 H. W. 부시, 일흔여덟 명의 백악관 관료들이 국민 앞에 모범을 보이고자 일렬로 늘어서 약물 검사를 위해 컵에 소변을 보았고, 이후 몇 달 동안 정치인들은 정적들에게 약물 검사를 받으라고 시비를 걸었다.[95]

조지 H. W. 부시는 백악관 집무실의 첫 번째 연설에서 결정적으로 〈약물을 정복〉할 계획의 대강을 밝혔다. 그는 연기를 하듯이 작은 크랙 코카인 자루를 집어 들고 백악관 앞에서도 그 약물을 구매할 수 있다고 말했다. 부시와 그의 고문들은 이 시각적 표현이 크랙 코카인이 도처에 퍼졌음을 보여 주기를 원했지만, 실제로 백악관 밖에 죽치고 있는 마약 거래상은 없었다. 마약 단속국은 소량의 코카인을 판매하는 십 대 흑인 소년 키스 잭슨Keith Jackson을 백악관 옆 공원으로 유인하여 체포해야 했다. (도시에 실제로 존재하는 인종 분리를 상세히 보여 주는 것으로, 잭슨은 잠복해 있는 마약 단속국 요원에게 이렇게 물었다. 「제기랄, 백악관이 어디예요?」)[96] 정치인들과 법 집행 기관은 약물 사용에 대한 모럴 패닉을 공작하느라 종종 꽤나 고생했지만 효과는 있었다. 1985년 약물이 나라에서 가장 중요한 문제라고 인식한 미국인은 전체의 1퍼센트도 되지 않았지만, 부시의 연설 직후인 1989년에는 54퍼센트였다.[97]

재활 시설에서 몇 주 보내자, 의사들과 다른 의료인들로 구성된 우리의 작은 집단이 서서히 하나의 공동체처럼 느껴졌다. 몇 주간의 집단 치료와 야간 점호, 취침 전 텔레비전이 있는 라운지에서 시리얼바를 먹으며 재방송을 보는 소중한 30분이 우리를 하나로 만들었다. 내가 속한 무리의 다른 이들은 여기에 있어서 행복했다. 그 덕에 나도 프로그램에서 장점을 볼 수 있었다. 대면 추궁, 천편일률적 접근 방식, 열두 단계 프로그램에만 초점을 맞추는 것, 오피오이드 중독자에 투여할 약의 부족 등 재활 시설에는 실로 문제점도 있었다. 그러나 모든 것이 다 나쁘지는 않았다.

우리 같은 의료 종사자는 운이 좋았다. 우리는 대부분 돌아갈 직장이 있었지만, 다른 많은 환자는 그렇게 운이 좋지는 않았다. 재활 시설의 일반적인 입소자에게서는 복종적인 태도가 더 돋보였다. 때로는 금단 증상과 강렬한 욕구가 아직 남아 있어서 우려가 되는데도 대개 보험 적용이 종료되는 즉시 퇴원해야 했기 때문이다. 치료 프로그램의 두 번째 단계에 진입하면 분위기는 더 쓸쓸해질 뿐이다. 현지 알코올 중독자 익명 모임 회원들의 차를 얻어 타고 집회에 참석해야 했기 때문이다. 2008년 불황은 우리가 격리 생활을 하고 있는 곳 주변의 탈산업 사회에 여전히 악영향을 끼치고 있었다. 공장의 일자리는 어지러울 정도로 빠르게 외국으로 빠져나가고 있었다. 비좁은 교회 지하실이나 동굴처럼 소리가 울리는 노동조합 회관에서 집회가 열렸고, 사람들은 저마다 손을 들어 실직한 이야기, 가족을 부양하려고 애쓰는 이야기, 서서히 다가오는 절망감 속에서도 금주를 이어 가려 노력하는 이야기를 다른 사람들과 나누었다. 그런 뒤에 수십 명이 가석방 신청서나 법원이 명령한 다른 프로그램 신청서를 들고 방 안을 돌았다. 나를 모임 장소까지 태워 준 사람들은 전부 자동차 시동과 연동되는 혈중 알코올 농도 측정기를 갖고 있었다. 여러 번, 내 처지가 짜증스러워 불평이 나올 때, 나는 그들을 보았고 그것이 있어서 얼마나 다행인지 깨달았다.

나는 의사 건강 프로그램으로부터 지원과 격려를 받았고 그 덕에 치료도 받을 수 있었다. 나는 나를 보살피는 제도의 일부였다. 내가 만난 많은 사람은 훨씬 더 심각한 어려움에 처해 있었는데도, 대부분 한 차례 짧은 해독 치료와 법원이 명령한 열두 단계 프로그램 참석, 음주 측정, 약물 검사를 받았을 뿐 그 이상은 없었다. 그것이 〈치료〉였다. 이 제도에 들어온 사람들 대다수는 실질적인 욕구가 충족되지 않았다. 그러나 나는 중독 치료가 어떻게 약물 퇴치 전쟁과 영향을 주고 받으며 동시에 발전했는지 더 자세히 알기 전까지는 그 이유를 제대로 이해하지 못했다.

오늘날 미국의 중독 치료 제도는 곤경에 빠져 있다. 〈제도〉라는 말을 쓰는 것 자체가 무리일 정도이다. 한 해에 1만 5천 개가 넘는 전문 치료 프로그램이 370만 명을 감당하고 있다.[98] 금액으로 치면 420억 달러에 달한다. 그러나 대부분은 불행히도 규제를 받지 않는 민간 시설이며, 수준은 낮고 착취가 빈번하다. 〈신체 중개인body broker〉들이 남부 플로리다처럼 재활 시설이 몰려 있는 곳을 돌아다니며 거리에서 약물 사용자를 찾아 재활 시설로 가자고 설득한다.[99] 이들은 수수료를 벌고 치료소는 건강 보험으로부터 더 많은 돈을 빼낼 수 있다. 치료소는 불필요한 약물 검사를 하고 비용을 청구한다. 어떤 곳에서는 경영자가 환자를 단지 소변을 누기 위해 그곳에 왔다는 이유로 〈순혈 종마thoroughbred〉라고 부른다.[100] 재활 시설부터 외래 진료 프로그램까지 너무나 많은 것이 증거에 기반한 치료와는 전혀 무관한 천편일률적인 모델에 따라 대충 구색을 갖추어 조잡한 치료를 제공한다.[101] 이러한 프로그램들은 흔히 면허 있는 의료 제공자가 부족하거나 중독에 자주 동반되는 다른 정신과적 문제에 적절히 대처하지 못한다. 그리고 너무 많은 시설이 중독 치료에서 생명을 구하는 약물 치료를 전면적으로 금지한다. 상대적으로 훌륭한 프로그램마저 대체로 마치 과정을 〈졸업〉하면 사람들이 그 시점 이후로는 완벽한 금주에 이르기까지 회복을 관리할 수 있어야 한다는 듯이 단기 치료 모델을 중심으로 수립되었다. 그렇지만 관련 물질에 따라 50퍼센트에서 70퍼센트 사이가 치료 후 첫해에 물질 사용을 재개하고, 최대 35퍼센트까지 1년 이내에 치료 프로그램에 다시 입소하며, 2년에서 5년 사이에 재입소하

는 비율은 거의 50퍼센트에 육박한다.[102]

현 제도의 비극은 1980년대와 1990년대에 약물 사용의 가혹한 금지와 범죄화에 그 뿌리가 있다. 중독에 덧씌운 오명으로 인해 비교적 규제를 받지 않는, 종종 착취적인 독립적 제도라는 그 지위가 강화되었다. 이는 강도를 높여 가는 약물 퇴치 전쟁에 의해 직접적으로 깊은 영향을 받았다. 형법 제도 안으로 사람들이 물밀 듯 몰려들면서, 점점 더 많은 사람이 중독 치료를 받게 되었고, 많은 치료 제도가 전적으로는 아닐지라도 대체로 형법 제도의 위탁에 의존하게 되었다.[103] 〈음주 운전 반대 어머니회〉 시절에 약물 사용자는 물론 술꾼들도 치료 시설로 몰려들었다. 일찍이 1983년에 최대 입소자 집단의 하나는 음주 운전이나 기타 경범죄와 관련하여 치료를 받은 자들이었다.[104] 오늘날까지도 수많은 사람이 체포에서 치료에 이르는 깔때기 파이프라인 속으로 내던져져 치료 산업 복합체로 들어가고 있으며, 공적 자금이 투입된 중독 치료로 입소한 사람들의 4분의 1 이상이 형법 제도에서 위탁한 자들이다.[105] 강압적인 접근 방식은 사회의 나머지 영역으로 확산되었다.[106] 직장과 학교가 똑같이 약물 검사에서 약간의 양성 반응만 나오면 중독의 징후나 치료의 필요성이 전혀 없는데도 사람을 치료소에 넘겼다.

이렇게 금지론 세력과의 암묵적인 연합으로 치료 제도의 성격이 변했다. 심지어는 최고 기득권층의 치료도 훨씬 더 가혹한 대면 추궁에 가까워졌다. 상담사들과 개입주의자들은 부인과 저항이 의심되면 이를 무너뜨리기 위해 〈사랑의 매〉를 들어 위협하고 처벌했다. 예를 들어 1983년 『월 스트리트 저널 The Wall Street Journal』이 제1면에서 특집 기사로 다룬 회사 차원의 개입에는, 어느 임원이 이런 말을 듣는 내용이 나온다. 「입 닥치고 들어. 알코올 중독자는 거짓말쟁이야. 그러

니 우리는 네가 하려는 말을 듣고 싶지 않아.」[107] 이러한 접근 방식은
〈밑바닥까지 내려갔다〉는 대중적인 관념으로 점차 정당화되었다. 이
표현은 윌리엄 제임스에게서 영감을 받은 알코올 중독자 익명 모임의
최초 프로그램에서 스스로 정한 정신적 위축의 정도를 묘사한 것이었
으나, 치료의 일환으로 처벌의 강도를 점차 높이는 핑계가 되었다. 지
금도 흔히 볼 수 있는 재발한 경우의 치료 종료도 그 안에 포함된다.[108]

　이러한 방식의 치료는 대체로 열두 단계 프로그램의 이름으로 정
당화되었으나, 역설적이게도 그 프로그램의 애초 의도에서 놀랄 만
큼 멀리 벗어났다. 열두 단계 프로그램을 기본으로 삼은 미네소타 모
델은 심각한 문제를 안고 있었으나 자발적으로 치료를 모색한 자들을
위해 만든 것이다. 그러나 스스로 중독 문제가 없다고 생각하지만(아
마도 옳을 것이다) 강압에 의해 떠밀린 자들을 포함하여 더 넓은 범위
의 사람들에게 치료 프로그램이 적용되면서, 이들은 적응하느라 힘
들었다. 실제로 알코올 중독자 익명 모임은 음주 문제가 있는 모든 사
람이 술을 끊어야 한다고 주장한 적이 결코 없다.[109] 또한 중독에 대한
치료적 접근법보다 자신들이 더 우월하다고 선언하지도 않았다. 달리
말하자면, 알코올 중독자 익명 모임은 자발적인 〈의지박약〉 형태의
중독자를, 이를테면 통제력을 잃고 버둥거리며 도움을 받을 때조차
빈번히 이전으로 되돌아가고 결국에는 스스로 금주를 선택하는 자들
을 돕기 위해 세워졌다. 알코올 중독자 익명 모임은 결코 〈질병〉이라
는 말을 고집하지 않았으며, 술 문제의 이질성과 다양한 회복 방법 둘
다 받아들였다.

　부인과 저항 때문에 정말로 고생하는, 그래서 다그칠 필요가 있
는 사람들이 있지만, 모진 대면 추궁이 해결책은 아니다. 1980년대와
1990년대에 수행된 심리학 연구는 점차 이러한 결과를 보여 주었다.

임상 의사들이 사람들을 무너뜨리기보다 자기 효능감self-efficacy을 뒷받침하여 더 효과적으로 변화의 동기를 북돋우고 물질 사용의 결과를 개선할 수 있다는 것이다. 그리고 열두 단계 프로그램 형식을 통해 사람들에게 금주를 설득한다는 기본적인 목표는 물질 사용 문제를 안고 있는 매우 다양한 사람들에게는 적합하지 않다. 나는 환자들에게 자주 사용 중단과 중단을 지향하는 치료를 권고한다. 사용 중단을 치료의 목표로 장려하는 것이 우리 치료 제도의 문제점은 아니다. 마치 물질 사용 문제를 안고 있는 모든 사람에게 정확히 동일한 문제가 있는 것처럼, 그것이 종종 **유일한** 치료 목표로 제시된다는 사실이 문제이다.[110]

이 역사의 슬픈 사실은 1980년대 이래로 변한 것이 없다는 것이다. 1980년대 말과 1990년대 초에 주로 관리 의료 회사들과 건강 유지 기구들*의 공격적인 게이트 키핑 때문에 치료 제도가 붕괴했을 때, 잠시 패러다임 전환의 기회가 있었다. 시설 입소율이 하락했고, 최고로 화려한 재활 시설까지도 급격하게 규모를 줄이거나 사업을 완전히 접었다. 1992년부터 2001년까지 중독 치료에 지불된 보험 비용은 일인당 70퍼센트 이상 하락했다.[111] 훗날 국립 알코올 남용·알코올 중독 연구소의 연구원이었던 마크 윌렌브링Mark Willenbring은 최근 치료 산업에 관해 질문을 받자 이렇게 대답했다. 「우리에게 필요한 것은 성능 좋은 불도저이다. 그것이 있어야 우리는 산업 전체를 평평하게 쓸어버리고 처음부터 다시 시작할 수 있다.」[112] 30년 전에 나타난 이 치료의 붕괴는 불도저가 될 가능성이 있는 순간이었다. 그때 치료 산업을 개혁할 수 있었을지도 모른다. 그러나 치료 산업은 절뚝거리다가

* 관리 의료managed care는 개인이 가입하는 민영 의료 보험이며, 건강 유지 기구 health maintenance organization, HMO는 관리 의료의 한 형태이다.

다시금 대체로 변화 없이 회복되었다.

이 제도에서 비틀거리던 여인, 내가 만난 조시 같은 사람에게 우리는 무엇을 해줄 수 있는가? 비관론자라면 그녀가 더 나은 치료를 꿈꿀 수 있기까지 대대적인 구조 개혁을, 즉 치료 산업 복합체는 물론 법률 제도 전체의 개혁을 기다려야만 한다고 생각할 것이다. 그러나 흔히 〈해악 축소〉라고 부르는 다른 시각에서는 약물 문제에 완전히 다른 패러다임을 제시하려 했다. 이는 소란스러웠던 1980년대에 뿌리가 있지만 다른 유행병에 대한 대응에서 나온 것이다.

　1983년 4월 10일, 호전적인 소설가요 극작가이자 새로운 공동체 조직자였던 래리 크레이머Larry Kramer는 뉴욕의 인도에서 폭우가 쏟아지는 가운데 일단의 시위자들과 함께 서서 오전 내내 시장 에드 코크Ed Koch가 도착하기를 기다렸다. 1년 6개월 동안 코크는 지역 사회 지도자들과의 만남을 회피했지만, 에이즈가 만연한 그 시점에는 센트럴 파크와 부자 동네인 어퍼 이스트 사이드의 렉싱턴가 사이에 틀어박힌 레녹스 힐 병원Lenox Hill Hospital의 심포지엄에 참석할 수밖에 없었다. 코크가 텔레비전 카메라가 돌아가는 가운데 안으로 들어가려 하자, 크레이머가 시장에게 질문을 쏟아 냈다. 「언제 에이즈에 관하여 조치를 취할 것입니까? 얼마나 많은 사람이 죽어야 합니까?」[113]

　한 달이 채 지나지 않아 나라 전역의 여러 도시에서 활동가들이 정치적 무대책에 항의하며 촛불 행진을 벌였다. 샌프란시스코에서는 불빛이 캐스트로 지구부터 상점가를 따라 약 1.6킬로미터가량 이어졌다. 맨 앞에는 이렇게 적힌 깃발이 휘날렸다. 〈우리의 목숨을 위해 싸운다Fighting For Our Lives.〉

　에이즈 환자 권리 운동은 의학 세계의 권력 이동을 가장 확실하게 보여 주는 강력한 사례였다. 새로운 환자 권리 운동이 나라를 휩쓸었다. 1970년대에 꾸준히 기세를 더하다가 1980년대에 유명해진 운동이다. 암 환자들은 생명을 구할 잠재력이 있는 약물을 얻을 수 있게 해달라고 요구했다.[114] 정신 질환자의 〈소비자 운동〉이 일어나 치료의 자기 결정권을 더 많이 요구했다.[115] 여러 주가 독자적인 환자 권리 선언을 채택했다.[116] 에이즈 환자 권리 운동의 가장 두드러진 조직자는 남성 동성애자였지만, 주사 약물 사용자들도 에이즈에 걸렸으며 목숨을 위해 싸웠다.

미국 최초의 해악 축소 활동가 세대는 부분적으로는 서유럽의 초기 해악 축소 운동 선구자들의 영향을 받아 출현했다.[117] 처음에는 사람들에게 표백제로 주사기를 깨끗이 청소하라고 가르치고 사용한 주사기를 살균 주사기로 교환해 주는 등 에이즈 유행병 시기에 전염병의 확산을 줄이기 위한 단순한 교육 활동이었다. 이 프로그램은 주사기를 뛰어넘어 훨씬 더 많은 것을 제공했다. 지역 공동체 건설과 지원의 장소인 동시에 〈동료 교육peer education〉의 장소이자 기타 전반적인 건강 증진 방법을 알려 주는 곳이었다. 오늘날 일반적으로 〈주사기 공급 프로그램syringe service programs〉이라고 부른다. 〈해악 축소〉는 약물 사용에 대해 새롭게 생각하는 방법으로, 약물을 범죄시하는 지배적인 견해의 대척점에 있었다. 주안점은 약물을 없애는 것이 아니라 건강과 안전을 주된 목표로 삼아 해악을 줄이는 데 있었다.

주사기 공급 프로그램은 시초부터 철저한 반대에 직면했다. 당대의 사회적, 정치적 배경을 생각하면 놀랍지도 않다. 표면상의 이유는 피부밑 주사기가 약물 주사 도구라는 것이었지만 종종 저류에는 상당한 도덕주의가 깔려 있었다. 1980년대에 뉴욕시 보건국장이 처음으로 약물 사용자들에게 살균 주사기를 나눠 주자고 제안했을 때, 금지론자들이 노골적으로 반대했다. 맨해튼의 마약 담당 특별 검사는 이렇게 선언했다. 「약물 중독자들은 정맥에 주삿바늘을 꽂기 전 몇 분 동안 너무나 절실하고 광분하여 오염을 걱정할 여유가 없다.」[118] 「중독의 노예들은 일상적인 습관을 바꾸지 않는다.」 코크 시장은 국장의 권고를 거부했다. 그리고 몇 년 간 옹호가 이어진 뒤에야, 그리고 해악 축소 활동가들이 어쨌거나 계속 추진하겠다고 선언하며 강행한 뒤에야 코크 시정부는 마지못해 움직이기로 동의했으며, 뉴욕시와 뉴욕주는 진료소에서 그 프로그램의 진행을 허용했다. 전국적으로 다른 활동가들이 노골적인 시민 불복종 행위로서 공공연하게 주사기를 나누어 주었고 주사기 공급 프로그램의 은밀한 지하 네트워크도 구축했다. 그러나 이들도 활동을 허락받기까지 오랫동안 법정 투쟁과 홍보 투쟁을 해야 했다.[119]

1980년대 약물 퇴치 전쟁의 상황에서 해악 축소 조치는 대개 약물 사용을 눈감아 주는 것이나 마찬가지라고 조롱을 받았다. 레이건 행정부와 아버지 부시 행정부에서 국립 약물 남용 연구소 소장이었던 밥 슈스터Bob Schuster는 학자 낸시 캠벨Nancy Campbell에게 이렇게 말했다. 「만일 우리가 사람들의 약물 사용을 더 안전하게 만든다면 더 많은 사람이 약물을 사용할 것이라고 걱정하는 자들이 많다. 그런 때에 연방 정부에서 누가 〈해악 최소화〉라는 용어를 쓴다거나, 지금도 어느 정도 쓴다면, 그는 비누로 입을 씻어야만 해고되지 않을 것이다.」[120] 1988년 연방법은 주사기 교환 프로그램에 대한 자금 공급을 금지했으며, 연구를 통해 그 프로그램이 약물 사용이나 약물 범죄를 늘리지 않으면서 사망률을 줄이는 효과가 있음이 입증되었는데도 이후 수십 년간 금지는 계속되었다.[121]

여러 해 동안 추가적인 혁신이 이루어진 뒤 〈해악 축소〉는 증거에 기반한 일련의 실천을 포함하게 되었다.[122] 동료 교육과 과다 복용 역전을 위한 날록손(나르칸) 분배, 약물 검사 서비스, 안전한 주사 시설 등이다. (마지막 방법은 지금도 미국에서 불법이다.) 공중 보건의 구체적 평가에서 이러한 실천은 저마다 연구를 통해 강력한 지지를 받았다. 연구에 따르면 약물 사용이나 약물 범죄를 늘리지 않고 약물의 해악을 줄인다는 것이 입증되었다. 〈해악 축소〉는 또한 의뢰인 중심의 치료를 조직하는 원리로 쓰였다. 여러 상이한 환경에서 일하는 보건 노동자들은 다양한 〈해악 축소 치료법〉을 창안하여, 이를 반드시 처음부터 사용 중단을 목표로 고집하지 않으면서 삶의 개선을 지향하는 일련의 치료법을 지칭하는 포괄적인 용어로 사용했다.[123] 이러한 접근 방식이 새로운 것은 아니었다. 역사를 들여다보면 뚜렷한 선례가 차고 넘친다. 이를테면 1920년대에 오피오이드를 끊을 준비가 되지 않은 사람들에게서 오피오이드를 빼앗는 것을 거부한 의사들이 있었다. 그리고 해악 축소라는 치료 방향은 사용 중단을 기본으로 하는 접근 방식과 완벽하게 양립한다. 많은 중독 치료 의사가 〈단계적 치료〉 모델을 따랐다. 처음에는 물질 문제에 관한 기본적인 상담 같은 낮은 수준의 치료부터 시작하여 점차 강도를 높이고 필요하면 사용 중단에 더욱 집중하는 것이다.[124] 조시 같은 사람에게 이러한 구체적 실천은 간단하면서도 실용적이다.

마침내 〈해악 축소〉는 일종의 원리가 되었다.[125] 보편적으로 인정되는 명확한 표현은 없지만, 어떤 설명에 따르면 그것은 약물 사용자의 권리를 옹호하는 사회 정의 운동이다. 약물 사용의 부정적 결과를 유발하고 약물 통제의 이름으로 인권을 침해하는 억압적 제도를 바꾸는 것도 그 권리에 포함된다. 이런 의미에서 폭넓은 해석의 〈해악 축소〉는 약물 반대의 목표인 무관용의 정반대이다. 그 패러다임은 지금도 여전히 형성 중에 있다. 우리는 최근에 와서야 레이건 시대에 재천명된 이례적으로 강력한 금지론적 편견에서 벗어나기 시작했기 때문이다.

무관용 이데올로기는 결코 공화당의 창조물이 아니었다. 레이건 행정부가 발명한 게 아닐뿐더러, 레이건 시대가 끝나고 수십 년 동안 계속된 데다, 1990년대에 민주당이 약물에 반대하여 법 집행을 강화하겠다고 공약한 것에서 볼 수 있듯이 레이건의 추종자들뿐만 아니라 반대자들도 받아들였기 때문이다.[126] 레이건 시대 이후 수십 년이 지난 뒤 버락 오바마Barack Obama 행정부에 이르러 약물 퇴치 전쟁의 의미 있는 점진적 약화가 이루어졌다. 오바마의 첫 번째 약물 차르인 질 컬리카우스키Gil Kerlikowske는 오피오이드 과다 복용 위기에서 〈사람들을 체포함으로써 빠져나올 수는 없다〉고 거듭 역설했으며, 〈전쟁〉이라는 말을 그만 쓰자고 주장했다.[127] 개별 주가 대마초의 탈범죄화를 향해 움직였을 때, 연방 정부는 이를 허용했다(결코 뻔한 결론은 아니었다). 〈해악 축소〉의 실천은 길고 구불구불한 길을 걸은 후 마침내 정착했다. 날록손의 연구와 처방, 공급에 점점 더 많은 투자가 이루어졌고, 주사기 공급 프로그램에 대한 연방 예산 투입 금지는 2016년에 마침내 철회되었다.[128]

미국에서 100년 넘게 중독 관념은 19세기 말 위험스러울 정도로 전염성이 강한 것으로 여겨진 아편굴의 금지부터 오늘날에도 지속되는 조제약/약물의 불평등한 구분까지 금지론적 정책을 정당화했다. 이러한 정책은 약물의 진짜 해악에 근거하지 않았으며, 오히려 약물 사용자에게 씌운 오명에 반응한 것이라고 할 수 있다. 그러한 낙인은 좀처럼 사라지지 않는 인종주의와 분열의 세력이 주도한 것으로, 일찍이 1604년 잉글랜드 왕 제임스 1세가 흡연을 〈미개하고 신을 모르는 비천한 인디언들〉의 〈역겹고 냄새 나는〉 관습이라고 비난했을 때부터 볼 수 있다. 그러나 〈해악 축소〉의 가장 중요한 교훈 중 하나는 약물 사용에 관한 정책이 중독에 관한 정책일 필요는 없다는 것이다. 약물 사용은 중독과 동의어가 아니며, 범죄화는 약물의 해악을 줄이는 합리적인 방법이 아니다. 실제로 범죄화는 그러한 해악의 주된 동인인 경우가 많다. 사고의 근본적인 전환이 조시 같은 사람을 돕는 최선의 방법이 될 것이다. 〈약물 없는〉 세상이라는 이상을 놓아주고 대신 약물 사용과 중독이 삶의 현실이며 조만간 우리에게서 떠날 가능성은 없다는 점을 받아들이는 정책과 치료를 우선시해야 한다.

11
중독의 이해

재활 시설에서 두 달을 보낸 후 2월의 어느 쌀쌀한 날, 나는 어느 불결한 버스 정류장에 떨구어졌다. 맛보기 자유였을 뿐이다. 주말 외출을 허락받아 그레이하운드 버스를 타고 뉴욕으로 갈 참이었다. 승강장의 콘크리트 천장에 부착된 텔레비전 화면에서 나는 매혹적인 피부 관리 광고에 등장한 고등학교 시절의 여자 친구를 힐끗 올려다보았다. 학교를 졸업한 후 그녀는 할리우드의 배우로 성공했다. 반면 나는 다음 72시간 동안의 모든 움직임을 담은 상세한 일정표와 함께 작은 가방을 끌고 있었다. 내게는 아마 중요한 단계였을 것이다. 주말을 망치지 않고 자신을 돌볼 수 있는지 알아보는 퇴원 전 시험이었기 때문이다.

음주는 걱정하지 않았다. 재활 시설에 복귀한 후 소변 검사에서 양성이 나오고 뒤따를 결과를 생각하면 술을 마신다는 것은 터무니없었다. 내가 알코올 중독자임을 받아들이기 시작한 것은 중요한 변화였다. 나는 도움이 필요하다고 생각하면서 점점 더 편안해졌다. 이때쯤 나는 일상적으로 나를 알코올 중독자라고 소개했다. 처음에는 이상했지만 그 느낌은 곧 사라졌고, 그렇게 말하는 것이 옳다고 생각했다. 그러나 옛 여자 친구의 환하게 웃는 얼굴을 올려다보니 내가 얼마나 추락했는지 소름이 끼쳤고 그 사실을 아는 사람이 극소수라는 점에 감사했다.

승강기가 없는 나의 쓸쓸한 아파트에 돌아오니 바닥에 테이저 건의 철사가 엉켜 마치 구리로 만든 헐거운 새둥지처럼 보였다. 외롭고 걱정스러운 마음으로 잠을 자고 일어나 수련 팀장을 찾아갔다. 그녀가 무슨 말을 할지 두려웠다. 다른 레지던트들로부터 치료받고 돌아온 첫날 곧바로 해고되는 무서운 이야기를 들었지만, 내가 갑자기 사라졌는데도, 수십 건의 야간 호출과 열두 명 정원의 레지던트 프로그램에서 의사 한 명이 빠져나간 결과로 초래된 과중한 업무의 악몽을 남기고 떠났는데도, 그녀는 친절했고 사정을 이해했으며 심지어 환영해 주었다. 그들은 내 자리를 남겨 두었고, 나는 사라진 기간 동안 장애 수당을 받았다. 나는 그 사건으로부터 놀랄 정도로 아무런 상처를 입지 않고 빠져나오고 있었다. 그런 대접을 받을 만하다고는 생각하지 않았다.

그 주 후반에 나는 분주한 매디슨가에 붙어 있는 어퍼 이스트 사이드의 한 카페에서 몇몇 친구와 만나 비싼 차를 홀짝거리며 지난 몇 달간의 사건들에 관해 이야기를 나누었다. 친구들의 반응을 보는 것은 유익했다. 그들은 나의 음주가 얼마나 심했는지 알고 충격을 받았다. 내내 숨겨 왔던 사실이다. 그러나 친구들은 감시와 의무적 치료, 지켜야 할 규율 등등 내가 지금 해야 하는 일에도 충격을 받았다. 나는 음식에 조금이라도 알코올이 들어가 있지는 않은지 직원들에게 집요하게 물어야 했다. 혹시라도 소변 검사에서 양성이 나오면 다시 정밀한 조사를 받아야 하기 때문이다. 친구들은 물었다. 이 모든 것이 정말로 필요하냐고. 내가 정말로 스스로 알코올 중독자라고 생각하느냐고.

그곳에 나온 사람 중에는 파리에서 지낼 때의 전 여자 친구도 있었다. 우리는 당시 건강에 해롭도록 술을 마셨다. 그녀는 지금 괜찮다. 나는 분명히 괜찮지 않다. 나는 속으로 생각했다. 우리의 차이가 무엇일까? 난 내게 문제가 있음을 알고 있었다. 큰 문제였다. 그러나 내가 중독을 **갖고** 있나? 중독은 물건인가? 내가 습득한 것인가 중독이 나를 사로잡은 것인가? 아니면 나란 존재와 분리할 수 없는 것인가? 나의 인성이나 생리, 업에 내내 숨어 있는가? 중독은 더 건강한 나에게 들러붙은 별개의 실체인가? 아니면 나 자신이 그 질환에 포함되는가? 남은 생애 동안 내내 중독을 지니고 있어야 하나? 술을 마시지 않고 약물을 사용하지 않는데도?

이후 몇 달 동안 나는 치료를 받고 회복에 힘썼지만, 동시에 이해하고 싶었다. 재활 시설의 상담사들은 중독 학문을 너무 깊숙이 들여다보면 위험할 수 있다고 경고했다. 나의 질병이 정보를 왜곡하여 부인의 토대를 만들 수 있다는 것이었다. 그러나 나는 여전히 더 많이 알고 싶었다. 내가 누구이며 어떤 사람이 될 수 있는지 이해하는 데 연구가 얼마나 도움이 될지 확인하고 싶었다.

1970년대 초, 베트남에서 병사들 사이에 헤로인 사용이 널리 퍼졌을 때, 그 유행병 확산에 관한 뉴스가 꾸준히 요란하게 들려왔다. 미국 본토의 사람들은 교정할 수 없는 약물 상습을 지닌 병사들이 국내로 그 전염병을 들여와 지역 사회에 퍼뜨릴 것을 두려워했다.[1] 그러한 유행병의 엄습을 예방하는 것이 닉슨 백악관에 새로이 설치된 약물 남용 예방 특별 대책국SAODAP의 첫 번째 주된 과제였다. 국장 제롬 재피는 귀국하는 모든 병사에게 소변 검사를 시행하자고 제안했다. 당시로서는 비교적 새로운 의료 수단이었다. 곧이어 조롱하듯 〈황금 물줄기 작전Operation Golden Flow)이라고 부른 대대적인 노력이 경주되었다. 귀국하는 병사는 전부 소변 검사를 통과하거나 불명예 제대를 감수해야 했다. 1971년 가을, 검사를 무력하게 할 60일간의 유예 기간이 주어졌고 소변 시장이 번성했는데도(미국에서 막 베트남에 도착한 어느 병사는 비행기에서 내리자마자 헤로인을 줄 테니 검사를 통과할 수 있는 소변과 맞바꾸자는 제안을 받았다), 매달 수백 명씩 양성 반응이 나왔다.[2]

재피는 또한 약물 사용과 약물 중독이 이 귀국 병사들의 삶에 어떤 방식으로 작용하는지 이해하고 싶었다. 그래서 그는 세인트루이스의 워싱턴 대학교에 근무하는 정신전염병학자 리 로빈스Lee Robins에게 연락하여 베트남에서 귀국하여 헤로인 사용 양성 반응을 보인 수백 명의 병사들을 연구하게 했다(당시로서는 엄청난 규모의 연구였고 헤로인 사용자에 대한 연구로는 지금까지도 가장 큰 규모일 것이다). 로빈스와 그녀의 연구팀은 여러 해 동안 체계적으로 연구 대상자들을 추적하고 거듭 면담했으며 군대와 병원의 수많은 기록을 자세히 조사했다.[3]

결과는 충격적이었다. 중독의 과학적 연구에서 하나의 이정표였다. 이들의 기준에 따르면 베트남에서 헤로인에 중독된 자들은 20퍼센트에 육박했지만, 귀국 후 1년간 중독된 자는 1퍼센트밖에 되지 않았다.[4] 달리 말하자면, 세상에서 가장 강력하다는 물질에 중독된 귀국 병사들의 95퍼센트는 쉽게 사용을 중단했다. 기간을 더 길게 잡으면, 베트남에서 중독된 병사 중에서 귀국 후 3년 이내에 재발한 비율은 12퍼센트를 넘지 않았다.[5] 훨씬 더 놀라운 것은 대부분의 병사가 치료를 받지 않았는데도 회복률이 그렇게 높게 나왔다는 사실이다.[6] 그리고 회복된 병사들은 미국에서 이따금 헤로인을 다시 사용했는데도 중독되지 않았다.

이해할 수 없었다. 헤로인은 멈출 수 없는 중독을 자동적으로 유발하는 것이 아니었나? 국방부부터 언론에 이르기까지 그 결과는 불신과 노골적인 부인에 직면했다.[7] 그 결과는 널리 퍼진 고정 관념에 도전하는 듯했다. 중독처럼 무섭고 오래 지속된다고 여겨진 상태가 어떻게 저절로 사라질 수 있다는 말인가?

진단은 식별의 기술, 하나의 상태와 다른 상태를 구별하는 기술이다. 그러나 정상적인 것의 경계를 어떻게 정확히 규정할 수 있는가? 이 질문은 수십 년 동안 중독의 과학적 탐구를, 더 일반적으로 말하자면 정신병의 과학적 탐구를 지배했다.

로빈스의 연구는 이러한 성격의 질문을 더 면밀히 연구하는 새로운 움직임의 한 가지 사례였을 뿐이다. 정신 의학은 1970년대에 혁명적 변화를 겪고 있었다. 그 분야는 오랫동안 프로이트의 정신 분석이 (늘 특이하고 주관적이었으며 진단의 표준화에는 큰 관심이 없거나 그것을 참고 기다리지 못했다) 지배했지만, 이제 정신 질환을 생리에 근거한 과학으로서 조사하는 새로운 방법을 실험하기 시작했다. 로빈스의 연구 근거지인 워싱턴 대학교 정신 의학과는 이 새로운 과학적 방법의 중심지였다. 정신 분석을 삼가고 대신 정신과의 진단을 엄밀히 분류된 신뢰할 수 있는 개별 실체들로 바꾸려 노력한 곳으로, 나라에서 몇 안 되는 곳 중 하나였다.[8]

로빈스의 베트남 퇴역 군인 연구는 전통적인 질병 모델의 중독과 긴밀히 연결된 관념을, 특히 중독은 금주 운동의 술고래 담론이나 버로스의 〈한 번 정키는 영원한 정키〉라는 담론처럼 영구적인 진행성 상태라는 관념을 뒤집었기에 충격적이었다. 연구 결과는 어떤 점에서는 치료 이후의 결과를 연구한 랜드 연구소 보고서와 소벨 부부의 조사보다 훨씬 충격적이었다. 로빈스가 치료 없이도 회복률이 높다는 결과를 내놓았기 때문이다. 이 결과로부터 쉽게 결론을 도출하지 않는 것이 중요하다. 로빈스와 그녀의 연구팀이 신체적 의존 상태를 중독과 동일하다고 보아서 결과가 다소 복잡해졌기 때문이다.[9] 이들의 중독 진단 기준은 대체로 사용 빈도와 내성과 금단 증상의 존재를 토대로 했다. 따라서 이들이 정의한 중독은 자제력 상실의 주관적 경험이 있는 자들을 단순히 여러 상황에서 빈번히 약물을 사용했다가 상황이 변하면 사용을 중단한 사람들과 동일하게 취급했다. 그럼에도 그러한 미묘한 차이는 당시에는 대체로 무시되었다. 전통적인 질병 모델의 중독에 따르면 그들은 서로 별개이나 비교적 같은 상태에 있었기 때문이다.[10]

오래된 연구들은 전통적인 견해를 확증하는 듯하다. 예일 대학교 때부터 마티 맨의 가까운 협력자였던 E. M. 옐리네크도 1940년대와 1950년대에 알코올 중독에 관한 일련의 연구에서 그렇게 했지만, 그의 과학적 방법론에는 커다란 문제가 있었기에 그 결과는 중독의 다양성을 온전히 이해하는 데는 비교적 쓸모가 없었다. 옐리네크가 처음 내놓은 일련의 결론은 알코올 중독자 익명 모임이 자체적으로 선정한 회원들을 대상으로 수행한 기존의 조사로부터, 그 단체의 간행물 『그레이프바인』을 통해 이끌어 낸 것이다. 게다가 응답률은 10퍼센트 미만으로 아주 낮았다. 옐리네크는 여성이 채운 질문지 전부를 포함하여 응답의 3분의 1 이상을 버렸다. 옐리네크가 찾아낸 결과가 다른 무엇보다도 더 당대의 지배적인 견해를 반영했다는 것은 전혀 놀랍지 않다. 그는 알코올 중독을 연속적인 〈단계〉를 거쳐 심각한 〈만성적〉 단계로 멈추지 않고 진행하며 그 만성적 단계를 지나야만 회복과 치료로 넘어가는 비교적 단일한 질병이라고 설명했다. 1952년 그는 2천 명을 대상으로 진행한 후속 연구의 결과를 발표했다. 방법론상의 여러 가지 문제는 여전했지만 그는 연구 결과가 대체로 타당하며, 〈알코올 중독자 대다수의…… 특성을 보여 준다〉고 했다. 다시 말해서 알코올 중독은 예측 가능하고 영구적이며 점진적으로 나빠지는 과정을 거친다고 주장했다.[11] 그의 결론은 동료들로부터 〈벙키의 낙서〉라고 놀림을 받았으나, 전통적인 질병 모델에 아주 잘 들어맞았기에 널리 유포되었고 치료 프로그램에서 치료 수단으로 사용되었다. 특히 나중에 급격한 U 자 곡선으로 다시 명확한 개념화를 거치고 연구자 맥스 글랫Max Glatt이 〈재활〉의 상승 곡선을 첨가한 뒤에 효용도가 높아졌다.[12] 그것은 술고래 담론의 고전적인 금주 이야기를, 이를테면 단테식의 추락과 회복의 이야기를 완벽하게 재현했다.[13] 오늘날까지 〈엘리네크 곡선Jellinek Curve〉은 여러 재활 시설과 회복 단체의 웹사이트에 눈에 확 띄게 올라와 있다. 어느 학자는 이를 두고 〈금주 운동의 질병 개념을 가장 널리 퍼뜨린 그림일 것〉이라고 말했다.[14]

엘리네크의 연구처럼 뒤를 돌아보는 회고적 연구의 문제점은 연구 대상자들을 특정 시기에 조사하고 면담한다는 데 있다. 그러면 그 대상자들은 여러 가지 편견에 취약해진다. 이 경우에 대상자들은 알코올 중독자 익명 모임의 품에 안겨 조사에 응할 만큼 충분히 보살핌을 받은 자들로만 구성되었다. 국민 전체를 대표한다고 할 수 없다. 대안은 상호 관계와 인과 관계를 분리하는 방법으로서 앞을 내다보며 장기적으로 대상자를 추적하는 새로운 과학적 방법이다. 로빈스의 자연사 연구, 그리고 중독에 관한 이러한 전통적 가정을 계속해서 뒤흔드는 다른 연구들이 그러한 방법이다.

다른 자연사 연구는 중독자를 〈정상적인〉 사람과 선명하게 분리

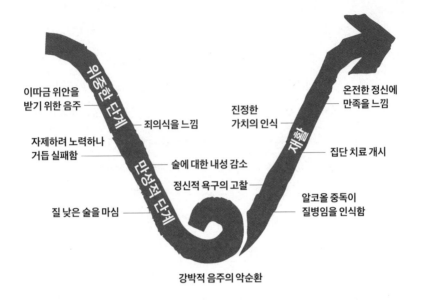

위험한 단계

이따금 위안을 받기 위한 음주

죄의식을 느낌

진정한 가치의 인식

온전한 정신에 만족을 느낌

자제하려 노력하나 거듭 실패함

술에 대한 내성 감소

집단 치료 개시

재활

만성적 단계

질 낮은 술을 마심

정신적 욕구의 고찰

알코올 중독이 질병임을 인식함

강박적 음주의 악순환

나중에 〈재활〉의 상승 곡선이 첨가되어 그림으로 표현된 〈엘리네크 곡선〉.
(〈벙키의 낙서〉로도 알려져 있다.)

「술꾼의 진행 단계: 첫 잔부터 무덤까지」. 너새니얼 커리어, 1846년.

하는 선을 찾는 데 실패했다. 나르코 출신의 다른 정신과 의사 조지 벌랜트George Vaillant는 1983년 『알코올 중독의 자연사*The Natural History of Alcoholism*』를 발표했다. 보스턴 지역에 사는 수백 명을 대상으로 몇십 년간에 걸쳐 진행한 연구의 긴 보고서인데, 알코올 중독자와 다른 사람들 간의 확실한 구분을 발견하지 못했고, 알코올 중독자가 중독되기 전에 기본적인 인성에 문제가 있었다는 증거도 발견하지 못했다.[15] 이러한 결과는 높은 동반 질병(물질 사용 문제와 다른 정신 질환의 동시 발생) 비율에 부합하며, 이는 중독을 오로지 그것만의 문제로 분리하는 것을 더욱 어렵게 만든다.[16] 물질 사용 장애를 지닌 사람들의 대략 절반은 또한 우울증이나 양극성 장애bipolar disorder(조울증) 같은 다른 정신과적 이상 상태를 보이며, 물질 사용 문제로 치료를 받으려는 일부 사람들에게서는 동반 질병 비율이 그보다 훨씬 더 높다. 실제로 모든 정신 질환에서 동반 질병 비율은 놀라울 정도이다.[17] 예를 들면, 주요 우울 장애major depressive disorder에 다른 질환이 겹치는 비율이 거의 80퍼센트에 가깝다. 그러므로 정신 질환이 별개의 독립적인 질병이라는 관념에 의심이 간다.

로빈스의 연구 이후로 대규모 조사의 압도적 다수는 물질 사용 문제를 안고 있는 사람의 큰 비율이 자연스럽게 저절로 회복된다는 사실을 발견했다. 〈자연적 회복natural recovery〉이라고 명명된 현상이다. 수십 년간 수만 명을 대상으로 확보한 대규모 데이터 집합에서 얻은 결과는 인상적일 정도로 일관성이 있다. 술 문제가 있는 사람의 대략 70퍼센트가 어떠한 개입도 없이 개선되었다.[18] 불법적인 약물을 사용한 사람은 대부분 서른 살이 되면 사용을 중단한다.[19] 심각한 물질 문제가 있는 사람의 약 75퍼센트는 서른일곱 살이 되면 아무런 증상도 보이지 않는다. 훨씬 더 협소한 기준을 적용하여 가장 해로운 문제에

연구를 제한해도, 자연적인 회복의 비율은 여전히 크다.[20]

이 모든 연구는 중독에 관한 주된 관념에 이의를 제기하는 것처럼 보였다. 물질 사용 문제를 지닌 꽤 많은 사람에게 중독은 독립적이고 영구적이며 진행성이 있는 상태로 보이지 않았다. 그러나 이러한 대규모 조사와 관찰 연구를, 이를테면 비율과 백분율, 확률을 나 자신의 삶에 실제로 어떻게 적용할 수 있는가? 나는 정말로 중독에서 벗어날 수 있나? 안전한 사용으로 돌아올 수 없는 자의 비율에 속하면 어떻게 하나? 중독을 정의하고 분류할 더 좋은 방법이 분명히 있는가? 로빈스의 시절로 돌아가 보자. 이러한 질문들은 질병의 생물학적 뿌리를 찾는 다른 방향의 연구를 자극했다.

나의 환자인 니콜과 통화 중이다. 안타깝게도 그녀는 지금 취해 있다. 니콜은 다시 술을 마신 지 한 달 정도 되었고, 이 때문에 이전의 풍요로운 관계가 망가지고 다시 부모 집의 지하실로 들어가야 했다. 그녀는 내게 정말로 술을 끊고 정상적인 궤도로 돌아가 일도 하고 전체적으로 독립적인 생활을 하고 싶다고 말한다. 심리 치료의 전문 용어로 말하자면, 니콜은 이른바 〈변화 진술〉*의 태도를 상당히 많이 갖춘 채 이야기하고 있다. 이는 좋은 징조이다. 그러나 내가 그녀에게 그러한 변화를 끌어낼 수 있다고 얼마나 자신하는지 물으면, 그녀는 수심에 잠겨 어쨌거나 십중팔구 다시 술을 마시게 될 것이라고 말한다. 나는 그녀에게 스스로를 도울 수 있는 일이 무엇이 있을지 생각해 보라고 말하지만, 그녀는 비록 여러 해 동안 알코올 중독자 익명 모임에 참여하며 술을 마시지 않았고, 여전히 의지할 친구가 많고 자원이 풍족해도 쉽게 방법을 떠올리지 못한다. 니콜은 분명하지 않은 발음으로 이

* change talk. 변화의 욕구와 필요성에 관한 환자 자신의 진술.

렇게 말한다. 「유전이죠, 그렇죠? 알코올 중독 말이에요. 그러니 어쨌거나 내가 술을 마실 거라는 뜻이죠, 맞죠?」 그것은 분명히 자기 합리화였다. 적어도 부분적으로는 그랬다. 그러나 나는 니콜의 그런 생각에 실제로 두려움이 들어 있다고 생각한다. 그녀가 생물학적 요인에 지배된다는 말은 지나치게 환원론적인 담론이 심어 놓은 관념이다.

지난 50년간 연구자들은 중독에 영향을 미치는 생물학적 요인들을 이해하는 데 엄청난 진전을 이루었지만, 환원론적 설명이 폭넓은 대중적 영역으로 들어오면서 지나치게 자주 과장됨으로써, 중독된 사람은 근저의 고치기 어려운 신체적 이상 때문에 망가지고 파멸한다는 관념을 낳았다. 이러한 이야기는 낙인찍힌 중독 이미지를 되풀이한 것에 불과하지만, 최근 몇십 년간 사람의 마음을 점점 더 사로잡는 기술이 대중의 상상력을 지배하면서 더욱 굳건하게 뿌리를 내렸다.

1970년대 초, 닉슨의 약물 퇴치 전쟁이 확대되면서 약물 연구에 막대한 자금이 투입되었다.[21] 제롬 재피는 그 자금의 일부를 존스홉킨스 대학교 의과 대학 연구자인 솔로몬 스나이더Solomon Snyder에게 배정하면서 두뇌의 오피오이드 수용체를 찾으라는 과제를 맡겼다. 나르코에서 일했던 연구자들이 몇 년 전 그러한 수용체가 있다는 가설을 세웠으나, 그 과제가 성공하리라고는 쉽게 장담할 수 없었다.[22] 1970년에 가서야 모종의 수용체를 처음으로 확인했지만, 전기뱀장어의 전기 발생 기관에 있는 신경 전달 물질 아세틸콜린을 연구한 결과였다. 모든 동물을 통틀어 아세틸콜린 수용체가 가장 밀도 높게 집중된 곳이 바로 그 기관이었다.[23]

스나이더는 동료이자 대학원생인 캔더스 퍼트Candace Pert와 더불어 〈방사선 라벨링radio-labeling〉의 전문가였다. 그것은 방사성 분자를 다른 분자에 부착하여 신체에서 일어나는 생리적 과정을 추적하는 새로운 방법이었다. 두 사람은 다양한 합성물로 실험한 뒤 결국 설치류의 두뇌에서 방사능 표지가 부착된 날록손을 찾아내 오피오이드 수용체와의 결합을 증명할 수 있었다. 그들은 두뇌의 여러 부분에서 수용체가 있는 지점을 추적하여 밝혀냈다. 1973년 발표한 연구 결과는 과학계의 중대한 이정표가 되었다. 두뇌 속의 수용체 존재가 최초로 검증된 것이다.[24] 1975년 연구자 존 휴스John Hughes와 한스 코스털리츠 Hans Kosterlitz는 두뇌가 그러한 수용체에 붙여 주려고 만들어 낸 작은 분자인 엔케팔린enkephalin을 발견했는데, 이는 더욱 흥분되는 사건이었다.[25]

후속 연구로 뇌가 만들어 낸 다른 오피오이드의 존재가 밝혀졌다. 〈안에 있는 모르핀〉이라는 뜻의 〈엔도르핀endorphin〉이라는 이름을 붙였다. 이 발견으로 〈수용체 열병〉의 시대가 시작되었다.[26] 연구자들은 수용체 이상이 어떻게 중독을 일으키는지에 관해 이론을 만들어 냈다. 한 가지 발상은 타고난 수용체 이상이 중독을 결정한다는 것이다. 어떤 사람들은 오피오이드 수용체나 엔도르핀의 영구적인 결함 때문에 태어날 때부터 오피오이드 중독에 취약하다는 말이었다. 다른 가설은 헤로인 같은 오피오이드의 빈번한 사용으로 수용체 계통이 손상을 입어 약물 사용 충동이 지속적으로 생긴다는 것이다.[27] 이 충동은 거의 영구적일 가능성이 높다. 이러한 발상은 과학지에서는 향후 연구에서 검증을 받아야 하는 것이었으나, 대중 매체에서는 모든 것을 망라하는 포괄적인 설명을 내놓았다.

1977년 『뉴욕 타임스』는 제1면에서 〈두뇌 속의 아편제 비슷한 물질이 통증과 기분을 해명할 실마리를 쥐고 있다〉고 선언했다.[28] 기사는 정신 분열증과 중독같이 다양한 정신 질환의 원인이 엔도르핀의 〈생화학적 결함〉일지도 모른다고 추정했다. 대중 매체는 엔도르핀의 역할에 관해 다른 이론적 이야기를 내놓았다. 한 가지 유명한 것은 자연적인 〈러너스 하이runner's high〉*에 대한 관심이 널리 퍼진 것이었다.[29] 윌리엄 버로스는 『뉴욕 타임스』의 그 기사를 아들 빌리를 치료하는 정신과 의사에게 보내는 편지에 동봉하여, 빌리의 중독이 엔도르핀 부족 때문일 수 있다고 하면서, 필요하다면 아들을 본인이 원하지 않아도 병원에 입원시켜야 하지 않겠냐고 했다.[30] 그래서 그 정신과 의사는 그의 불안정한 정신 상태의 근저에 있는 심리적 요인들을 풀어낼 수 있었다.

그렇지만 밝혀진 바대로, 수용체와 신경 전달 물질의 일관된 변화를 발견한 연구는 없었다.[31] 그래서 갈구 같은 중독의 더 복잡한 증상은 고사하고 내성과 의존 상태 같은 약물 사용의 가장 기본적인 요소조차도 완전히 설명할 수 없었다. 솔로몬 스나이더는 처음에는 〈아편제 수용체의 정복으로 중독의 수수께끼를 풀 수 있게 되었다〉고 생각했지만, 나중에는 〈우리가 실패에 대해 변명해야 한다〉고 인정했다.[32]

수용체 열병은 곧 유전학에 대한 굉장한 관심으로 대체되었다. 과학의 발전이 이러한 전환을 자극했다. 1970년대 말에서 1980년대까지 인기를 끈 쌍둥이 연구와 입양 연구는 유전적 요인이 중독에 걸릴 위험성을 높인다는 점을 증명했다.[33] 그러나 연구가 진척되어 매번 새로운 결과가 나오면서, 대중 매체의 흥미로운 기사들은 알코올 중독이나 중독을 완벽하게 설명할 수 있게 되었다고 장담했다.[34] 1990년 4월, 여러 매체가 케네스 블럼Kenneth Blum과 국립 알코올 남용 · 알코올 중독 연구소의 전임 소장 어니스트 노블Ernest Noble이 〈알코올 중독 유전자〉를 발견했다고 보도했다. 예를 들면, 잡지 『타임』은 이렇게 썼다. 〈5년 안에 과학자들은 유전자 혈액 검사를 완성하여 위

* 달리기에서 얻는 도취감.

험에 처한 아이들을 찾아내는 데 도움을 줄 것이다. 10년 안에 의사들은 유전자의 작용을 방해하는 약이나 도파민 흡수에 변화를 줌으로써 알코올 중독을 통제하는 약을 손에 넣을지도 모른다.)[35] 이는 진정 거대한 비약이었다. 여기서 말하는 유전자는 도파민 D2 수용체의 한 형태로 알코올 중독의 위험성을 약간 높일 뿐이다. 평자들은 이러한 기사를 노골적인 허풍이라고 했지만,[36] 그러한 뉴스는 여전히 널리 사실로 받아들여지고 있다. 1987년 갤럽 조사에 따르면 미국인의 60퍼센트 이상이 알코올 중독이 유전이라고 믿었다.

치료 산업과 대중적인 저자들은 유전으로 설명하는 경향으로부터 이득을 취했다.[37] 이를 이용하여 중독을 고칠 수 없고 피할 수 없는 질병으로 설명한 것이다. 유전학은 잠재적인 고객들에게 그들의 두뇌가 〈정상〉 두뇌와는 근본적으로 다르기 때문에 치료를 받아야 한다는 점을 납득시키는 효과적인 수단으로 입증되었다. 내가 재활 시설에 들어갔을 때, 어느 강사는 유전이 중독의 발병에서 가장 강력한 결정 요인이라고 주장했다. 몇 년 뒤 나는 니콜과 통화할 때 그녀가 한두 해 전에 재활 시설에 머무르면서 결정론적인 태도를 받아들였는지 궁금했다. 그러나 필연적으로 중독에 빠질 수밖에 없는 사람은 전혀 없다. 그것이 사실이다.

이렇게 간절히 생물학적 원인을 찾는 행태는 이해할 만하다. 중독은 사람을 당황하게 만든다. 많은 사람이 엄청난 지원을 받고 겉으로 보기에는 명백히 중단의 의지가 있는데도 끔찍한 문제를 겪고 재발을 경험한다. 바로 이 무서운 현상 때문에 술 〈알레르기〉라는 은유가 1920년대의 빌 윌슨에게, 이후 여러 세대의 알코올 중독자 익명 모임 회원들에게 그토록 매력적이었던 것이다. 그러나 이는 단지 하나의 은유일 뿐이다. 알레르기는 없다. 오늘날까지도 중독이 유전으로 결정된다는 증거는 없다. 적어도 흔히 이야기되는 정도까지는 아니다. 생리는 중요하지만 중독에 영향을 미치는 많은 요인의 하나일 뿐이다.[38] 환경도 있고 인간의 선택도 있다. 유전학 연구는 누가 왜 중독에 걸리는지를 설명할 수 있을 만큼 충분히 강력하지 않다. 중독의 유전성은(유전에 기인한다고 말할 수 있는 변형의 정도) 25퍼센트에서 70퍼센트 사이이다.[39] 상당히 높은 수치인 것은 맞지만, 이러한 결과가 유전의 영향이 출생 전 환경과 가정생활, 트라우마 이력, 사회적 조건 등의 환경적 영향과 대체로 대등한 기반 위에 있음을 의미하지는 않는다. 어느 유전학자는 이렇게 말했다. 「유전성 연구는 내가 알기로 환경의 중요성을 가장 잘 증명한다.」[40]

이러한 교훈은 두뇌 연구에도 마찬가지로 적용된다. 심리학자 키스 험프리스는 중독의 신경 과학은 예상과 달리 두뇌 밖에 있는 모든 것의 결정적 중요성을 강조할 뿐이라고 주장했다.[41] 예를 들면, 신경 과학은 신호 유발 학습cue-induced learning이 얼마나 강력할 수 있는지 증명하지만(맥주와 담배의 광고는 강력하게 욕구를 촉발하고, 신경 과학은 그 이유를 보여 준다), 가장 효과적인 개입 방법은 중독 공급 산업의 광고를 신중하게 제한하는 법규를 제정하는 것이다. 뇌 과학은 두뇌의 특정 기능이 중독과 물질 사용에 어떻게 작용하는지를 설명할 수 있을지는 몰라도, 두뇌에 관해 발견한 바로 그 동일한 결론의 다수가 가장 효과적이고 유익한 대응은 다른 곳에서 발견될 것이라는 점을 보여 준다. 어떤 단일한 설명 틀이나 중독에 영향을 미치는 단일한 위험 인자들의 집합도 완전한 해답이 되지 않는다. 그러한 요인들 간의 상호작용을 탐구할 때에만 앞으로 나아갈 길을 예측할 희망이 보일 것이다.

성 아우구스티누스의 중독은 알렉산드로스 대왕의 중독과 동일했나? 빌 윌슨의 것과 반대되는 샘슨 오컴의 비난은 어떤가? 드퀸시와 콜리지와 비슷한 한 쌍도 그 시각뿐만 아니라 사용을 추동한 요인들에서도 중요한 차이가 있다.

중독이 의학의 관심을 받은 이래로 의사들은 중독은 하나가 아니라 여럿이며, 그 현상을 상이한 하위 유형으로 나눌 수 있다고 생각했다. 1812년 모스크바에서 의사로 일한 독일인 카를 폰 브륄크라머는 연속적 음주부터 긴 중단 기간 이후의 발작적 음주에 이르기까지 〈갈주증〉에 다섯 가지 유형이 있다고 가정했다.[42] 다른 작가는 19세기 중반 글래스고 정신 병원Glasgow Lunatic Asylum의 연구 결과를 토대로 다양한 〈오이노마니아oinomania〉, 즉 포도주 광증이 있다고 보고했다.[43]

이러한 구분은 대다수 사람에게 이해가 간다. 이른바 〈정상 생활 알코올 중독자〉*는 〈분노의 술꾼angry drunk〉이나 〈폭음 술꾼binge drinker〉과는 완전히 다른 모습을 보여 주기 때문이다. 하위 범주가 있다는 생각은 전통적인 중독 관념에 도전하는 연구가 의미 있음을 암시한다. 우리는 단일한 불변의 본질적인 중독을 확정할 수는 없지만, 그 현상의 이질성을 더 자세히 들여다보면 원인과 장기적인 진행 과정에 따라 여러 범주를 구분할 수 있다. 그러나 직감을 과학적으로 증명하기란 늘 어려운 과제였다.

옐리네크도 말년에 전통적인 질병 모델을 버리고 이와 같은 하위 범주 관념을 받아들였다. 1960년 그는 『질병 개념의 알코올 중독 *The Disease Concept of Alcoholism*』이라는 중요한 책을 썼다(마티 맨이 출간 자금을 마련했다). 그러나 그런 제목을 붙였는데도 옐리네크는 사실상

* functional alcoholic. 술을 끊지 못하고 술을 마시고 싶은 욕구 때문에 고생하지만 현재는 사회생활을 정상적으로 하는 사람.

중독 개념을 복잡하게 만들고 있었다.[44] 엘리네크는 알코올 중독이 단일한 질병이 아니라 의존 상태의 존재, 신체 손상, 심리적 증상 따위의 요인에 따라 다양한 하위 〈종species〉으로 나뉜다고 가정했다. 나아가 그는 이렇게 상이한 종들이 사회와 문화로부터 큰 영향을 받으며 여러 요인이 그 현상을 초래한다고 강조했다. 그 이후 연구자들은 하위 범주의 존재를 깊이 탐구했다. 예를 들면, 유전학의 열기가 뜨거웠던 1980년대에 생물학 연구자들은 유전된 특성을 토대로 여러 유형의 중독을 구분하자고 제안했다.[45] 그러나 뚜렷한 구분선을 찾기는 어려운 것으로 드러났다.

더 최근의 연구들은 중독에 큰 영향을 미치는 여러 요인, 즉 내적, 외적, 생리적, 심리적, 환경적 요인을 상세히 구분했다.[46] 어떤 중독은 빌 윌슨이 종종 자신에 대해서 설명했듯이 이른바 불안-우울이라는 성격 특성과 긴밀한 연관이 있는 반면, 다른 중독은 아마 윌리엄 버로스와 알렉산드로스 대왕이 그러했을 것으로 보이는데, 고집스럽고 충동적인 면이 더 두드러진다. 어떤 중독은 내가 벨뷰 병원의 이중 진단 병동에서 만난 사람들의 경우처럼 다른 심리적 문제를 해결할 필요성과 연관이 있는 것 같다. 어떤 중독은 다름 아니라 그 물질이나 행동이 얼마나 큰 보상을 줄 것인지에 크게 좌우된다. 1870년대에 〈여성 질환〉 때문에 모르핀 주사를 맞은 여자들부터 1990년대와 2000년대에 오피오이드를 지나치게 넉넉히 처방받은 자들까지 의원성 중독의 진짜 희생자들이 그러한 경우이다. 어떤 중독은 개인적인 것이든 세대 간의 일이든 사회적인 것이든 거의 전적으로 트라우마가 결정한다.[47] 지금도 이러한 요인들에 관한 연구는 어떤 것도 하위 범주의 여러 중독을 분명하고 안정적이고 신뢰할 만하게 구분하거나 근본적인 원인을 정밀히 조사하기에 충분할 정도로 강력하지 않다. 단일한 생물학적 원인이 없을뿐더러, 어떤 사람이 중독에 빠지는 이유를 확실하게 설명하는 하나의 지배적인 중독 원인도 원인군도 없다.[48]

오늘날 우리가 말할 수 있는 최선은 중독에 영향을 미치는 다양한 요인이 복잡하고 역동적인 연결망 속에서 서로 교차한다는 것이다. 그러한 연결은 사람에 따라 급격하게 변하며, 한 개인의 일생 안에서도 변한다. 중독은 뇌 질환인가 아닌가, 사회적 병폐인가, 고통에 대처하는 보편적인 반응인가. 이런 문제가 아니다. 중독은 그 전부에 다 해당되면서 동시에 그중 어느 것도 아니다. 각각의 차원에 덧붙일 것이 있기 때문이며 동시에 완전한 이야기를 하기는 불가능하기 때문이다.

이런 식으로 중독은 모든 정신 질환을 이해할 실용적이고 유연한 방법을 예시한다. 정신 질환은 흔히 절대적인 고정된 실체로 설명되었지만,[49] 모든 정신 질환에서 병자와 나머지 인간을 구분하는 자연스러운 지점은 없으며, 정신 질환의 원인은 어지러울 정도로 다양하다. 달리 말하자면, 정신 질환은 주기율표의 화학 원소 같은 현실에 관한 기본적인 진실이 아니다.[50] 옐리네크의 표현이 좋다. 정신 질환은 같은 속(屬)의 유사성을 갖는 〈종(種)〉을 닮았다는 것이다. 자연의 생물학적 종은 경계가 흐릿하며, 동일한 종의 일원이라고 전부 다 같지는 않다. 우리는 계속해서 정신과적인 진단을 해야 한다. 연구를 수행하고 보험료 지불을 지지하기 위해서, 또는 진단상의 사고를 현실 세계에 적용하기 위해서 해야 한다. 그렇지만 그러한 진단을 영속적이고 단일한 별개의 실체라고 혼동해서는 안 된다. 진단에는 겸허함이 배어 있어야 한다.

하지만 재활 시설에서 몇 달 지낸 후의 나처럼 회복 초기에 있어서 자신이 정말로 중독자인지 아닌지, 중독자라는 것이 자신의 삶에 어떤 의미가 있는지 궁금한 자들은 이 모든 연구와 이론이 절망적일 정도로 복잡하다고 느낄 수 있다. 무엇을 해야 하는가? 나 자신을 어떻게 생각해야 하는가? 중독된 것인가 아닌가? 종종 결정을 내려야 할 순간이 찾아온다.

내가 어떻게 빠져나왔는지 생각해 보았다. 소변 검사는 직전 사흘 남짓한 기간의 음주만 알아낼 수 있다. 첫 번째 외출에 나는 휴식을 취하며 맥주를 약간 마시고 다시 정신을 차렸다. 그것은 음주를 통제할 수 있음을 증명하는(누구에게? 짐작건대 나 자신에게) 문제에 가까웠다. 내가 원한 것이 바로 그것이었다. 상태가 괜찮다면 통제하고 있는 것이었다.

그러나 결정적인 순간이 찾아왔다. 나는 친한 친구의 약혼 파티에 참석하고자 보스턴에 갔다. 신랑은 집에서 만든 맥주를 탁자 위에 내놓았고, 주변을 둘러보니 나의 과거를 알고 있는 사람은 아무도 신경 쓰지 않는 것 같았다. 그런데도 나는 속으로 안 된다고 말하고는 빌어먹을 탄산수로 돌아갔다. 한 잔 마실 수 있었다면 좋았을 것이다. 당시 나는 여럿이 한데 모여 어울리는 것을 매우 싫어했다. 술에 취해 들뜬 기분이 아니면 견딜 수 없을 정도로 어색했기 때문이다. 또한 늘 약간 취하게 만드는 조용한 사교적 분위기 속에서 술을 마시지 않겠다고 말하는 것도 이상했다. 몹시 이상했다. 술을 마시지 않는 이상한 놈은 정말로 되고 싶지 않았다.

그때쯤 나는 중독에 관한 연구를 꽤 많이 읽었다. 나는 중독을 불변의 속성을 지닌 별개의 실체로 보는 관념에 반대하는 과학적 논거를 이해했다. 중독은 다른 것에 부수하며 모호하고 우연적인 듯했다. 하나의 상태라기보다는 하나의 경향에 가까웠다. 그것을 질병이라고 부르는 것은 무의미한 듯했으며, 나는 다시 술을 마시면 필시 심각한 문제에 빠질 것이라는 것도 믿지 않았다. 그렇지만 나는 술을 마시지 않았다. 그때 이후로는 마시지 않는다.

물론 나의 결정은 부분적으로는 순전히 현실적인 것이었다. 나는 의사 건강 프로그램에 참여했기에 정직하고 싶었고 무엇인가 숨겨야 하는 두려움에 시달리지 않는 삶을 살고 싶었다. 또한, 재활 시설에서 깨달은 것인데, 우선 술을 마시고 싶은 욕구에는 건강하지 못한 측면이 있었다. 나는 술을 마시고 싶었지만, 또한 언젠가, 그날이 아니더라도 언젠가는, 마시고 싶다는 충동에서 벗어나기를 원했다. 게다가 나는 회복 중인 알코올 중독자라는 정체성의 선택을 향해, 그 관념에 덧붙여진 그 모든 역사적 부담을 떠안은 채, 자신 없는 첫걸음을 내딛고 있었다. 얼마 있다가 나는 술을 마시지 않는, 적어도 〈오늘〉만은 마시지 않는 사람이 되기로 결심했다.

중독자와 다른 사람들을 구분하는 자연스러운 경계선은 아마도 없겠지만, 중독이 하나의 스펙트럼이라고 해서 이것이 곧 하나의 상태와 다른 상태를 구분할 수 없다는 말은 아니다. 더미의 역설paradox of the heap이라는 철학적 문제가 있다. 모래 더미에서 한 번에 한 알갱이씩 빼내면, 그것은 언제 더는 모래 더미가 아니게 되는가? 이 경우에도 자연스러운 구분선은 없다. 그러나 수천 알갱이의 모래는 더미를 이루지만 모래 한 알갱이는 더미가 아니다. 마찬가지로, 나는 중독을 비록 뚜렷한 별개의 실체로 환원할 수는 없다고 해도 실질적인 현상의 의미 있는 설명으로 볼 수 있다고 믿는다. 정상인과 중독자 사이에 절대적인 경계선은 없을지도 모르나, 그래도 여전히 중독은 삶을 위협하는 무서운 현상이다.[51]

지금도 나는 내가 특정한 질병에 걸렸는지 확신하지 못한다. 내가 다른 사람들과 근본적으로 다른지도 잘 모르겠다. 어쨌거나 본질의 문제가 아니라 정도의 문제인 것 같다. 중독은 인간의 보편적인 약점이 매우 쉽게 드러나는 지점일 뿐이다.[52] 누구나 한때 자제력 상실, 통제력 상실을 경험할 것이다. 신경 과학 연구를 통해 중독은 물질이 두뇌에 작용한 결과가 아니라 욕구와 보상, 자제력에 일상적으로 나타나는 인간 문제의 한 단면일 뿐이라는 점을 점차 명확하게 밝혀냈다. 전통적으로 강력한 물질의 효과에 기인한다고 여겨진 여러 유형의 두뇌 활성화는 이제 폭넓은 보상 예측reward prediction 작용 속에서 일어나며 훨씬 더 넓은 행동 범위에서 발견된다는 것이 증명되었다. 예를 들면, 두뇌의 보상 계통은 물질 중독뿐만 아니라 비만과 도박의 경우에서도 특징적인 변화를 보여 준다.[53] 이렇게 중독의 이해는 한 바퀴 돌았다. 이 독특한 순환은 〈중독〉이라는 낱말의 최초 의미로 돌아간다는 점에서 멋지다. 〈중독〉은 사람에게 일어나는 일이 아니라 뿌리치기 어려운 강력한 욕망이 깃든 매우 개인적인 현상이라는 것이다.

나는 정신과 진료를 하면서 〈중독되지 않은〉 사람이 음식과 일, 바람피우기, 권력, 돈, 상시적인 분노에 허덕이는 것을 본다. 내게 심리 치료를 받는 어느 환자는 두려움과 수치심 같은 부정적 감정을 처리하는 방법으로 강박적인 폭식과 배출*을 이용한다. 다른 환자는 전화기를 내려놓지 못하고 끊임없이 이메일을 확인한다. 그렇게 하는 데는 명백한 의도와 계획이 있기는 하지만, 결혼 생활에 문제를 초래한다는 사실을 알면서도 일을 잘한다는 외부의 인정을 받고 싶은 마음이 절실하기 때문이다. 나는 그 환자들이 스스로 무엇인가에 중독되었다고 말해야 한다고 고집하지 않는다. 나는 대체로 나의 중독의

* 배출purging의 유형에는 구토와 설사, 과도한 운동이 있다.

뿌리가 다른 이들과 비슷하다거나 나의 회복에 필요했던 것이 다른 이들에게도 필요하다고 생각하지 않는다. 그러나 나와 그들 사이에 엄청난 차이가 있다고도 생각하지 않는다. 우리 모두 분열된 자아 때문에 고통받고 있으며, 우리 모두 자신의 판단을, 그리고 주변 환경과 자신을 지배하는 능력을 지나치게 신뢰한다. 그런 점에서 나는 우리가 동료 의식을 나눈다고 생각한다. 중독이 상상할 수 없을 만큼 큰 고통을 야기하는 굉장한 문제이면서 동시에 인간의 모든 고통에 따르는 것이라는 점에서 말이다.

　마찬가지로 내가 재활 시설에서 만난 사람들도 나와, 또 서로서로 철저하게 달랐다. 자신의 중독이 평생토록 이어질 걱정이 겉으로 드러난 것일 뿐이라고 생각하는 사람이 많았다. 또 다른 사람들은 통증 때문에 합법적인 처방을 받은 후 거의 자동적으로 오피오이드 사용에 길들여졌다고 느꼈다. 그러나 우리의 상황이 아무리 다양해도, 우리를 그 스펙트럼의 끝으로 밀어 넣은 원인과 조건이 믿을 수 없을 만큼 다양해도, 우리는 중요한 것을 공유하고 있다. 서로 상대의 정체를 알아보는 토대가 되는 공통의 경험, 긴 역사를 통해 다른 사람들이 설명한 그 당혹스러운 상태를 공유한다. 우리는 서로 자제력 문제로, 놀랍도록 비슷한 실존적이고 사회적인 귀결로 힘든 싸움을 하고 있음을 알아보았다. 약물 사용을 중심으로 삶이 바뀌었으며, 가치관과 목적의 상실을 포함하여 우리에게 중요한 것을 잃었다. 그 점에서 나는 우리가 소중한 것을 다 잃어버린 『리그베다』의 그 노름꾼까지 이어지는 동료 의식을 나누며, 고통의 경험과 벗어나고 싶은 욕구를 공유한다고 생각한다.

맺음말
회복

어느 날 이른 아침, 나는 비비 꼬인 5차선 고속도로 입체 교차로 위로 높이 솟은 길고 완만한 경사의 구름다리를 따라 뉴욕주 정신 의학 연구소New York State Psychiatric Institute로 걸어갔다. 허드슨강 옆 부지에 들어앉은 〈정신 의학 연구소〉 건물은 자기 완결적인 작은 사회였다. 사무실과 연구소, 약국을 갖추었고 맨 아래층 한적한 곳인 레지던트 진료실에 내 방이 있었다.

나는 회복에 들어선 지 대략 1년 정도 되었고, 환자로서 보낸 날이 저만치 멀어지는 것 같았다. 사실을 말하자면, 나는 아직도 의사 건강 프로그램에서 할 일이 많았다. 시내의 치료 센터에서 의료 종사자를 대상으로 하는 주간 집단 치료가 있었고, 나의 담당 정신과 의사와 정기적으로 만나 상태를 알렸으며, 한 주에도 여러 차례 무작위로 소변 검사를 받았다. 주간에는 컬럼비아 대학 병원에서 검사를 받았고, 주말에는 이스트 빌리지 아래쪽에 사는 나이 든 온화한 여자인 소변 감시인의 아파트로 갔다. 초인종을 누르고 인사를 한 다음 좁은 복도를 따라 흠잡을 데 없이 깨끗한 그녀의 침실로 들어가 컵에 소변을 받았다. 그동안 그녀는 예절 바르게 그렇지만 경계를 늦추지 않고 나를 지켜보았다. 내가 부정하게 다른 소변 통을 몰래 들여오지는 않았는지 확실히 해두기 위한 것이었다. 다 끝나면 나는 현금으로 40달러를 지불하고, 의례적으로 날씨에 관해 몇 마디 말을 주고받은 다음, 내 할 일을 하러 간다. 초현실적이고 때로는 짜증이 나지만, 시간이 지나면서 그저 또 하나의 일과라는 느낌이 들었고, 나를 둘러싼 치료 조직보다는 정신과 의사가 되는 법을 배우는 데 더 집중했다.

그날, 나는 정신 의학 연구소의 작은 방으로 가고 있었다. 정신과 레지던트 3년차가 되어 배정받은 곳이다. 우리는 외래 환자를 받아 치료와 투약을 조절했고 일정을 조정했으며 전체적으로 마치 개업한 의사처럼 일했다. 수련 팀장은 늘 전화 한 통이면 금방 달려올 수 있는 가까운 거리에 있었지만, 여전히 안전망이 사라진 느낌이었다. 약간의 예외가 있기는 했지만, 우리는 주로 오전에만 실시간으로 피드백을 받았다. 말하자면 오전에 우리는 잠재적 환자를 진료실에 받아 접수 면담intake interview을 한 다음 환자를 선임 의사에게 보냈다.

그날 나의 새로운 환자는 스트레스에 지친 대학원생이었다. 예민하고 신경질적인 친구로 자신이 심한 압박에 무너지고 있다고 생각했다. 그는 내게 스트레스를 다스리기 위해 밤에 술을 네댓 잔까지 많이 마신다고 말했다. 그는 술을 줄일 수 없었기에 문제가 되리라는 것을 알고 있었다. 나는 즉시 그가 좋아졌다. 그는 진지하고 사려 깊고 솔직해 보였으며, 나는 그가 구체적인 변화의 전략만 있으면 열심히 노력할 준비가 되어 있다고 생각했다.

그러나 그날 아침 내가 그 환자를 수련 팀장에게 보였을 때, 그녀는 굳은 표정으로 고개를 흔들더니 아니라고 말했다. 그는 술을 너무 많이 마셨고, 〈물질 의존substance burden〉이 심한 그러한 사례는 이러한 성격의 진료실에는 맞지 않다는 것이었다. 나는 충격을 받았다. 그는 여러 점에서 과거의 나보다, 특히 자신의 문제를 인정한다는 점을 고려하면, 더 건강해 보였기 때문이다. 그때에도 나는 그가 우리와 함께 치료를 받으면 도움이 되리라고 이해했다. 더군다나 정신과를 찾아 도움을 구하는 것이 얼마나 어려운 일인가. 우리는 그와 함께하려고 했고, 필요하면 더 집중적인 치료를 받도록 의뢰하려고 했다. 실제로 물질 사용 장애 치료를 일반적인 의료 체계에 통합하면 환자도 도움을 받고 제도의 전체적인 작동도 개선된다는 강력한 증거가 늘 있었다.[1] 그러나 수련 팀장은 그를 다른 곳으로 보내라고 말했고, 우리는 그에게 소개할 다른 치료 프로그램의 목록을 주었을 뿐이다. 그가 명백히 실망하고 기가 꺾인 채 진료실을 떠날 때, 나는 우리가 누군가 자기 방식대로 회복할 수 있게 도울 수 있는 드문 기회를 놓친 것은 아닌지 궁금했다.

그날 아침 수련 팀장은 선의로 행동한 경험 많은 의사였다. 그녀는 우리 연구소에서 가장 힘든 입원 환자 병동에서 몇십 년간 일한 베테랑이었다. 의사 생활 거의 내내 그녀는 심한 정신 분열증과 자살 충동 우울증, 기타 사람을 쇠약하게 만드는 질환을 앓는 사람들을 돌보았다. 우리는 레지던트 진료실에서 그렇게 심한 정신 질환을 가진 사람들을 자주 보았지만, 그녀에게 물질 사용 장애는 다소 특별히 위험하거나 치료하기 어려운 질환이었다. 더 알기 쉽게 말하자면, 물질 사용 장애는 우리의 직무에 속하지 않았다. 나는 그녀가 물질 사용 장애가 사람을 나쁘게 만든다는 생각을 갖고 있다고는 믿지 않지만, 그녀는 정신 질환 치료를 위한 가장 높은 수준의 프로그램에서도 우리가 나쁜 환자, 적어도 부적절한 환자라는 생각을 드러냈다. 그녀는 물질 사용 문제를 지닌 사람을 다른 의학 분야뿐만 아니라 정신과로부터도 분리된 완전히 독립적인 치료 체계에 넘기는 오랜 전통을 따랐을 뿐이다. 낙인찍기는 단지 한 사람의 부정적인 믿음과 태도에서 그치지 않는다. 그것은 또한 제도 차원에서 일종의 구조적인 형태를 취할 수 있다. 중독자에게서 치료 기회를 박탈하는 정책과 관행을 통해 나타나게 되는 것이다.

오늘날 의료 제도는 중독 치료에 있어 한심스러울 정도로 부족함을 드러낸다. 의학이 모든 해답을 주지는 않지만, 우리 임상 의사들이 해야 할 중요한 역할이 있으며, 우리는 아직 그 과제에 충분히 잘 대처하지 못하고 있다. 일반적으로 정신 질환 치료를 받는 데는 거대한 장벽이 있지만, 물질 사용 장애를 지닌 사람들에게는 문제가 한층 더 현저하다. 대략 열 명 중 한 명만이 치료를 받는다.[2] 비교하자면 다른 정신 건강 질환자는 약 40퍼센트가 치료를 받는다. 게다가 그 소수에 대한 치료조차 충분하지 않을 때가 많다.

의학은 효과가 있다고 알려진 간명한 단계를 거치면 많은 생명을 구할 수 있을 것이다. 물질 사용 장애를 일반적인 치료 과정에 편입시키고, 나아가 날록손 처방처럼 해악 축소 조치를 확대할 수 있을 것이다. 그러한 조치는 의료의 상황에서 취할 수 있으나 반드시 그 영역에 제한할 필요는 없다. 또한 우선 더 많은 치료를 제공할 필요가 있다. 중독을 치료할 수 있는 의사의 숫자를 늘리고 증거에 기반한 치료를 통해 치료의 질적 수준을 높이는 것이 절실히 필요하다. 특히 오피오이드 사용 장애에 대한 약물 치료의 장벽을 훨씬 더 낮추어야 한다. 부프레노르핀과 메타돈같이 생명을 구하는 약물의 복용이 불필요한 법적 장애로, 특히 사용을 심하게 제한하는 난해한 연방법의 규제로 방해를 받는다. 제도가 합리적이지 않다. 의대를 졸업하고 얼마 지나지 않은 레지던트는 모르핀같이 더 위험한 오피오이드를 처방할 수 있지만, 과정을 다 마친 전문의는 추가로 면허 절차를 밟아 마약 단속국에서 특별 면제권을 받지 않으면 부프레노르핀을 처방할 수 없다. 오늘날 의료 제공자 중 시간을 들여 그 면제권을 받는 사람은 10퍼센트에도 못 미친다.[3] 해악 축소를 확대하고 의사 인력을 늘리고 치료의 질을 개선하고 불필요한 장벽을 제거하는 이러한 변화는 어렵지 않으며 많은 생명을 살릴 것이다.

그러나 중독 치료의 구조적 변화가 효과를 보려면, 의사들이 그 사람들을 적극적으로 치료해야 한다. 중독에 낙인을 찍는 태도가 계속해서 치료를 방해하는 엄청난 장애가 될 것이기 때문이다. 이 글을 쓸 때에 바이든 행정부는 오피오이드 사용 장애의 약물 치료에 대한 〈성가신 규제를 제거하겠다〉고 공언했다.[4] 만일 약속을 실천한다면 그것이 첫걸음이 될 것이다. 단지 첫걸음일 뿐이다. 부프레노르핀 처방 면허를 지닌 의사들은 대부분 소수의 환자만 보며, 많은 의사가 전혀 보지 못한다. 몇몇 표본 조사에 따르면, 부프레노르핀 처방 면허를 지닌 의사의 최대 25퍼센트가 그 약물을 처방하지 않는다.[5] 이들의 약물 처방을 막는 장애물이 무엇인지 조사해 보니, 의사들은 진료비 환급과 제도적 지원의 부족 같은 구조적 문제를 이야기했다.[6] 또한 의사들은 더 기본적인 개인적 차원에서 낙인찍기의 태도를 드러냈다. 가난하고 비협조적인 환자들이 몰려오는 것을 원하지 않는다는 말이었다. 실제로 시간과 노력을 들여 중독 치료 면허를 얻은 의사들이 한 이야기라는 것을 유념하라. 인종주의가 밴 분리된 별개의 메타돈 치료 제도 이야기가 아니다. 의료 제공자들이 하나의 공동체로서 취해야 할 우선적인 조치는 중독을 다루고 낙인찍기를 철저히 제거하기 위해 열심히 노력하는 것이 우리의 일이라고 판단하는 것이다.

그렇지만 이따금 전통적인 의학적 치료의 경계를 넘는 존재, 생명을 구하는 것을 넘어서 건강과 성장을 촉진하는 존재가 될 필요도 있다. 중독이라는 힘든 과제에 진정으로 잘 대처하려면 치료라는 대응만으로는 충분하지 않다. 수백 년 동안 인간은 그것을 뛰어넘는 단계를 추구했다. 근자에 회복이라고 부르는 것이다.

나는 회복 초기에 기분은 괜찮았지만 그 이상은 아니었다. 안절부절못하고 외로웠으며 한 번 앉으면 폭식한 뒤 아이스크림 1파인트(약 0.5리터)로 끝내기 일쑤였다(정확히 말하자면 지금도 가끔 그런다). 여전히 공부하기에 바빴다. 위상을 높이고 찬사를 받으려고 추가 연구 프로젝트로 과로했다. 너무 심하게 몰아붙인 뒤에는 죽치고 앉아 터무니없이 오랫동안 텔레비전을 보며 기분을 풀었다. 술을 마시는 것보다는 훨씬 낫지만 그래도 역겨운 느낌이 들었고 만족스럽지 못했다. 모든 것이 위험스러울 정도로 익숙했다. 나는 여전히 최선의 본능에 역행하고 있었다.

　나 자신의 작은 불만과 주변에서 보는 중독의 끔찍한 결과 사이에는 초현실적인 괴리가 있었다. 재활 시설에서 같이 지낸 친구들은 벌써 재발했다. 의사를 대상으로 하는 집단 치료에서 나는 재발로 고생하는 사람들을 보았다. 재활 시설에 있을 때 나는 두 번째로, 심지어 세 번째로 들어온 의사도 보았다. 그들은 감시 조건의 5년 계약이 종료되자마자 재발했다. 나도 그럴 수 있다고 생각했다. 서서히 불거지는 괴로움을 그냥 내버려 두면 결국 중독으로 발전할 수 있다고 보았다. 재발에 가까워졌다는 느낌은 없었지만, 내가 어떻게 정확히 알겠는가? 평안은 아직 손에 닿지 않았다.

　나는 여전히 회복이란 내게 무엇을 의미하는지 알아내는 과정에 있었다. 알코올 중독자 익명 모임의 〈더 높은 차원의 힘higher power〉이라는 관념이 편안했다. 그것이 무슨 뜻인지 나름대로 이해할 수 있다고 생각했고, 이를 그 모임의 집단적 자의식으로 삼는 것이 타당하다고 느꼈다. 나는 어느 정도 외부의 지도가 필요하다는 점을 쉽게 인정했다. 다른 사람들이 차원 높은 힘에 짐을 〈넘기고〉 자신이 애호하는 것을 놓아 버리고 얻은 평안을 나도 원했다. 나는 스스로를 돌보는 나만의 소중한 방법은 물론, 나아가 자기실현과 성취를 우선시하는 것 따위의 소중한 가치도 도움이 되지 않는다는 것을 안다. 달리 말하자면, 나는 중독에 대한 내성의 첫 번째 난관을 넘은 후로는 이러한 회복 개념을 거부하지 않았다. 그러나 그러한 회복 개념을 생활 속에 통합하는 것은 만만치 않은 일임도 깨달았다.

나는 알코올 중독자 익명 모임의 회합에 갔지만, 무엇인가 잘못하고 있다는 느낌이 들었다. 재활 시설에서는 모두가 〈90-90〉(90일 동안 90번의 모임)을 완성하고, 소모임home group을 찾아내고, 누구라도 상관없으니 시설 문을 나가자마자 보증인을 확보해야 한다는 말을 귀에 딱지가 앉을 정도로 지겹게 들었다. 그러나 그 시절에 나는 마음에 드는 소모임을 찾는 데 애를 먹었고, 보증인을 찾으려 했지만 아무도 들러붙지 않았다. 지역의 모임에서 나는 눈이 반짝거리는 열정적인 사람들을 만났는데, 그들은 알코올 중독자 익명 모임이 자신들의 목숨을 구했고, 그 덕분에 새롭게 위안과 만족을 얻었다고 했다. 나는 마치 더러운 비밀이라도 감추고 있는 것처럼 창피했다. 나는 서류상으로는 잘하고 있었다. 술을 마시지 않았고 일도 잘하고 있었다. 임상 연구 대상자였다면 성공적인 〈증상 완화remission〉 범주에 들어갔을 것이다. 그러나 내게는 성공처럼 느껴지지 않았다. 우리 의료 종사자 그룹의 치료사는 내가 이상주의적인 기대를 조금 버리고 더 융통성 있게 지낼 수 있다고 말했다. 어쨌거나 나는 몇 주 동안 열두 시간 교대로 야간 근무를 하고 있었기에 그 기간에는 모임에 나갈 기회가 없었다. 그러나 머릿속 한구석에서는 내가 다 망치고 있다는 목소리가 들렸다.

나는 이 책을 쓰기 시작하여 매우 다양한 회복 경험에 대해 알기 전까지는 그 목소리를 떠나보내지 못했다.[7] 여러 해 동안, 수십억 달러를 주무르는 치료 산업 복합체의 강력한 영향 때문에, 지배적인 회복 관념은 알코올 중독자 익명 모임이 제시한 전통적인 경로와 동의어였다. 회복은 완전한 사용 중단, 그리고 어떠한 형태로든 열두 단계 프로그램에 참여하는 것이었다. 이러한 이해는 우리의 문화에 너무나 깊이 배어 있어서 나 자신도 회복에 대해 달리 생각할 방법을 알지 못했다. 다르게 생각할 수 있음을 알게 된 것은 심리 치료 훈련을 시작한 뒤, 그리고 최고의 병원에 입원하여 물질 사용 장애 치료를 받은 뒤, 전문 재활 시설에 참여하여 나 자신만의 연구를 수행한 뒤의 일이었다. 정말로 최근에 와서야 임상 의사들과 연구자들은 사람마다 회복에 이르는 길이 다양하다는 사실을 완전히 이해하는 것 같다. 시작하는 방법(혼자서, 동료들을 통해서, 또는 치료 제도 안에서), 회복의 유형(증상 완화 기반인가 사용 중단 기반인가, 모든 물질의 사용 중단인가, 한 가지 주된 약물의 선택적 사용 중단인가), 치료 지원의 역할(약물 치료와 심리 치료, 또는 그러한 치료 없이), 선택하는 체제(전통적인 열두 단계 프로그램, 여타 서로 돕기 단체, 또는 서로 돕기 단체의 개입 없이) 등등. 중요한 점은 이러한 다양성 속에 건강에 이르는 길, 사람이 변하는 길이 많다는 것이다.

최근, 회복 결과에 관한 연구가 점점 늘어나고 있는데, 이에 따르면 사람들은 중독을 다양한 방법으로 극복했다. 미국인의 대략 9퍼센트가(성인 2200만 명이 넘는다) 자신을 술이나 여타 약물 문제를 극복한 사람으로 여긴다. 그들 중 절반에 약간 못 미치는 숫자가 자신을

〈회복 중〉이라고 밝히고, 훨씬 적은 사람이 열두 단계 프로그램 모임에 정기적으로 참여하고 있다고 한다. 실제로 그들은 직업, 가족, 종교 공동체 등 상이한 자원에 의존하여 문제를 극복했다.[8] 사람들은 열두 단계 프로그램의 대안으로 점점 더 탄탄해지는 서로 돕기 단체를 선택했다. 예를 들면, 명백히 무신론적인 모임, 종교적 전통에 토대를 둔 단체, 스마트 리커버리* 같은 심리학 지식을 기반으로 한 모임, 사용 중단보다 증상 완화에 초점을 맞춘 프로그램 따위이다. 사람들은 자주 자신의 물질 사용 문제를 공식적인 의학 치료나 서로 돕기 단체의 관여 없이 해결한다. 알코올 사용 질환의 경우, 약 70퍼센트가 외부의 개입 없이 개선되며, 알코올 문제에 초점을 맞추어 치료를 받은 사람은 25퍼센트에 못 미친다.[9] (그러나 물질 문제의 성격에 따라 접근 방법도 달라야 한다는 점에 주목할 필요가 있다. 예를 들면, 오피오이드 사용 장애는 약물 치료의 뒷받침이 더 많이 필요하며 아마 사회 심리적 지원도 더 필요할 것이다.)[10] 치료 제공자들은 점차 이처럼 〈회복에 이르는 다양한 경로〉를 인정하는 것 같다. 이제는 전통적인 치료 장소에서도 확인되는 사실이다. 내가 아는 어떤 사람은 재발한 지 그리 오래되지 않았는데, 한때 열두 단계 프로그램을 대표한 재활 시설에 가기로 했으나, 그곳에서 세속적 대안인 스마트 리커버리와 불교 단체인 리커버리 다르마Recovery Dharma의 모임을 제안하는 것을 보고 전율을 느꼈다.

회복 연구는 완전히 새로운 분야는 아니며 여러 해 전에 소벨 부부 같은 연구자들이 시작한 조사의 연장선상에 있다. 그들은 물질 사

---

* SMART Recovery. 국제적인 비영리 단체로 중독에서 벗어나려는 사람들을 지원한다. 대면 추궁 방식이 아닌 인지 행동 치료cognitive behavioral therapy를 사용한다. 알코올 중독자 익명 모임과 열두 단계 프로그램의 대안이다.

용 문제가 있는 사람들이 나아지는 다양한 방법 전체에 관심을 쏟았다. 이러한 관점은 오늘날 단순히 병적 증상의 부재가 아니라 긍정적 변화의 지속 과정이라는 회복에 대한 폭넓은 정의에 담겨 있다.[11] 1984년 소벨 부부는 자신들의 연구에 대한 공격이 이어진 뒤, 중독 연구 분야에서 패러다임 전환이 이루어지고 있으며 그러한 전환에는 흔히 혁명적 갈등이 동반된다고 말했다.[12] 거의 40년이 지난 지금도 그 전환은 여전히 진행 중이지만, 회복 공동체들이 포괄적인 정의의 회복을 점점 더 편안하게 느끼면서 기세를 더하고 있다.[13]

이 분야의 연구 결과는 희망적이다. 삶의 기능과 의지에 나타난 안정적 변화라고 회복을 폭넓게 정의하면, 물질 사용 문제를 지닌 사람 대부분이 회복할 것이며, 대다수는 회복에 의학의 도움이 필요하지 않을 것이다. 지금까지의 수많은 연구에 따르면, 회복 기간이 길수록 삶과 가족 관계, 사회생활의 질이 더 나아진다. 회복에 들어선 이후 첫 몇 달 동안 행복감과 자존감은 잠깐의 안정기를 지나 떨어지는 경향을 보이지만, 그 후 건강함의 전체적인 크기는 5년간 급격하게 증가하며 이후에도 계속해서 증가한다.[14]

흥미롭게도 이러한 연구 결과는 중독의 변화 능력이 크다는 점을 증명하는 신경 과학 연구에 부합한다. 수 세대에 걸쳐, 중독된 자들은 근본적으로 손상되어 구제 불능인 〈고장 난 두뇌broken brain〉라는 고정 관념에 맞서 싸웠다. 오늘날 두뇌의 물리적 변화의 증거는 흔히 중독이 영구적이라는 의미로 받아들여지지만, 이는 틀렸다.[15] 뇌는 중독적인 행위에 반응하여 변화하는 것이 사실이다.[16] 때로는 강력하게, 오랫동안 지속되는 방식으로 변한다. 그러나 원래의 상태로 돌아가기도 한다. 심각한 물질 사용 문제를 안고 있다고 진단받은 사람은 뇌가 상당한 변화를 겪는 것이 사실이다.[17] 반복되는 경험은, 특히 강력한 보상을 주는 경험은 뇌의 여러 영역 사이의 연결망에 변화를 초래할 것이다. (어쨌거나 뇌에서 무슨 일이 일어나지 않는다면 어떻게 기억하거나 학습할 수 있겠는가?) 시간이 지나면서 그러한 변화는 기능(뇌의 여러 영역이 협력하는 방식)과 구조에 드러날 것이다. 예를 들면, 두뇌 특정 영역의 회백질 크기 감소 같은 것이다. 그러나 대략 3년간 복용을 중단하고 코카인 중독에서 회복 중인 사람들에 관한 한 연구에서는 그 뇌 영역이 정상적인 기준까지 돌아왔으며, 한층 더 주목할 만한 것은 회백질의 크기가 사용 중단 기간이 길수록 〈정상〉 수준을 뛰어넘어 훨씬 더 많이 증가했다는 사실이다.[18] 중독은 인간의 생리에 강력한 영향을 미치지만, 우리는 그러한 연구 결과를 지나치게 환원론적 시각으로 해석하지 않도록 주의해야 한다. 회복도 강력한 영향력을 미치기 때문이다.

이러한 연구 결과는 내게 큰 여운을 남겼다. 충분히 오랫동안 회복에 몰두하자 결국 서서히 기분이 좋아졌다. 늘 좋지만은 않았지만 어쨌거나 좋아졌다. 이윽고 나는 다시 정신 수련을 시작했다. 오래전 대학을 졸업하고 한국에 잠시 머물 때 나는 참선에 몰입한 적이 있다. 그러나 의학 공부를 시작한 후 정신 수련을 놓쳤다. 그것은 중독이 내 삶에 초래한 실존적 상실의 일부였다. 목적의식과 가치관을 잃은 것이다. 정신과 수련을 끝마친 후에야 나는 인근의 불교 선원에 더 정기적으로 가기 시작했다. 놀랍게도 그 선원은 다른 전통의 서로 돕기로 중독 회복 모임을 주최했다. 그래서 내게는 더욱 적절한 곳이라고 확신했다. 나는 알코올 중독자 익명 모임을 매우 존중한다. 그리고 그 프로그램이 지금 내가 밟고 있는 과정과 충돌한다고 생각하지 않는다. 그렇지만 결국 회복에 완전히 뿌리를 내렸다는 느낌을 받기 위해서는 처음에 내게 제시된 것과는 다른 틀을 찾아야 했다. 그때서야 나는 알코올 중독자 익명 모임 회원들이 이전에 내게 설명했던 안도감을 맛보았다. 지구가, 나 자신보다 훨씬 더 큰 것이 나를 붙들어 내가 고통을 이해하고 세상에 사는 의미를 알게 도와준다는 느낌이었다. 회복에 확고히 발을 내디뎠다는 확신이 강해지면서 나는 좀 더 편안하게 알코올 중독자 익명 모임에 다시 참여할 수 있었다. 여전히 알코올 중독자 익명 모임을 나의 주된 모임으로 생각하지는 않지만, 그것에서 많은 것을 얻는다. 폭넓은 회복의 연대 의식 속에서 서로 관계를 나누고 경험을 공유할 수 있어서 감사하다.

여러 해가 지났고, 나는 술을 마시지 않는다. 감시 프로그램은 아직도 고통스럽지만, 초조함은 덜하다. 한두 해 안에 성공적으로 끝내리라는 것을 추호도 의심하지 않는다. 사랑하는 배우자와 막 걸음마를 뗀 아기가 있다. 그런데 내가 잘 해내고 있다고 생각하는 순간, 큰 시험거리가 생겼다. 어머니가 폐암에 걸린 것이다. 어머니의 삶에 다른 이는 없었고, 그래서 나는 보험과 관련된 번잡한 일, 요양 보호사, 감당하기가 버거운 때 소파 뒤에 처박아 둔 우편물 가방 등 온갖 일에서 어머니를 돕기로 결심했다. 지금 나는 법률·윤리·정신 의학과 조교수이다. 짐작건대 보건 제도가 어떻게 작동하는지에 관해 무엇인가 알아야 한다는 뜻일 것이다. 그렇지만 아무리 애를 써도 쌓여 가는 청구서와 복잡하게 얽힌 보험을 헤쳐 나갈 수는 없다. 우리는 의료비가 수천 달러 밀려 있다.

어머니는 어쨌거나 상관없이 술을 마신다. 늙어 쇠약해졌는데도, 술을 마시면 쓰러지는데도, 음주 때문에 혈구 수치가 감소하여 내가 그토록 어렵게 마련한 항암 화학 요법 치료를 빼먹게 된다는 것을 깨달은 이후에도 계속 마신다. 어머니는 죽고 싶지 않다고 말한다. 어머니는 죽는 것이 무섭다. 손자 곁을 떠나고 싶지 않다. 그래도 술을 마신다. 언제나 그랬지만 끔찍하고 분노가 솟구친다. 그렇지만 더 나빠질 뿐이다.

브루클린에서 저지로 차를 몰고 가면서, 나는 어머니가 아프니 이해해야 한다고 혼잣말로 중얼거렸다. 그렇지만 나는 매번 무슨 일로 어머니에게 고함을 지른다. 간호사를 내보내 포도주를 사오라고 했다든가, 스스로 자신을 돌볼 수 없는데도 간호사를 완전히 보내 버렸다든가, 그런 일 때문이다. 어머니의 눈에 상처가 난 것을 보고는 마음이 불편했다. 집에 돌아오니 녹초가 되었다. 의사가 되는 법을 배우고 책을 쓰고 삶을 즐기려 하지만, 너무 힘들다. 어느 날 아내와 언쟁을 벌이다가 철제 쓰레기통을 뒤틀리고 움푹 들어갈 때까지 발로 걷어찼다. 그녀는 내가 썩 좋은 불자는 아니라고 말했다. 토요일의 그 난리 법석을 뒤로하고 아내는 내가 나의 소모임과 함께 명상할 수 있도록 아들을 돌보았다. 다소 웃겼지만 쓰라리게도 아내의 말은 진실이었다. 나는 나의 가치관을 지키며 살지 못한다. 할 일이 너무 많다는 뜻이다. 이제는 분노가 나의 중독처럼 느껴진다. 이전에 수없이 그랬듯이 내 삶 속의 여인들에게 분노를 표출하고 있다. 걱정된다.

지인에게 심리 치료사를 추천해 달라고 도움을 청했다. 창피했다. 여러 해 동안 술을 마시지 않았고, 이제는 타인을 돕는 사람이어야 했다. 그래서 사기꾼 같았다. 설상가상 그 치료사는 내면 가족 체계 IFS라는 치료법을 썼다. 잘 들어보지 못한 치료법으로, 내가 오래전에 지나치게 감상적이고 약하다고 일축한 일종의 내면의 어린아이 탐구 inner child work를 요구하는 듯했다. 치료사는 나를 소파에 눕히고 내 자아의 여러 〈부분〉에 말을 걸었다. 바보가 된 기분이었다. 그러나 곧 나는 울음을 터뜨렸다. 정말로 울었다. 치료를 거듭하면서 정말로 변화를 느꼈다.

그 시점부터 성인군자가 되었다는 말은 아니다. 그렇지만 치료는 도움이 되었다. 컬럼비아 대학교의 나의 관리자들은 대부분 내면 가족 체계를 하찮게 생각하는 듯했다. 내면 가족 체계 모델은 증거의 기반이 많지 않았고, 심리 분석의 지적 위신뿐만 아니라 과학적 성격이 더 뚜렷한 치료법의 명성도 없었다.[19] 그러나 무엇인지 모르겠으나 내게는 효과가 있었다. 나는 자신에 대해 더 동정적인 태도를 갖게 되면서 주변의 다른 사람들에게도, 특히 어머니에게 더 많은 연민을 느꼈다. 내면 가족 체계 모델은 내가 어머니 앞에 갈 수 있도록 도왔고, 동시에 건전한 경계선을 설정하고 내가 바꿀 수 없는 것은 포기할 수 있게 도왔다. 이는 그 자체로 승리였다.

내가 환자들과 회복 중인 동료들, 나 자신에게서 거듭 본 것은 회복이 종착점이 아니라는 사실이다. 실제로 회복의 성공은 지속적인 변화 과정에, 이를테면 증상 완화라는 보통의 의학적 결과의 경계를 뛰어넘는 성장 과정에 달려 있었다. 사람들은 어떻게 변하는가? 회복 중인 사람이 많은 만큼 해답도 제각각이다. 열쇠는 시도하는 것이다. 오피오이드 중독을 치료하기 위해 나를 찾아온 환자인 근육 덩어리 사업가 조이를 생각해 보자. 전형적인 브루클린 터프가이인 그는 처음부터 자신이 〈낚였다hooked(중독되었다)〉고 했고, 그 밑에 감추어진 심리적 고통 따위는 없다고 단언했다. 그는 이전에 마약 중독자 익명 모임에 참여한 적이 있고 외래 진료로 부프레노르핀을 처방받은 적이 있지만, 불과 몇 달 뒤에 그 의원은 그가 약물을 끊으면 〈더 깨끗하게〉 될 것이라고 판단했고, 급격한 축소는 재발로 이어졌다. 나는 그에게 부프레노르핀 처방을 재개했고, 반응이 좋았다. 조이의 마약 중독자 익명 모임 그룹에 속한 자들은 처음에는 그에게 신경질적이었지만(다시 약물에서 벗어나기까지 얼마나 걸렸냐고 물었고, 심지어 모임 이후에 그에게 의자 정리를 돕도록 해도 되는지 물었다), 이후 여러 달 지나면서 사람들이 그의 진심과 안정감을 본 뒤로 그는 그 모임의 기둥이 되었다.

이 시점에서 보면 조이는 성공 스토리를 썼다. 그는 전통적인 임상 실험의 모든 조건을 다 충족했을 것이고, 그의 오피오이드 집착은 사라졌다. 그러나 그는 다른 방식으로 중독성 행위가 나타나는 것을 서서히 알아챘다. 국세청이 철저히 감시했는데도, 그는 강박적으로 좋은 물건을 구매하여 이미지를 지켰다. 조이는 단타 매매에 발을 들였고, 금전적인 불안을 잠재울 짜릿한 한탕을 추구했다. 그는 웨이트 트레이닝과 몸매에 병적으로 집착하고 있음을 깨달았다. 그러나 오피오이드 중독의 혼돈은 없었기에, 우리는 상담 시간에 그의 생활을 좀 더 폭넓은 맥락에서 이야기할 수 있었고, 나중에 밝혀졌듯이 이야깃거리는 더 많았다. 그는 알코올 중독자인 아버지의 손에서 학대를 받았고, 성장기에 집안이 가난하여 수치심이 숨어 있었다. 고통의 역사를 파고들어 가자 그는 자신의 여러 행동 간의 연관 관계를 볼 수 있었다. 어느 날은 잔뜩 짜증이 난 채 머리가 아프다고 호소했다. 나는 그에게 요점은 아프다는 것이 아니라 살아 있다는 것이라고 말했고, 이제 그는 한 걸음 더 나아가 자신을 치유하고 성장하게 도운 것에 힘을 쏟고 있다.

생 의학은 많은 것을 줄 수 있다. 조이와 그와 비슷한 자들에게 생명을 구하는 약물이 있다는 사실이 너무나 감사하다. 오피오이드 사용 장애에 쓸 수 있는 새로운 대안도 있다. 주사 형과 이식 형의 부프레노르핀과 지속적인 효과를 내는 날트렉손 주사 같은 것이다. 날트렉손 주사는 의지의 동요를 경험한 사람들에게, 이를테면 취하게 하는 힘을 줄이고 과다 복용의 위험성을 낮출 약물에 마치 오디세우스처럼 자신을 묶어 두기를 원하는 사람들에게 큰 희망을 주었다. 환각 심리 치료*도 엄청나게 유망하다. 중독 치료에 뇌 심부 자극술을 쓰는 초기 단계 실험도 진행 중인데, 이는 뇌에 작은 전극을 심어 갈망과 충동을 억제하는 것이다.[20] 그러나 시대를 앞서가는 최신 치료법이 생명을 구하는 데 매우 성공적임이 입증된다고 해도(당연히 그래야 하지만 환자의 자율성을 존중하는 방식으로 치료를 수행할 수 있다고 해도), 그것은 단지 첫걸음일 뿐일 것이다.

뇌 심부 자극술을 우울증에 쓰는 길을 개척한 신경과 의사 헬렌 메이버그Helen Mayberg는 작가 로네 프랑크Lone Frank에게 음주 문제가 있는 뇌 심부 자극술 환자 이야기를 해주었다. 그 환자는 뇌에 전극을 심은 뒤 집에 돌아가 평소에 술을 마시고 느끼곤 했던 해방감을 기다렸다. 그 여성은 우울증이 줄어드는 것을 느꼈지만 그뿐이었다. 실망한 그녀는 메이버그에게 가서 추가로 조정할 수 있는 것은 없는지 물었다. 메이버그는 그것이 전부라고, 인생이 그렇다고 대답했다. 뇌 심부 자극술은 시술받은 환자가 현실 생활에 열심히 임하기에 충분할 정도로만 우울증을 완화했을 뿐이다. 이제 우울증과 물질 사용을 대체할 것을 찾는 책임은 그녀의 몫이다.[21]

이러한 이야기는, 나의 이야기, 조이의 이야기, 뇌 심부 자극술 환자의 이야기는 전부 최신 치료법으로 목숨을 구한 뒤에도 우리는 여전히 회복이 필요하다는 것을 보여 준다. 과학은 새로운 치료법의 개발에 이바지하고 무엇이 효과가 있고 없는지 증명할 것이다. 이는 엄청나게 중요하다. 그렇지만 그다음 더 많은 노력이 필요하다. 우리

---

* Psychedelic therapy. 환각버섯psilocybin이나 LSD, 아야우아스카ayahuasca 같은 환각 약물을 이용하여 정신 질환을 치료하는 방법.

는 여전히 의도와 능력을 지닌 인간일 것이고, 이 짧은 생에서 무엇을 소중히 여길지 결정해야 할 것이다. 계속해서 성장하고 변화해야 할 것이다. 중독을 끝내거나 넘어서 가는 것이 아니라 중독과 함께 가야 할 것이다. 중독은 우리의 일부이기 때문이다.

우리에 앞서 수많은 사람이 맹렬하게, 필사적으로 중독과 싸웠다. 중독이 삶의 일부라는 것을, 유일한 해법은 없다는 것을 받아들일 때, 고통받는 자들에게 더 나은 구원의 기회를 줄 수 있다. 질적인 치료가 더 많이 필요하지만, 임시방편과 지나치게 단순한 이야기를 경계하고, 특히 통제 수단으로 동원되는 약물의 잠재력을 경계할 필요도 있다. 해를 끼치고 절망감을 주는 억압적인 금지론적 정책을 버려야 하지만, 최소한 상식적인 수준에서 해로운 제품을 감시하는 형태로, 특히 그것들이 비대칭적인 힘에 의해 우리에게 강요될 때, 약간의 규제도 필요하다. 우리는 과학의 도움으로 그 현상을 더 잘 이해해야 하겠지만, 과학의 주된 교훈은 종종 두뇌 밖의 모든 것이 매우 중요하다는 사실을 알게 해주는 것임을 직시하는 겸손함도 필요하다. 우리가 과학기술 정책으로 추구하는 목적이 무엇이든지 간에, 알코올 중독자 익명 모임의 열두 단계 프로그램을 통해 배운 것을 널리 알리는 후원자들부터 자신들만의 방식으로 생명을 구하기 위해 결집한 해악 축소 활동가들까지 온갖 형태의 서로 돕기 운동이 지닌 대중적인 지혜도 항상 필요할 것이다.

　　역사는 우리에게 이러한 성격의 실용적이고 다원주의적인 시각에 대한 희망을 주는가? 19세기 말의 금주 운동과 1960년대의 치료 운동처럼 중독에 총체적인 방식으로 대응할 기회가 잠시 있었다. 그러나 이러한 노력은 곧 편협한 이데올로기적 파벌로 분열했고 결국 약물과 약물 사용자에게 가해진 치명적인 낙인찍기에 압도되었다. 가장 최근의 중독 유행병이 널리 퍼진 오늘날, 우리는 소중하고 드문 종합의 기회를 다시 맞이하고 있다. 희망하건대 회복을 어떤 성격이든 긍정적인 변화는 다 포함하는 방향으로 정의하여 이를 중심으로 단합할 수 있으면 좋겠다. 그러나 그렇게 하려면 우리가 공유한 과거의 고통을 돌아볼 필요가 있다. 개별 중독의 사례에서 보듯이 고통과 의도는 서로 얽혀 있는 때가 많고 그 안 어디선가 절망감이 나오기 때문이다.[22] 중독의 고통은 개인적인 병폐가 아니다. 누대에 걸친 깊은 상처에서도 온다. 완전하게 회복하려면 이러한 사실을 직시할 필요가 있다.

오늘날 우리는 중독으로부터의 회복을 뒷받침하는 구체적인 요소들을 더 잘 이해한다. 돈과 집 같은 물리적 자원, 지식과 기술 같은 개인적 자원, 가족과 여타 관계 같은 사회적 자원 등이다. 어떤 연구자들은 이러한 요소들을 〈회복 자본recovery capital〉이라고 요약했다.[23] 그 용어의 경제적 함의는 오로지 의학적 치료에만 집중하는 대응이 무엇을 놓쳤는지 암시한다. 그 〈자본〉의 측면에서 상당한 불리함을 안고 회복 과정을 시작하는 사람이 너무 많다. 연구에 따르면 일부 집단은 회복에서 심리적으로 더 힘든 싸움을 한다.[24] 특히 여성과 혼혈인, 오피오이드와 흥분제 사용 경험이 있는 자들이 그렇다. 중독을 유발하는 요소들만 불공평하게 분배되는 것이 아니라 회복의 기회도 불공평하다. 가난, 계급, 인종주의, 성차별 등의 불평등 유발 요인들은 회복에 들어가 이를 유지하는 능력에 강력한 영향을 미친다. 이런 요인들 앞에서 개인에게만 초점을 맞춘 치료가 얼마나 큰 성과를 낼 수 있는가? 회복의 기회를 일종의 권리로 본다면, 아주 많은 사람이 그러한 권리를 일상적으로 누리지 못하고 있지 않느냐고 추궁할 수 있는 정치적, 도덕적 상상력을 우리가 갖추고 있다면 어떻게 될까? 시도만으로도 큰 효과가 있을 것이다. 특히 중독의 경우에 우리 한 사람 한 사람에게 일어나는 일은 모두에게 영향을 미치기 때문이다. 회복은 개인적인 여정이 아니라 공동체의 경험이다. 중독이라는 극심하지만 어디에나 있는 힘든 과제를 해결하려 노력한다는 점에서 우리는 하나이다.

역사가 내내 우리에게 알려 주려 한 것이 바로 이것이다. 중독은 몹시 평범하다. 삶의 즐거움과 고통을 느끼며 살아가는 방법이고, 고통을 짊어지고 살아야 하는 인간 운명의 한 가지 표현일 뿐이다. 중독이 인간의 속성이라면, 그것은 해결해야 할 문제가 아니다. 우리는 중독을 끝내지 못할 것이다. 중독과 함께 지낼 방법을 찾아야만 한다. 때로는 부드럽고 때로는 격렬하게. 그러나 전쟁을 치르듯이 해서는 안 된다. 우리의 본성에 맞서 싸우는 전쟁은 부질없는 짓이기 때문이다.

주

들어가기 전에

1 Robert D. Ashford, Austin M. Brown, and Brenda Curtis, "'Abusing Addiction': Our Language Still Isn't Good Enough," *Alcohol Treatment Quarterly* 37, no. 2 (2019): 257-272. https://doi.org/10.1080/07347324.2018.1513777.

2 Michelle L. McClellan, *Lady Lushes: Gender, Alcoholism, and Medicine in Modern America* (New Brunswick, NJ: Rutgers University Press, 2017), 23.

머리말

1 Robert West and Jamie Brown, *Theory of Addiction*, 2nd ed. (Hoboken, NJ: Wiley-Blackwell, 2013), chaps. 3-6.

2 Ben Goldacre, *Bad Pharma: How Drug Companies Mislead Doctors and Harm Patients* (London: Fourth Estate, 2012); Allen Frances, *Saving Normal: An Insider's Revolt against Out-of-Control Psychiatric Diagnosis, DSM-5, Big Pharma, and the Medicalization of Ordinary Life* (New York: William Morrow, 2013); Allan V. Horwitz and Jerome C. Wakefield, *The Loss of Sadness: How Psychiatry Transformed Normal Sorrow into Depressive Disorder* (New York: Oxford University Press, 2007)

3 Benjamin Rush, *An Inquiry into the Effects of Ardent Spirits* [...], 8th ed. (Boston, 1823), 5.

제1부. 이름을 찾는 과정

1. 토대: 〈중독〉 이전

1 Substance Abuse and Mental Health Services Administration, Key Substance Use and Mental Health Indicators in the United States: Results from the 2019 National Survey on Drug Use and Health, HHS Publication PEP20-07-01-001, NSDUH Series H-55 (Rockville, MD: Center for Behavioral Health Statistics and Quality, 2020), 54, https://www.samhsa.gov/data/report/2019-nsduh-annual-national-report. 자주 인용되는 이 통계는 약물 사용과 건강에 관한 국가 조사NSDUH에서 가져온 것으로, 지난해에 물질 사용 장애를 겪었거나 그로 인해 특별 시설에서 치료를 받은 사람을 치료가 필요한 자로 분류한다. 이 분류에 이의를 제기할 수 있다.

2 Iain Gately, *Drink: A Cultural History of Alcohol* (New York: Gotham, 2008), chap. 2. 그리스인들에게 필로이노스philoinous(포도주를 사랑하는 자, Platon, *Republic*, 475a)나 아크라토코토네스akratokothones(문자 그대로는 섞지 않은 포도주를 마시는 사람을 가리키는 〈(여러 술이)섞이지 않은 술잔〉이라는 뜻, Athanaeus, *The Deipnosophists*, 245f46a.)같이 부정적인 함의가 더 짙은 낱말도 있었다는 사실은 주목할 만하다.

3 Edwin Van Bibber-Orr, "Alcoholism and Song Literati," in *Behaving Badly in Early and Medieval China*, ed. N. Harry Rothschild and Leslie V. Wallace (Honolulu: University of Hawai'i Press, 2017), 135.

4 Peter Ferentzy and Nigel E. Turner, *The History of Problem Gambling: Temperance, Substance Abuse, Medicine, and Metaphors* (New York: Springer, 2013), 1-4.

5 Stephanie W. Jamison and Joel P. Brereton, trans., *The Rigveda: The Earliest Religious Poetry of India* (New York: Oxford University Press, 2014), 3:1429.

6 Jamison and Brereton, *The Rigveda*, 10.34.5, 10.34.7.

7 Ralph T. H. Griffith, trans., *The Rig Veda* (n.p., 1897), 10.34.9, https://en.wikisource.org/wiki/The_Rig_Veda/Mandala_10/Hymn_34. 고대 인도의 주사위 놀이는 오늘날 우리가 생각하는 것과는 달랐다. 땅바닥에 뚫은 구멍에서 작은 갈색vibhdaka 견과류를 꺼내 던진다.

8 Jamison and Brereton, *The Rigveda*, 142930; Jan Gonda, *Vedic Literature* (Sam. hits and Brhman. as), vol. 1, *Veda and Upanishads* (Wiesbaden, Germany: Otto Harrassowitz, 1975), 147; Srinivas Reddy, email message to author, May 20, 2020.

9 Reddy, email message to author, May 20, 2020.

10   Joseph Michael Gabriel, "Gods and Monsters: Drugs, Addiction, and the Origin of Narcotic Control in the Nineteenth-Century Urban North" (PhD diss., Rutgers University, 2006), 5; Robin Room, Matilda Hellman, and Kerstin Stenius, "Addiction: The Dance between Concept and Terms," *International Journal of Alcohol and Drug Research* 4, no. 1 (June 2014): 27-29, https://doi.org/10.7895/ijadr.v4i1.199; Robin Room, "The Cultural Framing of Addiction," Janus Head 6, no. 2 (2003): 221-234.

11   Nick Heather and Gabriel Segal, eds., *Addiction and Choice: Rethinking the Relationship* (New York: Oxford University Press, 2017), introduction, chaps. 9, 25.

12   아크라시아는 오랫동안 철학에서 논쟁적인 주제였다. 나는 여러 평가로부터 큰 도움을 받았다. Kent Dunnington, *Addiction and Virtue: Beyond the Models of Disease and Choice* (Downers Grove, IL: InterVarsity Press, 2011), 27-56, 102-105; Nick Heather, "Addiction as a Form of Akrasia," in Heather and Segal, *Addiction and Choice*, 133-152; Robert C. Solomon, "Aristotle, the Socratic Principle, and the Problem of Akrasia," *Modern Schoolman* 49, no. 1 (1974): 13-21; Donald Davidson, "How Is Weakness of the Will Possible?," in *Essays on Actions and Events* (New York: Oxford University Press, 2001), 21-42; Richard Kraut, "Alternate Readings of Aristotle on Akrasia," in *The Stanford Encyclopedia of Philosophy*, ed. Edward N. Zalta (Palo Alto, CA: Metaphysics Research Lab, 2018), https://plato.stanford.edu/entries/aristotle-ethics/supplement1.html.

13   Plato, *Phaedrus*, trans. Alexander Nehamas and Paul Woodruff (Indianapolis: Hackett, 1995), 237d-38a.

14   Plato, *Protagoras*, in *The Collected Dialogues of Plato*, ed. E. Hamilton and H. Cairns (Princeton, NJ: Princeton University Press, 1961), 358b-c.

15   Christopher Shields, *The Oxford Handbook of Aristotle* (New York: Oxford University Press, 2012), 593-594, 601-602; Heather, "Addiction as a Form of Akrasia," 12-13, 120; Davidson, "How Is Weakness of the Will Possible?," 32.

16   Alfred R. Mele, *Irrationality: An Essay on Akrasia, Self-Deception, and Self-Control* (New York: Oxford University Press, 1987), 22.

17   소크라테스의 중독 해석에 관해서는 다음을 보라. Brendan de Kenessey, People Are Dying Because We Misunderstand How Those with Addiction Think, *Vox*, March 16, 2018, https://www.vox.com/the-big-idea/2018/3/5/17080470/addiction-opioids-moral-blame-choices-medication-crutches-philosophy.

18   Christopher Bobonich, "Plato on Akrasia and Knowing Your Own Mind," in *Akrasia in Greek Philosophy: From Socrates to Plotinus*, ed. Christopher Bobonich and Pierre Destre (Leiden, Netherlands: Koninklijke Brill, 2007), 41-60; Thomas

Gardner, "Socrates and Plato on the Possibility of Akrasia," *Southern Journal of Philosophy* 40, no. 2 (Summer 2002): 191-210, https://doi.org/10.1111/j.2041-6962.2002.tb01896.x. 플라톤이 〈분열된 자아〉를 특정하게 아크라시아 문제에 답변하기 위해 거론했는지를 두고는 논란이 있다. Joshua Wilburn, "Akrasia and the Rule of Appetite in Plato's Protagoras and Republic," *Journal of Ancient Philosophy* 8, no. 2 (November 2014): 57-91, http://doi.org/10.11606/issn.1981-9471.v8i2p57-91.

19 Dan Curley, *Tragedy in Ovid: Theater, Metatheater, and the Transformation of a Genre* (New York: Cambridge University Press, 2013), 182.

20 Warren K. Bickel and Lisa A. Marsch, "Toward a Behavioral Economic Understanding of Drug Dependence: Delay Discounting Processes," *Addiction* 96, no. 1 (January 2001): 73-86, https://doi.org/10.1046/j.1360-0443.2001.961736.x.

21 Robert West and Jamie Brown, *Theory of Addiction*, 2nd ed. (Hoboken, NJ: Wiley-Blackwell, 2013), 5963; George Ainslie, "Palpating the Elephant: Current Theories of Addiction in Light of Hyperbolic Delay Discounting," in Heather and Segal, Addiction and Choice, 227-244. 이 실패의 정확한 성격에 관해서는 논란이 있다. 선택 모델은 비정상적 욕망 대 약물의 효과에 관한 잘못된 믿음이라는 대립 구도를 다소 강조한다. 다음을 보라. Richard Holton and Kent Berridge, "Compulsion and Choice in Addiction in Heather and Segal," *Addiction and Choice*, 153-170.

22 Stephen T. Higgins et al., "Incentives Improve Outcome in Outpatient Behavioral Treatment of Cocaine Dependence," *Archives of General Psychiatry* 51, no. 7 (July 1994), 568-576, https://doi.org/10.1001/archpsyc.1994.03950070060011.

23 A. Thomas McLellan et al., "Five Year Outcomes in a Cohort Study of Physicians Treated for Substance Use Disorders in the United States," *British Medical Journal* 337, no. 7679 (November 2008): 2038-2044, https://doi.org/10.1136/bmj.a2038. 〈성공률〉의 정의는 논의해 볼 문제임을 지적하는 것이 중요하다. 프로그램을 완수한 사람, 물질 사용 검사에 음성이 나온 사람, 면허를 받아 진료하는 사람일 수 있으며, 다른 척도가 있을 수도 있다. 조사 결과는 처음에 등록한 사람 중에 추적 검사에서 빠진 자의 비율이 상당히 높아서 더욱 복잡해진다. 그럼에도 의사 건강 프로그램에 관한 여러 연구에서 이들이 일반적인 치료에 비해 상당히 좋은 결과를 보였다는 것은 분명하다.

24 아우구스티누스, 『고백록』, 3권 1장 1절.

25 아우구스티누스, 『고백록』, 2권 1장 1절.

26 예를 들면 다음을 보라. Cynthia M. A. Geppert, "Aristotle, Augustine, and Addiction," *Psychiatric Times* 25, no. 7 (June 2008): 40. http://www.psychiatrictimes.com/view/aristotle-augustine-and-addiction; John M. Bowers, "Augustine as Addict: Sex and Texts in the Confessions," *Exemplaria* 2, no. 2 (1990): 403-448.

27 Janice M. Irvine, *Disorders of Desire: Sexuality and Gender in Modern American Sexology* (Philadelphia: Temple University Press, 2005), 166: Janice M. Irvine, "Regulated Passions: The Invention of Inhibited Sexual Desire and Sex Addiction," *Social Text*, no. 37 (Winter 1993): 203-226.

28 아우구스티누스, 『고백록』, 10권 30장 41절.

29 Edgar Allan Poe, "The Black Cat," in *Tales* (London: Wiley and Putnam, 1845), 37-46.

30 Christian Tornau, "Saint Augustine," in *The Stanford Encyclopedia of Philosophy*, ed. Edward N. Zalta (Palo Alto, CA: Metaphysics Research Lab, 2020), http://plato.stanford.edu/archives/sum2020/entries.augustine/.

31 아우구스티누스, 『고백록』, 6권 11장 18절.

32 브루스 K. 알렉산더 Bruce K. Alexander는 이 문제를 더 길고 훌륭하게 정리했다. *The Globalization of Addiction* (New York: Oxford University Press, 2010), loc. 4242 of 15778, Kindle.

33 Karen Armstrong, *The Case for God* (New York: Knopf, 2009), 111.

34 Joel F. Harrington, *Dangerous Mystic: Meister Eckhart's Path to the God Within* (New York: Penguin Press, 2018), 9.

35 Piyadassi Thera, trans., *Dhammacakkappavattana Sutta: Setting in Motion the Wheel of Truth*, SN 56.11, Access to Insight, http://www.accesstoinsight.org/tipitaka/sn/sn56/sn56.011.piya.html. 욕탐에 사로잡힌 오온(五蘊)이 고통이다. 고통의 기원(원인)의 엄연한 진실은 이와 같다. 욕탐이 동반된 재생(再生)을 낳는 것은 바로 이 갈망이다. 여기저기서 새로운 즐거움을 찾는 것, 다시 말해서 감각적 쾌락의 갈망, 존재나 부재의 갈망이다. 다음도 보라. Chonyi Taylor, *Enough! A Buddhist Approach to Finding Release from Addictive Patterns* (Ithaca, NY: Snow Lion, 2010); Darren Littlejohn, *The 12-Step Buddhist: Enhance Recovery from Any Addiction* (New York: Atria, 2009).

36 Vince Cullen, trans., *Roga Sutta*, AN 4.157 (unpublished translation, 2019), prepared for the International Buddhist Recovery Summit. 다른 번역은 여기서 볼 수 있다. Bhikkhu Sujato, trans., *Roga Sutta*, AN 4.157, https://suttacentral.net/an4.157/en/sujato. 컬런은 sava의 번역어로 〈취하는 성향〉을 쓰는데, 피터 하비도 그 용어를 쓴다. Peter Harvey, "In Search of the Real Buddha," *Buddhist News*, November 28, 2019, https://thebuddhist.news/headline-news/in-search-of-the-real-buddha/; Peter Harvey, *Introduction to Buddhism* (New York: Cambridge University Press, 2013).

37 Brendan Dill and Richard Holton, "The Addict in Us All," *Frontiers in Psychiatry*, October 9, 2014.

38 Stephen C. Hayes, Kirk D. Strosahl, and Kelly G. Wilson, *Acceptance and Commitment Therapy: The Process and Practice of Mindful Change*, 2nd ed. (New

York: Guilford Press, 2012), vii-x, 95-98. 다음도 보라. Caroline Davis and Gordon Claridge, "The Eating Disorders as Addiction: A Psychobiological Perspective," *Addictive Behaviors* 23, no. 4 (July 1, 1998): 463-475, https://doi.org/10.1016 /S0306-4603(98)00009-4; Jason Luoma et al., "Substance Abuse and Psychological Flexibility: The Development of a New Measure", *Addiction Research & Theory* 19, no. 1 (February 1, 2011): 3-13, https://doi.org/10.3109/16066359.2010.524956; Manuel Alcaraz-Ibáñez, Jos M. Aguilar-Parra, and Joaqun F. lvarez-Hernndez, "Exercise Addiction: Preliminary Evidence on the Role of Psychological Inflexibility", *International Journal of Mental Health and Addiction* 16, no. 1 (February 1, 2018): 199-206. Wei-Po Chou, Cheng-Fang Yen, and Tai-Ling Liu, "Predicting Effects of Psychological Inflexibility/Experiential Avoidance and Stress Coping Strategies for Internet Addiction, Significant Depression, and Suicidality in College Students: A Prospective Study", *International Journal of Environmental Research and Public Health* 15, no. 4 (April 2018): 788. 이 관념은 명상 연구와 환각 연구의 결과를 떠올리게 한다. 다음을 보라. Judson Brewer, *The Craving Mind: From Cigarettes to Smartphones to Love-Why We Get Hooked and How We Can Break Bad Habits* (New Haven, CT: Yale University Press, 2017), 115; Michael Pollan, *How to Change Your Mind: What the New Science of Psychedelics Teaches Us about Consciousness, Dying, Addiction, Depression, and Transcendence* (New York: Penguin Press, 2018), 358-368.

39 자가 치료의 피상적인 설명에 반대하는 글은 다음을 보라. West and Brown, *Theory of Addiction*, 49-51.

40 Peter Zachar and Kenneth S. Kendler, "Psychiatric Disorders: A Conceptual Taxonomy", *American Journal of Psychiatry* 164, no. 4 (April 2007): 57-65; Nick Haslam, "Psychiatric Categories as Natural Kinds: Essentialist Thinking about Mental Disorder," *Social Research* 67, no. 4 (Winter 2000): 1031-1058.

41 Deborah Hasin, "Truth (Validity) and Use Despite Consequences: The DSM-5 Substance Use Disorder Unidimensional Syndrome", *Addiction* 109, no. 11 (November 2014): 1781-1782. Deborah Hasin, "DSM-5 SUD Diagnoses: Chnages, Reactions, Remaining Open Questions", *Drug and Alcohol Dependence* 148, no. 3 (March 1, 2015): 226-229. Deborah Hasin et al., "DSM-5 Criteria for Substance Use Disorders: Recommendations and Rationale", *American Journal of Psychiatry* 170, no. 8 (August 1, 2013): 834.

42 Steve Silberman, *NeuroTribes: The Legacy of Autism and the Future of Neurodiversity* (New York: Avery, 2015); Christina Nicolaidis, "What Can Physicians Learn from the Neurodiversity Movement?", *AMA Journal of Ethics* 14, no. 6 (June 2012): 503-510. 스펙트럼 개념에 관해 더 일반적으로 쓴 글은 다음을 보라. Thomas

Insel et al., "Research Domain Criteria (RDoC): Toward a New Classification Framework for Research on Mental Disorders", *American Journal of Psychiatry* 167, no. 7 (July 2010): 748-751; William E. Narrow and Emily A. Kuhl, "Dimensional Approaches to Psychiatric Diagnosis in DSM-5", *Journal of Mental Health Policy and Economics* 14, no. 4 (December 2011): 197-200; Kristian E. Markon, Michael Chmielewski, and Christopher J. Miller, "The Reliability and Validity of Discrete and Continuous Measures of Psychopathology: A Quantitative Review", *Psychological Bulletin* 137, no. 5 (2011): 856-879. Michael P. Hengartner and Sandrine N. Lehmann, "Why Psychiatric Research Must Abandon Traditional Diagnostic Classification and Adopt a Fully Dimensional Scope: Two Solutions to a Persistent Problem", *Frontiers in Psychiatry* 8 (June 2017).

43 Reinout W. Wiers and Paul Verschure, "Curing the Broken Brain Model of Addiction: Neurorehabilitation from a Systems Perspective", *Addictive Behaviors* 112 (January 2021): 106-602.

44 William S. Burroughs, *Junky*, ed. Oliver Harris (New York: Penguin Classics, 2008), 128; Caroline Knapp, *Drinking: A Love Story* (New York: Dial Press, 1996), 104; Jason David Gray, Philosophy, Phenomenology, and Neuroscience: The Groundwork for an Interdisciplinary Approach to a Comprehensive Understanding of Addiction (PhD diss., University of California, Riverside, 2013), 88에서 재인용.

45 Owen Flanagan, "What Is It Like to Be an Addict?", in *Addiction and Responsibility*, ed. Jeffrey Poland and George Graham (Cambridge, MA: MIT Press, 2011), 275.

46 아우구스티누스, 『고백록』, 8권 5장 1절.

47 E. M. Jellinek, *The Disease Concept of Alcoholism* (New Haven, CT: Hillhouse Press, 1960), 41.

48 Heather, "Addiction as a Form of Akrasia."

49 소급적인 진단의 문제점에 관해서는 다음을 보라. Axel Karenberg, "Retrospective Diagnosis: Use and Abuse in Medical Historiography," *Prague Medical Report* 110, no. 2 (2009): 140-145.

50 Marcus Tullius Cicero, *Selected Works*, trans. Michael Grant (New York: Penguin Classics, 1960), 129. 마르쿠스 안토니우스의 적임을 공언했던 키케로의 글에 나오는 이야기임을 언급할 필요가 있다.

51 세네카, 『루실리우스에게 보내는 도덕 서한』, 83서 25절.

52 Quintus Curtius Rufus, *History of Alexander the Great of Macedon*, 5.7.1; Marcus Junianus Justinus, *Epitome of the Phillipic History of Pompeius Trogus*, trans. John Selby Watson (London, 1853), 9.8.15; 최근 알렉산드로스 전기의 결정판을 내놓은

피터 그린Peter Green은 책의 곳곳에서 알렉산드로스 대왕의 〈알코올 중독〉을 언급한다. *Alexander of Macedon*, 356-323 B.C. (Berkeley: University of California Press, 1991), 443, 453. 존 오브라이언John O'Brien은 알렉산드로스 대왕이 알코올 중독의 전형적인 증상을 드러냈을 뿐만 아니라 알코올 중독이 그의 몰락의 주된 원인이요 그의 〈결정적인 문제〉였다고 주장했다. *Alexander the Great: The Invisible Enemy* (New York: Routledge, 1992), 230.

53 Ryan P. McCormack et al., "Commitment to Assessment and Treatment: Comprehensive Care for Patients Gravely Disabled by Alcohol Use Disorders", *Lancet* 382, no. 9896 (September 2013): 995-997.

54 Nick Heather, "On Defining Addiction", in Heather and Segal, *Addiction and Choice*, 3-28; Michael S. Moore, "Addiction, Responsibility, and Neuroscience", *University of Illinois Law Review* 202, no. 2: 375-470. 객관적인 기준이라는 것도 불가피하게 〈많음〉과 〈문제〉로 생각되는 것에 관하여 가치 판단이 따를 수밖에 없음에 주목하라.

55 물질 사용 장애 기준이 결코 신뢰할 만하지 않다는 점에 주목하라. Deborah Hasin et al., "The SDM-5 Field Trials and Reliability of Alcohol Use Disorder", *Drug and Alcohol Dependence* 148 (March 2015): 226-229.

56 Harry G. Frankfurt, "Freedom of the Will and the Concept of a Person", *Journal of Philosophy* 68, no.1 (January 1971): 12.

57 Herbert Fingarette, "Philosophical andl Legal Aspects of the Disease Concept of Alcoholism", in *Research Advances in Alcohol and Drug Problems*, vol. 7, ed. Regianld G. Smart et al. (New York: Plenum Press, 1983), 4.

58 Jose Murgatroyd Cree, "Protestant Evangelicals and Addictionin Early Modern English", *Renaissance Studies* 32, no. 3 (June 2018): 446-462, https://doi.org/10.1111/rest.12328; Jose Murgatroyd Cree, "The Invention of Addictiion in Early Modern England" (PhD diss., University of Sheffield, 2018). 다음도 보라. Augustus Charles Bickley, "John Frith," in *Dictionary of National Biography*, ed. Leslie Stephen (London: Smith, Elder, 1889), https://en.wikisource.org/wiki/Frith,_John_(DNB00); Thomas Russell, "The Story, Life, and Martyrdom of John Frith, with the Godly and Learned Works and Writings of the Said Author, Hereafter Appearing", in *The Works of the English Reformers: William Tyndale and John Frith*, ed. Thomas Russell (London: Ebenezer Palmer, 1831), 2:77.

59 Rebecca Lemon, *Addiction and Devotion in Early Modern England* (Philadelphia: University of Pennsylvania Press, 2018), ix.

60 Cree, "Protestant Evangelicals," 3.

61 John Frith, "Antithesis [...]", in Russell, *Works of the English Reformers*, 318. (강조

추가).

62 Cree, "The Invention of Addiction", chap. 4. 더 분명하게 말하자면, 그 낱말은 새로운 라틴어에서 온 것으로, 프리스가 사용한 의미를 이미 지녔을 것이다.

63 Cree, "Protestant Evangelicals", 174, 448.

64 Cree, "Protestant Evangelicals", 455.

65 Lemon, *Addiction and Devotion*, 10.

66 Gabriel, "Gods and Monsters," 86 – 90; Christopher Cook, *Alcohol, Addiction, and Christian Ethics* (New York: Cambridge University Press, 2006); Mariana Valverde, *Diseases of the Will: Alcohol and the Dilemmas of Freedom* (New York: Cambridge University Press, 1998).

67 Rebecca Lemon, "Scholarly Addiction: Doctor Faustus and the Drama of Devotion," *Renaissance Quarterly* 69, no. 3 (Fall 2016): 865 – 898; Genevieve Guenther, "Why Devils Came When Faustus Called Them," *Modern Philology* 109, no. 1 (August 2011): 46 – 70.

68 Henri Logeman, ed., *The English Faust-Book of 1592* (Ghent, 1900), 1.

2. 유행병

1 Laurence Bergreen, *Columbus: The Four Voyages, 1492-1504* (New York: Penguin, 2012), 26-28.

2 Bergreen, *Columbus*, 19, 27; Count Corti, *A History of Smoking*, trans. Paul England (New York: Harcourt, Brace, 1932), 35-39. 콜럼버스는 바하마 제도에서 처음 만난 타이노족 사람들에게서 담배를 받았지만 버렸다.

3 Rudi Mathee, "Exotic Substances: The Introduction and Global Spread of Tobacco, Coffee, Cocoa, Tea, and Distilled Liquor, Sixteenth to Eighteenth Centuries," in *Drugs and Narcotics in History*, ed. Roy Porter and Mikuls Teich (New York: Cambridge University Press, 1995), 33.

4 Zachary Siegel, "Is the U.S. Knee-Deep in 'Epidemics,' or Is That Just Wishful Thinking?," *New York Times*, August 14, 2018.

5 David T. Courtwright, *Forces of Habit: Drugs and the Making of the Modern World* (Cambridge, MA: Harvard University Press, 2001), 1-6.

6 Jordan Goodman, "Excitantia: Or, How Enlightenment Europe Took to Soft Drugs," in *Consuming Habits: Global and Historical Perspectives on How Cultures Define Drugs*, 2nd ed., ed. Jordan Goodman, Paul E. Lovejoy, and Andrew Sherratt (New York: Routledge, 2007), 121. Sugar ; Andrew Sherratt, introduction to *Consuming*

Habits, 7.

7 Garcia de Orta, *Colloquies on the Simples & Drugs of India*, ed. Conde de Ficalho, trans. Clements Markham (Lisbon, 1895), 〈그것을 먹는 자들은 서서히 잠에 빠진다. 그들은 이렇게 말한다. 고통을 느끼지 않기 위해 복용한다……. 그것을 쓰지 않으면 죽을 위험이 있다……. 사용하는 자들은 그것에 매우 강렬한 욕구를 느낀다.〉 다음도 보라. Benjamin Breen, *The Age of Intoxication: Origins of the Global Drug Trade* (Philadelphia: University of Pennsylvania Press, 2019), 58–59; Marcus Boon, *The Road of Excess: A History of Writers on Drugs* (Cambridge, MA: Harvard University Press, 2005), chap. 1.

8 니코의 이름에서 〈니코틴〉이라는 말이 나왔다. Larry Harrison, "Tobacco Battered and the Pipes Shattered: A Note on the Fate of the First British Campaign against Tobacco Smoking," *British Journal of Addiction* 81, no. 4 (April 1986): 553–558.

9 Corti, *History of Smoking*, p. 69; Alfred H. Dunhill, "Smoking in England–Elizabethan," in *The Gentle Art of Smoking* (New York: Putnam, 1954); Ian Gately, *Tobacco: A Cultural History of How an Exotic Plant Seduced Civilization* (New York: Grove Press, 2001), 45.

10 Patrizia Russo et al., "Tobacco Habit: Historical, Cultureal, Neurobiological, and Genetic Features of People's Relationship with an Addictive Drug," *Perspective in Biology and Medicine* 54, no. 4 (Autumn 2011): 557–577. 구체적으로 말하자면 교황이 파문하겠다고 위협한 자들은 교회 안에서 코담배를 피우는 사람들이었다. J. D. Rolleston, "On Snuff Taking," *British Journal of Inebriety* 34, no.1 (July 1936): 1–16.

11 Carol Benedict, *Golden-Silk Smoke: A History of Tobacco in China, 1555-2010* (Berkeley: University of California Press, 2011), 24; Corti, History of Smoking, 141.

12 David Courtwright, *The Age of Addiction: How Bad Habits Became Big Business* (Cambridge, MA: Harvard University Press, 2019), 70. 다음도 보라. James Grehan, "Smoking and 'Early Modern' Sociability: The Great Tobacco Debate in the Ottoman Middle East (Seventeenth to Eighteenth Centuries)," *American Historical Review* 111, no. 5 (December 2006): 1352–1377.

13 King James I, *A Counterblaste to Tobacco* (London, 1604), 16. 다음도 보라. David Harley, "The Beginnings of the Tobacco Controversy: Puritanism, James I, and the Royal Physicians," *Bulletin of the History of Medicine* 67, no. 1 (Spring 1993): 28–50.

14 Joshua Sylvester, *Tobacco Battered and the Pipes Shattered (About Their Ears, That Id'ly Idolize So Base and Barbarous a Weed: Or, at Least-Wise Over-Love So Loathsome Vanity)* (London, 1676; Ann Arbor, MI: Text Creation Partnership, 2011).

15 *OxyContin: Its Use and Abuse, Hearing before the Subcommittee on Oversight and Investigations of the Committee on Energy and Commerce, House of Representatives*, 107th

Cong. 54 (2001) (prepared statement of Michael Friedman, executive vice president, chief operating officer, Purdue Pharma L.P.). 현재의 오피오이드 과다 복용 위기에 관한 다른 정보는 특히 다음을 참조하라. Patrick Radden Keefe, "The Family That Built an Empire of Pain," *New Yorker*, October 30, 2017. Barry Meier, *Pain Killer: An Empire of Deceit and the Origin of America's Opioid Epidemic* (New York: Random House, 2003); Sam Quinones, *Dreamland: The True Tale of America's Opiate Epidemic* (New York: Bloomsbury Press, 2015); Anne Case and Angus Deaton, *Deaths of Despair and the Future of Capitalism* (Princeton, NJ: Princeton University Press, 2020); Art Van Zee, "The Promotion and Marketing of OxyContin: Commercial Triumph, Public Health Tragedy," *American Journal of Public Health* 99, no. 2 (February 2009): 221-227.

16 Gerald Posner, "How to Hold Purdue Pharma Accountable for Its Role in the Opioid Epidemic," *Los Angeles Times*, May 17, 2020. Katie Benner, "Purdue Pharma Pleads Guilty to Role in Opioid Crisis as Part of Deal with Justice Dept.," *New York Times*, November 24, 2020; "2020 America's Richest Families Net Worth-#30 Sackler Family," *Forbes*, December 16, 2020.

17 Jim Orford, *Power, Powerlessness, and Addiction* (New York: Cambridge University Press, 2013), 131.

18 William Rhodes et al., *Illicit Drugs: Price Elasticity of Demand and Supply* (Washington, DC: National Criminal Justice Reference Service, 2002), 60-67.

19 Jonathan P. Caulkins and Rosalie Liccardo Pacula, "Marijuana Markets: Inferences from Reports by the Household Population," *Journal of Drug Issues* 38, no. 1 (January 2006): 173-200.

20 Alfred Rive, "A Brief History of the Regulation and Taxation of Tobacco in England," *William and Mary Quarterly* 9, no.1 (January 1929); Mathee, "Exotic Substances," 33.

21 Harrison, "Tobacco Battered," 556.

22 Courtwright, *Forces of Habit*, 156; Corti, History of Smoking, 141.

23 Corti, *History of Smoking*, 149.

24 Courtwright, *Forces of Habit*, 4-5.

25 Courtwright, *Forces of Habit*, 156, 197.

26 Orford, *Power, Powerlessness, and Addiction*.

27 Peter C. Mancall, "Tales Tobacco Told in Sixteenth-Century Europe," Environmental History 9, no. 4 (2004): 648-678; Marchy Norton, *Sacred Gifts, Profane Pleasures: A History of Tobacco and Chocolate in the Atlantic World* (Ithaca, NY: Cornell University Press, 2008), 221-222.

28 Harrison, "Tobacco Battered," 557.

29 Sidney W. Mintz, *Sweetness and Power: The Place of Sugar in Modern History* (New York: Penguin, 1986); James Walvin, *Sugar, the World Corrupted: From Slavery to Obesity* (New York: Pegasus, 2018).

30 Joseph F. Spillane, *Cocaine: From Medical Marvel to Modern Menace in the United States, 1884-1920* (Baltimore: Johns Hopkins University Press, 2000), 32. 다음도 보라. David F. Musto, "Opium, Cocaine and Marijuana in American History," *Scientific American*, July 1991 메르크에 관해서는 다음을 보라. H. Richard Friman, "Germany and the Transformations of Cocaine, 1860 – 1920," in *Cocaine: Global Histories*, ed. Paul Gootenberg (New York: Routledge, 2002), 85.

31 René I. Jahiel and Thomas F. Babor, "Industrial Epidemics, Public Health Advocacy and the Alcohol Industry: Lessons from Other Fields," *Addiction* 102, no. 9 (September 2007): 1335-1339.

32 Richard Kluger, *Ashes to Ashes: America's Hundred-Year Cigarette War, the Public Health, and the Unabashed Triumph of Philip Morris* (New York: Vintage, 1997), chaps. 4-9.

33 Unknown, memo to R. A. Pittman, August 21, 1969, Brown & Williamson Records, Truth Tobacco Industry Records, University of California, San Francisco. David Michaels, *Doubt Is Their Product* (New York: Oxford University Press, 2008).

34 Graham Readfearn, "Doubt over Climate Science Is a Product with an Industry behind It," *Guardian*, March 5, 2015. David Michaels, *The Triumph of Doubt: Dark Money and the Science of Deception* (New York: Oxford University Press, 2020).

35 Frederick Turner and Ernst Pöppel, "The Neural Lyre: Poetic Meter, the Brain, and Time," *Poetry* 142, no. 5 (August 1983): 277-309.

36 Peter C. Mancall, *Deadly Medicine: Indians and Alcohol in Early America* (Ithaca, NY: Cornell University Press, 1997), chaps. 45; Samson Occom, *A Sermon, Preached at the Execution of Moses Paul, an Indian* [...] (New Haven, 1772; Ann Arbor, MI: Text Creation Partnership, 2011).

37 Joanna Brooks and Robert Warrior, eds., *The Collected Writings of Samson Occom, Mohegan* (New York: Oxford University Press, 2006), 13-15; Bernd Peyer, *The Tutor'd Mind: Indian Missionary-Writers in Antebellum America* (Amherst: University of Massachusetts Press, 1997), 65.

38 Occom, *A Sermon*.

39 Mancall, *Deadly Medicine*, 44, 103-107, 114, 124; James Axtell, *The European and the Indian: Essays in the Ethnohistory of Colonial North America* (New York: Oxford University Press, 1981), 49, 65; Don L. Coyhis and William L. White, *Alcohol Problems in Native America: The Untold Story of Resistance and Recovery-the Truth about*

the Lie (Colorado Springs, CO: Coyhis, 2006), chap. 3.

40 "Journal of Indian Affairs," February 25, 1767, in *The Papers of Sir William Johnson*, vol. 12, ed. Milton W. Hamilton and Albert B. Corey (Albany: University of the State of New York, 1957), 273.

41 Occom, *A Sermon*.

42 Bernd Peyer, "Samson Occom: Mohegan Missionary and Writer of the 18th Century", *American Indian Quarterly* 6, no. 3-4 (Winter 1982): 208-217.

43 Peyer, *Tutor'd Mind*, 74-79; "Five Ways to Compute the Relative Value of a UK Pound Amount, 1270 to Present", Measuring Worth Foundation (website), accessed February 27, 2021. https://www.measuringworth.com/calculators/ukcompare/.

44 Brooks and Warrior, *Collected Writings of Samson Occom*, 78.

45 Peyer, *Tutor'd Mind*, 74-79. 칭찬을 하자면 다트머스 칼리지는 오늘날 탄탄한 아메리카 원주민 프로그램을 훨씬 많이 갖추고 있는 것 같다. "The Native Legacy at Dartmouth College", Dartmouth Native American Program, Dartmouth College (website), accessed February 2, 2021.

46 Brooks and Warrior, *Collected Writings of Samson Occom*, 28.

47 Joy Leland, *Firewater Myths: North American Indian Drinking and Alcohol Addiction* (New Brunswick, NJ: Rutgers Center of Alcohol Studies, 1976).

48 Coyhis and White, *Alcohol Problems*, preface, chaps. 23.

49 Frank Dikotter, Lars Laamann, and Xun Zhou, *Narcotic Culture: A History of Drugs in China* (Chicago: University of Chicago Press, 2004), 1; Bruce K. Alexander, *The Globalization of Addiction* (New York: Oxford University Press, 2010), 131; Carl Trocki, *Opium, Empire and the Global Political Economy* (New York: Routledge, 1999), chap. 5. 19세기에 이 문제의 실상을 왜곡한 영국의 아편 척결 운동과 그 동기의 발전에 관해서는 다음을 보라. Virginia Berridge, *Opium and the People*, rev. ed. (New York: Free Association Books, 1999), 175-180.

50 Courtwright, *Age of Addiction*, 70.

51 Alexander, *Globalization of Addiction*, 1-84.

52 Case and Deaton, *Deaths of Despair*, 1-16.

53 Esteban Ortiz-Ospina, "The Rise of Living Alone: How One-Person Households Are Becoming Increasingly Common around the World", Our World in Data, December 10, 2019, https://ourworldindata.org/living-alone.

54 Katherine Schaeffer, "Six Facts about Economic Inequality in the U.S.," Pew Research Center," February 7, 2020. https://www.pewresearch.org/fact-tank/2020/02/07/6-facts-about-economic-inequality-in-the-u-s/

55 Case and Deaton, *Deaths of Despair*, 94; Department of Veterans Affairs,

America's Wars (Washington, DC: Office of Public Affairs, 2020), https://www.va.gov/opa/publications/factsheets/fs_americas_wars.pdf.

56   John W. Crowley, "'Alcoholism' and the Modern Temper," in *The Serpent in the Cup: Temperance in American Literature* (Amherst: University of Massachusetts Press, 1997), 165.

57   Roger Kimball, "Sartre Resartus," *New Criterion*, May 1987, https://newcriterion.com/issues/1987/5/sartre-resartus.

58   Ted Morgan, *Literary Outlaw: The Life and Times of William S. Burroughs* (New York: W. W. Norton, 1988), loc. 2932 and 3194 of 14351, Kindle.

59   Nabarun Dasgupta, Leo Beletsky, and Daniel Ciccarone, "Opioid Crisis: No Easy Fix to Its Social and Economic Determinants," *American Journal of Public Health* 108, no. 2 (February 2018): 182-186.

60   Julie Netherland and Helena B. Hansen, "The War on Drugs That Wasn't: Wasted Whiteness, 'Dirty Doctors,' and Race in Media Coverage of Prescription Opioid Misuse," *Culture, Medicine, and Psychiatry* 40, no. 4 (December 2016): 664-686.

61   Neolin, Macall, *Deadly Medicine*, 116에서 재인용.

62   Richard W. Pointer, "An Almost Friend: Papunhank, Quakers, and the Search for Security amid Pennsylvania's Wars, 1754-1765," *Pennsylvania Magazine of History and Biography* 138, no. 3 (2014): 237-268; Coyhis and White, *Alcohol Problems*, 78-79.

63   William L. White, "Pre-A.A. Alcohol Mutual Aid Societies," *Alcoholism Treatment Quarterly* 19, no. 1 (2001): 1-21; Coyhis and White, *Alcohol Problems*, 93-101; Christopher M. Finan, *Drunks: An American History* (Boston: Beacon Press, 2017), 5-23.

64   *The Road to Wellbriety: In the Native American Way* (Colorado Sprins, CO: White Bison, 2003). 이와 관련하여 존 소스케Jon Soske에게 감사를 드린다.

65   Matthew White, "Health, Hygiene and the Rise of 'Mother Gin' in the 18th Century," British Library, October 14, 2009.

66   자연 발화에 관해서는 다음을 보라. Jessica Warner, "Old and in the Way: Widows, Witches, and Spontaneous Combustion in the Age of Reason," *Contemporary Drug Problems* 23, no. 2 (June 1996): 197-220; Emily Anne Adams, "'Ladies' Delight?': Women in London's 18th Century Gin Craze," *Crimson Historical Review* 2, no. 1 (Fall 2019). 그레이스 핏Grace Pitt의 사례는 다음 장에서 논할 토머스 트로터의 글에도 나온다. Thomas Trotter, *An Essay, Medical, Philosophical, and Chemical* [...] (London, 1804), 87-89; 찰스 디킨스는 소설 『황폐한 집Bleak House』에서 자신이

왜 자연 발화를 믿는지를 보여 주는 예로 그녀의 사례를 들고 있다.〈진 광증〉 일반에 대해서는 제시카 워너Jessica Warner의 훌륭한 책을 보라. *Craze: Gin and Debauchery in an Age of Reason* (New York: Four Walls Eight Windows, 2002), 74-81.

67 Mark Forsyth, "The 18th-Century Craze for Gin," *History Extra*, December 2017. https://www.historyextra.com/period/georgian/gin-craze-panic-18th-century-london-when-came-england-alcohol-drinking-history/.

68 Warner, *Craze*, 3.

69 Daniel Defoe, *A Brief Case of the Distillers* [...] (London, 1726; Ann Arbor, MI: Text Creation Partnership, 2011). 다음도 보라. Warner, *Craze*, ix-xii.

70 John Gonson, *Five Charges to Several Grand Juries*, 3rd ed. (London, 1740), 103.

71 Alexander, *Globalization of Addiction*, chap. 6.

72 Warner, *Craze*, 35-47.

73 *Proceedings of the Old Bailey*, February 27, 1734, 10, https://www.oldbaileyonline.org/images.jsp?doc=173402270010.

74 Ernest L. Abel, "The Gin Epidemic: Much Ado about What?," *Alcohol and Alcoholism* 36, no. 5 (September 2001): 401-405. 소매 판매를 더 엄격히 통제한 1751년〈음주 법Tippling Act〉제정 이후 소비가 감소했다.

75 An Act for Laying a Duty upon the Retailers of Spiritous Liquors, and for Licensing the Retailers Thereof, 1736, 9 Geo. 2, c. 23.

76 Warner, *Craze*, 132; James Nicholls, *The Politics of Alcohol* (Manchester, UK: Manchester University Press, 2009), 51.

77 Daniel Defoe, *Augusta Triumphans: Or, the Way to Make London the Most Flourishing City in the Universe* (London, 1728).

78 Roy Porter, "The Drinking Man's Disease: The 'Pre-History' of Alcoholism in Georgian Britain," *British Journal of Addiction* 80, no. 4 (December 1985): 385-396.

79 Stephen Hales, *A Friendly Admonition to the Drinkers of Gin, Brandy and Other Distilled Spirituous Liquors* [...] (London, 1734), 6, Eighteenth Century Collections Online.

80 George Gascoigne, *A Delicate Diet for Daintiemouthde Droonkardes* [...] (London, 1576; Ann Arbor, MI: Text Creation Partnership, 2011).

81 "House of Commons Journal Volume 1: 03 March 1607", in *Journal of the House of Commons*, vol. 1, 1547-1629 (London, 1802), 346-347.

82 John Downame, *Foure Treatises Tending to Disswade All Christians from Foure no Lesse Hainous Then Common Sinnes* [...] (London, 1609; Ann Arbor, MI: Text Creation Partnership, 2011).

83 Nicholls, *The Politics of Alcohol*, 64.

84 Hales, *Friendly Admonition*, 26.

85 Porter, "Drinking Man's Disease," 390.

3. 의지의 질병

1 러시에 관해서는 다음의 훌륭한 전기를 보라. Stephen Fried, *Rush: Revolution, Madness, and Benjamin Rush, the Visionary Doctor Who Became a Founding Father* (New York: Crown, 2018), 207.

2 Peter Andreas, *Killer High: A History of War in Six Drugs* (New York: Oxford University Press, 2020), 27.

3 Fried, *Rush*, 232-238.

4 *Diary and Autobiography of John Adams*, vol. 2 (Cambridge, MA: Belknap Press of Harvard University Press, 1962).

5 Benjamin Rush Travel Diary, 1784 April 2-7, brpst023001:22, Benjamin and Julia Stockton Rush Papers, Duke University, https://repository.duke.edu/dc/rushbenjaminandjulia/brpst023001.

6 Mark Edward Lender and James Kirby Martin, *Drinking in America: A History* (New York: Simon & Schuster, 1987), 30; Joseph Michael Gabriel, "Gods and Monsters: Drugs, Addiction, and the Origin of Narcotic Control in the Nineteenth-Century Urban North" (PhD diss., Rutgers University, 2006), 112-113.

7 Michael Goode, "Dangerous Spirits: How the Indian Critique of Alcohol Shaped Eighteenth-Century Quaker Revivalism," *Early American Studies: An Interdisciplinary Journal* 14, no. 2 (Spring 2016): 256-283.

8 Benjamin Franklin, "To the Printer of the Gazette," *Pennsylvania Gazette*, July 22, August 2, 1736, Newspapers.com, https://www.newspapers.com/image/39391139/.

9 Fried, *Rush*, 264-265.

10 Christopher Cook, *Alcohol, Addiction, and Christian Ethics* (New York: Cambridge University Press, 2006), 117; Ernest Kurtz, *Not God: A History of Alcoholics Anonymous* (Center City, MN: Hazelden Educational Materials, 1979), 166; Harry Gene Levine, "The Discovery of Addiction: Changing Conceptions of Habitual Drunkenness in America," *Journal of Substance Abuse Treatment* 2, no. 1 (Winter 1985): 43-57; Gabriel, "Gods and Monsters," 119; Linda A. Mercadante, *Victims & Sinners: Spiritual Roots of Addiction and Recovery* (Louisville, KY: Westminster John Knox Press, 1996), 116, 143.

11 Charles E. Rosenberg, Janet Goldman, and Stephen Peitzman, "Framing

Disease," *Hospital Practice* 27, no. 7 (July 1992): 179-221. 다음도 보라. Charles E. Rosenberg, "Disease in History: Frames and Framers," *Milbank Quarterly* 67, no. S1 (1989): 1-15.

12 질병의 〈사법적〉 정의에 관해서는 다음을 보라. Michael S. Moore, "Addiction, Responsibility, and Neuroscience," *University of Illinois Law Review* 202, no. 2: 384. 피커드는 꼭 질병이어야만 의료 종사자의 돌봄을 받는 것은 아니라고 주장한다. Hanna Pickard, "What We're Not Talking about When We Talk about Addiction," *Hastings Center Report* 50, no. 4 (July/ August 2020): 37-46.

13 Nick Haslam, "Psychiatric Categories as Natural Kinds: Essentialist Thinking about Mental Disorder," *Social Research* 67, no. 4 (Winter 2000): 1032.

14 Benjamin Rush, *An Inquiry into the Effects of Ardent Spirits* [...], 8th ed. (Boston, 1823), 31.

15 Thomas Trotter, *An Essay, Medical, Philosophical, and Chemical* [...]. (London, 1804), 1-5, 172.

16 Roy porter, "Introduction", in *An Essay Medical, Philosophical, and Chemical on Drunkenness and Its Effects on the Human Body*, by Thomas Trotter, ed. Roy Porter (London, 1804; New York: Routledge, 1988), xiv. 트로터는 러시만큼의 역량은 없었지만, 그래도 영향력이 있었다. 그의 글은 여러 판을 찍었고 독일어와 스웨덴어로 번역되었다.

17 George Cheyne, *An Essay of Health and Long Life* (London, 1724; Ann Arbor, MI: Text Creation Partnership, 2011), 52-53. 다음도 보라. Roy Porter, "The Drinking Man's Disease: The 'Pre-History' of Alcoholism in Georgian Britain," *British Journal of Addiction*, 80, no. 4 (December 1985): 392; Christopher M. Finan, *Drunks: An American History* (Boston: Beacon Press, 2017), 57.

18 James Nicholls, *The Politics of Alcohol* (Manchester, UK: Manchester University Press, 2009), 60; George Cheyne, *The English Malady: Or, a Treatise of Nervous Diseases of All Kinds* [...] (London, 1733), 325-326.

19 Anthony Benezet, *The Mighty Destroyer Displayed* [...] (Philadelphia, 1774; Ann Arbor, MI: Text Creation Partnership, 2011), 8. 베니젯의 금주 처방은 그의 책자가 오컴보다 2년 늦었는데도 미국의 첫 번째 금주 문헌으로 종종 인용되는 이유가 된다.

20 Rush, *An Inquiry into the Effects of Ardent Spirits*, 8.

21 러시는 그의 대중적 연구를 여러 차례 수정하고 보충했는데, 습관성 숙취를 정신의 질병으로 보는 시각은 매번 더 강해졌다. 역사가 매슈 워너 오즈번Matthew Warner Osborn이 러시의 숙취에 관한 생각을 훌륭하게 설명했다. 그 생각은 사는 동안 계속 변했다. *Rum Maniac: Alcoholic Insanity in the Early American Republic* (Chicago: University of Chicago Press, 2014), 23-24; Gabriel, "Gods and Monsters," 117.

22 Robert L. North, "Benjamin Rush, MD: Assassin or Beloved Healer?," *Baylor University Medical Center Proceedings* 13, no. 1 (January 2000): 45-49; "Politics of Yellow Fever in Alexander Hamilton's America," U.S. National Library of Medicine, updated November 16, 2018; Kenneth R. Foster, Mary F. Jenkins, and Anna Coxe Toogood, "The Philadelphia Yellow Fever Epidemic of 1793," *Scientific American*, February 1998, 88-93; Jacquelyn C. Miller, "The Wages of Blackness: African American Workers and the Meaning of Race during Philadelphia's 1793 Yellow Fever Epidemic," *Pennsylvania Magazine of History and Biography* 129, no. 2 (April 2005): 163-194.

23 William L. White, *Slaying the Dragon: The History of Addiction Treatment and Recovery in America*, 2nd ed. (Chicago: Lighthouse Institute, 2014), 88.

24 Finan, *Drunks*, 102.

25 Leslie E. Keeley, *Opium: Its Use, Abuse, and Cure; or, from Bondage to Freedom* (Chicago, 1897), 82.

26 Timothy A. Hickman, *The Secret Leprosy of Modern Days: Narcotic Addiction and Cultural Crisis in the United States, 1870-1920* (Amherst: University of Massachusetts Press, 2007), 51-57; White, *Slaying the Dragon*, 68-86; H. Wayne Morgan, *Drugs in America: A Social History, 1800-1980* (Syracuse, NY: Syracuse University Press), 75-82.

27 White, *Slaying the Dragon*, 69.

28 Eliyahu Kamisher, "Dueling Lawsuits between Malibu Rehab Centers Expose the Shady Side of the Recovery Industry," *Los Angeles Magazine*, February 12, 2020.

29 Keeley, *Opium*, 46; Timothy A. Hickman, "Keeping Secrets: Leslie E. Keeley, the Gold Cure, and the 19th-Century Neuroscience of Addiction," *Addiction* 113, no. 9 (June 2018): 1739-1749.

30 Alan I. Leshner, "Addiction Is a Brain Disease, and It Matters," *Science* 278, no. 5335 (October 1997): 45-47.

31 "Leshner: 'Addiction Is a Brain Disease, and It Matters,'" Google Scholar, accessed February 6, 2021, https://scholar.google.com/scholar?cites=16995262381563870016. 비교하자면 레슈너의 논문은 그해에 노벨상을 수상한 스탠리 프루지너가 역시 그해에 『사이언스』에 발표한 논문에 승리를 거두었다. Stanley Prusiner, "Prion Diseases and the BSE Crisis," *Science* 278, no. 5336 (October 1997): 245-251.

32 Derek Heim, "Addiction: Not Just Brain Malfunction," *Nature* 507, no. 40 (March 2014).

33 American Society of Addiction Medicine, "Public Policy Statement: Definition

of Addiction," April 12, 2011. 추가 논의는 다음을 보라. David E. Smith, "The Process Addictions and the New ASAM Definition of Addiction," *Journal of Pyschoactive Drugs* 44, no. 1 (January 2011): 1-4.

34 John Locke, "Madness," in *The Life of John Locke: With Extracts from His Correspondence, Journals and Common-Place Books*, ed. Lord Peter King (London, 1829), 328; Osborn, *Rum Maniacs*, chap. 1. 이 백지 상태라는 믿음이 로크에게서 나왔다고 하면 지나친 단순화가 될 것이다. 로크는 분명히 좀 더 균형 잡힌 견해를 취했다. 다음을 보라. Han-Kyul Kim, "Locke and the Mind-Body Problem: An Interpretation of His Agnosticism," *Philosophy* 83, no. 326 (2008): 438-458.

35 Trotter, *An Essay, Medical, Philosophical, and Chemical*, 1-5, 172.

36 Edward A. Shorter, *A History of Psychiatry: From the Era of the Asylum to the Age of Asylum* (New York: John Wiley & Sons, 1997), 10-16.

37 Roy Porter, *The Greatest Benefit to All Mankind: A Medical History of Humanity* (1997; repr. New York: W. W. Norton, 1998), 305.

38 William F. Bynum, "Chronic Alcoholism in the First Half of the 19th Century," *Bulletin of the History of Medicine* 42, no. 2 (March 1968): 160-185.

39 Friedrich-Wilhelm Kielhorn, "The History of Alcoholism: Brühl-Cramer's Concepts and Observations," *Addiction* 91, no. 1 (January 1996): 121-128.

40 Andreas, *Killer High*, 39.

41 Kielhorn, History of Alcoholism, 123-125. 브륄크라머는 또한 생물학적 인과 관계라는 것은 갈주증을 도덕적 문제가 아닌 질병으로 보고 동정적으로 접근해야 함을 뜻한다고 강력히 주장했다.

42 Porter, *Greatest Benefit*, 502; Bynum, "Chronic Alcoholism," 164, 185.

43 엄밀한 개념에 따라 뇌 질환 모델을 비판한 두 사람인 정신과 의사 샐리 사텔과 얼마 전에 작고한 심리학자 스콧 릴리엔펠드는 대니얼 데닛Daniel Dennett을 따라 중독을 기본적으로 뇌 질환으로 보는 관념을 일종의 〈탐욕스러운 환원론greedy reductionism〉이라고 비판한다. Sally Satel and Scott O. Lilienfeld, "If Addiction Is Not Best Conceptualized a Brain Disease, Then What Kind of Disease Is It?," *Neuroethics* 10, no. 1 (April 2017): 19-24. 더 일반적인 내용에 관해서는 다음을 보라. Gregory A. Miller, "Mistreating Psychology in the Decades of the Brain," *Perspectives on Psychological Science* 5, no. 6 (December 2010): 716-743.

44 Kent C. Berridge, "Is Addiction a Brain Disease?," *Neuroethics* 10, no. 1 (April 2017): 1-5; Moore, "Addiction, Responsibility, and Neuroscience."

45 Lorraine T. Midanik, "Biomedicalization and Alcohol Studies: Implications for Policy," *Journal of Public Health Policy* 25, no. 2 (April 2004): 211-228; Lorraine T. Midanik, *Biomedicalization of Alcohol Studies: Ideological Shifts and Institutional*

Challenges (Piscataway, NJ: Transaction, 2006).

46 Amy Loughman and Nick Haslam, "Neuroscientific Explanations and the Stigma of Mental Disorder: A Meta-Analytic Study," *Cognitive Research: Principles and Implications* 3, no. 45 (November 2018); Erlend P. Kvaale, Nick Haslam, and William H. Gottdiener, "The 'Side-Effects' of Medicalization: A Meta-Analytic Review of How Biogenetic Explanations Affect Stigma," *Clinical Psychology Review* 33, no. 6 (August 2013): 782-794. 중독에 대한 비난을 줄여야 한다는 관점에 대해서는 다음을 보라. Brett J. Deacon and Grayson L. Baird, "The Chemical Imbalance Explanation of Depression: Reducing Blame at What Cost?," *Journal of Social & Clinical Psychology* 28, no. 4 (April 2009): 415-435.

47 Nora Volkow, "Addiction Is a Disease of Free Will," *Nora's Blog*, National Institute on Drug Abuse, June 12, 2015.

48 Carl von Brühl-Kramer, *Über die Trunksucht* [...] (Berlin, 1819), 21-22. Bynum, "Chronic Alcoholism," 170에서 재인용.

49 Benjamin Rush, *Medical Inquiries and Observations upon the Disease of the Mind*, 5th ed. (Philadelphia, 1835), 358.

50 Finan, *Drunks*, 1-2.

51 Amos A. Evans, letter to Benjamin Rush, June 16, 1809, quoted in Carlson and Wollock, "Benjamin Rush," 1324; Fried, *Rush*, 444.

52 Benjamin Rush, letter to John Adams, April 26, 1810, Founders Online, National Archive, https://founders.archives.gov/documents/Adams/99-02-02-5523.

53 Benjamin Rush, letter to Thomas Jefferson, January 2, 1811, Founders Online, National Archive, https://founders.archives.gov/documents/Jefferson/03-03-02-0203.

54 Rush, *Medical Inquiries*, 261-268, Fried, Rush, 465-477.

55 Eric T. Carlson and Meribeth M. Simpson, "Benjamin Rush's Medical Use of the Moral Faculty," *Bulletin of the History of Medicine* 39, no. 1 (January 1965): 22-33; Osborn, *Rum Maniacs*, 33-41.

56 Jean-Charles Sournia, *A History of Alcoholism*, tras. Nicholas Hindley and Gareth Stanton (Cambridge, MA: Basil Blackwell, 1990), 44-50.

57 Benjamin Rush, letter to John Adams, September 16, 1808, in *Letters of Benjamin Rush*, vol. 2, 1793-1813, ed. Lyman Henry Butterfield (Princeton, NJ: Princeton University Press, 2019), 977-979.

58 Fried, *Rush*, 478; Carlson and Wollock, "Benjamin Rush," 1312.

제2부. 무절제의 시대

4. 씨움

1   Edwin Van Bibber-Orr, "Alcoholism and Song Literati," in *Behaving Badly in Early and Medieval China*, ed. N. Harry Rothschild and Leslie V. Wallace (Honolulu: University of Hawai'i Press, 2017), 135.

2   Robin Room, "The Cultural Framing of Addiction," *Janus Head* 6, no. 2 (2003): 226.

3   Jaime S. Jorquez, "Heroin Use in the Barrio: Solving the Problem of Relapse or Keeping the Tecato Gusano Asleep," *American Journal of Drug and Alcohol Abuse* 10, no. 1 (1984): 63-75.

4   Owen Flanagan, "Addiction Doesn't Exist, but It Is Bad for You," *Neuroethics* 10 (2017): 93.

5   John Kobler, *Ardent Spirits: The Rise and Fall of Prohibition* (New York: Putnam, 1973), 53.

6   Frances FitzGerald, *The Evangelicals: The Struggle to Shape America* (New York: Simon & Schuster, 2017), 2-16.

7   *Autobiography, Correspondence, Etc., of Lyman Beecher, D.D.*, vol. 1, ed. Charles Beecher (New York: Harper & Brothers, 1866), 92-124, 176-178; Jessica Warner, *All or Nothing: A Short History of Abstinence in America* (Toronto: Emblem, 2010), chap. 2.

8   W. J. Rorabaugh, The Alcoholic Republic: An American Tradition (New York: Oxford University Press, 1979), 9, chart 1.2; Warner, *All or Nothing*, 31; Mark Edward Lender and James Kirby Martin, *Drinking in America: A History* (New York: Simon & Schuster, 1987), 35-46; "Total Alcohol Consumption per Capita (Liters of Pure Alcohol, Projected Estimates, 15+ Years of Age)," World Health Organization, Global Health Observatory Data Repository, World Bank DataBank (website), accessed February 28, 2021, https://data.worldbank.org/indicator/SH.ALC.PCAP.LI.

9   Rorabaugh, *Alcoholic Republic*, chaps. 2 and 6.

10   Christopher Cook, *Alcohol, Addiction, and Christian Ethics* (New York: Cambridge University Press, 2006), 77.

11   고린도 전서 5:11, 6:10; 갈라디아서 5:19-21; 디모데 전서 4:4.

12   Gregory A. Austin, *Alcohol in Western Society from Antiquity to 1800* (Santa Barbara, CA: ABC-Clio Information Services, 1985), 44, 47-48.

13   Jonathan Edwards, *A Careful and Strict Enquiry into the Modern Pervailing*

Notions of That Freedom of the Will [...] (Glasgow, 1790), 37.

14 Ian R. Tyrrell, *Sobering Up: From Temperance to Prohibition in Antebellum America, 1800-1860* (Westport, CT: Greenwood Press, 1979), 42, 58; Warner, *All or Nothing*, 40; Lyman Beecher, "Address on the Abuse of Spirituous Liquors," *The Panoplist, and Missionary Magazine United*, September 1812, 188-190.

15 Lender and Martin, *Drinking in America*, 66-67.

16 Louis Menand, *The Metaphysical Club* (New York: Farrar, Straus and Giroux, 2001), 80.

17 Joseph Michael Gabriel, "Gods and Monsters: Drugs, Addiction, and the Origin of Narcotic Control in the Nineteenth-Century Urban North," (PhD diss., Rutgers University, 2006), 114.

18 Lyman Beecher, *Six Sermons* [...] (Boston, 1827); Lyman Beecher, *Autobiography*, vol.2 (New York, 1865), 78. 몇몇 2차 사료는 그가 1825년에 설교를 했다고 주장하지만, 남아 있는 기록을 보면 혼란스럽다. Jack S. Blocker, *American Temperance Movements: Cycles of Reform* (Boston: Twayne, 1989), 22-23.

19 Rorabaugh, *The Alcoholic Republic*, 101-102.

20 Beecher, *Six Sermons*, 105.

21 Elaine Frantz Parsons, *Manhood Lost: Fallen Drunkards and Redeeming Women in the Nineteenth- Century United States* (Baltimore: Johns Hopkins University Press, 2003), loc. 1510-1514 of 3566, Kindle.

22 Beecher, *Six Sermons*, 8, 26.

23 John Marsh, *Putnam and the Wolf* [...] (Hartford, CT, 1830), 10-11, https://books.google.com/books?id=DvYoAAAAYAAJ&pg=PA10. 〈사탄은 에덴에 있다. 그 악마의 파괴를 제어하지 않는다면, 우리의 자애로운 제도는 죽을 것이고, 우리의 성소는 버려질 것이며, 우리의 아름다운 들판은 폐허가 될 것이다.〉

24 Craig Reinarman and Harry G. Levine, "Crack in Context: Politics and Media in the Making of a Drug Scare," *Contemporary Drug Problems* 16, no. 4 (Winter 1989): 535-577. 다음도 보라. Bruce K. Alexander and Linda S. Wong, "The Myth of Drug- Induced Addiction," BruceKAlexander.com, last updated June 2010, https://www.brucekalexander.com/articles-speeches/demon-drug-myths/164-myth-drug-induced.

25 George Barrell Cheever, *The Dream, or The True History of Deacon Giles' Distillery* [...] (New York, 1848), 18, https://www.google.com/books/edition/The_Dream_Or_The_True_History_of_Deacon/CTMMAQAAMAAJ.

26 Lender and Martin, *Drinking in America*, 71; Kobler, Ardent Spirits, 56; Blocker, *American Temperance Movements*, 22-23; Campbell Gibson and Kay Jung,

"Historical Census Statistics on Population Totals by Race, 1790 to 1990, and by Hispanic Origin, 1970 to 1990, for Large Cities and Other Urban Places in the United States," U.S. Census Bureau, Population Division Working Paper no. 76, https://www.census.gov/content/dam/Census/library/working-papers/2005/demo/POP-twps0076.pdf.

27 Blocker, *American Temperance Movements*, 22-23.

28 Rorabaugh, *The Alcoholic Republic*, 223-236.

29 그의 사망 원인은 논란거리이다. 그러나 술 문제로 인한 합병증이 크게 의심된다. Edgar Allan Poe, "The Black Cat," in *Tales* (London: Wiley and Putnam, 1845), 38-39; Matthew Warner Osborn, *Rum Maniacs: Alcoholic Insanity in the Early American Republic* (Chicago: University of Chicago Press, 2014), 169-204; David S. Reynolds, "Black Cats and Delirium Tremens: Temperance and the American Renaissance," in *The Serpent in the Cup: Temperance in American Literature* (Amherst: University of Massachusetts Press, 1997), 22-59; J. Gerald Kennedy, "Edgar Allan Poe, 1809-1849: A Brief Biography," in *A Historical Guide to Edgar Allan Poe*, ed. J. Gerald Kennedy (New York: Oxford University Press, 2001), 19-59; Jeffrey Andrew Weinstock, "Introduction: The American Gothic," in *The Cambridge Companion to American Gothic*, ed. Jeffrey Andrew Weinstock (New York: Cambridge University Press, 2017), 4.

30 Parsons, *Manhood Lost*, loc. 173 of 3566; John Crowley, ed., *Drunkard's Progress: Narratives of Addiction, Despair, and Recovery* (Baltimore: Johns Hopkins University Press, 1999).

31 William G. Lulloff, "Franklin Evans; or the Inebriate," in *Walt Whitman: An Encyclopedia*, ed. J. R. LeMaster and Donald D. Kummings (New York: Garland, 1998), reproduced with permission at https://whitmanarchive.org/criticism/current/encyclopedia/entry_81.html.

32 Herman Melville, *White-Jacket; or, The World in a Man-of-War* (Boston, 1850), 166, https://www.google.com/books/edition/White_jacket_Or_The_World_in_a_Man_of_wa/fzI2AQAAMAAJ.

33 T. S. Athur, "The Experience Meeting," in Crowley, *Drunkard's Progress*, 29; Janet Chrzan, *Alcohol: Social Drinking in Cultural Context* (New York: Routledge, 2013), 75-76.

34 Osborn, "The Pursuit of Happiness," in *Rum Maniacs*, 147-184.

35 James D. Hart, *The Popular Book: A History of America's Literary Taste* (New York: Oxford University Press, 1950), 108.

36 *Knickerbocker, or New York Monthly Magazine*, May 1837, 512, cited in

Elizabeth Ann Salem, "Gendered Bodies and Nervous Minds: Creating Addiction in America, 1770-1910" (PhD diss., Case Western Reserve University, 2016), 89.

37 Alexander and Wong, "Myth of Drug-Induced Addiction"; Harry Gene Levine, "The Alcohol Problem in America: From Temperance to Alcoholism," *British Journal of Addiction* 79, no.1 (March 1984): 109-119, https://doi.org/10.1111/j.1360-0443.1984.tb00252.x.

38 William Cope Moyers, *Broken, My Story of Addiction and Redemption* (New York: Penguin, 2006), 1-4, 300.

39 Moyers, *Broken*, 80; "Portrait of Addiction," BillMoyers.com, March 29, 1998, https://billmoyers.com/content/moyers-on-addiction-close-to-home/; Christopher S. Wren, "Celebrity's Son: Big Connections and Addiction; Ordeal of Moyers Family Underlies a TV Documentary," *New York Times*, March 20, 1998, B1, https://www.nytimes.com/1998/03/20/nyregion/celebrity-s-son-big-connections-addictions-ordeal-moyers-family-underlies-tv.html.

40 *Moyers on Addiction: Close to Home*: episode 1, "Portrait of Addiction," produced by Amy Schatz and Bill D. Moyers; episode 2, "The Hijacked Brain," produced by Gail Pellett and Bill Moyers; both aired March 29, 1998, on PBS, https://billmoyers.com/content/moyers-on-addiction-close-to-home/.

41 Kent C. Berridge and Morten L. Kringelbach, "Pleasure Systems in the Brain," *Neuron* 86, no. 3 (May 2015): 646-664, https://dx.doi.org/10.1016%2Fj.neuron.2015.02.018. 이에 대한 Adam Alter의 설명도 보라. 그는 올즈의 학생들과 함께 몇 가지 주요 연구를 수행했다. *Irresistible: The Rise of Addictive Technology and the Business of Keeping Us Hooked* (New York: Penguin, 2017), 56, 328.

42 R. G. Heath, "Pleasure and Brain Activity in Man: Deep and Surface Electroencephalograms during Orgasm," *Journal of Nervous and Mental Disease* 154, no. 1 (January 1972): 3-18, https://doi.org/10.1097/00005053-197201000-00002.

43 "Conversation with Conan Kornetsky," interview, *Addiction* 98, no. 7 (July 2003): 875-882, https://doi.org/10.1046/j.1360-0443.2003.00423.x.

44 Charles A. Marsden, Dopamine: The Rewarding Years, *British Journal of Pharmacology* 147, no. 51 (February 2009): S13644, https://doi.org/10.1038/sj.bjp.0706473.

45 Robert A. Yokel and Roy A. Wise, "Increased Lever Pressing for Amphetamine after Pimozide in Rats: Implications for a Dopamine Theory of Reward," *Science* 187, no. 4187 (February 1975): 547-549, https://doi.org/10.1126/science.1114313; Roy A. Wise, "The Dopamine Synapse and the Notion of 'Pleasure Centers' in the Brain," *Trends in Neuroscience* 3, no. 4 (April 1980): 91-95, https://doi.o

rg/10.1016/0166-2236(80)90035-1; Kent C. Berridge and Terry E. Robinson, "What Is the Role of Dopamine in Reward: Hedonic Impact, Reward Learning, or Incentive Salience?," *Brain Research Reviews* 28, no. 3 (December 1998): 309-369, https://doi.o rg/10.1016/S0165-0173(98)00019-8.

46 Craig Reinarman and Harry G. Levine, eds., *Crack in America: Demon Drugs and Social Justice* (Berkeley: University of California Press, 1997), chaps. 1-2.

47 Reinarman and Levine, *Crack in America*, 20; Jacob V. Lamar Jr., "Rolling Out the Big Guns," *Time*, September 22, 1986, http://content.time.com/time/subscriber/ article/0,33009,962371,00.html.

48 David Farber, *Crack: Rock Cocaine, Street Capitalism, and the Decade of Greed* (New York: Cambridge University Press, 2019); Roland G. Fryer et al., "Measuring Crack Cocaine and Its Impact," *Economic Inquiry* 51, no. 3 (July 2013): 1651-1681, https://doi.org/10.1111/j.1465-7295.2012.00506.x; Eric C. Schneider, *Smack: Heroin and the American City* (Philadelphia: University of Pennsylvania Press, 2013), 193-194.

49 National Institute on Drug Abuse, Abuse, *National Household Survey on Drug Abuse: Main Findings, 1988*, DHHS Publication No. 90-1681 (Rockville, MD: Department of Health and Human Services, 1990), 50. 다음도 보라. Marsha Lillie-Blanton, James C. Anthony, and Charles R. Schuster, "Probing the Meaning of Racial/Ethnic Group Comparison in Crack Cocaine Smoking," JAMA 269, no. 8 (January 1993): 993-997, https://doi.org/10.1001/jama.1993.13500080041029.

50 Peter Kerr, "Crack Addiction Spreads among the Middle Class," *New York Times*, June 8, 1986, https://www.nytimes.com/1986/06/08/nyregion/crack-addiction-spreads-among-the-middle-class.html; Tessa Melvin, "Hearing Called to Explore Use of 'Crack' by Teen-Agers," *New York Times*, April 27,1986, https://www.nytimes.com/1986/04/27/nyregion/hearing-called-to-explore-use-of-crack-by-teen-agers.html; Peter Kerr, "Extra-Potent Cocaine: Use Rising Sharply among Teen-Agers," *New York Times*, March 20, 1986, https://www/ nytimes.com/1986/03/20/nyregion/extra-potent-cocaine-use-rising-sharply-among-teen-agers.html. 『뉴욕 타임스』는 2018년의 한 사설에서 〈크랙 베이비crack babies〉에 관한 조잡한 과학에 의거한 조사 보고서로서 크랙 코카인을 다루고 흑인 여성을 악마화한 것에 대해 사과했다. Slandering the Unborn, editorial, *New York Times*, December 28, 2018, https://www.nytimes.com/interactive/2018/12/28/opinion/ crack-babies-racism.html.

51 Arnold Washton, quoted in "Kids and Cocaine: An Epidemic Strikes Middle America," *Newsweek*, March 17, 1986, 58-65.

52 Mark S. Gold, *800-Cocaine* (New York: Bantam, 1984), 78.

53 Gina Kolata, "Drug Researchers Try to Treat a Nearly Unbreakable Habit," *New York Times*, June 25, 1988, https://www.nytimes.com/1988/06/25/nyregion/drug-researchers-try-to-treat-a-nearlyunbreakable-habit.html.

54 일찍이 1988년에 대중 매체는 이 난해한 쾌락 중추가 어떻게 측핵nucleus accumbens이라고 부르는 두뇌 영역인지를 더 자세히 설명했다. 그곳은 두뇌에서 약물 활동의 〈핵심 영역hotspot〉으로 도파민과 밀접한 연관이 있었다. Addiction Clue: Just Say Dopamine, *Science News*, July 30, 1988, https://www.sciencenews.org/archive/addiction-clue-just-say-dopamine.

55 G. Di Chiara and A. Imperato, "Drugs Abused by Humans Preferentially Increase Synaptic Dopamine Concentrations in the Mesolimbic System of Freely Moving Rats," *Proceedings of the National Academy of Science*s 85, no. 14 (July 1988): 5274-5278, https://doi.org/10.1073/pnas.85.14.5274; David J. Nutt et al., "The Dopamine Theory of Addiction: 40 Years of Highs and Lows," *Nature Reviews Neuroscience* 16, no. 5 (May 2015): 305-312, https://doi.org/10.1038/nrn3939.

56 J. Madeleine Nash, "Addicted: Why Do People Get Hooked?," *Time*, May 5, 1997, http://content.time.com/time/magazine/article/0,9171,986282,00.html; 볼코프에 관해서는 다음을 보라. David Courtwright, *The Age of Addiction: How Bad Habits Became Big Business* (Cambridge, MA: Harvard University Press, 2019), 165.

57 "Biology of Addiction: Drugs and Alcohol Can Hijack Your Brain," *NIH News in Health*, October 2015, https://newsinhealth.nih.gov/2015/10/biology-addiction; Howard J. Shaffer, "What Is Addiction?," *Harvard Health Blog*, June 19, 2017, https://www.health.harvard.edu/blog/what-is-addiction-2-2017061914490; Cynthia M. Kuhn and Wilkie A. Wilson, "How Addiction Hijacks Our Reward System," *Cerebrum* (blog), Dana Foundation, April 1, 2005, https://www.dana.org/article/how-addiction-hijacks-our-reward-system/; "Addiction: The Hijacker," Episode 1, Addiction Policy Forum, posted July 17, 2018, YouTube video, 3:17, https://www.youtube.com/watch?v=MbOAKmzKmJo.

58 Chris Stokel-Walker, "Is 'Dopamine Fasting' Silicon Valley's New Productivity Fad?," *BBC*, November 19, 2019, https://www.bbc.com/worklife/article/20191115-what-is-dopamine-fasting.

59 Ingrid Wickelgren, "Getting the Brain's Attention," *Science* 278, no. 5335 (October 1997): 35-37, https://doi.org/10.1126/science.278.5335.35; Berridge and Kringelbach, "Pleasure Systems in the Brain," 656-657. 더 분명하게 말하자면, 실험은 도파민 경로를 방해해도 쾌락 경험은 실제로 간섭을 받지 않았음을 증명했다. 와이즈는 이렇게 말했다고 한다. 느껴지는 쾌락의 크기가 두뇌에 흐르는 도파민의 양과

비례한다고는 더는 믿지 않는다.

60 Nutt et al., "Dopamine Theory," 307. Nutt은 또한 도파민 분비가 오피오이드의 보상 효과에 중요하다는 관념에 거세게 이의를 제기하는 여러 연구를 논의한다. 그런데 최근의 한 연구는 모르핀 투여 후 복부 선조체에 도파민이 강력히 분비되는 것을 보여 주었다. 언급할 만한 가치가 있다. Primavera A. spagnolo et al., "Striatal Dopamine Release in Response to Morphine: A [11C]Radlopride Postitron Emission Tomography Study in Healthy Men," *Biological Psychiatry* 86, no. 5 (September 2019): 356-364, https://doi.org/10.1016/j.biopsych.2019.03.965.

61 Kenneth W. Tupper, "Psychoactive Substances and the English Language: 'Drugs,' Discourses, and Public Policy," *Contemporary Drug Problems* 39, no. 3 (September 2012): 462-492, https://doi.org/10.1177/009145091203900306.

62 다음에 상세히 논의되어 있다. Carl L. Hart, *Drug Use for Grown-Ups: Chasing Liberty in the Land of Fear* (New York: Penguin Press, 2021), 11.

63 Beecher, *Six Sermons*, 12-14.

64 Thomas R. Pegram, *Battling Demon Rum: The Struggle for a Dry America, 1800-1933* (Chicago: Ivan R. Dee Press, 1998), loc. 774-776 of 2089, Kindle; David Hanson, "Scientific Temperance Instruction: Temperance Teachings," Alcohol Problems and Solutions (website), accessed February 11, 2021, https://www.alcoholp roblemsandsolutions.org/scientific-temperance-instruction-temperance-teachings/; Parsons, *Manhood Lost*, loc. 154 of 3566.

65 Osama bin Laden, interview by Peter Arnett, "Osama bin Laden Declares Jihad in 1997 in CNN Interview," CNN, posted May 2, 2011, YouTube video, 1:23, https://www.youtube.com/watch?v=orawG7vt68o; Susan Michelle Gerling, "Louisiana's New 'kill the Carjacker' statute: Self-Defense or Instant Injustice?," *Journal of Urban and Contemporary Law* 55, no. 1 (January 1999): 109-134.

66 Anne Case and Angus Deaton, *Deaths of Despair and the Future of Capitalism* (Princeton, NJ: Princeton University Press, 2020), 1-16.

67 Beth Macy, *Dopesick: Dealers, Doctors, and the Drug Company That Addicted America* (New York: Little, Brown, 2018), 113.

68 Nash, "Addicted."

69 Justin Edwards, letter to William Allen Hallock, in William Allen Hallock, *Light and Love: A Sketch of the Life and Labors of the Rev. Justin Edwards* (New York, 1855), 195, https://books.google.com/books?id=ObpEAAAAIAAJ.

70 American Temperance Union, "Sixth Annual Report," in *Permanent Temperance Documents*, vol. 2 (New York, 1853), 332, https://www.google.com/books/edition/Per manent_Temperance_Documents_Annual_re/DNsXAAAAYAAJ.

71 Milton A. Maxwell, "The Washingtonian Movement," *Quarterly Journal of Studies on Alcohol* 11, no. 3 (1950): 410–451, https://doi.org/10.15288/qjsa.1950.11.410; Christopher M. Finan, *Drunks: An American History* (Boston: Beacon Press, 2017), chap. 2; A Member of the Society, *Foundation, Progress and Principles of the Washingtonian Temperance Society* [...] (Baltimore, 1842), https://www.google.com/books/edition/The_Foundation_Progress_and_Principles_o/iS1CAQAAMAAJ; David Harrisson Jr., *A Voice from the Washingtonian Home* [...] (Boston, 1860), https://babel.hathitrust.org/cgi/pt?id=pst.000052997631&view=1up&seq=9; T. S. Arthur, *Six Nights with the Washingtonians: A Series of Temperance Tales* (Philadelphia, 1843), https://babel.hathitrust.org/cgi/pt?id=hvd.32044051143683&view=1up&seq=9; John Marsh, *Hannah Hawkins, the Reformed Drunkard's Daughter* (New York, 1844), https://play.google.com/books/reader?id=vA0qAAAAYAAJ.

72 Finan, *Drunks*, 37–39.

73 Gabriel, "Gods and Monsters," 132.

74 Michelle L. McClellan, *Lady Lushes: Gender, Alcoholism, and Medicine in Modern America* (New Brunswick, NJ: Rutgers University Press, 2017), 41–42.

75 Blocker, *American Temperance Movements*, 41; Tyrrell, Sobering Up, 166.

76 Arthur, *Six Nights*, 43.

77 Abraham Lincoln, "Temperance Address Delivered before the Springfield Washington Temperance Society, on the 22nd February, 1842," in *Collected Works of Abraham Lincoln*, vol. 1, ed. Roy P. Balser (New Brunswick, NJ: Rutgers University Press, 1953; Ann Arbor, MI: Text Creation Partnership, 2011), 271–279.

78 John B. Gough, *An Autobiography* [...], in Crowley, Drunkard's Progress, 158.

79 William George Hawkins, *Life of John H. W. Hawkins* (Boston, 1862), 90–92, https://babel.hathitrust.org/cgi/pt?id=uc2.ark:/13960/t7fq9t07q&view=1up&seq=9.

80 Lincoln, "Temperance Address," in *Collected Works*, 271–276.

81 Crowley, introduction to *Drunkard's Progress*, 6.

82 Tyrrell, *Sobering Up*, 176.

83 [Walt Whitman], "Temperance among the Firemen!," *New York Aurora*, March 30, 1842, in *Walt Whitman, the Journalism*, vol. 1, 1834–1846, ed. Herbert Bergman, Douglas A. Noverr, and Edward J. Recchia (New York: Peter Lang, 1998), https://whitmanarchive.published/periodical/journalism/tei/per.00420.xml; Reynolds, "Black Cats," 48.

84 Gough, *An Autobiography*, 136–140.

85 Raynolds, "Black Cats," 48.

86 Crawley, *Drunkard's Progress*, 15.

87 "Evils of Intemperance," *Sailors' Magazine*, October 1842, 301, https://www.google.com/books/edition/The_Pilot_or_Sailors_magazine_Continued/6DoEAAAAQAAJ.

88 William L. White, *Slaying the Dragon: The History of Addiction Treatment and Recovery in America*, 2nd ed. (Chicago: Lighthouse Institute, 2014), 19.

89 Reynolds, "Black Cats," 31; Finan, Drunks, 51; Parsons, *Manhood Lost*, loc. 660-661 of 3566.

90 Finan, *Drunks*, 49; Maxwell, "Washingtonian Movement," 439-440.

5. 미국의 첫 번째 아편 유행

1 Louise Foxcroft, *The Making of Addcition: The "Use and Abuse" of Opium in Nineteenth Century Britain* (Burlingotn, VT: Ahsegate, 2007), 10-26. 드퀸시가 중요한 안면 신경 중 하나에 극심한 만성적 통증을 느끼는 삼차 신경통으로 고생했을 가능성이 있다. Thomas de Quincey, *Confessions of an English Opium-Eater* (London, 1821), 73, 115, https://archive.org/details/confessionsanen04quingoog.

2 De Quincey, Opium-Eater, 74.

3 Thomas de Quincey, "Samual Taylor Coleridge, by the English Opium-Eater," in *The Works of Thomas de Quincey, Part II*, vol. 10, ed. Grevel Lindop and Barry Symonds (New York: Routledge, 2016), 287.

4 De Quincey, *Opium-Eater*, 85.

5 De Quincey, *Opium-Eater*, 104, 140; Virginia Berridge, *Opium and the People*, rev. ed. (New York: Free Association Books, 1999), 51; 24 Fed. Reg. 5348 (July 1, 1959); Food and Drug Administration, *Highlights of Prescribing Information: Morphine Sulfate Tablets, CII* (Washington, DC: Food and Drug Administration, 2012), https://www.accessdata.fda.gov/drugsatfda_docs/label/2012/022207s004lbl.pdf; "Opioid Oral Morphine Milligram Equivalent (MME) Conversion Factors," Centers for Medicare & Medicaid Services, February 2018, https://www.cms.gov/Medicare/Prescription-Drug-Coverage/PrescriptionDrugCovContra/Downloads/Oral-MME-CFs-vFeb-2018.pdf.

6 Thomas De Quincy, letter to William Blackwood, 1820, quoted in Colin Dickey, "The Addicted Life of Thomas De Quincey," *Lapham's Quarterly*, March 19, 2013, https://www.laphamsquarterly.org/roundtable/addicted-life-thomas-de-quincey.

7 Marcus Boon, *The Road of Excess: A History of Writers on Drugs* (Cambridge, MA: Harvard University Press, 2005), 13.

8 De Quincey, *Opium-Eater*, 80, 104, 118.

9 De Quincey, *Opium-Eater*, 76.

10 John O'Brien, *Alexander the Great: The Invisible Enemy* (New York: Routledge, 1992), 1-15. 20세기 중반 LSD와 실로사이빈 psilocybin 옹호자들이 만들어 낸 〈엔시오진 entheogen〉이라는 말의 어원이다.

11 Martin Booth, *Opium: A History* (New York: Thomas Dunne, 1996), 35; Foxcroft, *Making of Addiction*, 17; Joseph Michael Gabriel, "Gods and Monsters: Drugs, Addiction, and the Origin of Narcotic Control in the Nineteenth-Century Urban North" (PhD diss., Rutgers University, 2006), 176, 190-199.

12 Susan Zieger, *Inventing the Addict* (Amherst, MA: University of Massachusetts Press, 2008), 36.

13 Booth, *Opium*, 46.

14 Wilkie Collins, *The Moonstone* (Oxford, 1868), 184, https://www.google.com/books/edition/The_moonstone/FmsOAAAAQAAJ.

15 Samuel Taylor Coleridge, *Kubla Khan*, st. 1, line 5; Boon, *Road of Excess*, 21.

16 De Quincey, *Opium-Eater*, 73, 105-110, 137.

17 Mike Jay, "The Pope of Opium," *London Review of Books*, May 13, 2010, https://www.lrb.co.uk/the-paper/v32/n09/mike-jay/drink-it-don-t-eat-it-or-smoke-it.

18 Thomas De Quincey, quoted in H. A. Page, *Thomas De Quincey: His Life and Writings, with Unpublished Correspondence*, vol. 2 (London, 1879), 273.

19 William Blair, "An Opium-Eater in America," *Knickerbocker, or New-York Monthly Magazine*, July 1842, 49, https://www.google.com/books/edition/The_/L60RAAAAYAAJ.

20 Jack London, *John Barleycorn* (New York: Century, 1913), 49, https://www.google.com/books/edition/_/cEnmTtCi9cYC; Charles Jackson, *The Lost Weekend* (1944; New York: Vintage, 2013), 16. 다음도 보라. Owen Flanagan, "Identity and Addiction: What Alcoholic Memoirs Teach," in *The Oxford Handbook of Philosophy and Psychiatry* (New York: Oxford University Press, 2013), 865-888.

21 Peter Andreas, *Killer High: A History of War in Six Drugs* (New York: Oxford University Press, 2020), chap. 2; David T. Courtwright, *Forces of Habit: Drugs and the Making of the Modern World* (Cambridge, MA: Harvard University Press, 2001), chap. 2; William A. Emboden Jr., "Ritual Use of Cannabis sativa L.: A Historical-Ethnographic Survey," in *Flesh of the Gods*, ed. Peter T. Furst (Prospect Heights, IL:

Waveland Press, 1990), 214-236.

22 Boon, *Road of Excess*, 45.

23 Boon, *Road of Excess*, 51-53.

24 Meyer Berger, "Tea for a Viper," *New Yorker*, March 5, 1938.

25 Owen Flanagan, "Addiction Doesn't Exist, but It Is Bad for You," *Neuroethics* 10 (2017), 98, https://doi.org/10.1007/s12152-016-9298-z.

26 Red Rodney, quoted in Jill Jonnes, *Hep-cats, Narcs, and Pipe Dreams: A History of America's Romance with Illegal Drugs* (Baltimore: Johns Hopkins University Press, 1999)

27 William S. Burroughs, interview, in David T. Courtwright, Herman Joseph, and Don Des Jarlais, *Addicts Who Survived: An Oral History of Narcotic Use in America before 1965* (Knoxville: University of Tennessee Press, 2012), 276.

28 Richard Holmes, "De Quincey: So Original, So Truly Weird," *New York Review of Books*, November 24, 2016, https://www.nybooks.com/articles/2016/11/24/de-quincey-so-original-so-truly-weird/.

29 Booth, *Opium*, 39.

30 Fitz Hugh Ludlow, *The Hasheesh Eater: Being Passages from the Life of a Pythagorean* (New York, 1857), 62, https://archive.org/details/66640730R.nlm.nih.gov/page/n65mode/2up. 러들로의 삶에 관해서는 다음을 보라. Dave Gross, "A Brief Biography of Fitz Hugh Ludlow," Lyceum (website), archived September 18, 2015, https://web.archive.org/web/20150918165744/http://www.lycaeum.org/nepenthes/Ludlow/THE/Biography/biography.html; Timothy A. Hickman, *The Secret Leprosy of Modern Days: Narcotic Addiction and Cultural Crisis in the United States, 1870-1920* (Amherst: University of Massachusetts Press, 2007), 25-32.

31 Ludlow, *Hasheesh Eater*, 16.

32 Fitz Hugh Ludlow, "The Apocalypse of Hasheesh," *Putnam's Monthly*, December 1856, https://web.archive.org/web/20140503090034/http://www.lycaeum.org/nepenthes/Ludlow/Texts/apocalyp.html.

33 Ludlow, *Hasheesh Eater*, ix-x.

34 Fitz Hugh Ludlow, "What Shall They Do to Be Saved?," *Harper's New Monthly Magazine*, August 1867, 377-387; Gross, "Brief Biography."

35 Fitz Hugh Ludlow, letter to the editor, *Harper's New Monthly Magazine*, August 1870, 458, https://www.google.com/books/edition/Harper_s_New_Monthly_Magazine/xkhGAAAAcAAJ.

36 "Confessions of an English Opium-Eater," *North American Review*, January 1824, 92, https://www.google.com/books/edition/The_North_American_Review/

haJKAAAAcAAJ.

37 H. Wayne Morgan, *Drugs in America: A Social History, 1800-1980* (Syracuse, NY: Syracuse University Press), 11-27. 아편에는 자연적으로 나타나는 향정신성 오피오이드가 여럿 포함되어 있는데, 가장 많이 들어 있는 것이 모르핀이다. 모르핀은 1800년대 들어서 처음으로 분리되었으나 대량 생산은 1827년 하인리히 에마누엘 메르크Heinrich Emanuel Merck가 시작했다. 그는 가족 사업체인 약제상을 어마어마한 제약 재벌 기업으로 바꿔 놓는다.

38 Paul Starr, *The Social Transformation of American Medicine: The Rise of a Sovereign Profession and the Making of a Vast Industry* (New York: Basic Books, 1982), 47, 65, 96-108; Berridge, *Opium and the People*, 64.

39 Hickman, *Secret Leprosy*, 38.

40 Berridge, *Opium and the People*, 135-142.

41 Anne Case and Angus Deaton, *Deaths of Despair and the Future of Capitalism* (Princeton, NJ: Princeton University Press, 2020), 117.

42 David T. Courtwright, *Dark Paradise: A History of Opiate Addiction in America* (Cambridge, MA: Harvard University Press, 2001), 9. 옛날 사람들을 〈중독〉이라고 진단할 수 있는가는 언제나 논란거리이다. 그러나 코트라이트는 엄밀한 방법을 썼다. 그의 책 1장에서 다루어진다. 다음도 보라. Courtwrights, *Forces of Habit*, 36-37.

43 Horace B. Day, *The Opium Habit* [...] (New York, 1868), 7, https://quod.lib.umich.edu/m/moa/AEU2766.0001.001.

44 Jonathan S. Jones, "Then and Now: How Civil War-Era Doctors Responded to Their Own Opiate Epidemic," *Civil War Monitor*, November 3, 2017, https://www.civilwarmonitor.com/blog/then-and-now-how-civil-war-era-doctors-responded-to-their-own-opiate-epidemic; David T. Courtwright, "Opiate Addiction as a Consequence of the Civil War," *Civil War History* 24, no. 2 (June 1978), 101-111, https://doi.org/10.1353/cwh.1978.0039.

45 Mark A. Quinones, "Drug Abuse during the Civil War (1861-1865)," *International Journal of the Addictions* 10, no. 6 (1975), https://doi.org/10.3109/10826087509028357.

46 Gabriel, "Gods and Monsters," 210.

47 Oliver Wendell Holmes Sr., *Currents and Counter-Currents in Medical Science* [...] (Boston, 1860), 35, https://www.google.com/books/edition/Currents_and_Counter_currents_in_Medical/XaYrAQAAMAAJ.

48 Day, *The Opium Habit*, 5, 7.

49 Morgan, *Drugs in America*, 22-27.

50 William White는 자신만의 휴면과 동면, 주기적 재출현의 구조를 제시한다.

William L. White and Randall Wegger, "Substance Use Trends: History and Principles," *Counselor* 4, no. 3 (2003): 18-20.

51 Joseph F. Spillane, *Cocaine: From Medical to Modern Menace in the United States, 1884-1920* (Baltimore: Johns Hopkins University Press, 2000), 8-22, 84-86; Courtwright, *Forces of Habit*, 47.

52 W. H. Bentley, "Erythoxylon coca," *Chicago Medical Times* 12, no. 10 (January 1881): 504-505, https://books.google.com/books?id=4ZavVBfQC&pg=PA504; W. H. Bentley, "Erythoxylon coca," *Therapeutic Gazette* 1, no. 12 (December 1880): 350-351, https://books.google.com/books?id=RHVMAQAAMAAJ&pg=PA350.

53 William L. White, *Slaying the Dragon: The History of Addiction Treatment and Recovery in America*, 2nd ed. (Chicago: Lighthouse Institute, 2014), 31-33.

54 Sarah W. Tracy, *Alcoholism in America: From Reconstruction to Prohibition* (Baltimore: Johns Hopkins University Press, 2005), 28-40; White, *Slaying the Dragon*, 31; John W. Crowley and William L. White, *Drunkard's Refuge: The Lessons of the New York State Inebriate Asylum* (Amherst: University of Massachusetts Press, 2004); Arnold Jaffe, *Addiction Reform in the Progressive Age: Scientific and Social Responses to Drug Dependence in the United States, 1870-1930* (Lexington: University of Kentucky Press, 1976); Mariana Valverde, *Diseases of the Will: Alcohol and the Dilemmas of Freedom* (New York: Cambridge University Press, 1998); Christopher M. Finan, *Drunks: An American History* (Boston: Beacon Press, 2017), 80-83.

55 Roberts Bartholow, *The Treatment of Diseases by the Hypodermatic Method* (Philadelphia, 1879), 6, 90-107, https://books.google.com/books?id=oyvePAtztLsC.

56 Berridge, *Opium and the People*, 142.

57 Crowley and White, *Drunkard's Refuge*, 29-39; Finan, *Drunks*, 72-77; Jaffe, *Addiction Reform*, 27.

58 Jim Baumohl, "Inebriate Institutions in North America, 1840-1920," *British Journal of Addiction* 85, no. 9 (September 1990): 1187-1204, https://doi.org/10.1111/j.1360-0443.1990.tb03444.x; Jim Baumohl and Robin Room, "Inebriety, Doctors, and the State: Alcoholism Treatment Institutions before 1940," in *Recent Developments in Alcoholism*, vol. 5, ed. Marc Galanter (New York: Springer, 1987), 135-174; Finan, *Drunks*, 50-70.

59 Katherine A. Chavigny, "'An Army of Reformed Drunkards and Clergymen': The Medicalization of Habitual Drunkenness, 1857-1910," *Journal of the History of Medicine and Allied Sciences* 69, no. 3 (July 2014): 383-425, https://doi.org/10.1093/jhmas/jrs082.

60 White, *Slaying the Dragon*, 62-67. 약물 중독이 어떻게 의학적 담론과 대중적

담론의 주제가 되었는지에 대해서는 다음을 보라. Zieger, *Inventing the Addict*, 51-60.

61 Carl Erik Fisher, "Food, Sex, Gambling, the Internet: When Is It Addiction?," *Scientific American Mind*, January 2016, https://www.scientificamerican.com/article/food-sex-gambling-the-internet-when-is-it-addiction/; David J. Ley, *The Myth of Sex Addiction* (Lanham, MD: Rowman & Littlefield, 2014)

62 Allen Frances, "Behavioral Addictions: A Dangerous and Slippery Slope," *HuffPost*, May 16, 2016, https://www.huffpost.com/entry/behavioral-addictions-a-d_b_9959140; Jol Billieux et al., "Are We Overpathologizing Everyday Life? A Tenable Blueprint for Behavioral Addiction Research," *Journal of Behavioral Addictions* 4, no. 3 (September 2015): 119-123, https://dx.doi.org/10.1566%2F2006.4.2015.009.

63 Adrian Meule, "Back by Popular Demand: A Narrative Review on the History of Food Addiction Research," *Yale Journal of biology and Medicine* 88, no. 3 (September 2013): 295-302, https://www.ncbi.nlm.nih.gov/pubmed/26339213.

64 Barbara Weiner and William White, "The Journal of Inebriety(1876-1914): History, Topical Analysis, and Photographic Images," *Addiction* 102, no. 1 (January 2007): 15-23, https://doi.org/10.1111/j.1360-0443.2006.01680.x.

65 Benjamin Rush, *Medical Inquiries and Observations upon the Diseases of the Mind*, 5th ed. (Philadelphia, 1835), 268; Eric T. Carlson and Meribeth M. Simpson, "Benjamin Rush's Medical Use of the Moral Faculty," *Bulletin of the History of Medicine* 39, no. 1 (January 1965): 22-33.

66 Peter Ferentzy and Nigel E. Turner, *The History of Problem Gambling: Temperance, Substance Abuse, Medicine, and Metaphors* (New York: Springer, 2013), 17.

67 Andreas De Block and Pieter R. Adriaens, "Pathologizing Sexual Deviance: A History," *Journal of Sex Research* 50, no. 3-4 (March 2013): 276-298, https://doi.org/10.1080/00224499.2012.738259.

68 White, *Slaying the Dragon*, 41-42.

69 Berridge, *Opium and the People*, 54; Booth, *Opium*, 42-45; Foxcroft, *Making of Addiction*, 32.

70 Samuel Taylor Coleridge, letter to Joseph Cottle, April 26, 1814, in Day, *Opium Habit*, 150-151; Berridge, *Opium and the People*, 52.

71 William Rosser Cobbe, *Doctor Judas: A Portrayal of the Opium Habit* (Chicago, 1895), 13, 17, 40. 이 시기의 의원성 중독에 관한 전반적인 논의는 다음을 보라. Courtwright, *Dark Paradise*, 50-52.

72 David Herzberg, *White Market Drugs: Big Pharma and the Hidden History of Addiction in America* (Chicago: University of Chicago Press, 2020), 25.

73 Frances FitzGerald, *The Evangelicals: The Struggle to Shape America* (New York:

Simon & Schuster, 2017), 58-59; Hickman, Secret Leprosy, 34.

74 American Association for the Study and Cure of Inebriety, *Proceedings*, 1870-1875 (New York: Arno Press, 1981), 52, https://books.google.com/books?id=yXDs45f2S5sC. 비어드의 견해에 관해서는 다음도 보라. Hickman, *Secret Leprosy*, 42; Baumohl, "Inebriate Institutions," 1194.

75 American Association for the Study and Cure of Inebriety, *Proceedings*, 64.

76 Jonnes, Hep-Cats, 18. 다음도 보라. Courtwright, *Dark Paradise*, 36.

77 Howard Markel, *An Anatomy of Addiction: Sigmund Freud, William Halsted, and the Miracle Drug, Cocaine* (New York: Vintage, 2011), 4-6.

78 Barry Milligan, "Morphine-Addicted Doctors, the English Opium-Eater, and Embattled Medical Authority," *Victorian Literature and Culture* 33, no. 2 (September 2005): 541-553, https://doi.org/10.1017/S1060150305050977.

79 Morgan, *Drugs in America*, 42.

80 Herzberg, *White Market Drugs*, 17.

81 Morgan, *Drugs in America; Helen Keane, What's Wrong with Addiction?* (Melbourne: Melbourne University Press, 2002); Gabriel, "Gods and Monsters"; Harry G. Levine, "The Discovery of Addiction: Changing Conceptions of Habitual Drunkenness in America," *Journal of Substance Abuse Treatment* 2, no. 1 (January 1985): 43-57, https://doi.org/10.1016/0740-5472(85)90022-4; Eve Kosofsky Sedgwick, "Epidemics of the Will," in *Tendencies* (Durham, NC: Duke University Press, 1993), 130-142.

82 T. D. Crothers, *The Disease of Inebriety* [...] (New York, 1893), 24, http://www.williamwhitepapers.com/pr/1893%20The%20Disease%0of%20Inebriety.pdf.

83 Baumohl, "Inebriate Institutions," 1189; White, *Slaying the Dragon*, 40.

84 David T. Courtwright, "A Short History of Drug Policy or Why We Make War on Some Drugs but Not on Others," *History Faculty Publications*, no. 23 (October 2012), http://digitalcommons.unf.edu/ahis_facpub/23/.

85 *The Combined Addiction Disease Chronologies of William White, MA, Ernest Kurtz, PhD, and Caroline Acker, PhD* (unpublished study, 2001), 12, http://www.williamwhitepapers.com/pr/2001Addiction%20as%20Disease%20Chronology.pdf.

6. 마약 상습자

1 John H. Halpern, *Opium: How an Ancient Flower Shaped and Poisoned Our World*

(New York: Hachette, 2019), 130-135. 아편 전쟁에 대한 다른 설명은 다음을 보라. Frank Diktter, Lars Laamann, and Xun Zhou, *Narcotic Culture: A History of Drugs in China* (Chicago: University of Chicago Press, 2004), 42-46; David T. Courtwright, *Forces of Habit: Drugs and the Making of the Modern World* (Cambridge, MA: Harvard University Press, 2001), 32-36.

2 Diktter, Laaman, and Xun, *Narcotic Culture*, 46; Liping Zhu, *A Chinaman's Chance: The Chinese on the Rocky Mountain Mining Frontier* (Niwot: University of Colorado, 1997), 19.

3 Gordon H. Chang and Shelley Fisher Fishkin, eds., *The Chinese and the Iron Road: Building the Transcontinental Railroad* (Palo Alto, CA: Stanford University Press, 2019); Manu Karuka, *Empire's Tracks: Indigenous Nations, Chinese Workers, and the Transcontinental Railroad* (Oakland: University of California Press, 2019); Zhu, Chinaman's Chance, 24-25.

4 Courtwright, *Forces of Habit*, 135-136; David T. Courtwright, Herman Joseph, and Don Des Jarlais, *Addicts Who Survived: An Oral History of Narcotic Use in America before 1965* (Knoxville: University of Tennessee Press, 2012), 207.

5 David T. Courtwright, *Dark Paradise: A History of Opiate Addiction in America* (Cambridge, MA: Harvard University Press, 2001), 66; Joseph Michael Gabriel, "Gods and Monsters: Drugs, Addiction, and the Origin of Narcotic Control in the Nineteenth-Century Urban North" (PhD diss., Rutgers University, 2006), 380-385; John Helmer and Thomas Vietorisz, *Drug Use, the Labor Market and Class Conflict* (Washington, DC: Drug Abuse Council, 1974), 10-13, https://files.eric.ed.gov/fulltext/ED108098.pdf.

6 German Lopez, "The Single Biggest Reason America Is Failing in Its Response to the Opioid Epidemic," *Vox*, December 18, 2017, https://www.vox.com/science-and-health/2017/12/18/16635910/opioid-epidemic-lessons. 몇몇 중독자 옹호 집단에서는 흔히 NSDUH, table 7.67B(combining several categories into one)를 인용하여 낙인이 물질 사용 장애를 지닌 자들이 치료를 원하지 않는 가장 큰 이유라고 말한다. 그러나 이 점에서는 이론의 여지가 있다. 이에 관한 폭넓은 논의는 다음을 보라. Jason Schwartz, "Reasons for Not Receiving Substance Use Treatment," *Recovery Review* (blog), September 14, 2020, https://recoveryreview.blog/2020/09/14/reasons-for-not-receiving-substance-use-treatment/; Substance Abuse and Mental Health Services Administration, *Key Substance Use and Mental Health Indicators in the United States: Results from the 2019 National Survey on Drug Use and Health* (Washington, DC: Department of Health and Human Services, 2020), table 7.67B, https://www.samhsa.gov/data/report/2019-nsduh-annual-national-report.

7 Virginia Berridge, *Opium and the People*, rev. ed. (New York: Free Association Books, 1999), 200-202.

8 예를 들어, 다음의 설명을 보라. J. J. Acheson, "A Night in an Opium Den," *Centennial Magazine*, April 1890, 668, https://www.google.com/books/edition/ The_Centennial_Magazine/H7ICAAAAIAAJ. 중국인 반대 공포증의 초점이 된 차이나타운에 관해서는 다음을 보라. H. Wayne Morgan, *Drugs in America: A Social History, 1800-1980* (Syracuse, NY: Syracuse University Press), 7, 33-35; Courtwright, Forces of Habit, 32-33, 135-136, 177; Timothy A. Hickman, *The Secret Leprosy of Modern Days: Narcotic Addiction and Cultural Crisis in the United States, 1870-1920* (Amherst: University of Massachusetts Press, 2007), 29, 61; Doris Marie Provine, *Unequal Under Law: Race in the War on Drugs* (Chicago: University of Chicago Press, 2007), loc. 964 of 2874.

9 Berridge, Opium and the People, 196-197; Virginia Berridge, *Demons: Our Changing Attitudes to Alcohol, Tobacco, and Drugs* (New York: Oxford University Press, 2013), 82. 아편과 중간 계급의 타락에 관한 당대의 다른 설명에는 여러 편의 셜록 홈스 이야기와 오스카 와일드의 『도리언 그레이의 초상The Picture of Dorian Gray』이 있다.

10 Arnold Jaffe, *Addiction Reform in the Progressive Age: Scientific and Social Responses to Drug Dependence in the United States, 1870-1930* (Lexington: University of Kentucky Press, 1976), 46-79.

11 Sarah W. Tracy, *Alcoholism in America: From Reconstruction to Prohibition* (Baltimore: Johns Hopkins University Press, 2005), 20, 68; Michael B. Katz, *The Undeserving Poor: America's Enduring Confrontation with Poverty* (New York: Oxford University, 2013); Alice O'Connor, *Poverty Knowledge: Social Science, Social Policy and the Poor in Twentieth-Century U.S. History* (Princeton, NJ: Princeton University Press, 2001).

12 Morgan, *Drugs in America*, 7-8.

13 William Rosser Cobbe, *Doctor Judas: A Portrayal of the Opium Habit* (Chicago, 1895), 125, 133.

14 David Herzberg, *White Market Drugs: Big Pharma and the Hidden History of Addiction in America* (Chicago: University of Chicago Press, 2020), 17.

15 William White, "Addiction as a Disease: Birthof a Concept," *Counselor* 1, no. 1 (2000): 46-51, 73. http://www.williamwhitepapers.com/pr/2000HistoryoftheDiseas eConceptSeries.pdf; Hickman, *Secret Leprosy*.

16 Herzberg, *White Market Drugs*, 20-21, 32-34.

17 Morgan, *Drugs in America*, 92-93.

18 Joseph F. Spillane, *Cocaine: From Medical Marvel to Modern Menace in the*

United States, 1884-1920 (Baltimore: Johns Hopkins University Press, 2000), 18-19, 32, 43-44.

19 *Importation and Use of Opium: Hearings Before the Committee on Ways and Means of the House of Representatives on H.R. 25240, H.R. 25241, H.R. 25242, and H.R. 28971*, 61st Cong. 72 (1911) (펜실베이니아주 의약품 검사 위원회 부위원장 크리스토퍼 코크Christopher Koch의 증언).

20 Edward Huntington Williams, "The Drug-Habit Menace in the South," *Medical Record* 85, no. 6 (February 1914): 247-249, https://www.google.com/books/edition/Medical_Record/e20cAQAAMAAJ.

21 David F. Musto, *The American Disease: Origins of Narcotic Control*, 3rd ed. (New York: Oxford University Press, 1999), 7.

22 Gabriel, "Gods and Monsters," 438-446; Spillane, *Cocaine*, 32-34, 91-94; Hickman, *Secret Leprosy*, 72.

23 Gabriel, "Gods and Monsters," 480. 다음도 보라. Spillane, Cocaine, 119-121; Musto, *American Disease*, 5-8; Courtwright, *Dark Paradise*, 96-98; David Courtwright, "The Hidden Epidemic: Opiate Addiction and Cocaine in the South, 1860-1920," *Journal of Southern History* 49, no. 1 (February 1983): 69-71, http://www.ncbi.nlm.nih.gov/pubmed/11614816.

24 "Negro Cocaine Evil," *New York Times*, March 20, 1905, https://timesmachine.nytimes.com/timesmachine/1905/03/20/223718772.pdf.

25 S. Doc No. 61-377, at 48 (1910), https://books.google.com/books?id=L_NGAQAAIAAJ; Richard DeGrandpre, *The Cult of Pharmacology* (Durham, NC: Duke University Press, 2006), 132.

26 David Musto, "Introduction: The Origins of Heroin," in *One Hundred Years of Heroin*, ed. David Musto, Pamela Korsmeyer, and Thomas W. Maulucci Jr. (Westport, CT: Greenwood, 2002), xiii-xv. 헤로인은 처음으로 널리 쓰인 준합성 오피오이드였다. 모르핀 분자에 두 개의 아세틸 그룹을 붙여 만든 헤로인은 더욱 강력해지고 더욱 빠르게 작용했다. 그래서 디아세틸모르핀diacetylmorphine이라는 다른 이름이 있다.

27 David Courtwright, "The Roads to H: The Emergence of the American Heroin Complex, 1898-1956," in Musto, Korsmeyer, and Maulucci, *One Hundred Years of Heroin*, 7-8.

28 Herzberg, *White Market Drugs*, 17-18; David Herzberg, "Entitled to Addiction? Pharmaceuticals, Race, and America's First Drug War," *Bulletin of the History of Medicine* 91, no. 3 (Fall 2017): 586-623, https://doi.org/10.1353/bhm.2017.0061.

29 Berridge, *Demons*, 71.

30 Beth Macy, interview with Chris Hayes, "On the Frontlines of Opioid Addiction with Beth Macy," *NBC News*, February 11, 2020, https://www.nbcnews.com/think/opinion/frontlines-opioid-addiction-beth-macy-podcast-transcript-ncna1132471; Matthew D. Lassiter, "Impossible Criminals: The Suburban Imperatives of America's War on Drugs," *Journal of American History* 102, no. 1 (June 2015): 126–140, https://doi.org/10.1093/jahist/jav243.

31 Harry Hubbell Kane, *Opium-Smoking in America and China: A Study [...]* (New York, 1882), 68, https://books.google.com/books?id=sDsZAAAAYAA.

32 Loren Siegel, "The Pregnancy Police," in Craig Reinarman and Harry G. Levine, eds., *Crack in America: Demon Drugs and Social Justice* (Berkeley: University of California Press, 1997), 249–260; "Mother Sentenced for Giving Babies Cocaine," UPI, August 25, 1989, https://www.upi.com/ Archives/1989/08/25/Mother-sentenced-for-giving-babies-cocaine/5274620020800/. 존슨의 유죄 판결은 나중에 뒤집힌다. Tamar Lewin, "Mother Cleared of Passing Drug to Babies," *New York Times*, July 24, 1992, https://www.nytimes.com/1992/07/24/news/mother-cleared-of -passing-drug-to-babies.html. 그녀는 지금 임신 여성을 지원하고 있다. "NAPW Activist Update: A New President, a New Day-New York," National Advocates for Pregnant Women (website), January 22, 2021, http://www.nationaladvocatesforpregn antwomen.org/napw-activist-update-a-new-president-a-new-day/.

33 Charles Krauthammer, "Children of Cocaine," *Washington Post*, July 30, 1989, https://www.washingtonpost.com/archive/opinions/1989/07/30/children-of-cocaine/41a8b4db-dee2-4906-a686-a8a5720bf52a/. 1990년대에 애초의 〈크랙 베이비〉 보고 결과를 다시 내놓지 못한 것에 대한 중요한 연구 결론과 논의는 다음을 보라. Gale A. Richardson, Mary L. Conroy, Nancy L. Day, "Prenatal Cocaine Exposure: Effects on the Development of School-Age Children," *Neurotoxicology and Teratology* 18, no 5 (November–December 1996): 627–634, https://doi.org/10.1016 /S0892-0362(96)00121-3.

34 Berridge, *Demons*, 64.

35 Francis Galton, "Of the Causes Which Operate to Create Scientific Men," *Fortnightly Review*, March 1, 1873, 351, https://www.google.com/books/edition/ The_Fortnightly_Review/MB4_AQAAMAAJ. 퇴화에 관해서는 다음을 보라. William L. White, *Slaying the Dragon: The History of Addiction Treatment and Recovery in America*, 2nd ed. (Chicago, Lighthouse Institute, 2014), 120. 당시 이 관념은 시대에 뒤진 진부한 것이었다. 다윈의 진화론보다는 라마르크의 이론에 더 가까웠기 때문이다.

36 Andrew Scull, *Madness in Civilization: A Cultural History of Insanity, from the Bible to Freud, from the Madhouse to Modern Medicine* (Princeton, NJ: Princeton

University Press, 2015) 243; Marcus Boon, *The Road of Excess: A History of Writers on Drugs* (Cambridge, MA: Harvard University Press, 2005), 50.

37 Susan Zieger, *Inventing the Addict* (Amherst, MA: University of Massachusetts Press, 2008), 207-208.

38 Stephen D. Arata, "The Sedulous Ape: Atavism, Professionalism, and Stevenson's Jekyll and Hyde," *Criticis*m 37, no. 2 (Spring 1995): 233-259, https://www.jstor.org/stable/23116549.

39 Berridge, *Opium and the People*, 157.

40 Alonzo Calkins, *Opium and the Opium-Appetite* [...] (Philadelphia, 1876), 20, https://collections.nlm.nih.gov/bookviewer?PID=nlm:nlmuid-66640160R-bk.

41 Jim Baumohl and Robin Room, "Inebriety, Doctors, and the State: Alcoholism Treatment Institutions before 1940," in *Recent Developments in Alcoholism*, vol. 5, ed. Marc Galanter (New York: Springer, 1987), 144-160.

42 White, *Slaying the Dragon*, 121.

43 Frederick Ward Kates, "Charles Henry Brent: Ambassador of Christ," *Trinity College School Record*, October 1946, 4-6.

44 United Nations Office on Drugs and Crime, Shanghai Opium Commission (January 1, 1959), https://www.unodc.org/unodc/en/data-and-analysis/bulletin/bulletin_1959-01-01_1_page006.html.

45 J. M. Scott, *The White Poppy: The History of Opium* (New York: Funk & Wagnalls, 1969), quoted in William White, "The Early Criminalization of Narcotics Addiction," *Selected Papers of William L. White*, 2014, http://www.williamwhitepapers.com/pr/dlm_uploads/The-Early-Criminalization-of-Narcotic-Addiction.pdf.

46 Courtwright, *Dark Paradise*, 28. 이는 긴급한 문제였다. 개혁가들은 미국이 국제적인 마약 퇴치 노력을 주도하기를 원한다면 국내에서 강력한 금지법을 제정해야 한다고 생각했다.

47 S. Doc No. 61-377, at 47 (1910).

48 Edward Marshall, "Uncle Sam Is the Worst Drug Fiend in the World," *New York Times*, March 12, 1911, https://timesmachine.nytimes.com/ timesmachine/1911/03/12/104858335.pdf.

49 David T. Courtwright, Herman Joseph, and Don Des Jarlais, *Addicts Who Survived: An Oral History of Narcotic Use in America before 1965* (Knoxville: University of Tennessee Press, 2012), 7-10; Musto, American Disease, 6, 54-69.

50 Scott D. Seligman, *Three Tough Chinamen* (Hong Kong: Earnshaw Books, 2012). 이민 소송에서 그는 6천 달러에 값하는 보석을 보석금으로 내겠다고 제안했지만

거부당했다. "On Charge of Smuggling," Bemidji Daily Pioneer, May 4, 1911, https://chroniclingamerica.loc.gov/lccn/sn86063381/1911-05-04/ed-1/seq-1/.

51 Jin Fuey Moy v. United States, 254 U.S. 189 (1920).

52 Edward M. Brecher and the Editors of *Consumer Reports Magazine, The Consumers Union Report on Licit and Illicit Drugs* (New York: Consumers Union, 1972), chap. 8, http://www.druglibrary.net/schaffer/Library/studies/cu /cu8.html.

53 Herzberg, *White Market Drugs*, 37.

54 United States v. Jin Fuey Moy, 241 U.S. 394 (1916). 다음도 보라. O. Hayden Griffin, "The Role of the United States Supreme Court in Shaping Federal Drug Policy," *American Journal of Criminal Justice* 39, no. 3 (September 2014): 660-679, http://doi.org/10.1007/s12103-013-9224-4.

55 Elizabeth Tilton diaries, June 26, 1928, Reel 993, Papers of Elizabeth Tilton, 1914-1949, Schlesinger Library, Radcliffe Institute, Cambridge, MA, quoted in Lisa McGirr, *The War on Alcohol: Prohibition and the Rise of the American State* (New York: W. W. Norton, 2015), chap. 6. 다음도 보라. Susan L. Speaker, "Demons ofr the Twentieth Century," in Altering American Consciousness, ed. Sarah W. Tracy and Caroline Jean Acker (Amherst, MA: University of Massachusetts Press, 2004), 203-224.

56 Richard Stivers, *A Hair of the Dog: Irish Drinking and American Stereotype* (University Park: Pennsylvania State University Press, 1976).

57 Lisa McGirr, "How Prohibition Fueled the Klan," *New York Times*, January 16, 2019, https://www.nytimes.com/2019/01/16/opinion/prohibition-immigration-klan.html.

58 John M. Barry, *The Great Influenza: The Story of the Deadliest Pandemic in History* (New York: Random House, 2005). 다음도 보라. John M. Barry, "1918 Revisited: Lessons and Suggestions for Further Inquiry," in *The Threat of Pandemic Influenza: Are We Ready?* ed. S. L. Nobler et al. (Washington, DC: National Academies Press, 2005), https://www.ncbi.nlm.nih.gov/books/NBK22148/#_a2000c209ddd00079_.

59 Musto, *American Disease*, 134. 금주법의 제정을 현대 형벌 국가의 기원으로 보는 견해는 다음을 보라. McGirr, *War on Alcohol*.

60 Herzberg, *White Market Drugs*, 40.

61 Berridge, *Demons*, 130-134.

62 Webb et al. v. United States, 249 U.S. 96 (1919).

63 Seligman, *Three Tough Chinamen*, 201.

64 David J. Hanson, "Was Prohibition Really a Success? You Be the Judge,"

Alcohol Problems and Solutions, accessed February 27, 2021, https://www.alcoholpro
blemsandsolutions.org/was-prohibition-really-a-success-you-be-the-judge/.

65 David Courtwright, *The Age of Addiction: How Bad Habits Became Big Business* (Cambridge, MA: Harvard University Press, 2019), 107–119.

66 Harry C. A. Damm, dispatch to Department of State, May 7, 1926, in *Drugs in the Western Hemisphere: An Odyssey of Cultures in Conflict*, ed. William O. Walker (Wilmington, DE: Scholarly Resources, 1996), 59–60, https://books.google.com/books/about/Drugs_in_the_Western_Hemisphere.html?id=Rkk50NzEdmEC.

67 Jill Jonnes, *Hep-Cats, Narcs, and Pipe Dreams: A History of America's Romance with Illegal Drugs* (Baltimore: Johns Hopkins University Press, 1999), 49.

68 Richard Cowan, "How the Narcs Created Crack: A War against Ourselves," *National Review*, December 5, 1986, 26.

69 Leo Beletsky and Corey S. Davis, "Today's Fentanyl Crisis: Prohibition's Iron Law Revisited," *International Journal of Drug Policy* 46 (2017): 1–5, https://doi.org/10.1016/j.drugpo.2017.05.050.

70 Herzberg, *White Market Drugs*, 40–44.

71 David T. Courtwright, "A Century of American Narcotic Policy," in *Treating Drug Problems*, vol. 2, ed. D. R. Gerstein and H. J. Harwood (Washington, DC: National Academies Press, 1992), 1–62, https://www.ncbi.nlm.nih.gov/books/NBK234755/.

72 Musto, *American Disease*, 143.

73 Morgan, *Drugs in America*, 107–111.

74 Courtwright, *Dark Paradise*, 123, 251.

75 Courtwright, "Century of American Narcotic Policy," 10.

76 Herzberg, "Entitled to Addiction?," 593–598.

77 Henry Smith Williams, *Drug Addicts Are Human Beings: The Story of Our Billion-Dollar Racket* (Washington, DC: Shaw, 1938), 88, https://archive.org/details/DrugAddictsAreHumanBeingsTheStoryOfOurBillion-dollarDrugRacketHow_485.

78 United States v. Berhman, 258 U.S. 280 (1922).

79 Linder v. United States, 268 U.S. 5 (1925), at 6.

80 Musto, *American Disease*, 137; Tracy, *Alcoholism in America*, 25.

81 Herzberg, *White Market Drugs*, 37–38.

82 "Proceedings of the New Orleans Session: Minutes of the Seventy-First Annual Session of the American Medical Assocation, Held at New Orleans, April 26–30, 1920," *JAMA* 74, no. 19 (May 1920): 1317–1328, https://doi.org/10.1001/jama.1920.02620190023014; Alfred C. Prentice, "The Problem of the Narcotic

Drug Addict," *JAMA* 76, no. 23 (June 1921): 1553, https://doi.org/10.1001/
jama.1921.02630230013002; Caroline Jean Acker,"From All Purpose Anodyne to
Market of Deviance: Physicians' Attitudes towards Opiates in the US from 1890 to
1940," in *Drugs and Narcotics in History*, ed. Roy Porter and Mikuls Teich (New York:
Cambridge Univerity Press, 1995), 124.

83 Charles E. Terry and Mildred Pellens, *The Opium Problem* (New York:
Committee on Drug Addcitions, 1928), https://catalog.hathitrust.org/
Record/001133723. 다음도 보라. Caroline Acker, *Creating the American Junkie:
Addiction Research in the Classic Era of Narcotic Control* (Baltimore: Johns Hopkins
University Press, 2002), 54.

84 Winfred Black and Fremont Older, *Dope: The Story of the Living Dead* (New
York: J. J. Litte & Ives, 1928), 48.

85 Doctor Springwater, *The Cold-Water-Man; or, a Pocket Companion for
the Temperate* (albany, 1832), 22, https://www.google.com/books/edition/
The_Cold_water_man/BNAXAAAAYAAJ.

86 Helena Hansen, "Racism and the Opioid Crisis (a Clinical Perspective)"
(presentation, National Academy of Medicine's Opioid Collaborative Virtual Town
Hall on Health Equity, Tuesday, July 21, 2020).

87 Speaker, "Demons for the Twentieth Century," 203-224.

88 Beth Macy, *Dopesick: Dealers, Doctors, and the Drug Company That Addicted
America* (New York: Little, Brown, 2018), 25; Wilbert L. Cooper, "Scrape or Die,"
Vice, December 26, 2013, https://www.vice.com/en/articel/ppmdbg/scrap-or-die-
0000117-v20n10; Courtwright, *Dark Paradise*, 110.

제3부. 현대 중독의 뿌리

7. 현대 금주 운동

1 Sally Brown and David R. Brown, *A Biography of Mrs. Marty Mann: The First
Lady of Alcoholics Anonymous* (Center City, MN: Hazelden, 2011), 80-90.

2 Brown and Brown, *Mrs. Marty Mann*, 100-105.

3 William H. Schaberg, *Writing the Big Book* (Las Vegas: Central Recovery Press,
2019), 127, Kindle. 알코올 중독자 익명 모임의 공식 전승에 따르면 〈빅 북〉은 그 모임이
집단적으로 작성한 공동 프로젝트였지만, 최근의 연구에 따르면 그 핵심 가르침은 거의 빌
윌슨에게서 나왔다.

4 Matthew J. Raphael, *Bill W. and Mr. Wilson: The Legend and Life of A.A.'s Cofounder* (Amherst: University of Massachusetts Press, 2000), 57.

5 Alcoholics Anonymous, *"Pass It On": The Story of Bill Wilson and How the A.A. Message Reached the World* (New York: Alcoholics Anonymous World Services, 1984), 10011.

6 Alcoholics Anonymous, *"Pass It On,"* 106.

7 Ernest Kurtz, *Not God: A History of Alcoholics Anonymous* (Center City, MN: Hazelden Educational Materials, 1979), 14.

8 Kurtz, *Not God*, 14–15; William L. White, *Slaying the Dragon: The History of Addiction Treatment and Recovery in America*, 2nd ed. (Chicago: Lighthouse Institute, 2014), 117.

9 "Emil von Berhing Facts," The Nobel Prize (website), last updated 2021, https://www.nobelprize.org/prizes/medicine/1901/behring/facts/. Anti-syphilis medication: K. J. Williams, "The Introduction of 'Chemotherapy' Using Arsphenamine the First Magic Bullet," *Journal of the Royal Society of Medicine* 102, no. 8 (August 2009): 343–348, https://doi.org/10.1258/jrsm.2009.09k036.

10 Cited in White, *Slaying the Dragon*, 126; David T. Courtwright, *Dark Paradise: A History of Opiate Addiction in America* (Cambridge, MA: Harvard University Press, 2001), 128–129.

11 Nancy D. Campbell, *Discovering Addiction: The Science and Politics of Substance Abuse Research* (Ann Arbor: University of Michigan Press, 2007), 18.

12 Christopher M. Finan, *Drunks: An American History* (Boston: Beacon Press, 2017), 11013; White, *Slaying the Dragon*, 68–87.

13 White, *Slaying the Dragon*, 116.

14 Robert Thomsen, *Bill W. The Absorbing and Deeply Moving Life Story of Bill Wilson, Co-Founder of Alcoholics Anonymous* (Carter City, MN: Hazelden, 1975), chap. 6, Kindle.

15 *Alcoholics Anonymous*, 4th ed. (New York, Alcoholics Anonymous World Services, 2001), 9, https://www.aa.org/pages/en_US/alcoholics-anonymous.

16 Alcoholics Anonymous, *"Pass It On,"* 120–121.

17 Kurtz, Not God, 15–16; White, *Slaying the Dragon*, 117.

18 William James, *The Varieties of Religious Experience* (New York: Modern Library, 1929), 263, https://books.google.com/books?id=Qi4XAAAAIAAJ.

19 James, *Varieties of Religious Experience*, 22.

20 James, *Varieties of Religious Experience*, 53.

21 Kurtz, *Not God*, 199.

22 Kurtz, *Not God*, 179. 다음도 보라. White, *Slaying the Dragon*, 193-194.

23 Michelle L. McClellan, *Lady Lushes: Gender, Alcoholism, and Medicine in Modern America* (New Brunswick, NJ: Rutgers University Press, 2017), 1-26.

24 Schaberg, *Writing the Big Book*, chap. 18.

25 McClellan, *Lady Lushes*, 80.

26 White, *Slaying the Dragon*, 208.

27 2014 A.A. "Membership Survey Reveals Current Trends," *About AA: A Newsletter for Professionals*, Fall 2015, https://www.aa.org/newsletters/en_US/f-13_fall15pdf.

28 White, *Slaying the Dragon*, 478-479. 다음도 보라. Finan, *Drunks*, 254-255.

29 McClellan, *Lady Lushes*, 76.

30 Brown and Brown, *Mrs. Marty Mann*, 112.

31 John F. Kelly, Keith Humphreys, and Marica Ferri, "Alcoholics Anonymous and Other 12-Step Programs for Alcohol Use Disorder", *Cochrane Database of Systematic Reviews*, no. 3 (2020), CD012880, https://doi.org/10.1002/14651858.CD012880.pub2.

32 *Alcoholics Anonymous*, 206.

33 Brown and Brown, *Mrs. Marty Mann*, 128.

34 Substance Abuse and Mental Health Services Administration, *Key Substance Use and Mental Health Indicators in the United States: Results from the 2019 National Survey on Drug Use and Health* (Washington, DC: Department of Health and Human Services, 2020), 54; Hanna Pickard, "Denial in Addiction," *Mind & Language* 31, no. 3 (June 2016): 277-299, https://doi.org/10.1111/mila.12106.

35 Shannon C. Miller et al., *The ASAM Principles of Addiction Medicine*, 6th ed. (Philadelphia: Wolters Kluwer, 2019). 미국 심리학회의 물질 남용 치료 교재는 색인으로 보아 960쪽 중에 약 26쪽 분량으로 〈부인〉에 약간 더 많은 지면을 할애하지만, 그래도 별개의 제목으로 한 절을 차지하지는 못한다. 책 전체에 간간이 흩어져 나올 뿐이다. Marc Galanter, Herbert D. Kleber, and Kathleen T. Brady, *The American Psychiatric Publishing Textbook of Substance Abuse Treatment*, 5th ed. (Arlington, VA: American Psychiatric Publishing, 2015).

36 Robert Trivers, *Deceit and Self-Deception: Fooling Yourself the Better to Fool Others* (New York: Penguin, 2011).

37 Brown and Brown, *Mrs. Marty Mann*, 138-351.

38 Jack Alexander, "Alcoholics Anonymous," *Saturday Evening Post*, March 1, 1941, https://aa-show-low-az.tripod.com/webonmediacontents/AA_Jack_Alexander.html; Kurtz, *Not God*, 100-101, 113.

39 Kurtz, *Not God*, 112.

40 *Alcoholics Anonymous*, 160. 책에서 〈우연한 만남과 주 1회 회합〉이 시작되었다고
언급한다. 상세한 논의는 다음을 보라. Keith Humphreys, An International Tour of
Addiction-Related Mutual-Help Organizations, in *Circles of Recovery* (New York:
Cambridge University Press, 2004), 33-93.

41 Bruce Holley Johnson, "The Alcoholism Movement in America: A Study in
Cultural Innovation" (PhD diss., University of Illinois at UrbanaChampaign, 1973),
266-268. 다음도 보라. White, *Slaying the Dragon*, 242-244.

42 Keith Humphreys, "Definitions, Scope, and Origin of the Health-Related
Self-Help Group Movement," in *Circles of Recovery*, 1-32; Virginia Berridge, *Demons:
Our Changing Attitudes to Alcohol, Tobacco, and Drugs* (New York: Oxford University
Press, 2013), 165.

43 Brown and Brown, *Mrs. Marty Mann*, 33-35, 166. 공중 보건 전반에 관해서는
다음을 보라. Paul Starr, *The Social Transformation of American Medicine: The Rise of a
Sovereign Profession and the Making of a Vast Industry* (Mew York: Basic Books, 1982),
191; Sigard Adolphus Knopf, *A History of the National Tuberculosis Association: The
Anti-Tuberculosis Movement in the United States* (New York: National Tuberculosis
Association, 1922), https://books.google.com/books?id=ldw9MrxLjUIC.

44 Johnson, "Alcoholism Movement," 103.

45 Research Council on Problems of Alcohol, Scientific Committee Minutes,
January 10, 1940, Lane Medical Archive, quoted in Ron Roizen, "The American
Discovery of Alcooholism, 1933-1939" (PhD diss., University of California, Berkeley,
1991), chap. 8. 다음도 보라. Johnson, "Alcoholism Movement," 249.

46 Dwight Anderson, "Alcohol and Public Opinion," *Quarterly Journal of Studies
on Alcohol* 3, no. 3 (September 1942): 376-392.

47 Judith H. Ward et al., "Re-Introducing Bunky at 123: E. M. Jellinek's Life and
Contributions to Alcohol Studies," *Journal of Studies on Alcohol and Drugs* 77, no. 3
(May 2016): 375-383, https://doi.org/10.15288/jsad.1016.77.375. 다음도 보라. Ron
Roizen, "E. M. Jellinek and All That!" (H. Thomas Austern Lecture, ABMRF/The
Foundation for Alcohol Research Annual Meeting, San Francisco, October 20-
26, 2000), http://www.roizen.com/ron/jellinek-pres.htm; Judith H. Ward, "E. M.
Jellinek: The Hungarian Connection" (presented at 36th Annual Substance Abuse
Librarians and Information Specialists Conference, New Brunswick, NJ, May 1,
2014), https://www.researchgate.net/publication/281906726_E_M_Jellinek_The_Hu
ngarian_connection.

48 "Medicine: Help for Drunkards," *Time*, October 23, 1944, http://

content.time.com/time/subscriber/article/0,33009,932497,00.html; Marty Mann, October 2, 1944 press conference at New York Biltmore Hotel, quoted in Joe Miller, *US of AA: How the Twelve Steps Hijacked the Science of Alcoholism* (Chicago: Chicago Review Press, 2019), 44.

49 Johnson, "Alcoholism Movement," 272.

50 Brown and Brown, *Mrs. Marty Mann*, 172; Johnson, "Alcoholism Movement," 273.

51 White, *Slaying the Dragon*, 232-258.

52 Johnson, "Alcoholism Movement," 287, 회원의 수는 다음에서 인용. the *World Directory*, published annually by the General Service Office of Alcoholics Anonymous, Inc.

53 White, *Slaying the Dragon*, 180-204; Kurtz, Not God, 112-116.

54 Johnson, "Alcoholism Movement," 262-264, 두 사람의 우정에 관해서는 다음도 보라. White, *Slaying the Dragon*, 245.

55 American Hospital Association, "Statement on Admission to the General Hospital of Patients with Alcohol and Other Drug Problems (Approved by the American Hospital Association September 29 October 2, 1957)," in *Hearings Before the Subcommittee on Public Health and Welfare of the Committee on Interstate and Foreign Commerce House of Representatives on H.R. 18874, H.R. 2707, H.R. 17788 and S. 3835*, 91st Cong. 77 (1970), at 437-438, https://www.google.com/books/edition/ Hearings_Reports_and_Prints_of_the_House/Xug1AAAAIAAJ.

56 Robin Room, "Alcoholism and Alcoholics Anonymous in U.S. Films, 1945-1962: The Party Ends for the 'Wet Generations,'" *Journal of Studies on Alcohol and Drugs* 50, no. 4 (July 1989): 368-383, https://doi.org/10.15288/jsa.1989.50.368.

57 Charles Jackson, *The Lost Weekend* (New York: Vintage, 2013), 224. 다음의 놀라운 책에서 찰스 잭슨Charles Jackson을 폭넓게 다루고 있다. Leslie Jamison, *The Recovering: Intoxication and Its Aftermath* (New York: Hachette, 2018).

58 Kurtz, *Not God*, 120; Brown and Brown, *Mrs. Marty Mann*, 177.

59 Johnson, "Alcoholism Movement," 286.

60 Kurtz, Not God, 121; White, *Slaying the Dragon*, 203-207.

61 Stanton Peele, *Diseasing of America: How We Allowed Recovery Zealots and the Treatment Industry to Convince Us We Are Out of Control* (New York: Lexington Books, 1995), 45; White, *Slaying the Dragon*, 246-248.

62 H.R. Rep. No. 89-395, at 7 (1966) (미국 대통령의 메시지).

63 Comprehensive Alcohol Abuse and Alcoholism Prevention, Treatment, and Rehabilitation Act of 1970, Pub. L. No. 91-616, 84 Stat. 1848, https://

www.govinfor.gov/content/pkg/STATUTE-84/pdf/STATUTE-84-Pg1848.pdf. 다음도 보라. Nancy Olson, "Problems in the House," in *With a Lot of Help from Our Friends: The Politics of Alcoholism* (Lincoln, NE: Writers Club Press, 2003), 84-93; White, Slaying the Dragon, 378.

64　Marty Mann, "America's 150-Year War: Alcohol vs. Alcoholism," *Alcohol Health and Research World* 1, no. 1 (Spring 1973): 5-7, https://babel.hathitrust.org/cgi/pt?id=ucl.c069821021&view=lup&seq=13.

65　Roizen, "American Discovery of Alcoholism," chap. 6, http://www.roizen.com/ron/dissch6.htm; J. A. Waddell and H. b. Haag, *Alcohol in Moderation and Excess: A Study of the Effects of the Use of Alcohol on the Human System*, 3rd ed. (Richmond, VA: William Byrd Press, 1940), https://babel.hathiturst.org/cgi/pt?id=coo.31924003194986&view=1up&seq=7.

66　Roizen, "American Discovery of Alcoholism," chap. 8.

67　John C. Burnham, *Bad Habits: Drinking, Smoking, Taking Drugs, Gambling, Sexual Misbehavior, and Swearing in American History* (New York: New York University Press, 1993).

68　Thomas F. McCarthy, president of Licensed Beverage Industries, Inc., 1947, quoted in Burnham, *Bad Habits*, 83.

69　Randolph W. Childs, *Making Repeal Work* (Philadelphia: Pennsylvania Alcoholic Beverage Study, Inc., 1947) 256, quoted in Burnham, *Bad Habits*, 82.

70　Thomas F. Babor et al., *Alcohol: No Ordinary Commodity*, 2nd ed. (New York: Oxford University Press, 2010)는 수많은 자료를 요약하고 있다. 다음도 보라. Gerhard Gmel et al., "Revising the Preventative Paradox: The Swiss Case," *Addiction* 96, no. 2 (February 2001): 273-284, https://doi.org/10.1046/j.1360-0443.2001.96227311.x; Ingeborg Rossow and Anders Romelsj, "The Extent of the 'Prevention Paradox' in Alcohol Problems as a Function of Population Drinking Patterns," *Addiction* 101, no. 1 (Janurary 2006): 84-90, https://doi.org/10.1111/j.1360-0443.2005.01294.x.

71　Aveek Bhattacharya et al., "How Dependent Is the Alcohol Industry on Heavy Drinking in England?," *Addiction* 113, no. 12 (December 2018): 2225-2232, https://doi.org/10.1111/add.14386; Sarah Boseley, "Problem Drinkers Account for Most of Alcohol Industry's Sales, Figures Reveal," *Guardian*, January 22, 2016, https://www.theguardian.com/society/2016/jan/22/problem-drinkers-alcohol-industry-most-sales-figures-reveal; *The Public Health Burden of Alcohol and the Effectiveness and Cost-Effectiveness of Alcohol Control Policies* (London: Public Health England, 2016), https://assets.publishing.service.gov.uk/government/uploads/system/uploads/attachment_data/file/733108/alcohol_public_health_burden_evidence_re view_update_2018.pdf. 다음도 보라. Babor et al., *Alcohol: No Ordinary Commodity*.

72 Thomas F. Babor, "Alcohol Research and the Alcoholic Beverage Industry: Issues, Concerns and Conflicts of Interest," *Addiction* 104, no. S1 (February 2009): 34-47, https://doi.org/10.1111/j.1360-0443.2008.02433.x.

73 Craig Reinarman, "The Social Construction of an Alcohol Problem," *Theory and Society* 17, no. 1 (January 1, 1988): 91-120, https://doi.org/10.1007/BF00163727. 다음도 보라. Burnham, *Bad Habits*, 81.

74 David H. Jernigan, "The Global Alcohol Industry: An Overview," *Addiction* 104, no. S1 (February 2009): 6-12, https://doi.org/10.1111/j.1360-0443.2008.02430.x; Allied Market Research, *Alcoholic Beverages Market [...] Global Opportunity Analysis and Industry Forecast, 2018-2025* (Portland, OR: Allied Market Research, 2018), https://www.alliedmarketresearch.com/alcoholic-beverages-market.

75 Rene I. Jahiel and Thomas F. Babor, "Industrial Epidemics, Public Health Advocacy and the Alcohol Industry: Lessons from Other Fields," *Addiction* 102, no. 9 (September 2007): 1335-1339, https://doi.org/10.1111/j.1360-0443.2007.01900.x. 동남아시아와 아프리카의 주류 시장을 개방하기 위한 노력과 세계적인 식품 회사들의 비슷한 노력에 관해서는 다음을 보라. David Courtwright, *The Age of Addiction: How Bad Habits Became Big Business* (Cambridge, MA: Harvard University Press, 2019), 150, 190.

76 Øystein Bakke and Dag Endal, "Vested Interests in Addiction Research and Policy Alcohol Policies Out of Context: Drinks Industry Supplanting Government Role in Alcohol Policies in Sub-Saharan Africa," *Addiction* 105, no. 1 (January 2010): 22-28, https://doi.org/10.1111/j.1360-0443.2009.02695.x.

77 Bakke and Endal, "Vested Interests in Addiction Research," 26.

78 Sarah Milov, *The Cigarette: A Political History* (Cambridge, MA: Harvard University Press, 2019); David T. Courtwright, *Forces of Habit: Drugs and the Making of the Modern World* (Cambridge, MA: Harvard University Press, 2001), 114-122; Iris Mostegel, "The Original Influencer," *History Today*, February 6, 2019, https://www.historytoday.com/miscellanies/original-influencer. 다른 이미지에 관해서는 다음을 보라. Wendy Christensen, "Torches of Freedom: Women and Smoking Propaganda," *Sociological Images* (blog), February 27, 2012, https://thesocietypages.org/socimages/2012/02/27/torches-of-freedom-women-and-smoking-propaganda/.

79 David T. Courtwright, "Mr. ATOD's Wild Ride: What Do Alcohol, Tobacco, and Other Drugs Have in Common?," *Social History of Alcohol and Drugs* 20, n0. 1 (Fall 2005): 105-124, https://doi.org/10.1086/SHAD20010105.

80 Betty Ford and Chris Chase, *Betty: A Glad Awakening* (New York: Boubleday, 1987), 53-60. 다음도 보라. White, *Slaying the Dragon*, 396-397. 많은 페미니스트 평론가에게 베티 포드의 이야기는 감동적이지 않다는 점을 언급할 필요가 있다. 그것은 다른 사람들이 보기에 아내의 의무를 다하지 못하고 가부장적인 치료 제도에 강제로 끌려 들어간 가정주부의 뒤틀린 이야기였다.

81 John Duka, "Elizabeth Taylor: Journal of a Recovery," *New York Times*, February 4, 1985, https://www.nytimes.com/1985/02/04/style/elizabeth-taylor-journal-of-a-recovery.html.

82 White, *Slaying the Dragon*, 395.

83 Trysh Travis, *Language of the Heart* (Chapel Hill: University of North Carolina, 2009), 274.

84 Vince R. Miller, "The Twelve Steps: Meeting the Challenge of Our Success," *Recovering*, January 1991, 1-9, quoted in Robin Room, "Healing Ourselves and Our Planet: The Emergence and Nature of a Generalized Twelve-Step Consciousness," *Contemporary Drug Problems* 19 (Winter 1992): 717-740.

85 Brown and Brown, *Mrs, Marty Mann*, 217.

86 Stanton Peele, *The Meaning of Addiction* (San Francisco: Jossey-Bass, 1985), 28.

87 그녀의 이야기는 〈빅 북〉에 있다. "Women Suffer Too," *Alcoholics Anonymous*, 205.

88 Kurtz, *Not God*, 199.

89 Raphael, *Bill W. and Mr. Wilson*, 60.

90 Bill Wilson, lecture to the National Clergy Conference on alcoholism, 1960, http://www.a-1associates.com/aa/LETS_ASK_BILL/wilsonstalktotheclergy.htm.

91 Marty Mann, *New Primer on Alcoholism: How People Drink, How to Recognize Alcoholics, and What to Do about Them* (New York: Holt, Rinehart and Winston, 1958). 특히 2장을 보라.

92 예를 들어, 다음을 보라. Nicholas J. Wareham and Stephen O'Rahilly, "The Changing Classification and Diagnosis of Diabetes: New Classification Is Based on Pathogenesis, Not Insulin Dependence," *British Medical Journal* 317, no. 7155 (August 1998): 359-360, https://dx.doi.org/10.1136%2Fbmj.317.7155.359; Steven H. Woolf and Stephen F. Rothemich, "New Diabetes Guidelines: A Closer Look at the Evidence," *American Family Physician* 58, no. 6 (October 1998): 1287-1289, PMID: 9803186; Barbara Brooks-Worrell and Jerry P. Palmer, "Is Diabetes Mellitus a Continuous Spectrum?," *Clinical Chemistry* 57, no. 2 (February 2011): 158-161, https://doi.org/10.1373/clinchem.2010.148270.

93 Marty Mann, letter to Julian Armstrong, September 8, 1945, quoted in

Johnson, "Alcoholism Movement," 289.

94 Mann, *New Primer*, 128-129.

95 Robin Room and Wayne D. Hall, "Frameworks for Understanding Drug Use and Societal Responses," in *Drug Use in Australian Society*, 2nd ed., ed. A. Ritter, T. King, and M. Hamilton (Sydney: Oxford University Press, 2017).

96 J. Morris et al., "Continuum Beliefs Are Associated with Higher Problem Recognition than Binary Beliefs among Harmful Drinkers without Addiction Experience," *Addictive Behaviors* 105 (June 2020): 106292, https://doi.org/10.1016/j.addbeh.2020.106292.

97 William R. Miller et al., "What Predicts Relapse? Prospective Testing of Antecedent Models," *Addiction* 91, no. S1 (August 1996): S155-172, PMID: 8997790.

98 Bernice A. Pescosolido et al., "'A Disease Like Any Other'? A Decade of Change in Public Reactions to Schizophrenia, Depression, and Alcohol Dependence," *American Journal of Psychiatry* 167, no. 11 (November 2010): 1321-1330, https://dx.doi.org/10.1176%2Fappi.ajp.2010.09121743. 다음도 보라. Emma E. McGinty and Colleen L. Barry, "Stigma Reduction to Combat the Addiction Crisis Developing an Evidence Base," *New England Journal of Medicine* 382, no. 14 (April 2020): 1291-1292, https://doi.org/10.1056/NEJMp2000227.

99 Keith Humphreys, email message to author, July 28, 2020. 비교적 최근에 중독과 관련된 비영리 단체 섀터프루프Shatterproof가 새로운 낙인찍기 반대 운동을 시작했는데, 이는 〈질병〉 관념에 덜 주목하는 듯하다. "Shatterproof Releases National Addiction Stigma Strategy as the COVID-19 Pandemic Continues to Worsen the Addiction Public Health Crisis," Shatterproof, accessed February 27, 2021, https://www.shatterproof.org/press/shatterproof-releases-national-addiction-stigma-strategy-covid-19-pandemic-continues-worsen.

100 William Seabrook, *Asylum* (New York: Dover, 2015). 작가 윌리 시브루크는 이 현상의 주된 사례이다. "Willie Seabrook, Author, Is Suicide," *St. Petersburg Times*, September 21, 1945.

8. 좋은 약물과 나쁜 약물

1 William S. Burroughs, *Junky*, ed. Olver Harris (New York: Penguin Classics, 2008), 30-33; Ted Morgan, *Literary Outlaw: The Life and Times of William S. Burroughs* (New York: W. W. Norton, 1988), 61, 251.

2 David T. Courtwright, "A Century of American Narcotic Policy," in *Treating Drug Problems*, vol. 2, ed. D. R.Gerstein and H. J. Jarwood (Washington, DC: National Academics Press, 1992), 4-7.

3 Oliver Harris, "Editor's Introduction," in Burroughs, *Junky*, xxii. 호러스에 관해서는 다음도 보라. William S. Burroughs Jr., *Cursed from Birth*, ed. David Ohle (Brooklyn: Soft Skull Press, 2006), 31-32.

4 Morgan, *Literary Outlaw*, 158; Burroughs, *Junky*, 62-64.

5 Nancy D. Campbell, James P. Olsen, and Luke Walden, *The Narcotic Farm: The Rise and Fall of America's First Prison for Drug Addicts* (Lexington: University of Kentucky Press, 2012), 35-50.

6 Burroughs, *Junky*, 69.

7 David T. Courtwright, *Dark Paradise: A History of Opiate Addiction in America* (Cambridge, MA: Harvard University Press, 2001), 132-133. 다음도 보라. David F. Musto, *The American Disease: Origins of Narcotic Control*, 3rd ed. (New York: Oxford University Press, 1999), 336; William L. White, *Slaying the Dragon: The History of Addiction Treatment and Recovery in America*, 2nd ed. (Chicago: Lighthouse Institute, 2014), 126.

8 "Dr. Lawrence Kolb, 6645 32nd Street, N.W., Washington, DC, April 24, 1963," Reminiscences of Lawrence Kolb, Oral History Archives at Columbia, Rare Book & Manuscript Library, Columbia University, New York, 7.

9 Courtwright, *Dark Paradise*, 130-131.

10 "Dr. Lawrence Kolb," 23-25.

11 Lawrence Kolb, "Types and Characteristics of Drug Addicts," *Mental Hygiene* 9, no. 2 (April 1925): 300-313, https://collections.nlm.nih.gov/ocr/nlm:nlmuid-2934112RX136-leaf; Caroline Acker, *Creating the American Junkie: Addiction Research in the Classic Era of Narcotic Control* (Baltimore: Johns Hopkins University Press, 2002), 141.

12 William R. Miller, Alyssa A. Forcehimes, and Allen Zweben, *Treating Addiction: A Guide for Professionals*, 2nd ed. (New York: Guilford Press, 2019), 19. 다음도 보라. Maia Szalavitz, *Unbroken Brain* (New York: Macmillan, 2016), chap. 5.

13 Acker, *Creating the American Junkie*, 135.

14 Konrad Banicki, "The Character-Personality Distinction: An Historical, Conceptual, and Functional Investigation," *Theory & Psychology* 27, no. 1 (January 2017), https://doi.org/10.1177%2F0959354316684689.

15 Courtwright, *Dark Paradise*, 129.

16 Campbell, Olsen, and Walden, *Narcotic Farm*, 15, 52.

17 Former Inmate No. 34, "Dope Addicts, 'America's Untouchables,' Described by Former Inmate of United States Narcotic Farm Here," Treatment Given at Government Institution Is Praised," *Lexington (KY) Herald*, December 1, 1935, 1, 18, https://www.newspapers.com/image/681291015.

18 Nancy D. Campbell, *Discovering Addiction: The Science and Politics of Substance Abuse Research* (Ann Arbor: University of Michigan Press, 2007), 61, 65-68, 129.

19 H. J. Anslinger and William Tompkins, *The Traffic in Narcotics* (New York: Funk & Wagnalls, 1953), 279, https://www.druglibrary.org/schaffer/people/anslinger/traffic/traffic.htm.

20 John Burnett, "The Bath Riots: Indignity along the Mexican Border," NPR, January 28, 2006, https://www.npr.org/templates/story/story.php?storyId=5176177.

21 H. Wayne Morgan, *Drugs in America: A Social History, 1800-1980* (Syracuse, NY: Syracuse University Press, 1982), 138. 다음도 보라. Richard J. Bonnie and Charels H. Whitebread, *The Marijuana Conviction: A History of Marijuana Prohibition in the United States* (Charlottesville: University Press of Virginia, 1974), 42; Doris Marie Provine, *Unequal Under Law: Race in the War on Drugs* (Chicago: University of Chicago Press, 2007), loc. 1153-1154 of 2874. 역사가 이삭 캄포스가 자세히 입증했듯이 마리화나 반대 정서가 미국에서 생겨난 것이 아니라 멕시코에서 수입되었음을 지적할 필요가 있다. 멕시코에는 마리화나 사용자를 비방하는 오랜 전통이 있었다. Isaac Campos, *Home Grown: Marijuana and the Origins of Mexico's War on Drugs* (Chapel Hill: University of North Carolina Press, 2012).

22 Bonnie and Whitebread, *The Marijuana Conviction*, 42, 100-117; Edward M. Brecher, "Marijuana Is Outlawed," in Brecher and the Editors of *Consumer Reports, The Consumers Union Report on Licit and Illicit Drugs* (New York: Consumers Union, 1972), chap. 56.

23 Marcus Boon, *The Road of Excess: A History of Writers on Drugs* (Cambridge, MA: Harvard University Press, 2005), 157.

24 Louis J. Gasnier, dir., *Reefer Madness*, 1936, https://archive.org/details/reffer_madness1938.

25 *Taxation of Marihuana: Hearings before the Committee on Ways and Means House of Representatives on H.R. 6385*, 75th Cong. 952 (1937) (additional statement of H. J. Anslinger, commissioner of narcotics), at 29, https://books.google.com/books?id=2EjVAAAAMAAJ.

26 H. J. Anslinger and William Tompkins, *The Traffic in Narcotics* (New York: Funk & Wagnalls, 1953), 223. 〈세 번째 가장 큰 집단에 사이코패스들이 있다. 이들이 중독자의 대다수를 차지한다……〉

27 Anslinger and Tompkins, The Traffic in Narcotics, 170. 〈젊은 중독자는……
공동체에서 뽑아내 격리하고 강제로 치료해야 한다. 그는 자발적으로 치료받지 않을
것이다.〉

28 Harry Anslinger and Kenneth W. Chapman, "Narcotic Addiction," *Modern Medicine* 25 (1957), 182, quoted in Courtwright, "Century of American Narcotic Policy," 14.

29 Anslinger and Tompkins, *Traffic in Narcotics*, 241.

30 Richmond Hobson, "The Struggle of Mankind against Its Deadliest Foe," *Narcotic Education* 1, no. 4 (April 1928): 51-54. 콜브의 활동에 관해서는 다음을 보라. Musto, *American Disease*, 190, 372; Lawrence Kolb, "Drug Addiction as a Pulbic Health Problem," *Scientific Monthly* 48, no. 5 (1939): 391-400; Courtwright, *Dark Paradise*, 132.

31 John C. Ball and Emily S. Cottrell, "Admissions of Narcotic Drug Addicts to Public Health Service Hospitals, 1935-1963," *Public Health Reports* 80, no. 6 (June 1965): 471-475.

32 Courtwright, "Century of American Narcotic Policy," 17.

33 Robert Felix, "Lawrence Kolb 1881-1972," *American Journal of Psychiatry* 130, no. 6 (June 1973): 718-719, https://doi.org/10.1176/ajp.130.6.718.

34 Eddie Flowers, interview with J. P. Olsen and Luke Walden, Alexandria, VA, 2004, quoted in Campbell, *Discovering Addiction*, 129, 1950년대 말을 설명한 것이다.

35 Burroughs, *Junky*, 2; Morgan, *Literary Outlaw*, 61-62. 〈정키〉라는 낱말의 반문화적 교정에 관해서는 다음을 보라. Bruce K. Alexander, *The Globalization of Addiction* (New York: Oxford University Press, 2010), chap. 8.

36 Burroughs, *Junky*, 163. 버로스가 금단 현상에 관하여 알레르기, 신진대사, 내분비 등의 이론을 뒤섞은 것도 흥미롭다. 예를 들면 다음을 보라. *Junky*, 167: 〈금단 증상의 고통은 알레르기이다.〉; *Junky*, 165: 〈내가 습관을 초래하는 약물을 이야기할 때는 그 약물이 신체의 내분비 균형을 깨뜨려 몸이 제대로 작동하려면 그 약물이 필요하다는 것을 뜻한다.〉 이러한 논지는 나중에 발표하는 저작에서도 계속된다. 다음을 보라. "Letter from a Master Addict to Dangerous Drugs," *Addiction* 53, no. 2 (January 1957): 119-132, https://doi.org/10.1111/j.1360-0443.1957.tb05093.x: 〈모르핀의 사용은 신진대사에 모르핀을 의존하게 한다. 모르핀은 마치 물처럼 생리적으로 필요한 것이 되며, 모르핀 사용자는 갑자기 모르핀을 빼앗긴다면 죽을지도 모른다.〉

37 Burroughs, *Junky*, 122.

38 A. L. Tatum and M. H. Seevers, "Theories of Drug Addiction," *Physiological Reviews* 11 (1931): 107-121.

39 Kolb, "Drug Addiction as a Public Health Problem," 391-400. 콜브는 각성제

중독을 전체적으로 무시하지만, 코카인의 중독성에 관한 견해는 다소 혼란스럽다. 그는 코카인을 자극을 주고 중독을 일으키는 약물이라고 설명했지만 나중에는 〈코카인 중독은…… 거의 언제나 아편으로 넘어간다〉고 하면서, 모든 중독은 자연스럽게 아편으로 이동하는 경향이 있다고 말한다. 약물 제조업자의 반응을 포함한 논의는 다음을 보라. Nicolas Rasmussen, *On Speed: From Benzedrine to Adderall* (New York: New York University Press, 2008), 49.

40 Campbell, *Discovering Addiction*, 59-64.

41 Campbell, Olsen, and Walden, *Narcotic Farm*, 20.

42 Acker, *Creating the American Junkie*, 62-69.

43 Roy Porter, *The Greatest Benefit to All Mankind: A Medical History of Humanity* (1998; repr., New York: W. W. Norton, 1997), 570-572; Ben Ehrlich, *The Brain That Discovered Itself* (New York: Farrar, Straus and Giroux, 근간); Ben Ehrlich, *The Dreams of Santiago Ramón y Cajal* (New York: Oxford University Press, 2016)

44 Campbell, Olsen, and Walden, *Narcotic Farm*, 164. 나르코에서 실행한 뇌파 검사에 관해서는 다음을 보라. William R. Martin and Harris Isbell, eds., *Drug Addiction and the U.S. Public Health Service: Proceedings of the Symposium Commemorating the 40th Anniversary of the Addiction Research Center at Lexington, Ky* (Rockville, MD: National Institute on Drug Abuse, 1978), https://archive.org/stream.drugaddictionusp00mart/drugaddictionusp00mart_djvu.txt.

45 Robert Sessions Woodworth, *Psychology: A Study of Mental Life* (New York: Henry Holt, 1921), 2, https://www.google.com/books/edition/Psychology/oy/7ARHvJ3eIC.

46 Alexander는 행동주의와 그것이 중독 개념 정립에 미친 영향에 관해서 상세히 이야기한다. *Globalization of Addiction*, loc. 4839 of 15778. 다음도 보라. George Graham, "Behaviorism," in *The Stanford Encyclopedia of Philosophy*, ed. Edward N. Zalta, last modified February 26, 2020 (Palo Alto, CA: Metaphysics Research Lab, 2020), https://plato.stanford.edu/archives/spr2019/entries/behaviorism.

47 1980년대에 중독의 도파민 이론을 구축한 로이 와이즈는 〈내면의 정신적 원인〉은 심리학의 본령이 아니라는 스키너Skinner의 주장을 찬성의 뜻으로 인용했다. Roy Wise, "The Neurobiology of Craving: Implications for the Understanding and Treatment of Addiction," *Journal of Abnormal Psychology* 97, no. 2 (1988): 118.

48 Courtwright, "The Transformation of the Opiate Addict," in *Dark Paradise*, 110-144. Caroline Acker, "The Junkie as Psychopath," in *Creating the American Junkie*, 125-155.

49 Clifton K. Himmelsbach, interview by Wyndham D. Miles, May 4, 1972, Oral History Interviews, Accession 613, History of Medicine Division, National Library of

Medicine, quoted in Campbell, *Discovering Addiction*, 55.

50 Campbell, Olsen, and Walden, *Narcotic Farm*, 20, 180-181; Caroline Jean Acker, "Addiction and the Laboratory: The Work of the National Research Council's Committee on Drug Addiction," *Isis* 86, no. 2 (June 1995): 1-29, https://doi.org/10.1086/357152; Abraham Wikler, *Opiate Addiction: Psychological and Neurophysiological Aspects in Relation to Clinical Problems* (Springfield, IL: Charles C. Thomas, 1953), 17, https://babel.hathitrust.org/cgi/pt?id=mdp.39015042964331&view=1up&seq=7.

51 Campbell, *Discovering Addiction*, 70.

52 John Strang et al., "Loss of Tolerance and Overdose Mortality after Inpatient Opiate Detoxification: Follow Up Study," *BMJ* 326, no. 7396 (May 2003): 959-960, https://doi.org/10.1136/bmj.326.7396.959. 다음도 보라. John Strang, "Death Matters: Understanding Heroin/Opiate Overdose Risk and Testing Potential to Prevent Deaths," *Addiction* 110, no. S2 (July 2015): 27-35, https://doi.org/10.1111/add.12904; James D. Wines et al., "Overdose after Detoxification: A Prospective Study," *Drug and Alcohol Dependence* 89, no. 2 (July 2007): 161-169, https://doi.org/10.1016/j.drugalcdep.2006.12.019.

53 Nicolas Rasmussen, "Maurice Seevers, the Stimulants and the Political Economy of Addiction in American Biomedicine," *BioSocieties* 5, no. 1 (March 1, 2010): 105-123, https://doi.org/10.1057/biosoc.2009.7.

54 Robinson v. California, 370 U.S. 660, 82 S.Ct. 1417 (1962). Also described in Nancy D. Campbell, *OD: Naloxone and the Politics of Overdose* (Cambridge, MA: MIT Press, 2019).

55 American Society of Addiction Medicine & National Council on Alcoholism and Drug Dependence, "Disease Definition of Alcoholism," *Annals of Internal Medicine*, 85, no. 6: 764. Also: ⟨약물 중독에 관한 우리의 이해는 아편제와 술 같은 주요 남용 약물이 중독은 물론 신체적 의존 상태도 야기한다는 사실 때문에 수십 년간 혼란스러웠다. 그래서 중독의 임상적 정의는 의존 상태의 정의와 뒤얽히게 되었다.⟩ Eric J. Nestler, "Historical Review: Molecular and Cellular Mechanisms of Opiate and Cocaine Addiction," *Trends in Pharmacological Sciences* 25, no. 4 (April 2004): 210-218, https://doi.org/10.1016/j.tips.2004.02.005. 다음도 보라. Alexander, *Globalization of Addiction*, 51n.

56 Howard Markel, *An Anatomy of Addiction: Sigmund Freud, William Halsted, and the Miracle Drug, Cocaine* (New York: vintage, 2011), chap. 4. 프로이트의 편지에 ⟨마법의 물질⟩이 나온다. Frued's June 2, 1884, letter to Martha Bernays, as quoted in Markel, *Anatomy of Addiction*, 81.

57 White, *Slaying the Dragon*, 147.

58 Markel, *Anatomy of Addiction*, loc. 1246, 1461 of 6798; chap. 4.

59 Sigmund Freud, letter to Wilhelm Fliess, June 12, 1895, in *The Complete Letters of Sigmund Freud to Wilhelm Fliess* (Psychoanalytic Electronic Publishing, n. d.), https://www.pep-web.org/document.php?id=zbk.042.0131a.

60 Rasmussen, *On Speed*, 98.

61 Morgan, *Literary Outlaw*, 167.

62 Rasmussen, *On Speed*, 12.

63 Rasmussen, *On Speed*, 46. 98.

64 Rasmussen, "Maurice Seevers," 110.

65 Hans Neumann, "Beer as a Means of Compensation for Work in Mesopotamia during the Ur Ⅲ Period," in *Drinking in Ancient Societies: History of Culture of Drinks in Ancient Near East*, ed. L. Milano (Padua: Propylaeum, 1994): 321-331; Peter Andreas, *Killer High: A History of War in Six Drugs* (New York: Oxford University Press, 2020), 17; Brecher, *Consumers Union Report*, 272.

66 Andreas, *Killer High*, 6-7.

67 Rasmussen, *On Speed*, 54-59. 다음도 보라. Norman Ohler, *Blitzed: Drugs in the Third Reich*, trans. Shaun Whiteside (New York: Houghton Mifflin Harcourt, 2017), 29-72.

68 Rasmussen, *On Speed*, 70-87; Ohler, *Blitzed*, 52-63.

69 Rasmussen, *On Speed*, 55.

70 Rasmussen, *On Speed*, 100, 115, 141.

71 Jile Lepore, *These Truths: A History of the United States* (New York: W. W. Norton, 2018), 527, 592.

72 Julie Donohue, "A History of Drug Advertising: The Evolving Roles of Consumers and Consumers Protection," *Milbank Quarterly* 84, no. 4 (2006): 659-699; Rasmussen, On Speed, 113.

73 Barry Meier, *Pain Killer: An Empire of Deceit and the Origin of America's Opioid Epidemic* (New York: Random House, 2003), 52; Patrick Radden Kneefe, "The Family That Built an Empire of Pain," *New Yorker*, October 30, 2017.

74 H. Frank Fraser et al., "Death Due to Withdrawal of Barbiturates," *Annals of Internal Medicine* 38, no. 6 (June 1953): 1319-1325, https://doi.org/10.7326/0003-4819-38-6-1319.

75 David Herzberg, *Happy Pills in America: From Miltown to Prozac* (Baltimore: Johns Hopkins University Press, 2009), 51.

76 Harris Isbell et al., "Chronic Barbiturate Intoxication: An Experimental Study,"

Archives of Neurology and Psychiatry 64, no. 1 (1950): 1-28, https://doi.org/10.1001/ar chneurpsyc.1950.02310250007001.

77 David Herzberg, *White Market Drugs: Big Pharma and the Hidden History of Addiction in America* (Chicago: University of Chicago Press, 2020), 142-167.

78 Musto, *American Disease*, 213.

79 Courtwright, "Century of American Narcotic Policy," 10; Herzberg, *Happy Pills*, 93-97.

80 Herzberg, *White Market Drugs*, chap. 3; Herzberg, "Entitled to Addiction? Pharmaceuticals, Race, and America's First Drug War," *Bulletin of the History of Medicine* 91, no. 3 (Fall 2017): 586_623.

81 Herzberg, *White Market Drugs*, 1-17.

82 Hugh Wyatt, *Sonny Rollins: Meditating on a Riff* (New York: Kamama Books, 2018), 97, 136; George W. Goodman, "Sonny Rollins at Sixty-Eight," *Atlantic*, July 1999, https://www.theatlantic.com/magazine/archive/1999/07/sonny-rollins-at-sixty-eight-9907/377697/.

83 "Charlie Parker Biography," *PBS* (website), October 19, 2003, http://www.pbs.org/wnet/americanmasters/charlie-parker-about-charlie-parker/ 678/.

84 Lewis MacAdams, *Birth of the Cool: Beat, Bebop, and the American Avant Garde* (New York: free Press, 2001), loc. 607 of 4206, Kindle, citing Jazz Historian Loncoln Collier.

85 Jill Jonnes, *Hep-Cats, Narcs, and Pipe Dreams: A History of America's Romance with Illegal Drugs* (Baltimore: Johns Hopkins University Press, 1999), 135.

86 White, *Slaying the Dragon*, 331, 343.

87 Paul P. Kennedy, "Nearly 500 Seized in Narcotics Raids across the Nation," *New York Times*, January 5, 1952, https://www.nytimes.com/1952/01/05/archives/nearly-500-seized-in-narcotics-raids-across-the-nation-arrests-here.html; Courtwright, "Century of american Narcotic Policy," 20.

88 Lepore, *These Truths*, 529-530; Ibram X. Kendi, *Stamped from the Beginning: The Definitive History of Racist Ideas in America* (New York: Public Affairs, 2016), 358-359; Courtwright, "Century of American Narcotic Policy," 17-20.

89 Eric C. Schneider, "Introduction: Requiem for the City," in *Smack: Heroin and the American City* (Philadephia: University of Pennsylvania Press, 2013), ix-xvi.

90 Anslinger and Chapman, "Narcotic Addiction," 182, quoted by Courtwright, "Century of American Narcotics Policy," 21.

91 Isbell et al., "Chronic Barbiturate Intoxication," 1-28; Herzberg, "Entitled to Addiction?," 610-611.

92 Rasmussen, *On Speed*, 3-4; Nicolas Rasmussen, "America's First Amphetamine Epidemic 1929-1971," *American Journal of Public Health* 98, no. 6 (June 2008): 974-985, https://dx.doi.org/10.22105%2FAJPH.2007.110593.

93 Herzberg, *White Market Drugs*, 186.

94 Herzberg, *White Market Drugs*, 171; Courtwright, "Century of American Narcotic Policy," 21.

95 Morgan, *Literary Outlaw*, loc. 3959.

96 William Burroughs Jr., "Life with Father," *Esquire*, September 1, 1971, https://classic.esquire.com/article/1971/9/1/life-with-father.

제4부. 법정으로 간 중독

9. 재활

1 로빈슨 재판에 제출된 증거로 본 사건의 상세한 내용: Transcript of Record, Robinson v. California, Supreme Court of the United States, October Term, 1961, no. 554. Audio of Supreme Court arguments available at "Robinson v. California," Oyez (website), accessed March 4, 2021, https://www.oyez.org/cases/1961/554; 대법원 선고: Robinson v. California, 370 U.S. 660 (1962), 82 S.Ct. 1417 (1962), as well as Erik Luna, "The Story of Robinson: From Revolutionary Constitutional Doctrine to Modest Ban on Status Crimes," in *Criminal Law Stories*, ed. Donna Coker and Robert Weisberg (New York: Foundation Press, 2013), 47-56, and Nancy D. Campbell, *OD: Naloxone and the Politics of Overdose* (Cambridge, MA: MIT Press, 2019), 64. 경찰의 정차 명령에 깃든 인종주의적 편견에 관해서는 다음을 보라. "Findings," Stanford Open Policing Initiative (website), accessed March 4, 2021, https://openpolicing.stanford.edu/findings/.

2 캘리포니아주 법원의 결정이 사실상 하나의 상태로서의 중독을 범죄로 취급하는 것에 더 이의를 제기하게 했다. 법정의 구성에 관해서는 다음을 보라. "Robinson v. California," Oyez.

3 Brief of Appellee at 8, Robinson v. California, 370 US 660 (1962); "Foreign Fire": Transcript of Oral Argument, April 17, 1962, Robinson v. California, https://www.oyez.org/cases/1961/554.

4 Robinson v. California, 370 U.S. 660, 82 S.Ct. 1417 (1962).

5 David F. Musto, *The American Disease: Origins of Narcotic Control*, 3rd ed. (New York: Oxford University Press, 1999), 338n44; *Drug Addiction, Crime or Disease?*

Interim and Final Reports of the Joint Committee of the American Bar Association and the American Medical Association (Bloomington: Indiana University Press, 1961), Appendix A, http://www.druglibrary.org/schaffer/library/ studies/dacd/Default.htm.

6 Lawrence Kolb, "Let's Stop This Narcotics Hysteria!," *Saturday Evening Post*, July 28, 1956, https://www.saturdayeveningpost.com/2016/09/narcotics-hysteria-criminalization-drug-addiction/.

7 Alfred R. Lindesmith, *Addiction and Opiates* (Chicago: Aldine, 1968).

8 *Drug Addiction, Crime or Disease?*; William L. White, *Slaying the Dragon: The History of Addiction Treatment and Recovery in America*, 2nd ed. (Chicago: Lighthouse Institute, 2014), 351; Rufus King, *The Drug Hang-Up: America's Fifty-Year Folly* (Springfield, IL: Bannerstone House, 1972); David T. Courtwright, Herman Joseph, and don Des Jarlais, *Addicts Who Survived: An Oral History of Narcotic Use in America before 1965* (Knoxville: University of Tennessee Press, 2012), 297-298.

9 David T. Courtwright, "A Century of American Narcotic Policy," in *Treating Drug Problems*, vol. 2, ed. D. R. Gerstein and H. J. Harwood (Washington, DC: National Academies Press, 1992), 25; King, *Drug Hang-up*, chap. 18.

10 "Drug Case Victory Won after Death of Addict," *Los Angeles Times*, June 26, 1962, quoted in Jordan Mylet, "The Mark of a Criminal: 'Vag Addicts,' Police Power, and Civil Rights in Postwar America," *Points in History* (blog), June 18, 2020, https://pointshistory.com.2020/06/18/the-mark-of-a-criminal-vag-addicts-police-power-and-civil-rights-in-postwar-america/.

11 Rod A. Janzen, *The Rise and Fall of Synanon: A California Utopia* (Baltimore: Johns Hopkins University Press, 2001), 24, 134, 223.

12 Hillel Aron, "The Story of Tihs Drug Rehab-Turned-Violent Cult Is Wild, Wild Country-Caliber Bizarre," *Los Angeles Magazine*, April 23, 2018, https://www.lamag.com/citythinkblog/synanon-cult/.

13 Janzen, *Rise and Fall of Synanon*, 135.

14 Aron, "Drug Rehab-Turned-Violent Cult."

15 Claire D. Clark, *Recovery Revolution: The Battle over Addiction Treatment in the United States* (New York: Columbia University Press, 2017), 10, 20; Janzen, *Rise and Fall of Synanon*, 10.

16 Aron, "Drug Rehab-Turned-Violent Cult."

17 폴 모런츠는 직접 시너논에 관하여 책을 썼다. Paul Morantz, *From Miracle to Madness* (Los Angeles: Cresta Publications, 2014). 재미있게 읽히는 책이다. 디더리치의 철학적 관심사와 초기 생애에 관한 상세한 논의는 34-35면을 보라.

18 Ernest Kurtz, "Whatever Happened to Twelve-steop Programs?," in The

Collected Ernie Kurtz (New York: Authors Choice, 2008), 145-176.

19 Clark, *Recovery Revolution*, 23.

20 Charles Dederich, quoted in Janzen, *Rise and Fall of Synanon*. 세뇌: 그 치료
공동체 운동의 초기 지도자인 데이비드 다이치는 디더리치가 한국전쟁 포로들의
전언으로부터 직접적인 자극을 받았다고 추정한다. David A. Deitch, "Treatment
of Drug Abuse in the Therapeutic Community: Historical Influences, Current
Considerations, and Future Outlook," in *Drug Use in America: Problem in Perspective*,
vol. 4, *Treatment and Rehabilitation*, ed. National Commission on Marihuana and
Drug Abuse (Washington, DC: Government Printing Office, 1973), 158-175.

21 Claire Clark, "'Chemistry Is the New Hope': Therapeutic Communities and
Methadone Maintenance, 1965-1971," *Social History of Alcohol and Drugs* 26, no. 2
(Summer 2012): 192-216, https://doi.org/10.1086/SHAD26020192.

22 Deitch, "Treatment of Drug Abuse," 164-165; William L. White and William
R. Miller, "The Use of Confrontation in Addiction Treatment: History, Science and
Time for Change," *Counselor* 8, no. 4 (March 2009): 12-30. 기자 케빈 헬드먼은
1980년대 초 치료 공동체의 전략을 직접 경험한 뒤 그중 몇 가지를 생생하게 묘사했다.
Kevin Heldman, "Rehab as Skinner Box, Boys Town and Hogan's Heroes: Attempts
to Turn Burnouts, Gangstas, and Misfits into Dale Carnegie through Scrubbing
Floors, Wearing Diapers, and Sitting Motionless on a Bench for a Month," Journalism
Works Project, accessed March 4, 2021, http://journalismworksproject.org/
rehab1.html; J. D. Dickey, "The Dark Legacy of a Rehab Cult," *Fix*, May 9, 2012,
https://www.thefix.com/content/aa-cults-synanon-legacy0009?page=all; Kerwin
Kaye, *Enforcing Freedom* (New York: Columbia University Press, 2019), 132.

23 Clark, *Recovery Revolution*, 43-45; Nancy D. Campbell, James P. Olsen, and
Luke Walden, *The Narcotic Farm: The Rise and Fall of America's First Prison for Drug
Addicts* (Lexington: University of Kentucky Press, 2021), 72-78, 102-103.

24 "Hazelden Betty Ford Foundation History," Hazelden Betty Ford Foundation
(website), accessed March 4, 2021, https://www.hazeldenbettyford.org/about-us/
history; Damian McElrath, *Hazelden: A Spiritual Odyssey* (n.p., Hazelden Foundation,
1987), 30.

25 White, *Slaying the Dragon*, 264; William L. White, "Hazelden Foundation," in
Alcohol and Temperance in Modern History: A Global Encyclopedia, vol. 1, AL, ed. Jack S.
Blocker, Ian R. Tyrrell, and David M. Fahey (Santa Barbara, CA: ABC-CLIO, 2003),
190.

26 White, *Slaying the Dragon*, 263-273; Clark, *Recovery Revolution*, 184-187.

27 Robin Room, "Stigma, Social Inequality and Alcohol and Drug Use,"

Drug and Alcohol Review 24, no. 2 (March 2005): 143-155, https://doi.o
rg/10.1080/09595230500102434.

28 White and Miller, "Use of Confrontation," 16-18.

29 Maia Szalavitz, "The Cult That Spawned the Tough-Love Teen Industry,"
Mother Jones, September/October 2007, https://www.motherjones.com/
politics/2007/08/cult-spawned-tough-love-teen-industry/.

30 Kaye, *Enforcing Freedom*, 150-154.

31 White and Miller, "Use of Confrontation," 21-23. 복잡한 내막이 있을 수도
있다. 다음을 보라. Douglas L. Polcin, "Rethinking Confrontation in Alcohol And
Drug Treatment: Consideration of the Clinical Context," *Substance Use & Misuse* 38,
no. 2 (February 2003): 165-184, https://www.tandfonline.com/doi/abs/10.1081/ja-
120017243?journalCode=isum20.

32 Lesley A. Smith, Simon Gates, and David Foxcroft, "Therapeutic Communities
for Substance Related Disorder," *Cochrane Database of Systematic Review*, no. 1
(2006): CD005338, https://doi.org/10.1002/14651858.CD005338.pub2. 치료
공동체 옹호자들은 종종 (몇 달에서 몇 년에 이르는) 치료 과정을 마치고 〈졸업〉하는
자의 90퍼센트가 계속 약물을 하지 않는다는 통계를 인용하지만, 이는 틀렸다. 가입
심사를 받은 사람 중에서 소수만이 받아들여지며(때로 다섯 명 중 네 명꼴로 거부된다),
가입이 허용된 소수 중에서도 대부분은 과정을 끝마치지 못한다. 평균적인 체류 기간은
애초 처방된 기간의 3분의 1 정도에 불과하다. White, *Slaying the Dragon*, 324-325,
467; Fabián Fiestas and Javier Ponce, "Eficacia de las Communidades Terapéuticas
en el Tratamiento de Problemas por Uso de Sustancias Psicoactivas: Una Revisión
Sistemática," *Revista Peruana de Medicina Experimental y Salud Pública* 29, no.
1 (March 2012): 12-20, https://doi.org/10.1590/s1726-46342012000100003;
Marion Malivert et al., Effectiveness of Therapeutic Communities: A
Systematic Review, *European Addiction Research* 18, no. 1 (2012): 1-11, https://
doi.org/10.1159/000331007.

33 George De Leon, "The Therapeutic Community: Toward a General Theory
and Model," in *Therapeutic Community: Advances in Research and Application*,
NIDA Research Monograph 144, ed. F. M. Tims, George De Leon, and N. Jainchill
(Washington, DC: U.S. Department of Health and Human Services, 1994), 16; Alisa
Stevens, "'I Am the Person Now I Was Always Meatnt to Be': Identity Reconstruction
and Narrative Reframing in Therapeutic Community Prisons," *Criminology &
Criminal Justice* 12, no. 5 (2012): 527-547. 또한 이 책의 5장에서 논한 것도 보라.
Owen Flanagan, "Identity and Addiction."

34 Carl Erik Fisher, "People Struggling with Addiction Need Help. Does

Forcing Them into Treatment Work?," *Slate*, January 18, 2018, https://slate.com/technology/2018/01/coerced-treatment-for-addiction-can-work-if-you-coerce-correctly.html.

35 David T. Courtwright, "The Prepared Mind: Marie Nyswander, Methadone Maintenance, and the Metabolic Theory of Addiction," *Addiction* 92, no. 3 (March 1997): 257-265, https://doi.org/10.1111/j.1360-0443.1997.tb03196.x.

36 특히 다음을 보라. Marie Nyswander, *The Drug Addict as a Patient* (New York: Grune & Stratton, 1956), 70-84, https://catalog.hathitrust.org/Record/001565298.

37 Nat Hentoff, "The Treatment of PatientsI," *New Yorker*, June 19, 1965, https://www.newyorker.com/magazine/1965/06/26/i-the-treatment-of-patients.

38 Courtwright, Joseph, and Des Jarlais, *Addicts Who Survived*, 332.

39 Ivan Oransky, "Vincent Dole," *Lancet* 368, no. 9540 (September 2006): 984, https://doi.org/10.1016/S0140-6736(06)69402-6; Courtwright, "Prepared Mind," 257-258.

40 Richard K. Ries et al., *The ASAM Principles of Addiction Medicine*, 5th ed. (New York: Wolters-Kluwer, 2014), 140.

41 White, *Slaying the Dragon*, 353-354; Courtwright, "Prepared Mind," 259.

42 "Methadone Maintenance: How Much, for Whom, for How Long?," Medical World News, March 17, 1972, 53-63, quoted in Eric C. Schneider, *Smack: Heroin and the American City* (Philadelphia: University of Pennsylvania Press, 2013), 167.

43 Vincent P. Dole and Marie Nyswander, "A Medical Treatment for Diacetylmorphine (Heroin) Addiction: A Clinical Trial with Methadone Hydrochloride," *JAMA* 193, no. 8 (August 1965): 64650, https://doi.org/10.1001/jama.1965.03090080008002.

44 Walter Cronkite, *CBS Evening News*, August 11, 1966, quoted in David T. Courtwright, *Dark Paradise: A History of Opiate Addiction in America* (Cambridge, MA: Harvard University Press, 2001), 164; Nat Hentoff, "The Treatment of Patients-II," *New Yorker*, July 3, 1965, https://www.newyorker.com/magazine/1965/07/03/the-treatment-of-patients.

45 Vincent P. Dole, Marie E. Nyswander, and Mary Jeanne Kreek, "Narcotic Blockage," *Archives of Internal Medicine* 118, no. 4 (October 1966): 304-309, https://doi.org/10.1001/archinte.1966.00290160004002; Marie E. Nyswander, "The Methadone Treatment of Heroin Addiction," *Hospital Practice* 2, no. 4 (Arpil 1967): 27-33, https://doi.org/10.1080/21548331.1967.11707753.

46 Courtwright, Joseph, and Des Jarlais, *Addicts Who Survived*, 340. 맨해튼 종합 병원은 나중에 베스 이즈리얼 병원Beth Israel Hospital으로 흡수되며, 이 병원은 뒤이어

미국 역사상 가장 큰 규모의 메타돈 프로그램을 개발한다(맨해튼 종합 병원 건물은 길 건너편 세인트 빈센트 병원처럼 호화로운 아파트로 변했다).

47 Schneider, *Smack*, 168, 171.

48 Nikolas Rose and Joelle M. Abi-Rached, "The Neuromolecular Brain," in *Neuro: The New Brain Sciences and the Management of the Mind* (Princeton: Princeton University Press, 2013), 25-52.

49 David Healy, "Twisted Thoughts and Twisted Molecules," in *The Creation of Psychopharmacology* (Cambridge, MA: Havard University Press, 2002), 178-225. 〈전기적〉에서 〈화학적〉으로의 전환에 관해서는 다음을 보라. Rose and Abi-Richard, *Neuro*, 10; Peter Conrad, "The Shifting Engines of Medicalization," *Journal of Health and Social Behavior* 46, no. 1 (March 2005): 3-14, https://doi.org/10.1177%2F002214650504600102.

50 David P. Ausubel, "The Dole-Nyswander Treatment of Neroin Addiction," *JAMA* 195, no. 11 (March 1966): 949-950, https://doi.org/10.1001/jama.1966.03100110117032.

51 Courtwright, Joseph, and Des Jarlais, *Addicts Who Survived*, 335.

52 Schneider, *Smack*, 170.

53 William Raspberry, "Methadone Use: Another Blunder," *Washington Post*, May 11, 1971, A19, quoted in Helena Hansen and Samuel K. Roberts, "Two Tiers of Biomedicalization: Methadone, Buprenorphine, and the Racial Politics of Addiction Treatment," in *Critical Perspectives on Addiction*, ed. Julie Netherland, vol. 14, *Advances in Medical Sociology* (Emerald Group, 2012), 79-102, https://doi.org/10.1108/S1057-6290(2112)0000014008.

54 "Drug vs. Drug: Methadone Treatment for Heroin Addiction Sparks a Controversy," *Wall Street Journal*, September 9, 1969, quoted in Schneider, *Smack*, 170.

55 Vincent P. Dole and Marie Nyswander, "The Treatment of Heroin Addiction," *JAMA* 195, no. 11 (March 1966): 188, https://doi.org/10.1001/jama.1966.03100110140055.

56 Vincent P. Dole and Marie E Nyswander, "Heroin Addiction-a Metabolic Disease," *Archives of Internal Medicine* 120, no. 1 (July 1967): 19-24, https://doi.org/10.1001/archinte.1967.00300010021004.

57 Courtwright, *Dark Paradise*, 164-165.

58 이에 관한 긴 논의는 다음을 보라. Schneider, *Smack*, 168.

59 예외가 있다면 나르코를 〈졸업〉한 정신과 의사 제롬 〈제리〉 재피Jerome 〈Jerry〉 Jaffe이다. 그는 시카고에 치료 공동체와 메타돈 유지 치료, 기타 전문적인 서비스를 통합한 원스톱 〈복합 방식multimodality〉 치료 프로그램을 열었다. *Narcotics and Drug*

Abuse: Hearings Before the Special Subcommittee on Alcoholism and Narcotics of the Committee on Labor and Public Welfare United States Senate, 91st Cong. 5939D at 181 (1969) (statement of Jerome Jaffe, assistant professor, Department of Psychiatry, University of Chicago), http://www.williamwhitepapers.com/pr/dlm_uploads/1969-Dr.-Jerome-Jaffe-Testimony-on-Illinois-Drug Abuse-Program.pdf.

60 "Life on Two Grams a Day," *Life* 68, no. 6 (February 20, 1970): 24-32. 전체적인 대응에 관해서는 다음을 보라. Schneider, *Smack*, 142-156.

61 Ibram X. Kendi, *Stamped from the Beginning: The Definitive History of Racist Ideas in America* (New York: Public Affairs, 2016), 405-411.

62 Harry R. Haldeman, *The Haldeman Diaries: Inside the Nixon White House* (New York: Berkeley Books, 1995), 66; John Ehrlichman, *Witness to Power: The Nixon Years* (New York: Simon & Schuster, 1982), 232.

63 Richard Nixon, "Drugs Our Second Civil War: Cut the Chain of Greed, Poverty, Self- Indulgence," *Los Angeles Times*, April 12, 1990, https://www.latimes.com/archives/la-xpm-1990-04-12-me-1267-story.html; Richard Davenport- Hines, *The Pursuit of Oblivion: A Global History of Narcotics* (London: Weidenfeld & Nicolson, 2001), loc. 8197 of 13059; Myles Ambrose, interview transcript from a 2000 episode of *Frontline*, PBS, https://www.pbs.org/wgbh/pages/frontline/shows/drugs/interviews/ambrose.html.

64 닉슨의 1969년 〈약물 문제〉에 관한 의회 특별 메시지에 대해서는 다음을 보라. 115 Cong. Rec. S19353 (1969) (The Drug Problem-Message from the President), https://www.govinfo.gov/content/pkg/GPO-CRECB-1969-pt14/pdf/GPO-CRECB-1969-pt14-7-2.pdf.

10. 무관용

1 Noa Krawczyk et al., "Only One in Twenty Justice-Referred Adults in Specialty Treatment for Opioid Use Receive Methadone or Buprenorphine," *Health Affairs* 36, no. 12 (December 2017): 2046-2053, https://doi.org/10.1377/hlthaff.2017.0890. 형법 제도의 중독 치료를 받을 가능성은 전체적으로 열악하다. 이는 지금 관심의 초점인 문제이다. 다음을 보라. "Public Policy Statement on Treatment of opioid Use Disorder," Amercian Society of Addiction Medicine, July 15, 2020, https://www.asam.org/docs/default-source/public-policy-statements/2020-statement-on-treatment-of-oud-in-correctional-settings.pdf.

2 Keri Blakinger, "New York Prisons Offer 'Tough Love' Boot Camp Programs.

But Prisoners Say They're 'Torture' and 'Hell'," *Appeal*, May 21, 2019, https://theappeal.org/new-york-prisons-offer-tough-love-boot-camp-programs-but-prisoners-say-theyre-torutre-and-hell/.

3 David J. Bellis, *Heroin and Politicians: The Failure of Public Policy to Control Addiction in America* (Westport, CT: Greenwood Press, 1981), 19.

4 Kristen Bialik, "State of the Union 2019: How Americans See Major National Issues," Pew Research Center (website), February 4, 2019, https://www.pewresearch.org/fact-tank/2019/02/04/state-of-the-union-2019-how-americans-see-major-national-issues/.

5 Lee N. Robins, *The Vietnam Drug User Returns: Final Report*, Special Action Office Monograph, Series A, no. 2 (Washington, DC: Special Action Office for Drug Abuse Prevention, 1974), https://files.eric.ed.gov/fulltext/ED134912.pdf. 중독된 베트남 참전 군인들에 대한 국내의 우려에 관해서는 다음을 보라. Eric C. Schneider, *Smack: Heroin and the American* City (Philadelphia: University of Pennsylvania Press, 2013), 159-162; Grischa Metlay, "Federalizing Medical Campaigns against Alcoholism and Drug Abuse," *Milbank Quarterly* 91, no. 1 (March 2013): 123-162, https://doi.org/10.1111/milq.12004.

6 Jill Jonnes, *Hep-Cats, Narcs, and Pipe Dreams: A History of America's Romance with Illegal Drugs* (Baltimore: Johns Hopkins University Press, 1999), 272. 다음도 보라. Morgan F. Murphy and Robert H. Steele, *The World Heroin Problem: Report of Special Study Mission* (Washington, DC: Government Printing Office, 1971), https://books.google.com/books?id=FgZiNcTOVZgC; Schneider, *Smack*, 161-162. 골든트라이앵글과 중앙 정보국에 관해서는 다음을 보라. Richard Davenport-Hines, *The Pursuit of Oblivion: A Global History of Narcotics* (London: Weidenfeld & Nicolson, 2001), loc. 8233 of 13059; Suzanna Reiss, *We Sell Drugs: The Alchemy of US Empire* (Oakland: University of California Press, 2014).

7 Metlay, "Federalizing Medical Campaigns," 144; Murphy and Steele, *World Heroin Problem*, 18.

8 Davenport-Hines, *Pursuit of Oblivion*, loc. 8225.

9 "Thirty Years of America's Drug War," *Frontline*, PBS, accessed April 11, 2021, https://www.pbs.org/wgbh/pages/frontline/shows/drugs/cron/index.html#9.

10 Karst J. Besteman, "Federal Leadership in Building the National Drug Treatment System," in *Treating Drug Problems*, vol. 2, ed. D. R. Gerstein and H. J. Harwood (Washington, DC: National Academies Press, 1992), 63-88. 다음도 보라. Nancy D. Campbell, James P. Olsen, and Luke Walden, *The Narcotic Farm: The Rise and Fall of America's First Prison for Drug Addicts* (Lexington: University of Kentucky

Press, 2021), 190, and Metlay, "Federalizing Medical Campaigns," 145.

11 Kevin Yuill, "Another Take on the Nixon Presidency: The First Therapeutic President?," *Journal of Policy History* 21, no. 2 (April 2009): 138-162, https://doi.org/10.1017/S089803060909006X; David T. Courtwright, *Dark Paradise: A History of Opiate Addiction in America* (Cambridge, MA: Harvard University Press, 2001), 171.

12 "The Year Mexico Legalized Drugs," *HistoryExtra*, August 6, 2019, https://www.historyextra.com/period/modern/1940-the-year-mexico-legalised-drugs/. 멕시코 외교부는 프로그램이 압박에 무산되기 전까지 성공적이었다고 단언했다. 다음도 보라. Benjamin Smith, "The Dialectics of Dope: Leopoldo Salazar Viniegra, the Myth of Marijuana, and Mexico's State Drug Monopoly," in *Prohibitions and Psychoactive Substances in History, Culture and Theory*, ed. Susannah Wilson (London: Taylor & Francis, 2019), 111-132.

13 Linder v. United States, 268 U.S. 5 (1925).

14 David T. Courtwright, Herman Joseph, and Don Des Jarlais, *Addicts Who Survived: An Oral History of Narcotic Use in America before 1965* (Knoxville: University of Tennessee Press, 2012), 337-338.

15 William L. White, *Slaying the Dragon: The History of Addiction Treatment and Recovery in America*, 2nd ed. (Chicago: Lighthouse Institute, 2014), 360.

16 Richard Severo, "Ethics of Methadone Use Questioned," *New York Times*, April 18, 1971, https://www.nytimes.com/1971/04/18/archives/ethics-of-methadone-use-questioned-ehtics-of methadone-use-is.html. 메타돈 확산의 다른 문제들에 관해서는 다음을 보라. Schneider, Smack, 176-177.

17 Courtwright, Joseph, and Des Jarlais, *Addicts Who Survived*, 338.

18 특히 다음을 보라. The Narcotic Addict Treatment Act of 1974, Pub. L. No. 93-281, 88 Stat. 124, https://www.govinfo.gov.content/pkg/STATUTE-88/pd/STATUTE-88-Pg124pdf (originally Called the "Methadone Diversion Control Act"). 다음도 보라. Schneider, *Smack*, 170; David T. Courtwright, "The Controlled Substances Act: How a 'Big Tent' Reform Became a Punitive Drug Law," *Drug and Alcohol Dependece* 76, no. 1 (October 2004): 9-15, https://doi.org/10.1016/j.drugalcdep.2004.03.012. 인종주의적 연관성에 관해서는 다음을 보라. Julie Netherland and Helena Hansen, "White Opioids: Pharmaceutical Race and the War on Drugs That Wasn't," *BioSocieties* 12, no. 2 (June 2017): 217-238, https://dx.doi.org/10.1057%2Fbiosoc.2015.46.

19 Schneider, *Smack*, 178; Helena Hansen and Samuel K. Roberts, "Two Tiers of Biomedicalization: Methadone, Buprenorphin, and the Racial Politics of Addicton

Treatment," in *Critical Perspectives on Addiction*, ed. Julie Netherland, vol. 14, *Advances in Medical Sociology* (London: Emerald, 2012), 86-92.

20 David T. Courtwright, "The Prepared Mind: Marie Nyswander, Methadone Maintenance, and the Metabolic Theory of Addiction," *Addiction* 92, no. 3 (March 1997): 260.

21 White, *Slaying the Dragon*, 501-502.

22 Philippe Bourgois, "Disciplining Addictions: The Bio-Politics of Methadone and Heroin in the United Steates," *Culture, Medicine and Psychiatry* 24, no. 2 (2000): 165-195.

23 Nancy D. Campbell, *OD: Naloxone and the Politics of Overdose* (Cambridge, MA: MIT Press, 2019), 96-97; Thomas F. Brady, "St. Luke's Yields on Drug Facility," *New York Times*, January 18, 1970, https://www.nytimes.com/1970/01/18/archives/st-lukes-yields-on-drug-facility-plan-to-aid-young-addicts-ends-a.html; Olga Khazan, "How Racism Gave Rise to Acupuncture for Addiction Treatment," *Atlantic*, August 3, 2018, https://www.theatlantic.com/health'archive'2018/08/acupuncture-heroin-addcition/566393/.

24 Netherland and Hansen, White Opioids; Campbell, *OD*, 287. 〈약물 퇴치 전쟁〉으로 여러 저소득층 지역에서 법률적 단속과 형법 기관, 교도소가 어떻게 주된 공적 프로그램이 되었는지는 다음을 보라. Elizabeth Hinton, *From the War on Poverty to the War on Crime: The Making of Mass Incarceration in America* (Cambridge, MA: Harvard University Press, 2016).

25 다음에서 인용했다. Alan Leshner, then head of NIDA. 145 Cong. Rec. S1091 (daily ed. January 28, 1999) (October 5, 1998 reply from NIDA Director, Dr. Alan Leshner), https://www.congress.gov/congressional-record/1999/01/28/senate-section/article/S1076-3; Hansen and Roberts, "Two Tiers of Biomedicalization," 92-97; Netherland and Hansen, "White Opioids," 13-14.

26 Westat and the Avisa Group, *The SAMSHA Evaluation of the Impact of the DATA Waiver Program*, Task Order 277-00-6111 (Washington, DC: Center for Substance Abuse Treatment, 2006), 3-10, https://www.samhsa.gov/sites/default/files/programs_campaigns/medication_assisted/evaluation-impact-data-waiver-program-summary.pdf; Helena Hansen and Julie Netherland, "Is the Prescription Opioid Epidemic a White Problem?," *American Journal of Public Health* 106, no. 12 (December 2016): 2127-2129, https://doi.org/10.2105/AJPH.2016.303483.

27 Pooja A. Lagisetty et al., "Buprenorphine Treatment Divide by Race/Ethnicity and Payment," *JAMA Psychiatry* 76, no. 9 (May 2019): 979-981, https://doi.org/10.1001/jamapsychiatry.2019.0876. 2012년부터 2015년까지 백인은 1270만

번 진료실을 찾아 약물 처방을 받았는데. 이에 비해 나머지 모든 사람의 처방 횟수는 36만 3천 건이다. 지역적, 사회경제적 격차에 관해서는 다음을 보라. Pashmineh Azar et al., "Rise and Regional Disparities in Buprenorphine Utilization in the United States," *Pharmacoepidemiology and Drug Safety* 29, no. 6 (June 2020): 708-715, https://doi.org/10.1002/pds.4984.

28 이러한 이중 구조 제도의 한 가지 사례로 2019년 1월 『폴리티코Politico』의 기자들은 민영 의료 보험이 있는 환자들은 위층의 입원실로 올라가 약물 치료와 상담, 후속 서비스를 받으나, 치료비를 낼 수 없거나 형법 제도의 위임으로 온 자들은 아래층의 신병 훈련소 같은 곳으로 내려가 머리를 밀리고 약물 치료도 받지 못하고 대면 추궁 치료법에만 의존하는 중독 치료 환경을 설명했다. Brianna Ehley and Rachel Roubein, "'I'm Trying Not to Die Right Now': Why Opioid-Addicted Patients Are Still Searching for Help," *Politico*, January 20, 2019, https://www.politico.com/story/2019/01/20/opioid-treatment-addiction-heroin-1088007. 다음의 훌륭한 연구도 보라. Allison McKim, *Addicted to Rehab: Race, Gender, and Drugs in the Era of Mass Incarceration* (New Brunswick, Nj: Rutgers University Press, 2017). 물론 이것은 수십 년 된 제도의 모습이다. 다음을 보라. Mariana Valverde, *Diseases of the Will: Alcohol and the Dilemmas of Freedom* (New York: Cambridge University Press, 1998); Virginia Berridge, *Demons: Our Changing Attitudes to Alcohol, Tobacco, and Drugs* (New York: Oxford University Press, 2013).

29 John D. Harris, *The Junkie Priest, Father Daniel Egan, S.A.* (New York: Coward-McCann, 1964). 다음도 보라. Eric Pace, "Daniel Egan, 84, Drug Fighter Known as 'Junkie Priest' Dies," *New York Times*, February 13, 2000, https://www.nytimes.com/2000/02/13/nyregion/daniel-egan-84-drug-fighter-known-as-junkie-priest-dies.html.

30 다음의 폭넓은 연구를 보라. William L. White and Lisa Mojer-Torres, *Recovery-Oriented Methadone Maintenance* (Madison, WI: Great Lakes Addiction Technology Transfer Center, 2010), https://facesandvoicesofrecovery.org/wp-content/uploads/2019/06/Recovery-Oriented-Methadone-Maintenance.pdf. 다음도 보라. Stephen Gilman, Marc Galanter, and Helen Dermatis, "Methadone Anonymous: A 12-Step Program for Methadone Maintained Heroin Addicts," *Substance Abuse* 22, no. 4 (2001): 247-256, https://doi.org/10.1080/08897070109511466.

31 "Regarding Methadone and Other Drug Replacement Programs," World Service Board of Trustees Bulletin No. 29, Narcotics Anonymous World Services (website), 1996, https://na.org/?ID=bulletins=bull29. 다음 소책자도 보라. *Narcotics Anonymous and Persons Receiving Medication-Assisted Treatment* (Chatsworth, CA: NA World Services, 2016), https://www.na.org/admin/include/spaw2/uploads/pdf/

pr/2306_NA_PRMAT_1021.pdf; William L. White, *Narcotics Anonymous and the Pharmacotherapeutic Treatment of Opioid Addiction in the Unites Sates* (Philadelphia: Department of Behavioral Health and Intellectual Disability Services, 2011), http://www.williamwhitepapers.com/pr/dlm_uploads/2011-NA-Medication-assisted-Treatment.pdf.

32 "On the Subject of Drugs, by One Who Took Them," *Grapevine*, March 1947, https://silkworth.net/wp-content/uploads/2020/07/Grapevine-Vol3-No10-Mar-1947.pdf; Ernest Kurtz, *Not God: A History of Alcoholics Anonymous* (Center City, MN: Hazelden Educational Materials, 1979), 116, 347, 『그레이프바인』의 앞선 글 여러 편을 인용한다.

33 개인적인 경험의 설명은 다음을 보라. Clancy Martin, "The Drunks Club: AA, the Cult That Cures," *Harper's*, December 9, 2010. 전문적인 논의는 다음을 보라. Izaak L. Williams and David Mee-Lee, "Inside the Black Box of Traditional Treatment Programs: Clearing the Air on the Original Literary Teachings of Alcoholics Anonymous (AA)," *Addiction Research & Theory* 27, no. 5 (September 2019): 412-419, https://doi.org/10.1080/16066359.2018.1540692.

34 Matthias Pierce et al., "Impact of Treatment for Opioid Dependence on Fatal Drug-Related Poisoning: A National Cohort Study in England," *Addiction* 111, no. 2 (February 2016): 298-308, https://doi.org/10.1111/add.13193; Luis Sordo et al., "Mortality Risk during and after Opioid Substitution Treatment: Systematic Review and Meta-Analysis of Cohort Studies," *BMJ* 257, no. 8103 (April 2017): j1550, https://doi.org/10.1136/bmj.j1550. 다음도 보라. Sarah E. Wakeman et al., "Comparative Effectiveness of Different Treatment Pathways for Opioid Use Disorder," *JAMA Network Open* 3, no. 2 (February 2020): e1920622, https://doi.org/10.1001/jamanetworkopen.2019.20622.

35 Wakeman et al., "Comparative Effectiveness." 지속 효과 방출형 ER 날트렉손이 재발을 줄인다는 자료가 있다. 결국 임상 의사에게 선택지가 여럿 있다는 것이 중요하다. 어떤 치료법도 모든 환자에게 다 들어맞지는 않기 때문이다. Josua D. Lee et al., "Comparative Effectiveness of Extended-Release Naltrexone versus Buprenorphine-Naloxone for Opioid Relapse Prevention (X:Bot): A Multicentre, Open-Label, Randomised Controlled Trial," *Lancet* 391, no. 10118 (Januaryy 2018): 309-318, https://doi.org/10.1016/S0140-6736(17)32812-X.

36 German Lopez, "There's a Highly Successful Treatment for Opioid Addiction. But Stigma Is Holding It Back," *Vox*, November 15, 2017, https://www.vox.com/science-and-health/2017/7/20/15937896/medication-assisted-treatment-methadone-buprenorphine-naltrexone.

37 애초의 입장은 다음에서 보라. "Methadone vs Suboxone in Opioid Treatment: Hazelden Betty Ford Foundation's View on Use," Hazelden Betty Ford Foundation (website), October 28, 2016, https://web.archive.org/web/20161105110130/https://www.hazeldenbettyford.org/articles/methadone-vs-suboxone-opioid-treatment. 〈메타돈은 특정 부류의 사람들에게는 매우 효과적이고 유용하지만, 메타돈 유지 프로그램에 들어간 대다수는 대체로 사용 중단을 지향하지 않는다. 이는 벤조디아제핀과 코카인, 술, 대마초, 기타 약물의 지속적인 사용으로 귀결될 수 있다. 이는 사용 중단을 기본으로 하는 우리의 열두 단계 모델에 부합하지 않는다.〉 자구가 약간 바뀌기는 했지만 이것이 지금도 그들의 입장이다. "Suboxone v. Methadone v. Naltrexone in Opioid Addiction Treatment," Hazelden Betty Ford Foundation (website), December 12, 2019, https://www.hazeldenbettyford.org/articles/methadone-vs-suboxone-opioid-treatment.

38 United States Commission on Marihuana and Drug Abuse, *Marihuana: A Signal of Misunderstanding: First Report* (Washington, DC: Government Printing Office, 1972). 보고서는 지금도 유효하다. 특히 sec. V, 127-168.

39 David F. Musto, *The American Disease: Origins of Narcotic Control*, 3rd ed. (New York: Oxford University Press, 1999), 256n29.

40 Domestic Council Drug Abuse Task Force, *White Paper on Drug Use, September 1975* (Washington, DC: Government Printing Office, 1975), https://www.ojp.gov/pdffiles1/Photocopy/38406NCJRS.pdf.

41 허츠버그는 물질 규제법 제정으로 잠재적으로 약물 개혁이 근본적으로 재고될 가능성이 있다고 보았으나, 이는 이후 처벌의 기조가 이어지면서 사라졌다. David Herzberg, *White Market Drugs: Big Pharma and the Hidden History of Addiction in America* (Chicago: University of Chicago Press, 2020), chaps. 5-6. 다음도 보라. Leo Beletsky, "Controlled Substances Act at 50: A Blueprint for Reform," Northeastern University School of Law Research Paper No. 370-2020 (February 25, 2020), https://dx.doi.org/10.12139/ssrn.3544384; Courtwright, "The Controlled Substances Act," 9-15; Joseph F. Spillane, "Debating the Controlled Substances Act," *Drug and Alcohol Dependence* 76, no. 1 (October 2004): 17-29, https://doi.org/10.1016/j.drugalcdep.2004.04.011.

42 Dan Baum, *Smoke and Mirrors: The War on Drugs and the Politics of Failure* (New York: Little, Brown, 1996), 68, referring to BNDD.

43 Baum, *Smoke and Mirrors*, 72.

44 *Congressional Resource Guide to the Federal Effort on Narcotics Abuse and Control 1969-1976, Part 1: A Report of the Select Committee on Narcotics Abuse and Control*, SCNAC-95-2-2 (Washington, DC: Government Printing Office, 1978), 250,

https://www.ojp.gov/pdffiles1/Digitization/483337NCJRS.pdf.

45 Jonnes, *Hep-Cats*, 296-297.

46 Gene Spagnoli, "Rocky Asks Life for Pushers," *New York Daily News*, January 3, 1973, sec. C; Jessica Neptune, "Harshest in the Nation: The Rockefeller Drug Laws and the Widening Embrace of Punitive Politics," *Social History of Alcohol and Drugs* 26, no. 2 (Summer 2012): 1-22, https://doi.org/10.1086/SHAD26020170.

47 Richard Nixon, "Radio Address about the State of the Union Message on Law Enforcement and Drug Abuse Prevention," March 10, 1973, https://www.presidency.ucsb.edu/documents/radio-address-about-the-state-the-union-message-law-enforcement-and-drug-abuse-prevention.

48 James Q. Wilson, "If Every Criminal Knew He Would Be Punished If Caught," *New York Times*, January 28, 1973, https://www.nytimes.com/1973/01/28/archives/if-every-criminal-knew-he-would-be-punished-if-caught-but-he-doesnt.html.

49 Hinton, *From the War on Poverty*. 다음도 보라. Kerwin Kaye, *Enforcing Freedom* (New York: Columbia University Press, 2019), 52.

50 Bart Barnes, "Harold Hughes Dies at 74," *Washington Post*, October 25, 1996, https://www.washingtonpost.com/archive/local/1996/10/25/harold-hughes-dies-at-74/5c2e1ca8-ce34-4d3f-93f4-d684ba9f1e5b/.

51 Nancy Olson, *With a Lot of Help from Our Friends: The Politics of Alcoholism* (Lincoln, NE: Writers Club Press, 2003), 110-117.

52 Harold Hughes, North American Congress on Alcohol and Drug Problems, San Francisco, California, December 13, 1974, quoted in Olson, *With a Lot of Help*, 45758. 다음도 보라. Harold A. Mulford, *Alcoholism in Wonderland: A Memoir* (self-pub, 2001), http://www.williamwhitepapers.com/pr/Mulford%20Memoir%202001.pdf; "Public Figures Take Part in Program at Conference," NIAAA Information and Feature Service, October 1, 1974, 5, https://books.google.com/books?id=DFUsrIfed8sC.

53 White, *Slaying the Dragon*, 376-383, 391. 그 밖에 달리 언급할 것은 연방 차원의 입법과 치료를 원하는 사람 수의 증가이다. 입법에 관해서는 다음을 보라. Constance Weisner and Robin Room, "Financing and Ideology in Alcohol Treatment," *Social Problems* 32, no. 2 (December 1984): 167-184, https://doi.org/10.2307/800786. 수의 증가에 관해서는 다음을 보라. Robin Room, "Treatment-Seeking Population and Larger Realities," in *Alcoholism Treatment in Transition*, ed. Griffith Edwards and Marcus Grant (London: Croom Helm, 1980), 205-224. 국립 알코올 남용·알코올 중독 연구소NIAAA 예산은 1970년 650만 달러라는 시시한 액수에서 1975년 2억 1400만 달러로 증가했다. William Grimes, "Morris Chafetz, 87,

Dies; Altered View of Alcoholism," *New York Times*, October 21, 2011, https://
www.nytimes.com/2011/10/21/us/morris-chafetz-87-dies-altered-view-of-
alcoholism.html. 1977년 무렵 알코올 중독 전문 치료 시설은 약 7억 달러 가치의
서비스를 제공했으며, 일반적인 건강 시설에서 추가로 20억 달러어치를 제공했다.
Leonard Saxe et al., *Health Technology Case Study 22: The Effectiveness and Costs of
Alcoholism Treatment* (Washington, DC: Government Printing Office, 1983), 59,
https://www.princeton.edu/~ota/disk3/1983/8307/8307.pdf.

54 *Special Report to the U.S. Congress on Alcohol and Health from the secretary of
Nealth and human Services* (Rockville, MD: National Institute on Alcohol Abuse and
Alcoholism, 1981).

55 어니 커츠는 이를 〈돈을 벌기 위한 미친 경쟁〉이라고 부른다. Kurtz, "Whatever
Happened to Twelve-Step Programs?," in *The Collected Ernie Kurtz* (New York:
Authors Choice, 2008), 151. 모든 사람을 다 동일한 상태로 진단하는 것에 관해서는
다음을 보라. White, *Slaying the Dragon*, 396. William L. White, "Lost Vision:
Addiction Counseling as Community Organization," *Alcoholism Treatment Quarterly*
19, no. 4 (2001): 1-32, https://psycnet.apa.org/doi/10.1300/J020v19n04_01.

56 John Schwarzlose, quoted in Nan Robertson, *Getting Better: Inside Alcoholics
Anonymous* (New York: William Morrow, 1988), 210.

57 William R. Miller, "Alcoholism: Toward a Better Disease Model," *Psychology
of Addictive Behaviors* 7, no 2 (1993): 129-136, https://doi.org/10.1037/0893-
164X.7.2.129.

58 Katie Witkiewitz et al., "What is Recovery?," *Alcohol Research: Current Reviews*
40, no. 3 (September 2020): 1-12, https://doi.org/10.35946/arcr.v40.3.01.

59 Susan Curry, G. Alan Marlatt, and Judith R. Gordon, "Abstinence Violation
Effect: Validation of an Attributional Construct with Smoking Cesation," *Journal of
Consulting and Clinical Psychology* 55, no. 2 (1987): 145-149, https://psycnet.apa.org/
doi/10.1037/0022-006X.55.2.145; G. Alan Marlatt and Dennis M. Donovan, eds.,
Relapse Prevention: Maintenance Strategies in the Treatment of Addictive Behaviors (New
York: Guilford Press, 2005).

60 Burt A. Folkart, "Thomas P. Pike; Industrialist Led Fight against Alcoholism,"
Los Angeles Times, August 3, 1993, https://www.latimes.com/archives/la-xpm-
1993-08-03-mn-19647-story.html; Olson, *With a Lot of Help*, 51, 92; Sally
Brown and David R. Brown, *A Biography of Mrs. Marty Mann: The First Lady of
Alcoholics Anonymous* (Center City, MN: Hazelden, 2011), 282; "Pike, Thomas
P.: Records, 1955-1958," February 16, 1972, Dwight D. Eisenhower Library,
Abilene, Kansas, https://web.archive.org/web/20170125043425/https://

www.eisenhower.archives.gov/research/finding_aids/pdf/Pike_Thomas_Records.pdf.

61 *Alcoholics Anonymous*, 4th ed. (New York: Alcoholics Anonymous World Services, 2001), 30.

62 Olson, *With a Lot of Help*, 257. 다음도 보라. David J. Armor, J. Michael Polich, and Harriet B. Braiker, *Alcoholism and Treatment* (Santa Monica CA: RAND Corporation, 1976), https://www.rand.org/pubs/reports/R1739.html; Ron Roizen, "Comment on the 'Rand Report,'" *Journal of Studies on Alcohol* 38, no. 1 (January 1977): 170-178, https://doi.org/10.15288/jsa.1977.38.152.

63 Morris E. Chafetz, *The Tyranny of Experts: Blowing the Whistle on the Cult of Expertise* (Lanham, MD: Madison Books, 1996), 113.

64 NCA press release, July 1, 1976, reproduced in David J. Armor, I. Michael Polich, and Harriet B. Stambul, *Alcoholism and Treatment* (New York: John Wiley & Sons, 1978), 232-233.

65 Dr. Nicholas A. Pace, president, New York City chapter of the National Council on Alcoholism, quoted in Jane Brody, "Study on Alcoholics Called 'Misleading,'" *New York Times*, June 11, 1976, https://www.nytimes.com/1976/06/11/archives/study-on-alcoholics-called-misleading-alcoholic-study-held.html.

66 Quoted in Robertson, *Getting Better*, 192.

67 *Alcoholics Anonymous*, 31. 〈우리는 어떤 개인도 알코올 중독자라고 선언하는 것을 좋아하지 않는다.〉 알코올 중독자 익명 모임은 모든 물질 문제가 다 자신들의 틀에 들어맞지는 않는다고 하면서, 회복에 이르는 길은 많다고 인정한다.

68 Mark B. Sobell and Linda C. Sobell, "Individualized Behavior Therapy for Alcoholics," *Behavior Therapy* 4, no. 1 (January 1973): 49-72, https://doi.org/10.1016/S0005-7894(73)80074-7; Sobell and Sobell, "Second Year Treatment Outcome of Alcoholics Treated by Individualized Behavior Therapy: Results," *Behaviour Research and Therapy* 14, no. 3 (January 1, 1976): 195-215, https://doi.org/10.1016/0005-7967(76)90013-9; Sobell and Sobell, *Behavioral Treatment of Alcohol Problems: Individualized Therapy and Controlled Drinking* (New York: Springer, 1978). 소벨 부부의 연구를 3년간 추적한 독립적인 후속 연구가 있었는데, 두 사람의 연구 결과와 일치했다. Glenn R. Caddy, Harold J. Addington Jr., and David Perkins, "Individualized Behavior Therapy for Alcoholics: A Third Year Independent Double-Blind Follow-Up," *Behaviour Research and Therapy* 16, no. 5 (1978): 345-362, https://doi.org/10.1016/0005-7967(78)900004-9.

69 Sobell and Sobell, "Individualized Behavior Therapy for Alcoholics," table 7.

70 Roizen, "Comment on the 'Rand Report'," 171.

71 Philip M. Boffey, "Alcoholism Study under New Attack," *New York Times*, June

28, 1982, https://www.nytimes.com/1982/06/28/us/alcoholism-study-under-new-attack.html.

72 Robert e. Haskell, "Realpolitik in the Addictions Field: Treatment Professional, Popular-Culture Ideology, and Scientific Research," *Journal of Mind and Behavior* 14, no. 3 (Summer 1993): 257-276, https://www.jstor.org/stable/43853765.

73 이 시점에 소벨 부부는 토론토의 명망 있는 중독 연구 재단Addiction Research Foundation에서 일하고 있었다. 재단은 한 달간 조작 혐의를 조사했다. 143면의 결과 보고서는 소벨 부부가 과학적으로나 인성의 측면에서나 아무런 결함 없이 행동했다는 의심의 여지 없는 명백한 결론에 도달했다. Bernard M. Dickens et al., *Report of the Committee of Enquiry into Allegations Concerning Drs. Linda & Mark Sobell* (Totonto: Alcoholism and Drug Addiction Research Foundation, 1982). 다른 조사는 다음을 보라. G. Alan Marlatt, "The Controlled-Drinking Controversy: A Commentary," *American Psychologist* 38, no. 10 (October 1983), 1097-1110, https://doi.org/10.1037/0003-066x.38.10.1097; Mark B. Sobell and Linda C. Sobell, "Moratorium on Maltzman," *Journal of Studies on Alcohol* 50, no. 5 (1989): 473-480; Ron Roizen, "The Great Controlled-Drinking Controversy," in *Recent Development in Alcoholism*, vol. 5, ed. Marc Galanter (New York: Plenum, 1987), 245-279.

74 Witkiewitz et al., "What Is Recovery?," 4. 〈통제된 음주〉의 문제에 관한 논의는 다음의 고전적인 연구를 보라. Nick Heather and Ian Robertson, *Controlled Drinking* (London: Methuen, 1981); Marlatt, "Controlled-Drinking Controversy."

75 예를 들면, 알코올 중독자로 진단받은 사람들은 술을 아무런 제한 없이 마실 수 있었지만 보상과 불편함에 따라 복용량을 줄였다. 달리 말하자면, 알코올 중독자가 마시는 술의 양을 결정하는 것은 술에 포함된 알코올의 양이 아니라 어떤 기대라는 것이다. 1981년이면 〈통제된 음주〉의 증거가 많이 쌓여 헤더와 로버트슨이 그 주제에 관하여 고전적 연구를 발표했다. 그들의 결론을 뒷받침하는 수많은 참고 문헌이 첨부되었다. 약물 중독에 관해서도 비슷한 연구 결과들이 나왔다. 이를테면 연구자 노먼 진버그는 〈치퍼chipper(약물 사용자)〉들이 통제된 방식으로 헤로인을 사용한다는 결론을 내렸다. Heather and Robertson, *Controlled Drinking*, chap. 3; Herbert Fingarette, *Heavy Drinking: The Myth of Alcoholism as a Disease* (Berkeley: University of California Press, 1988), 35-38; Norman E. Zinberg, Wayne M. Harding, and Martin Winkeller, "A Study of Social Regulatory Mechanisms in Controlled Illicit Drug Users," *Journal of Drug Issues* 7, no. 2 (April 1977): 117-133, https://doi.org/10.1177% 2F002204267700700203.

76 William R. Miller, "Motivation for Treatment: A Review with Special Emphasis on Alcoholism," *Psychological Bulletin* 98, no. 1 (1985): 85-107, https://content.apa.org/doi/10.1037/0033-2909.98.1.84; William R. Miller and Stephen

Rollnick, *Motivational Interviewing: Preparing People to Change Addictive Behavior* (New York: Guilford Press, 1991); Miller interview: William R. Miller, "Warm Turkey: Other Routes to Abstinence," interview by Andrew C. Page, *Journal of Substance Abuse Treatment* 8, no. 4 (January 1991): 227-232, https://doi.org/10.1016/0740-5472(91)90043-A; White, *Slaying the Dragon*, 465; Marlatt and Donovan, *Relapse Prevention*.

77 Baum, *Smoke and Mirrors*, 88-89, based on his interview with Keith Schuchard; Emily Dufton, *Grass Roots: The Rise and Fall and Rise of Marijuana in America* (New York: Basic Books, 2017), 90. 다음도 보라. Musto, *American Disease*, 264.

78 예를 들면, 1978년 대마초가 해롭다고 생각하는 고등학교 졸업반 학생의 비율은 최저치인 35퍼센트를 기록했다. Musto, *American Disease*, 264.

79 "'Welfare Queen' Becomes Issue in Reagan Campaign," *New York Times*, February 15, 1976, https://www.nytimes.com/1976/02/15/archives/welfare-queen-becomes-issue-in-reagan-campaign-hitting-a-nerve-now.html.

80 Musto, *American Disease*, 265-267; Baum, *Smoke and Mirrors*, 140-141.

81 David Farber, *Crack: Rock Cocaine, Street Capitalism, and the Decade of Greed* (New York: Cambridge University Press, 2019), 129-162, https://doi.org/10.1017/9781108349055.

82 Keith Humphreys, *Circles of Recovery: Self-Help Organizations for Addictions* (New York: Cambridge University Press, 2004), 149-176.

83 Craig Reinarman, "The social Cosntruction of an Alcohol Problem," *Theory and Society* 17, no. 1 (January 1, 1988): 91-120, https://doi.org/10/b55kvt. 그래서 〈음주 운전 반대 어머니회〉는 주류 산업의 이익에 매력적이었고 양자의 관계는 좋았다. 앤하이저부시Anheuser-Busch와 밀러 브루잉Miller Brewing 둘 다 상당한 액수를 기부했다.

84 Herzberg, *White Market Drugs*, chap. 7.

85 이는 당연히 주 정부나 지방 정부 차원에도 해당된다. Donna Murch, "Crack in Los Angeles: Crisis, Militarization, and Black Response to the Late Twentieth-Century War on Drugs," *Journal of American History* 102, no. 1 (June 2015): 162-173, https://doi.org/10.1093/jahist/jav260.

86 Ronald Reagan, "Remarks on Signing Executive Order 12368, Concerning Federal Drug Abuse Policy Functions," June 24, 1982, American Presidency Project, University of California, Santa Barbara, https://www.presidency.ucsb.edu/documents/remarks-signing-executive-order-12368-concerning-federal-drug-abuse-policy-functions. 다음도 보라. Baum, *Smoke and Mirrors*, 166.

87 "Staffing and Budget," Drug Enforcement Administration (website), accessed Fegruary 24, 2021, https://www.dea.gov/staffing-and-budget. 1979년에서 1984년 사이에 마약 단속국 예산은 2억 달러에서 3억 달러 이상으로 크게 증가했다. 레이건 행정부의 약물 퇴치 전쟁으로 군대와 국내의 법 집행이 새롭게 연결되었다는 사실도 중요하다. Hinton, *From the War on Poverty*, 311.

88 Eric L. Jensen and Jurg Gerber, "The Civil Forfeiture of Assets and the War on Drugs: Expanding Criminal Sanctions While Reducing Due Process Protections," *Crime & Delinquency* 42, no. 3 (1996): 421-434, https://doi.org/10.1177% 2F0011128796042003005.

89 Arnold Washton, quoted in "Kids and Cocaine," *Newsweek*, March 17, 1986, discussed in Craig Reinarman and Harry G. Levine, "Crack in the Rearview Mirror: Deconstructing Drug War Mythology," *Social Justice* 31, nos. 1/2 (2004): 182-199, https://www.jstor.org/stable/29768248. 다음도 보라. Ibram X. Kendi, *Stamped from the Beginning: The Definitive History of Racist Ideas in America* (New York: Public Affairs, 2016), 434; Michelle Alexander, *The New Jim Crow* (New York: New Press, 2012), 5; Jacob Sullum, "Smackdown!," *Reason*, June 1, 2003, https://reason.com/2003/06/01/smackdown-2/.

90 Ronald Reagan, "Remarks Announcing the Campaign against Drug Abuse and a Question-and-Answer Session with Reporters," White House Rose Garden, August 4, 1986, Ronald Reagan Presidential Library and Museum, https://www.reaganlibrary.gov/archives/speech/remarks-announcing-campaign-against-drug-abuse-and-question-and-answer-session.

91 Kendi, Stamped from the Beginning, 435. 형량 선고에 관해서는 다음을 보라. Musto, *American Disease*, 273; Neptune, "Harshest in the Nation."

92 Roy Walmsley, *World Prison Population List*, 12th ed. (London: Institute for Criminal Policy Research, 2018), https://www.prisonstudies.org/sites/default/files/resources/downloads/wppl_12.pdf.

93 *Crime in the United States: 2019* (Washington, DC: Federal Bureau of Investigation), Table 43, https://ucr.fbi.gov/crime-in-the-u.s/2019/crime-in-the-u.s.-2019/topic-pages/tables/table-43. 약물을 이유로 체포된 자들이 집단 감금에서 차지하는 비중이 어느 정도인지는 범죄학에서 논란이 되는 주제이다. 다시 말하자면, 약물 관계 법령이 집단 감금의 주된 동인인가 아니면 훨씬 더 크고 복잡한 체제의 한 가지 작은 성분일 뿐인가? John Pfaff, *Locked In: The True Causes of Mass Incarcerationand How to Achieve Real Reform* (New York: Basic Books, 2017)에서는 미셸 알렉산더Michelle Alexander의 뉴 짐 크로New Jim Crow의 결론에 반대한다. (특정 시기 이 제도에 노출된 자들과 감금된 사람들 전체 사이의 차이도 고려하라. Jonathan Rothwell, "Drug

Offenders in American Prisons: The Critical Distinction between Stock and Flow," *Brookings* (blog), November 25, 2015, https://www.brookings.edu/blog/social-mobility-memos/2015/11/25/drug-offenders-in-american-prisons-the-critical-distinction-between-stock-and-flow/.) 약물 퇴치 전쟁과 특히 약물을 둘러싼 모럴 패닉이 집단 감금의 중요한 요인이라는 점을, 최소한 처벌에 관한 태도의 강력한 동인이라는 점을 언급하는 것으로 충분하겠다.

94 〈약물 남용 반대 교육〉은 로스앤젤레스 경찰국장 대릴 게이츠Daryl Gates가 만들었다. 게이츠의 접근법을 잠깐 보자면, 그는 1990년 상원 법사 위원회에서 증언하며 이렇게 말했다. 「무심코 약물을 사용하는 자는 골라내 총으로 쏴 죽여야 한다.」Gates, quoted in Devenport-Hines, *Pursuit of Oblivion*, locs. 1073-1074 of 13059.

95 Cornelius Friesendorf, *US Foreign Policy and the War on Drugs: Displacing the Cocaine and Heroin Industry* (New York: Routledge, 2007), 81; Eleanor Clift, "Drug Testing for Reagan, Top Aides to Begin Monday," *Los Angeles Times*, August 8, 1986, https://www.latimes.com/archives/la-xpm-1986-08-08-mn-1846-story.html.

96 Craig Reinarman and Harry G. Levine, eds., *Crack in America: Demon Drugs and Social Justice* (Berkeley: University of California Press, 1997), 22. 마약 단속국 워싱턴 지부 책임자였던 요원은 나중에 이렇게 인정했다. 「우리는 그를 그곳에 오도록 조종해야 했다. 쉽지 않았다.」Corinne Purtill, "US Agents Lured a Teen near the White House to Sell Drugs so George H. W. Bush Could Make a Point," *Quartz*, December 2, 2018, https://qz.com/1481809/george-h-w-bush-had-a-teen-set-up-to-sell-drugs-near-white-house/.

97 "War: 1 Percent. Drugs: 54 Percent," *New York Times*, September 28, 1989, https://www.nytimes.com/1989/09/28/opinion/war-1-percent-drugs-54-percent.html.

98 Substance Abuse and Mental Health Services Administration, *National Survey of Substance Abuse Treatment Services* (N-SSATS): 2019. *Data on Substance Abuse Treatment Facilities* (Rockville, MD: Substance Abuse and Mental Health Services Administration, 2020); Substance Abuse and Mental Health Services Administration, *Key Substance Use and Mental Health Indicators in the United States: Results from the 2019 National Survey on Drug Use and Health* (Washington, DC: Department of Health and Human Services, 2020), 54; ResearchandMarkets.com, "United States Addiction Rehab Industry Report 2020: SAMHSA Survey Findings, Major Trends & Issues, Operating Ratios, Competitor Profiles, and More," GlobeNewswire News Room, January 29, 2020, http://www.globenewswire.com/news-release/2020/01/29/1976908/0/en/United-States-Addiction-Rehab-Industry-Report-2020-SAMHSA-Survey-Findings-Major-Trends-Issues-Operating-

Ratios-Cometitor-Profiles-and-More.html. 오늘날 가족들이 치료 방법을 찾는 것이 어떠한지는 다음이 설득력 있게 설명했다. David Sheff, *Clean* (New York: Houghton Mifflin Harcourt, 2013), 129-134, 부분적으로는 (비영리 단체 섀터프루프의) 게리 멘들Gary Mendell의 경험에 의거한다.

99 Peter Haden, "'Body Brokers' Get Kickbacks to Lure People with Addictions to Bad Rehab," *NPR*, August 15, 2017, https://www.npr.org/sections/health-shots/2017/08/15/542630442/body-brokers-get-kickbacks-to-lure-people-with-addictons-to-bad-rehab.

100 David Segal, "In Pursuit of Liquid Gold," *New York Times*, December 27, 2017, https://www.nytimes.com/interactive/2017/12/27/business/urine-test-cost.html.

101 CASA Columbia, *Addiction Medicine: Closing the Gap between Science and Practice* (New York: Columbia University Press, 2012), https://drugfree.org/reports/addiction-medicine-closing-the-gap-between-science-and-practice/. 구체적으로 말하자면, 많은 것이 이중으로 증거 기반 치료가 아니다. 그들은 증거에 기반한 개입 조치를 쓰지 않으며, 그들이 쓰는 것은 종종 증거 기반이 결여된 것이다.

102 John F. Kelly and William L. White, *Addiction Recovery Management: Theory, Research and Practice* (Current Clinical Psychiatry) (New York: Humana Press, 2011), introduction, chap. 16.

103 White, *Slaying the Dragon*, 434; Kaye, *Enforcing Freedom*, 3-16; Weisner and Room, "Financing and Ideology in Alcohol Treatment," 176.

104 Weisner and Room, "Financing and Ideology in Alcohol Treatment," 176-177.

105 Substance Abuse and Mental Health Services Administration, Center for Behavioral Health Statistics and Quality, *Treatment Episode Data Set (TEDS): 2017. Admissions to and Discharges from Publicly-Funded Substance Use Treatment* (Rockville, MD: Substance Abuse and Mental Health Services Administration, 2019), 57-58, https://www.samhsa.gov/data/sites/default/files/cbhsq-reports/TEDS-2017.pdf. 체포에서 치료에 이르는 깔때기 파이프라인에 관해서는 다음을 보라. Kaye, *Enforcing Freedom*, 3-16.

106 White, *Slaying the Dragon*, 392-393.

107 R. S. Greenberger, "Sobering Methods: Firms Are Confronting Alcoholic Executives with Threat of Firing," *Wall Street Journal*, 1983, quoted in William L. White and William R. Miller, "The Use of Confrontation in Addiction Treatment: History, Science and Time for Change," *Counselor* 8, no. 4 (March 2009): 3.

108 예를 들면, 2014년 강제 치료 종료는 10만 건이 넘었다. 그해의 전체 치료 사례 중 7퍼센트를 넘는 수치이다. 다음을 보라. Izaak L. Williams and David Mee-Lee,

"Inside the Black Box of Traditional Treatment Programs: Clearing the Air on the Original Literary Teachings of Alcoholics Anonymous," *Addiction Research & Theory* 27, no. 5 (2019): 412-419, https://doi.org/10.1080/16066359.2018.1540692, citing SAMASA data. 강제 치료 종료에 관한 개인적인 설명은 다음을 보라. Sheff, *Clean*, 129-134.

109　William L. White and Ernest Kurtz, "A Message of Tolerance and Celebration: The Portrayal of Multiple Pathways of Recovery in the Writings of Alcoholics Anonymous Co-Founder Bill Wilson," *Selected Papers of William L. White*, 2010, http://smtp.williamwhitepapers.com/pr/dlm_uploads/2010-Bill-Wilson-on-Multiple-Pathways-of-Recovery.pdf. 화이트와 커츠는 빌 윌슨이 이런 취지로 한 말을 수없이 찾아냈다. 예를 들면 다음과 같다. 알코올 중독자 익명 모임은 알코올 중독자의 회생을 독점하지 않는다. 회복에 이르는 길은 많다……. 빠르게 회복한 사람이 한 이야기나 내놓은 이론이라면 무엇이든 틀림없이 많은 진실을 담고 있을 것이다. 분명히 우리는 알코올 중독자의 치료를 전담하지 않는다. 회원들은 절대로 알코올 중독자 익명 모임이 알코올 중독에 관하여 전지전능하다고 생각하지 말아야 한다.

110　Katie Witkiewitz and Jalie A. Tucker, "Abstinence Not Required: Expanding the Definition of Recovery form Alcohol Use Disorder," *Alcoholism: Clinical & Experimental Research* 44, no. 1 (January 2020): 36-40, https://doi.org/10.1111/acer.14235.

111　Tami L. Mark and Rosanna M. Coffey, "The Decline in Receipt of Substance Abuse Treatment by the Privately Insured, 1992-2001," *Health Affairs* 23, no. 6 (November 2004): 157-162, https://doi.org/10.1377/hlthaff.23.6.157; White, *Slaying the Dragon*, 401.

112　Maia Szalavitz, "The Rehab Industry Needs to Clean Up Its Act. Here's How," *HuffPost*, February 12, 2016, https://www.huffpost.com/entry/the-rehab-industry-needs-clean-up_b_9210542.

113　Randy Shilts, *And the Band Played On: Politics, People, and the AIDS Epidemic*, 20th Anniversary Edition (New York: St. Martin's Press, 2007), 265-286.

114　Siddhartha Mukherjee, *Emperor of All Maladies: A Biography of Cancer* (New York: Scribner, 2010), 321-323.

115　Paul S. Appelbaum, *Almost a Revolution: Mental Health Law and the Limits of Change* (New York: Oxford University Press, 1994).

116　Paul Starr, *The Social Transformation of American Medicine: The Rise of a Sovereign Profession and the Making of a Vast Industry* (New York: Basic Books, 1982), 389.

117　마이아 살라비츠는 최근 미국의 해약 축소 운동 역사에 관하여 훌륭한 연구를

내놓았다. 수많은 인터뷰를 토대로 상세히 연구한 책으로 저자 자신의 약물 사용 경험도 담고 있다. Maia Szalavitz, *Undoing Drugs: The Untold Story of Harm Reduction and the Future of Addiction* (New York: Hachette Go, 근간). 다음도 보라. Campbell, *OD*, 142, 202; Pat O'Hare, "Merseyside, the First Harm Reduction Conferences, and the Early History of Harm Reduction," *International Journal of Drug Policy* 18 (2007): 141-144.

118 Joyce Purnick, "Koch Bars Easing of Syringe Sales in AIDS Fight," *New York Times*, October 4, 1985, https://www.nytimes.com/1985/10/04/nyregion/koch-bars-easing-of-syringe-sales-in-aids-fight.html.

119 Szalavitz, *Undoing Drugs*, chap. 5; Reinarman and Levine, *Crack in America*; Nancy D. Campbell and Susan J. Shaw, "Incitements to Discourse: Illicit Drugs, Harm Reduction, and the Production of Ethnographic Subjects," *Cultural Anthropology* 23, no. 4 (November 2008): 688-717; Warwick Anderson, "The New York Needle Trial: The Politics of Public Health in the Age of AIDS," *American Journal of Public Health* 81, no. 11 (November 1991): 1506-1518.

120 Campbell, *OD*, 140.

121 금지는 잠시 풀렸다가 2011년에 다시 도입되었다. Sarah Barr, "Needle-Exchange Programs Face New Federal Funding Ban," *Kaiser Health News* (blog), December 21, 2011, https://khn.org/news/needle-exchange-federal-funding/. 연구에 관해서는 다음을 보라. "Syringe Services Programs (SSPs) FAQs," CDC (website), updated May 23, 2019, https://www.cdc.gov/ssp/syringe-services-programs-faq.html.

122 날록손과 약물 검사, 주사기 공급 프로그램의 증거는 지극히 강력했고 질병 통제 예방 센터CDC의 지지를 받았다. "CDC Health Alert Advisory: Increase in Fatal Drug Overdoses across the United States Driven by Synthetic Opioids before and during the COVID-19 Pandemic," CDC Health Alert Network, December 17, 2020, https:// emergency.cdc.gov/ han/ 2020/ pdf / CDC- HAN- 00438.pdf; "Reverse Overdose to Prevent Death," CDC (website), updated October 2, 2020, https://www.cdc.gov/drugoverdose/prevention/reverse-od.html; Syringe Services Programs (SSPs) Fact Sheet, CDC (website), May 23, 2019, https://www.cdc.gov/ssp/syringe-services-programs-factsheet.html. 안전한 주사 시설은 더 논란이 되며 종종 지역 사회의 반대에 부딪히지만, 그 존재에 긍정적인 강력한 증거가 있다. *Overdose Prevention in New York City: Supervised Injection as a Strategy to Reduce Opioid Overdose and Public Injection* (New York: New York City Health, 2018), https://www1.nyc.gov/assets/doh/downloads/pdf/public/supervised-injection-report.pdf.

123 Szalavitz, Undoing Drugs, chap. 13. Andrew Tatarsky and G. Alan Marlatt, "State of the Art in Harm Reduction Psychotherapy: Am Emerging Treatment for

Substance Misuse," *Journal of Clinical Psychology* 66, no. 2 (2010): 117-122, https://doi.org/10.1002/jclp.20672.

124　Mark Sobell and Linda C. Sobell, "It Is Time for Low-Risk Drinking Goals to Come Out of the Closet," *Addiction* 106, no. 10 (October 2011): 1715-1774, https://doi.org.10.1111/j.1360-0443.2011.03509.x. 예를 들면, 약물 치료는 사회 심리적 지원을 받고 싶지 않거나 받을 수 없는 사람에게 여전히 유용하다. Kathleen M. Carroll and Roger D. Weiss, "The Role of Behavioral Intervention in Buprenorphine Maintenance Treatment: A Review," *American Journal of Psychiatry* 174, no 8 (August 2017): 738-747, https://doi.org.10.1176/appi.ajp.2016.16070792. Stephen A. Martin et al., "The Next Stage of Buprenorphine Care for Opioid Use Disorder," *Annals of Internal Medicine* 169, no. 9 (October 23, 2018): 628-635, https://doi.org/10.7326/M18-1652. 이는 실제로 뉴욕주의 공식 지침, 〈공인 중독 치료 프로그램certified addiction treatment programs〉이다. Marc Manseau, *Standards for Person-Centered Medication Treatment at OASAS Certified Programs* (Albany: New York State Office of Alcoholism and Substance Abuse Services, 2019), https://oasas.ny.gov/system/files/documents/2019/10/medical-standards-for-certified-programs.pdf.

125　이는 필자가 주요 이해관계자들이 해악 축소에 관하여 한 말을 요약한 것으로, 불가피하게 불완전할 수밖에 없다. 다음을 보라. "Principles of Harm Reduction," National Harm Reduction Coalition (website), accessed March 5, 2021, https://harmreduction.org/about-us/principles-of-harm-reduction/; "About HRI," Harm Reduction International (website), accessed March 5, 2021, https://www.hri.global/about. 하나의 원리로서의 해악 축소에 관한 비판적 논의는 다음을 보라. Helen Keane, "Critiques of Harm Reduction, Morality and the Promise of Human Rights," *International Journal of Drug Policy* 14, no. 3 (2003): 227-232, https://doi.org/10.1016/S0955-3959(02)00151-2; Bernadette Pauly, "Harm Reduction through a Social Justice Lens," *International Journal of Drug Policy* 19, no. 1 (2008): 4-10, https://doi.org/10/1016/j.drugpo.2007.11.005; Tara Marie Watson et al., "Critical Studies of Harm Reduction: Overdose Response in Uncertain Political Times," *International Journal of Drug Policy* 76 (2020): 102615, https://doi.org/10.1016/j.drugpo.1019.102615.

126　예를 들면, 1994년의 악명 높은 범죄 법안을 보라. Dan Baum, "Epilogue: Night and Day: 1993-1994," in *Smoke and Mirrors*, 32937. 1990년대에 치료와 연구에서 계속된 해악 축소 조치에 대한 반대에 관해서는 다음을 보라. Campbell, *OD*, 174-181.

127　Gil Kerlikowske, interview with Michael Martin, "Drug Control Policy Director Talks Prevention," *NPR*, July 16, 2010, https://www.npr.org/templates/story/story.php?storyId=128567349; Amanda Gardner, "White House Drug Policy Shifts

Strategy," *MedicineNet*, April 17, 2012, https://www.medicinenet.com/script/main/art.asp?articlekey=157198; Zachary A. Siegel, "We've Been Fighting the Drug War for 50 Years. So Why Aren't We Winning?," *Appeal*, June 4, 2018, https://theappeal.org/weve-been-fighting-the-drug-war-for-50-years-so-why-arent-we-winning/.

128 Audie Cornish, "Congress Ends Ban on Federal Funding for Needle Exchange Programs," *NPR*, January 8, 2016, https://www.npr.org/2016/01/08/462412631/congress-ends-ban-on-federal-funding-for-needle-exchange-programs. 날록손 투자에 관해서는 다음을 보라. Campbell, *OD*, 181.

11. 중독의 이해

1 "Federalizing Medical Campaigns against Alcoholism and Drug Abuse," *Milbank Quarterly* 91, no. 1 (March 2013): 140-147; Matthew Pembleton, *Containing Addiction: The Federal Bureau of Narcotics and the Origins of America's Global Drug War* (Amherst: University of Massachusetts Press, 2017), 289-290; John E. Helzer, "Significance of the Robins et al. Vietnam Veterans Study," *American Journal on Addictions* 19, no. 3 (MayJune 2010): 218-221, https://doi.org/10.1111/j.1521-0391.2010.00044.x.

2 Lee N. Robins et al., "Vietnam Veterans Three Years after Vietnam: How Our Study Changed Our View of Heroin," *American Journal on Addictions* 19, no. 3 (MayJune 2010): 203-211, https://doi.org/10.1111/j.1521-0391.2010.00046.x; Eric C. Schneider, *Smack: Heroin and the American City* (Philadelphia: University of Pennsylvania Press, 2013), 162-163.

3 Jerry Jaffe, interview by Nancy Campbell, 1998, Oral History of Substance Abuse Research Project, Bentley Historical Library, University of Michigan, Ann Arbor. 이 연구에 관한 다른 유용한 설명은 다음을 보라. Robins et al., "Vietnam Veterans"; Wayne Hall and Megan Weier, "Lee Robins' Studies of Heroin Use among US Vietnam Veterans," *Addiction* 112, no. 1 (2017): 176-180, https://doi.org/10.1111/add.13584; Jerome H. Jaffe, "A Follow-Up of Vietnam Drug Users: Origins and Context of Lee Robins' Classic Study," *American Journal on Addictions* 19, no. 3 (May 2010): 212-214, https://doi.org/10.1111/j.1521-0391.2010.00043.x.

4 Robins et al., "Vietnam Veterans," 206. 1970년대의 주요 논문은 다음과 같다. Lee N. Robins, "A Follow-up Study of Vietnam Veterans' Drug Use," *Journal of Drug Issues* 4, no. 1 (January 1974): 61-63, https://doi.org/10.1177/002204267400400107; Lee N. Robins, Darlene H. Davis, and Donald W. Goodwin, "Drug Use by U.S.

Army Enlisted Men in Vietnam: A Follow-Up on Their Return Home," *American Journal of Epidemiology* 99, no. 4 (April 1, 1974): 235-249, https://doi.org.10.1093/oxfordjournals.aje.a121608; Lee N. Robins, Darlene H. Davis, and David N. Nurco, "How Permanent Was Vietnam Drug Addiction?," *American Journal of Public Health* 64, no. S12 (December 1974): 38-43, https://doi.org.10.2015/AJPH.64.12_Suppl.38; Lee N. Robins, "Narcotic Use in Southeast Asia and Afterward: An Interview Study of 898 Vietnam Returnees," *Archives of General Psychiatry* 32, no. 8 (August 1975): 955-961, https://doi.org/10.1001/archpsyc.1975.01760260019001.

5 Robins, Davis, and Goodwin, "Drug Use," 242-243.

6 Robins et al., "Vietnam Veterans," 207.

7 Jaffe, "A Follow-up of Vietnam Drug Users," 213.

8 예를 들면, 오늘날의 거대한 진단 기준 개론서인 정신 질환 진단 통계 편람DSM의 토대가 된 〈페이너 기준Feighner Criteria〉과 연구 진단 기준Research Diagnostic Criteria(RDC)을 통한 분류. Kenneth S. Kendler, Rodrigo A. Muoz, and George Murphy, "The Development of the Feighner Criteria: A Historical Perspective," *American Journal of Psychiatry* 167, no. 2 (2010): 134-142.

9 로빈스의 중독 기준을 충족하려면, 연구 대상자들은 다음 네 가지 기준 중에서 세 가지를 충족해야 했다. (1) 사용 빈도, (2) 금단 증상의 존재, (3) 금단 증상의 지속 시간, (4) 중독되었다고 믿는다는 자기 보고. 물론 중독되었다는 자인은 주관적인 자제력 상실 인식이 아니라 단순히 중독을 내성과 의존 상태로 보는 대중적인 이해를 반영할 수 있다."Robins, Narcotic Use in Southeast Asia and Afterward," 995.

10 통속적인 중독 심리학의 주된 원리와 지속력에 관해서는 다음을 보라. E. Mansell Pattison, Mark B. Sobell, and Linda C. Sobell, *Emerging Concepts of Alcohol Dependence* (New York: Springer, 1977), 10; Robin Room, "Social Science Research and Alcohol Policy Making," in *Alcohol: the Development of Sociological Perspectives on Use and Abuse*, ed. Paul Roman (New Brunswick, NJ: Rutgers Center of Alcohol Studies, 1991), 311-335.

11 E. M. Jellinek, "Phases in the Drinking History of Alcoholics: Analysis of a Survey Conducted by the Official Organ of Alcoholics Anonymous," *Quarterly Journal of Studies on Alcohol* 7, no. 1 (1946): 1-88, https://doi.org/10.15288/QJSA.1946.7.1; and E. M. Jellinek, "Phases of Alcohol Addiction," *Quarterly Journal of Studies on Alcohol* 13, no. 4 (1952): 673-684, https://doi.org/10.15288/qjsa.1952.13.673. 다음도 보라. Trysh Travis, *Language of the Heart* (Chapel Hill: University of North Carolina, 2009), 38-39; Robin Room, "Governing Images of Alcohol and Drug Problems: The Structure, Sources, and Sequels of Conceptualizations of an Intractable Problem" (PhD diss., University of California, Berkeley, 1978), 55-57; Ron Roizen,

"The Great Controlled-Drinking Controversy," in *Recent Developments in Alcoholism*, vol. 5, ed. Marc Galanter (New York: Plenum, 1987), 257-259.

12 M. M. Glatt, "Group Therapy in Alcoholism," *British Journal of Addiction* 54, no. 2 (1958): 133-148.

13 이런 견해를 밝힌 사람이 여럿 있다. 예를 들면 다음을 보라. John Crowley, ed., *Drunkard's Progress: Narratives of Addiction, Despair, and Recovery* (Baltimore: Johns Hopkins University Press, 1999), 1, 20.

14 Room, "Governing Images of Alcohol and Drug Problems," 55-56. 예를 들어, 다음을 보라. Stages of Alcoholism, Hazelden Betty Ford Foundation (website), March 13, 2019, https://www.hazeldenbettyford.org/articles/stages-of-alcoholism.

15 George Vaillant, *The Natural History of Alcoholism* (Cambridge, MA: Harvard University Press, 1983).

16 Bridget F. Grant et al., " Prevalence and Co-Occurrence of Substance Use Disorders and Independent Mood and Anxiety Disorders: Results from the National Epidemiologic Survey on Alcohol and Related Conditions," *Archives of General Psychiatry* 61, no. 8 (August 1, 2004): 807-816, https://doi.org/10.1001/archpsyc.61.8.807; Harry Man Xiong Lai et al., "Prevalence of Comorbid Substance Use, Anxiety and Mood Disorders in Epidemiological Surveys, 1990-2014: A Systematic Review and Meta-Analysis," *Drug and Alcohol Dependence* 154 (September 1, 2015): 1-13, https://doi.org/10.1016/j.drugalcdep.2015.05.031. 몇몇 특이한 연구는 동반 질병율을 거의 100퍼센트에 가깝게, 심지어 100퍼센트로 잡기도 한다. Rosemary E. F. Kingston, Christina Marel, and Katherine L. Mills, "A Systematic Review of the Prevalence of Comorbid Mental Health Disorders in People Presenting for Substance Use Treatment in Australia," *Drug and Alcohol Review* 36, no. 4 (2017): 527-539, https://doi.org/10.1111/dar.12448.

17 Ronald C. Kessler et al., "Prevalence, Severity, and Comorbidity of 12-Month DSM-IV Disorders in the National Comorbidity Survey Replication," *Archives of General Psychiatry* 62, no. 6 (June 1, 2005): 617-627, https://doi.org/10.1001/archpsyc.62.6.617. 문화 간 연구의 결과도 높은 동반 질병 비율을 보여 준다. 다음을 보라. Oleguer Plana-Ripoll et al., "Exploring Comorbidity within Mental Disorders among a Danish National Population," *JAMA* Psychiatry 76, no. 3 (March 1, 2019): 259, https://doi.org/10.1186/jamapsychiatry.2018.3658; Annika Steffen et al., "Mental and Somatic Comorbidity of Depresssion: A Comprehensive Cross-Sectional Analysis of 202 Diagnosis Groups Using German Nationwide Ambulatory Claims Data," *BMC Psychiatry* 20, no. 1 (March 30, 2020): 142, https://doi.org/10.1186/s12888-020-02546-8.

18 Jalie A. Tucker, Susan D. Chandler, and Katie Witkiewitz, "Epidemiology of Recovery from Alcohol Use Disorder," *Alcohol Research* 40, no. 3 (2020), https://doi.org/10.35946/arcr.v40.3.02.

19 Gene M. Heyman, *Addiction: A Disorder of Choice* (Cambridge, MA: Harvard University Press, 2009), 67-83. 한 사람의 일생에서 심한 물질 문제가 호전될 가능성을 추정해 보면 대단히 높다. 니코틴의 경우 83.7퍼센트, 술의 경우 90.6퍼센트, 대마초의 경우 97.2퍼센트, 코카인의 경우 99.2퍼센트이다. Catalina Lopez-Quinter et al., "Probability and Predictors of Remission from Life-Time Nicotine, Alcohol, Cannabis or Cocaine Dependence: Results from the National Epidemiologic Survey on alcohol and Related Conditions," *Addiction* 106, no. 3 (2011): 657-669, https://doi.org/10.1111/j.1360-0443.2010.03194.x. 다음도 보라. Wilson M. Compton et al., "Prevalence, Correlates, Disability, and Comorbidity of DSM-IV Drug Abuse and Dependence in the United States: Results from the National Epidemilogic Survey on Alcohol and Related Conditions," *Archives of General Psychiatry* 64, no. 5 (2007): 566-576, https://doi.or/10.1001/archpsyc.64.5.566.

20 Jerome C. Wakefield and Mark F. Schmitz, "The Harmful Dysfunction Model of Alcohol Use Disorder: Revised Criteria to Improve the Validity of Diagnosis and Prevalence Estimates," *Addiction* 110, no. 6 (June 2015): 931-942, https://doi.org/10.1111/add.12859. Jerome C. Wakefield and Mark F. Schmitz, "Corrigendum: How Many People Have Alcohol Use Disorders? Using the Harmful Dysfunction Analysis to Reconcile Prevalence Estimates in Two Community Surveys," *Frontiers in Psychiatry* 5, no. 144 (2014), https://doi.org/10.3389/fpsyt.2014.00144.

21 Scott Vrecko, "Birth of a Brain Disease: Science, the State and Addiction Neuropolitics," *History of the Human Sciences* 23, no. 4 (August 2010): 52-67, https://doi.org/ 10.1177/0952695110371598. 오피오이드 수용체의 발견에 관한 전반적인 내용은 다음을 보라. David Healy, *The Creation of Psychopharmacology* (Cambridge, MA: Harvard University Press, 2002), 211.

22 Nancy D. Campbell, *Discovering Addiction: The Science and Politics of Substance Abuse Research* (Ann Arbor: University of Michigan Press, 2007), 211.

23 David Healy, "Twisted Thoughts and Twisted Molecules," in *The Creation of Psychopharmacology* (Cambridge, MA: Harvard University Press, 2002), 210.

24 Candace B. Pert and Solomon H. Snyder, "Opiate Receptor: Demonstration in Nervous Tissue," *Science* 179, no. 4077 (March 1973): 101-114, https://doi.org/10.1126/science.179.4077.1011.

25 퍼트를 제외하고 스나이더와 휴스, 코스털리츠는 1978년 의학계에서 가장 권위

있는 상인 래스커상Lasker Award을 수상했다. 퍼트는 연구의 발상이 자신에게서 나온 것이며 심지어 스나이더의 반대와 최소 위협을 무릅쓰고 연구를 위해 싸웠다고 주장하며 이의를 제기했다. 이 일은 국제적인 논란이 되었고, 캐서린 존슨Katherine Johnson과 로절린드 프랭클린Rosalind Franklin 같은 여성의 과학적 업적을 가로챈 남자들의 사례를 떠올리게 했다.

26 Campbell, *Discovering Addition*, 210. Also Nancy D. Campbell, "Multiple Commitments: Heterogeneous Histories of Neuroscientific Addiction Research," in *The Routledge Handbook of Philosophy and Science of Addiction*, ed. Hanna Pickard and Serge H. Ahmed (New York: Routledge, 2019), 240-250.

27 A. Goldstein, "Opioid Peptides (Endorphins) in Pituitary and Brain," *Science* 193, no. 4258 (September 1976): 7, https://doi.org/10.1126/science.959823.

28 Harold M. Schinieck Jr., "Opiate-Like Substances in Brain May Hold Clue to Pain and Mood," *New York Times*, October 2, 1977, https://www.nytimes.com/1977/10/02/archives/opiatelike-substances-in-brain-may-hold-clue-to-pain-and-mood.html.

29 Julie Deardorff, "Chasing Facts on Runners' High," *Chicago Tribune*, October 10, 2003, https://www.chicagotribune.com/news/ct-xpm-2003-10-12-0310120504-story.html.

30 William S. Burroughs Jr., *Cursed from Birth*, ed. David Ohle (Brooklyn: Soft Skull Press, 2006), 190.

31 Eric J. Nestler, "Historical Review: Molecular and Cellular Mechanisms of Opiate and Cocaine Addiction," *Trends in Pharmacological Sciences* 25, no. 4 (April 2004): 210-218, https://doi.org/10.1016/j.tips.2004.02.005. 〈초기 [수용체] 연구는 약물 내성과 의존 상태를 설명할 수 있는 아편제 수용체와 모노아민 신경 전달 물질, 기타 표지의 일관된 변화를 발견하지 못했다.〉

32 Solomon H. Snyder, "You've Come a Long Way, Baby!," in *The Opiate Receptors*, ed. Gavril W. Pasternak (New York: Springer, 2010), 4. 다음도 보라. Nacny D. Campbell, *OD: Naloxone and the Politics of Overdose* (Cambridge, MA: MIT Press, 2019I, 43-44.

33 Donald Goodwin, *Is Alcoholism Hereditary? One in Six Families in America Is Affected by Alcoholism. Here Is the Answer to Their Most Pressing Question* (New York: Random House, 1988).

34 예를 들어, 다음을 보라. Margot Slade and Wayne Biddle, "Ideas and Tends: Inheriting Alcoholism," *New York Times*, July 25, 1982, https://www.nytimes.com/1985/07/25/weekinreview/ideas-and-trends-inheriting-alcoholism.html; Lucinda Franks, "A New Attack on Alcoholism," *New York*

Times, October 20, 1985, https://www.nytimes.com/1985/10/20/magazine/a-new-attack-on-alcoholism.html; Sandra Blakeslee, "Scientists Find Key Biological Causes of Alcoholism," *New York Times*, August 14, 1984, https://www.nytimes.com/1984/08/14/science/scientists-find-key-biological-causes-of-alcoholism.html.

35 Andrew Purvis, "Medicine: DNA and the Desire to Drink," *Time*, April 30, 1990, http://content.time.com/time/subscriber/article/0,33009,969965,00.html.

36 Stanton Peele, "Second Thoughts about a Gene for Alcoholism," *Atlantic*, August 1990, https://www.peele.net/lib/atlcgene.html. 유전자 이야기의 유용한 논의는 다음도 보라. Gabor Mat, "It's Not in the Genes," in *In the Realm of Hungry Ghosts* (Berkeley: North Atlantic Books, 2010), 211-231.

37 1989년 낸 로버트슨이 발표한 책 *Getting Better*를 예로 들 수 있다. 〈질병 The Disease〉이란 제목이 붙은 의학 연구에 관한 내용은 대부분 중독 유전학이 어떻게 그 질병 개념의 타당성을 증명하는지에 집중한다. Nan Robertson, *Getting Better: Inside Alcoholics Anonymous* (New York: William Morrow, 1988), 183-209.

38 William R. Miller and David J. Atencio, "Free Will as a Proportion of Variance," in *Are We Free? Psychology and Free Will*, ed. John Baer, James C. Kaufman, and Roy F. Baumeister (New York: Oxford University Press, 2008), 275-295.

39 A. Agrawal et al., "The Genetics of Addiction-a Translational Perspective," *Translational Psychiatry* 2, no. 7 (July 2012): e140, https://doi.org/10.1038/tp.2012.54; Mary-Anne Enoch, "Genetic Influences on the Development of Alcoholism," *Current Psychiatry Reports* 15, no. 11 (November 2013): 412, https://doi.org/10.1007/s11920-013-0412-1; Dana B. Hancock et al., "Human Genetics of Addiction: New Insights and Future Directions," *Current Psychiatry Reports* 20, no. 2 (March 2018): 8, https://doi.org/10.1007/s11920-018-0873-3; Richard C. Crist, Benjamin C. Reiner, and Wade H. Berrettini, "A Review of Opioid Addiction Genetics," in "Genetics," special issue, *Current Opinion in Psychology* 27 (June 2019): 31-35, https://doi.org/10.1016/j.copsyc.2018.07.014.

40 Robert Plomin, quoted by Charles C. Mann, "Behavioral Genetics in Transition: A Mass of Evidence-Animal and Human-Shows That Genes Influence Behavior. But the Attempt to Pin Down Which Genes Influence Behaviors Has Proved Frustratingly Difficult," *Science* 264, no. 5166 (June 17, 1994): 1686-1690, https://doi.org/10.1126/science.8209246.

41 Keith Humphreys et al., "Brains, Environments, and Policy Responses to Addiction," *Science* 356, no. 6344 (June 2017): 1237-1238, https://doi.org/10.1126/science.aan0655.

42 Friedrich-Wilhelm Kielhorn, "The History of Alcoholism: Brühl-Cramer's Concepts and Observations," *Addiction* 91, no. 1 (January 1996): 123-124.

43 William B. Carpenter, *On the Use and Abuse of Alcoholic Liquors, in Health and Disease* (Philadelphia, 1855), 45, https://books.google.com/books?id=V-sPAAAAYAAJ; Thomas F. Babor and Richard J. Lauerman, "Classification and Forms of Inebriety: Historical Antecedents of Alcoholic Typologies," in *Recent Developments in Alcoholism*, vol. 4, ed. Marc Galanter (New York: Plenum, 1986), 113-144. Babor는 1850년부터 1941년까지의 기간에 39가지 다른 분류법이 있음을 알아냈다.

44 E. M. Jellinek, *The Disease Concept of Alcoholism* (New York: Hilhouse Press, 1960), 36; Penny Booth Page,"E. M. Jellinek and the Evolution of Alcohol Studies: A Critical Essay," *Addiction* 92, no. 12 (December 1997): 1619-1637, https://doi.org/10.1111/j.1360-0443.1997.tb02882.x; John F. Kelly, "E. M. Jellinek' Disease Concept of Alcoholism," *Addiction* 114, no. 3 (September 2018): 555-559, https://doi.org/10.1111/add.14400.

45 Thomas F. Babor and Raul Caetano, "Subtypes of Substance Dependence and Abuse: Implications for Diagnostic Classification and Empirical Research," Addiction 101, no. SI (2006): 104-110, https://doi.org/10.1111/j.1360-0443.2006.01595.x.

46 Victor M. Hesselbrock and Michie N. Hesselbrock, "Are There Empirically Supported and Clinically Useful Subtypes of Alcohol Dependence?," *Addiction* 101, no. SI (2006): 97-103, https://doi.org/10.1111/j.1360-0443.2006.01595.x; Lia Nower et al., "Subtypes of Disordered Gamblers: Results from the National Epidemiologic Survey on Alcohol and Related Conditions," *Addiction* 108, no. 4 (January 3, 2013): 789-798, https://doi.org/10.1111/add.12012.

47 Timothy D. Brewerton and Kathleen Brady, "The Role of Stress, Trauma, and PTSD in the Etiology and Treatment of Eating Disorders, Addictions, and Substance Use Disorders," in *Eating Disorders, Addictions and Substance Use Disorders*, ed. Timothy d. Brewerton and Amy Baker Dennis (New York: Springer, 2014), 379-404.

48 Lonrenzo Leggio et al., "Typologies of Alcohol Dependence: From Jellinek to Genetics and Beyond," N*europsychology Review* 19, no. 1 (2009): 115-129, https://doi.org/10.1007/s11065-008-9080-z; Mark Griffiths, "A 'Components' Model of Addiction within a Biopsychosocial Framework," *Journal of Substance Use* 10, no. 4 (2005): 191-197, https://doi.org/10.1080/14659890500114359; Mark D. Griffiths and Michael Larkin, "Conceptualizing Addiction: The Case for a 'Complex Systems' Account," *Addiction Research & Theory* 12, no. 2 (2004): 99-102, https://doi.org/10.1080/16066350042000193211; James MacKillop and Lisa A. Ray, "The Etiology of Addiction," in *Integrating Psychological and Pharmacological Treatments for*

Addictive Disorders, 1st ed., ed. James MacKillop et al., (New York: Routledge, 2017), 32-53, https://doi.org/10.4324/9781315683331-2; Matt Field, Nick Heather, and Reinout W. Wiers, "Indeed, Not Really a Brain Disorder: Implications for Reductionist Accounts of Addiction," *Behavioral and Brain Sciences* 42 (2019): e9, https://doi.org/10.1017/S0140525X18001024.

49 Nick Haslam, "Psychiatric Categories as Natural Kinds: Essentialist Thinking about Mental Disorder," *Social Research* 67, no. 4 (Winter 2000); Peter Zachar and Kenneth S. Kendler, "Psychiatric Disorders: A Conceptual Taxonomy," *American Journal of Psychiatry* 164, no. 4 (April 2007): 557-565, https://doi.org/10.1176/ajp.2007.164.4.557; Kathryn Tabb, "Psychiatric Progress and the Assumption of Diagnostic Discrimination," *Philosophy of Science* 82, no. 5 (December 2015): 1047-1058, https://doi.org/10.1086/683439.

50 Howard J. Shaffer et al., "Toward a Syndrome Model of Addiction: Multiple Expressions, Common Etiology," *Harvard Review of Psychiatry* 12, no. 6 (2004): 367-374, https://doi.org/10.1080/10673220490905705; Paige M. Shaffer and Howard J. Shaffer, "Reconsidering Addiction as Syndrome" in Pickard and Ahmed, eds., *Handbook of Philosophy and Science of Addiction*, 106.

51 1995년 연구자 조지 벌랜트가 자신이 수십 년간 수행한 알코올 중독의 자연사 연구를 재검토한 뒤 내린 결론이 바로 이것이다. 그는 알코올 중독이 중독자가 다른 사람들과 분명하게 구분된다거나 중독이 하나의 명백한 생물학적 원인군에 의해 초래된다는 의미에서의 질병은 분명코 아니라고 인정했지만, 지나치게 심각하게 받아들이지만 않는다면 질병이라는 은유가 개념 정립에 유용하다고 주장했다. 빛이 파동과 분자로 이루어지듯이, 알코올 중독도 음주 문제라는 스펙트럼의 한쪽 끝이면서 동시에 특정한 장애일 수 있다. Goerge Vaillant, *The Natural History of Alcoholism Revisited* (Cambridge, MA: Harvard University Press, 1995), 376.

52 Richard Rohr, *Breathing Underwater: Spirituality and the Twelve Steps* (Cincinnati: St. Anthony Messenger Press, 2011), xviii. 알코올 중독자는 그저 다른 모든 사람이 볼 수 있게 그 무력함이 드러나는 사람일 뿐이다.

53 특히 복부 선조체의 역할인 이 문제는 다음에서 자세히 논의하고 있다. Marc Lewis, *The Biology of Desire: Why Addiction Is Not a Disease* (New York: Public Affairs, 2015), 126. 다음도 보라. Barry J. Everitt and Trevor W. Robbins, "From the Ventral to the Dorsal Striatum: Devolving Views of Their Roles in Drug Addiction," *Neuroscience & Biobehavioral Reviews* 37, no. 9 (November 2013): 1946-1954, https://doi.org/10.1016/j.neubiorev.2013.02.010; Oren Contreras-Rodrguez et al., "Ventral and Dorsal Striatum Networks in Obesity: Link to Food Craving and Weight Gain," *Biological Psychiatry* 81, no. 9 (May 2017): 789-796,

https://doi.org/10.1016/j.biopsych.2015.11.020; Kent C. Berridge, "The Debate over Dopamine's Role in Reward: The Case for Incentive Salience," *Psychopharmacology* 191, no. 3 (April 2007): 391-431, https://doi.org/10.1007/s00213-006-0578-x; Kent C. Berridge and Morten L. kringelbach, "Pleasure Systems in the Brain," *Neuron* 86, no. 3 (May 2015).

맺음말: 회복

1 "A Growing Impetus for Integration," in *Facing Addiction in America: The surgeon General's Report on Alcohol, Drugs, and Health* (Washington, DC: Office of the Surgeon General, 2016), chap. 6, http://www.ncbi.nlm.nih.gov/books/NBK424857/.

2 Michael A. Hoge et al., "Mental Health and Addiction Workforce Development: Federal Leadership Is Needed to Address the Growing Crisis," *Health Affairs* 32, no. 11 (November 2013): 2005-2012, https://doi.org/10.1377/hlthaff.2013.0541. 다음도 보라. "Addiction Treatment: Improving Quality and Capacity," Shatterproof (website), accessed March 5, 2021, https://www.shatterproof.org/advocacy/federal-addiction-treatment-omproving; *ASAM Advocacy Roadmap: February* 2020 (Washington, DC: American Society of Addiction Medicine, 2020), https://www.asam.org/docs/default-source/advocacy/asam_report_feb2020_final.pdf.

3 "Practitioner and Program data," SAMHSA (website), accessed March 5, 2021, https://www.samhsa.gov/medication-assisted-treatment/practitioner-resources/DATA-program-data; Professionally Active Physicians, Kaiser Family Foundation (website), updated September 2020, https://www.kff.org/other/state-indicator/total-active-physicians/. 2021년 2월 현재 부프레노르핀 제공자가 될 수 있는 의료인 중에는 전문 간호사nurse practitioner와 의사 보조사physician assistant가 있는데, 그 숫자는 전체 제공자 선발 대상의 대략 6퍼센트에 해당한다. 다음도 보라. Justin Berk, "To Help Providers Fight the Opioid Epidemic, 'X the X Waiver'," *Health Affairs* (blog), March 5, 2019, https://www.healthaffairs.org/do/10.1377/hblog20190301.79453/full/.

4 Regina LaBelle, "Announcing President Biden's New Team and Priorities at ONDCP," American Academy of Addiction Psychiatry (website), February 4, 2021, https://www.aaap.org/announcing-president-bidens-new-team-and-priorities-at-ondcp/.

5 Cindy Parks Thomas et al., "Prescribing Patterns of Buprenorphine Waivered Physicians," *Drug and Alcohol Dependence* 181 (December 1, 2017): 213-218, https://doi.org/10.1016/j.drugalcdep.2017.10.002; Stacey C. Sigmon, "The Untapped

Potential of Office-Based Buprenorphine Treatment," *JAMA Psychiatry* 72, no. 4 (April 1, 2015): 395, https://doi.org/10.1001/jamapsychiatry.2014.2421.

6 Eliza Hutchinson et al., "Barriers to Primary Care Physicians Prescribing Buprenorphine," *Annals of Family Medicine* 12, no. 2 (March 2014): 128-133, https://doi.org/10.1370/afm.1595. 다음도 보라. Wendy Kissin et al., "Experiences of a National Sample of Qualified Addiction Specialists Who Have and Have Not Prescribed Buprenorphine for Opioid Dependence," *Journal of Addictive Diseases* 25, no. 4 (November 2006): 91-103, https://doi.org/10.1300/J069v25n04_09; Cindy Parks Thomas et al., "Use of Buprenorphine for Addiction Treatment: Perspectives of Addiction Specialists and General Psychiatrists," *Psychiatric Services* 59, no. 8 (August, 2008): 909-916, https://doi.org/10.1176/ps.2008.59.8.909.

7 William L. White and Ernest Kurtz, "The Varieties of Recovery Experience," *International Journal of Self-Help and Self Care* 3, no. 12 (2006): 21-61; William L. White, "Addiction Recovery: Its Definition and Conceptual Boundaries," *Journal of Studies on Alcohol* 33, no. 3 (October 2007): 229-241, https://doi.org/10.1016/j.jsat.2007.04.015.

8 John F. Kelly et al., "Prevalence and Pathways of Recovery from Drug and Alcohol Problems in the United States Population: Implications for Practice, Research, and Policy," *Drug and Alcohol Dependence* 181 (December 2017): 162-169, https://doi.org/10.1016/j.drugalcdep.2017.09.028. 회복에 이르는 다양한 경로에 관하여 말하자면, 사람들은 상이한 지원 자원을 오가기에, 직선을 뜻하는 〈경로〉가 암시하는 것보다 더 역동적인 상호 작용이 있다.

9 Jalie A. Tucker, Susan D. Chandler, and Katie Witkiewitz, "Epidemiology of Recovery from Alcohol Use Disorder," *Alcohol Research* 40, no. 3 (2020): 4-7.

10 Aaron L. Sarvet and Deborah Hasin, "The Natural History of Substance Use Disorders," *Current Opinion in Psychiatry* 29, no. 4 (July 2016): 250-257, https://doi.org/10.1097/YCO.0000000000000257; Lauren A. Hoffman, Corrie Vilsaint, and John F. Kelly, "Recovery from Opioid Problems in the US Population: Prevalence, Pathways, and Psychological Well-Being," *Journal of Addiction Medicine* 14, no. 3 (June 2020): 207-216, https://doi.org/10.1097/ADM.0000000000000561. 오피오이드 사용 장애로 돌봄이 필요한 사람들은 사회 심리적 치료를 받아야 하지만, 사회 심리적 치료를 거부한다거나 사회 심리적 치료가 없다고 해서 약물 치료를 할 수 없는 것은 아니다. 이 점에 주목할 필요가 있다. "The ASAM National Practice Guideline for the Treatment of Opioid Use Disorder: 2020 Focused Update," *Journal of Addiction Medicine* 14, no. 2S (March 2020): 1-91, https://doi.org/10.1097/ADM.0000000000000633.

11 소벨 부부를 거쳐 현재의 회복 정의에 이르는 과정을 추적하는 논의는 다음을 보라. Katie Witkeiwitz et al., "What is Recovery?," *Alcohol Research: Current Reviews* 40, no. 3 (September 2020).

12 Mark Sobell and Linda C. Sobell, "The Aftermath of Heresy: A Response to Pendery et al.'s (1982) Critique of 'Individualized Behavior Therapy for Alcoholics'," *Behaviour Research and Therapy* 22, no. 4 (1984): 413–440, https://doi.org/10.1016/0005-7967(84)90084-6.

13 William L. White, "Recovery: Old Wine, Flavor of the Month or New Organizing Paradigm?," *Substance Use & Misuse* 43, no. 12-13 (October 2008): 1987–2000, https://doi.org/10.1080.10826080802297518; Jason Schwartz, "Revisiting Recovery-Oriented Harm Reduction (Part 3)," *Recovery Review* (blog), May 17, 2019, https://recoveryreview.blog/category/recovery-oriented-harm-reduction/.

14 John F. Kelly, M. Claire Greene, and Brandon G. Bergman, "Beyond Abstinence: Changes in Indices of Quality of Life with Time in Recovery in a Nationally Representative Sample of U.S. Adults," *Alcoholism, Clinical and Experimental Research* 42, no. 4 (April 2018): 770–780, https://doi.org/10.1111/acer.13604. 다음도 보라. Witkiewitz et al., "What is Recovery?," 1, 7.

15 특히 다음의 상세한 논의를 보라. Carl L. Hart, *Drug Use for Grown-Ups: Chasing Liberty in the Land of Fear* (New York: Penguin Press, 2021), chap. 4. 뇌에 기반한 설명이 어떻게 낙인을 찍을 수 있는지에 관해서는 다음을 더 보라. Bill White, "Highjacked Brains & the Question of Social Stigma," *Selected Papers of William L. White* (blog), September 13, 2013, http://www.williamwhitepapers.com/blog/2013/09/highjacked-grains-the-question-of-social-stigma.html. 대중 매체와 마케팅에서 두뇌 변화를 영구불변의 상태로 이야기하는 사례는 많다. 예를 들어, 다음을 보라. Alex Orlando, "Can We Reverse the Brain Damage That Drug Use Causes?," *Discover*, December 15, 2019, https://www.discovermagazine.com/mind/can-we-reverse-the-brain-damage-that-drug-use-causes; "Effects of Drugs and Alcohol on the Brain: Causes of Brain Damage," American Addiction Centers (website), updated September 3, 2019, https://americanaddictioncenters.org/alcoholism-treatment/brain-damage.

16 별개이나 이와 긴밀히 연관된 문제는, 물질이 어느 정도로 직접적으로 뇌 손상을 일으키는가이다. 물질이 뇌 손상을 일으킨다면, 두뇌에 가장 해로운 약물은 술이지만, 중독과 연관된 뇌 손상의 대부분은 약물 자체보다 중독의 결과와 관계가 있다. 싸우거나 넘어져 다친 손상, 과다 복용으로 인한 저산소증 손상, 살균하지 않은 주사기로 인한 감염 따위이다. 메스암페타민이 장기적인 신경 세포 손상의 원인이라는 관념이 언론과 치료 센터 광고로 널리 퍼졌지만, 이 또한 엄밀히 조사하면 근거가 없다. carl L.

Hart et. al., "Is Cognitive Functioning Impaired in Methamphetamine Users? A Critical Review," *Neuropsychopharmacology* 37, no. 3 (February 2012): 586-608, https://doi.org/10.1038/npp.2011.276. 코카인과 아산화질소(마취제)같이 여타 자주 쓰이지 않는 약물이 혈관 손상을 일으킨다는 증거도 있다. Michael B. Erwin et al., "Cocaine and Accelerated Atherosclerosis: Insights from Intravascular Ultrasound," *International Journal of Cardiology* 93, no. 2 (2004): 301-303, https://doi.org/10.1016/S0167-5273(03)00170-0.

17　Marc Lewis, "Brain Change in Addiction as Learning, Not Disease," *New England Journal of Medicine* 379, no. 16 (October 18, 2018): 155-160, https://doi.org/10.1056/NEJMra1602872; Marc Lewis, "Addiction and the Brain: Development, Not Disease," *Neuroethics* 10, no. 1 (May 18, 2017): 1-12, https://doi.org/10.1007/s12152-016-9293-4.

18　Colm G. Connolly et al., "Dissociated Grey Matter Changes with Prolonged Addiction and Extended Abstinence in Cocaine Users," *PloS ONE* 8, no. 3 (2013): e59645, https://doi.org/10.1371/journal.pone.0059645. 회복의 생물학적 연관 관계에 관한 다른 연구는 다음을 보라. Scott J. Moeller and Martin P. Paulus, "Toward Biomarkers of the Addicted Human Brain: Using Neuroimaging to Predict Relapse and Sustained Abstinence in Substance Use Disorder," *Progress in Neuro-Psychopharmacology and Biological Psychiatry* 80, part B (January 2018): 143-154, https://www.ncbi.nlm.nih.gov/pmc/articles/PMC5603350/; Ryan P. Bell, Hugh Garavan, and John J. Foxe, "Neural Correlates of Craving and Impulsivity in Abstinent Former Cocaine Users: Towards Biomarkers of Relapse Risk," *Neuropharmacology* 85 (October 2014): 461-470, https://dx.doi.org/10.1016%2Fj.neuropharm.2014.05.011.

19　"IFS, an Evidence-Based Practice," Foundation for Self Leadership, accessed February 25, 2021, https://foundationifs.org/news-articles/79-ifs-an-evidence-based-practice.

20　Tony R. Wang et al., "Deep Brain Stimulation for the Treatment of Drug Addiction," *Neurosurgical Focus* 45, no. 2 (August 2018): E11, https://doi.org/10.3171/2018.5.FOCUS18163; "First Trial in US to Use Deep Brain Stimulation to Fight Opioid Addiction," *Medical Xpress*, November 5, 2019, https://medicalxpress.com/news/2019-11-trial-deep-brain-opioid-addiction.html.

21　Lone Frank, *The Pleasure Shock* (New York: Penguin, 2018), 107-108.

22　Steven C. Hayes, *A Liberated Mind* (New York: Avery, 2019), 23.

23　William L. White and William Cloud, "Recovery Capital: A Primer for Addictions Professionals," *Counselor* 9, no. 5 (2008), 29; Emily A. Hennessy, "Recovery Capital: A

Systematic Review of the Literature," *Addiction Research & Theory* 25, no. 5 (October 2017): 349-360, https://doi.org/10.1080.16066359.2017.1297990; William Cloud and Robert Granfield, "Conceptualizing Recovery Capital: Expansion of a Theoretical Construct," *Substance Use & Misuse* 43, no. 12-13 (2008): 1971-1986, https://do i.org/10.1080/10826080802289762; David Best and Alexandre B. Laudet, *The Potential of Recovery Capital* (Peterborough, UK: Citizen Power Peterborough, 2019), https://facesandvoicesofrecovery.org/wp-content/uploards/2019/06/The-Potential-of-Recovery-Capital.pdf.

24 Kelly, Greene, and Bergman, "Beyond Abstinence."

감사의 말

나는 동료 의사들과 친구들, 중독에서 회복하는 동안 함께했던 사람들은 물론 나의 환자들과 그 가족들에게 신세를 졌다. 우선 그들에게 감사를 드린다. 나는 그들의 사생활을 존중하여 그들의 많은 이야기를 상세히 늘어놓지 않았다. 그러나 그들이 보여 준 인정과 힘, 희망의 빛나는 사례들 덕분에 이 책이 나온 것은 분명하다.

내가 중독에서 벗어날 수 있도록 도와준 모든 전문가들에게도 감사를 드려야 하겠다. 우리의 치료 시스템은 아무리 불완전하다고 해도 만나는 모든 사람을 전심 전력으로 최선을 다해 도우려는 전문가들로 가득하다. 모든 치료사와 임상 의사, 사회 복지사, 상담사, 치료사의 친절한 노력에 사의를 표한다.

리비 맥과이어가 처음으로 이 책을 써보라고 제안한 것은 내게 큰 축복이었다. 누구도 흉내 낼 수 없는 사람인 알리아 해나 하비브의 돌봄을 받은 것은 이중의 축복이었다. 그 우정과 지혜, 흔들림 없는 지속적인 지지에 감사한다. 소피 퓨셀러스, 리베카 가드너, 윌 로버츠, 엘런 커트리, 그 밖에 거너트 사The Gernert Company의 다른 팀원들에게도 큰 감사를 드린다.

뛰어난 편집자 에밀리 커닝엄에게 심심한 사의를 표한다. 커닝엄은 비극과 고통의 2020년을 포함하여 여러 해 동안 무수히 많은 시간을 들여 초고를 수없이 되풀이하여 읽고 검토하면서도 이 책이 나올 때까지 흔들림 없이 부단히 노력을 기울였다. 진심 어린 훌륭한 조언과 헌신에 깊이 감사드린다. 앤 고도프와 스콧 모이어스를 비롯하여 이 책의 가치를 믿어 주고 출판이 가능하도록 해준 펭귄 출판사의 모든 사람들에게 감사한다. 뛰어난 연구 보조원 헨리 매코널과 스테파니 와익스트라의 도움을 받은 것은 행운이었다. 꼼꼼하게 사실을 확인해 준 이선 코리와 놀라운 솜씨로 교정을 봐준 월 파머에게도 감사를 전한다. 저자 사진을 찍어 준 베어울프 시핸에게도 감사를 드린다.

이 책의 내용은 여러 분야의 전문가들이 내놓은 연구 성과에 이루 헤아릴 수 없을 만큼 많은 빚을 졌다. 친절하게도 시간을 내서 고견을 들려주고 출간 전의 원고를 검토해 준 많은 분에게 신세를 졌다. 로빈 룸과 윌리엄 화이트, 그리고 특히 이 작업을 시작할 때 중대한 지침을 제시해 준 벤 브린에게 감사를 드린다. 스리니바스 레디는 『리그베다』에 관한 식견과 그 안에 담긴 진실에 대한 따뜻한 사랑과 평가를 내게 나누어 주었다. 중독과 회복의 성격에 관한 존 소스케의 섬세하고도 동정적인 호기심은 정말로 신선했다. 조지 쿠브는 친절하게 시간을 내주었다(신경 과학자는 대부분 세간에 알려진 것보다 종종 훨씬 더 인도적이며 환원론 담론에 과민하다는 점에 주목할 필요가 있다. 지면을 빌려 그들의 공을 인정한다). 그 밖에도 많은 사람이 시간을 내서 도움을 주었다. 리베카 레먼, 크리스 버드닉, 커윈 케이, 데이비드 코트라이트, 헨리 콜스, 키스 웨일루, 호세 크리, 제시카 워너, 피터 맨콜, 캐롤라인 애커, 낸시 캠벨, 리처드 보니, 데이비드 허츠버그, 스콧 테일러, 조너선 존스, 론 로이즌, 닉 헤더, 데이비드 아머, 존 펠저, 윌리엄 밀러, 마이아 살라비츠, 마크 소벨, 린다 소벨, 키스 험프리스, 게리 멘들, 데이비드 셰프. 오류가 있다면 전부 나의 책임이다.

앨프리드 슬론 재단Alfred P. Sloan Foundation의 프로그램 〈대중의 과학과 기술 이해Public Understanding of Science and Technology〉로부터 받은 넉넉한 지원에 사의를 표한다. 일반 대중을 위한 저술에 착수한 뒤 초기에는 뉴욕 대학교 카블리 재단Kavli Foundation의 과학 저술가 연구회 Scientist-Writer Workship와 컬럼비아 대학교의 뉴라이트 연구회NeuWrite, 마이클 시걸로부터 큰 도움을 받았다. 옌텔 예술촌 프로그램Jentel Artist Residency Program은 피신처와 공간, 특히 따뜻한 지원 공동체를 제공했다. 전부 이 책의 구조를 이해하는 데, 그리고 이 책이 이야기할 만한 가치가 있으며 내가 정직하게 써냈다는 나의 확신을 굳히는 데 필수적인 것이다. 기록 조사에는 로커펠러 대학교의 올가 닐로바와 스테핑 스톤스Stepping Stones의 샐리 코벳터코의 도움을 받았다.

컬럼비아 대학교의 정신 의학과는 지금까지 여러 해 동안 환자 치료에 기반을 둔 조사와 연구에 모범적인 공간을 제공했다. 더 중요한 것은 그곳의 착한 사람들이 내 인생에서 가장 힘든 시기에 깊은 동정심과 전문성으로 나를 도와주었다는 사실이다. 영원히 잊지 않겠다. 특히 내가 치료를 받는 동안 내 할 일을 대신 해준 레지던트 과정의 같은 반 동료들과 치료 후 돌아온 나를 환영해 준 선배들과 선생님들에게 감사를 드린다. 무수히 많은 슬픈 사례가 보여 주듯이 그들이 그렇게까지 할 필요는 없었는데, 진심으로 감사드린다. 나의 선생님들, 지도 교수들, 조언자들, 특히 마이크 데블린, 짐 스피어스, 마리아 오켄도, 멜리사 아버클, 리사 멜맨, 홀리 리샌비, 켄 호지, 폴 아펠봄에게 감사한다.

초고를 읽어 주고 글쓰기와 회복에서 공히 결정적인 지원을 해준 친구들과 동료들에게 끝없는 감사를 드린다. 벤 얼리히, 테일러 벡, 팀 리쿼스, 마린 사디, 알렉스 틸니, 스티브 홀, 페리스 야브르, 하이메 그린, 올리비아 코스키, 케빈, 그리핀, 수재나 캐헐런, 브라이언 패칫, 베빈 캠벨, 크리스틴 폴먼, 람 무랄리, 쿠사이 함무리, 페드로 파스칼, 라비 카바세리, 루크 화이트, 마르크 망소, 로런 오즈본, 벤 에버렛, 리처드 브로크먼, 엘런 보라, 에어린 현, 배런 러너, 지칠 줄 모르는 아서 윌리엄스. 킴 하이메와 핼리 파이퍼, 로런 오코너는 출판업을 이해할 수 있게 도와주었다. 다음의 친구들에게 감사를 드린다. 제러미, 론, 브라이언, 웨스. 다음 스님들에게 감사를 드린다. 엘라, 카이신, 마야, 행크, 고센 그레고리 스나이더, 로라 올러플린, 테아 스트로저, 현각 스님, 부디스트 리커버리 네트워크Buddhist Recovery Network, 큰스님. 나를 낳아 주시고 기쁨과 사랑을 주신 부모님께 감사한다. 부모님은 내가 이 책을 쓸 때 내게 자신들이 겪은 어려움을 터놓았다. 어머니가 암으로 돌아가시기 전에 헌신적인 할머니였듯이, 지금 아버지는 사랑이 넘치는 할아버지이다. 최근에 두 분과 관계가 가까워진 데 감사한 마음이 든다. 두 분이 성장하고 진정으로 노력한 덕분이다. 나머지 가족에게도 크게 고맙다. 여러 해 동안 끝없이 고쳐 쓰느라 그들이 엄청난 짐을 떠안았다. 코로나19가 세계적으로 유행하는 동안에 특히 더 힘들었을 것이다. 더없이 감사하다. 베스와 쿠사, 데이비드, 애니, 리스, 프레스턴에게, 특히 조부모로서 숭고한 정성과 헌신의 모범을 보여준 존과 마리에게 감사를 드린다. 사랑하는 거스, 아빠가 이 책을 끝마칠 때까지 오래 기다려 주고 호기심과 상상력, 애정으로 날마다 영감을 불어넣어 줘서 고맙다. 내가 글을 쓸 때 무릎 위로 기어올라 〈눈에 보이지 않는 일〉을 해준 것을 결코 잊지 않을게. 마지막으로 내 사랑 캣, 당신의 전폭적인 지원, 나를 유쾌하게 해준 유머, 글쓰기에 관한 더없이 소중한 이해, 그리고 내내 보여 준 믿을 수 없을 만큼 큰 너그러움에 정말로 감사해.

세계 곳곳에서 중독에 빠졌다가 회복을 실천하고 있는 사람들의 모임에, 깨달은 것을 다른 사람들에게 전해 주려는 그 노력에 감사를 드린다. 이 책을 읽은 독자들, 때로 무슨 말인지 모를 어려운 책을 읽을 독자들에게 감사한다. 마크 클라이먼의 말을 빌리자면, 독자들은 확실히 나의 견해 중 적어도 한 가지, 어떻게 해야 하는가에 관해서는 동의하지 않았다. 이 책은 하나의 출발점이다. 중독의 의미를 이해하려는 수백 년간 지속된 노력에서 하나의 작은 제안이다. 내가 독자로 하여금 이 현상에 관해 좀 더 깊이 생각해 보게 만들었다면, 어느 정도 격려나 평안을 주었다면, 이 책은 목적을 달성한 것이다. 나는 우리가 이 길을 함께 걸으며 모든 사람의 회복과 성장을 바라는 공동의 열망으로 하나가 되었다고 믿는다.

도판 출처

55면: Wellcome Collection, London.

78면: The Metropolitan Museum of Art, New York, Harris Brisbane Dick Fund.

87면: Independence National Historical Park.

96면: Jonathan Jones, University of North Carolina Bullitt Lecture, December 4, 2018, http://archives.hsl.unc.edu/bullitt-lectures/20181204-Jobes.pdf

121면: Emory University, Manuscript, Archives and Rare Book Library.

125면: Library of Congress Print and Photographs Online Catalog.

163면: New York Public Library.

177면: University of South Florida Visitor Collections.

241면: U.S. National Library of Medicine Digital Collections.

247면: Roadshow Attractions, pulled from Wikimedia Commons.

261면: Courtesy of Nicolas Rasmussen, as cited in "Making the First Anti-Depressant: Amphetamine in American Medicine, 1929-1950," *History of Medicine and Allied Sciences* 61 (2006): 288-323.

330면: White House Photographic Collection, 1/20/1981-1/20/1989.

352면 위: Aisté Šlikiené(원서), 박봉식(한국판)

352면 아래: Library of Congress Print and Photographs Online Catalog.

옮긴이의 말

이 책은 중독이라는 이름으로 지칭된 〈질병〉의 역사이며 동시에 중독이라는 관념의 출현과 변화, 그것을 둘러싼 논쟁의 역사이다. 또한 이러한 이야기에, 저자가 중독을 경험하고 그로부터 회복한 자신의 경험과 의사로서 자신이 치료한 환자들의 경험을 곁들여 말하고 있다. 말하자면 두 쌍의 이원 구조를 갖춘 책이다.

저자는 고대 그리스와 중국, 인도에서 출발하여 유럽의 근대를 거쳐 중독이라는 낱말과 개념이 어떻게 탄생했는지 추적하고 이후 물질 사용 문제가 심해지면서 오늘날에 이르기까지 주로 미국을 중심으로 그 개념이 어떻게 변했는지, 그에 따라 어떤 대응책이 나왔는지 서술한다.

저자는 네 가지 대응을 구분한다. 오랫동안 중독의 설명에서 기준이 된 것은 그것이 자유로운 의사에 따른 선택의 결과인가 아니면 스스로 통제할 수 없는 강박 충동인가 하는 이분법이었다. 중독이 자발적인 선택의 결과라면 처벌해야 한다. 처벌과 법적 강제로써 중독에 대응해야 한다는 것은 금지론적 접근법이라고 할 수 있다. 중독이 강박 충동의 결과로 자기 통제력을 상실한 것이라면 치료해야 한다. 이 경우에 중독은 질병이며, 따라서 의학 분야에서 다루어야 한다. 이는 치료적 접근법이다. 중독이라는 질병의 원인을 과학적으로 찾아내 치료해야 한다는 것은 환원론적 접근법이다. 생물학적 원인에서 비롯했기에 마찬가지로 생물학적 방식으로 치료해야 한다는 것이다. 이 시각은 중독을 두뇌의 기능 이상으로 설명한다. 주된 특징은 내성과 금단 증상이다. 서로 돕기 접근법은 중독을 치료의 대상으로 보지만 그것이 단일한 원인에서 비롯하지 않았기에 일종의 연대 의식을 통해 정신적 능력을 키워 벗어나야 할 것으로 본다. 그렇지만 이러한 접근 방식들 어느 것도 완전한 해법은 아니었고, 따라서 각각 시차를 두고 주기적으로 반복되는 경향이 있었다.

최근에는 중독이 자유로운 의사에 따른 선택과 강박 충동에 따른 통제력의 상실 사이 어디쯤에 있다고 본다. 중독을 분명하게 구별되는 질병이라기보다 인간 정신의 보편적인 특징으로 보는 것이다. 다시 말해 중독과 중독이 아닌 것을 분명하게 구분하는 지점이 있는 것이 아니라, 중독을 포함해 모든 정신 질환은 일종의 스펙트럼 위에 있다는 말이다. 중독을 이렇게 이해한다면 〈정상〉과 〈비정상〉의 단순한 이분법을 버려야 한다. 저자는 서론과 결론에서 거듭 강조한다. 중독을 인간의 삶의 한 부분으로 인정할 때, 그것을 근절하겠다는 거창한 꿈을 포기할 때, 그때서야 물질 사용 문제를 겪고 있는 사람들을 정말로 도울 수 있는 방안들을 올바르게 찾아낼 수 있을 것이라고.

금지나 처벌로써 중독의 발생을 원천적으로 봉쇄하려는 노력은 실패했고 실패할 수밖에 없다. 이는 중독의 원인이 매우 복잡하기 때문이다. 중독이 큰 유행병으로 번지게 되는 과정에는 개인적인 상처, 뇌 질환, 해로운 약물, 이른바 〈중독 공급 산업〉이라는 주류 회사와 제약 회사, 이에 일조한 광고, 유전적 결함, 의지 부족 등 여러 요인이 개입되어 있다. 약물 자체의 속성이나 중독 공급 산업의 비열한 자본주의도 중독의 유행에 중요하지만 그 밑바탕에는 대체로 사회적 상처가 자리 잡고 있다. 중독을 이해하려면 이 점을 반드시 고려해야 할 것 같다. 근본적인 원인을 다루지 않으면서 그로부터 초래된 귀결을 제거할 수는 없는 노릇이다. 또한 처벌적 접근법과 환원론적 접근법은 중독이 인종과 계급, 젠더와 교차한다는 사실을 보여 준다. 중독은 아메리카 원주민이나 중국인 이민 노동자, 여성에게 사회를 위험에 빠뜨리는 존재라는 낙인을 찍는 수단이 되었다. 아메리카 원주민은 알코올 중독에 빠지기 쉽고, 흑인 미국인은 특별히 약물에 취약하여 쉽사리 폭력적으로 변하고, 여성이 특히 술에 약하며, 이민자 가정의 노동계급 자녀들은 약물에 쉽게 중독되어 갱단에 빠진다는 것이다. 통계까지 조작하며 하층 계급과 약물의 범죄적 사용 간의 관련성을 강조한 사람도 있었다. 악폐 척결 운동이 맹위를 떨칠 때, 중독자는 〈사회악〉이자 〈전염병〉, 〈인간쓰레기〉로 묘사되었다. 전부 자발적 선택에 따라 약물에 취한 존재였다. 이러한 낙인찍기는 심리적 문제로 고통받는 사람들을 향한 혐오를 부추기고 정신 질환자가 사회적으로 위험하다는 관념을 퍼뜨렸다. 이는 불평등의 확대가 진정한 원인임을 가리고 억압의 폭력성을 감추었다.

인종주의적이고 계급적인 편견은 금지론적 시각에서 약물 규제의 불평등을 낳았고, 이는 일종의 자기실현의 결과를 가져왔다. 이러한 시각을 지닌 자들은 중독에 큰 영향을 미친 요인은 빈곤인데도 생물학적으로 열등한 하층 계급이라는 만들어진 이미지를 토대로, 이들에 대해서는 부도덕한 자들이요 기분 전환용으로 약물을 사용하는 자발적 중독자라는 낙인을 찍고 금지와 처벌만이 유일한 대책이라고 주장했다. 최종적인 수단은 강제 불임 시술이었다. 반면 백인 중독자는 의학적인 용도로 약물을 쓰다가 우연찮게 중독된 사람들이었다. 따라서 병원에서 합법적인 방식으로 오피오이드를 처방받지 못한 흑인과 가난한 사람들은 비위생적인 비공식적 시장으로 내몰렸다.

치료적 접근법에도 문제는 있었다. 약물을 통한 치료가 널리 퍼지면서 제약 회사의 마케팅이 중독에 크게 기여한 것이다. 20세기 미국에서 약물 중독에 대한 주된 방침은 금지와 처벌이었지만 백인 중간 계급이 병원에서 처방받는 약물은 좋은 약물이었다. 그렇지만 역사적으로 약물의 극심한 해악은 거의 합법적으로 처방되는 약이 일으켰다. 인종주의적 공포가 조성한 모럴 패닉, 중독을 일으키는 약물과 치료약이라는 잘못된 이분법 탓에 한편에서는 억압적인 약물 정책이, 다른 한편에서는 손쉬운 약물 습득이 사회적으로 중독이 심화되는 나쁜 결과를 가져왔다. 저자가 책의 첫머리에서 거론한 퍼듀 파마의 옥시콘틴이 후자의 대표적인 사례이다. 퍼듀 파마의 새클러 가문은 파산 법원에서 거액의 합의금 지불과 추가적인 법적 책임 면제를 조건으로 파산을 승인받았지만, 최근 연방 대법원은 면책에 문제가 있다는 법무부의 요청에 따라 피해 보상 합의 결정을 보류시켰다.

결과적으로 보건대 약물 사용을 범죄화하고 가혹하게 법을 집행하는 것은 효과가 없었다. 그것은 약물의 해악을 줄이는 좋은 방법이 아니다. 오히려 범죄화가 약물 유행병의 원인인 경우가 더 많다. 근자의 연구는 중독에 영향을 미치는 원인을 다양하게 제시한다. 월등히 강한 요인으로 제시되는 것은 없다. 중독은 뇌 질환이면서 사회적 병폐이다. 그러면서도 사람이 고통을 줄이고자 보이는 보편적인 반응이기도 하다. 결국 우리의 관심은 물질 자체를 넘어서 사람에게 가야 한다. 저자의 말처럼 우리는 모두 개인적 트라우마나 사회적 상처로 고통을 받고 있다. 중독의 문제를 안고 있는 사람과 그렇지 않은 사람 사이에는 큰 차이가 없다. 명확하게 단계를 구분할 수 없는 스펙트럼 위에서 한 자리씩 차지하고 있는 것이다. 그러므로 여러 요인 간의 관계를 살펴 다양한 대응책을 함께 써야 한다. 해로운 물질을 최소한의 수준에서 규제해야 하지만 금지론에 입각한 억압적 정책을 버려야 하고, 과학의 도움을 받아야 하지만 그 밖의 여러 요인들이 중요하다는 점을 인식해야 한다. 계급과 인종, 젠더의 구분에 따른 불평등을 제거하려 노력해야 한다.

이러저러한 이유로 삶이 고통스러운 사람들에게 무엇인가에 빠진다는 것은 일종의 개인적 처방일 것이다. 그런 사람들이 의존할 것이 없다면 마지막 길은 어디일지 불을 보듯 뻔하다. 근자에 우리 사회에서도 〈마약〉에 대해 경각심을 가져야 한다는 목소리가 커지고 있다. 범죄와 연관되는 경우가 종종 뉴스에 소개된다. 대마초 흡연 문제가 오래전부터 있었고 최근에는 유명 배우의 안타까운 사망 소식도 있었다. 실상이 확실하게 밝혀지지 않은 가운데, 비난을 받고 도 넘은 사생활 침해로 마음의 상처를 입었을 것을 생각하면, 우리 사회의 기본적인 태도가 어떤 것인지 짐작이 간다. 범죄와 관련된 경우에는 엄격한 단속이 필요하겠지만, 미국의 경우를 타산지석으로 삼을 필요가 있다. 중독은 형법과 검사에게만 맡겨 놓을 문제가 아니다. 또한 〈의원성 중독〉의 위험성도 완전히 배제할 수는 없을 것이다. 범죄화와 낙인찍기가 개인에게나 사회적으로나 부정적인 효과를 낼 가능성이 더 높았다는 점을 생각해 봐야 할 것 같다. 어쨌거나 고통에 처한 인간을 이해하려는 마음이 정책의 토대가 되어야 할 것이다.

찾아보기

링컨, 에이브러햄 137

옮긴이 **조행복** 1966년 경기도 화성에서 태어났다. 서울대학교 대학원 서양 사학과를 졸업하고 같은 학과 박사 과정을 수료했다. 토니 주트, 티머시 스나이더, 브루스 커밍스, 존 키건, 애덤 투즈 등 걸출한 역사가들의 현대사 저술을 우리말로 옮겼다. 옮긴 책으로『문명의 운명』,『백인의 역사』,『대격변』,『전후 유럽 1945~2005』,『블랙 어스』,『브루스 커밍스의 한국전쟁』,『폭정』,『20세기를 생각한다』,『재평가』,『세계 전쟁사 사전』,『1차세계대전사』,『독재자들』등이 있다.

중독의 역사

발행일 2024년 1월 30일 초판 1쇄

지은이 칼 에릭 피셔
옮긴이 조행복
발행인 홍예빈 · 홍유진
발행처 주식회사 열린책들

경기도 파주시 문발로 253 파주출판도시
전화 031-955-4000 팩스 031-955-4004
홈페이지 www.openbooks.co.kr 이메일 humanity@openbooks.co.kr